青春正

大学生科学研究与创业行动计划
优秀研究报告论文集（2017）

北方工业大学教务处 主编

中国发展出版社
CHINA DEVELOPMENT PRESS

图书在版编目（CIP）数据

正青春：大学生科学研究与创业行动计划优秀研究报告论文集（2017）/北方工业大学教务处主编. —北京：中国发展出版社，2018.8

ISBN 978-7-5177-0907-7

Ⅰ. ①正… Ⅱ. ①北… Ⅲ. ①大学生－创业－文集 Ⅳ. ①G647.38-53

中国版本图书馆CIP数据核字（2018）第205017号

书　　名：正青春：大学生科学研究与创业行动计划优秀研究报告论文集（2017）
著作责任者：北方工业大学教务处
出 版 发 行：中国发展出版社
（北京市西城区百万庄大街16号8层　100037）
标 准 书 号：ISBN 978-7-5177-0907-7
经　销　者：各地新华书店
印　刷　者：北京市密东印刷有限公司
开　　　本：710mm × 1000mm　1/16
印　　　张：37
字　　　数：680千字
版　　　次：2018年9月第1版
印　　　次：2018年9月第1次印刷
定　　　价：118.00元

联 系 电 话：（010）88919581　68990692
购 书 热 线：（010）68990682　68990686
网 络 订 购：http://zgfzcbs. tmall. com//
网 购 电 话：（010）88333349　68990639
本 社 网 址：http://www.develpress. com. cn
电 子 邮 件：370118561@qq. com

序言
Preface

当前高等教育的目标已不再停留在“传道、授业、解惑”的层面，我们无数教育者一直致力于培养学生的综合能力、提升学生的整体素养，在倡导学生参与更多科学研究项目的同时，启发学生开启自我创新的源动力，描绘美丽的青春。

创新是以新思维、新发明和新描述为特征的一种概念化过程，它起源于拉丁语，原意为创造新的东西、更新或改变。创新是一个民族进步的灵魂，是一个国家兴旺发达的不竭动力，而科技创新更是社会生产力发展的源泉。引导学生在创业计划中，通过科学项目的研究激发个人的创新能力，对于我们的科技、我们的社会、我们的民族发展，都有着深远的意义和重要的影响。

在这个收获的季节里，又一部凝结着大学生科学研究与创业成果的文集呈现在我们面前。自2009年“北京市大学生科学研究与创业行动”项目启动以来，我校完成立项和参与人数逐年提升，并结集出版多部优秀作品，传递着科技创新的热情和能量，也展现着北方工业大学学生的激情与能力。

本文集收录了结题项目中的作品，这些作者来自北方工业大学下属9

个学院的不同专业。伴随着学生的实践与探索，北方工业大学校、院、系三级共同支持的学生科研平台的规模越来越大，越来越多的具有创新意识与创造能力的学生参与进来，越来越多的实践教学和科研场所面向学生开放，越来越多的高水平指导教师在默默地支持着学生的科研活动。这一切是那么的喜人，我们正凭借着这个良好的平台朝着中国大学教育最需要培养的方向——培养学生创意、创造、创新、创业能力的目标不懈前进。

我希望读者能够对学生的成果给予支持和帮助，因为这些成果是学生在科学实践中总结的点滴体会——略显稚嫩却凝结汗水，偶有青涩却瑕不掩瑜。这对于学生未来的发展，有着不可估量的激励作用。我相信，我们的学生一定会在未来的科学研究里不断成长、再创佳绩。让我们一起期待！

目录
Contents

基于 S7-1200PLC 的大型楼宇智能监控系统设计

北方工业大学：王学彬　李利华　刘　昊　汪　洋　彭博浩

指导教师：李　超　实验师

摘　要：本课题设计完成了一种基于 S7-1200PLC 的大型楼宇智能监控系统。系统主要利用温湿度传感器、风速传感器和光照度传感器采集相应环境参数，通过 PLC 与 HMI 的信息交互，实现舒适度人机交互功能。通过 PLC 与门禁系统读卡器的通讯，完成楼宇内工作区域相关设备的智能分区管理。

关键词：PLC；HMI；舒适度；智能监控

1. 选题背景

随着电子技术、通信与信息技术的发展，20 世纪 80 年代欧美等西方国家出现了对楼宇中各种通信、家电、安保等设备通过总线技术进行监视、控制与管理的系统，并逐步发展为现今的智能楼宇系统。在 20 世纪 90 年代我国出现了智能楼宇控制系统，并在经济相对发达城市建筑中得到迅猛发展。国际上一些智能楼宇的先进产品和品牌先后进入我国市场，带来了最新的技术，促进了智能楼宇在我国的普及。智能楼宇技术在我国已经不仅仅局限于商业等大型建筑中的使用，而且正逐渐走入住宅等人们的日常生活空间，提高了各类楼宇的安全性、舒适性和高效便捷性。

PLC（可编程逻辑控制器）具有体积小、结构紧凑、安装维修方便等特点，这使得 PLC 在智能楼宇系统中被广泛应用，提高了楼宇的智能化程度、反应灵敏度及可靠性。HMI（人机交互界面）是系统和用户之间进行交互和信息交换的媒介，它实现信息的内部形式与人类可接受形式之间的转换。HMI 在智能楼宇系统中的广泛应用，使智能楼宇系统的人机交互具有可操作性强、灵活便捷等特点。

2. 方案论证

本课题的目的是研制一套基于 S7-1200PLC 的大型楼宇智能监控系统，通过温湿度传感器、光照度传感器和风速传感器采集楼宇内温度、湿度、风速、光照度等环境参数，进而由 PLC 根据系统设置的控制逻辑，控制相应执行器，对楼宇环境进行调节。本课题的控制器采用西门子 S7-1200PLC，人机交互界面采用 SIMATIC KTP1200 触摸屏，使用西门子 TIA 博途软件进行梯形图编程、组态界面及功能设计。

本课题的主要研究任务包括：

（1）确定楼宇智能监控系统基本设计方案。

（2）完成系统的硬件搭建。

（3）完成 S7-1200PLC 梯形图程序的编写及调试。

（4）完成与门禁系统互联后对工作区域相关设备的智能分区管理。

（5）完成 HMI 的变量设置、组态界面以及功能设计。

（6）完成 SIMATIC HMI 和 S7-1200PLC 之间的数据交互。

（7）完成舒适度人性化调节设计。

3. 研究方法

3.1 系统硬件设计

系统的硬件部分主要包括温湿度传感器、光照度传感器、风速传感器、执行器（继电器）、电源模块、HMI、门禁读卡器、PLC 及其通讯模块和 AI 模块组成。系统框图如图 3.1 所示。

本课题控制器采用型号为 1215C DC/DC/DC 的 S7-1200PLC，电源模块为 SITOP PS207，通讯模块采用 CM1241 RS422/485 及 RS232 模块，AI 模块采用 SM1231。触摸屏采用型号为 KTP1200 的 SIMATIC HMI。温湿度传感器采用 HSTL-104WS，光照度传感器采用 HSTL-GZD-20W，风速传感器采用 HS-FS01，门禁读卡器采用 UHFREADER18，执行器由 OMRON MY2N-J 24VDC 继电器模拟。系统硬件连接图如图 3.2 所示。

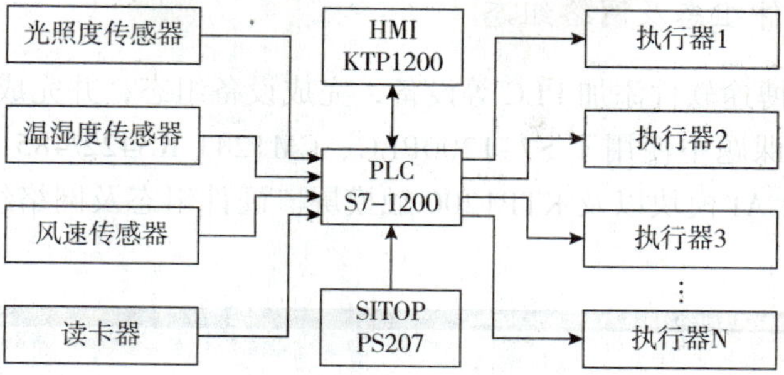

图 3.1　系统框图

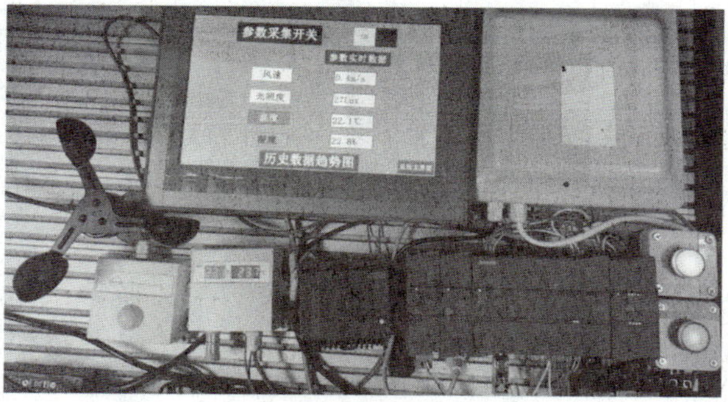

图 3.2　系统硬件连接图

3.2　系统软件设计

系统软件设计使用 TIA 博途软件，主要完成 PLC 梯形图程序的编写、HMI 界面的设计以及 HMI 与 PLC 之间的通讯。PLC 梯形图程序主要涉及传感器信号的采集、输出信号的控制和舒适度人机交互功能。HMI 部分主要完成界面的布局、各模块功能的实现，并建立 HMI 与 PLC 的变量连接，实现 HMI 与 PLC 之间的通信和数据交互。HMI 设计思路如图 3.3 所示。

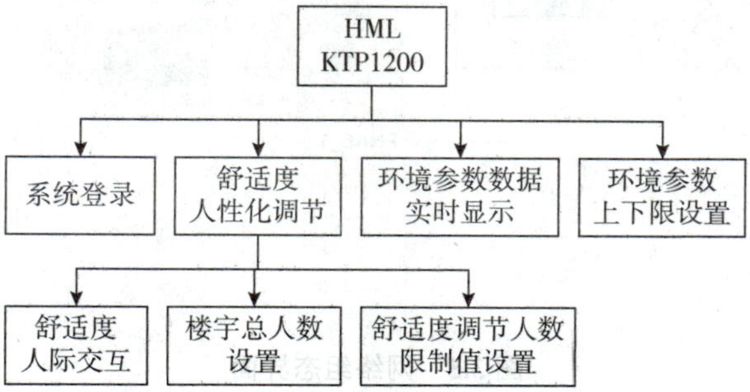

图 3.3　HMI 设计思路图

3.2.1 硬件组态及网络组态

使用 TIA 博途软件添加 PLC 等设备，完成设备组态，并完成硬件之间的网络组态。在本课题中使用了 S7-1200PLC、CM1241 RS422/485 及 RS232 通讯模块、SM1231 AI 模块以及 KTP1200 触摸屏。硬件组态及网络组态如图 3.3、图 3.4 所示。

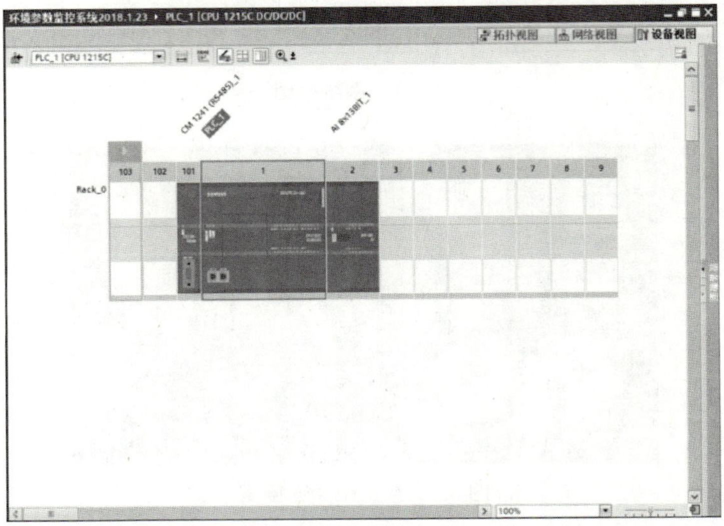

图 3.4 设备组态界面

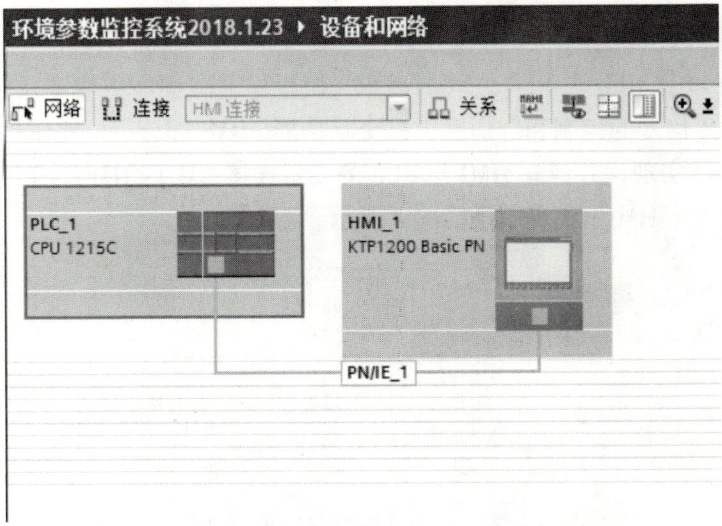

图 3.5 网络组态界面

3.2.2　PLC梯形图编程

（1）光照度数据采集

本课题中光照度信号的采集使用 CM1241 模块和 Modbus 通信协议。此协议支持 RS-485 和以太网设备，可以将不同厂商生产的控制设备连成工业网络，进行集中监控。根据 Modbus 通信协议的使用规范，首先单独调用组织块 Startup[OB100] 完成通信初始化。如图 3.6 所示。完成通信协议的初始化后，使用 Modbus 主站通信采集输入信号，通过数据块 DB102 将光照度采集数值传递给 PLC。如图 3.7 所示。

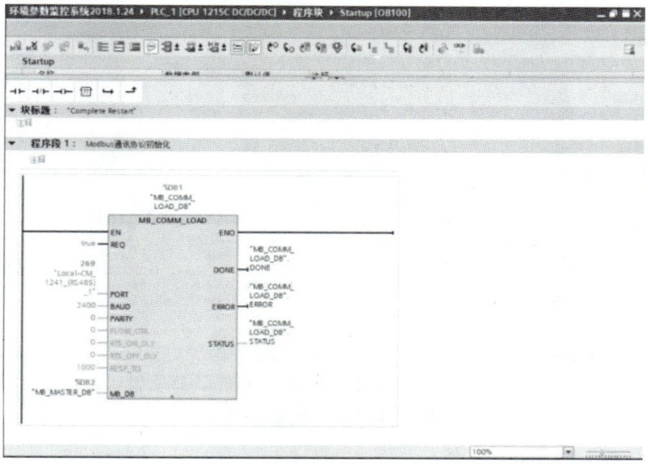

图 3.6　Modbus 通信协议初始化程序

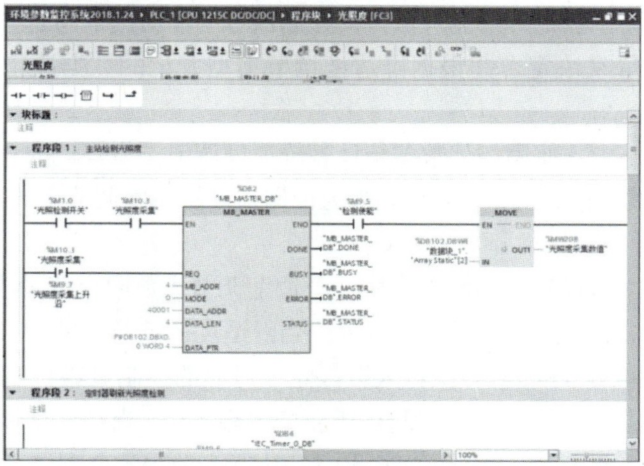

图 3.7　光照度采集程序

（2）温度、湿度和风速数据采集

温湿度传感器和风速传感器采集到的模拟量信号以 0 ～ 10V 电压的方式通过 SM1231 AI 模块传输到 S7-1200PLC 中，经过 PLC 传输到 HMI 进行实时显示，并依据 HMI 所设置的不同参数和控制逻辑，控制不同继电器输出，模拟不同环境下智能监控系统的执行器操作。部分温度、湿度采集程序如图 3.8 所示。

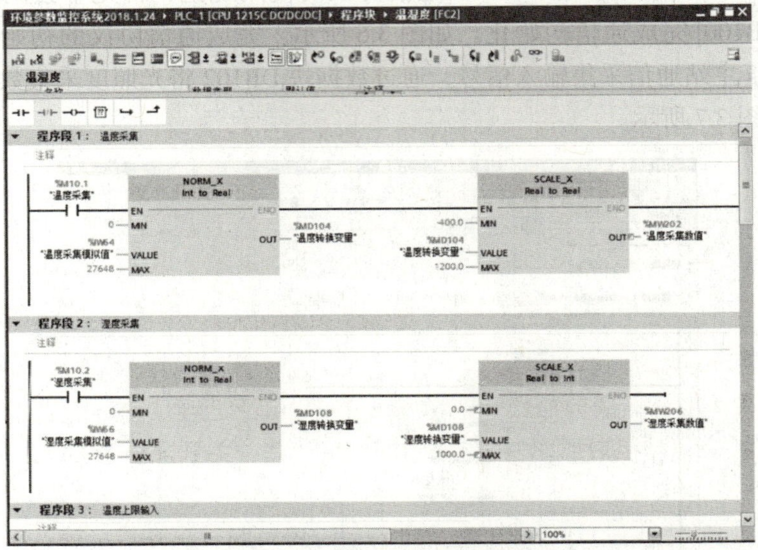

图 3.8　温度、湿度采集程序

（3）舒适度人机交互

舒适度人机交互程序主要完成空间总人数设置、舒适度调节人数限定值设置和舒适度调节类型登记等功能。执行器控制信号的输出由空间总人数、舒适度调节人数限定值等来决定，并根据舒适度调节类型登记的数据决定执行器的工作状态。

在程序段 1 中，使用加计数器统计各舒适度调节类型登记的总人数。在程序段 2 中，总人数直接赋值，并以总人数为依据预设舒适度调节人数限定值初始值。如图 3.9 所示。

以空间总人数设置为 100 人为例，舒适度调节人数限定值设置中人数限定 1 设置为 33 人、人数限定 2 设置为 66 人。当舒适度调节类型的“当前温度偏高”类型登记人数超过 33 人时，执行人数限定 1 对应的控制策略，由 PLC 控制相应执行器执行降温任务，使当前空间环境温度下降 1℃。当舒适度调节类型的“当前温度偏高”类型登记人数超过 66 人时，执行人数限定 2 对应的控制策略，由 PLC 控制相应执行器执行降温任务，使当前空间环境温度下降 2℃。同理，当舒适度调节类型的“当前温度偏低”类型登记人数超过舒适度调节人数的不同限定值时，依据不同控制策略，由 PLC 控制相应执行器执行升温任务。执行器控制程序如图 3.10 所示。

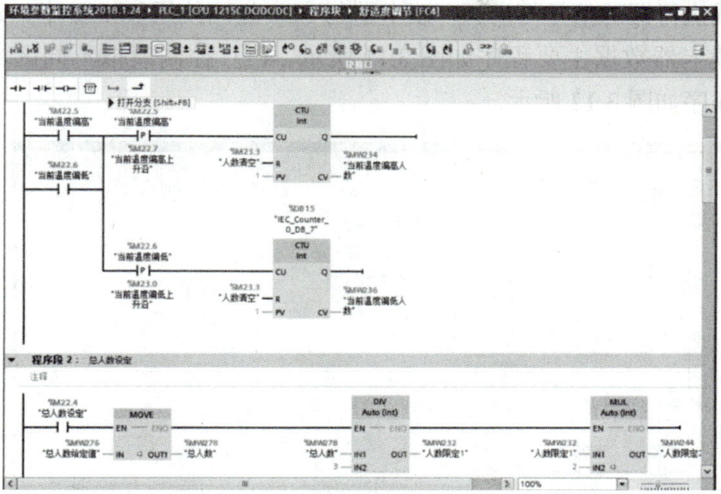

图 3.9　空间总人数设置及舒适度调节类型登记程序

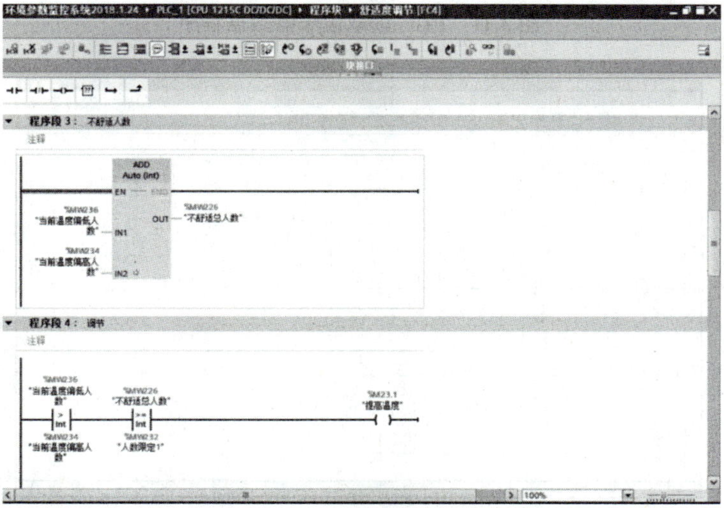

图 3.10　执行器控制程序

（4）门禁系统

与门禁系统互联的程序主要完成门禁读卡器与 PLC 之间的数据通信，PLC 依据从读卡器获取的工作人员门禁卡数据，对其工作区域内主要设备（含照明、空调、空气净化器等）进行智能分区控制。楼宇内工作人员出入楼宇均需要刷卡，同一张卡在第 1 次刷卡时视为进入楼宇，第 2 次刷卡视为出楼宇。当读卡器监测到某一区域的第 1 个工作人员第 1 次刷卡时，PLC 根据获取数据控制模拟该区域执行器的信号灯点亮；当监测到该区域的最后 1 个工作人员第 2 次刷卡行为时，模拟该区域执行器的信号灯熄灭。读卡器与 PLC 之间使用 RS232 串口进行通信。PLC 读取读卡器数据主要程序如图 3.11 所示，PLC 控制模拟不同区域设备的信号灯部分程序如图 3.12 所示。

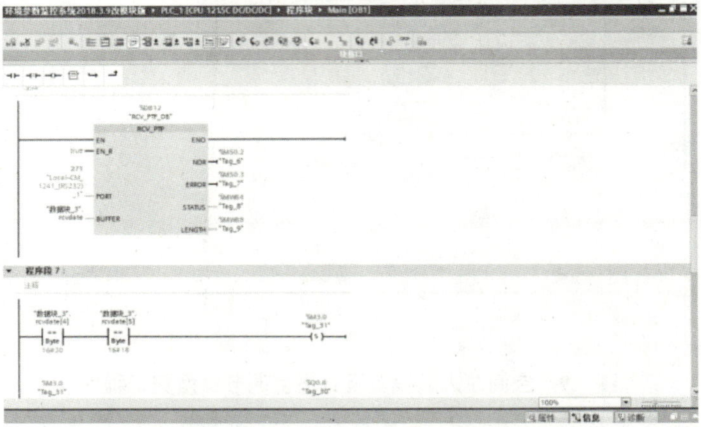

图 3.11　PLC 读取读卡器数据程序

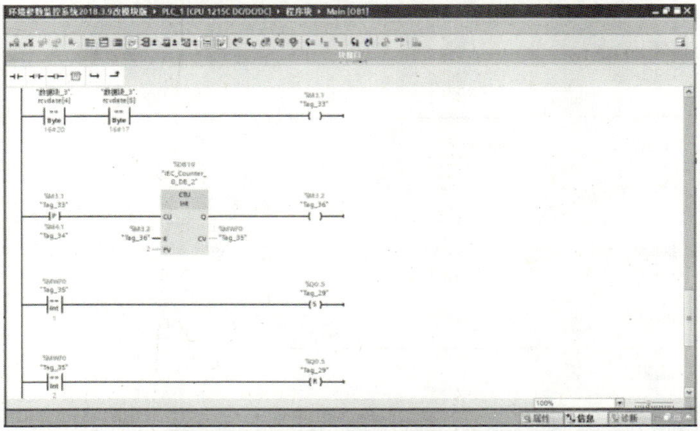

图 3.12　PLC 控制信号灯亮灭程序

3.2.3　HMI界面的设计

HMI 界面主要完成 HMI 对 PLC 采集数据的显示以及对各种参数的设置，包括系统登录界面、温度监控界面、湿度监控界面、光照度监控界面、风速监控界面以及舒适度人性化调节界面等主要组态界面组成。

系统登录界面提供管理员登录功能，用来启动系统。登录后可进入系统主界面，系统主界面设置温度、湿度、光照度、风速按钮，用来进入不同环境参数监控界面。

温度监控界面中包含温度采集开关，用来控制温度实时监测的启动和停止；可通过“温度上下限调节”按钮，进入温度上下限设置界面；“舒适度调节”按钮用来进入舒适度人机交互相关参数设置界面，在舒适度人机交互界面中包括空间总人数的设置、舒适度调节人数限定值的设置、“当前温度偏高”和“当前温度偏低”两种舒适度调节类型人数的显示，如图 3.13 所示。

光照度监控界面中包含光照度采集开关，用来控制光照度实时监测的启动和停止；显示当前阴暗、光亮、明亮 3 种环境上限和下限的值，并可通过“手动设定”按钮进入光照度上下限设置界面；阴暗环境、光亮环境、明亮环境 3 种类型的上下限均可在上下限设置界面进行设置，如图 3.14 所示。

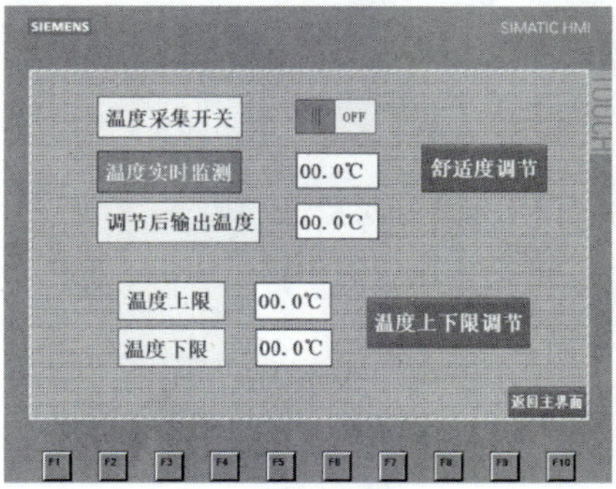

图 3.13　温度监控界面

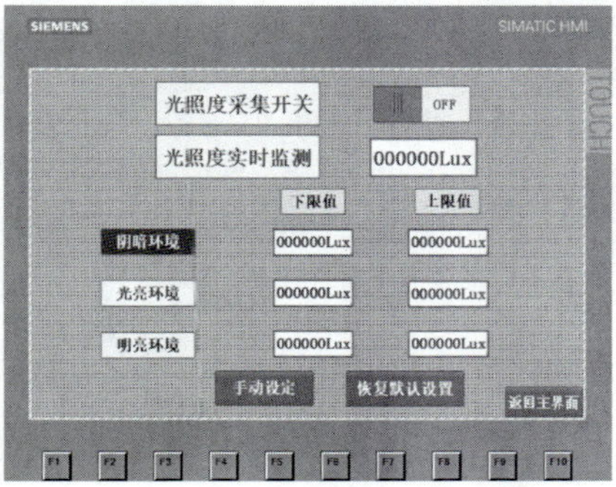

图 3.14　光照度监控界面

湿度监控界面中包含湿度采集开关，用来控制湿度实时监测的启动和停止；可通过“湿度上下限调节”按钮进入湿度上下限设置界面。如图 3.15 所示。风速监控界面与湿度监控界面类似，如图 3.16 所示。

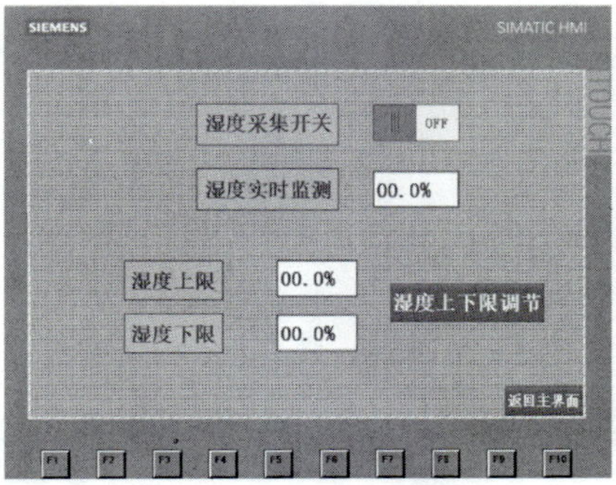

图 3.15　湿度监控界面

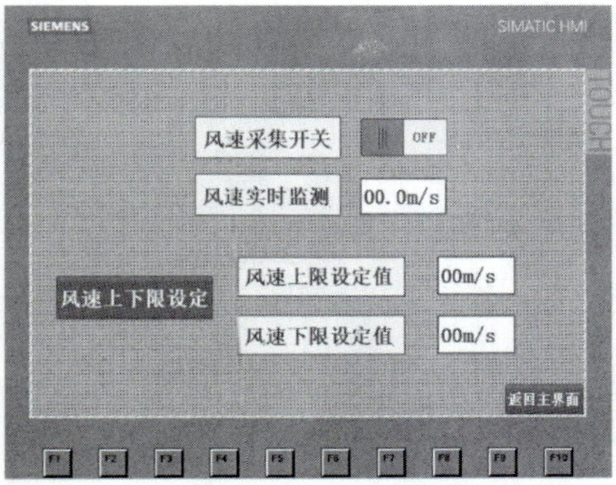

图 3.16　风速监控界面

4. 系统调试

使用管理员账号登录系统，点击“温度”按钮进入温度监控界面，在此界面完成温度上下限和舒适度调节参数设置。点击“温度上下限调节”按钮，进入温度上下限设置界面，在相应位置输入设置值，点击“上限设置”和“下限设置”按钮，完成温度上下限设置。如图 4.1 所示。

在完成温度上下限设置后，点击“返回上一页”按钮，返回温度监控界面，再点击“舒适度调节”按钮，进入舒适度调节界面，点击“空间人数设置”按钮，进入舒适度参数设置界面，在该界面完成空间人数及人数限定参数设置。如图 4.2 所示。

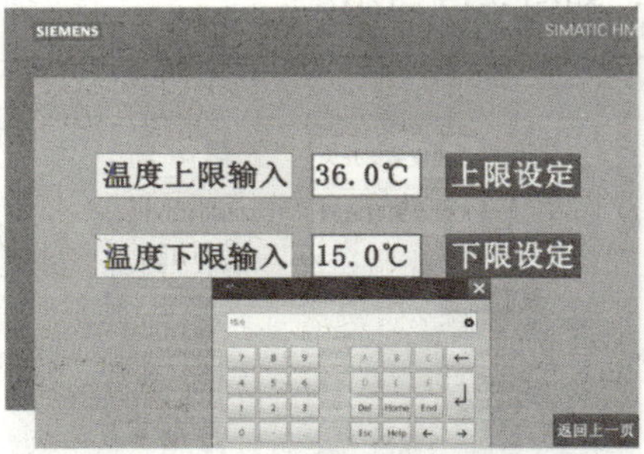

图 4.1　温度上下限设置界面

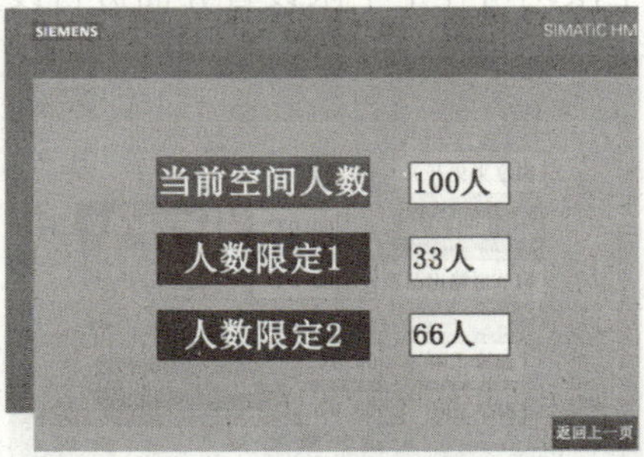

图 4.2　舒适度相关参数设置界面

在完成以上参数设置后，返回到温度监控界面，点击温度采集开关，使其处于“ON”状态，打开温度监控。完成的效果图如图 4.3 所示。在完成温度监控界面的设置后，点击“返回主界面”按钮，回到系统主界面，依照相似的操作，完成湿度监控界面、光照度监控界面、风速监控界面的相关参数设置，完成效果图如图 4.4、图 4.5、图 4.6 所示。

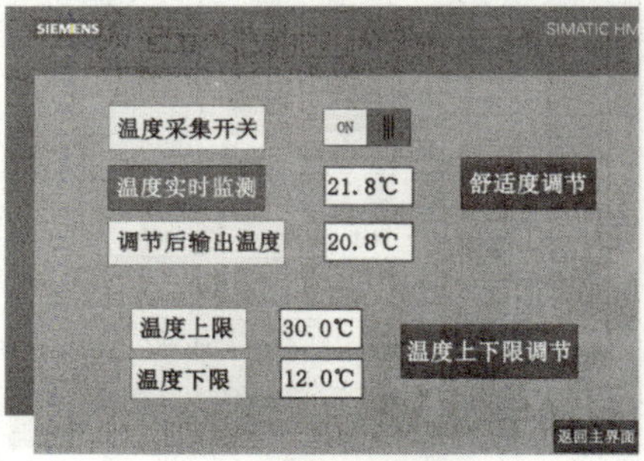

图 4.3　温度监控实时界面

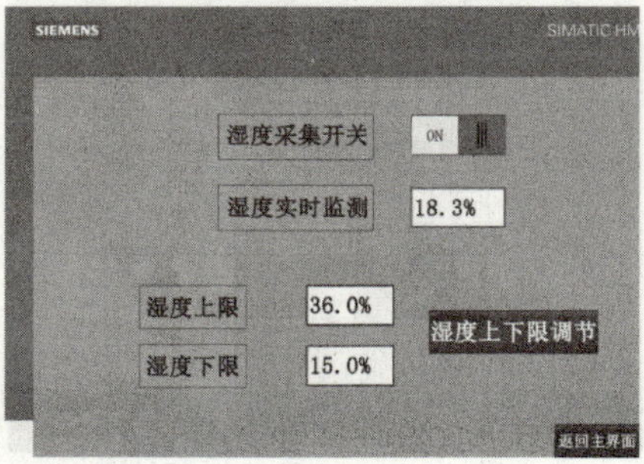

图 4.4　湿度实时监控界面

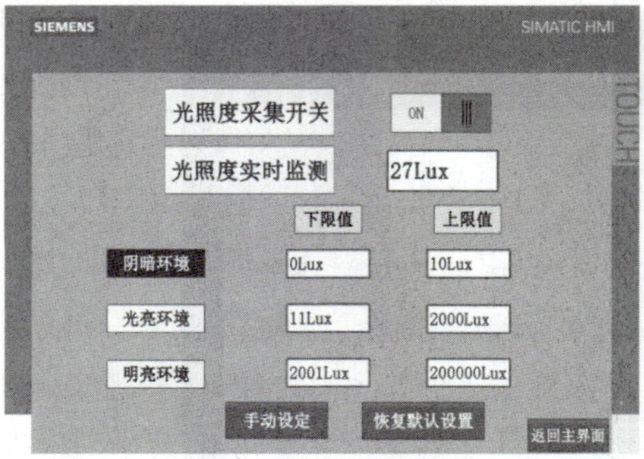

图 4.5　光照度实时监控界面

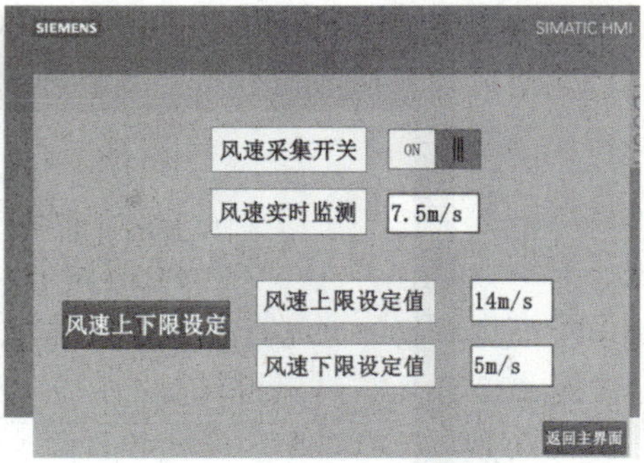

图 4.6　风速实时监控界面

在完成以上设置后，系统处于正常工作状态，能够在不同监控界面查看相应环境参数的实时数据。点击温度监控界面中的“舒适度调节”按钮进入舒适度调节类型登记界面，在一定时间内，楼宇内工作人员可以通过自己的用户账号及密码，进行 1 次舒适度人机交互，对当前楼宇环境的舒适度进行反馈。如图 4.7 所示。

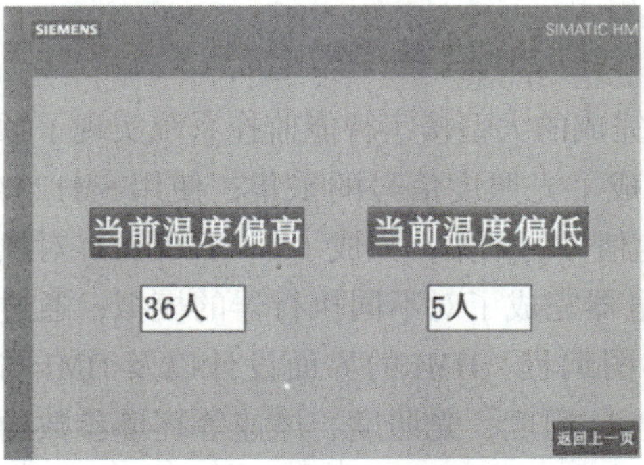

图 4.7　舒适度调节类型登记界面

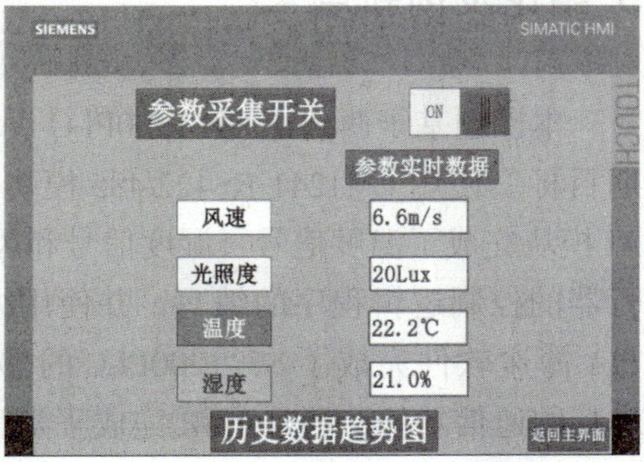

图 4.8　环境参数监控界面

使用门禁卡模拟楼宇工作人员的出入，测试门禁系统。PLC 能够根据读卡器获取的数据和分区控制逻辑，控制代表不同区域执行器的信号灯点亮和熄灭，实现对楼宇内工作区域相关设备的智能分区管理。

在系统主界面点击“环境参数监控系统”按钮，进入环境参数监控界面，在这个界面中，可以查看本课题涉及的 4 种环境参数的实时数据，如图 4.8 所示。点击“历史数据趋势图”按钮，进入环境参数历史趋势图界面，可以查看一段时间内各环境参数的历史趋势图。如图 4.9 所示。

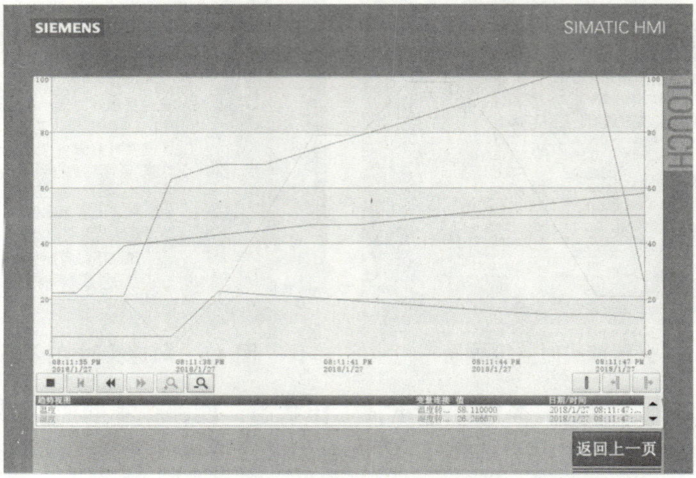

图 4.9　历史数据趋势图

5. 结论及创新点

本课题基于西门子 S7-1200PLC 设计完成的大型楼宇智能监控系统实现了预期目标。使用 CM1241 RS422/485 模块完成了光照度信号的采集；使用 SM1231 AI 模块完成了温度信号、湿度信号和风速信号的采集；完成了 S7-1200PLC 对执行器的控制逻辑程序的编写，并使用继电器完成了对不同执行器的模拟；通过 TIA 博途软件完成了 S7-1200PLC 的梯形图编程、HMI 的界面设计以及 HMI 与 PLC 的通信功能；通过 HMI 完成了对温度、湿度、光照度、风速等环境参数的实时显示、上下限设置功能；完成了舒适度人机交互功能设计，可在 HMI 中对楼宇内总人数、舒适度调节人数等参数进行设置，增加了本系统对于不同楼宇环境下使用的灵活性，拓展了应用场合。完成了系统与门禁读卡器的互联，实现了楼宇内工作区域相关设备的智能分区管理。

系统的创新点在于舒适度人机交互及设备智能分区管理功能。系统中的舒适度调节参数设置可使系统灵活应用于多种楼宇环境，人机交互功能的实现大大增加了楼宇内工作人员对环境舒适度的反馈，使楼宇控制更加智能化；设备智能分区管理功能可在特定区域第 1 位工作人员进入楼宇时，预先打开该区域的相关设备，调节该区域内的环境参数；在最后 1 位工作人员离开楼宇时，关闭该区域相关设备，以达到节能降耗及安全管理的目的。

参考文献

[1] 卢文俊，冷杉，杨建军 . 基于 Modbus 协议的控制器远程监控系统 [J]. 电力自动化设备，2008（06）.

[2] 孙怡 . 楼宇测控系统在现代智能建筑中的应用 [J]. 测控技术，2003，22（8）.

[3] 祝木田，施勇 . Modbus 协议通讯的应用 [J]. 微计算机信息，2004（06）.

[4] 张新荣，张海棠 . 基于 Modbus 协议的触摸屏通讯系统设计 [J]. 筑路机械与施工机械化，2007（03）.

[5] 薛迎成 . PLC 与触摸屏控制技术 [M]. 北京：中国电力出版社，2014.

[6] 西门子（中国）有限公司 . S7-1200 可编程序控制器产品样本 [Z]. 2010.

[7] 韩丽红 . 多功能电能表 RS485 通信接口常见问题分析 [J]. 西北电力技术， 2005（05）.

[8] 王书根，王振松，刘晓云 . Modbus 协议的 RS485 总线通讯机的设计及应用 [J]. 自动化与仪表，2011（05）.

[9] 黄靖博 . RS485 通讯连接方式及其应用 [J]. 大众用电， 2008（09）.

[10] 崔坚 . TIA 博途软件 [M]. 北京：机械工业出版社，2012.

基于视觉处理的服务机器人的设计与制作

北方工业大学：李雅斌　黄学昊　吴思航　汪英祚　关翰麒

指导教师：张贵辰　实验师

摘　要：本课题首先讲述了基于视觉处理的服务机器人的发展和现状，在此基础上确定了系统的总体结构方案，在对比了市场上多种多样的芯片后，选取了具有性价比高、配置丰富灵活、低功耗、结构简单等最大优点的STM32f103单片机，在此基础上对机器人的运动及转向控制、捕捉抓取物品等方面进行设计讨论并研制了一台样机。该服务机器人机身为无线机器，使用7.2V充电电池运作，机身设置红外线传感器，可实现避障功能。同时，通过摄像头的视觉处理系统，机器人可以从远处抓取一个指定物品并带回初始位置。

关键词：服务机器人；单片机；传感器；视觉处理

1. 选题背景

智能移动机器人，是一个集环境感知、动态决策与规划、行为控制与执行等多功能于一体的综合系统。它集中了传感器技术、信息处理、电子工程、计算机工程、自动化控制工程以及人工智能等多学科的研究成果，代表机电一体化的最高成就，是目前科学技术发展最活跃的领域之一。随着机器人性能不断地完善，移动机器人的应用范围大为扩展，不仅在工业、农业、医疗、服务等行业中得到广泛的应用，而且在城市安全、国防和空间探测领域等对人有害或危险场合得到很好的应用。因此，移动机器人技术已经得到世界各国的普遍关注。

计算机视觉是一门研究如何使机器“看”的科学，更进一步说，就是指用摄影机和电脑代替人眼对目标进行识别、跟踪和测量等机器视觉，并进一步做图形处理，使电脑处理成为更适合人眼观察或传送给仪器检测的图像。作为一个科学学科，计算机视觉研究相关的理论和技术，试图建立能够从图像或者多维数据中获取“信息”的人工智能系统。

设计并制作一款具有视觉处理功能的轮式机器人，该机器人可以根据指令完成一系列的动作，比如通过视觉处理从远处取物，实现自动避障等功能。机器人集机械学、电子技术、传感器技术、计算机技术、控制技术、人工智能等诸多学科为一体，是一个综合性很强的研究内容。

2. 方案论证

2.1 基于视觉处理的服务机器人的硬件设计

2.1.1 控制芯片的选择

控制芯片是整个硬件的核心，市场上芯片种类多种多样，选择适合自己电路的芯片。STM32f103 单片机所具有的最大优点是性价比高、配置丰富灵活、低功耗，所以 STM32 单片机在市场上的使用量很大，网上的资料很多，这也是选择 STM32f103 的原因。

2.1.2 电机及电机驱动器的选择

直流电动机是将直流电能转换为机械能的电动机。因其良好的调速性能而在电力拖动中得到广泛应用。直流电动机按励磁方式分为永磁、他励和自励 3 类，其中自励又分为并励、串励和复励 3 种。在我们的方案中，我们选择了 FAULHABER 2342 24CR 电机，该电机功率大，输出扭矩大，其结构为空心杯直流电机，运行平稳，效率高。配套的减速器也具有良好的机械性能，非常适合作为轮子驱动。

表 1　　FAULHABER 2342 参数

项目	额定数据	说明
额定电压	24VDC	
额定电流	1.5A	请在此电流以下使用，长期过载会烧毁电机
额定功率	20W	
减速器	63 ：1	行星齿轮减速器
空载输出转速	120rpm	

续表

项目	额定数据	说明
空载电流	0.15A	
重量	140g	
尺寸	D32mm，L70mm	最大尺寸

直流电机分无刷直流电机和有刷直流电机。无刷直流电机必须要有驱动器才能转动（一般称为电调）。有刷直流电机接上直流电就能转动，如果是精确控制转速和控制正反转，就需要驱动器。上面介绍的 FAVLHABER 2342 直流电机为直流有刷电机，为了能精确控制转速和控制正反转，我们最终选择使用“电机驱动模块 + 直流有刷电机”的方案。

根据“表 1.FAULHABER 2342 参数”，综合考虑，我们最终选择 BDMC1203 电机驱动模块。BDMC1203 工作电压 6.5V ~ 16V，峰值电流 3A，最高可以提供接近 36W 的功率输出。BDMC1203 驱动器配合 FAVLHABER 2342 直流电机能够提供接近 36W 的功率。

图 1　FAVLHABER 2342 直流电机

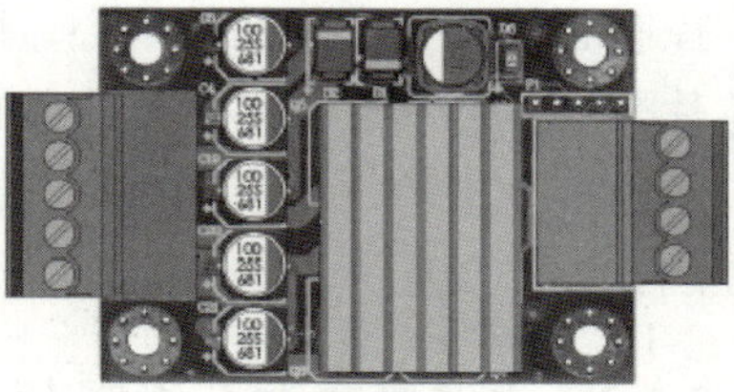

图 2　BDMC1203

左侧接线端子 L1～L5

编号	文字	定义
L1	+12V	电源正
L2	PGND	电源负
L3	EGND	机壳地
L4	MOTO+	电机绕组+
L5	MOTO-	电机绕组-

右侧接线端子 R1～R4

编号	文字	定义
R1	SGND	信号地
R2	SIG	信号
R3	SGND	信号地
R4	SIG	信号

图 3　BDMC1203 线序定义图

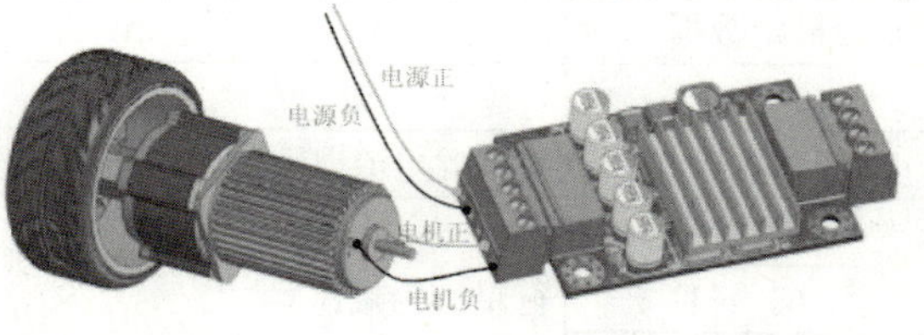

图 4　BDMC1203 驱动与 FAVLHABER 2342 直流电机的接线图

2.1.3 舵机的选择

机器人的两条机械手臂是其抓取物品时需要使用的主要部位，我们选择使用CDS5516 伺服机来搭建机器人的手臂。CDS5516 机器人伺服电机（机器人舵机）属于一种集电机、伺服驱动、总线式通信接口为一体的集成伺服单元，非常适合替代 RC 舵机，作为微型机器人的关节、轮子、履带驱动，也可用于其他简单位置控制场合。CDS5516 机器人舵机采用先进的伺服控制技术和高速微处理器，响应速度快、到位准确无抖动。相比传统 RC 舵机 50Hz 的控制频率，CDS 系列机器人舵机通过高达 250Hz 的控制频率,确保位置控制的准确和保持力矩的稳定性。CDS5516 继承 RC 舵机的优点，并针对机器人应用进行了优化。其理想应用领域是：小型仿人形机器人、小型关节式机器人、其他小型仿生机器人、机器人轮子或履带驱动，以及需要简单位置控制的工业自动化。

图 5　CDS55XX 系列机器人舵机

2.1.4 避障模块的选择

机器人在运行中应当保障自己的安全，避障模块可以达到类似人体感官（眼睛、耳朵等）的功能。我们的小车在运行的过程中，通过避障模块的检测可以避开障碍物，防止不必要的碰撞。避障模块的选择多种多样，此方案中我们选择红外接近传感器来搭建小车的避障模块。

红外接近传感器的原理：红外接近传感器俗称光电开关。它是利用被检测物对光束的遮挡或反射，由同步回路选通电路，从而检测物体有无的。光电开关将输入电流在发射器上转换为光信号射出，接收器再根据接收到的光线的强弱或有无对目标物体进行探测。工作原理如图 6、图 7 所示。多数光电开关选用的是波长接近可见光的红外线光波型，因此也称为红外开关。

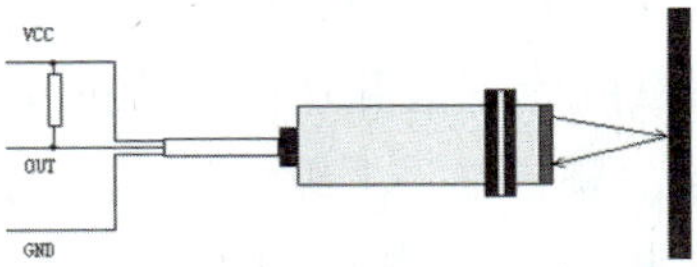

图 6　红外接近传感器工作原理

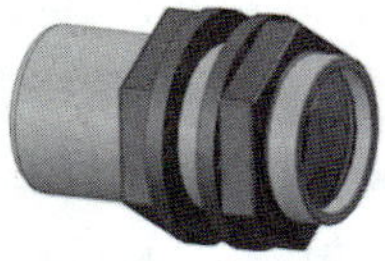

图 7　E18-B0 红外接近传感器

2.1.5 视觉处理模块的选择

视觉处理模块是机器人识别需要抓取的特定物品的关键，我们使用 OV2640 摄像头来搭建视觉处理模块。摄像头通过捕捉特定物品的颜色来确定物品的位置，然后配合红外接近传感器来调整其与特定物品的位置关系，最终达到可以抓取物品的合理位置。

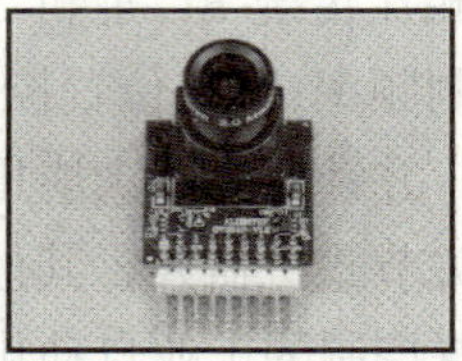

图 8　OV2640 摄像头

2.2 基于视觉处理的服务机器人的软件设计

2.2.1 软件开发环境

单片机开发中除必要的硬件外，同样离不开软件，我们写的汇编语言源程序要变为 CPU 可以执行的机器码有两种方法：一种是手工汇编；另一种是机器汇编，目前已极少使用手工汇编的方法了。机器汇编是通过汇编软件将源程序变为机器码，用于 MCS–51 单片机的汇编软件有早期的 A51。随着单片机开发技术的不断发展，从普遍使用汇编语言到逐渐使用高级语言开发，单片机的开发软件也在不断发展，Keil 软件是目前最流行开发 MCS–51 系列单片机的软件，这从近年来各仿真机厂商纷纷宣布全面支持 Keil 即可看出。Keil 提供了包括 C 编译器、宏汇编、连接器、库管理和一个功能强大的仿真调试器等在内的完整开发方案，通过一个集成开发环境（uVision）将这些部分组合在一起。运行 Keil 软件需要 Pentium 或以上的 CPU；16MB 或更多 RAM、20M 以上空闲的硬盘空间；WIN98、NT、WIN2000、WINXP 等操作系统。对于 51 系列单片机的爱好者来说，Keil 软件是十分必要的工具，如果使用 C 语言编程，那么 Keil 将是首选，即使不使用 C 语言而仅用汇编语言编程，其方便易用的集成环境、强大的软件仿真调试工具也有着其巨大的优势。Keil C51 软件提供丰富的库函数和功能强大的集成开发调试工具，全 Windows 界面。另外重要的一点，只要看一下编译后生成的汇编代码，就能体会到 Keil C51 生成的目标代码效率非常高，多数语句生成的汇编代码很紧凑，容易理解，在开发大型软件时更能体现高级语言的优势。

2.2.2 程序设计流程图

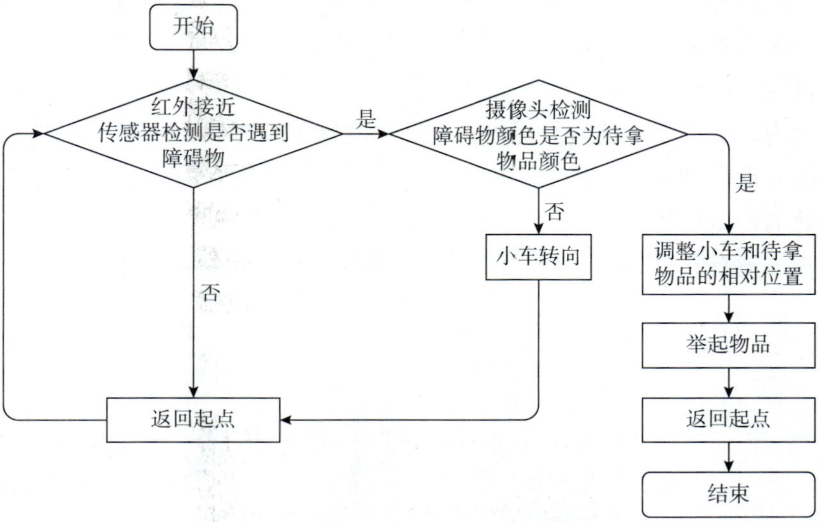

图 9 程序设计流程图

注：相关驱动程序见附录。

3. 研究方法

文献研究法是根据一定的研究目的或课题，通过调查文献来获得资料，从而全面地、正确地了解掌握所要研究问题的一种方法。文献研究法被广泛用于各种学科研究中。其作用有：①能了解有关问题的历史和现状，帮助确定研究课题。②能形成关于研究对象的一般印象，有助于观察和访问。③能得到现实资料的比较资料。④有助于了解事物的全貌。

实证研究法是科学实践研究的一种特殊形式。其依据现有的科学理论和实践的需要，提出设计，利用科学仪器和设备，在自然条件下，通过有目的、有步骤地操纵，根据观察、记录、测定与此相伴随的现象的变化来确定条件与现象之间的因果关系的活动。主要目的在于说明各种自变量与某一个因变量的关系。

在本次活动中，我们利用以上两种研究方法，逐步解决了遇到的一些问题和困难，最终达到了预期的要求和结果。

4. 研究结果

本次活动期间，我们查阅了大量的技术资料。在实验室的各位教师和师兄的指导下，熟悉 STM32f103 芯片、红外传感器、CDS5516 舵机、颜色识别摄像头和 BDMC1203 的相关开发流程，在对相关芯片有了较为深入的了解以后，我们初步设计了机器人的硬件结构，最后调试机器人整体，达到了预计的设计要求；机器人可以实现自由移动（前进、后退、左转、右转），可以通过视觉处理以及红外传感器等实现自动避障、自动寻迹等功能；可以通过指令的传达从远处帮助主人拿回远处的特定物体。我们设计的这款机器人，初步达到了设计要求，但是对于搬运的物体还有着很多的限制，比如重量不能太大、对宽度有要求。

图 10　机器人实物照片

通过这次活动，我们不仅学习到了很多电力电子知识并且熟练运用，而且了解了电路设计的知识，初步熟悉了 STM32f103 芯片，以及红外线传感器、颜色识别摄像头、BDMC1203 和电机的应用，最重要的是磨炼了我们的毅力，虽然经历了很多次失败，但我们始终没有放弃，并且从中领悟了很多道理，收获颇丰。

5. 创新点

该基于视觉处理的服务机器人无须外接线路，整体完全自主独立，无须控制，可以根据指令完成一系列的动作，比如通过视觉处理从远处取物，实现自动避障等功能。

参考文献

[1] 王田苗，陶永，陈阳 . 服务机器人技术研究现状与发展趋势 [J]. 中国科学：信息科学，2012，42（09）：1049–1066.

[2] 嵇鹏程，沈惠平 . 服务机器人的现状及其发展趋势 [J]. 常州大学学报（自然科学版），2010，22（02）：73–78.

[3] 宋章军 . 服务机器人的研究现状与发展趋势 [J]. 集成技术，2012，1（03）：1–9.

[4] 原新，朱齐丹，许辉 . 移动机器人的视觉处理方法及实现 [J]. 哈尔滨工程大学学报，2003（01）：41–44.

[5] 张杰 . 基于机器视觉的图像采集与处理系统研究 [D]. 成都理工大学，2006.

[6] 赵彩霞 . 基于 STM32 移动机器人目标动态追踪的研究 [D]. 内蒙古大学，2017.

[7] 缪志强 . 自主移动机器人运动控制与协调方法研究 [D]. 湖南大学，2016.

[8] 杨宗林 . 物料搬运移动机器人的优化设计 [D]. 合肥工业大学，2017.

[9] 杜丹丹 . 自主物流移动机器人导航系统研究 [D]. 天津理工大学，2017.

[10] 李凡 . 移动机器人视觉定位与避障系统研究 [D]. 西南石油大学，2016.

竞赛用智能车故障诊断与功能调试软件开发项目研究报告

北方工业大学：王　傲　王慧圣

指导教师：郑　勇　高级实验师

摘　要：以组织参加智能车竞赛为背景，开发了一种辅助训练装置，训练装置以K60单片机作为控制核心，电源部分、传感器部分、执行器部分等各种功能部件，可以完成智能车竞赛所需要的基础训练，包括传感器的信息采集与处理、电机驱动、舵机驱动等，也可以实现电机转速的闭环PID控制等。

关键词：智能车竞赛；K60；PID控制算法

1. 绪论

全国大学生智能车竞赛在各项大学生科技赛事中有较大的影响力和较高的知名度，为培养科技创新人才搭建了平台。智能车竞赛涉及ARM核单片机程序设计、硬件电路设计与调试、传感器与执行器、控制算法设计、通信协议开发等诸多专业内容，综合性较强，而学生每年都要从接近零基础开始学习掌握，有一定难度且学习效率不高。智能车竞赛的规则每年也会有所变化，竞赛开展的困难在于需要每年采购各式零散部件，难以循环使用；由于缺乏适宜的训练平台，难以形成知识积累，也难以形成一套完整的竞赛训练体系，在实践教学效果上存在不足之处。学生在竞赛训练箱上完成相应的基础训练后，可以比较顺利地过渡到实际的竞赛用智能车设计中去，显著提高了学习效率。

2. 系统硬件设计

智能车竞赛训练箱以 K60 单片机作为控制核心，其他还包括电源部分（提供 7.2V、6V、5V、3.3V 等几路电源），传感器部分（包括摄像头、CCD 光电传感器、电磁传感器、加速度传感器、陀螺仪、光电管及光电开关、光电编码器、超声波测距等），执行器部分（2 路电机驱动、1 路数字舵机驱动、1 路模拟舵机驱动），通信部分（USB 通信模块、无线蓝牙模块、无线 WiFi 模块），另外还包括 OLED 显示屏、SD 卡、拨码开关、LED 流水灯、多路按键等辅助功能部件。基于这种训练装置，可以完成摄像头、光电、电磁等多组别智能车竞赛所需要的基础训练，包括各种传感器的信息采集与处理、电机驱动、舵机驱动等，也可以实现电机转速的闭环 PID 控制等。学生在完成相应的基础训练后，可以比较顺利地过渡到实际的竞赛用智能车设计中去。

智能车竞赛训练箱的组成如图 1 所示。

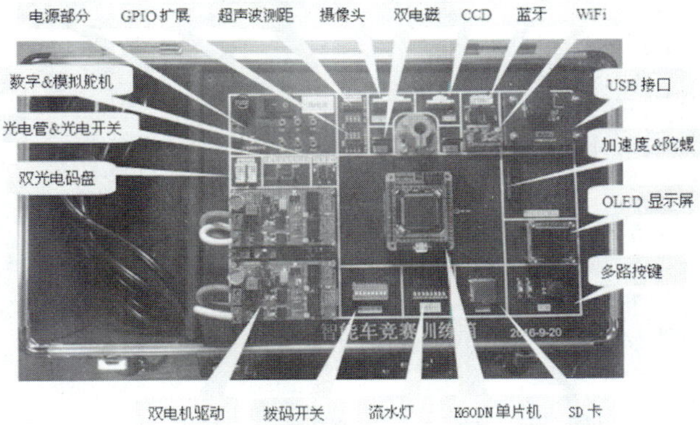

图 1　智能车竞赛训练箱硬件组成

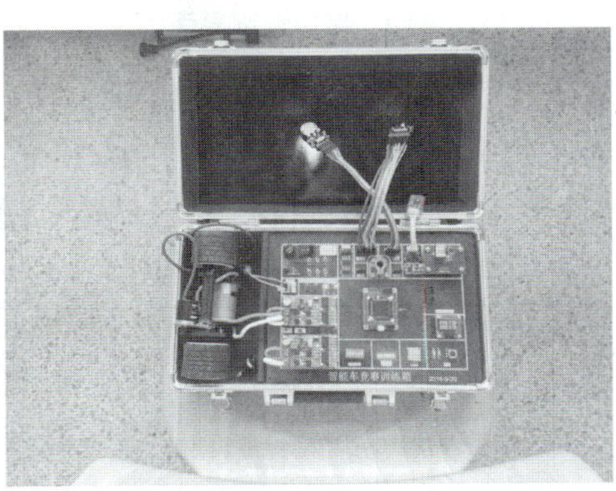

图 2　使用训练箱进行赛车调试

3. 功能调试软件

基于 VB/C# 对智能车竞赛调试软件进行开发，能够对电机、舵机进行驱动，还能利用摄像头采集道路信息。软件有 3 个控制界面，在串口调试界面，可以通过指令的输入控制电机和舵机的运动，也可以通过指令控制摄像头、CCD 光电传感器采取道路信息，回复字符信息；在实时曲线控制界面，可以得到各项数据的示波图形，也可以得到 CCD 光电传感器和摄像头的图像信息；在遥控界面，可以定量遥控电机和舵机的运动。

3.1　串口调试的控制

串口调试界面，可以通过指令的输入控制电机和舵机的运动，也可以通过指令控制摄像头、CCD 光电传感器采取道路信息，回复字符信息。

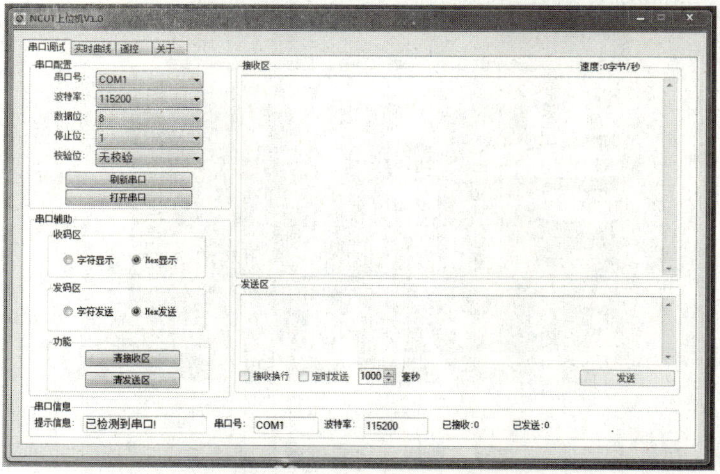

图 3　串口调试界面

“刷新串口”能够刷新出电脑与训练箱之间的串口连接，接着在“串口配置”中的“串口号”选择相应的串口，然后按下“打开串口”，打开电脑和训练箱的通信通道，结合通信协议表，在发送区发送相应的控制指令，就能实现相应的功能。

表 1　　通信协议表

指令	字节 1	字节 2	字节 3	回复
电机 1 输出 V	00	0X	XX	无
舵机 1 输出 V	01	0X	XX	无
电机 2 输出	02	0X	XX	无

续表

指令	字节 1	字节 2	字节 3	回复
舵机 2 输出	04	0X	XX	无
CCD 图像	05	00	00	一张图
	05	00	10	连续接受图像
	05	00	FF	停止上传图像
CMOS 图像	06	00	00	一张图
	06	00	10	连续接受图像
	06	00	FF	停止上传图像
注意：上述 CCD 和 CMOS 协议对用户不可见，用户只能看到协议对应的按钮				
AD（模拟量输入）	03	任意	通道号 00–07 00 转速 1V 01 电磁 1V 02 电磁 2V 03 电磁 3V 04 电磁 4V 05 陀螺 1V 06 陀螺 2V 07 陀螺 3 V 08 超声波测距 09 转速 2 10 11 12 13 14 15	0X XX

注：XX 代表 16 进制数据 00–FF；8 位数据位，1 位停止位，无奇偶校验位，115200bps。

对于电机和舵机的控制，以电机 1 为例，发送区输入指令应为“000XXX”，指令“000800”表示电机停止的数据；指令“000FFF”表示正向转动最大的数据；指令“000000”表示电机反向转动最大的数据。舵机控制指令的数据同理。

3.2 程序设计

```
Byte[] ReceiveDataArray_1 = new Byte[n];          //ReceiveDataArray 数组表示 COM 口接受的数据量
                    SerialPort_ReceiveData_Count += this.SerialPortNow.BytesToRead; // 接收数据累加
                    this.SerialPortNow.Read（ReceiveDataArray_1，0，ReceiveDataArray_1.Length）；
                                                  // 读取数据到 ReceiveDataArray 数组
```

```
                this.SerialPortNow.DiscardInBuffer（）；             //清空 SerialPort 数据缓冲 Buff
                if（TabControl_SerialProt_SelectedTabNow == " 串口调试 "）
                {
                    if
（this.MasterPC_TabPage_SerialPort_Receive_RadioButton_String.Checked）//RadioButton 选中接收 ASCII 字符
                    {
                        SerialPort_ReceiveData_Finish = false；       //数据接收处理未完成
                        ReceiveDataString = null；
                        for（int i = 0；i < ReceiveDataArray_1.Length；i++）
                        {
                        ReceiveDataString +=
Convert.ToChar（ReceiveDataArray_1[i]）；
                                                                      //接收到的字符数据
                    }
                    ReceiveDataString += " "；//字符串结尾加空格
                    SerialPort_ReceiveData_Finish = true；//数据接收处理完成
                }
                else//RadioButton 选中接收 16 进制字符
                {
                    SerialPort_ReceiveData_Finish = false；//数据接收处理未完成
                    ReceiveDataString = null；
                    for（int i = 0；i < ReceiveDataArray_1.Length；i++）
                    {
                        ReceiveDataString +=（"" +
ReceiveDataArray_1[i].ToString（"X2"）+ " "）；//将接收到的字符数据转换成 16 进制数据（形式 0xAA）
                    }
                    SerialPort_ReceiveData_Finish = true；//数据接收处理完成
                }
            }


    //串口发送数据
            try
            {
              if（this.MasterPC_TabPage_SerialPort_Send_RadioButton_String.Checked）//RadioButton 选中
发送 ASCII 字符
              {
                this.SerialPortNow.Write（this.MasterPC_TabPage_SerialPort_TextBox_Send.Text）；//串口
发送文本
              }
              else//RadioButton 选中发送 Hex 字符
              {
                    for（int i = 0；i <（this.MasterPC_TabPage_SerialPort_TextBox_Send.Text.Length - this.
MasterPC_TabPage_SerialPort_TextBox_Send.Text.Length % 2）/ 2；i++）//取余 3 运算作用是防止用户输入的
字符为奇数个
                  {
                    Data[0] = Convert.ToByte（this.MasterPC_TabPage_SerialPort_TextBox_Send.Text.Substring
（i * 2，2），16）；
                      SerialPortNow.Write（Data，0，1）；//循环发送（如果输入字符为 0A0BB，则只发
```

```
送 0A，0B）
                    }
                    if（this.MasterPC_TabPage_SerialPort_TextBox_Send.Text.Length % 2 != 0）// 剩下一位单
独处理
                    {
                        Data[0] = Convert.ToByte（this.MasterPC_TabPage_SerialPort_TextBox_Send.Text.Substring
（this.MasterPC_TabPage_SerialPort_TextBox_Send.Text.Length－1，1），16）；// 单独发送 B（0B）
                        SerialPortNow.Write（Data，0，1）；// 发送

                    }
                }
                SerialPort_SendData_Count += this.MasterPC_TabPage_SerialPort_TextBox_Send.Text.Length;
// 已发送数据长度
                this.MasterPC_TabPage_SerialPort_Label_Information_Send.Text = " 已发送：" + SerialPort_
SendData_Count.ToString（）；// 已发送数据
                // 发送数据限幅
                if（SerialPort_SendData_Count > 32767）// 如果发送的数据量超过 32767
                {
                    SerialPort_SendData_Count = 32767；// 保持发送的数据量为 32767
                }
            }
```

3.3 调试展示

在串口调试之中，可以通过发送指令得到 CMOS 图像的二值化数据，当输入值为“060000”时可以得到一张图像信息，结果如下图。

当输入指令“060010”时，摄像头连续采取图像，并持续显示，输入指令“0600FF”时，摄像头停止上传图像，结果如下图所示。

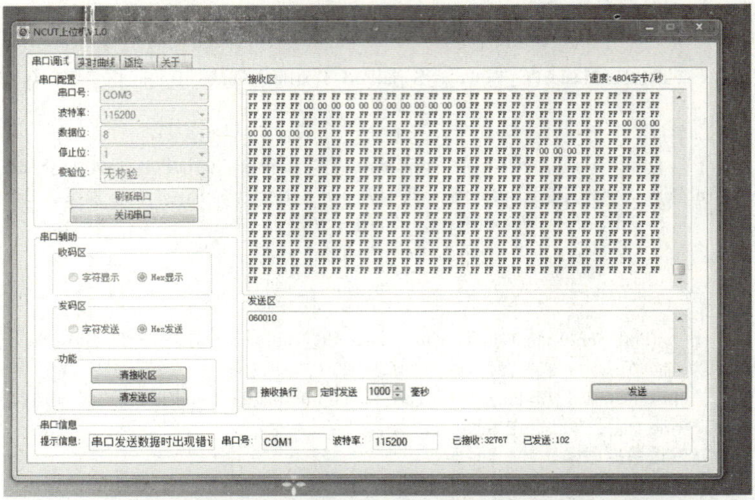

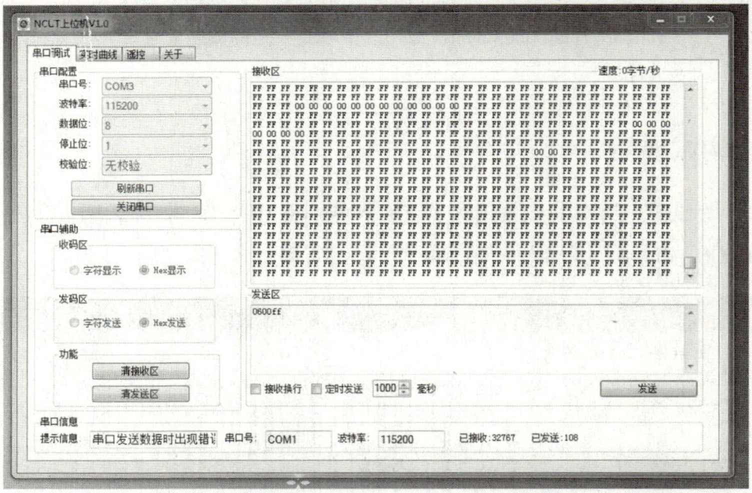

3.4 实时曲线的调试

在实时曲线控制界面，可以得到各项数据的示波图形，也可以得到 CCD 光电传感器和摄像头的图像信息。

串口曲线可以监测各数值的波形图，利用 ZedGraph 处理波形图，开发具体程序处理各曲线并能够同时呈现在串口曲线图之中；摄像头 OV7725 是一款低功耗的 CMOS 摄像头，640×480 的感光阵列，能实现最快每秒 60fps VGA 分辨率的视频，并且分辨率、输出数据格式、图像特性等可配置。在这里输出信号的格式选择最低分辨率（因为小车在高速运行的过程中对图像采集频率要求很高，只能降低分辨率）。

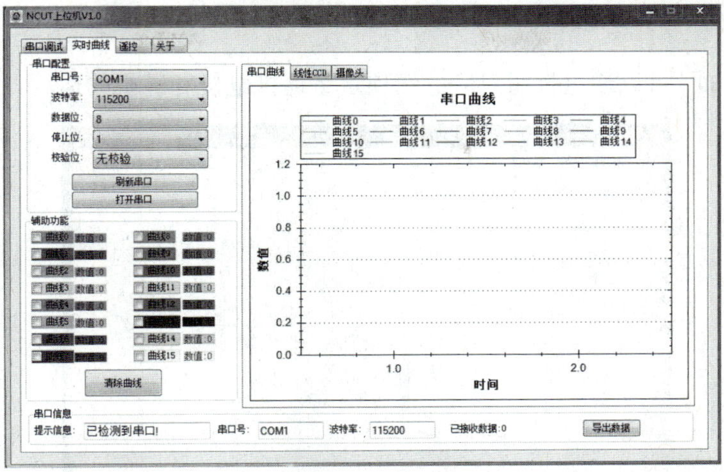

图 4　实时曲线界面

“刷新串口”能够刷新出电脑与训练箱之间的串口连接，接着在“串口配置”中的“串口号”选择相应的串口，然后按下“打开串口”，打开电脑和训练箱的通信通道，接着勾选所需要的曲线就能观察相应的波形图。

3.5　摄像头功能的调试

摄像头是 640 × 480 的感光阵列，能实现最快每秒 60fps VGA 分辨率的视频，并且分辨率、输出数据格式、图像特性等可配置。在这里输出信号的格式选择最低分辨率。

当侦测到如图所示赛道示例时，可以得到所监测到的道路信息。

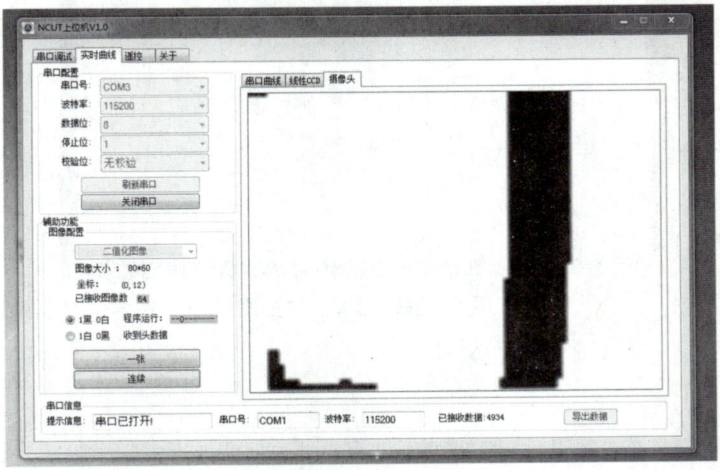

图 5　侦测赛道示例

3.6 遥控功能设计

遥控界面，可以通过按钮对应的选项定量遥控电机和舵机的运动大小和方向。

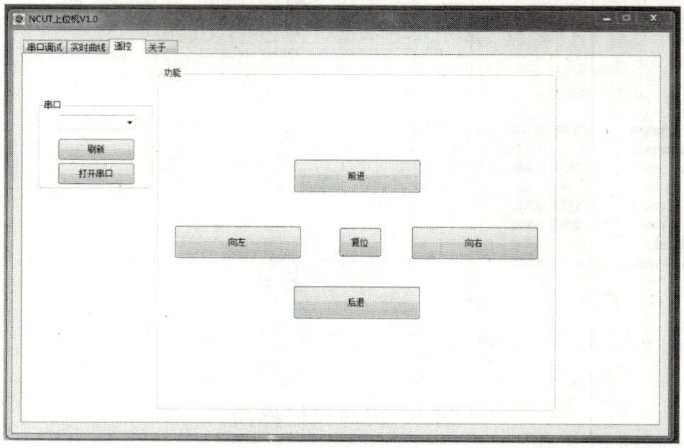

图 6 遥控的界面图

“刷新”能够刷新出电脑与训练箱之间的串口连接，接着在“串口”中选择相应的串口，然后按下“打开串口”，打开电脑和训练箱的通信通道，“前进”“后退”是控制电机的运动方向，每个方向各有 3 个速度挡位；“向左”“向右”是控制舵机的旋转方向，每个方向各有 3 个大小挡位；复位能让所有运动回到原位。具体图像如下图所示。

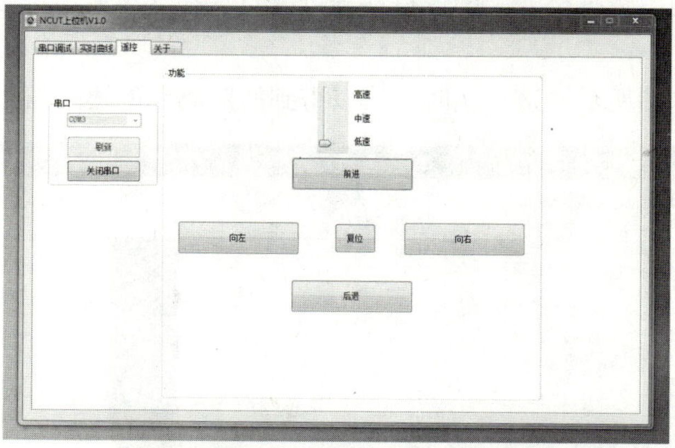

图 7 操作后遥控界面图

参考文献

[1] 蔡述庭 . 智能汽车竞赛设计与实践 [M]. 北京：北京航空航天大学出版社， 2012.

[2] 隋金雪，杨莉，张岩．飞思卡尔杯智能汽车设计与实例教程 [M]. 北京：电子工业出版社，2014.

[3] 綦声波，张玲．飞思卡尔杯智能汽车设计与实践 [M]. 北京：北京航空航天大学出版社，2015.

[4] 闫琪，王江，熊小龙，等．智能车设计 [M]. 北京：北京航空航天大学出版社，2014.

[5] 陈万米．智能机器人的创新与实践 [M]. 上海：上海大学出版社，2012.

[6] 李江全等 .Visual C#.NET 串口通信及测控应用典型实例 [M]. 北京：电子工业出版社，2012.

[7] 王盼宝等．智能车制作 [M]. 北京：清华大学出版社，2018.

网络云智能停车诱导系统

北方工业大学：赵梦彤　张　岱　周芷晴　赵文俊　李嘉文

指导教师：周慧娟　副教授

摘　要：针对城市“停车难”问题，本文提出网络云智能停车诱导系统，该系统主要由停车场子系统、云端数据实时收发平台、用户子系统3部分构成，并以无线网络作为数据传输媒介。本系统现已能实现车位信息实时查看、车位预订、车位导航、反向寻车以及快速缴费等功能。

关键词：智慧停车；泊位预订；车位导航；组合导航；反向寻车

1. 研究背景及意义

在2016年11月召开的中国城市静态交通论坛中指出，目前我国机动车保有量已超过2亿辆，其中有47个城市的汽车超过100万辆，北上广深等大城市超过200万辆，而且这些汽车绝大部分时间处于停放状态，全国停车位缺口达到5千万个。另有研究表明，30%的城市交通拥堵均因车主四处寻找停车位造成，由于找不到停车位，车辆乱停乱放现象严重，进一步加深了城市交通拥堵的情况，严重制约着城市的发展。由此可见，“停车难”已成为城市交通领域不可忽视的问题。

目前，国内解决“停车难”问题的方法主要是通过树立LED分级停车诱导屏来对车辆进行泊位引导。在日本，通常会利用不同的颜色区分设置分层空满显示屏，驾驶员进入停车楼后通过颜色的不同寻找空车位。但此类方法会因分散驾驶员注意力而提高行车危险性，并且由于缺乏停车场内精确的车位引导，驾驶员仍无法迅速地进入车位停放车辆，极易造成场内交通拥堵；随着“互联网+”的热潮，智慧城市逐渐发展，继2014年美国推出了首个智慧停车App后，国内也产生了许多致力于“互联网智慧停车”模式的智慧停车 App，但现有的停车 App 基本都是只能查询停车场空余泊位数量以及将车辆导航到停车场，由于用户不能及时掌握停车场内部信息，使得驾驶员进入停车场内后，仍需要无序流动寻找车位，产生大量无效交通流，进而造成停车场的交通拥堵。因此，研究一种集实时车位状态显示、车位预订以及精确到车位级别的导航功能于一身的智慧停车系统是十分必要的。

2. 系统设计与关键技术

2.1 系统设计

基于组合导航的行车引导与停车管理系统主要由云端数据实时收发平台、停车场子系统、用户车载子系统 3 个部分构成，系统逻辑结构如图 1 所示。

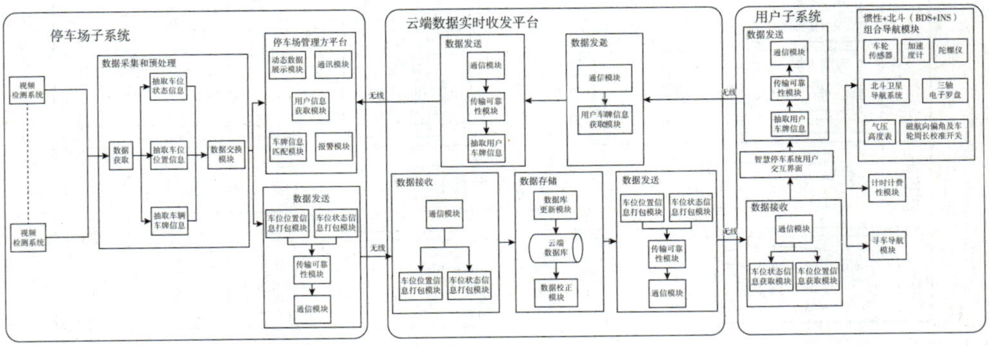

图 1　系统逻辑结构图

（1）停车场子系统中视频检测系统主要采用“‘一对六’无线高清视频车位检测器”检测车位状态以及车辆车牌信息；当视频检测器检测到车位状态信息以及车辆的车牌信息后经过数据预处理并通过数据交互模块传送给通信模块将车位状态和位置信息通过无线网打包发送。同时停车场管理方平台将对该停车场车位状态和车牌信息进行动态的显示，并与接收到的用户车牌信息进行匹配，若不匹配则触发报警模块。

（2）云端数据实时收发平台主要对数据进行接收、储存以及发送。当接收到车位状态以及车位位置信息后，数据库更新模块则对云端数据库进行数据更新后再将车位状态以及位置信息打包通过无线网发送到用户子系统；当云端接收到用户的车牌信息后再将用户车牌信息通过无线网发送到停车场管理方平台，以此来实现整个系统3大部分信息的实时交互功能。

（3）用户子系统接收到车位状态及位置信息后，用户可以通过界面直观地观看到所选择停车场各车位状态。当用户预订车位后，用户车载子系统自动通过无线网络发送用户的车牌信息并获取所预订车位的位置信息，开启BDS+INS组合导航系统进行停车场及车位导航。三部分之间具有密切联系，数据信息不断进行实时交互，为提高停车场车位信息的透明度提供了保障。

2.2 系统架构

本系统主要由数据层、接口层、应用层以及用户层组成，见图2。

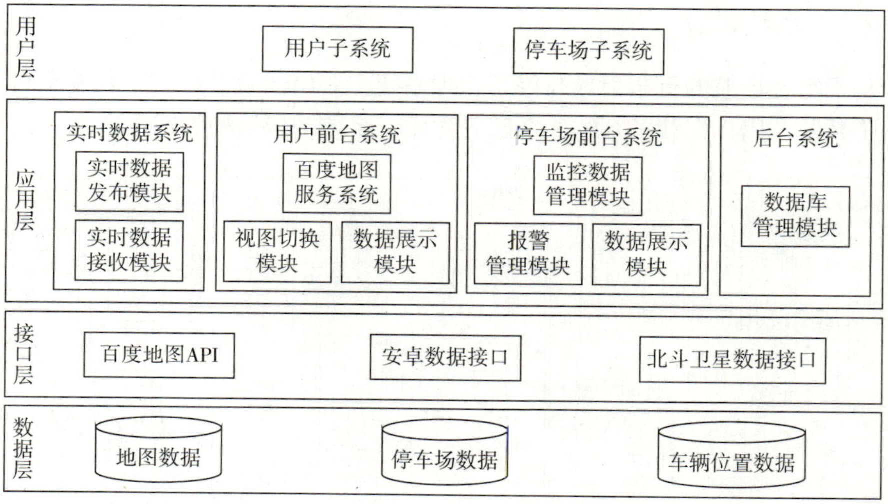

图2　系统架构图

（1）数据层。数据层是接口层、应用层以及用户层的前提条件，为整个系统功能的实现提供了强大的数据基础。其中主要包括地图数据、停车场数据以及车辆位置数据。本系统中，地图数据主要来自百度地图，停车场数据主要来自于停车场视频检测器，车辆位置数据则主要来自北斗卫星导航系统以及惯性导航系统。

（2）接口层。包括百度地图API、安卓（Android）数据接口以及北斗卫星数据接口。其中主要应用百度地图API提供的BaiduMap.OnMapClickListener（地图单击事件监听接口）、BaiduMap.OnMarkerClickListener（地图Marker覆盖物点击事件监听接口）、InfoWindow.OnInfoWindowClickListener（信息窗口点击事件监听接口）等接口。

（3）应用层。系统应用层包含实时数据系统、用户和停车场前台系统以及后台系统。通过数据层以及接口层的技术支撑和各部分数据的不断交互，以实现整个系统的全部功能。

（4）该系统用户层主要由用户子系统和停车场子系统构成。

2.3 系统功能设计

基于以上需求和系统设计，整个系统的功能设计如图 3 所示。基于 Android 开发环境，系统主要向用户提供便捷停车并辅助停车场方管理停车场的功能。

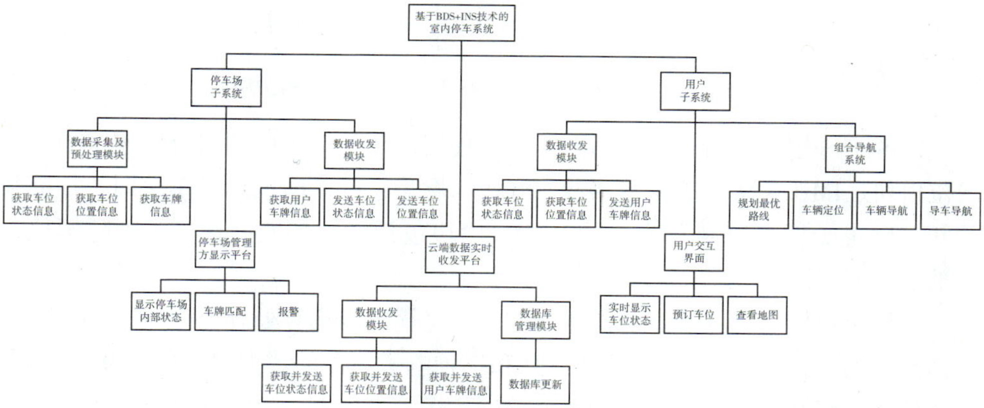

图 3 系统功能设计图

（1）用户子系统。用户可以通过用户交互界面完成在出行前查看所选停车场车位状态、预订空余车位以及通过组合导航模块进行规划最优路线、停车场导航和车位导航等功能。

（2）停车场子系统。停车场方通过数据采集模块采集到车位状态、位置信息和车牌信息作为系统的数据基础；停车场管理方还可以通过显示屏观测停车场车位占有情况，以及进行预订该车位的车辆车牌信息与检测到实际停到该车位车辆车牌信息的匹配和报警。

（3）云端数据实时收发平台。主要负责车位状态、位置数据和用户车牌信息的传输、更新及储存。

2.4 北斗 + 惯性（BDS+INS）组合导航技术

该系统的技术难点在于如何实现精度达到车位级别的室内导航。在室内，卫星信号穿透墙壁的能力较弱，导航精度也大大降低，因此目前一些停车 App 单纯使用卫星导航系统将车辆导航至停车场，不能将用户准确引导至车位，极易造成因驾驶员寻找车位而造成的停车场内交通拥堵。为实现更深一层次的导航，本系统采用了 BDS+INS 组合导航系统，如图 4 所示。

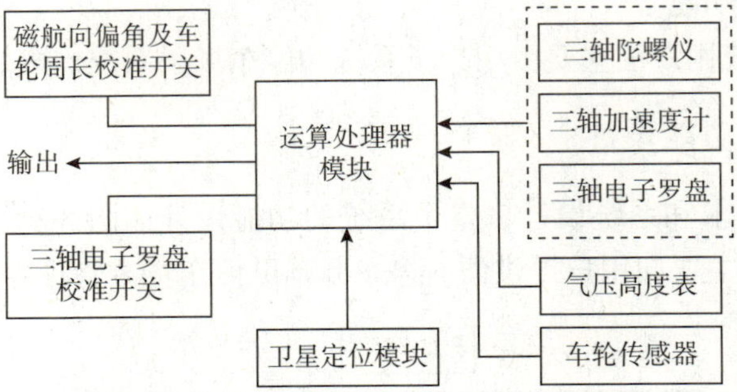

图 4　北斗 + 惯性（BDS+INS）组合导航系统结构图

BDS+INS 组合导航系统包括：运算处理器以及与运算处理器分别连接的卫星定位模块、IMU 模块、车轮传感器、气压高度表、磁航向偏角及车轮周长校准开关和三轴电子罗盘校准开关，其中 IMU 模块包括三轴加速度计、三轴陀螺仪、三轴电子罗盘。

卫星定位模块将其确定的位置和速度信息输出到运算处理器模块；IMU 模块将其测得的三轴陀螺仪、三轴加速度计和三轴电子罗盘的数据输出到运算处理器；车轮传感器将其测得的车轮转动数据输出到运算处理器；气压高度表和卫星定位模块的输出，将其共同测得的高度数据输出到运算处理器，通过运算处理器的解算处理，能够解算出车体的高度；IMU 模块和车轮传感器的输出，通过运算处理器的解算处理，能够解算出车体的姿态、水平速度、水平位置。这种方法能够解决一定时间内没有卫星信号的情况下的车体定位问题。

3. 系统实现

3.1　硬件实现

停车场信息获取方面，采用可自动检测泊位状态以及所停车辆车牌信息并通过无线网自动上传至所设服务器的“‘一对六’无线高清视频检测器”；用户子系统硬件使用嵌入式 4412 开发板来开发终端软件，通过 WiFi 接口与支持

WiFi 及 TCP/IP 协议的 WiFi 模块相连；通过蓝牙接口与北斗时空信息技术（北京）有限公司所提供的北斗 + 惯性（BDS+INS）导航模块进行连接；通过 HDMI 接口连接高清触摸显示屏，便于用户操作。

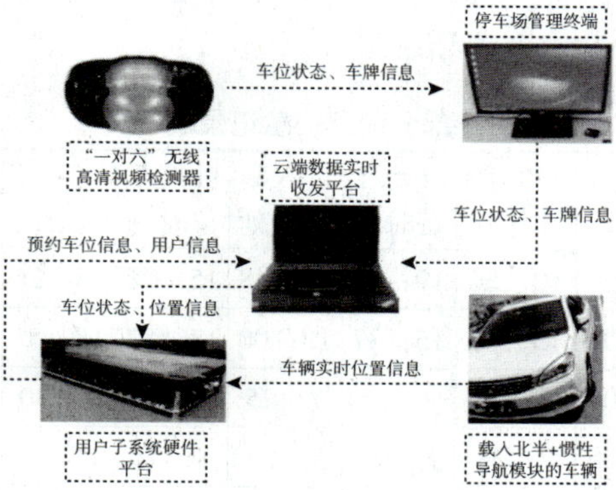

图 5　系统硬件组成示意图

3.2　软件实现

本系统目前以北方工业大学停车场为例，由于技术原因目前通过人工调研获取场内地图，从而开发出系统实例，主界面如图 6。用户通过停车场车位实时场景图选择想预约的车位后，系统自动弹出预订成功界面（见附录图 9），并锁定该车位；当用户进入停车场内部后，则开始进行停车场内部的车位导航（如图 7）；当用户需要取车时，可以通过主界面选择寻找车辆功能并进入寻车导航界面；最终车辆驶离车位后，系统自动计算费用并弹出缴费界面，通过该界面用户可选择支付方式以及代金券等。

图 6　用户主界面

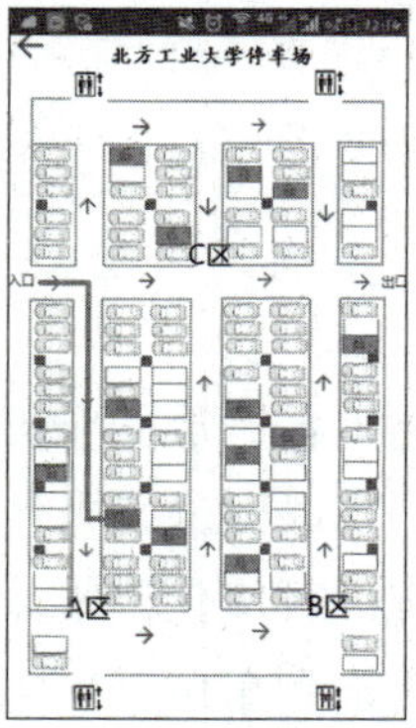

图 7　车位导航示意图

通过实际车辆测试，导出数据库部分记录如表 1 所示。据表所示内容得知，该系统目前能够准确实现其部分功能：用户可以通过手机实时查看停车场各车位状态并且预约空车位，若用户在到达预留时间（目前为 30 分钟）时还未到达车位，则系统开始计费。否则，系统将会在车辆进入车位后再开启计时计费功能。

表 1　部分测试信息记录表

序号	车牌号	日期	预订时间	开始计费时间	进入车位时刻	驶离车位时刻	结束计费时间	停车时间	计费时长
1	京 N6N307	17.04.08	10：30	10：48	10：48	15：26	15：26	04：38：00	04：38：00
2	京 GUF108	17.04.08	15：07	15：37	16：00	18：57	18：57	02：57：00	03：20：00
3	京 PL3U81	17.04.09	7：16	7：25	7：25	7：30	7：30	00：05：00	00：05：00
4	京 PL3U81	17.04.09	7：38	8：08	8：25	8：41	8：41	00：16：00	00：33：00
5	京 GXA300	17.04.09	13：03	13：10	13：10	16：22	16：22	03：12：00	03：12：00

4. 创新特色

系统充分利用互联网的实时交互性将线下停车资源信息公开化、资源利用最大化，用户能直观地看到停车场车位状态，提高了停车场车位利用率；系统创新代生地应用了车位预定功能，车主可以远程选择预订空车位，极大地减少了车主为了寻找停车位而产生的空驶率；系统采用了北斗 + 惯性（BDS+INS）组合导航系统，使得大型停车场，特别是多层地下停车场内，也能实现精确到车位级别的导航。系统弥补了现有停车诱导系统的不足，使得车辆能安全、有序、高效地到达泊位。

5. 应用前景

在停车问题日益严重的今天，停车诱导系统逐渐成为停车场特别是大型停车场必备的配置，互联网的普及使得智慧停车系统成为历史必然。本系统针对现有的停车诱导系统进行优化调整。通过本系统，用户可以远程查询并预订停车场空车位以及体验精确到车位级别的导航，不仅提高了停车场周转率，还减少了无效停放时间及其因无效占用资源导致的等待时间。

本系统符合现代智能交通的发展趋势，可以让用户享受舒适的停车体验。在未来，如果本系统得到广泛的应用，将对无人化管理的推动起到不可忽视的作用。因此本系统有着广阔的应用前景。

参考文献

[1] 马旭辉 . 城市商业中心区停车诱导管理的探讨 [J]. 交通运输系统工程与信息，2006，6（2）：47–50.

[2] 贾诺 . 基于 Android 的智慧停车信息查询系统客户端设计与实现 [D]. 大连交通大学，2015.

[3] 肖文汉，吴孝斌，曹莹莹，等 . 基于百度地图 API 的停车场查寻系统的设计 [J]. 计算机技术与发展，2014，（04）：227–230.

[4] Liu J，Chen R，Chen Y，et al. iParking：An Intelligent Indoor Location–Based Smartphone Parking Service[J]. Sensors，2012，12（11）：14612.

[5] 张欣，王卫安，董斌杰 . 基于手机定位的停车诱导系统研究 [J]. 中国交通信息产业，2009，（02）：140–142.

[6] Zhang Z，Li X，Yuan H，et al. A Street Parking System Using Wireless Sensor Networks[J]. International Journal of Distributed Sensor Networks，2013，2013（4）：155–163.

[7] Oetiker M B，Baker G P，Guzzella L. A Navigation–Field–Based Semi–Autonomous Nonholonomic Vehicle–Parking Assistant[J]. IEEE Transactions on Vehicular Technology，2009，58（3）：1106–1118.

[8] Marks P. Parking App can predict when a spot will open up[J]. New Scientist，2013，220（2941）：24–24.

[9] 李扬威，焦朋朋，杜林 . 城市智能停车管理系统研究 [J]. 交通信息与安全，2014，（04）：160–164.

[10] 刘敏，张国山，邴志刚，等 . 大型停车场中车辆定位问题研究 [J]. 系统仿真技术，2014，（03）：191–196+210.

[11] Meier R. Professional Android 2 Application Development[M]. Wrox Press Ltd，2010.

[12] 李刚 . 疯狂 Android 讲义 [M]. 北京：电子工业出版社，2015.

附　录

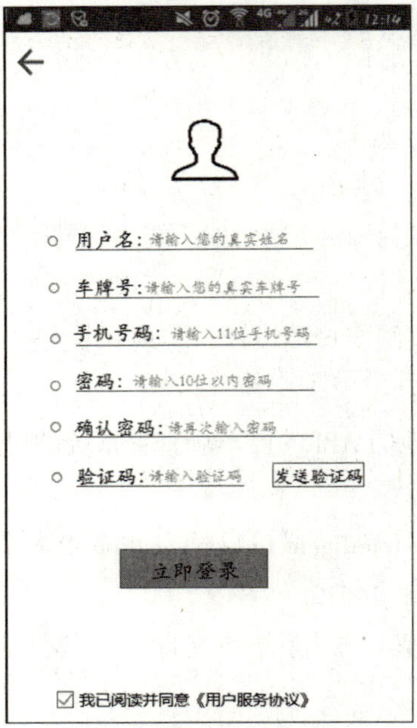

图 8　用户注册界面

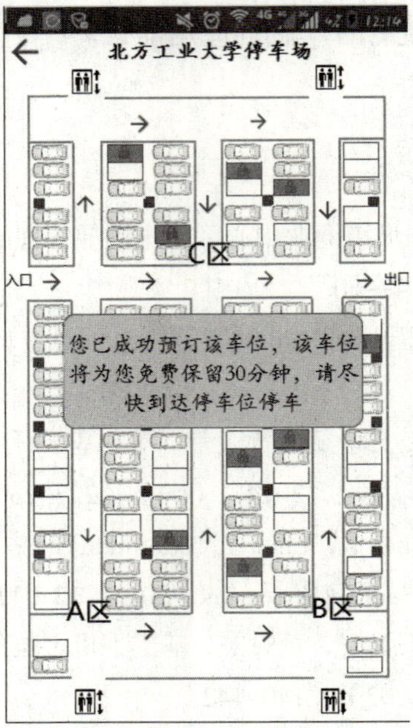

图 9　预订成功界面

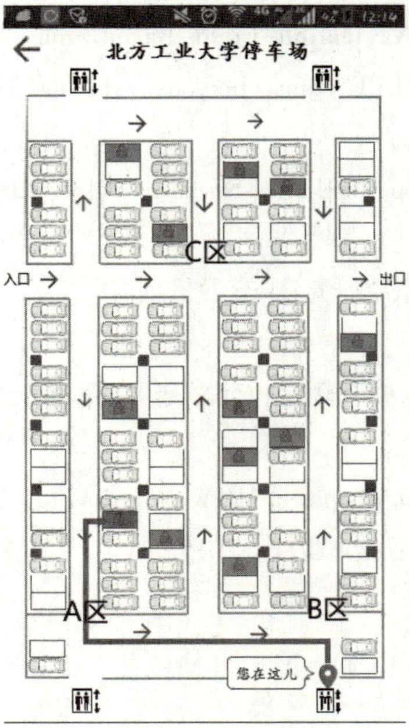

图 10　反向寻车导航界面

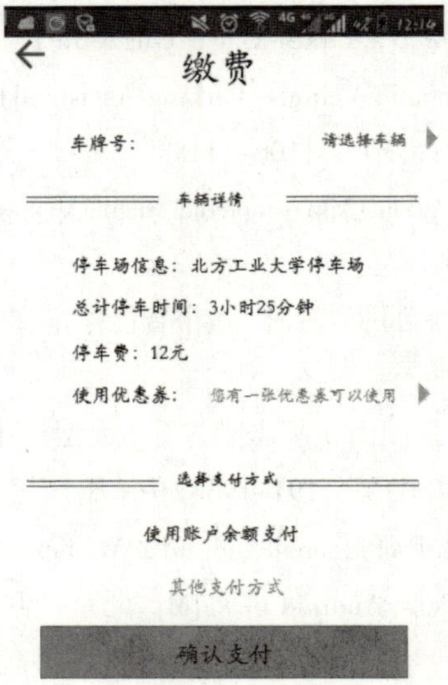

图 11　快速缴费界面

小功率高压静电除尘电源的设计

北方工业大学：常笑宇　杨雨齐　武建国　王　兴　牛方翔

指导教师：王泽庭　研究员

摘　要：近年来随着我国工业水平的发展，大气污染已成为首要解决问题，而这其中可吸入颗粒物便是首要污染。随着国家工业污染排放标准升级，普通除尘装置已经很难满足当前的需要。为了减少工业生产中粉尘的排放，为了适应国家政策，人们采用各种除尘装置来控制污染物排放。本次研究的是小功率高频高压静电除尘电源的设计，首先通过按键或电位器给定所需电压值，单片机发出PWM信号给逆变器，将低压直流电逆变为高频交流电，然后通过升压变压器将电压升到10KV，接着通过三级倍压整流将电压抬升到60KV。最后通过高精度采样电路将信号采集到单片机，同时用数码管实时显示电压值，通过PID调节从而形成闭环控制，使电压稳定可靠达到高效率除尘的目的。

关键词：高频高压；STM32控制系统；AD采样；闭环控制

1. 选题背景

高频高压静电除尘电源是一种高效且稳定的除尘系统，含尘气体经过高压静电场时被电分离，尘粒与负离子结合带上负电后，趋向阳极表面放电而沉积，在冶金、化学等工业中用以净化气体或回收有用尘粒，是利用静电场使气体电离从而使尘粒带电吸附到电极上的收尘方法：在强电场中空气分子被电离为正离子和电子，电子奔向正极过程中遇到尘粒，使尘粒带负电吸附到正极被收集。国外在这方面研究起步较早，拥有比较大的技术优势，如法国的ALSTOM、丹麦的F.L.SMIDTH公司和美国的GE公司等都有相应的产品。由于其价格昂贵所以较难推广使用。国内高频高压静电除尘研究相对较晚，技术也不够全面。

本次研究的除尘控制系统采用单片机来控制，单片机具有多功能、高效率、高性能、低电压、低功耗、低价格等优点，而且又具有精度较高、转换速度快、能够对多点同时进行采集的特点，因此能够开发出能满足实际应用要求的、电路结构简单的、可靠性高的数据采集系统。除此之外，为了使电源稳定可靠，在程序中加入了 PID 算法，使输出电压稳定，达到高效的除尘效果。

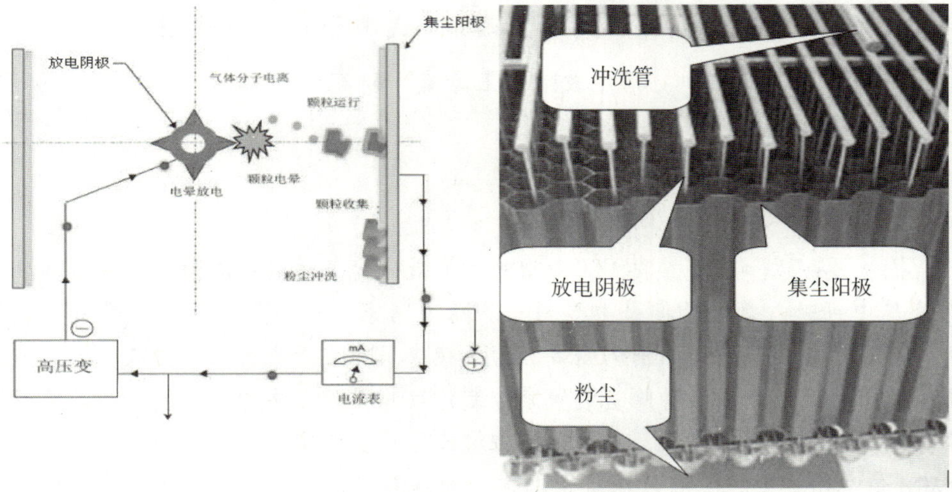

图 1 静电除尘工作原理

2. 系统设计方案

系统首先根据外部给定信号将 48V 直流电源通过逆变模块逆变为 20KHz 高频交流电，然后通过升压变压器将电压升到 10KV，接着通过倍压整流板将电压抬升到直流 60KV。此系统的控制板采用意法半导体公司的 STM32F407 芯片，该芯片为浮点运算形式，主频率达到 168MHz，整体性能更强、更稳定。控制板上加入显示模块、通讯模块，控制板体积小结构紧凑。在倍压板上使用高精度采样电阻将输出电压通过 AD 采集到控制板。为了使系统的输出电压保持稳定，在程序中加入 PID 算法，形成闭环控制。通过 AD 采集的电压值与目标值进行比较将误差进行积分运算，使 PWM 波的占空比实时调整从而实现输出电压的稳定。该系统有按键给定和电位器线性给定两种方式。在整体设计中将各个部分统一装到特制的壳中，因为该系统采用的是高频高压电源，所以整体体积小且安全可靠。

3. 系统分部设计原理

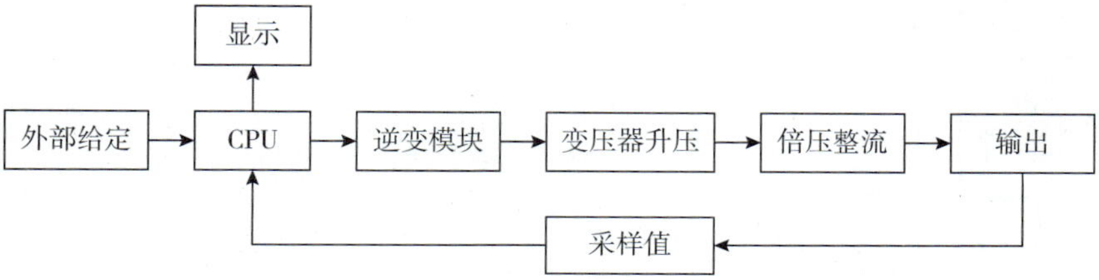

图 2　系统框图

3.1　单片机最小系统

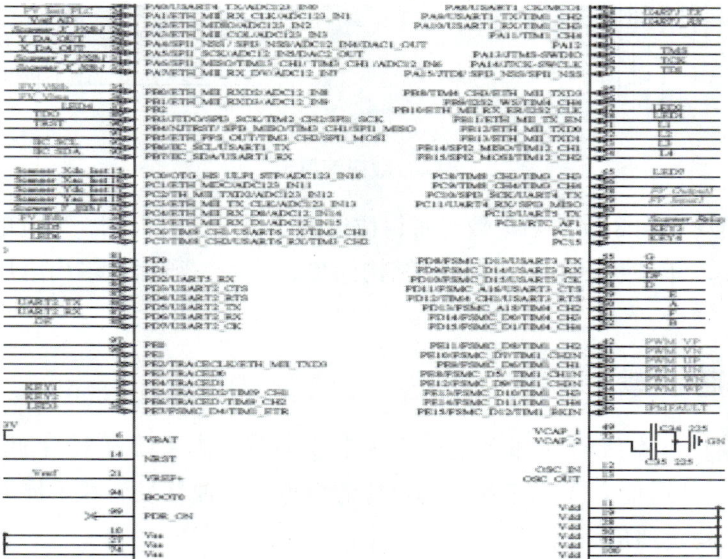

图 3　STM32F407

该芯片为 Cortex M4 内核，带有 FPU 和 DSP 指令集，主频为 168MHz 且具有强大的外设功能。运算形式为浮点运算，整个芯片功耗小，性能强大。

3.2 显示模块

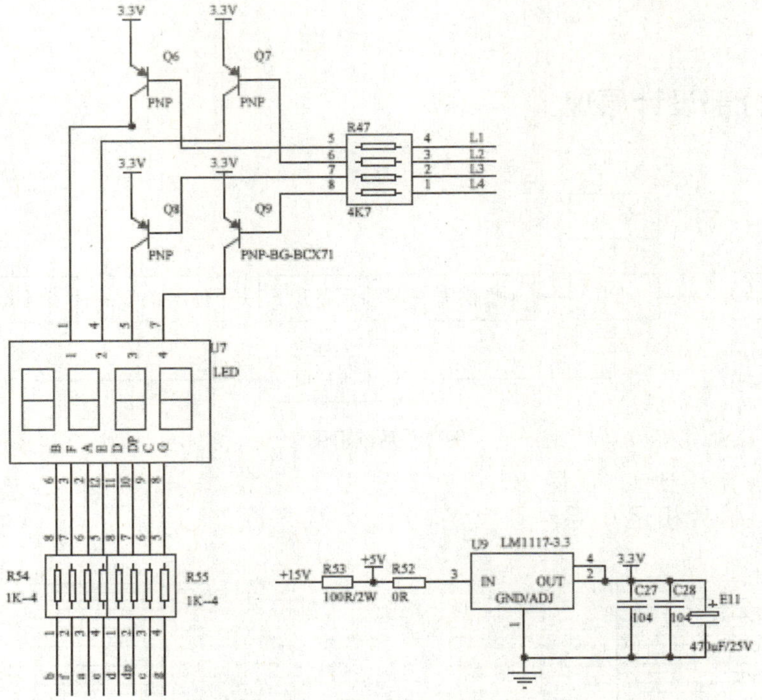

图 4 数码管显示

显示模块采用 8 位共阳极数码管，位选由 4 个三极管控制，段选的八路经过限流电阻接入单片机 IO 口。该电路结构简单，能完整显示出输出电压以及外部给定值。

3.3 通信模块

通信模块是系统与外部建立连接的重要环节，本系统在其中加入了 485、232、CAN 3 种通信方式，三者有其独特的特点，方便开发者在不同开发环境下与系统建立稳定通信。

3.3.1 CAN总线

CAN 总线是 Controller Area Network 的缩写（以下称为 CAN），是 ISO 国际标准化的串行通信协议。在当前的汽车产业中，出于对安全性、舒适性、方便性、低公害、低成本的要求，各种各样的电子控制系统被开发了出来。由于这些系统之间通信所用的数据类型及对可靠性的要求不尽相同，由多条总线构成的情况很多，线束的数量也随之增加。为适应“减少线束的数量”“通过多个 LAN，进行大量数据的高速通信”的需要，1986 年德国电气商博世公司开发出面向汽车的 CAN 通信协议。此后，CAN 通过 ISO11898 及 ISO11519 进行了标准化。现在，在欧洲已是汽车网络的标准协议，CAN 的高性能和可靠性已被认同，并被广泛地应用于工业自动化、船舶、医疗设备、工业设备等方面。现场总线是当今自动化领域技术发展的热点之一，被誉为自动化领域的计算机局域网。它的出现为分布式控制系统实现各节点之间实时、可靠的数据通信提供了强有力的技术支持。CAN 控制器根据两根线上的电位差来判断总线电平。总线电平分为显性电平和隐性电平，二者必居其一。发送方通过使总线电平发生变化，将消息发送给接收方。

CAN 协议具有以下特点：多主控制；系统的柔软性；通信速度较快；通信距离远；具有错误检测、错误通知和错误恢复功能；故障封闭功能；连接节点多。正是因为 CAN 协议的这些特点，使得 CAN 特别适合工业过程监控设备的互连，因此，越来越受到工业界的重视，并已公认为最有前途的现场总线之一。

CAN 协议经过 ISO 标准化后有两个标准，分别是：ISO11898 标准和 ISO11519-2 标准。其中 ISO11898 是针对通信速率为 125Kbps ~ 1Mbps 的高速通信标准，而 ISO11519-2 是针对通信速率为 125Kbps 以下的低速通信标准。此设备采用的 CAN 通讯的电路图如下图所示：

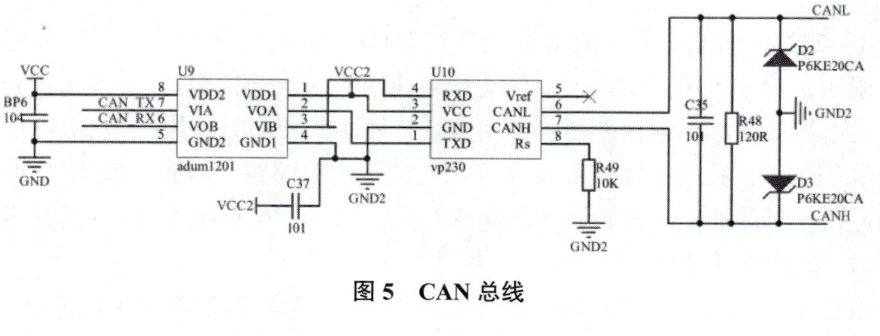

图 5　CAN 总线

3.3.2　RS485总线

RS485（一般称作 RS485/EIA-485）是隶属于 OSI 模型物理层的电气特性，规定为 2 线，半双工，多点通信的标准。它的电气特性和 RS-232 大不一样，它用缆线两端的电压差值来表示传递信号。RS485 仅仅规定了接收端和发送端的电气特性。它没有规定或推荐任何数据协议。RS485 的特点包括：接口电平低、不易损坏芯片、传输速率高、抗干扰能力强、传输距离远、支持节点多。

RS485 推荐使用在点对点网络中，比如：线型、总线型网络等，而不能是星型、环型网络。理想情况下 RS485 需要 2 个终端匹配电阻，其阻值要求等于传输电缆的特性阻抗（一般为 120Ω）。没有特性阻抗的话，当所有的设备都静止或者没有能量的时候就会产生噪声，而且线移需要双端的电压差。没有终接电阻的话，会使得较快速的发送端产生多个数据信号的边缘，导致数据传输出错。本装置采用 SP3485 作为收发器，该芯片支持 3.3V 供电，最大传输速度可达 10Mbps，支持多达 32 个节点，并且有输出短路保护。电路图如下：

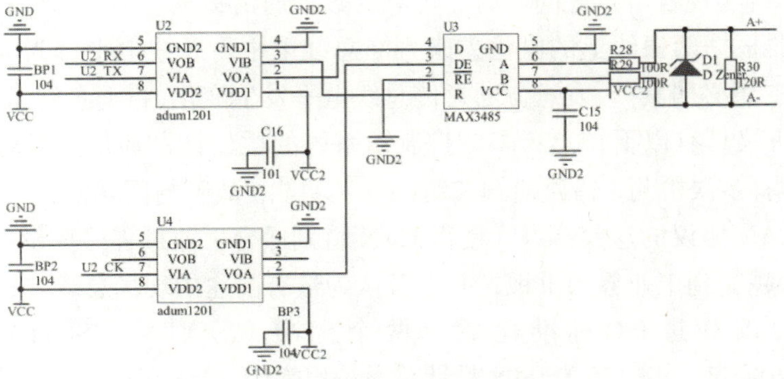

图 6　RS485 总线

3.3.3　RS232总线

RS-232-C 标准规定，驱动器允许有 2500pF 的电容负载，通信距离将受此电容限制，例如：采用 150pF/m 的通信电缆时，最大通信距离为 15 米；若每米电缆的电容量减小，通信距离可以增加。传输距离短的另一原因是 RS-232 属单端信号传送，存在共地噪声和不能抑制共模干扰等问题，因此一般用于 20 米以内的通信。具体通讯距离还与通信速率有关，例如：在 9600pbs 时，普通双绞屏蔽线时，距离可达 30 ~ 35 米。

EIA-RS-232C 对电气特性、逻辑电平和各种信号线功能都作了规定。

在 TXD 和 RXD 上：

逻辑 1（MARK）=-3V ~ -15V

逻辑 0（SPACE）=+3 ~ +15V

在 RTS、CTS、DSR、DTR 和 DCD 等控制线上：

信号有效（接通，ON 状态，正电压）=+3V ~ +15V

信号无效（断开，OFF 状态，负电压）=-3V ~ -15V

以上规定说明了 RS-232C 标准对逻辑电平的定义。对于数据（信息码）：

逻辑“1”（传号）的电平低于 -3V，逻辑“0”（空号）的电平高于 +3V；对于控制信号；接通状态（ON）即信号有效的电平高于 +3V，断开状态（OFF）即信号无效的电平低于 -3V，也就是当传输电平的绝对值大于 3V 时，电路可以有效地检查出来，介于 -3 ~ +3V 之间的电压无意义，低于 -15V 或高于 +15V 的电压也认为无意义，因此，实际工作时，应保证电平在 -3V ~ -15V 或 +3V ~ +15V 之间。电路图如下：

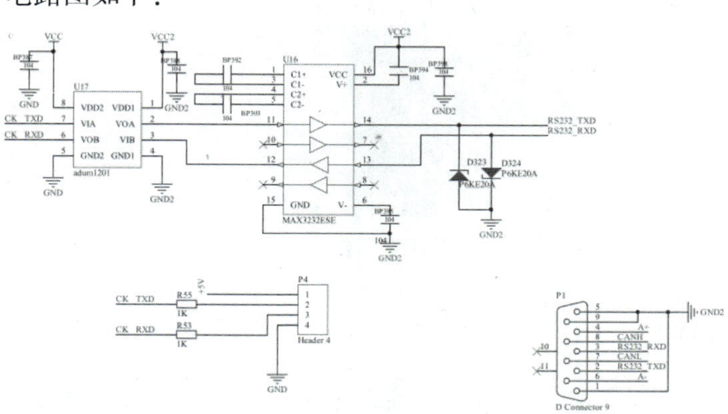

图 7　RS232 总线

3.4　逆变模块

逆变器主回路的结构为全桥逆变，由 4 个 P75N75 管子构成。其最大承受电压为 75V，最大电流为 75A，管子开通时间为 150ns。其驱动芯片选择 IR2136S，该芯片的输出电压为 10 ~ 20V，足够驱动管子开通。在 PWM 信号中加入 3us 的死区来防止管子直通，该芯片具有欠压自锁功能和过电流保护功能，可以保护 MOSFET。

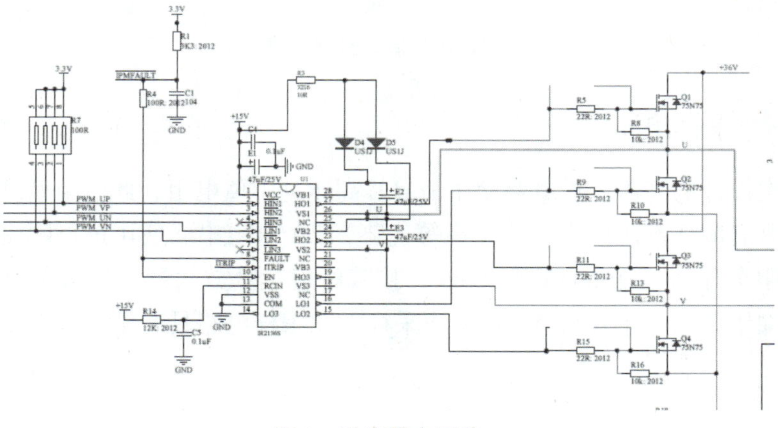

图 8　逆变器主回路

3.5 升压变压器

升压变压器又名高压包，正名为行输出变压器，简称 FBT，主要作用是输出 10KV 高压。高压包制作需要高压骨架、低压骨架以及铁氧体磁芯和外壳。如图示低压从上面进去，红色线为高压引线，经过计算得出原边和副边的匝数。由于高压包输出的是高频电压，所以其体积小重量轻。

图 9 升压变压器

3.6 倍压整流板

CW 倍压电路拓扑结构如下图所示，其工作原理为：当输入交流电压的正半周电容 C_1 充电到输入电压的峰值 U，负半周时 C_1 和变压器同时给电容 C_2 充电，最终 C_2 电压达到 2U，同理下个周期给 C_3 充电到 2U，以此类推最终达到所需的目标电压，但是如果倍压级数越高电容电压的跌落增大，电压纹波增大。在本电路中倍压板最终进过 3 级倍压后输出 60KV。

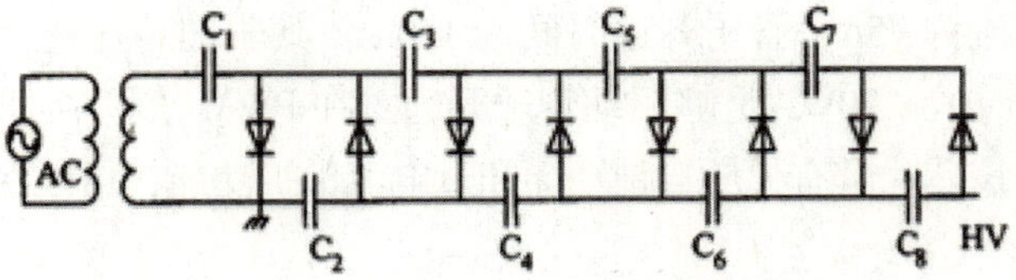

图 10 倍压整流电路

3.7 采样电路

此次设计的高压采样电路使用 DALE 高压高阻值电阻，此电阻精度等级为军工级，具有耐压高阻值高和精度高等优势，5 个电阻串联使用进行限流然后使用碳膜电阻分压将高压 60KV 变为 6V，接着经过运算放大器（远放）进行阻抗匹配后再加钳位送入单片机 AD 口完成采样。此采样电路具有精度高、安全可靠等优势。

图 11　采样电路

4. 结束语

经过多次实验证明，本次设计电路稳定可靠，可以实现高效的除尘。控制板上能实时显示当前输出电压以及人工给定电压，可以看到再加入闭环调节后输出电压可以达到所需数值。逆变部分的输出电压也十分稳定，而且逆变输出电压波形与仿真结果大致相同。整个逆变电源部分的保护系统十分完善，所以此电源适合在各种工业条件下使用。电源的高压部分浸在绝缘油中可以降低电源放电以及其他各种情况带来的危害；倍压板上的高压电容全部包上绝缘纸和绝缘胶带保证绝缘强度；在控制板上加入了适合不同环境下的通讯方式，方便开发。本系统最大的特点是体积小，稳定性高，整体结构紧凑而且成本较其他同等产品低。

参考文献

[1] 仇家胜 . 高频高压静电除尘电源控制系统设计 [D] 江苏科技大学，2014，12.

[2] 陈垠锟 . 高压静电除尘电源的设计与开发 [D] 华北电力大学，2012，3.

[3] 刘军 . 例说 STM32[M]. 北京：航空航天大学出版社，2005，5.

致　谢

在做大创项目的这段时间，我对高压静电除尘的相关方面有了很多了解，而且通过教师和同学们的帮助完成了这个电源系统的设计和调试，在这期间我学习了有关嵌入式系统和总线通讯的使用。在做逆变阶段，深入地了解了功率开关管的特性以及 IR2136S 这块驱动芯片的详情；在做倍压部分的调试时我掌握了如何进行高压试验，以及高压试验相应的各种接地规则和防止放电规则。做高压虽然有一定的危险性，但是着实了解了许多以前没接触的东西，对以后工作有不少帮助，在本系统的控制部分也详细了解了 407 这块功能强大的芯片。在这里我要特别感谢我的指导教师王泽庭教师，在我做高压实验时他帮助我解决了最棘手的问题，整个电源系统在他的帮助下更加完善。他以丰富的实际经验帮助我们把高压部分存在的不足一一纠正；在学习和生活中每当遇到困惑时更是会第一时间给我们帮助。还要感谢我的同学们，他们给了我许多帮助，让这个实验完成得更顺利。由于个人能力有限，本系统还有许多不足之处，敬请指正。

附录一：实验波形及实物图

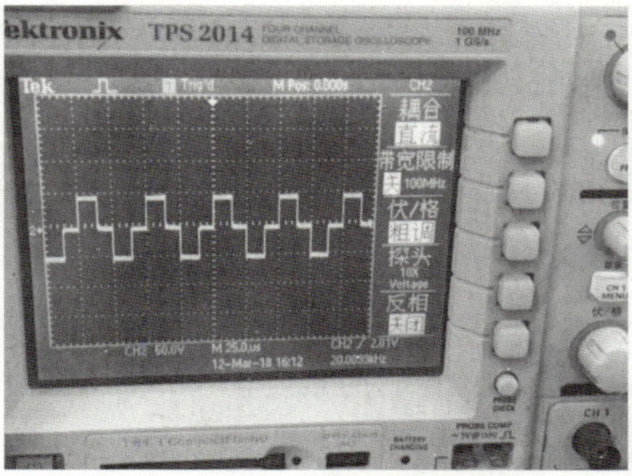

图 12　CPU 输出波形

图 13　控制板正面

图 14　控制板侧面

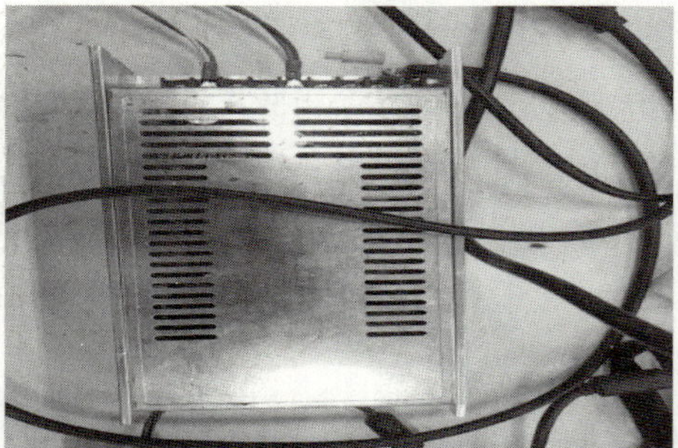

图 15　直流电源

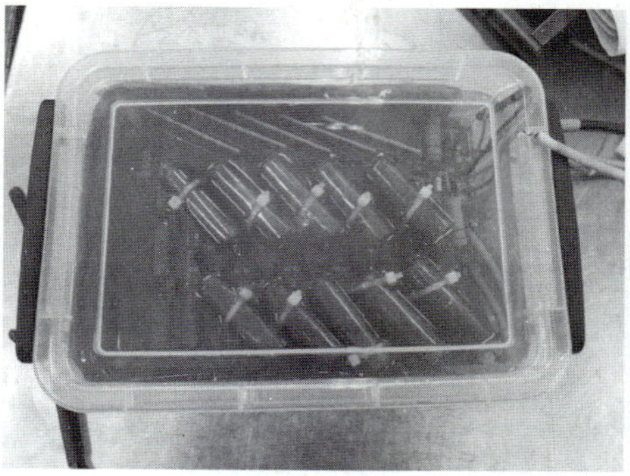

图 16　高压油箱

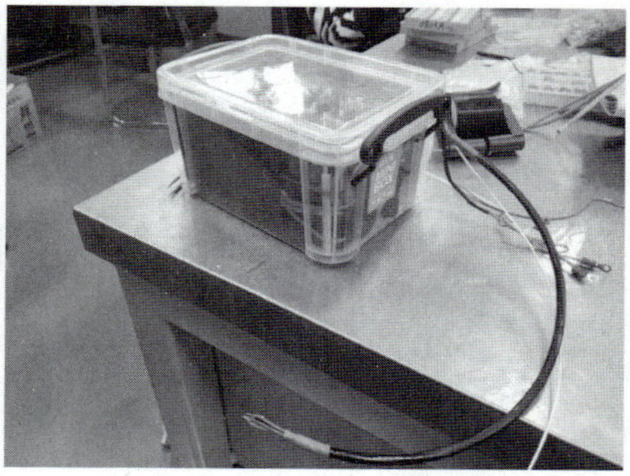

图 17　高压引线

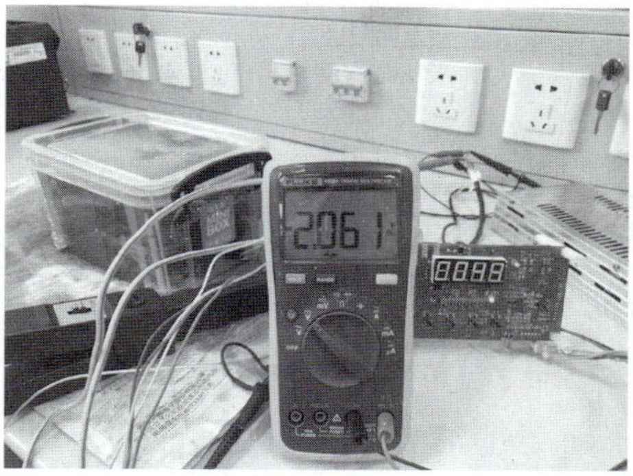

图 18　高压直流 20KV 反馈

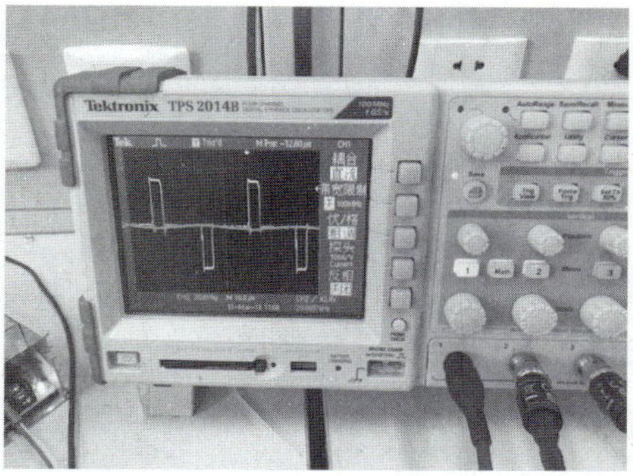

图 19　高压直流 20KV 反馈波形

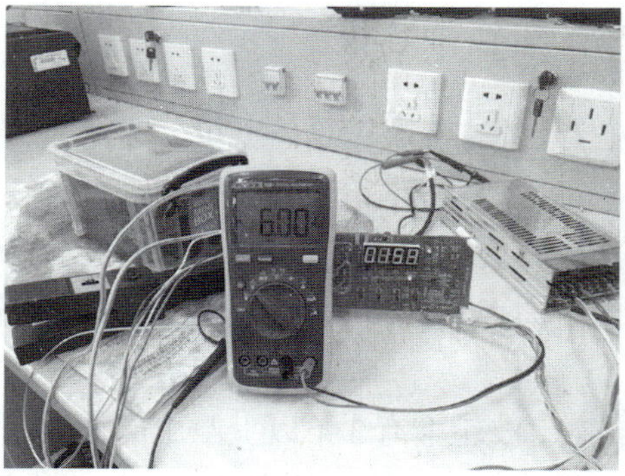

图 20　高压直流 60KV 反馈

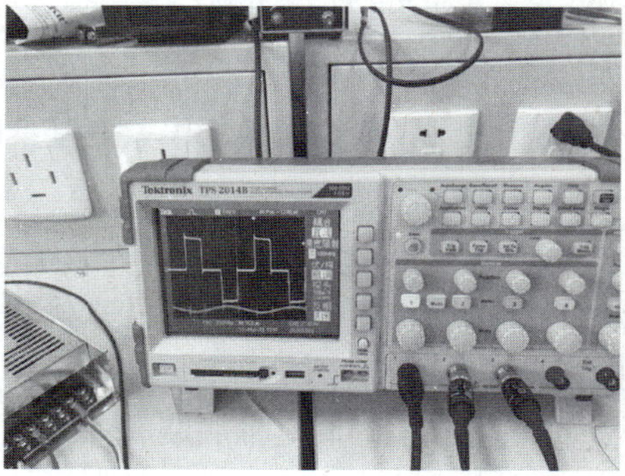

图 21　高压直流 60KV 反馈波形

智能 MINI 全自动洗衣机设计

北方工业大学：杜春宝　王　硕

指导教师：左　岐　副教授

摘　要：本文在对自动洗衣机功能分析的基础上，设计了一种洗涤小件衣物的 MINI 全自动洗衣机，给出了其基本结构；讨论了主要设计思路和功能模块。该洗衣机可作为居民家庭第 2 台小件衣物及内衣的专用洗衣机。文章最后对目前洗衣机存在的卫生等问题进行了分析。

关键词：MINI 洗衣机；波轮；滚筒；电磁铁

1. 洗衣机类型及原理

洗衣机已经成为城镇居民家庭基本的电器设备。洗衣机总体上可分为两大类，即波轮型和滚筒型。

波轮洗衣机最早由日本人发明，分为洗涤、脱水的双缸型和全自动的内外桶型结构；滚筒洗衣机是在波轮洗衣机之后由欧洲人设计出的新型产品，一般为全自动单筒型结构。

波轮洗衣机的固定桶底装有一个圆盘波轮，波轮上有 3 条以上凸出的加强筋。波轮式全自动洗衣机一般为内外桶构成的双桶结构，在波轮的带动下，桶内水流在轮筋作用下形成时而左旋、时而右旋的水涡流，织物跟着水流旋转、翻滚，使衣物之间、衣物与桶壁之间，在水中进行轻柔地摩擦，衣物不停上下地翻转和左右旋转，在洗涤剂的作用下实现去污清洗。这种波轮式洗衣机结构比较简单，洗涤缸缸体则根据不同用户的需求设计有全塑、搪瓷、铝合金、不锈钢等材料，总体结构相对简单，维修方便，洗净率较高，但对衣物磨损率大，用水量多。

滚筒洗衣机是由不锈钢内桶，经过磷化、电泳、喷涂三重保护的外壳，用于平衡滚筒旋转时产生的巨大离心力的笨重的水泥块组成，衣物在内桶中做上下重复摔打运动，加上洗涤剂和水的共同作用使衣物洗涤干净。因为用料主要是不锈钢等金属材料，其使用寿命长。

滚筒洗衣机因其特殊结构，洗涤过程衣物无缠绕、洗涤均匀、磨损率要比波轮洗衣机小，可洗涤羊绒、羊毛、真丝等高档贵重衣物；许多滚筒洗衣机还设计了加热功能，使洗涤液在温水中充分溶解，提高了去污效能。

此外，省水也是滚筒洗衣机的突出优点。几乎所有滚筒式洗衣机都采用了控制水量大小的节水技术。

在习惯使用冷水洗涤的前提下，波轮洗衣机比滚筒洗衣机的洗涤效率更高。但是，在欧洲家庭一般居民住宅多数有冷热双路供水，用热水洗衣服极为普遍，同时几乎所有的滚筒洗衣机都设计了加热洗涤技术以及喷淋、浸泡、摔打三重洗涤技术，不但衣物无磨损，洗净度高，而且水的作用被发挥到了极致。一般滚筒式洗衣机洗涤等量衣物的标准用水量为波轮式洗衣机的 1/3。

然而，滚筒洗衣机的耗时长、耗电相对高的特点，是一些用户考虑的部分因素。随着变频技术在全自动滚筒洗衣机的应用，滚筒洗衣机高耗电的劣势得以改进。

日常生活中无论是滚筒洗衣机还是波轮洗衣机，均能满足不同消费者的不同需求。由于滚筒洗衣机的洗衣原理及结构，它的整体重量远远高于波轮洗衣机，且位置需要固定，不易被移动，耗时长，噪音大。而对于讲求生活效率，生活空间狭小，需要不占地方又能搬来搬去的用户，用波轮洗衣机还是具有一定优势的。

但有一点基本达成共识，那就是波论洗衣机对衣物的缠绕和损害程度大于滚筒洗衣机。因此对于一些羊毛、羊绒、真丝等材质的衣物的洗涤不宜选用波轮洗衣机，洗高档衣物时，请选用滚筒洗衣机。

2. MINI 洗衣机设计

无论是波轮洗衣机还是滚筒洗衣机，居民家庭通常选用较大容量的洗衣机，市场调查结果表明：5 ~ 7kg，甚至更高一些的容量是目前居民家庭选择洗衣机的主流产品。对于这样容量的洗衣机在洗涤一两件小件衣物时会花费过高的洗涤费用，造成水电的浪费。同时由于洗衣机本身的卫生原因，在洗涤婴幼儿衣物或成人贴身内衣时，上述洗衣机也带来诸多不便。在广泛调研基础上，我们申请了北方工业大学大学生科技创新项目并获得资助，目标在于设计出一种小件衣物、内衣专用洗衣机，作为家庭的第 2 台洗衣机选择的主要设备，可在一定程度上解决上述问题。

洗涤小件或少量衣物的洗衣机被称作微型洗衣机或 MINI 洗衣机。

市场上有许多小型洗衣机在销售，但是这些产品大多是非自动的低档劣质产品，不能满足多数用户提高生活质量的需求。

本文设计的迷你洗衣机以洗涤小件物品为主，该洗衣机主要作为家庭的第 2 台洗衣机、女士小件物品或婴幼儿专用洗衣机，为家庭改善型产品，亦属于高端产品。设计中主要针对所洗涤的衣物量和衣物性能进行设计，考虑基本使用功能，包括体积、安装摆放方式、自动化程度、便捷和安全性等几个指标。

3. 波轮式 MINI 洗衣机的结构

滚筒式洗衣机因其滚筒结构的限制，其滚筒直径必须保证一定的尺寸，只能在滚筒深度上进行缩减，因此其体积的减小受到限制。而波轮洗衣机则可以做到比较小的体积，因此本文设计为波轮式结构。

全自动波轮式洗衣机进行结构设计主要包括进水排水系统、洗涤和脱水系统、电机及传动系统、电气控制系统、旋转内桶支承结构及外壳等部分组成。因该洗衣机为小件专用，在程序设计上进行了简化，设计 3 用户根据不同衣物选择不同的洗涤方式和洗涤时间等功能。

洗涤桶采用套桶式结构，内桶为塑料材质的带有加强筋和圆形小孔的网状结构，这样有利于衣物洗涤效率的提高。内桶可绕轴旋转，波轮装在内桶的底部，波轮上设计有加强筋，以利于水流的形成。外壳为铝合金材料组装成的框架结构，外桶弹性悬挂于外壳四角上，主要用于盛放洗涤用水，并安装有一套进水和排水系统。洗衣机的进水和排水由两个电磁阀分别控制。外桶的底部装有驱动电机及变速离合器。动力和传动系统按程序设定提供两种转速，低速用于洗涤和漂洗，高速用于脱水，通过减速离合器来实现两种转速的切换。

4. 电气控制系统

4.1　进水排水及水位检测

进水系统包括单片机控制的继电器、继电器控制的电磁阀、水位检测信号组成。排水系统则由水位检测开关、牵引式排水阀构成。系统设置每次排水时进行快速甩干来提高漂洗效率，水位检测则由压力式水位传感器进行开关量控制。洗衣机工作在洗涤或漂洗状态且当水位达到设定值时进行下一工序；达不到水位设定值则继续请求供水，当水位达到设定位置时，压力开关发出关闭水源的信号。若在规定时间内进排水开关出现问题而无法满足洗涤水位条件时，系统进行报警（红灯闪烁），同时关闭进排水电磁阀。

4.2 洗涤

启动洗涤键，系统自动打开进水电磁阀，同时进行水位检测；达到设定的水位则关闭进水电磁阀进入洗涤工序。在洗涤过程中，电机为低速运转，波轮定时进行左、右旋转。洗涤过程计时器的时间到了后则系统停止对电机供电，打开排水阀进行排水。

4.3 漂洗与甩干

漂洗是指完成衣物洗涤后还需要对洗涤的衣物进行数次的洗涤以消除衣物上存留洗涤液的过程。对洗衣机而言，漂洗的效果是用户最关心的问题之一，因此，一个性能优良的洗衣机必须具备根据不同的衣物选择不同漂洗次数的设置功能。漂洗过程电磁阀处于关闭状态。漂洗结束则进入排水与甩干程序。本洗衣机对每次漂洗都设置了甩干程序，实践证明这样有利于提高漂洗效率，节约总的洗涤时间。

4.3 伺服系统的设计

为节省系统成本，全自动洗衣机一般采用减速离合器来进行排水阀的控制。当洗涤（或漂洗）完成后，单片机给电磁铁供电，电磁铁吸合后由牵引绳将排水阀打开，同时使棘轮脱离减速器。当排水结束时对电机供电，电机因脱离了棘轮而切换为高速旋转，实现甩干功能。

现阶段洗衣机的电机通常为 BLDC 电机和 DD 直驱。BLDC 系统的电机在一边，靠皮带传动。DD 是直驱电机，直接装在桶后实现电机轴与滚筒轴重合。DD 直驱电机减少了减速器、齿轮箱、皮带轮等连接机构及总成体积，结点效果也比较明显，同时大大降低了系统噪音，但 DD 电机的价格比较高。图 1 是本系统的洗涤与甩干时电机切换图。

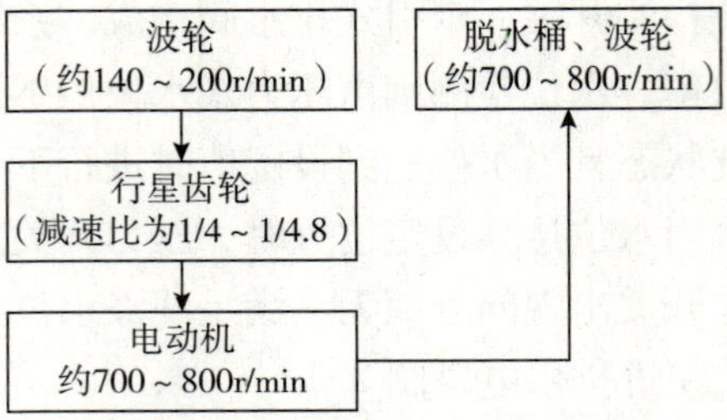

图 1　电机洗涤及甩干转速切换

4.4　控制软件结构设计

控制软件主要包括查询按键状态，根据按键状态进行程序跳转，执行相应子程序，完成洗涤、漂洗和甩干脱水功能。

主程序结构如图 2 所示。CPU 控制进水阀、排水阀、洗涤和甩干等模块执行相应的动作，并配合不同操作设置不同的定时器，根据对定时器和水位开关状态的检测来判别被执行动作是否准确执行，并根据定时器状态进行相干报警处理。

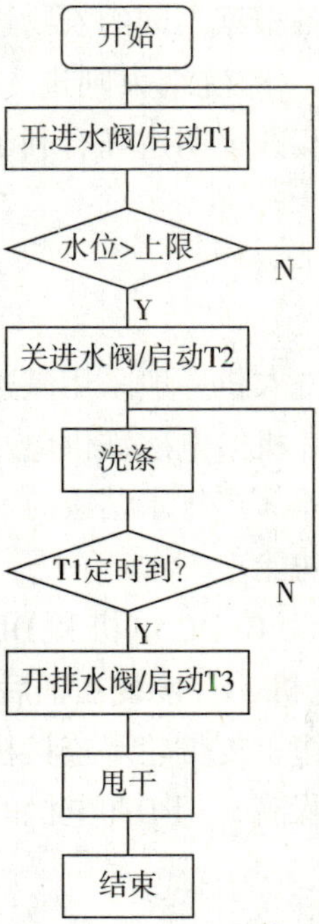

图 2　主程序结构框图

5. 存在的问题

安放位置：MINI 波轮洗衣机必须安放在地面，占据了家庭有限的空间，已有墙挂（壁挂）式洗衣机滚筒洗衣机在销售，这是今后努力的方向。

二次污染：家用全自动洗衣机的应用，减轻了我们的劳动强度，提高了生活质量，提供了更多的休闲时间。然而洗衣机一般由内外筒相套组成，内外筒的夹层称之为洗衣机槽。有关研究指出，随着时间的积累，洗涤槽里便会附着大量的污垢和细菌，一些菌种即使通过晾晒也不能杀死，尤其是贴身的内衣裤，一定要警惕洗衣机对衣物的“二次污染”。

洗衣机今后应向着个性化、具有自动消毒功能的方向发展。

参考文献

[1] 武岳，解丹，武栋梁，等 . 全自动洗衣机控制系统设计 [J]. 南方农机，2017（16）：53.

[2] 于秀娜，张茜铭 . 基于 PLC 的洗衣机系统设计 [J]. 科技创新与应用，2014（36）：121.

[3] 王晓冬，陈红友 . 基于单片机的全自动洗衣机控制系统设计 [J]. 科技创新，2017（09）：88.

基于智能无人机的区域快捷物流运输系统设计与实现

北方工业大学：倪浩原　龚　博　季亚平　张书玉　张　远
指导教师：王庞伟　副教授

摘　要：随着我国电子商务不断发展，快递分发流程变得更加烦琐。本作品以区域性中小物品物流派送为主要研究对象，基于智能无人机技术，构建了一种区域快捷物流运输系统。在住宅小区等区域性地点应用该系统，可在一定程度上解决“最后1公里物流”的问题。

关键词：智能无人机；“互联网+”技术；区域快捷物流运输系统；最后1公里物流

1. 选题背景

目前国内区域内部的物流快递派送工具主要是三轮车和电动车并依靠人力投放，这种方式造成了道路交通拥堵等问题。现有快递投放方式制约了快递行业的发展，如何高效、低成本投放快递已成为现代快递行业研究的发展方向。将无人机运用到区域性的快递派送将在一定程度上改善我国复杂交通类型的问题。毋庸置疑的是，在“互联网+”技术盛行的时代，“低成本+高效率”的物流派送方式必成为发展潮流。

无人机可让人们更快速地得到特殊时期需要的救灾物资，它还可以将其物资运送到被地震、台风和其他自然灾害破坏的地区。此外，它能为道路环境差的偏远地区运送医疗用品、食品和其他材料等。

目前国内外无人机派送已被多方研究与应用，国内方面淘宝、圆通快递等公司已处于实验阶段；国外方面已经形成了较为完善的运行模式。2013年12月初，美国电商巨头亚马逊公司和联合包裹运送服务公司（UPS）纷纷宣布开展无人机送货项目。该项目物流模式采用“快递车 + 无人机”的方式，实现了无人机全自动的运行和投递包裹，消费者在下单时只需选择“送到我身边”，无人机就能根据手机 GPS 提供的位置信息送货到消费者所在地。

虽然说将无人机用于快递业的前景非常广阔，但是其中也存在着障碍和问题。首先，在现有技术下，小型无人机的电池续航时间一般在半小时以内，不足支撑长时间派送；其次，感知和规避系统还有待提升 。目前无人机派送物品，存在以下 3 点不足：①国内缺少一套完整的系统；②在配送方面，没有进行路径优化设置；③在无人机视觉定位方面仍存在弊端。尽管如此，随着物联网以及其他无人驾驶设备的普及，相信“最后一公里”终将被彻底打通。

针对现有技术不足以及无人机物流运输系统的特点，提出本研究作品。将智能无人机技术和“互联网 +”技术有效地结合在一起，构建了一种智能无人机物流运输系统，在减少人力成本的同时提升区域物流派送的效率，促进我国物流运输行业和交通领域的发展。

2. 设计原理

2.1 设计思路

根据密集区域（如小区）的结构组成及特点，模拟物流点派送场景，提出利用无人机派送快递的想法。首先构建物流人员的手持终端 App 与客户的手持终端 App，在物流人员的手持终端中嵌入路径优化算法。再为无人机设计组装 GPS 定位系统以及图像采集模块。无人机可以接收到由手持终端向它发送的坐标信号，将货品送至客户手中。这一过程不仅提高快递的派送效率，同时也提高了区域交通需求管理效率。

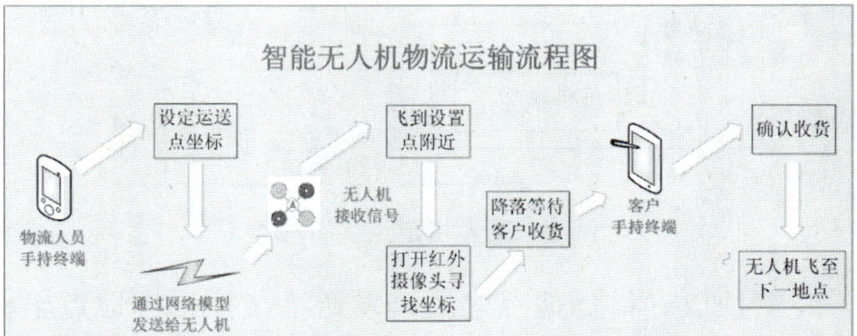

图 1　智能无人机物流运输系统流程框架

2.1.1 设计初始条件

通过以上设计思路，建立以下初始条件：

（1）研究对象为中等密度的小区。

（2）无人机所运送的快递均为不大于盒装体积为 40×28×11cm 的快递。

（3）不考虑大风、下雨、下雪等天气因素对无人机派送的影响。

（4）不考虑顾客对无人机快递正在派送不知情的情况。

（5）手持终端应用程序支持 Android4.X 及以上版本的系统。

（6）排除网络信号中断的情况。

2.2 研究方法

通过模块化的研究方法研究智能无人机系统，该系统可分为两大模块：①无人机模块。该模块以无人机的自动导航以及精确定位为主要目的，通过 PX4 开源飞控调用 GPS 与 STM32 板，调用红外摄像头协同工作，实现具体定位的功能。②手持终端的开发。该模块需要在物流端嵌入节约里程算法，为计算出最短路径，以及与无人机进行对接。客户端需要能与物流端进行成功交互。

2.3 无人机设计及执行功能

本研究作品制作的无人机，通过搭载 PX4 开源飞控、GPS、红外摄像头以及 STM32 模块来完成现实场景下的无人机派送。其工作顺序如图 2，先利用手机 App 预设设定点坐标，设定完成后，PX4 调用 GPS 自动巡航飞往目标地区，最后通过红外摄像头，进行精准定位。

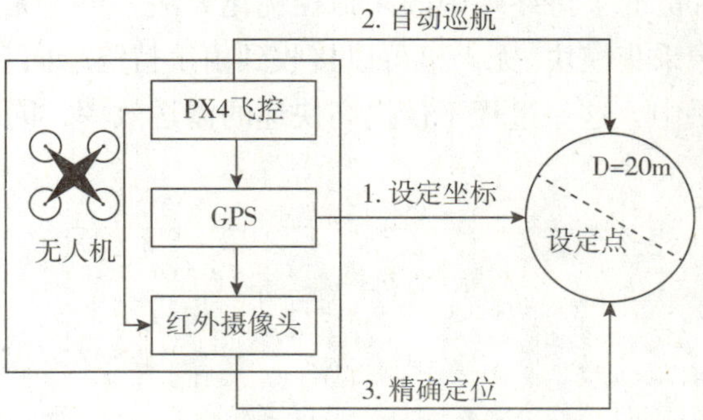

图 2 无人机定点飞行模型

通过手持终端预设好目标地点之后，发送给飞控目标地点坐标，飞控通过 I2C 串口调用 GPS 模块来定位目前自身坐标和目的地坐标，达到预设最高飞行高度后，启动自动巡航飞向目标地点，因 GPS 与目标地点存在 10m 左右的误差，所以在四旋翼无人机飞到目标地点后，GPS 向 PX4 发送信号，PX4 再控制四旋翼无人机在目标地点悬停的同时，通过 STM32 启动红外摄像头探测红外信标，对目标地点进行进一步修正。PX4 飞控结构如图 3：

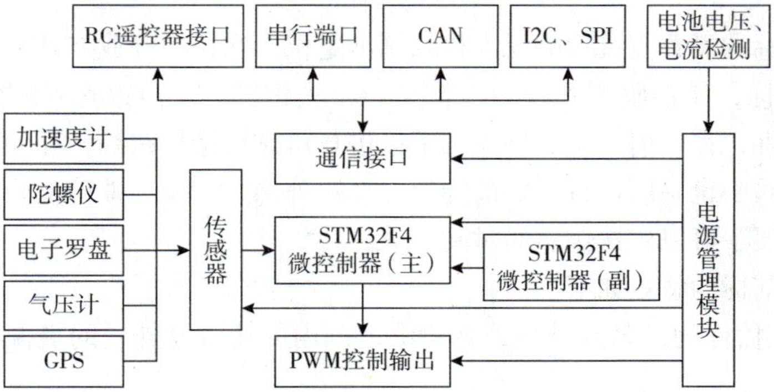

图 3　PX4 飞控硬件结构

2.3.1　无人机模拟物件派送

首先选择北京市石景山区某小区作为本次的无人机派送试点，其小区效果图如图 4 所示。因为该小区的楼高在无人机的飞行高度范围之内，所以可以在该小区做定点直线配送。确定配送方式后，绘制了该小区的俯视模型图，并在每个楼前设置了无人机的停机地点，具体如图 5：

图 4　小区效果图

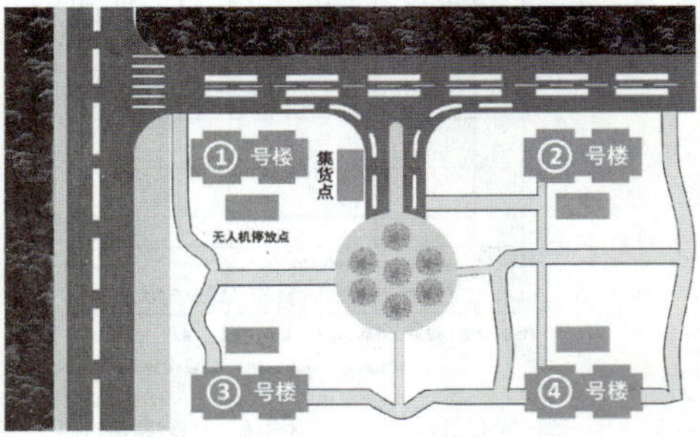

图 5　小区俯视模型图

根据俯视模型图以及模拟配送需求，制作 Q250 迷你无人机。该无人机搭载了 Pixmini 开源飞控，用于模拟精准定位的 CMOS 摄像机，以及 STM32 开发板作为其处理器。根据 CMOS 摄像机反馈回来的地面地标与无人机在空中的位置，进行距离计算以及计算相对位置偏差，并将模拟 PPM 信号传送给 Pixmini 开源飞控，

Pixmini 通过 PPM 信号控制无人机飞往地面地标所在位置。

2.4 地面定位和 pixy 摄像头

2.4.1 地面红外线定位标志makeone信标

地面信标的设置直接影响无人机的精准定位。在快递停放点处放置一个红外线发射的信标，让接收红外线的摄像头 pixy 去识别。之所以选择用红外线，是因为其稳定性，在任何光照条件下都可以进行可靠性指标跟踪，即使在明亮的阳光和完全黑暗中也可以进行可靠的检测。在户外的运输中，即使是晚上也可以进行运输，扩展了可以运送快递的时间。

这样的信标的特点如下：

（1）该信标为发射红外线，在检测范围内的接收红外线的摄像头中，识别率很高。

（2）该信标很小巧，不会占用很大的位置，识别范围为 15m，也足够在 GPS 的误差范围内被识别（pixy 摄像头：检测半角 ϕ：>30°；最大探测距离 ϕ=0° 时：19.8m；镜头焦距：3.6mm）。

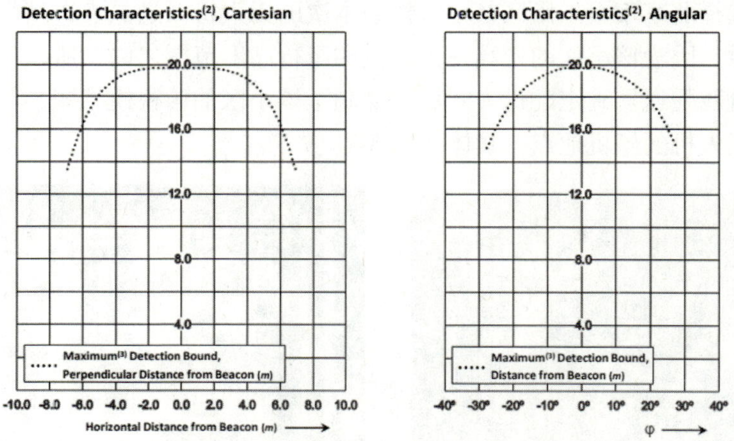

图 6　最大检测范围离信标的垂直距离

（3）红外线不会发出很耀眼的光，所以不会影响人们生活。

2.4.2 定位模型实现

根据定位的设计，以及无人机与地面红外线信标的空间位置关系，制定相应的定位模型，进而通过识别地面信标获得实际的空间坐标信息。

该定位模型的定位信息解析步骤为：

（1）对图像传感器视角进行标定，设标定后的视角为，则计算公式为：

$$\beta 1=\tan\left(\frac{\frac{\sigma}{2}}{H}\right)\times 2 \tag{1}$$

（2）通过无人机返回的 GPS 高度信息和红外线返回的高度信息，确定当前无人机离信标的垂直高度（H）。

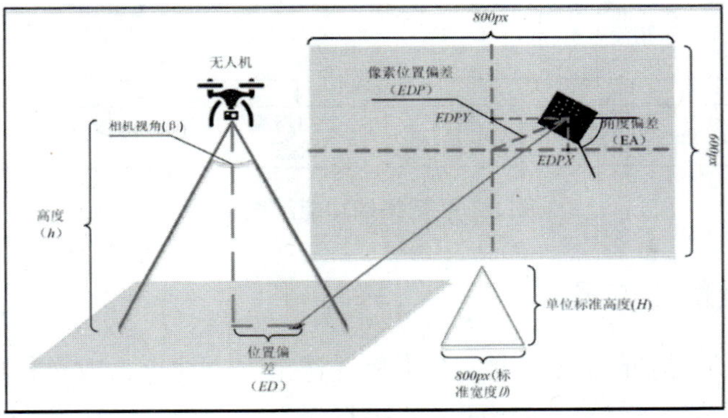

图 7　定位模型

（3）通过视觉算法所获得的像素偏差数据和无人机返回的高度数据，可计算出无人机实际偏离信标的距离。设 x 轴实际偏差为（EDX），y 轴实际偏差为（EDY），计算公式如下：

$$EDX=h\times\tan\left(\frac{\beta 1}{2}\right)\times EPDX/400 \tag{2}$$

$$EDX=h\times\tan\left(\frac{\beta 1}{2}\right)\times EPDY/400 \tag{3}$$

（4）通过该方法，可以使视觉处理算法适合各种类型的相机镜头，降低了对硬件设备的依赖性。该检测方法结合了实际高度信息，解决了由于镜头距离信标远近而造成的偏差距离失真，与直接使用像素偏差的方法相比较，具有更好的检测范围和控制精度。

2.5　手持终端的设计与搭建

本研究构建了 2 种手持终端 App：物流人员 App 以及客户 App。在物流人员手持终端中嵌入路径优化方案，同时使该手持终端能够向无人机发送位置坐标，以及查看无人机的实时状态等；在客户的手持终端中创建确认收货，接收到货通知等功能，它能够给无人机发送已成功收货的信号。同时，物流人员的手持终端能够接收到客户确认收货的信息。

对使用 Android4.0 及以上系统电子产品的用户进行了此两款应用程序开发，通过 2 个手持终端平台实现无人机对货品的派送。

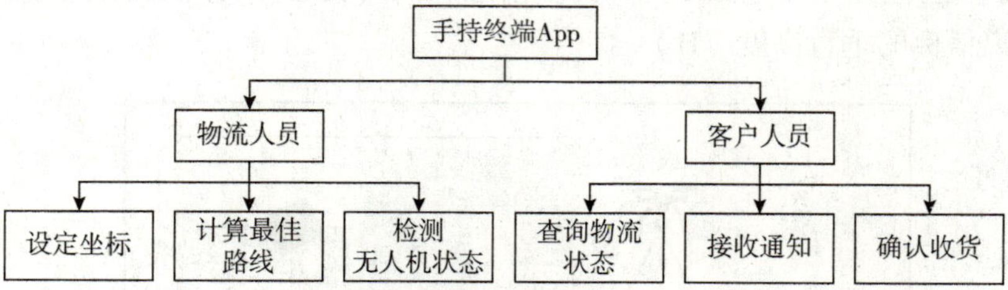

图 8　手持终端功能结构图

2.6　路径优化方案

由于目前多数情况为只携带一个货物并送至一个地点，或送货后进行原路返回，在集货点取下一货物，按相同方式进行派送，即使是一次携带多个货物进行配送，目前也只有随机单程无规律的针对各个地点进行依次按顺序派送的方案，没有较好的飞行路线规划。为达到高效率的配送，使无人机配送的时间最小，飞行距离最短，成本消耗最低，发明此路径优化计算方法。

每次执行派送任务前，利用此算法计算规划出无人机在每次派送过程中的飞行路线，无人机按照算法计算结果携带对应货品进行派送。

核心思想是将运输问题中的无规律派送改为一种基于“节约算法”数学公式的节约飞行总里程的派送方法，针对每个小区或区域性地点，提出一种多架无人机携带多个货物对多目标地点进行派送的方法。首先明确区域内部结构，图 9 所示即为一种小区内部的集货点及派送点设置的模型。

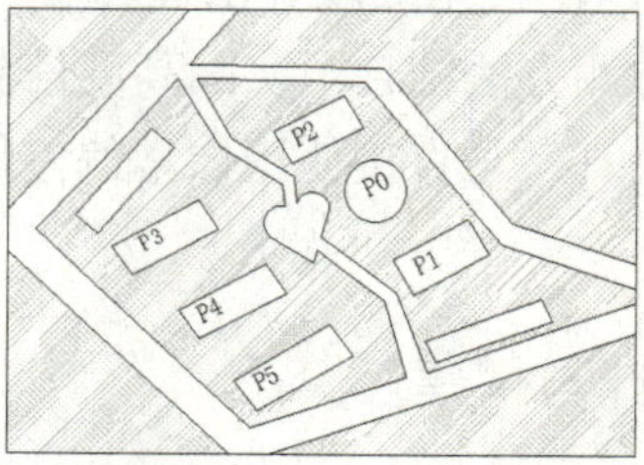

图 9　区域性地点模型

对“节约算法”基本数学模型进行分析，如图 10 所示。

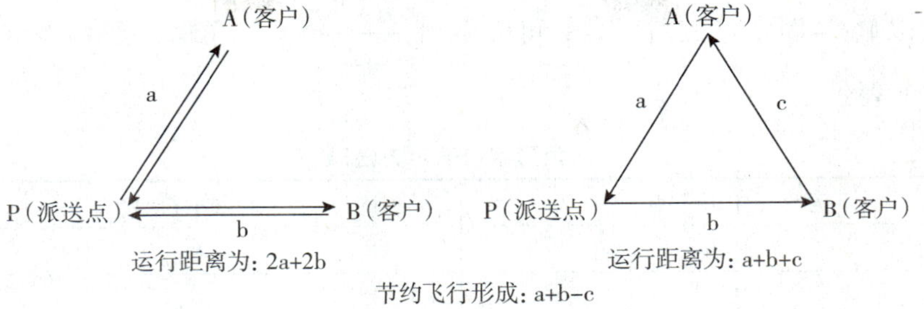

图 10　“节约算法”基本公式模型

分析“节约算法”后进行应用，设计出区域内飞行路径规划的通用方法，具体设计过程如下：

通过图 9 已知在该一般区域内，存在 1 个集货点，并可以根据建筑物位置安放总共若干个派送点，即设置若干处无人机在派送过程中的停放位置。而由于受到无人机自身载货量的限制以及“节约算法”的适用条件，设置该最优路径算法的约束条件：无人机在一次派送过程中，针对每个派送点只携带小于等于 1 件货物，每架无人机携带货品量小于等于 4 件货物，即 1 次派送过程中 1 架无人机最多去往 4 处派送点。且在一个划分区域中，由于该计算方法需要应用到构建三角形求解，故在实际设置中任意两处派送点均不与集货点在空间位置上共线，即满足任意两处派送点与集货点间的三点连线不在一条直线上。下面给出这种算法的通用计算方法及生成最优路径的过程。

在已划分好的集合中，含集货点 1 个，派送点（无人机派送停放点）n 个，分别为 P_1，P_2，P_3，……，P_n，集货点为 P_0。每两点间的距离用 L 表示，模型如图 9 所示。

将所有的两点间距离作为一个集合，则集合中共包括 $\frac{(n+1)n}{2}$ 个元素，表示方法如下表：

表 1　间距表示方法表

路线	距离（米 /m）
P_0P_1	L_{01}
P_0P_2	L_{02}
P_1P_n	L_{1n}
……	……
$P_{n-1}P_n$	$L_{(n-1)n}$

以选取 P_0 为固定点，与 $P_1 \cdots P_n$ 中的任意两点结合，三点间连接线段，做出所有的以 P_0 为固定点三角形，共可以做出 $\frac{(n+1)n}{2}$ 个三角形，用 C 表示，表示方法如下表：

表 2　　三角形字母表示方法表

构成三角形三点	表示符号
$P_0P_1P_2$	C_{012}
$P_0P_1P_3$	C_{013}
$P_0P_1P_n$	C_{01n}
……	……
$P_0P_{n-1}P_n$	$C_{0(n-1)n}$

对每个三角形的三边进行整理，每个三角形的三边距离这 3 个元素组成一个集合，则共有 $\frac{(n-1)n}{2}$ 个集合，整理如下表：

表 3　　构成三角形三边整理表

三角形编号	构成三角形的三边	对应的字母表示形式
C_{012}	P_0P_1、P_0P_2、P_1P_2	L_{01}、L_{02}、L_{12}
C_{013}	P_0P_1、P_0P_3、P_1P_3	L_{01}、L_{03}、L_{13}
C_{01n}	P_0P_1、P_0P_n、P_1P_n	L_{01}、L_{0n}、L_{1n}
……	……	……
$C_{0(n-1)n}$	P_0P_{n-1}、P_0P_n、$P_{n-1}P_n$	$L_{0(n-1)}$、L_{0n}、$L_{(n-1)n}$

利用节约算法基本公式，求出以 P_0 为起始点和结束点的相对于优化前派送方式的所有构成的三角形派送路线规划的节约飞行里程数（单位米 /m）。总共可计算得出 $\frac{(n-1)n}{2}$ 个节约飞行里程的米数，用符号 G 表示，计算过程及公式如下表：

表 4　　计算节约飞行里程数表

三角形编号	节约里程数（米 /m）
C_{012}	$G_{12}=L_{01}+L_{02}-L_{12}$
C_{013}	$G_{13}=L_{01}+L_{03}-L_{13}$
C_{01n}	$G_{1n}=L_{01}+L_{0n}-L_{1n}$
……	……
$C_{0(n-1)n}$	$G_{(n-1)n}=L_{0(n-1)}+L_{0n}-L_{(n-1)n}$

根据对“节约算法”进行分析得出的结论为：若三角形编号为：C_{0ab}，三边长分别为：L_{0a}、L_{0b}、L_{ab}，则节约里程数的计算公式为：$G_{ab}=L_{0a}+L_{0b}-L_{ab}$（单位米 /m）。

将计算出的结果由大至小进行排列，即将 $G_{12}-G_{(n-1)n}$ 由大到小进行排列，下角标 a，b 表示，对应路线名称设为除 P_0 外剩余两点，最前方加字母 G。从大到小排列用下角标 x，y 表示，为排列后进行分析，节约飞行里程排序表如下表：设 a_1b_1 为最大，a_2b_2 其次，以此类推 $\frac{a(n-1)n}{2}\frac{b(n-1)n}{2}$ 最小，在表示时 a_nb_n 对应路线 Gx_n，y_n，x，y 的下角标始终相同，a，b 的下角标始终相同，共 $\frac{(n-1)n}{2}$ 个数据，排列如下表：

表 5　　计算节约飞行里程数排序表

路线	节约里程（米 /m）
Gx_1y_1	a_1b_1
Gx_2y_2	a_2b_2
……	……
$G\frac{x_{(n-1)n}}{2}\frac{y_{(n-1)n}}{2}$	$\frac{a_{(n-1)n}}{2}\frac{b_{(n-1)n}}{2}$

在执行派送时，将表格中每两行，由路线角标可知共有 3 ~ 4 个派送点（如第 1 行为 GP_aP_b，第 2 行为 GP_cP_d，则此两行计算路线结果包含 4 处派送点；如第 1 行为 GP_aP_b，第 2 行为 GP_bP_c，或其他任何一种有重复派送点的情况，则此两行计算路线结果包含 3 处派送点），将每两行的派送点分配给一架无人机，进行派送。按表格顺序以此类推，若 $\frac{(n-1)n}{2}$ 为奇数，则最后一行单分配一架无人机进行派送。由此可见利用此基于“节约算法”的最佳派送路线计算方法，可达到最大程度上节约飞行里程数的目的。

综上所述，基于节约算法的中等密度区域性地点最优派送路径计算方法进行应用，无人机执行派送命令携带货品所需飞行路程会明显减少，达到了提升无人机物流运输效率的目的。

2.7　实物验证

2.7.1　室内实验

在室内对无人机是否可以接收到手持终端的信号，能否在手持终端进行选点后完成多点间的自动飞行，以及其安全性和可应用性进行了验证。在室内试验中，在地面铺设模拟地图，无人机的STM32模块工作，无人机向目标地点飞行，待飞至目标地点附近后，利用普通摄像头识别模拟地图中的橙色图快来进行定位，待其降落后，手持终端会提示对无人机进行位置校正，待校正完成后，无人机自主飞往下一地点。实验测试过程如图11：

（a）为无人机设定坐标

（b）无人机自动巡航

（c）精确定位后降落

图11　室内验证

2.7.2　室外实验

为了验证手持终端是否能够成功将信号发送至无人机，以及无人机在GPS和红外摄像头定位条件下是否能够完成精度定点降落，在室外进行了系统的整体测试。通过物流人员手持终端设置无人机在GPS下的飞行路径坐标，将其发送到飞控系统上，携带货品的无人机按照路径飞行到指定位置附近，打开红外摄像头，寻找信标，进一步修正位置，完成降落，待客户将携带货品取走后，利用客户手持终端发送的反馈信号，无人机起飞飞往下一地点。实验测试过程如图12：

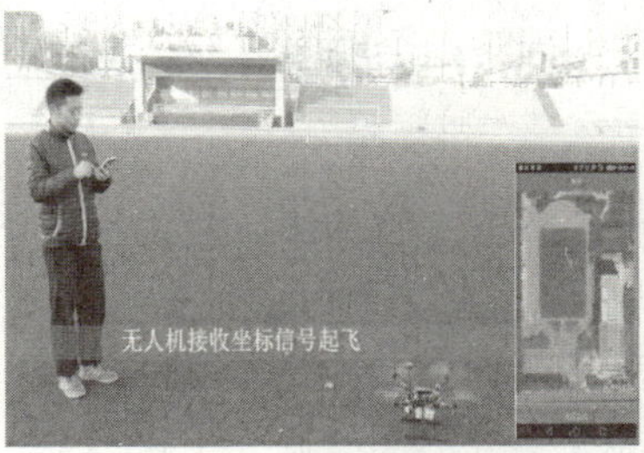

（a）无人机接收到手持终端坐标信号

（b）利用GPS卫星定位飞向目的地附近

图12　室外验证（一）

（c）开启红外摄像头搜寻目的地红外地标

（d）在信标处降落等待客户收货

图 12　室外验证（二）

3. 创新特色

3.1　创新点

（1）充分利用互联网平台，完成了智能无人机物流运输系统的整体设计。

（2）利用红外摄像头识别红外信标的视觉定位方法，使无人机飞行精度更加准确。

（3）嵌入区域内最优物流派送路径计算方法。

3.2　研究成果

获得第六届北京市大学生交通科技大赛一等奖。

获得 2017 年首都大学生挑战杯二等奖。

获得“上海路港杯”第十二届全国大学生交通科技大赛二等奖。

申请国家发明专利一项：一种基于智能无人机的区域快捷物流运输方法，专利号：201710778810.3，国家发明专利。

4. 应用前景（结语）

本作品是以电子商务的快速发展以及智能无人机技术、“互联网 +”的进步为背景，构建出的一种基于智能无人机技术的区域快捷物流运输系统。该系统充分利用互联网平台，搭建了手持终端 App 平台，嵌入路径优化算法方案，采用 GPS 定位加红外摄像头协同作用精确定位的无人机视觉识别方法，使载有货品的无人机能够完成多点之间的自动飞行，为实现无人机物流运输的自动化提供了可能。同时此作品在室内、室外实验场地皆测试了无人机接收信息并飞向坐标的可行性，验证了本作品方案可以实现区域内无人机物流派送。

“互联网 +”技术和电子商务正高速发展，经过综合分析，将此智能无人机物流运输系统运用到物流领域，在区域性地点进行物流派送，可以减少劳动力与运输费用，解决道路配送局限性。虽然无人机在物流运输上还存在一些问题和缺点，但从它所带来的经济价值看，无人机在电商物流运输发展的前景非常广阔，“最后 1 公里物流”的问题也将会得到突破性的进展。

参考文献

[1] 霍亮．冰城创客新智造：让无人机送快递 [N]. 哈尔滨日报，2015-08-07.

[2] 杜洋、刘洪辰．自动化无人机快递配送系统研究 [J]. 科技传，Public Communication of Science & Technology，2016，10：96-97.

[3] 李艳．无人机送货，听起来很酷 [N]. 科技日报，2014-09-10.

[4] 本刊综合．无人机快递“起飞”障碍多 [J]. 发明与创新（大科技），2014，01：13-15.

[5] 乐邦．亚马逊无人机送货需解决三大难题 [N/OL]. 网易科技，2013-12-03. http://tech.163.com/13/1203/16/9F6EL3DL000915BF.html.

[6] 亚马逊将开展无人机配送业务 [J]. 商周刊，2015，11：11.

[7] 魏利峰，耿佳，赵礼强，等．无人机在电商物流领域应用可行性分析 [J]. 商场现代化，2015，23：59-61.

[8] 高阳．“互联网 + 物流”无人机计划能走多远？ [N]. 中国电子报，2016-05-27.

[9] 云云．无人机与快递那些事儿 [N]. 电脑报，2013-12-16.

[10] 周路菡．无人机物流时代渐行渐近 [J]. 新经济导刊，2014（04）：51-54.

自动控制原理微信公众平台开发

北方工业大学：张悦铭　马海杰　卢鹏斌　李俊锐　陶　博

指导教师：徐继宁　副教授　宋　浩　工程师

摘　要：本论文针对自动化专业在校大学生自动控制原理这门专业课学习的实际需求，研究了微信公众平台开发方法，实现了利用微信公众平台学习自动控制原理课程的功能以及形成初步的校内外学习社群，同学们可以通过微信平台实时获得海量复习资料、导师习题解读等功能。

关键词：移动应用；自动控制原理学习；微信公众平台

1. 自动控制原理微信公众平台研究的背景及意义

近几年来，随着智能手机的迅速普及以及4G时代的到来，互联网业务迅速转向移动业务。移动业务需求的飞速增加，迫切需要开发周期短的技术与平台，而微信公众平台直接把微信自带的资源服务打包成接口，方便开发者快速进行二次开发，定制自己的服务。2012年8月18日，腾讯通过微信向所有团体用户推出新增的功能模块——微信公众平台。这是一种不同于校园报刊、新闻杂志等媒体的能够快速传递信息的新途径。根据腾讯2016年公布的年度业绩报告，微信用户已突破8.89亿，而且以青年人居多。微信不存在距离的限制，用户注册微信后，可订阅自己所需的信息。为了满足越来越多的个性需求，顺应时代潮流，微信平台的发展势不可挡。

自动控制原理是研究自动控制共同规律的技术科学，在数百年的发展过程中，已形成以传递函数为基础的自动控制理论体系，主要研究单输入单输出的线形定常系统的分析和设计问题。自动控制原理作为自动化专业学生必修核心课程，以理论教学为主，以传递函数为基础，培养学生对控制系统的设计和分析能力，对信号数据仿真的能力。课程注重理论教学，在传统的教学模式下，教学课时相对较少，学生人数多，师生课外互动少等问题成为学生学习上的障碍。

为缓解这一现象，本课题研究建立自动控制原理微信公众平台，利用众多自动控制原理专业课程任课教师多年积累下来的各类讲义、视频、动画等资料，以微信公众平台这种新媒体的形式，在此基础上进行创新和开发，通过建立网络学习社群，方便学员之间相互沟通以及学员与教师之间的交流，拉近学生与教师的距离，方便教师更加系统地管理学生的学习情况，提高学习效率；通过建立资料库，方便同学们按需查找资料，找到适合自己水平的学习方式。

2. 自动控制原理微信公众平台实现的方案

自动控制原理微信公众平台（后简称平台）主要有微信公众平台自主开发实现用户界面、讲义推送、例题解析等功能。平台以微信公众平台和云服务器相结合开发的方式，在微信公众平台开发的功能基础上，利用对云服务器的使用实现资料库收录资料的功能，下面对各个模块展开详细介绍。

2.1 微信公众平台

微信公众平台是一个能实现一对多发送语音、图像、文本、地理位置、图文等消息，进行消息传递和品牌推广的自媒体平台。区别于传统一贯只是推送信息的媒体平台（例如微博），微信平台凭借其开放的接口服务可以被各种组织用于搭建个性化信息服务平台。当用户发消息给公众号，微信公众平台会用 http 请求向接入的网址进行消息推送，第三方服务器可通过回复特定结构响应包进行回复，经微信公众平台的服务器转发至用户客户端。微信公众平台包括 3 种类型，企业号、服务号、订阅号。企业号针对企业人员管理，对关注人有一定的要求，且有较为明确的级别分层；服务号针对的是商家，用于移动支付的开发和微店的营销；而订阅号对于开发者而言门槛较低，适用于发布图文消息，便于推广和宣传。根据教育微信公众平台的需要，订阅号的开放性和可操作性优势相对突出。可满足本学习平台各方面的功能需求。

表 1　　微信公众平台功能对比

	企业号	服务号	订阅号
面向人群	面向企业、政府、事业单位和非政府组织，实现生产管理、协作运营的移动化	面向企业、政府或组织，用以对用户进行服务	面向媒体和个人提供一种信息传播方式
消息显示方式	出现在好友会话列表首层	出现在好友会话列表首层	折叠在订阅号目录中
消息次数限制	最高每分钟可群发 1000 次	每月主动发送消息不超过 4 条	每天群发 1 条
验证关注者身份	通讯录成员可关注	任何微信用户扫码即可关注	任何微信用户扫码即可关注
消息保密	消息可转发、分享。支持保密消息，防成员转发	消息可转发、分享	消息可转发、分享
高级接口权限	支持	支持	不支持
定制应用	可根据需要定制应用，多个应用聚合成一个企业号	不支持，新增服务号需要重新关注	不支持，新增服务号需要重新关注

2.2　云服务器的优点

当前 Google、Amazon、IBM 和微软等大型 IT 公司都建立了自己商业化的云计算平台，阿里巴巴、百度及腾讯等公司在云计算领域也均有布局并已经渐渐成熟。2010 年 7 月 9 日，几个在云计算产业链上具有优势的知名企业和高校，包括联想、百度、清华大学、北京大学等在北京成立了中关村云计算产业联盟。百度、联想及阿里云等企业也推出了自己的云平台和相关的云服务。大家较为熟知的有 Amazon 的 AWS 服务、Google 的是 GAE（Google App Engine）以及华为云、百度云和阿里云的 ECS 服务平台，等等，这些企业在云中提供了高度可靠、可扩展、低成本的基础设施平台，使很多用户和中小型企业团体都能受益。

云服务器主要优点有：

（1）完全虚拟化，提高资源利用率，数据中心的服务器、存储和网络等资源统一虚拟化为相应的资源池，通过峰值复用、共享存储、带宽复用大大提高了服务器、存储和带宽等资源的利用率。而采用性能的服务器构建计算中心，从服务性能上使应用程序的运行环境得到了大大的提高。

（2）快速部署能力，云平台能在很短的时间内提供一个应用服务。

（3）高可用、可靠、安全性，快速恢复能力通过虚拟化技术实现系统的高可用、可靠、安全性以及快速恢复能力，保障了数据的高可靠性。

（4）弹性可伸缩能力，可以根据客户的需要快速配置服务器的个数，实现服务器软硬件资源的分配，配置的升级降级等操作。

（5）降低运营成本，通过大量的案例对比分析，采用云计算服务器方案可减少 28%～53%的硬件成本，减少 72%～79%的运作成本，减少 29%～64%的综合成本。

本课题收集了各个提供云服务器的商家，如阿里云（ACE）、百度云（BAE）、腾讯云（CVM）等资料，以评估不同商家的配置条件、配置价格、资源提供，以及高层次的，如云平台的稳定性和云平台的安全性能否满足此类微信平台的需求，满足微信用户的指令，高效读取、录入、检索数据库等。

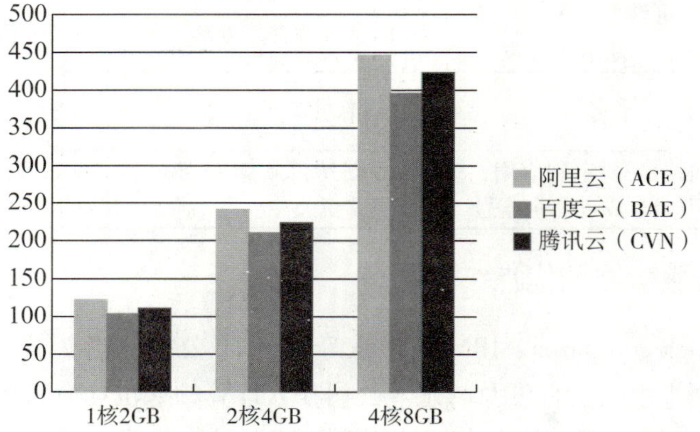

图 1　云服务器配置价格比较

在项目测试阶段，仅供存储一些基本示例文件，因此 1 核 2GB 配置的云服务器满足本课题的需求。

2.3　自动控制原理微信公众平台整体构架

在前台，利用微信公众平台管理页面设计菜单栏和自动回复，便于用户访问各个模块，使接口更加便于用户访问；在后台，将用户所请求的指令经微信后台服务器转发到自己的服务器上，服务器根据指令，写入或读出相应数据库数据，将消息整理转发给微信公众平台服务器，微信公众平台将消息转发到用户界面，起到检索、收录文档的作用。

该方案优点：可利用微信平台的广泛性，进行个性化开发，无论是对用户还是开发者来说都简化了整个实现过程；缺点：云服务器开发需要一定成本，对平台稳定性依赖较大。

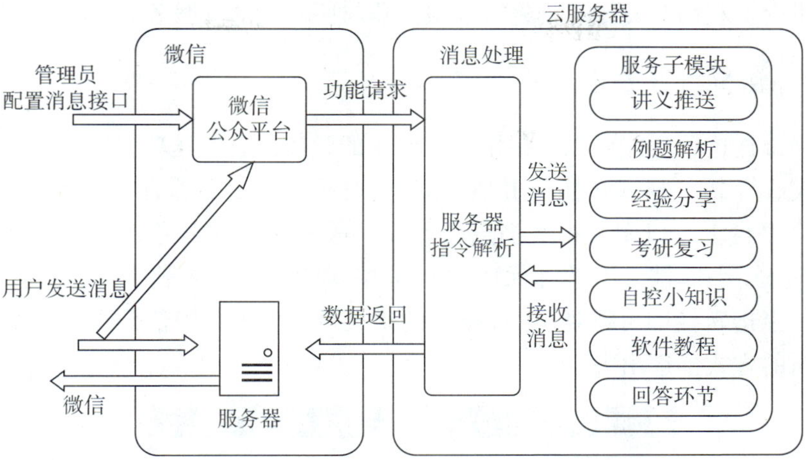

图 2　云服务器整体架构

通过图 2 的云服务器架构实现基本的图文推送、消息接收、消息检索等功能。实现定制的消息类型，如讲义推送、例题解析、动画演示、经验分享、考研复习、自控小知识、软件教程、问答环节、资料库等功能。

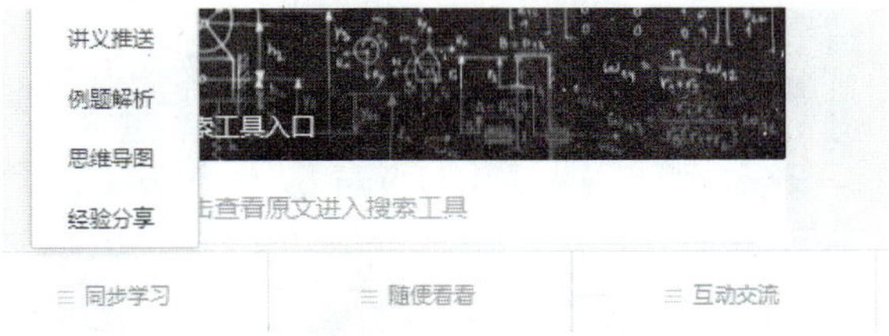

图 3　微信平台菜单示例

通过对上述各个模块的优缺点的综合，本课题选择了用微信公众平台开发和云服务器开发相结合的方案实现平台的搭建，既能利用好微信平台广泛方便的受众对象，又能在此基础上进行二次开发，制定符合用户学习需要的功能，达到本课题微信公众平台开发的目的。

3. 自动控制原理微信公众平台功能的实现

讲义推送、例题解析、动画演示、经验分享、考研复习等栏目的核心实现办法是利用微信公众平台的开放模块，对于较为复杂的一些个性化功能，如资料库等，采用利用第三方平台设计客户端页面，利用云服务器部署页面的方案，在微信公众平台上利用开发者工具将微信服务器与所开发的云服务器 URL 相连接。

3.1 讲义推送专栏

讲义推送这项功能可以直接用微信原生的微信消息推送功能实现，将讲义从 PPT 格式或者 PDF 格式转换为 JPEG 图片等可用于微信推送消息的格式，上传至微信公众平台上，以图文推送消息的方式推送消息。本文将 PDF 格式的讲义通过 PDFToJPG 小插件，将教师保留的 PDF 格式的文件导入软件中，选择转换的页面数，点击转换即可得到 JPEG 格式的讲义页面，再在微信公众平台中以图文消息推送的方式推送出去。

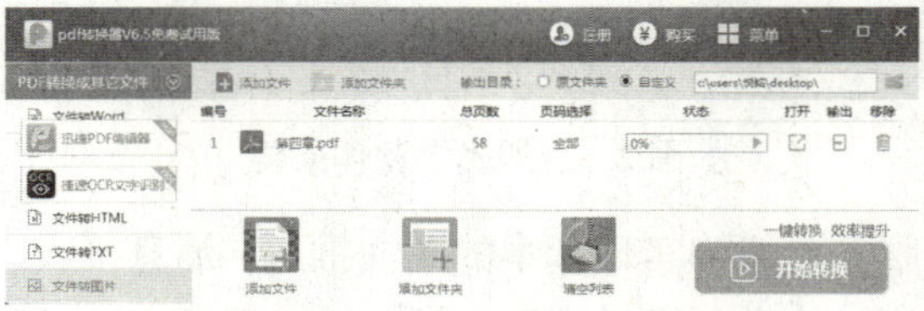

图 4　导入到插件中

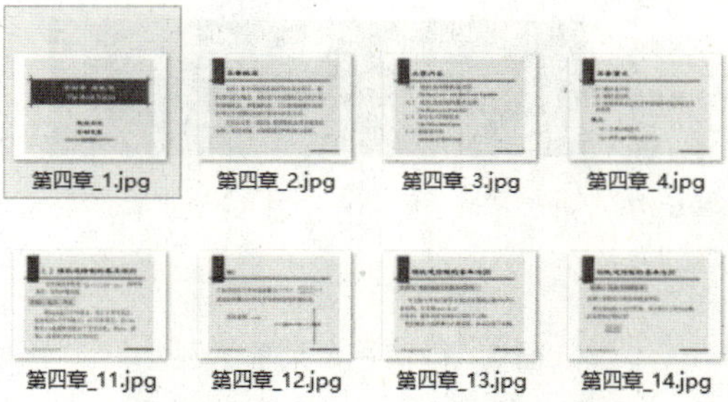

图 5　PDF 到 JPG 格式转换完成

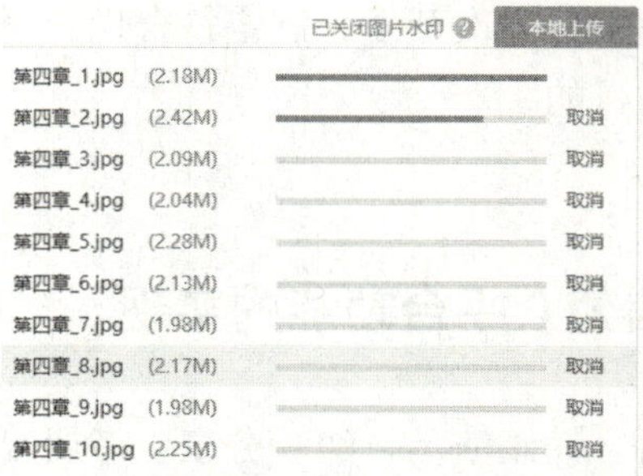

图 6　图片上传到微信公众平台

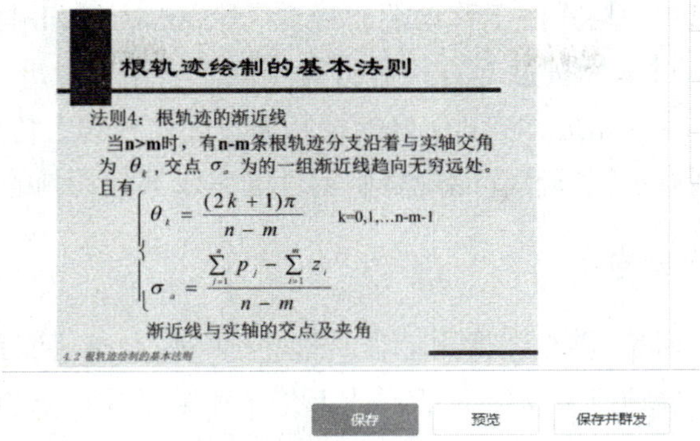

图 7　推送保存并群发

3.2　例题解析专栏

例题解析模块选取每一章节有代表性的例题进行讲解，起到远程答辩的作用。可采用手写板，由教师直接用录制视频的方式，用手写板在电脑上输入解题过程并附带解说。也可以采用直接录制视频的方式录入，优点在于可以方便同学仔细理解每一步，有代入感，学习解题过程；缺点在于工作量大，视频格式占用大量硬盘存储。

录制视频时采用高清摄像头通过支架固定在桌面，调节好室内的亮度，达到图片清晰可见即可，一边书写一边进行讲解。视频录制完成后，通过绘声绘影或者 AE 进行后期处理和渲染，主要包括对无关镜头的剪辑，以及添加水印等著作权保护的操作，修改后的视频通过腾讯视频上传至微信公众平台。已建成 640×480 分辨率视频采集制作硬件平台。

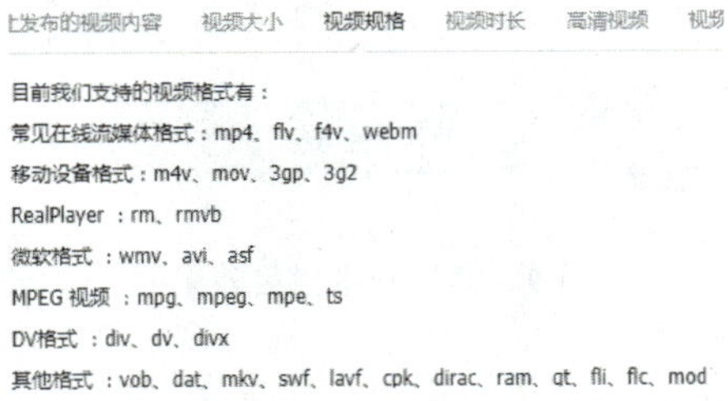

图 8　平台支持视频格式

3.3　动画演示专栏

动画演示环节利用以往的 .SWF 格式的动画文件，微信平台对这类文件不兼容，展现效果较差；对已有的 .FLA 格式的文件在 Adobe Flash 中运行之后录屏再上传到微信平台中，以视频的格式便于移动端的观看。用 Adobe Flash 打开 .FLA 文件后，进行录屏操作，通过鼠标按键等方式进行操作演示。结束录屏后对所录制的视频进行简单的剪辑，减少冗余，将制作好的视频通过腾讯视频上传至微信公众平台。本设计已完成动画演示视频制作的规格制定且已完成部分动画的转换工作。

3.4 经验分享专栏

经验分享是一种高层次的学员互动，通过对一些本科目课程表现较好的同学进行采访，编辑成视频或者文字对话形式上传至服务器中的数据库内，方便存储、关键字检索以及后期更新，缺点在于视频格式占用空间大，对数据传输要求较高。负责这一模块的同学将采访内容记录后，利用微信公众平台的图文消息界面进行编辑，利用一些第三方的编辑平台对推送进行优化，便于读者阅读。已进行对多位在自动控制原理学习方面优秀的学生的采访。

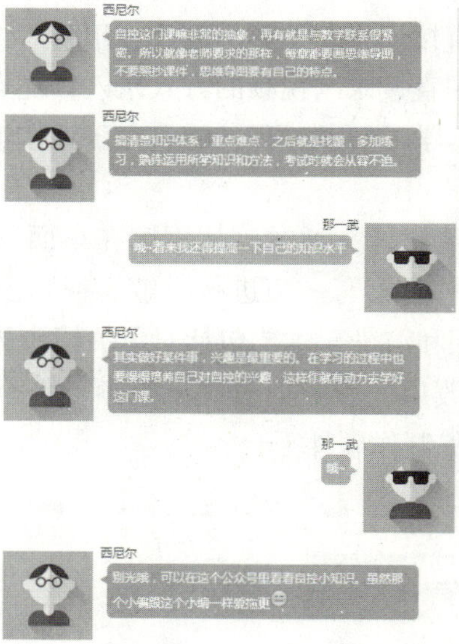

图 9 经验分享栏目效果图

3.5 考研复习专栏

考研复习着重针对有考研意向或者正在准备考研的同学，帮助他们获得海量复习资料以及近几年考研动向，内容有历年考研真题，以及相关院校的考研真题，主要以 WORD 文档形式，进行适当的编辑转换，采用的微信原生的图文消息录入。由于 WORD 文档在移植的过程中容易发生格式错乱的情况，所以采用将 WORD

文档保存为 PDF 格式的文件，再将 PDF 文件保存为图片格式，用微信公众平台以图文消息的方式，将图片推送到用户端。目前本设计已完成部分资料的整理与推送，制定了推送格式与推送周期。

3.6　自控小知识专栏

该模块属于拓展模块，为同学们提供与自动控制原理相关的周边新闻、视频、趣闻，主要通过微信原生的图文消息、视频消息方式推送。存入数据库，方便更新与查找。通过一些第三方的编辑网站，对推送消息进行美化和排版，然后复制到微信公众平台上的图文消息内进行发送。目前本设计已完成部分素材的搜集与推送，制定了推送格式与推送周期。

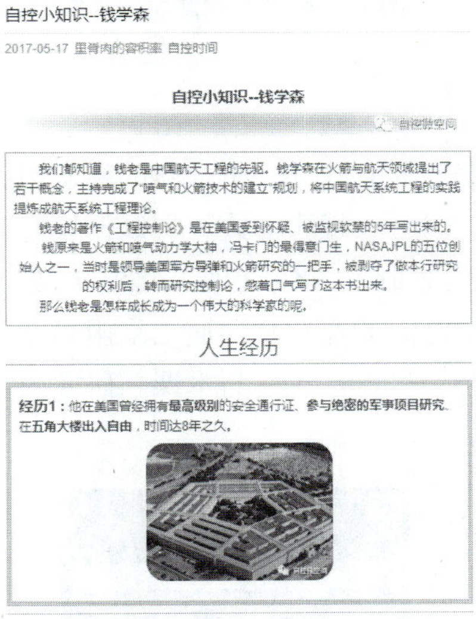

图 10　自控小知识推送效果图

3.7　软件教程专栏

该模块针对自动控制原理的系统仿真、Bode 和 Nyquist 曲线的绘制方面，对所用软件 MATLAB 的使用进行教学，是课堂上涉及不到的内容，可采用微信原生的图文编辑软件进行编辑。教程存入后台数据库，方便更新、检索。利用实际演示过程的一步步截图，利用 MATLAB 对自控学习进行讲解，并举例说明，利用 WORD 的公式编辑器输入演示过程中的传递函数等复杂公式，然后通过第三方编辑网站进行推送优化，通过微信公众平台将演示过程及演示截图以图文消息的格式进行推送。目前已针对相关章节完成部分相应的解说推送。

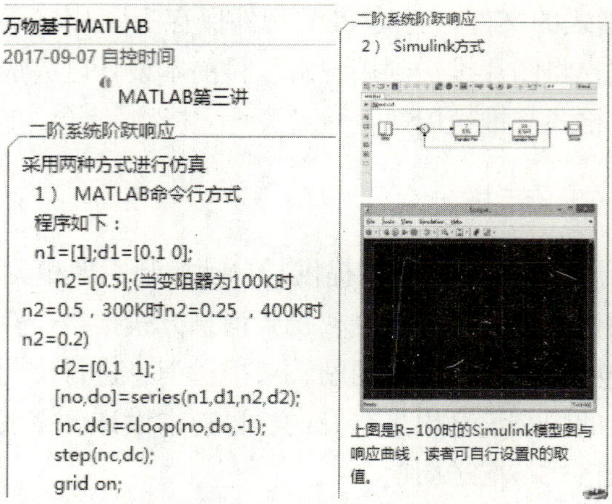

图 11　软件教程演示效果图

3.8　问答环节专栏

问答环节采用云端服务器，建立一个云端的社交圈，用户可以在该社群中发帖问答，以文字、图片、语音、视频形式，可以设置悬赏，接入微信支付、微信认证的 API 接口，采用实名制，方便管理。此模块便于同学与同学之间、同学与教师之间、教师与教师之间的互动和沟通。采用第三方平台的成熟的社交圈插件，添加到已有的微信公众号上，成立与本课题研究内容相关的自动控制原理社交圈——自控时间。

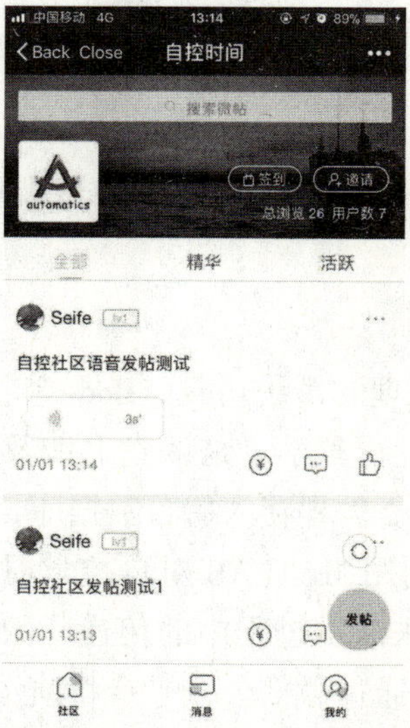

图 12　自控平台社交平台演示

3.9 资料库专栏

主要是针对教学多年的海量不方便二次加工的资料，以及一些历史推送、数据等，存入与服务器相连的数据库内，便于访问、检索、收录。同时该资料库也为后期进行个性化分析提供数据基础。

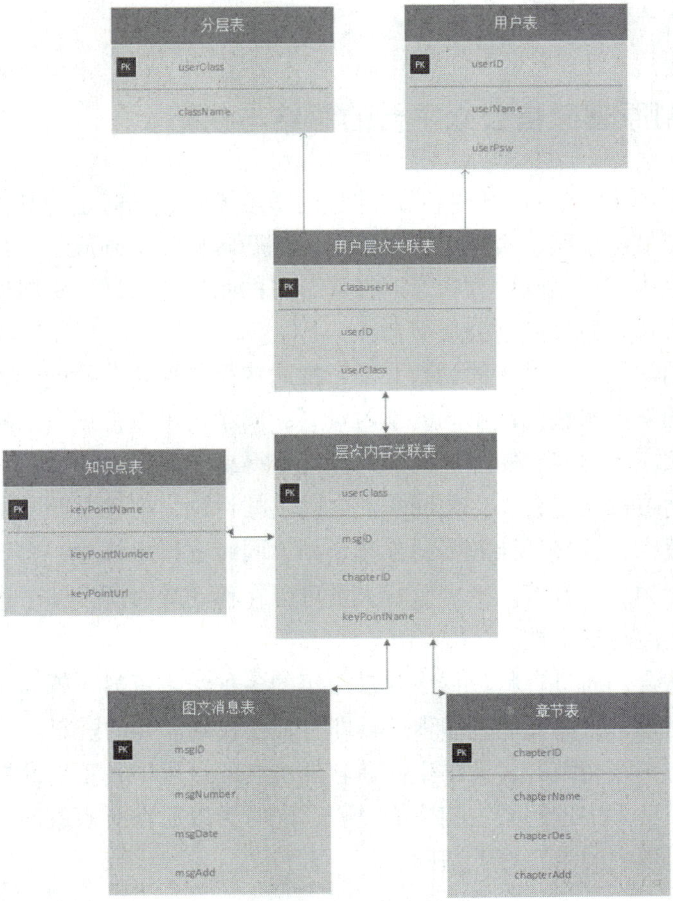

图 13　数据库数据关系

3.10 微信公众平台的搭建与调试

从申请微信号到注册公众平台，选用了订阅号类型，“自控时间”微信公众号成立了，各模块设计除动画演示模块外其余测试正常，且在不同移动端浏览时能够自适应，动画演示模块用单独的页面展示会更好。在教师的一次次指导下，本课题开始一点点尝试着运营维护“自控时间”，在这门专业课上，课题小组花费的时间比其余的同学多，本课题不光注重学习这门课程，更重要的是以什么样的形式为大家展现出来，以改善和解决这门核心专业课通过率较低的处境，努力提高同学们对这门课程的兴趣，从而提高大家的学习效率，作为对专业课程的创新实践，平台无疑有着广阔的应用前景。

5. 自动控制原理微信公众平台的总结与创新

平台改变了传统的自动控制原理课程的学习模式，同时也为其他理论性强的专业课提供了借鉴思路，实现了讲义推送、例题解析、动画演示、经验分享、考研复习、自控小知识、软件教程、问答环节等的制作与调试，资料库建设是下一阶段工作的重点。通过微信公众平台：

● 实现同学们学习模式的创新，学习推送变得个性化，指向性大大增强，根据不同层次的学习水平推送不同的学习资料，同学也可以根据自己水平、自己的需求来查阅相应的内容，使理论性强的课程变得易于理解。

● 建立学习社交平台，方便同学们之间发帖讨论，突破空间上的限制，提高答疑环节的效率，减轻任课教师的工作负担，同时支持多样化、多形式答疑，文本、图片、视频、语音等。平台监管人员可以在移动端对所发帖子进行审核，保证平台的稳定性与安全性。

● 资料整合，通过资料数据库收录历年的多种学习资料，解决了之前同学们找资料难的问题，只需要通过搜索工具即可轻松找到需要的资料。

● 理论与实践相结合，让学生们在软件仿真的过程中真正地掌握自动控制原理的概念，在动手中理解系统响应的过程，同时为以后在对对象的控制上真正利用自动控制原理中的内容打下基础。

参考文献

[1] 鲍丽妙，张国磊．以微信公众号为平台的大学生创业项目研究 [J]. 智富时代，2016（2）.

[2] 唐权．高校数字化校园云服务器解决方案 [J]. 四川职业技术学院学报，2014(06):158–160.

[3] 张瑶．基于云计算的高校学习资源共享平台的设计与实现．

基于 CUDA 的图像处理系统研究

北方工业大学：郝晨宇　包　贝　于霄洋

指导教师：崔家礼　助理研究员

摘　要：在图像处理领域，随着对处理高分辨率图片的需求不断增加，计算量也随之增加，虽然计算机的计算能力不断提升，但是 CPU 的处理能力远远不能达到处理大型场景的要求。在图像处理过程中，许多算法只是在重复单一的过程，所以这对并行计算提供了可能。计算统一设备架构（CUDA）是显卡制造商 NVIDIA 提出的一种并行架构，本文基于 CUDA 进行了并行加速性能的研究，对比了不同尺寸图片在击中击不中形态学算法中 GPU 相对于 CPU 运行时间的提升，结果显示 GPU 随着核数的提升，加速效果越来越好。

关键词：CUDA；并行计算；击中击不中变换

1. 选题背景

长期以来，随着人们对计算需求的不断增加，计算机的计算结构单元不断改善，包括中央处理单元（CPU）和图形处理单元（GPU）。其中 CPU 是计算机的核心，有强大的缓存，它的内部结构复杂，处理不同数据和复杂的逻辑控制的能力非常强。提升 CPU 的速度无疑是非常重要的，但是大规模的数据处理往往是高重复度、简单运算的迭代，CPU 的串行速度在大规模的迭代下往往不会取得很大的提升。目前，GPU 在并行计算方面已取得了显著进展。与 CPU 的串行设计模式不同，GPU 具有天然的并行特性，能提供强于 CPU 10 倍甚至上百倍的性能，极大地促进了计算机图形学及其他应用领域的快速发展。然而，GPU 依然存在一些不足：只能通过图形 API 来编程；GPU 程序不能写入信息到显卡存储区的任何部分；显卡内存与主机内存之间的数据传输带宽成为处理问题的瓶，针对这个问题，NVIDIA 公司于 2007 年推出了一种通用并行计算架构 CUDA（Compute Unified Device Architecture）。CUDA 将 GPU 视为一个数据并行的计算设备，并且无须把这些计算映射到图形 APl。CUDA 以 C 语言为基础，并对其扩展。

随着 CUDA 的快速发展，国内外许多学者对不同的算法进行了并行加速；如 Sinha S 等人实现了对 SIFT 算法的加速，使之能够应用到分辨率比较小的视频序列处理中；张魏等人实现了对 SVM（Support Vector Machine）算法的并行优化；程峰等人实现了对 Adboost 算法的并行研究。近年来，随着深度学习的快速发展，基于 CUDA 的加速算法的应用达到了一个新高度。这些算法中，使用最多的操作是卷积。为了更好地了解并行计算的加速能力，对卷积在 CUDA 加速下的性能进行了研究，通过比较不同计算量的数据在不同设备上运行所需要的时间，更加深入地学习了基于 CUDA 并行计算的优化能力。

2. 研究方案

2.1 GPU框架及CUDA的工作原理

CUDA 是 NVIDIA 厂商理出的一套并行框架。除了 NVIDIA，还有 AMD 等显卡制造商，不同的制造商其 GPU 硬件架构不同。NVIDIA 显卡的架构如图 1 所示，其基本处理单元为流处理单元（Streaming Processor），多个流处理单元、共享内存（Share Memory）等其他的资源组成了流混合处理单元（Streaming Multiprocessor），几个 SM 和其他的处理资源又组成纹理处理器（Texture Processor Cluster）。

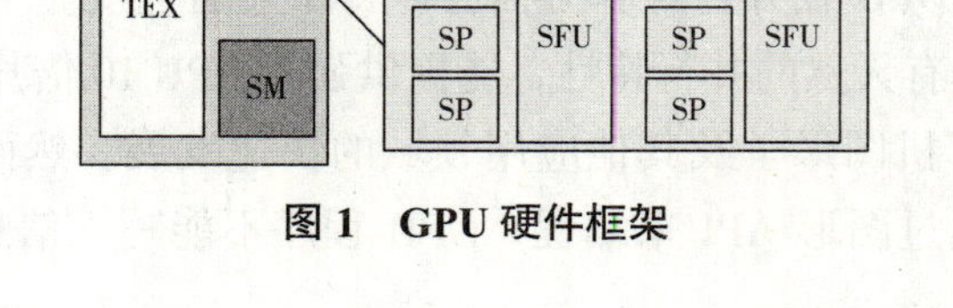

图 1　GPU 硬件框架

在 CUDA 并行优化算法中，程序会分为两部分运行，程序的入口会在 CPU 上运行，也就是主（host）代码，CPU 将读入待处理的图片拷贝到 GPU 的内存中；GPU 接收到数据后，要执行 GPU 部分代码，也就是设备（device）代码，在 GPUs 上运行的并行代码也叫作核（kernel）。在 GPU 中运行的并行代码会把 GPU 内存的数据分割为若干个网格（grid），在每一个网络中又分为若干个块（block），每个块中的数据又分为若干个线程（thread）去处理，三者之间的相互关系如图 2 所示。目前每个块中的线程数量是有限制的，一般为 1024。

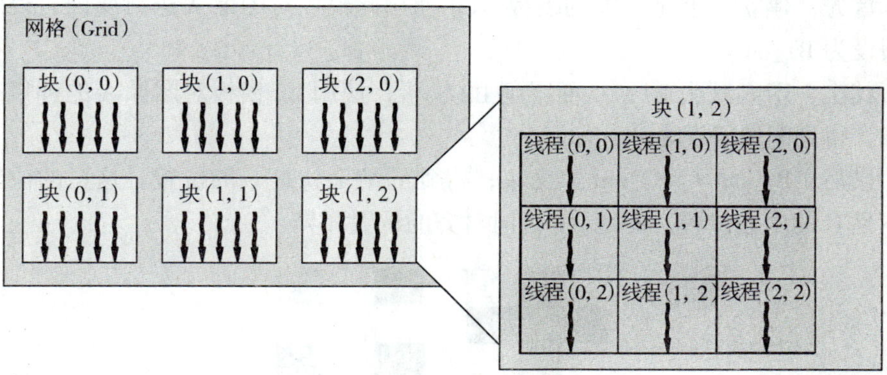

图 2 CUDA 中网格、块和线程的关系图

2.2 卷积和击中击不中算法

卷积在信号处理领域有极其广泛的应用，也有严格的物理和数学定义，但是在数字图像处理领域中，卷积是离散的二维信号处理过程。卷积操作在许多算法中都占有非常重要的地位，例如：在传统算法中通过卷积操作可以实现中值滤波、均值滤波、边缘检测、击中击不中变换；在 SIFT、SURF 等特征点提取的过程中，高斯核的卷积可以将图像映射到不同的尺度空间中；在卷积神经网络中通过训练深层的卷积层，来自动提取图像的特征。因此，为了探究卷积操作在基于 CUDA 的并行加速下效率，本文选择击中击不中变换作为基础算法，通过改变输入图像尺寸和卷积核的大小，对比不同 GPU 并行计算相对于 CPU 的提升。

击中击不中变换（HMT）是形态学形状检测的基本工具，可以用来查找像素局部模式的形态学运算符。“局部”是指“结构元素”的大小。在研究图像中的目标物体与图像背景之间的关系上，HMT 能够取得很好的效果。所以常被用于解决目标图像识别和模式识别等领域。

结构元素是形态学变换中的基本元素，是为了探测图像的某种结构信息而设计的特定形状和尺寸的图像，也可以称为收集图像结构信息的探针。结构元素有许多的种类，如圆形、方形、线型等，还有二值的和灰度值的、模糊集中的等多种结构元素。在击中击不中变换中将结构元素 B 分解成两个：一个定义为前景结构元素 B1；一个定义为背景结构元素 B2；两个不相交集合 B={B1，B2}，称 B 为复合结构元素如图 3 所示。它的原理就是使用腐蚀；如果要在一幅图像 A 上找到 C 形状的目标，我们要做的是：

首先，建立一个比 C 大的模板 B1；使用此模板对图像 A 进行腐蚀，得到图像假设为 B1_out。

其次，用 C 减去 B1，从而得到 B2 模板；使用 B2 模板对图像 A 的补集进行腐蚀，得到图像假设为 B2_out。

最后，B1_out 与 B2_out 取交集；得到的结果就是 C 的位置。这里的位置可能不是 C 的中心位置，要视 B1–C 时对齐的位置而异。

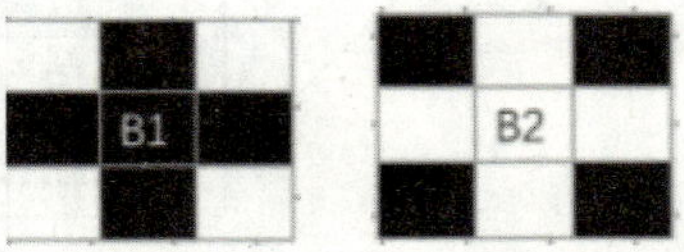

图 3　B1 为模板一，B2 为模板二

3. 研究结果和分析

本次实验内容在不同的 GPU 和 CPU 上对比了击中击不中算法在处理不同尺寸图片时所需要的时间。GPU 和 CPU 分别选择了两种型号，GPU 包含：GTX 650 Ti（表 1 中的 GPU）和 Tesla K20C（表 1 中的 GPU），包括 CPU 在内的配置在图 3.1 中。

实验原图如图 4（a）所示，经过二值化后，分别用两个不同的模板对其进行腐蚀操作，用模板一腐蚀的结果如图 4（b），经过两次腐蚀后相减得到的击中击不中结果如图 4（c）所示。

击中击不中实验在不同配置的 GPU 和 CPU 下运行，进行了 100 次循环，记录了每次处理所需要的时间，最后去平均值，不同配置下和不同尺寸下记录的结果如表 1 所示。

（a）

（b）

（c）

图 4　（a）原图（b）用模板一腐蚀的结果（c）最后的结果

表 1　　不同计算量和不同 GPU 数据结果

图像尺寸	GPU（ms）		CPU（ms）	
	核数：768	核数：2496	主频 3.3GHZ	主频 2.2GHZ
512*512	0.932	0.351	2.182	3.879
1024*1024	3.458	1.303	8.786	15.116
2048*2048	13.594	5.157	36.451	59.648
4096*4096	54.176	20.586	158.146	239.941

为了更加方便地查看之间的关系，将上述的表格抽取了关键信息做成了折线图，不同 GPU 和 CPU 在执行速度和计算量之间的关系如图 5 所示。通过观察可以看出，处理速度和 CPU 的主频、GPU 的 CUDA 核心数和处理图片尺寸有关，随着图片尺寸增加，运算量也提高，虽然主频的提高对处理速度也有提升，GPU 的核心数的增加对处理时间的提升越明显。

本篇文章对不同 CPU 和 GPU 的并行加速比做了横向和纵向的比较，通过对比发现，当运算量非常小的时候，CPU 的处理速度比 GPU 的处理速度要要高得多；当计算量成指数级别提升的时候，GPU 的并行优化性能就体现出来了，而且计算量越大，GPU 的提速越多；当不同的 GPU 之间做比较时，GPU 的核数（在 NVIDIA

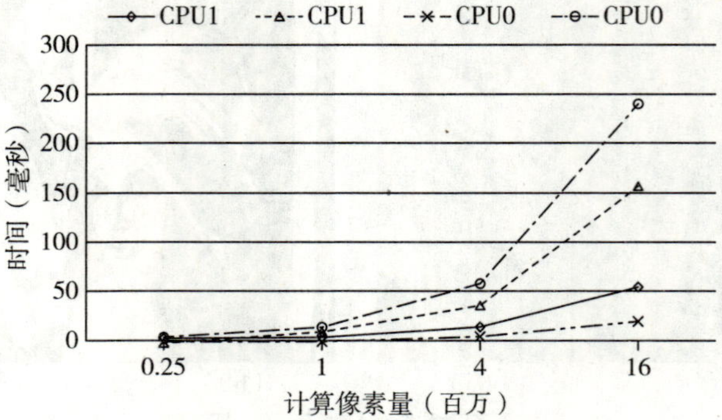

图 5　CPU 和 GPU 之间的差异

显卡中是流处理单元）越多，其并行的线程越多，从而并行处理的能力越强，加速效果越明显。本篇文章完成了对 GPU 和 CUDA 的一个初步认识，实现了一个简单的算法；今后要想深入对其的了解，需要对时间和空间更加复杂的算法进行加速。

参考文献

[1] Wu En-hua. Technology，current situation and challenge of graphics processor are used for general computing[J]. Journal of Software，2004，15（10）：1493-1504（in Chinese）.

[2] Xu Xue-gui，Zhang Qing. High efficiency parallel remote sensing image processing based on CUDA [J]. Geospatial Information，2011，9（6）：47-54（in Chinese）.

[3] Dong Luo. Ge Wan-cheng，Chen Kang-li. Application Research CUDA parallel computing[J]. Information Technology，2010，4（5）：11-15（in Chinese）.

[4] Sinha S N，Frahm J M，Pollefeys M，et al. Feature tracking and matching in video using programmable graphics hardware[J]. Machine Vision & Applications，2011，22（1）：207-217.

[5] 张巍，张功萱，王永利，等 . 基于 CUDA 的 SVM 算法并行化研究 [J]. 计算机科学，2013，40（4）：69-72.

[6] 程峰，李德华 . 基于 CUDA 的 Adaboost 算法并行实现 [J]. 计算机工程与科学，2011，33（2）：118-123.

[7] Heinrich G. Parameter estimation for text analysis[R]. Techni-al Report，2004.

[8] 崔屹 . 图像处理与分析——数学形态学方法及应用 [M]. 北京：科学出版社，2000.

太阳能充电宝的设计与制作

北方工业大学：陈　健　张繁军　袁宁宁　梅如如
指导教师：冯　祎　实验师

摘　要：本课题设计了一种便携式的太阳能充电宝，在实现太阳能充电宝的基本功能外，通过太阳能这种无污染的清洁能源为用户提供便捷、安全、绿色的充电和有限时间的供电功能。本充电宝具有双重充电方式，当无太阳能充电条件时可使用电源适配器对充电宝进行充电，因此本充电宝也可作为应急充电器或电池使用。

关键词：低功耗；MSP430；充电宝

1. 引言

太阳能充电器是一种新型高科技太阳能系列产品，拥有智能调节功能，可以调节不同的输出电压及电流。可以对不同的充电产品充电，调节电压从 3.7V ~ 6V 范围内，可以对数码相机、手机等产品充电。通常有些太阳能充电宝还配备高亮 LED，可用于日常照明与紧急照明。太阳能充电宝具有体积小、容量高、使用寿命长等优点，适用于出差、旅游、长途乘车 / 船、野外作业等环境及学生的备用电源和紧急照明，具有安全保护、兼容性好、大容量、体积小、使用寿命长、性价比高的特点。

传统的太阳能充电宝的太阳能充电板外形较大、质量大、不可弯曲折叠、不方便携带，因此在日常生活中很少会有应用场合。可穿戴设备是指直接穿在身上，或是整合到用户的衣服或配件的一种便携式设备。如果将便携式和太阳能充电宝相结合，将会大大提高太阳能充电宝的使用场合及频率。本课题结合低功耗设计的便携式太阳能充电宝更适合当下人们使用充电宝的需求，并具有体积小、功耗低、性能可靠等优点。

2. 便携式太阳能充电宝系统设计

本课题设计了一种便携式的太阳能充电宝，在实现充电宝的基本功能外，着重将系统设计成一种便携式设备，通过太阳能这种无污染的清洁能源为用户提供便捷、安全、绿色的充电和有限时间的供电功能。

本设计充分考虑到系统低功耗的需求，由于是便携式设备，系统需要长时间脱机独立运行，因此系统必须具有较低功耗，否则系统独立工作时间将受到限制以至无法达到设计要求。系统电路均采用超低功耗设计，并内置可充电锂电池和充电电路。

作为一种充电宝设备，系统设计包含智能电源管理模块，模块具备过充保护、过放保护、过压保护、过流保护、短路保护、充电过热保护等充电及供电方面的保护功能。

本充电宝具有双重充电方式：当在户外阳光充足时刻可利用太阳能对移动设备进行充电；当无太阳能充电条件时，可利用系统自带的锂电池为移动设备进行充电，因此本充电宝也可作为应急充电器或电池使用。

便携式太阳能充电宝系统框图如图 1 所示，由太阳能板、DC-DC 升压电路、锂电池充电管理电路、电源切换电路、锂离子电池、USB 充电接口和 MSP430G2231 控制单元及电源系统组成。

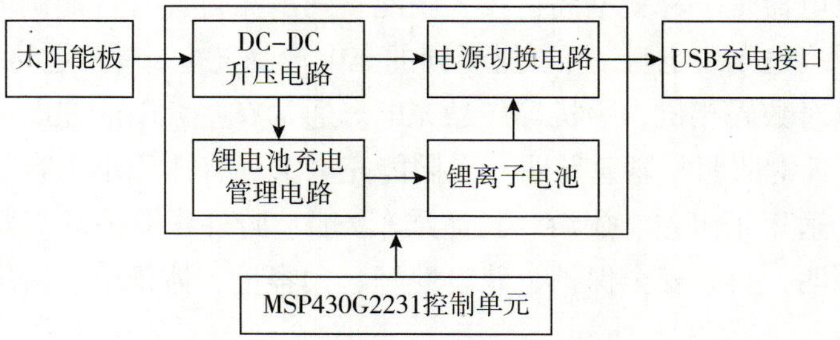

图 1　便携式太阳能充电宝系统接框图

2.1　超低功耗单片机 MSP430

本文设计的系统采用 MSP430G2xx 系列超低功耗单片机作为核心控制器，经济高效的 MSP430G2xx 超值系列具有基于闪存的超低功耗 MCU，在 1.8V ~ 3.6V 的工作电压范围内性能高达 16MIPS，包含极低功耗振荡器（VLO）、内部上拉、下拉电阻和低引脚数量选择。超低功耗 MCU，低至（2.2V）：0.1μA，RAM 保持模式；0.4μA，待机模式（VLO）；0.7μA，实时时钟模式；220μA/MIPS，工作模式；小于 1μs 的超快速从待机模式唤醒。

考虑到整个系统设计和外设的需求，单片机选用 MSP430G2xx 系列的 MSP430G2231，这款单片机具有多种封装，有 10 个可用 I/O，采用内部晶振。

2.2 DC-DC 升压电路

DC-DC 升压电路采用 TI 公司的 TPS61070 芯片。TPS61070 器件为那些采用单节、双节或三节碱性电池、镍镉电池或镍氢电池供电的产品或单节锂离子电池或锂聚合物电池供电的产品提供了一款电源解决方案。当采用单节碱性电池时，输出电流可变至高达 75 mA，并将电池放电到低至 0.9V。它还可用于依靠一个 3.3V 电压轨或单节锂离子电池产生 5V/200mA 输出。升压转换器基于一个采用同步整流器的固定频率、脉宽调制（PWM）控制器，旨在实现最高的效率。在低负载电流条件下，TPS61070 进入省电模式，以在宽负载电流范围内保持高效率。升压开关中的最大峰值电流通常被限制为 600mA。

TPS61070 的输出电压由一个外部电阻分压器来设置。可以停用转换器以最大限度地减少电池消耗。在停机期间，将负载与电池完全断开。该器件采用 6 引脚薄型 SOT23 封装（DDC）。

TPS61070 的特性包括：90% 高效同步升压转换器；在 3.3 V 电压下可提供 75mA 输出电流（采用 0.9 V 输入时）；在 3.3V 电压下可提供 150 mA 输出电流（采用 1.8V 输入时）；器件静态电流 19μA（典型值）；输入电压范围 0.9V ~ 5.5V；可调输出电压高达 5.5V；可提供省电模式版本，以改善低输出功率时的效率；停机期间负载断开；过温保护；小型 6 引脚 Thin SOT23 封装。典型应用电路如图 2 所示。

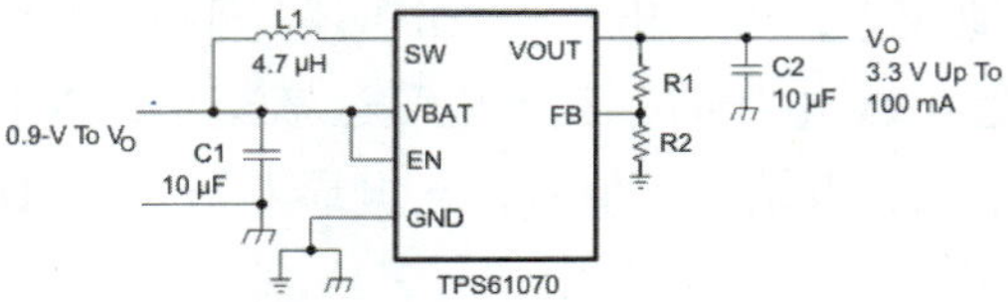

图 2　TPS61070 典型应用电路

2.3 锂电池充电管理电路

根据系统需求，锂电池充电管理电路采用南京拓微集成电路有限公司的

TP4056 线性锂离子电池充电器。

TP4056 是一款完整的单节锂离子电池采用恒定电流 / 恒定电压线性充电器。其底部带有散热片的 SOP8/MSOP8 封装与较少的外部元件数目使得 TP4056 成为便携式应用的理想选择。TP4056 可以适合 USB 电源和适配器电源工作。

由于采用了内部 PMOSFET 架构，加上防倒充电路，所以不需要外部隔离二极管。热反馈可对充电电流进行自动调节，以便在大功率操作或高环境温度条件下对芯片温度加以限制。充电电压固定于 4.2V，而充电电流可通过一个电阻器进行外部设置。当充电电流在达到最终浮充电压之后降至设定值 1/10 时，TP4056 将自动终止充电循环。

当输入电压（交流适配器或 USB 电源）被拿掉时，TP4056 自动进入一个低电流状态，将电池漏电流降至 2uA 以下。TP4056 在有电源时也可置于停机模式，进而将供电电流降至 55uA。TP4056 的其他特点包括电池温度检测、欠压闭锁、自动再充电和两个用于指示充电、结束的 LED 状态引脚。

TP4056 是专门为一节锂离子或锂聚合物电池而设计的线性充电器电路，利用芯片内部的功率晶体管对电池进行恒流和恒压充电。充电电流可以用外部电阻编程设定，最大持续充电电流可达 1A，不需要另加阻流二极管和电流检测电阻。TP4056 包含两个漏极开路输出的状态指示输出端、充电状态指示端 CHRG 和电池故障状态指示输出端 STDBY。芯片内部的功率管理电路在芯片的结温超过 145℃时自动降低充电电流，这个功能可以使用户最大限度地利用芯片的功率处理能力，不用担心芯片过热而损坏芯片或者外部元器件。这样，用户在设计充电电流时，可以不用考虑最坏情况，而只是根据典型情况进行设计就可以了，因为在最坏情况下，TP4056 会自动减小充电电流。

当输入电压大于电源低电压检测阈值和芯片使能输入端接高电平时，TP4056 开始对电池充电，CHRG 管脚输出低电平，表示充电正在进行。如果电池电压低于 3V，充电器用小电流对电池进行预充电。当电池电压超过 3V 时，充电器采用恒流模式对电池充电，充电电流由 PROG 管脚和 GND 之间的电阻 R_{PROG} 确定。当电池电压接近 4.2V 电压时，充电电流逐渐减小，TP4056 进入恒压充电模式。当充电电流减小到充电结束阈值时，充电周期结束，CHRG 端输出高阻态，STDBY 端输出低电位。

充电结束阈值是恒流充电电流的 10%。当电池电压降到再充电阈值以下时，自动开始新的充电周期。芯片内部的高精度的电压基准源、误差放大器和电阻分压网络确保电池端调制电压的精度在 1% 以内，满足了锂离子电池和锂聚合物电池的要求。当输入电压掉电或者输入电压低于电池电压时，充电器进入低功耗的睡眠模式，电池端消耗的电流小于 3uA，从而增加了待机时间。如果将使能输入端 CE 接低电平，充电器停止充电。

2.4 太阳能板

课题充分考虑到便携式设备的要求，太阳能板选用了柔性薄膜太阳能电池板。柔性薄膜太阳能电池板是未来的太阳能发展方向，同样的尺寸重量只有传统太阳能板的 1/5，厚度只有原来的 1/3，这将大大便于太阳能的应用，让太阳能做成任意形状或附着在任何物体表面皆成为可能。

柔性薄膜太阳能电池板使用薄膜的非晶硅技术，把非晶硅点缀在薄膜上，整体上要比传统的多晶硅和单晶硅都要薄，也要轻巧很多，更重要的是可以折叠。因此，可携带的太阳能电池就成为可能，并且在移动电源领域，薄膜太阳能电池也大受欢迎。

传统的太阳能产品受制于重量、厚度、便携性以及抗弯折程度多项制约，无法实现民用，只能用于山区和房顶。柔性非晶薄膜太阳能电池更轻、更薄、更柔软、黑色封边，边缘可剪裁可缝纫。柔性薄膜太阳能电池板的出现，将改变这一行业的现状，让太阳能进入千家万户，并使其作为随身之物成为可能，太阳能将迎来薄轻柔的时代。

柔性薄膜太阳能电池板的特性包括：ETFE 一体层压材料；0.5W 峰值功率；太阳能转换率大于 10%；2V 开路电压、420mA 短路电流；耐用、高透光率 ETFE 薄膜封装材料；耐候、高透光率快速固化 EVA 薄膜胶粘剂；三结柔性非晶硅薄膜太阳能电池类型；重量只有 16g。

2.5 MSP430G2231 控制单元

2.5.1 系统接口设计

课题的系统电路主要功能偏重硬件电路，单片机只负责监测和管理。MSP430G2231 可用的 I/O 数量为 10 个，且有 8 个 I/O 具有 AD 输入功能，不用外扩 ADC 即可实现对系统各个电压监测点进行电压采样。再加上工作指示灯和复位按键所需的 I/O 口，MSP430G2231 完全可以满足系统工作的接口要求。

2.5.2 系统工作流程

MSP430G2231 控制单元负责控制协调整个太阳能充电宝，DC-DC 升压电路和锂电池充电管理电路都具有使能控制端（EN），单片机通过不断监测太阳能板和锂离子电池输出电压来决定最适合的充电路径，通过电源切换电路为 USB 充电接口供电。

上电后系统对太阳能板和锂离子电池的输出电压进行检测，如果此时太阳能板的输出电压太低，系统将切换到锂离子电池为 USB 充电接口供电；如果太阳能板的输出电压足够高，系统将控制锂电池充电管理电路对锂离子电池充电，同时将电能供应给 USB 充电接口供电。

3. 结论

本文设计了一种基于 MSP430 的低功耗便携式太阳能充电宝，系统整体设计偏重实际应用并植入低功耗设计思想。系统整体使用元器件较少且均采用低功耗芯片，制板后最大限度地缩小了系统体积并有效降低了系统功耗，使得系统稳定可靠，更方便使用和维护。

设计的便携式太阳能充电宝可实现利用太阳能为手机或平板电脑进行充电，且在没有阳光的环境中亦可通过内置的锂电池进行有限时间的充电操作；充电宝具有过充保护、过放保护、过压保护、过流保护、短路保护、充电过热保护等智能电源管理功能。

参考文献

[1] Texas Instruments Incorporated.MSP430G2 超低功耗 MCU[DB/OL].http：//focus.ti.com.cn/cn/paramsearch/docs/parametricsearch.tsp?familyId=1937&sectionId=95&tabId=2662&family=mcu，[2012-5-31].

[2] Texas Instruments Incorporated. 采用 ThinSOT-23 封装的可调节 600mA 开关 90% 效率 PFM/PWM 升压转换器 [DB/OL].http：//www.ti.com.cn/product/cn/tps61070，[2012-5-31].

[3] 南京拓微集成电路有限公司 .TP4056 1000mA 大电流线性充电 [DB/OL].http：//www.tp-asic.com/te_product_a/2008-04-09/17.chtml.

[4] UNI SOLAR，Inc.Unisolar Product[DB/OL].http：//www.unisolar.com.ph/，[2014-5-1].

基于 AFE4400 的动态心率和血氧监测仪

北方工业大学：陈子晋　许　欣　窦东瑜　赵叶皓　宗天禹

指导教师：韩宇龙　实验师

摘　要：心率和血氧饱和度是临床诊断和家庭保健中常用的重要生理指标。心率是反映血液循环机能的重要生理指标，血氧饱和度是氧合血红蛋白在总血红蛋白中的占比，是衡量人体血液携氧能力的重要参数，临床上许多场合都要对这两项指标进行监测和记录。

本课题设计了一种无创式心率与血氧饱和度测量仪，以 AFE4400 集成模拟前端为信号调理部分，使用单片机实现数据采集和传输，在 PC 端使用软件进行数据处理并显示测量结果。经测试，可以实现对心率和血氧饱和度的正确检测。

关键词：AFE4400；单片机；心率；血氧饱和度

1. 引言

心率和血氧饱和度是临床诊断和家庭保健中常用的重要生理指标。心率指人体心脏每分钟搏动的次数，它是反映心脏是否正常工作的一个重要参数。根据心率值可以判断一个人是否患有如早搏、心动过速等几种常见的心脏病，同时心率值又是衡量体力劳动强度和脑力劳动强度的重要指标。血氧饱和度是反应血液含氧量的重要参数。人体的血液通过心脏的收缩和舒张脉动地流过肺部，一定含量的还原血红蛋白（Hb）与从肺泡摄取的氧气结合变成了氧合血红蛋白（HbO_2），约 98% 的氧与血红蛋白结合成氧合血红蛋白（HbO_2）后进入组织。这些氧通过动脉系统一直到达毛细血管，然后将氧释放，维持组织细胞的新陈代谢。能否充分吸入氧气，使动脉血液中溶入足够的氧，对维持生命是至关重要的。及时检测动脉中氧含量是否充分，又是判断人体呼吸系统、循环系统是否出现障碍或者周围环境是否缺氧的重要指标。临床上一般通过测量血氧饱和度来判断人体血液中的含氧量。

目前普遍使用的脉搏血氧仪，基本都是选择了传统的脉搏血氧饱和度检测方法，测量精度有一定的误差，这是因为传统脉搏血氧检测原理是采用近似估算的，而测量原理决定了其硬件电路复杂，系统的稳定性和可重复性差，由电路元器件引入了不可避免的系统误差和随机误差。

本文通过分析传统脉搏血氧测量原理中产生误差的原因，从理论上推导出实现高精度脉搏血氧测量的方法——光电容积脉搏波描记法。本文以基于光电容积脉搏波描记法的脉搏血氧测量原理的理论为指导，通过现代微处理器和集成电路设计，设计了脉搏波信号的检测与采集系统，采用数字信号处理技术，使用C-Free对采集数据进行处理，计算出数据，最后对系统进行评估实验。

目前，大部分医疗机构的监护设备中都带有血氧检测部分，尽管这些设备具有相对高的识别精度，但它们大都是基于嵌入式的专用终端设备，因此不利于个人及家庭生活中的使用。同时，这些设备中分立元器件存在参数的离散性，还会引入其他干扰，容易对检测结果的准确度和精度造成影响。针对这些问题，本文设计和实现了一种基于集成模拟前端无创血氧测量系统，减小系统体积以便个人使用。

2. 系统设计与实现

2.1 系统结构说明

本文设计系统主要由 MCU 控制部分、AFE4400 模拟前端信号采集部分、心率和血氧数据运算和显示，以及指夹探头 4 部分组成。系统整体构成如图 1 所示。

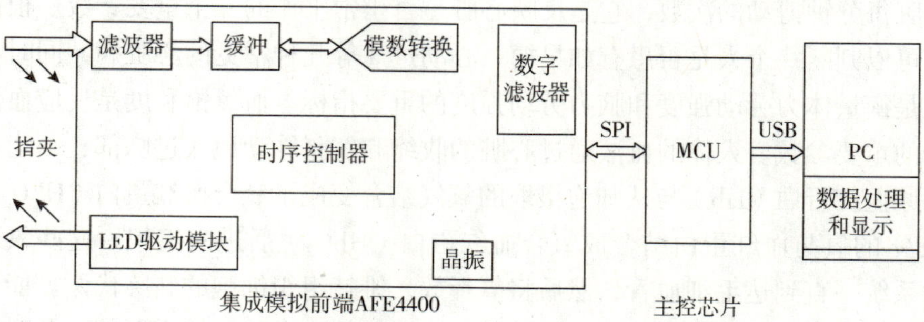

图 1　系统整体示意图

探头驱动电路实现两路光线由对称的两组三极管构成，与模拟前端两个端口相连，分别控制两路光线的交替和光强的大小。模拟前端将接收到的光信号转换为电信号，然后经过放大、滤波、模数转换，将数字信号通过 SPI 接口发送给 MCU。MCU 是系统的核心，主要负责控制指夹部分 LED 灯光的强度、增益调节、数据采集和分析，完成对数字信号的软件滤波。C-Free 进行数据的最终运算处理，得出心率和血氧饱和度的测量结果。

2.2 硬件设计原则

2.2.1 AFE4400芯片

AFE4400 是一款非常适合于脉冲血氧仪应用的完全集成模拟前端。此器件包含一个具有集成模数转换器（ADC）的低噪声接收器通道、一个 LED 发射部件和针对传感器以及 LED 故障检测的诊断功能。此器件可配置定时控制器，这使得用户能够完全控制器件的定时特性。为了简化计时要求并为 AFE4400 提供一个低抖动时钟，还集成了一个由外部晶振供频的振荡器。此器件使用一个 SPI 接口与外部微控制器进行通信。

（1）具有高动态范围的接收通道：

- 13 个无噪声位
- 低功率，在使用 3.3V 电源供电时小于 670 μ A
- 集成数字环境估算和删减
- 灵活的接收采样时间
- 具有可编程 LED 设置的灵活转阻放大器

（2）电源：

- Rx=2.0V ~ 3.6V
- Tx=3.0V ~ 5.25V

（3）额定温度范围：0℃ ~ 70℃

（4）封装：紧凑型超薄四方扁平无引线（VQFN）–40（6mm × 6mm）

2.2.2 MCU主控部分

主控电路采用 MSP430F5529 单片机，这款 MCU 具有高性能、低成本、低功耗等特点。在整个设计过程中，MCU 主要完成以下 2 项任务：

（1）控制红光和红外光 LED 发射光的开始和结束时间。

（2）控制 AFE4400 模数转换时间。

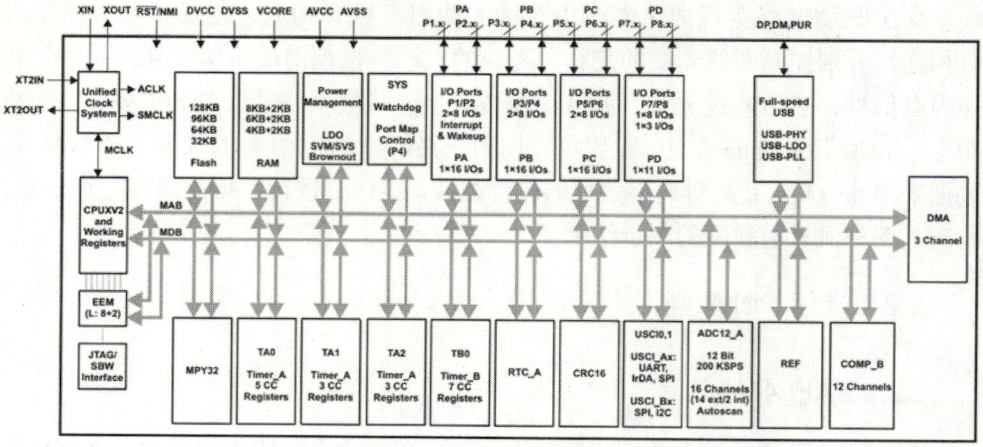

图 2　AFE4400 内部功能框图

2.2.3　指夹探头部分

根据氧合血红蛋白和还原血红蛋白的吸收光谱曲线可知 HbO_2 和 Hb 对不同波长的吸收系数是不同的。HbO_2 和 Hb 对所选波长有一定要求，吸光系数过小或过大都不利于检测。在实际设计的双波长测量系统中，测量光源一般选择波长 660nm 和 940nm。

根据氧和血红蛋白和还原血红蛋白的吸收光谱曲线（图 3）可知 HbO_2 和 Hb 对不同波长的吸收系数是不同的，在实际设计的双波长测量系统中，测量光源一般选择波长 660nm 和 940nm。

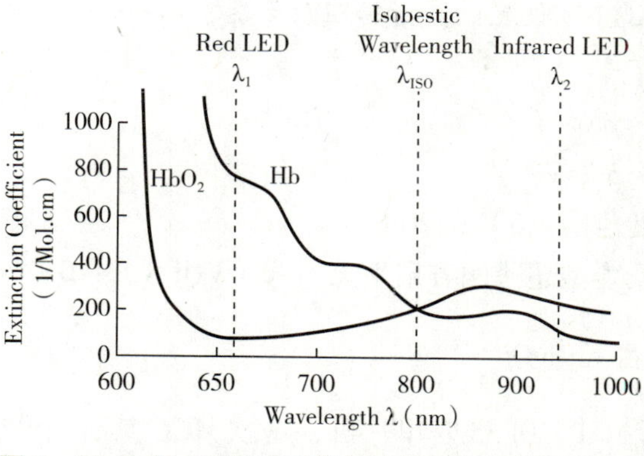

图 3　HbO_2 和 Hb 吸收系数与光波长之间的关系曲线

在本系统设计中，采用的是特维克型号为 C1108023-001 的指套探头，在探头内部上下两侧固定了两个发光二极管，可以分别发射出波长为 660nm 的红光和 940nm 的红外光。通过控制两个 LED 交替发光，对光电信号的进一步处理才能得到最终测量值。指夹探头部分如图 4 所示。

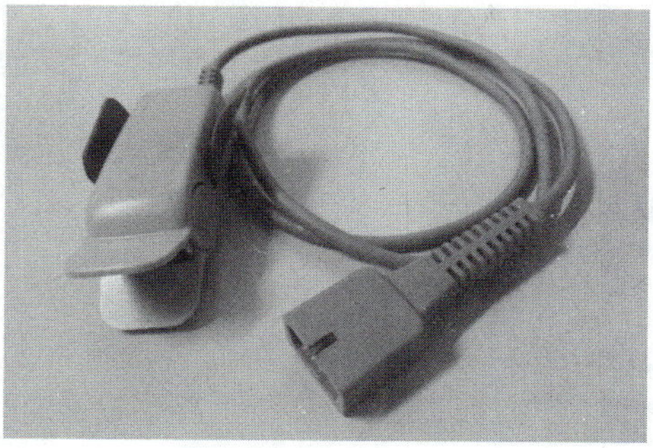

图 4　指夹式探头

在测量过程中，应尽量避免强光直射，否则会因为光电器偏离正常工作范围而导致测量出现较大误差；同时保证手指被测部分清洁干净，否则会影响光的透射，出现测量数据不准确。

2.3　软件设计思路

软件设计之初可以借助 AFE4400SPO2EVM 软件 GUI 的各种特性和功能。GUI 允许用户轻松配置 AFE 的各种功能，如接收器的增益带、宽带设置、LED 电流设置，以及定时和时钟控制设置。用户界面同时支持 AFE4400 和 AFE4490 设备，这里选用 AFE4400。

由于在之前固件升级时选用 AFE4400，因此本次设计不支持 AFE4490 设备，在 AFE4400SPO2EVM GUI 上不显示。

当状态栏（位于 GUI 的底部）显示 Ready For New Command（参见图 5）后，GUI 操作才能开始执行。

主要选项卡有：

- 关于—产品安全警告、限制和免责条款（参见图 5）
- 设备配置—系列相关选项卡
    - 整体配置
    - Tx 阶段
    - Rx 阶段
    - 定时控制
    - 底层配置
- ADC 采集与分析—用于查看和分析原始数据

● 保存—用于写入数据样本和分析结果并保存到一个文件

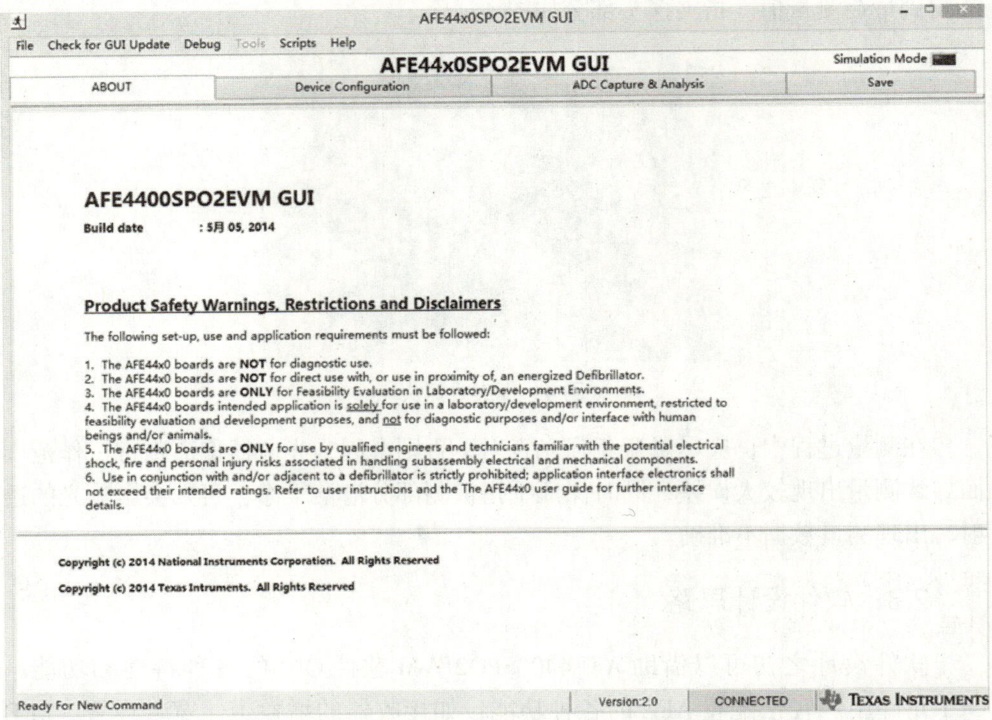

图 5 AFE4400 GUI 的产品安全警告、限制和免责条款

数据处理软件对接收到的数据进行运算，主要进行阈值设置处理、心率数据的抽取和血氧饱和度的计算。

电路前端采集到的数据在 GUI 界面上以“电压－采样点”的波形显示出来之后，为了得到最终的计算结果，需要将连续的波形转换为离散点，以 Excel 形式保存，并将表格导入数据处理软件进行运算。

由于要考虑环境光泄漏问题，AFE4400 芯片提供的环境光消除功能可以得到充分利用，因此在转存数据的时候，取“Ch：RED－RED AMBIENT”和“Ch：IR－IR AMBIENT”两列数据即可。

提取脉搏波信号特征点的方法有多种，由于阈值法实现起来较简单，本设计中采用差分阈值法对获取的数据进行处理，即提取脉搏波的特征点：

（1）首先，要找到所有波峰的具体位置。

处理数据时，在 MATLAB 中可以使用寻找极值点的函数：p=fpeak（），当然在寻找极值点时要设置相应的阈值来控制，避免采到其他点。

具体代码如下：

```
p=fpeak（X1，ChIRIRAMBIENT，30，[0，2048，0.9*max（ChIRIRAMBIENT），inf]）；
```

如果使用的软件环境是 C-Free，可以使用寻找极值点的函数：peak1 = i，为确保极值点的确性，每 500 个点为一周期，依次分周期寻找极值点。

关键代码如下：

```
for（int i = 0； i < sample_T； ++i）
                {
                                if（tmp_max < ir_data[i]）
{
tmp_max = ir_data[i];
peak1 = i；
                                }
                                }
```

（2）找出全部波峰后，使用差分函数求出任意相邻两波峰之间的采样间隔，即为一次心跳周期，在 MATLAB 中可以使用寻找极值点的函数：diff（ ）。为使计算结果更加精确，求出全部心跳周期的平均值。

具体代码如下：

```
HeartRate=30000/mean（diff（fliplr（p（：，1））））；
```

（3）对于血氧饱和度，在完成定标后可直接代入经验公式求出。

阈值的选取问题是软件算法的关键，在实际测量过程中，不同脉搏波差异较大，阈值选取不准确往往会造成最终的结果不准确。

3. 部分测试结果

（1）打开 AFE4400SPO2EVM GUI 界面，设置“ADC 捕获和分析”上的参数：

采样点：2048

采样频率：500

（2）将手指放入探头，点击 AFE4400SPO2EVM GUI 上的 Capture 按键开始测试，出现如图 6 波形。

（3）保存采集数据并将其导入 C-Free 进行数据处理。

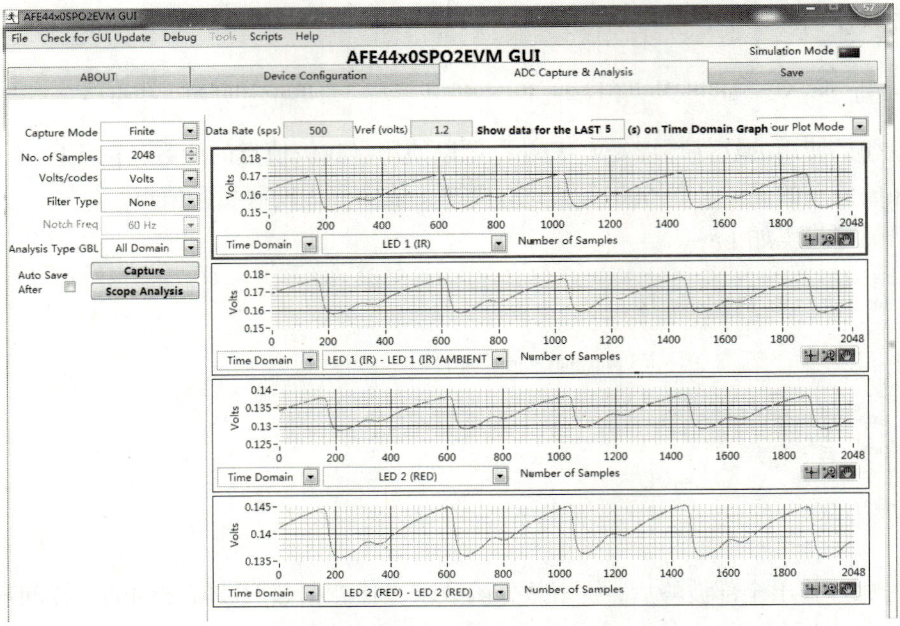

图 6　静坐时波形显示

（4）运行程序，设置阈值，得出测试者静坐时的心率和血氧饱和度数值（图 7 和图 8）：

$$\text{HeartRate}=73$$

$$SpO_2=97$$

图 7 和图 8 是使用差分阈值法选取静坐和运动两种典型状态下测试的心率和血氧饱和度数据，可以看出与静坐相比较，运动之后人的心率加快，血氧饱和度降低，指标变化趋势符合预期规律。

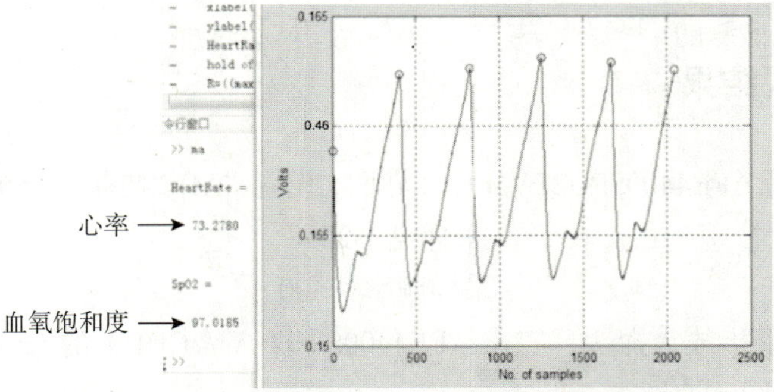

图 7　静坐时测量结果（心率 73 次 / 分，血氧饱和度 97%）

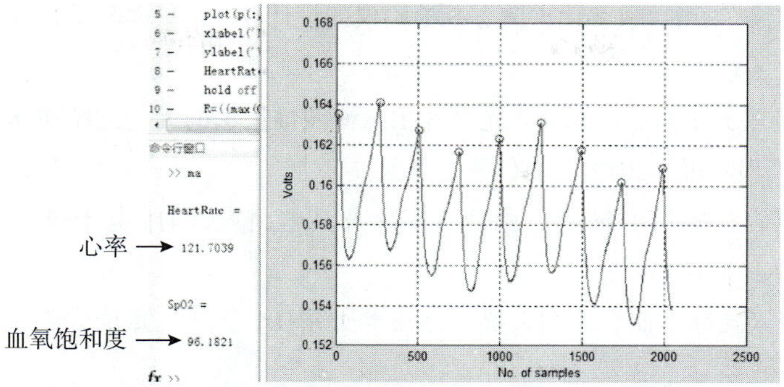

图 8　运动后测量结果（心率 121 次 / 分，血氧饱和度 96%）

4. 结束语

本文以心率与血氧饱和度的无创和便携测试为研究目标，使用 AFE4400 和微控制器构成的硬件电路，配合 PC 机端的软件针对两项生理指标对获取的数据进行处理。从测试结果看，系统较准确地测试出了被测对象不同运动状态下的心率和血氧饱和度。

但在设计过程中，还存在一些不足和可以改进的地方。最主要的问题是差分阈值法计算心率时阈值的选取比较麻烦，固定阈值不具有自适应性，当测试者出现大幅度晃动时，测试波形会出现持续上升或下降的情况，此时差分阈值法测试精度不具有一贯性。

后续研究工作建议对心率信号的处理，采用动态阈值的方法：可将采集的信号经模数转换器、滤波器之后使用移动窗积分，使阈值大小随信号的波动不断调整，从而提高检测的可靠性。

最后，限于实验条件，设计过程中未对脉搏血氧检测系统进行标定，建议采用脉搏血氧仿真器，结合具体临床数据，完成相关曲线标定。

参考文献

[1] 李志强 . 心率检测在智能手表上的应用 [J]. 福建电脑，2014，（6）：88–90.

[2] 郑开明 . 基于单片机设计的心率检测仪 [J]. 电脑知识与技术，2012，8（6）.

[3] 蔡承贤 . 基于人工智能的心率检测算法 [J]. 中国医疗器械杂志，2010，34（1）.

[4] 颜拥军，赖伟，杨彬 . 数字化人体心率检测仪的设计 [N]. 南华大学学报（自然科学版），2010，24（3）.
[5] 李章俊，王成，朱浩，等 . 基于光电容积脉搏波描记法的无创连续血压测量 [N]. 中国生物医学工程学报，2012，31（4）.
[6] 陈斌 . 光电容积脉搏波描记法原理、应用及其电路设计 [J]. 电子技术与软件工程，2014（18）：131–133.
[7] 徐勇 . 非侵入式脉搏血氧检测系统关键技术研究 [D]. 重庆：重庆大学光电工程学院，2008.

宽带数字等精度频率计的设计

北方工业大学：徐德仁

指导教师：黄　明　讲师

摘要：基于等精度测量法，提出了一种宽带小信号数字频率计的设计方案，满足 10KHz ~ 100MHz 带宽内万分之一的频率测量精度。模拟小信号通过了宽带放大器 OPA691 放大、TLV3501 高速整形，进入 FPGA 进行频率测量，结果在 STM32 系统显示。整个系统简单实用、精度高。

关键词：数字频率计；等精度测量法；OPA691；宽带放大

1. 选题背景

频率是研究领域中最重要的参数量之一，特别是数字频率测量是通信领域、电信领域研究中最重要的一项测量指标。频率测量是设计电路、调试单路中经常要做的。在传统技术中，谐振法、外差法、示波法等数字频率计的设计很难在满足大宽带的同时还有很高的频率测量精度，本设计应用等精度测量法，提供了一种成本低廉、高效的解决方案。

2. 等精度测量法分析

在测量频率的方法中，标准频率比较测量法很好地解决了高带宽的问题，但是精度不高。它使用两组计数器，在相同的门限时间内同时计数，测得待测信号的脉冲个数为 N1，已知标准信号的脉冲个数为 N0，已知标准信号的频率为 f0，则设待测信号频率为 fx，理论上可以得到等式 N1/fx=N0/f0；通过上述等式，可以求出 fx=（N1/N0）×f0。

标准频率比较法的缺点是输入的两个信号不同步，在高频下测量的 ±1 误差导致测量精度不高。等精度测量法就是基于标准频率比较法，为了提高频率测量精度的改进方法。

等精度测量法就是通过同步触发器，使端输入信号上升沿的 D 输入端信号传送到 Q 端，从而使闸门时间信号与输入信号的上升沿同步。也就是说，当闸门门限上升沿到来时，如果待测信号的上升沿没有到来时，两组计数器不计数，只要待测信号上升沿到来，两组计数器就开始计数。当闸门门限下降沿到来时，如果待测信号的一个周期没有结束，两组计数器计数不停止，一旦待测信号记够一个周期，计数器计数停止。这样误差就只与标准信号有关，与待测信号无关，从而减小误差，提高了测量精度。

图 1 中指出，闸门时间 T1 与外部的被测信号同时进入 D 触发器中，经过同步，得到新的闸门时间 T，在时间 T 内，两组控制门同时打开；两组计数器分别计待测信号 fx 和时钟信号 f0 的周期数分别为 N1 和 N0。由 N1=fx×T，N0=f0×T 可知待测频率 fx=（N1/N0）×f0。

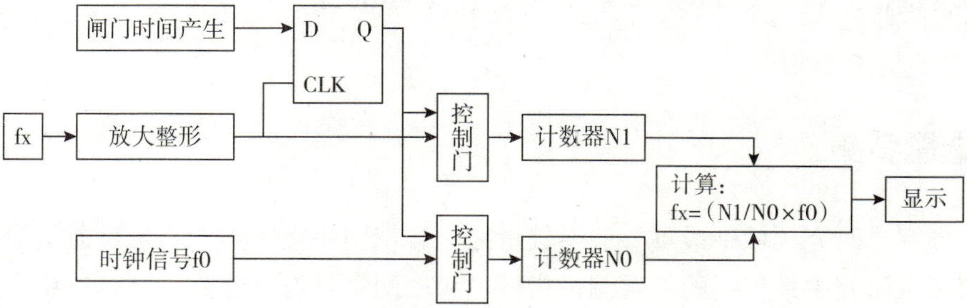

图 1　等精度测量法图示

因为闸门时间与被测信号 fx 是同步的，所以就导致了闸门时间 T1 与 T 是不相等的，所以在 T 内对时钟信号周期计数，来确定时间 T 的大小。也正是因为闸门时间与被测信号同步，所以 fx 测量不存在 ±1 误差，但是时钟信号 f0 和门限时间 T 不同步，所以 f0 测量存在 ±1 误差，但是对频率测量影响很小，所以测量精度得到了保证。

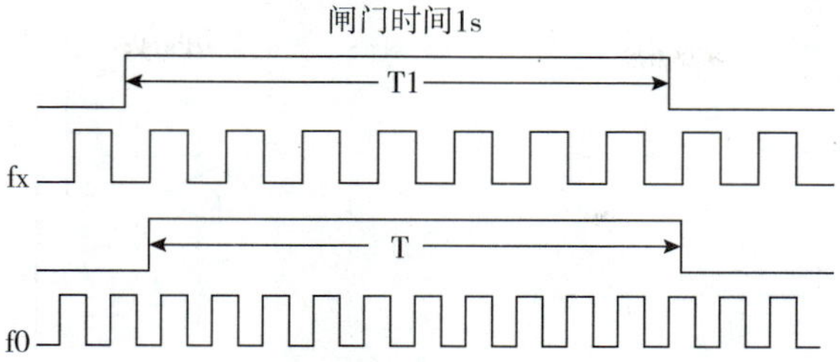

图 2　信号变化图示

3. 系统的整体设计方案

宽带数字频率计主要由宽带小信号放大电路、高速整形电路、FPGA 频率测量系统和 STM32 显示组成。其中宽带小信号放大电路是由芯片 OPA691 组成的放大电路将小信号正弦波进行放大。高速整形电路是由 TLV3501 组成施密特触发电路对进过宽带小信号放大电路的正弦波信号进行波形整形成方波信号。FPGA 频率测量应用等精度测量法对通过模拟链路的待测信号进行频率计数，计数后的信号进入 STM32 进行进制转化及数字显示，宽带小信号数字频率计系统的整体设计方案如图 3。

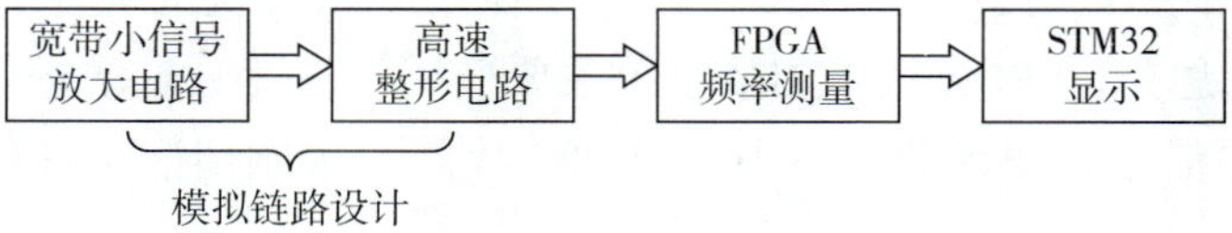

图 3　系统设计框图

3.1　模拟链路设计

3.1.1　宽带小信号放大电路设计

宽带小信号放大电路设计采用的是 TI 公司的 OPA691 芯片，该芯片是宽带电流型放大芯片，根据数据手册可以知道此芯片在放大 10 倍时，带宽可以达到 200MHz，输入偏移电压值仅有 500 μV，并且芯片的转换速率高达 2100V/μs，是一款性价比很高的芯片。所以根据此芯片数据手册设计宽带小信号放大电路如图 4。

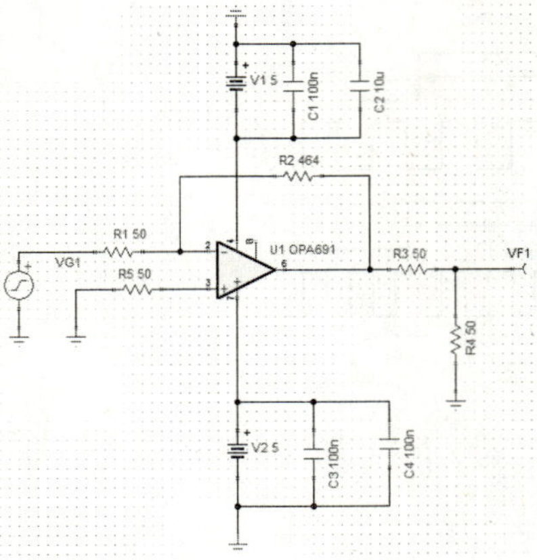

图 4　宽带放大电路图

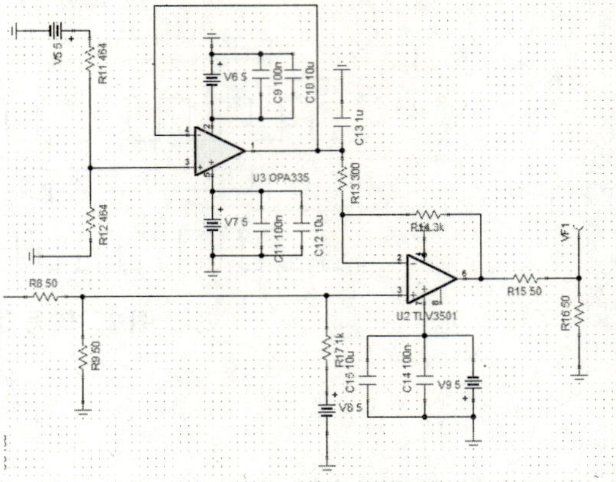

图 5　高速整形电路图

高速波形整形电路是通过使用芯片 TLV3501 设计。TLV3501 芯片有 4.5ns 的轨到轨高速输出比较器，通过 TLV3501 芯片搭成单电源供电的施密特触发器，根据其数据手册和比较器计算公式 U=[R1/（R1+R2）]·Uz 设计电路如图 5。

根据图 5 可以计算出通过施密特触发器的触发电平分别是 0.25V 和 2.75V。可以使 FPGA 正常工作。

3.1.2　FPGA频率测量设计

FPGA 频率测量设计的 FPGA 软件主要体现了状态机的应用，并且很好地运用了模块化思想。FPGA 频率测量系统主要应用等精度测量法进行频率测量，其中包括被测信号频率计数器、内部时钟计数器、1s 闸门门限计数器及锁存器等模块。

1s 门限计数器主要是通过计 100MHz 的时钟信号完成的，状态迁移图如图 6。当计数器开始计数时，输出高电平 1；当计数为 100000000 时，输出低电平 0。延时一段时间后，开始重新计数。这样就可以得到一个 1s 的门限信号。这部分通过状态机实现如图 6。从准备状态 Idle 开始到开始状态 Cnt，此时输出低电平 0；在 Cnt 状态开始计数，此时计数值小于 100000000 输出高电平 1；当计数值大于等于 100000000 时，跳到下一状态 Latch 将被测信号和时钟信号计数保持，并输出低电平 0 信号；然后进入 Clear 状态，将计数清零，并输出低电平 0，最后回到 Idle 状态重新开始循环。

被测信号计数与时钟信号计数，就是在这个 1s 的门限范围内进行计数并保持的，完成一次计数周期后刷新清零重新计数，保证计数结果永远是在 1s 门限时间内的计数，保证频率测量的准确性。计数程序如图 7。

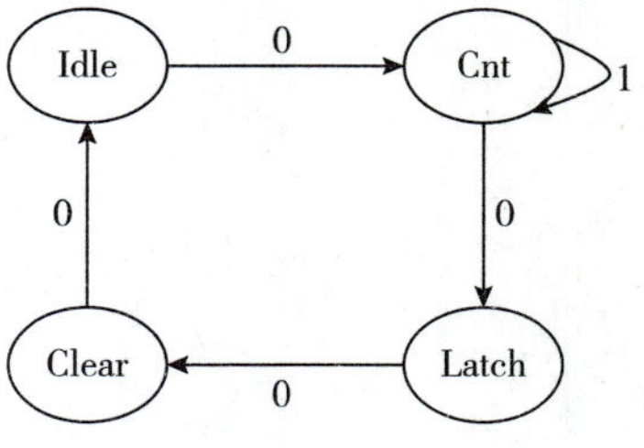

图 6　状态迁移图

```
always @(posedge extclk or posedge cnt_clear)
    if(cnt_clear)
        ext1scnt    <=0;
    else
        if(cnt_door)
            ext1scnt    <= ext1scnt+1;
        else
            ext1scnt    <= ext1scnt;

always @(posedge clk100MHz or posedge cnt_clear)
    if(cnt_clear)
        sys1scnt    <=0;
    else
        if(cnt_door)
            sys1scnt    <= sys1scnt+1;
        else
            sys1scnt    <= sys1scnt;
```

图 7　FPGA 频率测量关键代码

3.1.3　STM32显示设计

信号通过 FPGA 频率测量后，输出的信号是计数个数，所以需要通过 STM32 根据公式 fx=（N1/N0）× f0 将 FPGA 频率测量系统中的输出信号进行转化，从而得到被测信号频率值，并通过 STM32 控制频率在显示屏上进行显示。

4. 系统实测

测试条件：± 5V 直流电压源

测试仪器：安捷伦高频 DSO7054 示波器、安捷伦高频 N9310A 信号发生器

测试条件：0 dbm 的射频输入正弦波信号；频率 10KHz ~ 100MHz 的随机射频输入正弦波信号

4.1　模拟链路系统测试结果

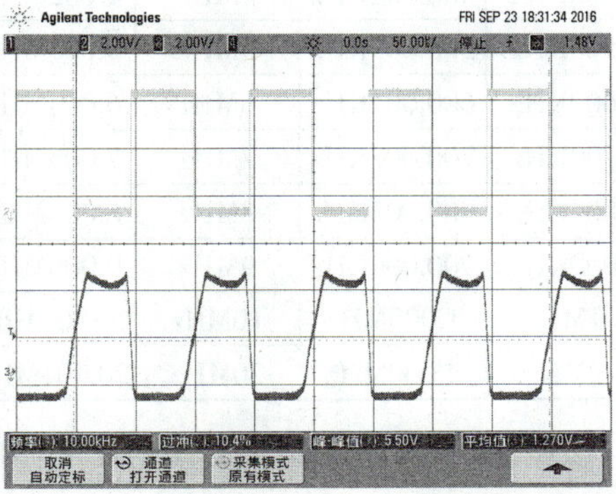

图 8　10KHz 输入信号比较器和两级放大器输出

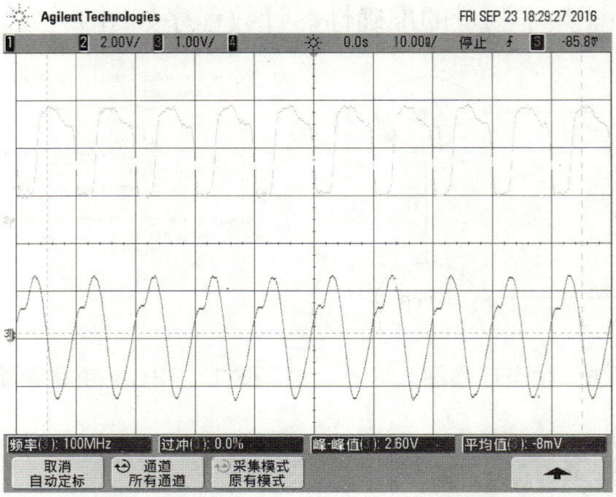

图 9　100MHz 输入信号比较器和两级放大器输出

从图 8 可以看出比较器在 10KHz 时工作良好，正弦波信号经过两级放大后，饱和失真，最高电压可以达到触发电压值，上升沿与下降沿不存在噪声的干扰，可以保证信号进入 FPGA 后 FPGA 计数的准确性。由于链路连接的延时，使得两信号有一定的相差。

从图 9 可以看出比较器在 100MHz 时工作良好，正弦波信号经过两级放大后，饱和失真，最高电压可以达到触发电压值，上升沿与下降沿不存在噪声的干扰，虽然信号失真严重，但是不影响信号进入 FPGA 后 FPGA 计数的准确性。由于链路连接的延时，使得两信号有一定的相差。

4.2　数字频率计整体系统测试结果

实际频率	测量频率	实际频率	测量频率	实际频率	测量频率	实际频率	测量频率
10KHz	10.001KHz	300KHz	300.002KHz	3MHz	3.002MHz	30MHz	30.002MHz
20KHz	20.001KHz	400KHz	400.002KHz	4MHz	4.002MHz	40MHz	40.003MHz
30KHz	30.001KHz	500KHz	500.003KHz	5MHz	5.003MHz	50MHz	50.004MHz
40KHz	40.001KHz	600KHz	600.004KHz	6MHz	6.004MHz	60MHz	60.004MHz
50KHz	50.000KHz	700KHz	700.005KHz	7MHz	7.005MHz	70MHz	70.005MHz
60KHz	60.000KHz	800KHz	800.005KHz	8MHz	8.005MHz	80MHz	80.006MHz
70KHz	70.000KHz	900KHz	900.006KHz	9MHz	9.006MHz	90MHz	90.006MHz
100KHz	100.000KHz	1MHz	1.000MHz	10MHz	10.007MHz	100MHz	100.007MHz
200KHz	200.001KHz	2MHz	2.000MHz	20MHz	20.001MHz		

从上述表格可知，该系统可以满足小信号 10KHz ~ 100MHz 的高带宽高精度频率的测量，整个设计方案值得推广学习。

5. 结语

以 OPA691 组成的宽带小信号放大电路，以及 TLV3501 组成的高速整形电路所构成的模拟链路系统，与 FPGA 频率测量系统及 STM32 显示系统形成的数字频率计的系统设计可以测量 10kHz ~ 100MHz 的频率，并且精度达到了万分之一。在调试中我们也遇到了很多问题，比较器连接 FPGA 地方的电容导致了高频率达不到，通过改变分压电阻阻值解决，还有通过改变高速整形电路的触发电压减小噪声对频率测量的影响等。此方案还可以继续研究，进行相位差的测量，值得深入的研究。

参考文献

[1] 黄争，李琰 . 运算放大器应用手册——基础知识篇 [M]. 北京：电子工业出版社，2010.

[2] TI 公司 . 德州仪器半导体技术（上海）有限公司大学计划 . 德州仪器高性能模拟器件高校应用指南 [J].2013，08.

[3] TI 公司 .OPA691 Datasheet.OPA691.pdf.

[4] TI 公司 .TLV3501 Datasheet.TLV3501.pdf.

[5] 童诗白，华成英 . 模拟电子技术基础 [M]. 北京：高等教育出版社，2006.

[6] 杨建国 . 你好，放大器 [M]. 北京：科学出版社，2015.

《智能搬运机器人的设计》研究报告

北方工业大学：范馨予　马志萍　桂雨蓉　高　航　陈凤佳

指导教师：刘　红　副教授

摘　要：本设计提出了一种将特定颜色的物体搬运到指定位置的智能搬运机器人的设计。该智能机器人主要实现了循迹、避障、颜色识别的功能。本设计对搬运机器人系统构造的改进、算法的优化，使得智能搬运机器人能更高效地完成搬运。

关键词：AVG；循迹；Atmega32

1. 引言

随着经济和科技的发展，各大领域都向自动化和智能化方向发展。在这些领域当中，大部分都有搬运的过程，比如：快递行业的分装，生产线材料的分类，分集箱的自动运输等。传统的人工搬运存在耗时长、耗劳动力多，占用资源多的缺点。在物流分装需求越来越大的背景下，设计和研究高度自动化且更高效的搬运机器人成为物流产业创新的方向。本设计提出一种以 Atmega32 为核心控制器芯片，红外传感器和超声波传感器为辅助，实现机器人循迹行进及避障的自动控制功能；结合颜色传感器、伺服电动机、机器臂等硬件设施，能够完成对搬运的物体进行分类的功能。

本设计的创新性在于实现了自动化程度较高的机器人，能够代替搬运物料的工人，同时也不需要专门的驾驶员操作，能自动按照地上的黑白轨迹给出的信息进行移动，并且对物料进行分类和搬运，这使得流水线线程更加简便高效，成本也降低。

2. 方案概述

在实验方案中，该智能搬运机器人根据黑白线的轨迹方向行进，这里设计的行进方位图如图 1。需要搬运的物料顶部均被贴上了红、黄、蓝、绿、白 5 种颜色的标签，而这 5 种颜色分别代表图 1 中 A、B、C、D、E5 个目的地。物料依次放在 O 点的下方，机器人从 O 点下方第 1 个物料处出发，在到达 O 点后识别运输物料标签颜色，随后确定需要将物料搬运去的目的地。运输完成后，机器人原路返回，进行下一个物料的搬运。

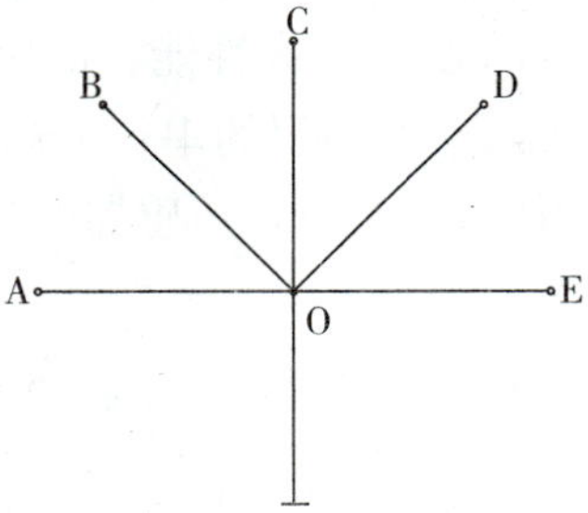

图 1　机器人实验行进示意图

本设计中，控制器装在机器人底座的中央；机器人的超声波传感器装在机器人的正前方；红外传感器装在机器人底座前部的正下方，共有 4 个；颜色传感器固定在超出超声波传感器边缘的正上方。样机图如图 2 所示。

图 2　机器人样机

每次在超声波传感器检测到物料后，先使用机器臂进行抓取，再通过颜色传感器读取颜色信息输入到控制核心。控制核心驱动电动机并跟着红外传感器所循轨迹将物料搬运至目的地。

3. 硬件设计

硬件部分主要分为控制部分、传感器部分和机械结构部分。控制部分为核心部分，对机器人的所有传感器进行控制并处理传感器上传的信号；传感器部分负责收集外界给机器人的信号；机械结构部分是机器人的辅助结构，也是必不可少的一个环节。

3.1 控制核心部分

本设计控制部分为 MCU 及外设构成的控制器，控制器的核心芯片使用的是 ATmega 系列的 ATmega32。ATmega32 是高性能、低功耗的 8 位 AVR 微处理器，具有 32KB 的系统内可编程 flash，可编程的串行 USART，四通道的 PWM，8 路 10 位 ADC 和 32 个可编程的 IO 口。对于多传感器的控制、数据输入输出和数据处理任务都能较好完成。

3.2 传感器部分

传感器部分包括红外传感器，超声波传感器和颜色传感器。

在循线的功能中，可以选择灰度传感器或者红外传感器。灰度传感器是模拟传感器，内部有发光二极管、光敏电阻和 AD 转化器。光敏电阻根据发光二极管被反射回来的光的强弱改变其电阻阻值，阻值的改变会影响输入 AD 转化器的电信号，通过 AD 转化器的输出得到可以判断的数字信号。但灰度传感器受自然光的影响非常大，同时受检测面材质差异的干扰，这会直接影响到检测的结果。红外的传感器原理相似，但发出的是不可见的红外光，受自然光影响较小，并且电路简单，所以本设计在循线传感器方面选择红外传感器进行测量。

机器人中的超声波传感器选用了 HC-SR04 超声波非接触式模块，用于判断机器人和物料的距离。超声波模块中，超声波发射器定时发射超声波，超声波接收器持续检测回波，从发射波与回波的时间差来求出障碍物距离。当需要进行距离检测的时候，给信号触发端口一个大于 10 us 的高电平信号，超声波发射器会自动发送 8 个 40 kHz 的方波并开始计时。超声波接收器只要检测到了回波，输出端口便会输出一个高电平。此时得到的计数值可以得到计数时间，即时间差 Δt，则障碍物距离 s（m）为

$$s = v \times \Delta t / 2 \tag{1}$$

颜色传感器用于判断检测物料标签的颜色，用于机器人之后的搬运。颜色传感器分为色标传感器和 RGB 传感器。色标传感器主要用于检测背景颜色的差异，

因此这里选择 RGB 传感器 TCS230。TCS230 拥有三原色红蓝绿 3 种滤波器，测量白光通过 3 种滤波器后的反射光能够对颜色进行识别。TCS230 在接收到反射光时会输出一定的脉冲数，在进行白平衡后得到 R、G、B 的基准值。识别过程中让白光依次通过滤波器，将得到的脉冲数对基准值进行换算就能分别得到被识别颜色的 RGB 值。

3.3 机械机构部分

机械结构主要由伺服电动机、轮子、机械臂、车体等构成。

本设计选取的是直流 PWM 驱动伺服电动机，该电动机的旋转方向及转速是由输入进来的 PWM 波占空比决定的。本设计使用伺服电动机，当输入 PWM 波高电平持续时间为 1.3ms，低电平持续时间 20ms 时，电机顺时针旋转；高电平持续时间 1.7ms，低电平持续时间 20ms 时，逆时针旋转；高电平持续时间 1.5ms 时，电机不会旋转。若输入的 PWM 波占空比在这些范围之间均匀改变，可以实现加速和减速的效果。

其他结构方面如图 2 所示，机器人的前部左右各有一个定向轮，后部中央有一个万向轮，以保证机器人行驶的灵活性。机器人的机械臂为钢条拼接的 U 型机械臂，结构简单，且能防止大部分搬运物料在拐弯过程中物料脱离机械臂的情况。车体中部镂空，以减轻机器人的重量，使其行进更加稳定轻便。

4. 算法设计

本设计的算法主要包括循线算法、测距算法、颜色识别算法和电机驱动算法。循线算法负责实现机器人对轨迹线的跟随，并且能对偏移行进路线进行调整；测距算法实现机器人对目标搬运物料距离的掌控能力；颜色识别算法能实现机器人对特定物料标签颜色的检测识别；电机驱动算法决定机器人行进的模式。

系统的总流程图如图 3 所示。机器人首先检测所标的轨迹线，循轨迹线移动，并且能够随着轨迹线直行、拐弯；如果偏离轨道，控制器会给机器人负反馈以纠正行进路线。同时，机器人会一直测量物料与机器人的距离。当检测距离小于一定的阈值时，则判断为检测到了物料并停止移动。随后颜色传感器进行标签的颜色检测，区分标签的颜色就是为了确定物料需要被搬运所至的目的地。机器人将检测到的颜色和储存的颜色进行对比同时得到对应路线，对应的路线按照固定的行动模式，在调整角度后继续循线将物料搬运目的地，最后沿原路循线返回出发点。

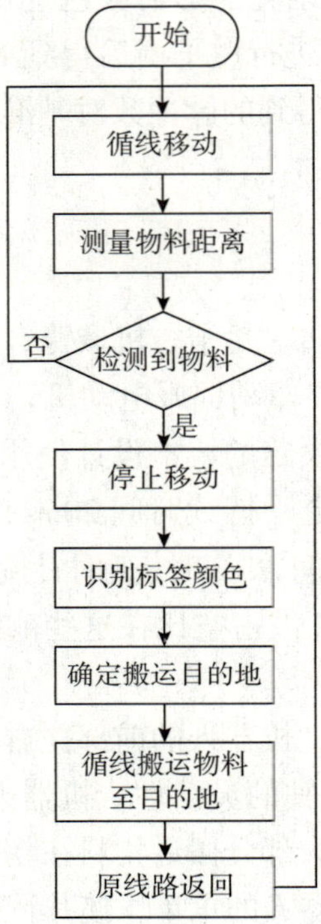

图 3　系统总流程图

4.1　循线算法

机器人前下方安装了 4 个红外传感器。为了使机器人能根据 4 个红外传感器反馈的状态对行进的方向做出反应和调整，防止机器人偏离循迹线。分别对这些不同的状态进行规定，详细见图 4。图中 $A_1A_2A_3A_4$ 分别代表机器人从左至右 4 个传感器的状态，1 代表传感器检测到了黑色循迹线，0 代表传感器没有检测到循迹线。A_2A_3 为 1，A_1A_4 为 0，相当机器人中心的两个传感器均检测到了轨迹线，即机器人完全没有偏离；$A_1A_2A_3$ 为 1，A_4 为 0，相当中心及最左侧的传感器检测到轨迹线，即机器人需要向左进行拐弯。当 $A_2A_3A_4$ 为 1，A_1 为 0 则是相反的情况，即机器人需要向右进行拐弯。此外，还有两种情况是只有 A_2 或 A_3 为 1，其余均为 0，即在中间的两个传感器本该都检测到轨迹线，但只有其中一个检测到了，说明机器人有些许偏离轨道，这时只需要做细微的向左或向右偏的调整直到机器人的传感器状态重新为 A_2A_3 均为 1 和 A_1A_4 均为 0。

A_1	A_2	A_3	A_4	小车行为
0	1	1	0	前进
1	1	1	0	左拐
0	1	1	1	右拐
0	1	0	0	向左微调
0	0	1	0	向右微调

图 4　传感器状态及机器人行为

4.2　颜色识别算法

根据 3.2 的介绍，结合控制器，有两种方法测量脉冲数：一种是以固定时间为基准；一种是以固定计数值为基准。第 1 种设置控制器内定时器以固定时间，在白平衡中依次选通三原色滤波器，测量在该固定时间内 TCS230 的输出脉冲数计算出一个比例因子并储存。在颜色测量时，相同固定时间测量的输出脉冲数可以通过比例因子求得 RGB 值。第 2 种通过定时器进行计时，在白平衡中计数测量三原色时，记录输出脉冲数到 255 时所用的时间，同样可以得到一个比例因子。随后的测量中，待输出到 255 个脉冲的时间值由比例运算可分别求得 RGB 值。

4.3　电机驱动算法

电机驱动的算法主要是机器人行进的基本算法，如前进，拐弯，微调。从 3.3 可知，使机器人前进只需要给两个伺服电动机固定占空比的 PWM 波。机器人拐弯则有两种情况：一种是绕轴拐弯；一种是原地拐弯。绕轴拐弯时只有一侧轮子转动，左拐时左侧轮子静止，右拐时右侧轮子静止。这种情况适用于 $A_1A_2A_3$ 为 1，A_4 为 0 或者 $A_2A_3A_4$ 为 1，A_1 为 0 时候的拐弯。在原地拐弯的情况下，两侧轮子都需要转动。从机器人左侧看，左拐时，左轮顺时针旋转，右轮逆时针旋转；右拐时相反（停止和旋转所需的 PWM 波见 3.3）。原地拐弯适用于机器人在出发点及目的地原地掉头 180° 改变方向时的情况。机器人的向左向右微调只要使调整绕轴拐弯的时间缩短即可达到效果。

5. 结论

本设计针对当今自动化生产及服务领域在物质搬运上劳动力耗费多的问题，提出了一种解放劳动力的智能搬运机器人。通过给物质进行分类贴标签，智能机器人能够将待运输物质进行分类搬运，并且机器人仅需要在地面使用黑线就能加以循迹，不需要特定的轨道引导，十分便捷。不过机器人仍存在需要改进的地方：如机械机构上，机器人的手臂过于简单，在机器人后退的时候容易将物料丢失。可以将手臂更换为机械爪，以便在抓取多种形状的物料时更为便捷牢固，或者增加带压力传感器的机械结构，使机器人能够区分不同形状的物料并且能抓取更加复杂精细的物料。

软件方面下一步可以继续优化的方向有：提高颜色的识别度，这样能够区分更多产品；改进循迹轨迹算法，使搬运更加高效，否则在这类智能搬运机器人大量使用的情况下可能会出现轨迹重叠、冲突等意外，使得效率降低。

参考文献

[1] 殷继花，侯荣国，陈保胜，等 . 基于无线网络控制技术的智能搬运机器人的设计 [J]. 机床与液压，2016，44（03）：46–48.

[2] 陶重犇，刘壮宇，孙云飞 . 基于嵌入式系统的搬运机器人设计与路径规划研究 [J]. 计算机测量与控制，2016，24（08）：215–217.

[3] 闫军，如何选择——颜色传感器 [J]. 传感器世界，2001，（10）：25–27.

[4] 陆徐平，徐耀良，李渝曾，等 . 基于 TCS230 的新型双路颜色传感器的研制 [J]. 电子技术应用，2007，（08）：89–91.

大学生科学研究与创业行动计划项目研究报告
——四旋翼定点起飞与目标跟踪

北方工业大学：崔晓康　王　芮　曾云豪等

指导教师：杨　杨　副教授

摘　要：本文主要是介绍基于二值化摄像头 OV7725 四旋翼自动追踪目标的控制研究。本案例采用 STM32F407RBT6 作为整个系统的主控板，采用 SBUS 协议对四旋翼进行控制。控制 Pixhawk 飞控板实现四旋翼的起飞、降落、飞行动作控制。MK60DN512ZVLQ10 作为图像处理的处理芯片，把摄像头采集到的图像硬件化为二值图像后，再回传信息给 STM32F407 做控制处理。除此之外，STM32F407 上还外接超声波、电子罗盘、LC12S 外设模组用来控制四旋翼的高度、方位。STM32 上采用外置透传模块 LC12S 将数据回传到上位机，已达到实时监测和紧急降落的目的。该控制芯片接口多，速率快，可用于搭载摄像头、蓝牙、电子罗盘等外设以用于四旋翼拓展功能开发。

关键词：SBUS 协议；STM32；Pixhawk 飞控板；LC12S

1. 选题背景

多旋翼这个概念在很早以前就被提出来了，它的历史可以追溯到 20 世纪初，但是由于受到理论知识和科技发展水平的限制，多旋翼飞行器在很长一段时间内都没得到足够的重视和发展。四旋翼是多旋翼的一种，它主要通过改变 4 个电机的转速来调节旋翼的升力，我们只需要控制 4 个电机就可以实现飞控算法的开发。传统四旋翼的控制采用控制板输出四路 PWM 波到飞控板，进而直接经行飞行姿态的控制。这种方式需要读取飞控板三轴加速度计算姿态角，对于输出参数还需要 PID 整定，这种控制方式很直接，但是算法复杂，对主控板处理速度要求高。

Pixhawk 公司最近推出的飞控板不仅支持传统的多通道 PWM 波直接控制，也添加了 SBUS 协议对其经行控制，本文主要是介绍 SBUS 协议下对四旋翼的控制。四旋翼飞行器一直以来都是国内外航空领域类研究的热点，四旋翼与其他多旋翼相比，控制直观，只需要控制 4 个电机调节螺旋桨的转速，进而平衡四个螺旋桨的升力来实现空中准确悬停和精确飞行。导航系统是四旋翼组成的关键部分，它分为室外导航、室内导航和惯性导航。对于室外导航，可以通过 GPS 来实现四旋翼的室外定位、巡航等功能。对于室内导航，我们主要采用视觉导航。由于四旋翼由 STM32F407 控制，其最大速率只有 168Mhz，不能够用采用一般图像处理算法，因此我们选用具有硬件二值化的摄像头来完成视觉导航。惯性导航，主要用于检测四旋翼飞行器自身姿态，进而稳定自身姿态。对于上述 3 种导航方式，我们需要根据实际的需要做具体的调整。

2. 系统设计与实现

系统基于二值化摄像头 OV7725 四旋翼自动追踪目标的控制研究。本案例采用 STM32F407RBT6 作为整个系统的主控板，采用 SBUS 协议对四旋翼进行控制。MK60DN512ZVLQ10 作为图像处理的处理芯片，把摄像头采集到的图像硬件化为二值图像后，再回传信息给 STM32F407 做控制处理。除此之外，STM32F407 上还外接超声波、电子罗盘、LC12S 外设模组用来控制四旋翼的高度、方位，进而基于 SUB 协议实现对四旋翼的控制。本案例采用 STM32F407RBT6 微控制器为核心，控制 Pixhawk 飞控板实现四旋翼的起飞、降落、飞行动作控制。STM32 上采用外置透传模块 LC12S 将数据回传到上位机，已达到实时监测和紧急降落的目的。该控制芯片接口多、速率快，可用于搭载摄像头、蓝牙、电子罗盘等外设以用于四旋翼拓展功能开发。

2.1 硬件设计

STM32F407 是 ST 公司 2012 年初推出的基于 ARM Cortex-M4 内核，具有浮点运算能力的高性能 32 位处理器，也采用成熟的 90nmNVM 工艺，自适应实时闪存加速器（ART 加速器）以及多层总线协议。改芯片主频可以达到 168Mhz，拥有丰富的 USART、I2C、SIP、CAN、ADC、TIM、GPIO 等外设接口，并且与其他 Cortex-M 系列兼容。在整个四旋翼控制系统中，HC-SR04 配合光流模块实现四旋翼的定高定点；通过 JTAG 接口，实现 STM32F407 代码调试和烧录；

USART2 与 LC12S 无线透传模块相连，用于回传 STM32F407 的 SBUS 通道参数，飞行高度、罗盘数据回传到上位机，上位机也可以向 STM32F407 下发控制指令；MK60 将图像二值化后，把所需的信息回传到 STM32F407 主控板上；通过 I2C 接口，主控板读取 GY-29 电子罗盘数据，确认飞机航偏角；最后主控板通过软件模拟 SBUS 协议将通道控制数据下发到 Pixhaw 飞控板。

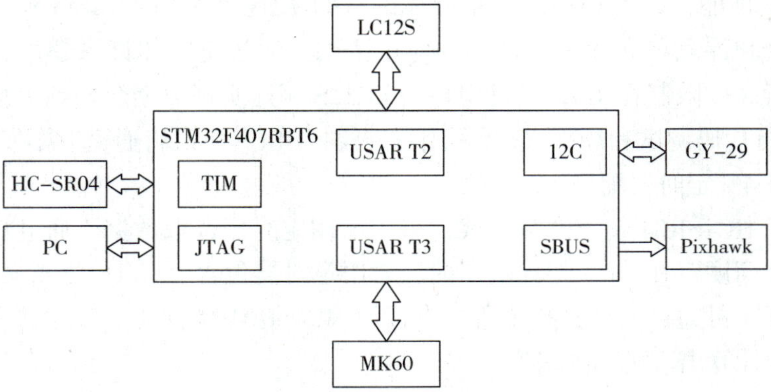

图 1　整体设计框图

2.2　软件设计

2.2.1　基于定点起飞控制的subs协议

SBUS 是 Smart-Bus 的简称，是日本 Futaba 公司自行研发的一种单总线探测协议，使用两条线进行通信：一条是地线；一条是信号线；单向传输距离 1600m，双向可达 3200m。

2.2.1.1　SBUS 物理层协议

SBUS 串口协议波特率 100kbps（100，000），8 位数据，偶校验（even），2 位停止位，无流控，每帧 25 字节两帧之间间隔 4ms，数据长度大约 7ms。每帧数据中 0x0f 作为该协议的其实字节，2 ~ 23 字节为 16 个通道数据，24 ~ 25 字节为结束字节。对于四旋翼的控制我们只需要控制其中 5 个通道数据即可实现四旋翼的整体飞行姿态控制。

2.2.1.2　SBUS 协议特点

该协议有两个特点：一个是数字化；一个是总线化。我们所要发的通道数据信号都采用了 PAM 基带调制，数字化的信号相比于 PWM 波抗干扰能力更强，并且这种基带信号极其适合于单片机间通信。采用总线化的方式，这样我们就能同时在一个接口上连接多个设备，多主机方式工作，节点上任意一个节点均可以在任意时刻主动地向网络上的其他节点发送信息，而不分主从，通信方式灵活。

2.2.1.3　基于 SBUS 的系统设计

STM32F407 是意法半导体推出的高性能、高集成度的控制芯片。在 168 MHz 频率下，从 Flash 存储器执行时，STM32F407/417 能够提供 210DMIPS/566 CoreMark 性能，并且利用意法半导体的 ART 加速器实现了 Flash 零等待状态。DSP 指令和浮点单元扩大了产品的应用范围。通过定时器读取超声波数据，将飞机飞行高度限制在 1m；通过串口与 LC12S 相连实现数据会传到上位机；通过 JTAG 经行代码调试和烧写，最后采用软件模拟 SBUS 协议将通道数据发给飞控板。

2.2.1.4　定时器配置

对于 HC-SR04 超声波数据我们采用通用定时器读取数据，通过超声波数据将飞行器高度定在 1 ~ 1.3m 范围内。通用定时器包含一个 16 位或 32 位自动重载计数器，可通过软件经行编程。在读取 HC-SR04 数据时，定时器采用输入捕获模式，计算出飞机所处高度。

2.2.1.5　系统软件设计

系统软件设计采用 C 语言开发，同时使用 STM32F4xx_StdPeriph_lib v1.0.2.7 标准库经行开发。这个固件库时 STM32 官方发布的标准库，它囊括了微控制器所有的外设特征，数据结构，宏定义。采用库文件提供的 API 开发，开发者不必深入了解底层硬件，开发代码可读性好，开发效率高。

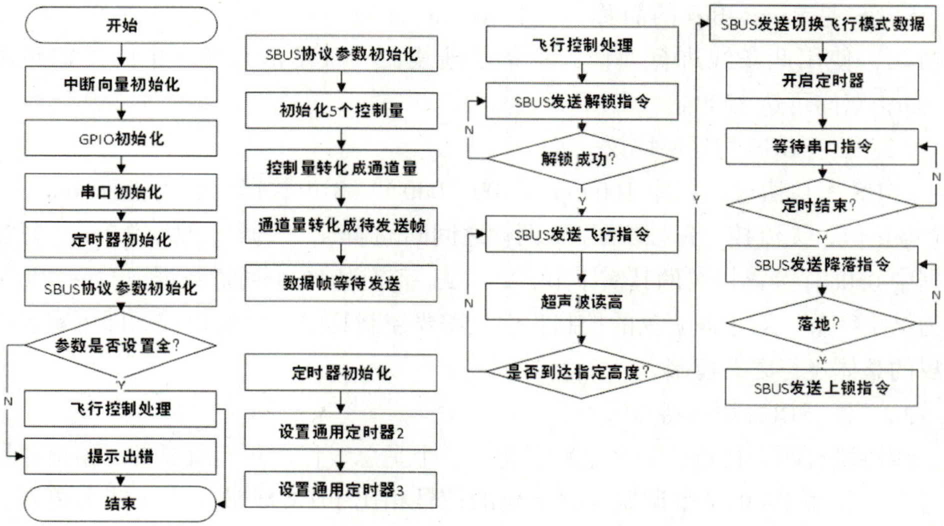

图 2　系统控制流程图

首先初始化中断向量控制表，配置中断设置中断优先级；将 PA0 设置成 SBUS 输出的信号线，飞机的控制参量都是通过该口发送到 Pixhawk 飞控板上；PA2，PA3 分别配置成 USART2 的接收和发送引脚，并和 LS12C 相连；定时器 2 配置成输入捕获模式，PB3 配置成定时器 2 的输入捕获引脚，用来捕获来自超声波的脉冲信号 PB4 配置成通用输出，用来产生出发超声波的触发信号；定时器 3 配置成计数中断模式，用于飞机在一定高度时的定时产生降落指令。

2.2.1.6　飞行动作控制

当四旋翼定高之后，它会等待来自上位机的控制指令，在一定时间内未收到上位机的指令，四旋翼仅仅完成起飞，定高，降落。四旋翼在运行过程中只收到主控板 STM32F407 的控制，因此我们规定“S”用于紧急降落，以防发生意外。除此之外我们还定义了 8 条指令，用于控制四旋翼的飞行动作控制，8 条指令包括前、后、左、右、机头方向、油门参量的控制。

2.2.2　目标自动跟踪软件系统设计

该系统是依托于 SBUS 系统开发的，通过 SBUS 对系统进行控制，完成各项功能系统软件设计全部采用 C 语言开发，主控板 STM32F40 在 Keil4.70 集成开发环境使用 STM32F4xx_StdPeriph_lib v1.0.2.7 标准库进行开发，图像处理板 MK60 在 IAR6.0 下进行开发，采用野火嵌入式工作室建立的野火 Kinetis 库。采用固件库进行开发，开发效率高，代码可读性强。

2.2.2.1　主控板 STM32 控制流程

首先初始化 STM32 中断向量控制器，配置各个外设中断优先级；将 PA0 设置成输出，通过软件模拟 SBUS 协议发送数据；软件初始化 USART2、USART3，USART2 作为主控板 STM32 数据回传口以及紧急指令接受口，USART3 则用来与 MK60 通信；在解锁前，先读取 GY-29 磁偏角，其值为四旋翼初始方向角度；定时器 2 配置成输入捕获模式，PB3 配置成定时器 2 输入捕获引脚，用来捕获超声波的数据脉冲；定时器 3 配置成定时模式，用于控制四旋翼飞行总时间。在完成飞行控制流程算法如下：第 1 步，四旋翼解锁；第 2 步，四旋翼起飞定高；第 3 步，四旋翼定高定点结束，开启定时器，等待串口 3 收到摄像头指令；第 4 步，对方向向量进行处理，修改飞机通道控制参数；第 5 步，通过 SBUS 协议将通道控制数据发送到 Pixhaw 飞控板。

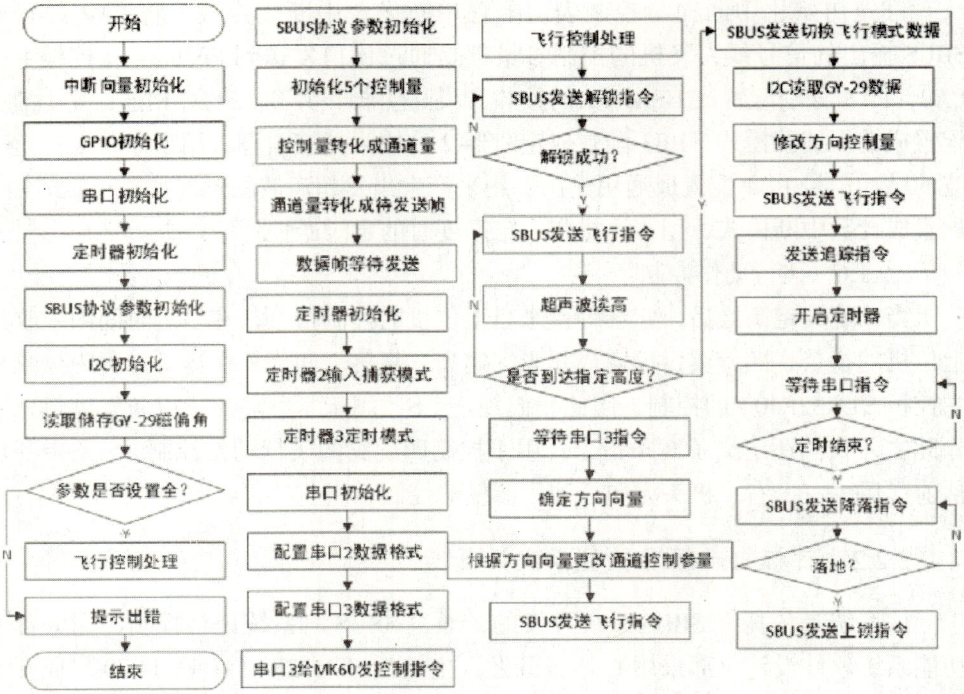

图 3　主控板 STM32 控制流程图

2.2.2.2　MK60 控制流程

MK60 设置中断向量控制表，初始化 ADC，配置串口 0，串口 2，串口 0 用来与上位通信，串口 2 用来与主控板 STM32 通信。做图像处理算法时，第 1 步是要配置像素点的有限范围，硬件二值化摄像头的相对阈值；第 2 步是设置图像原点坐标；第 3 步读取图像，每读取完一帧图像进行行扫描，找出阈值内黑点；第 4 步计算方向向量，然后将该帧方向向量发送给主控板。

3. 系统测试

3.1　基于 SBUS 协议的起飞以及控制功能测试

本次飞行是独立于遥控器的飞行测试，四旋翼在整个飞行过程中，运行平稳，能够很好地完成起飞，定高，降落流程。另外，四旋翼对 SBUS 的飞行动作数据响应很快，飞行动作控制流畅，没有出现失控等异常情况。

3.2　完整性功能测试

本次飞行不借助于遥控器，是独立飞行。在整个过程中，四旋翼能够快速平稳起飞，运行过程平稳灵敏，能够很好地识别物体，并悬停在物体上方 1m 左右位置；当目标物体移动时，飞机自动跟踪物体飞行，知道达到一定条件后结束飞行择点降落。经过多次试验飞行，四旋翼飞行器可以平稳飞行，基本达到目标要求。

4. 结语

本文采用的方法得到了验证，飞行实验证明，采用 SBUS 协议对 Pixhawk 飞控板进行控制的方法，相对于采用 4 路 PWM 波直接控制方法更为简洁直观，飞行器飞行状态也更加稳定。除此之外，STM32F407 还配有丰富的外设接口，我们可以外接摄像头、电子罗盘、GPS 等外设让四旋翼具有航拍、图像处理、巡航等高级功能。

依托于 SBUS 协议实现的飞行器控制，通过理论和实际飞行效果实现了四旋翼的自动追踪。对于微处理器，采用二值化摄像头进行图像处理方式是一种很实用的机器视觉处理方式。本文所描述的追踪处理算法是基于二值化图像，我们下一步的工作方向可以朝着对彩色图像进行处理，实现四旋翼在复杂环境下的自动追踪。

参考文献

[1] 张佳 . 四旋翼飞行器轨迹及运动目标跟踪控制研究 [D]. 燕山大学，2016.

基于人机交互的四足人形机器人系统设计研究报告

北方工业大学：郑　新　李文瀚　金　宁　薛靖宜

指导教师：叶　青　副教授

摘　要：动作和手势交互是人机交互中的一个重要研究方向。本文对人体动作和数字手势进行研究，实现了一套可用于人机互动的智能机器人系统。该系统可通过摄像头获取人体动作和数字手势并识别，然后调用蓝牙端口进行通讯，将指令发送到由STM32控制器上，控制机器人做出相应的动作，实现人机交互的功能。

关键词：动作捕获；手势识别；轮廓匹配；STM32；四足人形机器人

1. 基于STM32人体动作识别的智能机器人系统

1.1　选题背景

随着科技的不断进步，智能人机交互也正一步一步在人们的日常生活中扮演举足轻重的角色，智能人机交互将是现在及未来社会的主题，智能性和实用性也是人机交互系统的基本要求，是未来发展的方向。此次对基于STM32人体动作识别的智能机器人进行系统设计，是对人机交互进行了一次简单的探索，最终实现的系统，可通过对人体动作的捕获识别并与机器人进行通讯，以实现机器人对特定手势指令的功能实现，以及实现人机交互。

1.2　系统整体结构

系统整体共分为PC端和机器人两大部分，总体流程框图如下。

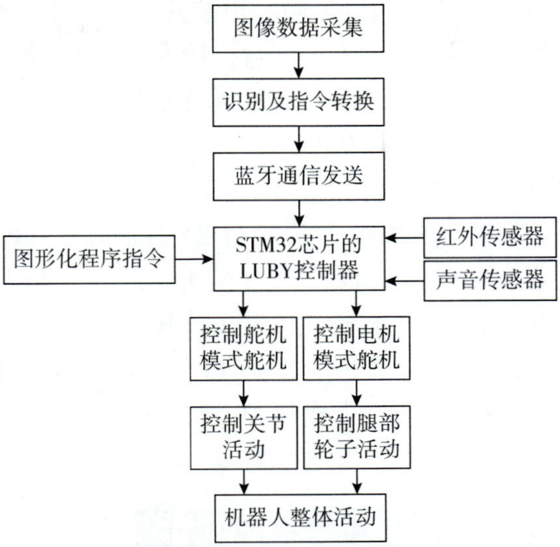

图 1　总体设计流程框图

1.1.1　PC端部分

PC 端通过摄像头获取图像信息，处理识别，转为指令之后通过蓝牙发送出去，而机器人通过蓝牙接收信指令，并通过控制器翻译后，按照程序设计控制舵机的运转，从而使机器人动起来。

本次系统设计是在 Visual Studio 2017 配置 Opencv3.0 的环境下编译实现的，可以利用 Opencv3.0 自带函数打开电脑摄像头获取图像数据，也可以通过直接读取事先录制好的视频来获取图像信息。然后将图像转灰度图，进行形态学滤波，再进行背景差分并转换成二值图像，这就完成了图像处理部分。图像识别部分则是利用背景差分的结果，根据边界坐标值判断手臂位置实现信息的提取，并将信息转换成相应的指令，通过蓝牙发送出去。电脑蓝牙有对应的调用串口，通过定义端口打开等函数以及参数配置，即可使用函数来实现蓝牙调用。

1.1.2　机器人部分

本机器人使用“创意之星”散件及配套的竞赛版控制器自行进行搭建，机器人采用 STM32103VCT6 作为控制器，机器人利用 ATK － HC05 蓝牙串口和电脑进行配对通信，之后由 STM32 控制各个舵机活动共同协调以实现机器人整体的动作。机器人头部舵机上方装有两个红外距离传感器以及声音传感器，可分别对距离和声音进行数据采集，采集到的信号为数字信号，通过传输线送到 LUBY 控制器的 STM32 芯片处理，实现自动避障和声控开启的功能。本机器人具有很大程度的动作自由度和灵活度，可执行如转弯、抬手、抬头、捶胸等动作。本机器人的关节部分由舵机组成，通过设计与实验，最终版拥有较大的灵活性。

1.1.2.1 STM32 芯片 LUBY 控制器

（1）控制器简介

本机器人主要使用基于 STM32 芯片的 LUBY 控制器，其配置有 16 路 AD 接口用于传感器的数据输入。系统内置了蓝牙模块，方便于进行通信连接。STM32 作为主控芯片，可以控制各个舵机的舵机模式和电机模式的切换，还可以按照需求控制舵机转动方向、转动速度以及转动角度。如图 2 所示，右边接口是用于连接舵机和供电，传感器采集数据输入使用 A0 到 A15，Q0 到 Q5 为数字量输出口；USB-MINI 为 U 盘下载接口，用于下载程序。

图 2 LUBY 控制器接口图

（2）LUBY 的编程使用

利用图形化编程软件对 LUBY 控制器进行编程，同时使用 Keil4 来对细节，以及更全面的功能进行编程调试。两个红外测距传感器，一个声控传感器，一个蓝牙串口接收到的数据，共采集到 4 个变量在程序中使用，红外传感器接收的数据主要用来让小车实现避障的功能；声控传感器是用来接收声音信号，启动机器人开始活动；而蓝牙接收到的数据通过程序处理传给机器人。

1.1.2.2 机器人整体设计

图 3 为搭建完好的机器人。如图所示，本机器人是自行设计以及拼装，以多个舵机作为肢体关节，并组装上机械元件。整个身体共分为 4 个部分，分别为头部、手臂、躯干和腿部。电源以及控制器分别固定在底图平台上，各舵机之间通过导线和控制器相连其中头部部分。

图 3 搭建完好的机器人实物图

如图 4 所示，头部主要由一个舵机构成并处于舵机模式，通过测试以及设定，可以使机器人头部在合理的角度范围内上下转动，实现如抬头、低头的动作。图中头部的两个眼睛就是两个红外距离传感器，用于距离数字数据的采集。通过编程设计可以使机器人实现自动避障的功能。两个红外距离传感器中间是声控传感器，根据程序设计，实现了声控开关机器人的功能。也可以根据设计要求更换或添加其他的传感器，如超声波传感器、灰度传感器、碰撞传感器等，用来实现不同的功能。

（a）头部正面图

（b）头部侧视图

图 4 头部图

图 5 所示为躯干部分，具体结构主要是两个六边形的底板和一个长方体模块搭建而成，考虑到机器人躯干的动作如旋转之类的，将一个舵机固定在了上层六边形板上，并将舵机和长方体模块相连，所以长方体模块就可以看成是躯干，可以随着舵机左右旋转，随后的部件手臂、腿将在长方体躯干上进行组装。

（a）躯干背面图

（b）躯干正面图

图 5 躯干图

图 6 展示的为手部部分，原来的设计方案中，手部的动作是比较复杂、高级的，但由于整体结构的限制，不能用多个舵机来组装手臂，一个原因是多个舵机使得手臂重量超重，电源将无法驱动；另一个原因则是多个舵机的设计复杂、繁重，不利于后期的编译实现。因此，简化了初期方案，使用两个舵机来组装手臂，

一个作为肩关节，另一个作为肘关节，再通过散件固定，就完成了手臂的组装。新的组装方案使得手臂较为轻便且能上下运动，小臂能左右运动，足够于设计实现抬手、鼓掌、挥手等动作。

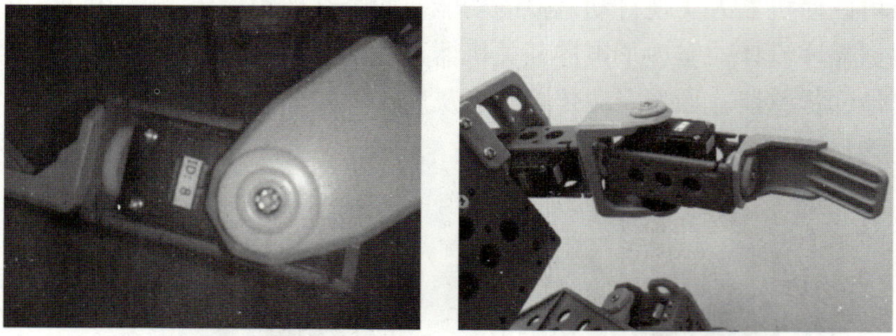

（a）手臂关节图　　　　（b）手臂组装图

图 6　手臂图

腿部的设计方案初期也是相当复杂，初期的目标是设计成类似人类的两条腿，但由于组装之后的不稳定性，后期将其改成了车轮状。设计中采用了 8 个舵机和 4 个车轮，两个舵机分别与 1 个车轮组装，之后再将组装好的 4 个部分固定在底盘中，4 个轮子着力点分布均匀、稳定性高，便于控制重心，增加系统的稳定性。8 个舵机的作用，下面讲具体介绍。如图 7 所示，8 个舵机按照组装形状可分为两层，分别为上层 4 个舵机和下层 4 个舵机，上层 4 个舵机可水平方向 360° 旋转，控制整条腿的方向，下层 4 个舵机可竖直方向 360° 旋转，控制机器人的前进和后退，组合起来可以实现前进、后退、左转、右转、原地旋转等多种动作。实验证明，后期的方案有着非常大的灵活性，可以根据需求编程设计不同的舵机角度，以实现机器人的运动的多样性。

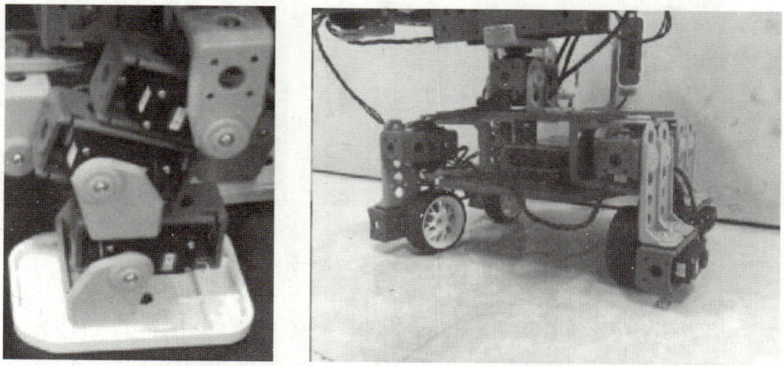

（a）试验初期腿部设计　　　　（b）最终腿部设计

图 7　腿部设计图

1.1.3 蓝牙通信

本文中使用的 LUBY 控制器，其本身内置有蓝牙模块，机器人利用其自带的 ATK-HC05 蓝牙串口和电脑蓝牙端口进行配对连接，实现了软硬件的连接通信。

定义串口函数，如图 8。

```
bool openPort(char *portname);
bool setupDcb(int rate_arg);
bool setuptimeout(DWORD ReadInterval, DWORD ReadTotalMultiplier,
    DWORD ReadTotalconstant, DWORD WriteTotalMultiplier,
    DWORD WriteTotalconstant);
void ReceiveChar(unsigned char *RXBuffer);
bool WriteChar(char* m_szWriteBuffer, DWORD m_nToSend);
```

图 8　定义串口函数

设置端口、波特率等属性，如图 9。

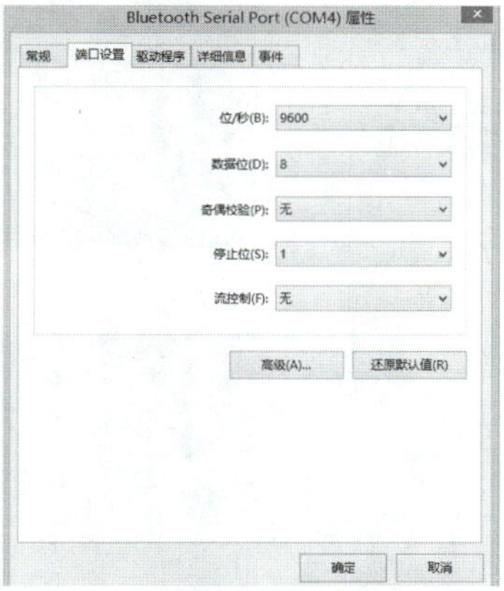

图 9　端口属性

在编译软件中设置波特率、奇偶校验位以及停止位等，从软件中调用串口运行程序，实现机器人进行通信。图 10 为成功发送指令并且 LUBY 接收。

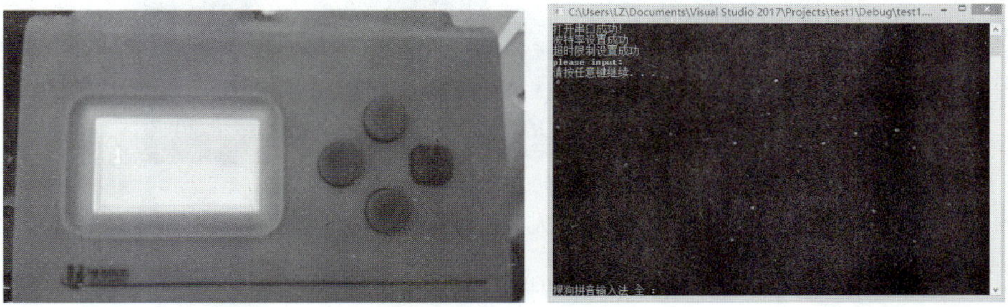

图 10　串口连接通信

1.1.4 实验结果与分析

通过测试、获取数据之后取得了以下结果，图中识别的 4 个区域分别控制 4 个动作，图中（a）、（b）、（c）和（d）对应的动作分别为左转、点头、捶胸以及抬手。

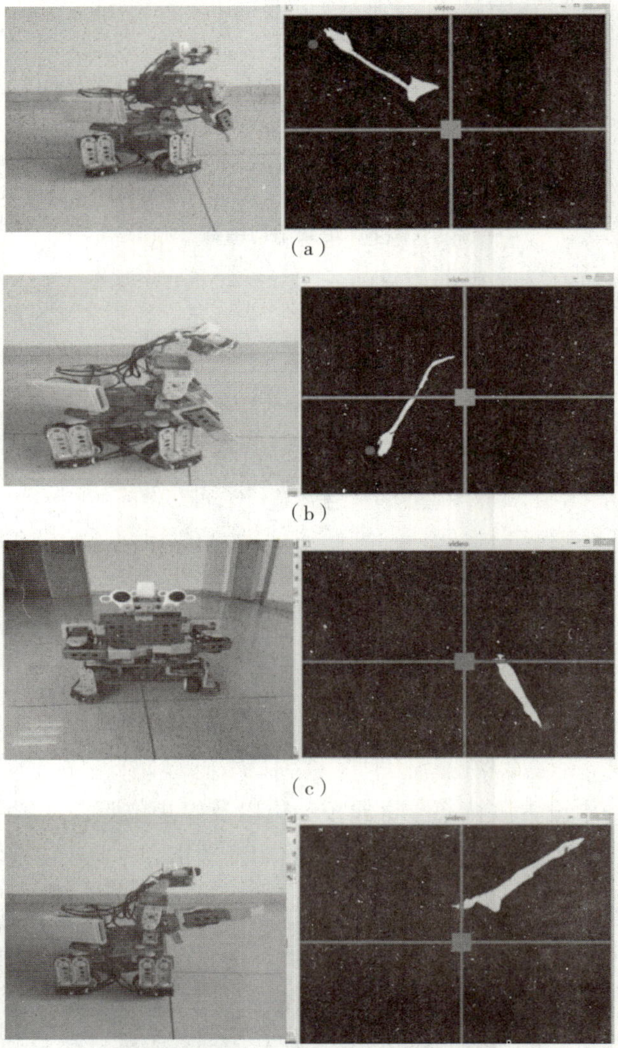

（a）

（b）

（c）

（d）

图 11 左为机器人执行动作图，右为识别效果

系统通过对人体动作的识别，判断了手部位置，然后发送指令，控制机器人执行相应的动作。红外传感器也可以准确根据程序中设置好的最小距离进行避障。

其具体方式是在距离障碍物 20cm 处停住并后退 2s，然后向左（或向右）转行走 2s，然后继续前进。其中，机器人运动过程中，避障、声控以及指令功能实现之间不会互相干扰，均能很好实现，运行情况良好，识别效果明显、准确；通信状况良好，出错率低。

2. 基于手势识别的智能机器人系统设计与实现

2.1 选题背景

随着增强现实和虚拟现实领域的发展，使用者对交互方式的要求越来越高，自然交互成了最新的研究领域，其中手部的跟踪与识别技术是自然交互的基础，因而具有广阔的前景。如今人机交互的形式有文字、声音、手势，等等，其中手势识别方面的研究要先通过视频采集转化为图像，进而进行处理与分析，才能通信，并使机器人做出相应的动作。本文对基于手势识别的智能机器人系统进行设计与实现。

2.2 系统整体结构

本文对基于手势识别的智能机器人系统进行设计，其整体结构如图 12 所示。系统整体共分为软件算法部分和机器人两大部分。

2.2.1 机器人和蓝牙连接部分则与上文相同。

2.2.2 手势识别算法部分

概述：手势识别部分首先要将摄像头采集的视频转化为帧，然后对图像进行滤波等降噪处理，转入 HSV 空间后，用基于肤色信息的分割方法，通过阈值化和 Freeman 码链表示图像边界，得到手的轮廓，最后采用模版匹配的方法，得到识别结果。

（1）降噪

图像的初步降噪主要采用了均值漂移滤波，MeanShift 均值漂移算法是一种基于梯度的优化算法。均值漂移算法的基本原理是在给定样本的中心画一个圆形区域，然后求出圆内以圆心为起点所有向量的和找到密度最大的点，然后再以该点为圆心重复上述过程最终将收敛到一个固定的点。Opencv 中有函数 pyrMeanShiftFiltering，这个函数可以对图像在色彩层面进行平滑滤波，中和色彩相近的颜色，去除面积较小的颜色区域。

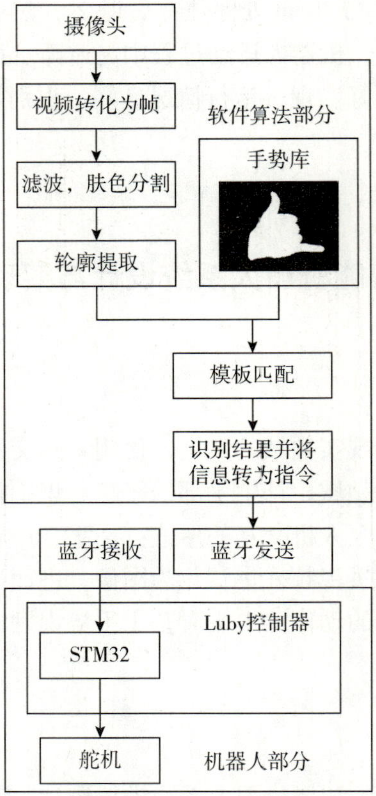

图 12　系统结构框图

（2）肤色分割

常见的色彩空间有 RGB、HSV、CMYK 等，对于日常生活中的显示系统，最常使用的就是 RGB 颜色空间，但由于光线会产生很大的影响，所以不利于进行手势的分割。为了更好地分割手部区域，本文主要采用最简单的一种方法，通过转换色彩空间来削弱光照影响。将经过均值漂移滤波的图像转化到 HSV 空间，然后将 HSV 分解为 3 张单通道图像，其中手的区域为：H（0 ~ 30），S（30 ~ 170），V（0 ~ 200），进而完成在 HSV 空间对手部的分割。

（3）手部轮廓提取

得到手部区域后，可以有多种方法提取区域轮廓，本文主要采用轮廓法，也就是将图像二值化后，利用 Freeman 链码进行编码可以表示图像的边缘，但仍然会得到一些干扰区域，通过去除面积过小的区域可以避免干扰区域的影响。进而得到待识别的手部轮廓。

（4）特征匹配

接下来需要对提取到的轮廓进行分析，究竟是哪一种手势。目前主要有两种算法：一种是模版匹配法；另一种是 Hu 矩算法。经过尝试和比较之后，模版匹配法的识别度更高，效果更好。最终本文采用了模版匹配法来进行特征匹配。

模版匹配法是特征匹配中最基本的方法之一。大体思路是从需要识别的图像中找出一些特征向量，将这些向量与模版的对应向量相比较，计算他们之间的距离，通过最小距离法判断待识别图像的所属类别。该方法需要提前建立模板库。识别流程与模板库如图 13、图 14 所示。

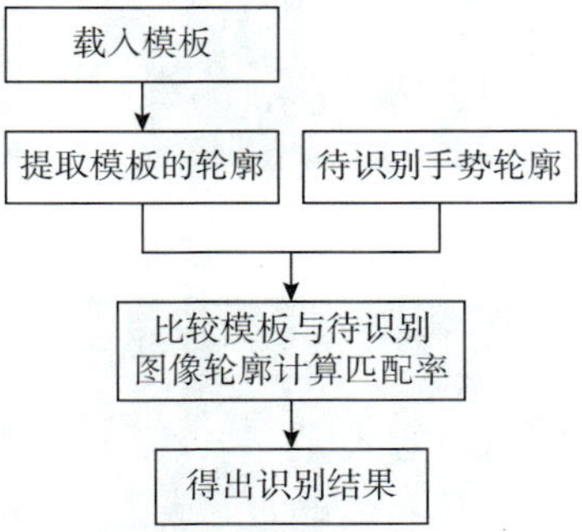

图 13　模版匹配法流程

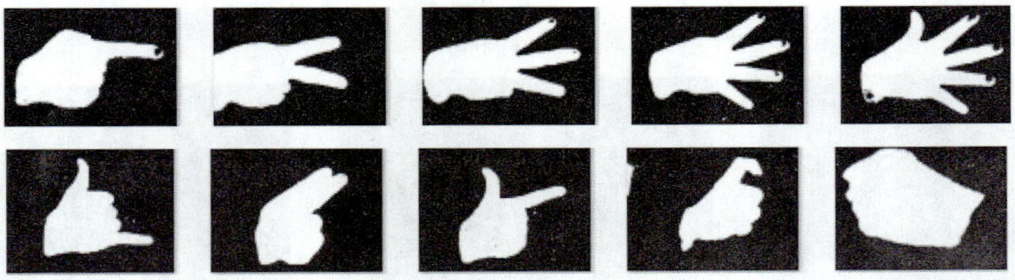

图 14　模板库图片

2.3　系统试验结果

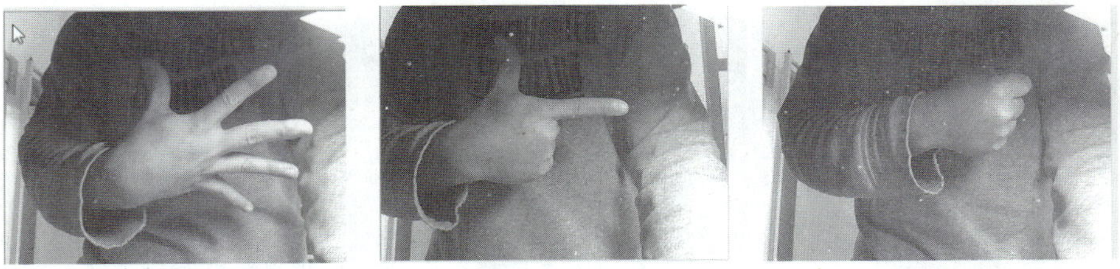

A1　A2　A3

（A）原始图片

图 15　实验结果展示（1）

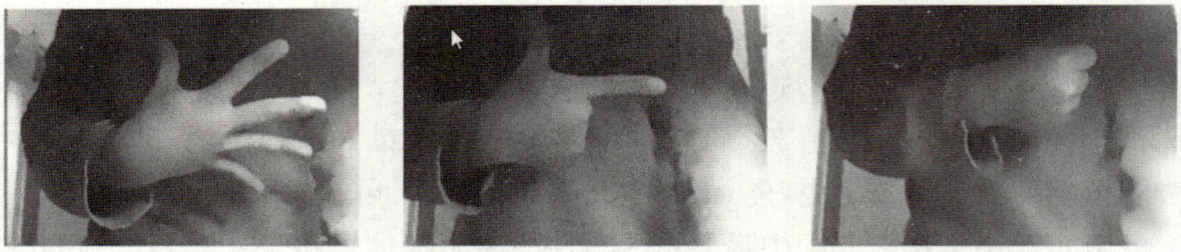

B1 B2 B3

（B）滤波后图片

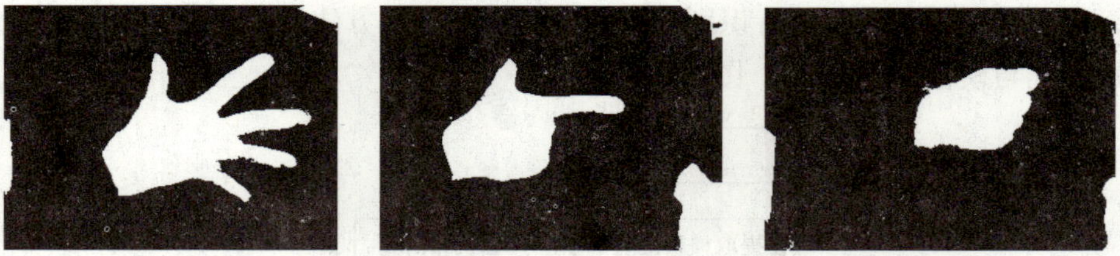

C1 C2 C3

（C）HSV 手部区域

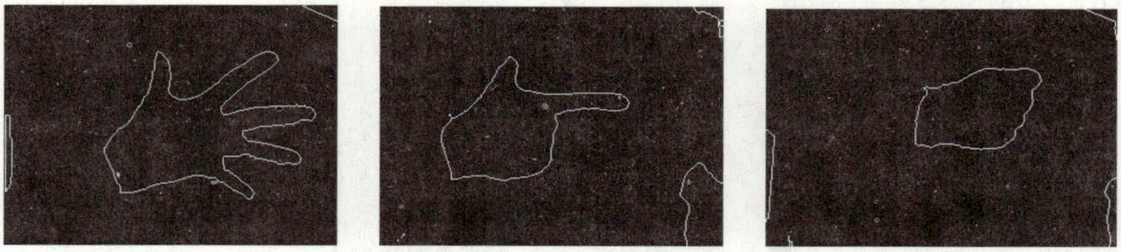

D1 D2 D3

（D）手部轮廓

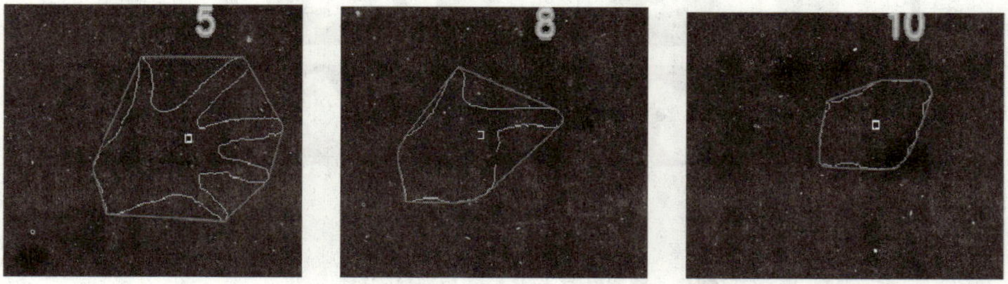

E1 E2 E3

（E）匹配结果

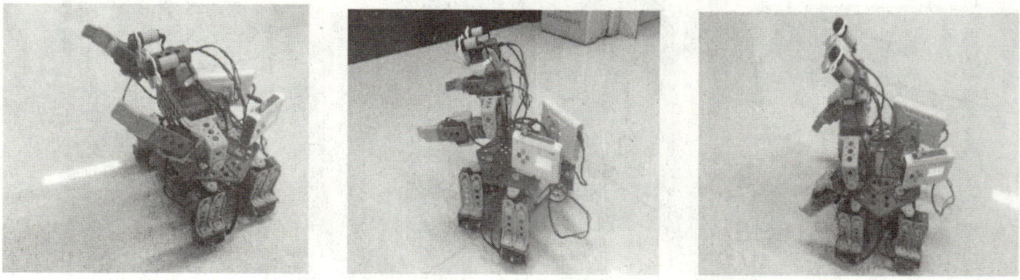

F1 F2 F3

（F）机器人对应动作

图 15 实验结果展示（2）

如图 15 所示，图 15 中 A1–F1、A2–F2、A3–F3 分别为对手势 5、8、10 的识别。（A）组图片为从视频中截取的原始帧，经过滤波后得到（B）组图片，可以明显地发现图像变得平滑，易于接下来的处理。（C）组图片为经过肤色分割后的手部在 HSV 空间中的区域，效果良好，为精准的识别提供了条件。通过 Freeman 码链找到待识别的手部轮廓（D）组图片，进而与模板进行匹配得到最终（E）组，可以发现，匹配结果准确无误。得到结果后，经过蓝牙发送数据，STM32 控制舵机转动成功使机器人做出（F）组图中类似抬手、转向、抬头等动作。

3. 结束语

本文对基于手势识别四足人形机器人系统进行研究，设计出了一种基于人体动作以及手势识别和 STM32 进行控制的四足人形机器人，机器人通过 PC 端的图像识别，蓝牙传输数据，STM32 控制机器人可以实现仿人类动作等功能，具有广泛的应用开发空间。该系统已实现基本功能，识别效果好，但对识别环境要求较高，图像的识别需要动作尽可能的静止，否则将大大影响识别效果，后面研究将进行改进。下一步的研究可以对动态的手势进行识别，使系统具有更广泛的应用空间。

参考文献

[1] 傅思勇 . 基于 CDS5516 的智能机器人的设计 [J]. 无线互联科技，2013（04）.

[2] 郑新，金宁，李文翰，等 . 基于 STM32 和树莓派的四足人形机器人系统 [J]. 中国科技信息，2016（23）.

[3] 王力宇，曹其新，董忠 . 基于 EtherCAT 总线的工业机器人控制系统设计 [J]. 自动化学报，2017（10）.

[4] 王鹏举，刘燕，栾佳玉，等 . 蛇形机器人整体设计与实现 [J]. 智能计算机与应用，2017（1）.

[5] 袁枫，赵玉生，罗军，等 . 基于手部动作的人机交互算法实现 [J]. 中国科技信息，2016（20）：55–57.

[6] 罗军，郑新，金宁，等 . 基于人体动作捕获的智能机器人系统设计 [J]. 中国科技信息，2017（17）：116–119.

双向 DC-DC 变换器的设计研究报告

北方工业大学：刘　地　洪　浩　尉展赫　吕恒宇

指导教师：赵徐森　高级实验师

摘　要：双向 DC-DC 变换器是一种结合光伏发电与储能技术的应用系统。系统中由直流稳压电源模拟光伏输入电压在 24V ~ 38V 变化，负载由 30Ω 模拟，输出功率 30W。系统实现了双向 DC-DC 变换器对锂电池的充放电功能和为负载供电功能，其主要的特点：（1）采用双向集成同步的 DC-DC 变换器，节省了部分器件，大大降低了成本。（2）主电路即可工作在 CCM 续流模式，也可工作在 DCM 断流模式；同时可能为电压控制，也可能为电流控制。（3）采用单片机实时采样进行数字逻辑判断，实现了智能控制。

关键词：光伏发电模拟；双向 DC-DC 变换器；Buck 充电；Boost 放电

1. 引言

太阳能作为可再生能源，很早就被人们开发和利用了。根据可持续发展战略和环境保护的需求，在可以预计的将来，光伏发电必将部分取代常规能源。基于单片机的太阳能控制系统很好地把太阳能光伏发电技术与单片机智能控制技术结合了起来，而且具有电路结构简单、工作稳定可靠、实用性强等优点。

太阳能与储能相结合的技术运用完全符合“绿色、节能、低成本”的现代化设计理念。本课题是以电池的能量存储和管理为中心的系统。假定负载为 30Ω，电压稳定在 30V，光伏输入电压在 24 ~ 38V 之间变化，当输入电压 Us 在 35 ~ 38V 之间时，由于电源提供的能量大于负载所需的能量，因此系统工作在充电状态，将电源提供的多余能量给电池储存起来；当 Us 在 32 ~ 35V 之间时，直流电源提供的能量小于负载所需的能量，所以系统工作在放电模式。由储能锂电池提供部分能量，保证负载功率等于 30W。所以系统设计为双向 DC-DC 变换器，可实现能量的双向传输。

2. 双向 DC-DC 变换器系统设计

本课题本质上是设计用于电池储能装置的双向 DC-DC 变换器。系统中由直流稳压电源模拟光伏，输入电压在 24V ~ 38V 变化，负载由 30Ω 模拟，输出功率 30W。系统为双向工作模式：

模式 1：当输入电压 Us 为 35V ~ 38V，由于电源提供的能量大于负载所需能量，因此双向系统工作在 Buck 充电状态，将电源提供的多余能量传输给电池储存起来。恒流充电状态时，工作在 Buck 模式，则需稳定输入电压在 30V，要求反馈电压在比较器同相端，则该电路是一个双环并联的控制系统。

模式 2：当输入电压为 32V ~ 35V，直流电源提供的能量小于负载所需能量，所以系统工作在 Boost 放电模式，由电池提供部分能量保证输出功率为 30W。当系统工作在 Boost 模式时，工作在稳压模式下，反馈的极性需改变，反馈电压接在比较器反相端；若输入电压在 24V ~ 38V 变化时，电路有 3 种工作模式。

双向 DC-DC 变换器实现电池的充放电功能，功能可由按键设定，亦可自动转换。系统工作框图如图 1 所示。

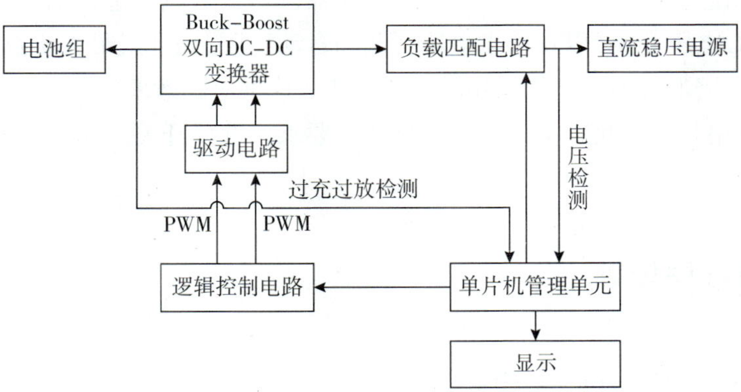

图 1　系统工作框图

系统主回路采用了 Buck-Boost 双向 DC-DC 变换电路，通过单片机和逻辑控制电路产生两路 PWM 驱动信号控制其可以灵活切换 3 种工作状态，即① Buck 充电模式下，直流稳压电源向电池组充电；② Boost 放电模式下，电池组向 30Ω 负载放电；③ Buck-Boost 充放电模式，系统根据直流稳压电源的电压，自动调整充放电工作状态。同时系统还具有过充、过放保护功能，在正常工作情况下单片机对电压和电流进行检测，通过 LCD 屏显示出来。

电池组使用 18650 型、容量 2000 ~ 3000mAh 的锂离子电池，由 5 节串联成。该电池单节标称电压一般为 4V，过充电压为 4.2V 左右，过放电压为 2.8V，该电池容量大、寿命长、安全性能高、电压高、没有记忆效应且内阻小，应用广泛，而 SOC（剩余电荷）是电池状态的一项重要指标。系统用 5 节 18650 锂电池串联，则其正常工作电压在 14V ~ 21V 之间，当 SOC 等于 100% 时，开路电压即正常工作电压为 4.2V；当 SOC 等于 20% 时，开路电压为 18.85V，开路电压与 SOC 之间的关系式为：SOC=（Voc-18.3125）/2.6875，一般电池的 SOC 在 20% ~ 100%，即总体来说，选择 18650 型锂电池满足系统工作状态。

因为该系统有 3 种工作状态，所以需要一个双向能量传输 DC-DC 变换器。在充电状态，由于输入电压最低为 24V，电池标称值为 20V，因而需要一个降压电路——Buck 电路；在放电状态，输入电压最小值有可能在 12V ~ 21V 之间变化，而输出电压要求稳定在 30V，所以需要一个升压电路——Boost 电路。

在充电模式时，有两种方案供选择：

方案 1：模拟线性工作方式。使用串联线性电源，该方案系统稳定成熟，控制芯片众多，然而效率太低，无法满足变换器效率≥ 90% 的要求。

方案 2：开关工作模式。利用电子开关器件，通过控制电路，使电子开关器件不停地“接通”和“关断”，让电子开关器件对输入电压进行脉冲调制，从而实现 DC-DC 电压变换，以及输出电压可调和自动稳压。该方式最大优点是效率高，理想效率可达到 100%。如果采用软开关技术，这种电路效率实际可达 90% 以上。

升压电路与上述状态类似，为满足效率要求，选择开关工作模式较为合理。

3. 电路与程序设计

3.1 双向 DC-DC 主电路

双向 DC-DC 变换电路需要工作在充电和放电两种模式，所以存在两种方案。

方案 1：充电模式采用 Buck 电路，放电模式采用 Boost 电路，两个电路分别工作，可实现所有要求。由于是两套电路，因而其重量重、体积大。

方案 2: 将方案 1 中的两个电路集成为一级电路，即采用双向 DC-DC 变换器。该主电路选用双向 Buck-Boost 电路实现，电路图如图 2 所示。

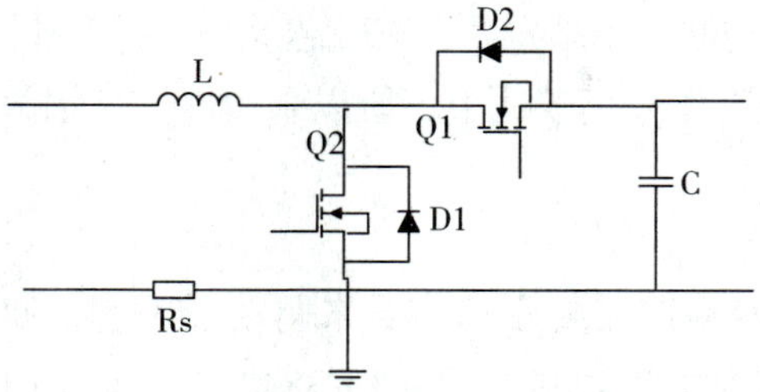

图 2　双向 DC-DC 变换电路

锂电池组接在图 2 电路的左侧，直流稳压电源对电池充电，即在充电模式时，该电路为 Buck 工作方式，此时 Q1 为主控开关管，Q2 为同步续流管；电池组向直流源和负载放电，即在放电模式时，该电路为 Boost 工作方式。此时 Q2 为主控开关管，Q1 为同步续流管。

3.1.1　MOS管的选择

（1）耐压选择：由于选管需要遵循导通电阻小的原则，因而用低压管以减少通态损耗；系统要求输入电压 Us 最高为 38V，所以选择 40V ~ 50V，以保证耐压足够。

（2）电流容量选择：系统电流最大为 2A，所以选择 4A 以上 MOS 管即可，然而管子电流值越大，通态电阻越小，有利于提高通态损耗。但是结电容随电流容量增加而增大，从而会增大开关损耗。所以选择 5A ~ 10A 的管子较合适。

（3）驱动电压选择：驱动电压越高，管子的导通电阻越小，导通损耗减少，但开关损耗以平方规律增加，故应选低压驱动的 MOS 管，驱动电压最佳值在 6V ~ 8V。

3.1.2　二极管的选择

由于电路工作在电流连续（CCM）模式，主要损耗为反向恢复电流造成的损耗，因此降低反向恢复电荷或反向恢复时间的有效手段是采用快恢复二极管。快恢复二极管分 3 类：①快恢复管，这种管子耐压高，反向恢复电流较大。②碳化硅二极管，它几乎没有反向恢复电流，然而由于导通电压大于 1V，所以只适合于高压工作模式。③肖特基二极管，该管的最大优点是导通电压在 0.4V ~ 0.6V，所以选择肖特基二极管最为合适。

3.1.3 电感的选择

电感根据磁芯的不同约分为 3 种：开气隙的铁氧铁，这种磁芯效率最高，但干扰大，气隙也难以控制；非晶磁芯，该磁芯效率高损耗小，但是工作频率太低；低磁通的磁芯效率和工作频率较适中，所以采用以铁硅铝为磁芯的电感较合适。

3.2 控制电路

该双向 DC-DC 变换器需要驱动信号来驱动开关管，使电路正常工作。对于驱动芯片的选择有多种方案可供选择：UC3843 芯片原理简单，易于实现，但是无软启动，不利于电路正常工作；UC3854 芯片能够实现软启动，能得到该系统所要求的驱动信号，但其内部结构原理较为复杂，应用困难；SG3525 芯片既可以实现软启动，其工作原理也较简单，能实现电路驱动信号的要求。综上，选用 SG3525 芯片作为控制芯片驱动开关管工作。在该系统中，使用了两片 SG3525 为主电路中的两个开关管，提供驱动信号。其控制电路如图 3 所示。

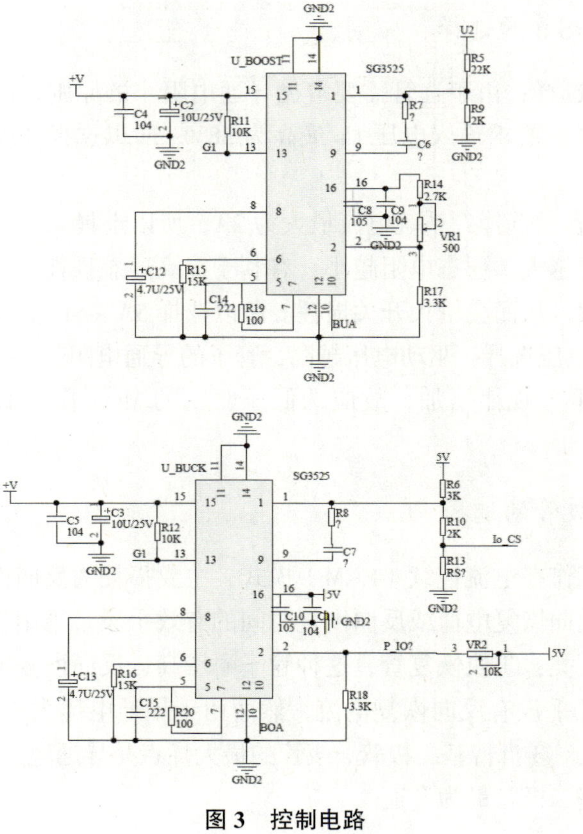

图 3 控制电路

为提高系统效率，系统采用同步整流的方式使开关管导通压降降低，这样就需要设计逻辑控制电路来实现对驱动信号的要求。逻辑电路设计如图 4 所示。通过检测 SG3525 的 10 管脚电平高低，来实现 Buck 和 Boost 电路的转换。

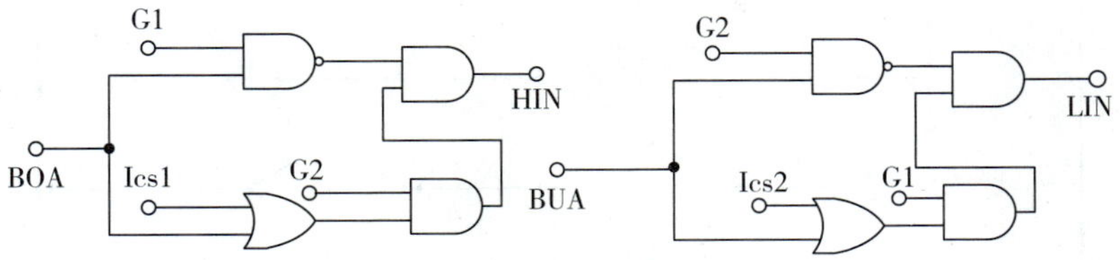

图 4　系统逻辑电路图

本系统采用具有自举功能的 IR2112 为主控芯片，驱动 Buck-Boost 电路的上管和下管，驱动电路图如图 5 所示。

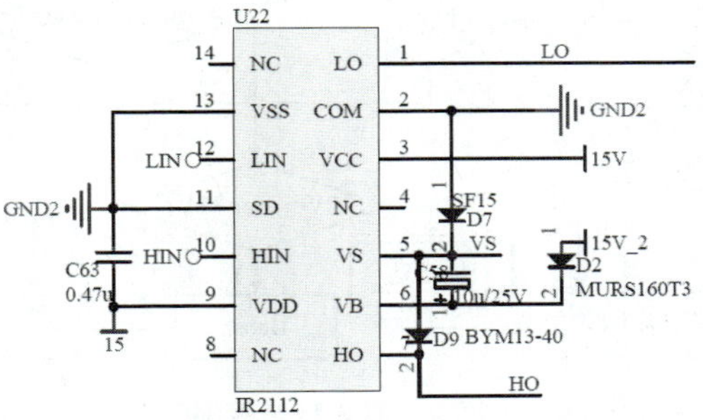

图 5　驱动电路

电流检测方案如图 6 所示。

图 6　电流检测方案

3.3　控制程序设计

本系统通过单片机检测 3 个控制按键，实现电路 Buck、Boost 和 Buck-Boost 3 种工作状态的转换。在 Buck、Boost 模式中，AD 电压采集运用了均值检测方法，消除了尖峰脉冲的影响。同时加入了过充、过放检测，当发生过充、过放情况时，系统强制停机，从而起到了保护电路的作用。系统程序框图如图 7 所示。

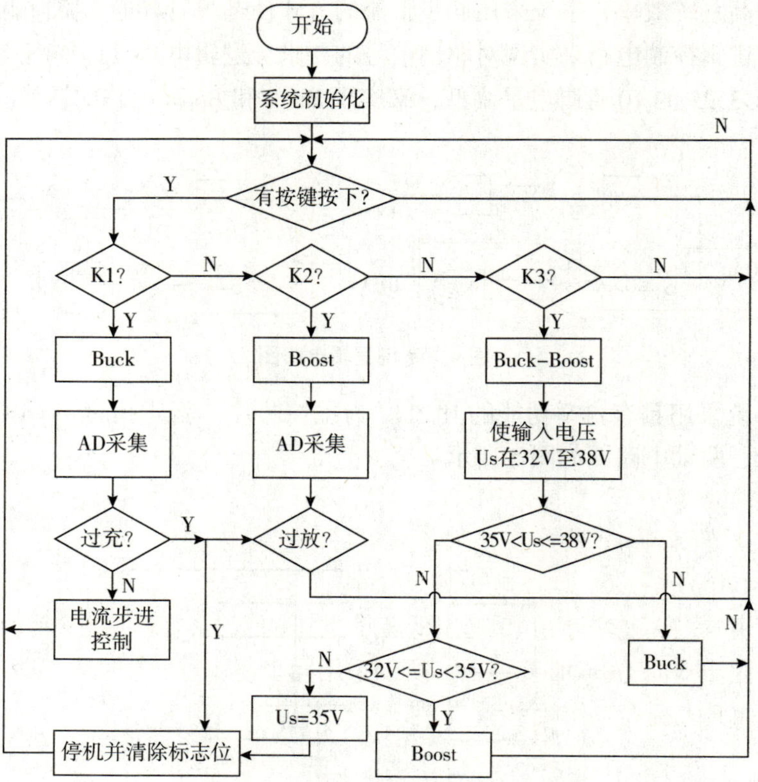

图 7　系统程序框图

4. 理论分析与计算

4.1　主电路主要器件参数

电感量 L 与纹波电压有关，$I=L\dfrac{dV}{\mathrm{dt}}$，$I=\dfrac{\Delta \mathrm{I}}{\Delta \mathrm{t}}$，$L_{\min}=\dfrac{R_0D_{OH}T}{2}$，电感值通常为 75uH ~ 100uH 左右。

因为电池是一个响应速度在几十个毫秒以内的电源，所以电池两端必须并联一个电容，以增加响应速度。该电容的值为 2000uF 左右。

4.2　控制系统主要器件参数

系统设计的双向 DC-DC 变换器，既可能工作在电流连续（CCM）模式，又可能工作在电流断续（DCM）模式。在电流连续模式中，主电路小信号模型为一个二阶系统，即双极点系统；在电流断续模式中，系统又为一个单极点系统。就控制系统来说，它是由单极点到双极点，双极点到单极点过渡的过程。按照题目中基本要求部分，系统为恒流控制模式，所以要采用电流环；而按照发挥部分，需要通过开关的转换切换电路的充电模式与放电模式，同时使电压稳定在一定范围内，因此系统无论在充电还是放电状态下，都要求工作在稳压状态，所以采用电压环。而我们希望设计一个补偿网络，以满足上述的所有要求。由于题目对动态响应无任何要求，那么可以采用统一的 PI 控制器，采用主极点校正，以牺牲系统动态响应为代价，兼顾上述的 4 种工作状态。

4.3 提高效率的办法

提高效率的方法有如下几种：①选择开关变换器，其理想效率可达到 100%。②选择合理的开关器件和驱动电压，以降低导通损耗。③开关频率在 80kHz ~ 100kHz 之间，以兼顾重量与效率之间的关系。④选择同步整流，用来提高效率并减少通态损耗。⑤选用低驱动电压的管子，可以减少驱动损耗。主电路选择同步双向 DC-DC 变换器，所以采用同步整流可使导通电压由 0.4V 降到 0.1V，从而大大提高工作效率。

5. 实验测试

完成了以双向 DC-DC 变换器为核心的设计，制作中硬件电路符合原理图设计，电路合理可靠。经过软、硬件调试后，系统成功实现了双向 DC-DC 变换器对锂电池的充放电功能和为负载供电功能。

图 8　实验图

通过对比不同方案下实验结果的差异，选取出最佳的设计方案。同时按照电路设计要求对系统进行测试，使系统达到指标要求。

（1）同步整流（Buck 模式，输入 30V，输出 18V）

无同步整流			有同步整流		
I_{in}/A	I_o/A	η	I_{in}/A	I_o/A	η
0.33	0.48	87.0	0.35	0.52	89.1
0.38	0.57	90.0	0.40	0.60	90.0
0.44	0.66	90.0	0.46	0.70	91.3
0.50	0.76	91.2	0.52	0.79	91.1
0.56	0.85	91.0	0.58	0.89	92.1
0.62	0.95	92.0	0.64	0.98	91.9
0.74	1.14	92.4	0.70	1.08	92.6
0.80	1.24	93.0	0.76	1.17	92.4
0.87	1.33	91.7	0.82	1.26	92.2
0.92	1.42	92.6	0.87	1.36	93.8
0.98	1.51	92.4	0.93	1.45	93.5
1.04	1.60	92.3	0.99	1.54	93.3
1.10	1.69	92.2	1.10	1.72	93.8
1.16	1.78	92.1	1.16	1.80	93.1
1.22	1.87	92.0	1.22	1.90	93.4
1.27	1.96	92.6	1.28	1.98	92.8
1.33	2.05	92.5	1.34	2.08	93.1

（2）U2=30V 时，电池恒流充电，充电电流 I1 在 1 ~ 2A 范围内步进调节

电流设定值 I_{10}	电流实际值 I_1	电流控制精度 $e_{ic}=\|(I_1-I_{10})/I_{10}\|*100\%$
1.0	0.988	1.20%
1.1	1.093	0.64%
1.2	1.196	0.33%
1.3	1.301	0.07%
1.4	1.402	0.14%
1.5	1.504	0.27%
1.6	1.603	0.19%
1.7	1.700	0.00%
1.8	1.801	0.06%
1.9	1.904	0.21%
2.0	2.007	0.35%

（3）I1=2A，U2 在 24 ~ 36V 范围内变化（充电电流 I1 的变化率不大于 1%）

U_2	充电电流值 I_1	电流变化率 S_{I1}
36V	I_{11}=2.02	S_{I1}=|（I_{11}－I_{12}）/ I_1|*100%=0.99%
30V	I_1=2.007	
24V	I_{12}=2.04	

（4）Us 在 32 ~ 38V 范围内变化，自动转换工作模式（保持 U2=30 ± 0.5V）

U_s/V	U_2/V
32	29.8
34	29.9
36	29.5
38	29.9

对实验结果比较得出，在有同步整流的情况下，系统的工作效率比无同步时高大约 1%。本系统通过有效的逻辑电路与控制电路进行配合，实现了同步整流，从而提高了效率。

6. 结语

本项目核心是设计用于电池储能装置的双向 DC-DC 变换器，系统中由直流稳压电源模拟光伏，输入电压在 24V ~ 38V 变化，负载由 30Ω 模拟，输出功率 30W。系统成功实现了双向 DC-DC 变换器对锂电池的充放电功能和为负载供电功能，其主要的特点：①采用双向集成同步的 DC-DC 变换器，节省了部分器件，大大降低了成本。②主电路即可工作在 CCM 续流模式，也可工作在 DCM 断流模式；同时可能为电压控制，也可能为电流控制。③采用单片机实时采样进行数字逻辑判断，实现了智能控制。

在完成硬件和软件设计后，对储能电源系统进行测试，实验结果表明：系统效率高，电池恒流充电电流变化率不大于 1%，负载输出电压稳定度小于 0.5%，具有过充、过放、短路等保护功能，抗干扰性和可靠性强。

参考文献

[1] 邱望标，黄志辉．基于蓄电池均充模式的太阳能 LED 照明系统设计 [J]. 低压电器，2008，（02）.

[2] 吴理博，赵争鸣，刘建政．用于太阳能照明系统的智能控制器 [J]. 清华大学学报（自然科学版），2003，43（9）.

[3] 孙频东．基于软开关的双向 DC-DC 变换电源研究 [J]. 电气自动化，2006，（01）.

[4] 曲平，李子欣等．隔离式双向全桥 DC-DC 变换器预充电研究 [J]. 电工技术学报，2014，（S1）.

[5] 魏小龙．MSP430 系列单片机接口技术及系统设计实例 [M]. 北京：航空航天大学出版社，2002.

基于 Cortex-M4 的 IC 卡计时收费系统设计

北方工业大学：赵　越　侯　岩　靳兴坤　苏　泽　杨富华
指导教师：赵宇红　副教授

摘　要：本课题基于 Cortex-M4 架构的嵌入式系统作为主控制器，实现 IC 卡的计时收费功能；本文分别从软件和硬件两个方介绍系统设计方案，硬件方面介绍了 4 个功能模块；软件方面包括嵌入式软件和 PC 服务端软件设计。实验表明，该计时收费系统方便适用，具有较好的发展前景。

关键词：IC 卡计时收费；Cortex-M4；嵌入式；WiFi

1. 课题的研究背景

IC 卡的开发、研制与应用是一项系统工程，涉及计算机、通讯、网络、软件、卡的读写设备、应用机具等多种产品领域的多种技术学科。IC 卡具有存储容量大，安全保密性好，不容易被复制，使用寿命长，防磁、防静电、防机械损坏和防化学破坏等优点。IC 卡已是当今国际电子信息产业的热点产品之一。本课题主要研究如何收集 IC 卡信息及信息如何存储的功能。本系统可广泛应用于金融、公共交通、停车场、高速公路、商场、网吧等移动支付领域。

2. 系统的整体设计

本系统可以分为两个部分，分别是：嵌入式 IC 卡计时收费设备端和 PC 服务端。嵌入式设备端负责 IC 卡检测和在屏幕上显示 IC 卡信息，并且实时上传 IC

卡的数据至 PC 端服务器，因为考虑到设备屏幕需要显示 IC 卡数据，IC 卡的计时与收费功能在嵌入式设备端进行。PC 服务端的主要工作是负责保存由嵌入式设备端上传到数据库的数据，以及对 IC 卡的建卡、充值、删除等一系列操作。嵌入式设备端通过 WiFi 连接至互联网与 PC 服务端进行通信，系统的通信框图如图 1 所示。

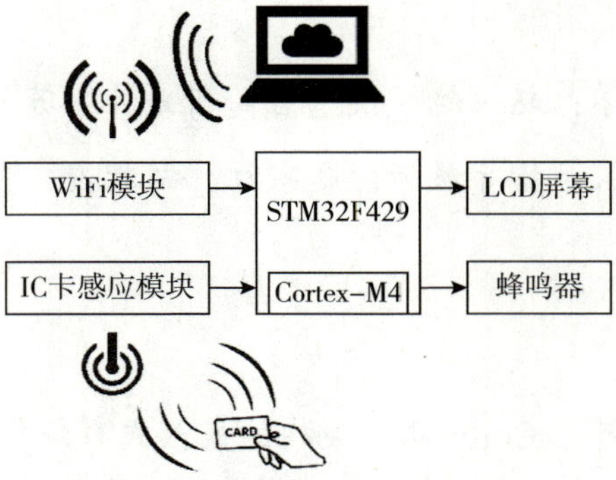

图 1　系统的通信框图

3. 系统硬件的设计与实现

IC 卡刷卡计费系统的硬件部分共包含 4 个模块，它们分别是微处理器模块核心模块、LCD 显示模块、WiFi 无线通信模块、IC 卡检测模块。

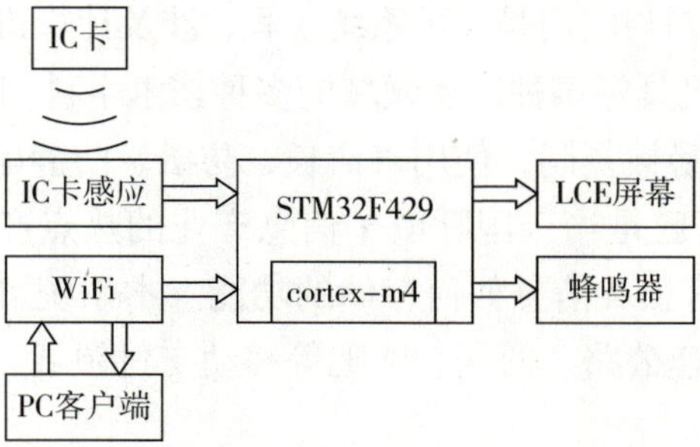

图 2　系统的硬件框图

本章主要介绍嵌入式 IC 卡计时收费设备端的硬件设计和实现，本系统的硬件框图如图 2 所示，其中各模块的选型如表 1 所示。

表 1　　各模块的选型

模块名	芯片名
微处理器模块	STM32F429IGT6
WiFi 模块	EMW1062
LCD 模块	TFT-LCD 屏幕
IC 卡感应模块	MFRC522 芯片

3.1　微处理器模块

3.1.1　STM32F429微处理器

本文采用的是基于 ARM Cortex-M4 内核的 32 位高性能低功耗微处理器。该处理器整合了数字信号处理器，主频最高可达 180MHz，并且内置了意法半导体的自适应实时（ART）加速技术。ART 加速技术实现了闪存的执行零等待，进一步增强了 ARM Cortex-M4 内核的处理性能。

该微处理器具有高达 2MB 的读写可同时进行的 Flash 存储空间，高达 256KB 的 SRAM 内存空间，并且支持通过 SRAM、PSRAM、SDRAM 接口灵活拓展 Flash/NOR/NAND 空间。STM32F429 还集成了许多内设。

3.1.2　秉火STM32F429开发板

本课题选用秉火公司推出的 STM32F429 开发板进行开发。开发板集成了 STM32F429 微处理器，具有电源管理模块，提供了 1 个 LCD 显示屏接口，多个 ADC 接口，一个 SWD 调试下载接口，一个串口转 USB 接口，一个 SD 接口等。开发板所有的 IO 口通过排针引出，而且也提供了多组 3.3V 和 5V 电源，方便硬件的二次开发。板载的 LCD 显示模块选择了标准 5 寸 TFT-LCD 屏幕，分辨率为 800×600。显示模块与微处理器的接口电路如图 3 所示。STM32F429 芯片带有 LTDC 显示控制外设，为屏幕显示提供了极大的便利。蜂鸣器使用的是最普通的无源蜂鸣器，使用 MCU 的一个 GPIO 以及一个驱动电路即可控制其响或不响。本设计中蜂鸣器的功能就是在 IC 卡刷卡成功时发出声音，以提示 IC 卡已经被成功读取。

3.2　WiFi 通信模块

本课题所选 WiFi 通信模块为 EMW1062。EMW1062 是上海庆科（MXCHIP）

推出的 WiFi 模块，利用直接序列扩频和 OFDM / CCK 技术，实现无线调制解调功能，该模块集成 2.4GHzIEEE802.11b/g/n（MAC/ 基带 / 射频），功率放大器（PA）和电源管理单元（PMU），SDIO2.0 或 SPI 接口，3.3V 单电源供电。该模块的无线局域网符合 IEEE802.11b/g/n 标准。该 WiFi 模块的通信接口可选 SDIO 或者 SPI 接口。该模块单独使用需要构建 TCP/IP 底层协议，使用较为复杂，搭配嵌入式操作系统后使用难度大大降低，该模块的使用会在之后介绍嵌入式软件设计的章节中介绍。

3.3 IC 卡感应模块

本文的 IC 卡感应模块采用的是支持 ISO 14443A 标准的 MFRC522 芯片。MFRC522 是应用于 13.56MHz 非接触式通信高集成度读写卡系列芯片，完全集成在 13.56MHz 下所有类型的被动非接触式通信方式和协议，支持 ISO 14443A 的多层应用。其内部发送器部分可驱动读写器天线与卡和应答机的通信，无须其他的电路。接收器部分提供一个坚固而有效的解调和解码电路，用于处理 ISO 14443A 兼容的应答器信号。

本设计选择 SPI 模式与 MCU 通信，MCU 作为主机，MFRC522 作从机。其接口如图 3 所示。SPI 时钟 SCK 由主机产生；数据通过 MOSI 线从主机传输到从机；数据通过 MISO 线从 MFRC522 发回到主机。MOSI 和 MISO 上的数据在时钟 SCK 的上升沿保持不变，在 SCK 的下降沿发生改变。

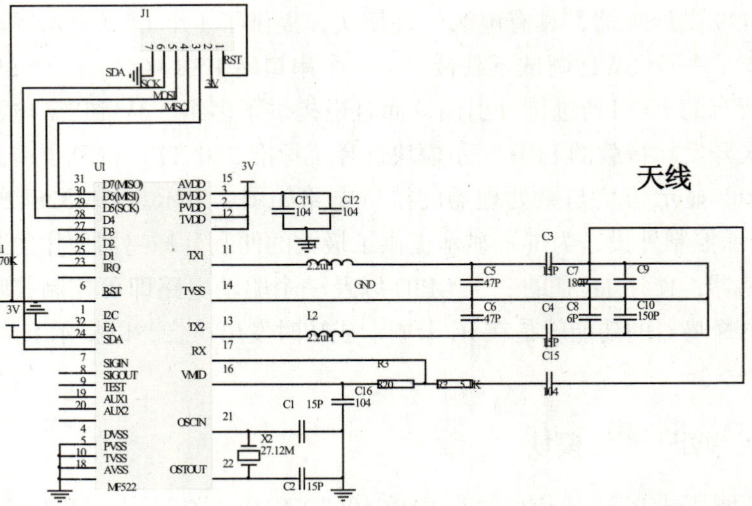

图 3　IC 卡感应模块电路

4. 系统软件的设计与实现

4.1 嵌入式软件设计与实现

本系统牵涉到 IC 卡的数据采集，及 WiFi 通信牵涉到 TCP/IP 协议的实现，故有必要使用嵌入式操作系统以实现合理的任务调度和复杂的底层通信协议。本章节首先介绍嵌入式操作系统的选择，各模块的驱动程序，最后介绍系统应用程序的设计与实现。在本课题中，嵌入式开发环境选择的是 Keil uVision5。

4.1.1 嵌入式操作系统简介

嵌入式操作系统就是应用于嵌入式环境中的一种操作系统。嵌入式操作系统的应用非常广泛，很多嵌入式产品都在使用该操作系统。嵌入式系统可以从两个方面来描述其功能：①从软件开发的方向来看，嵌入式操作系统可以看作一种虚拟机平台，其作用是把底层的硬件部分的细节都封装起来，这样可以使运行的软件有一个抽象的编程接口，如此可以使用这些抽象的接口来进行软件的开发，但是这些编程接口对于研发人员来说就是系统提供的调用函数；②从系统管理的方向来看，嵌入式操作系统可以看作是整个系统资源的管理人员，其责任重大，管理系统当中各种的硬件资源，其中包括微处理器、内存、各种 I/O 设备、文件和数据等，这样整个设备就可以高效、可靠地运行。

4.1.2 SD卡FATFS文件系统

数据在 PC 上是以文件的形式储存在磁盘中的，这些数据的形式一般为 ASCII 码或二进制形式。如果我们在 STM32 中对 SD 卡直接存储数据会破坏 SD 卡的扇形区域，给 SD 卡的应用带来极大的不便。本文将把 FATFS 文件系统移植到 STM32 的工程里，以便于刷卡器数据的存储和处理，也给将来的升级迭代带来便利。FATFS 是面向小型嵌入式系统的一种通用的 FAT 文件系统。它完全是由 AISI C 语言编写并且完全独立于底层的 I/O 介质。本文的主要任务就是把 FATFS 文件系统代码移植到 STM32 的工程之中，就可以利用文件系统的各种函数，对已格式化的 SD 卡的文件进行读写。

4.1.3 MiCO嵌入式操作系统介绍

本课题中选的嵌入式实时操作系统为 MiCO（Micro-controller based Internet Connectivity Operating System）。MiCO 是一个面向智能硬件优化设计的、运行在

微控制器上的、高度可移植的操作系统和中间件开发平台。

作为独立的系统，拥有开放架构，它并不依赖于微控制器型号，同时具有硬件抽象层，此外，固件的应用开放接口已实现多种应用层协议。MiCO 包括了底层的芯片驱动、无线网络协议、射频控制技术、安全、应用框架等模块。

MiCO 的系统架构如图 4 所示。本课题选择 MiCO 的另一重要原因为 MiCO 全面支持 WiFi 通信模块 EMW1062，通过 MiCO 可以轻松实现建立 WiFi Station 模式以及 WiFi AP 模式，并且底层已经封装好了基本的 Socket 通信服务，基于 Socket 便于实现 HTTP 协议进行与服务器的通信。

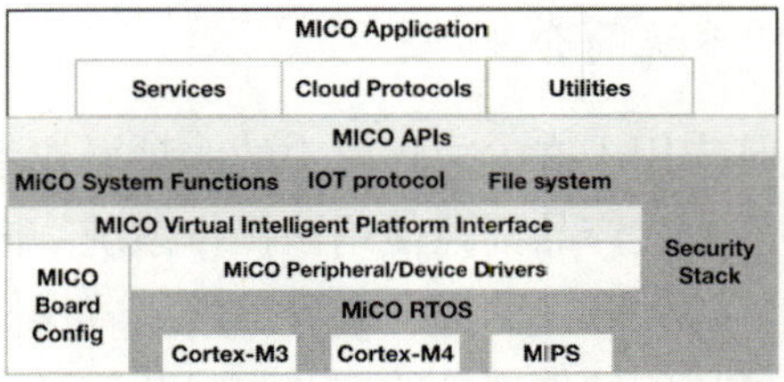

图 4　MiCO 的系统架构

4.1.4　MiCO嵌入式操作系统移植

秉火 STM32F429 开发板完全满足 MiCO 对硬件的要求。MiCO 的移植分为两部分，分别是：移植 Bootloader 引导程序和移植 Application 应用程序。在移植这两个部分程序之前，首先介绍存储空间的分配，MiCO 系统将 Flash 划分为 Bootloader 区、Application 区、RF 固件区（RF Firmware）、参数区（PARAMETER1 和 PARAMETER2）和 OTA 升级暂存区（OTA Storage），这几个区域有各自的地址，互不干扰。

4.1.5　WiFi通讯模块驱动程序的设计与实现

MiCO 系统移植完成后，在配置文件中配置 WiFi 接口，如图 5 所示。配置完成后，即可调用 MiCO 应用层封装的函数 micoWlanStartAdv（ ）启动 WiFi，该函数的参数为 wNetConfigAdv 结构体类型，包含 WiFi SSID，密码等基本信息。

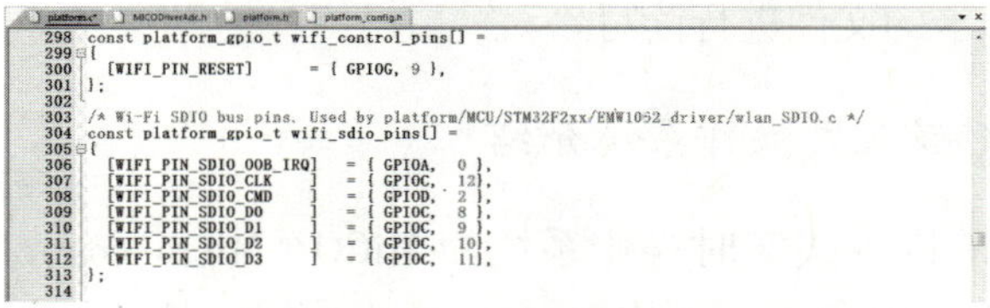

图 5　WiFi 接口配置

4.1.6 GPIO驱动程序的设计与实现

在 MiCO 中通过 MicoGpioInitialize（ ）函数初始化 IO 口，该函数有 2 个参数，第 1 参数指定要初始化的 IO 口；第 2 个参数设置 IO 口初始化的方式，有以下方式可选：上拉输入，下拉输入，高阻态，推挽输出，上拉输出，开漏输出。

4.1.7 USART驱动程序的设计与实现

在 MiCO 中提供了 MicoUartInitialize（ ）函数进行初始化串口，串口初始化完成后可通过 MicoUartSend（ ）函数从 USART 串口发送数据，通过 MicoUartRecv（ ）函数从 USART 串口接收数据，在接收数据时，为了方便用户遍历接收到的数据，系统也提供了 MicoUartGetLengthInBuffer（ ）函数获取从 USART 接口收到数据的长度。

4.1.8 LCD显示屏驱动程序的设计与实现

LCD 显示器的控制是通过 STM32F429 内设 LTDC 实现的，由于 MiCO 系统本身没有自带控制 LCD 显示的应用层接口，所以需要从底层实现 LCD 显示屏驱动，LCD 驱动的程序流程如图 6 所示。

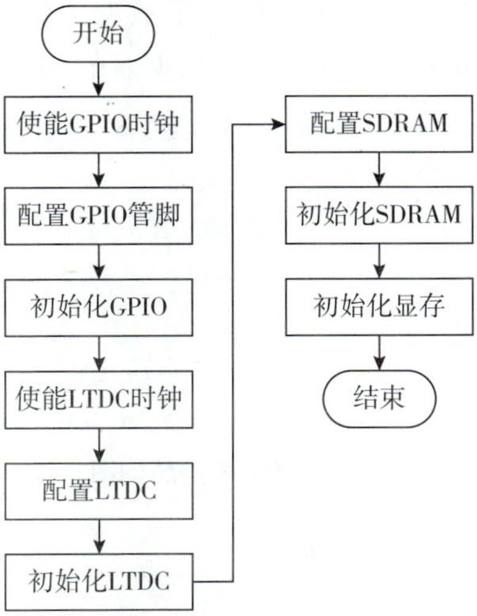

图 6 LCD 驱动程序流程图

LTDC 液晶控制器最高支持 800×600 分辨率的屏幕；可支持多种颜色格式；LTDC 液晶控制器控制屏幕显示时共分为 3 个层次，分别为 Background、Layer1 和 Layer2，其中 Background 层任何时候都有效，而 Layer1 和 Layer2 可以通过软件配置使能或禁止。这 3 层的空间叠加顺序如图 7 所示。在驱动 LCD 屏幕时，可以充分利用这 3 个层，灵活的控制 LCD 显示。

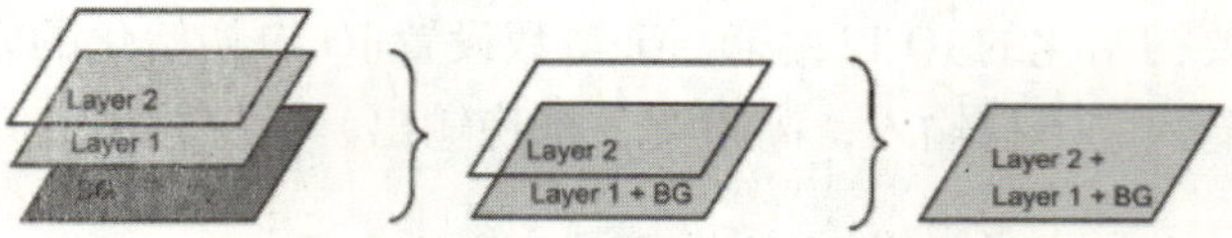

图 7　空间叠加顺序

4.2　服务端软件设计与实现

4.2.1　数据库的设计与实现

本系统的数据库管理模块使用 SQLite 语言实现，SQLite 使用标准 C 语言实现，对系统和外部库的支持要求不高，便于移植到嵌入式设备中。用 SQLite 管理数据库可以更高效地实现数据的管理、使用和维护。本系统的数据库管理模块分为增加、删除、更新功能。

本系统中需要保存的数据有 IC 卡的卡号、充值金额、余额等数据。在设计数据表的时候，除了包含以上字段，也增加了自增 id 为主键方便检索数据，增加了设备来源来辨别嵌入式客户端，增加了数据上传时间便于客户直观地查阅 IC 卡操作记录。数据表如图 8 所示，创建数据表的 SQL 代码如图 9 所示。

#	名字	类型	排序规则	属性	空	默认	额外	操作
1	id	int(11)			否	无	AUTO_INCREMENT	修改 删除
2	aqi	int(10)			否	无		修改 删除
3	pm25	float(10,1)			否	无		修改 删除
4	pm10	float(10,1)			否	无		修改 删除
5	temp	float(10,1)			否	无		修改 删除
6	hum	float(10,1)			否	无		修改 删除
7	co	int(10)			否	无		修改 删除
8	co2	int(10)			否	无		修改 删除
9	from_device	varchar(255)	utf8_general_ci		是	NULL		修改 删除
10	ctime	datetime			否	无		修改 删除

全选　选中项：浏览　修改　删除　主键　唯一　索引　空间

图 8　数据表的结构图

```
CREATE TABLE `data` (
  `id` int(11) NOT NULL AUTO_INCREMENT,
  `aqi` int(10) NOT NULL,
  `pm25` float(10,1) NOT NULL,
  `pm10` float(10,1) NOT NULL,
  `temp` float(10,1) NOT NULL,
  `hum` float(10,1) NOT NULL,
  `co` int(10) NOT NULL,
  `co2` int(10) NOT NULL,
  `from_device` varchar(255) DEFAULT NULL,
  `ctime` datetime NOT NULL,
  PRIMARY KEY (`id`)
) ENGINE=MyISAM  DEFAULT CHARSET=utf8;
```

图 9　创建数据表的 SQL 代码

4.2.2 PC服务端应用程序的设计与实现

服务端主要完成两个功能：一是保存嵌入式客户端上检测到的 IC 卡数据；二是根据电脑客户端用户操作查询数据库并返回数据，二者的主要操作都为操作数据库。为了便于对数据库的增删查改，服务端应用程序引入了 MysqliDb。MysqliDb 是一个开源的数据库操作库类，该类在进行数据库配置后可自动建立与数据库中字段相对应的映射模型，提高了开发效率，方便了对数据库的操作。服务端应用程序对数据库的主要操作为插入数据和查询数据，插入和查询数据库的代码如图 10 所示。

```
//向data数据表中插入数据
$db->insert ('data', $data);
//查询data数据表中前100条数据
$db->get ("data",100);
//查询data数据表中最新的1条数据
$db->get ("data",1);
```

图 10　数据库操作代码

PC 服务端应用程序的流程图如图 11 所示，首先进行数据库的配置，然后判断请求嵌入式客户端上传数据是否正确。若是上传数据正确，则将上传的数据保存到数据库中。

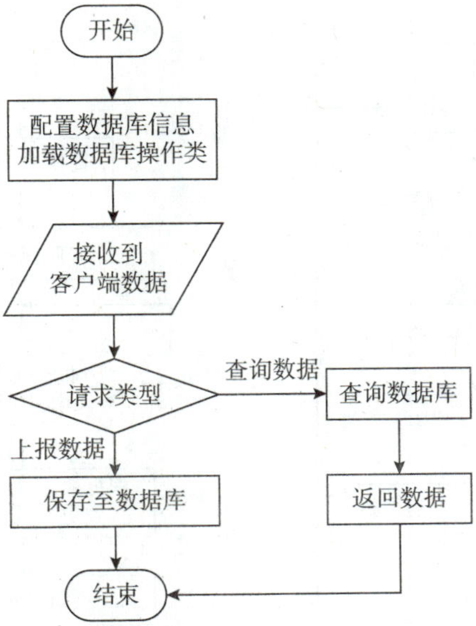

图 11　服务端应用程序流程图

4.3 软件模块选用

4.3.1 通信模块

本系统的通信模块采用 TCP/IP 协议进行与嵌入式的通信，TCP/IP 协议中文译名为传输控制协议 / 网际协议，又叫网络通信协议，这个协议是最基本的协议。本系统利用 TCP/IP 协议完成 STM32F429 与 PC 客户端的通信。程序执行时首先循环判断是否有客户进入到系统，当判断出有客户进入时，接收用户发送的数据并根据客户发送的数据提取 RFID 命令，根据 RFID 命令处理数据将结果发送到客户端，即为完成一次用户命令。TCP/IP 网络连接框图如图 12 所示。

4.3.2 计费显示模块

本系统计费显示功能模块主要负责计算费用和显示计费信息。程序的开始先查找数据记录并显示查找到的数据列表，如果判断已经接收到新的 RFID 命令，则执行 RFID 命令并更新数据库，将更新后的数据显示到界面中。计费显示模块程序框图如图 13 所示。

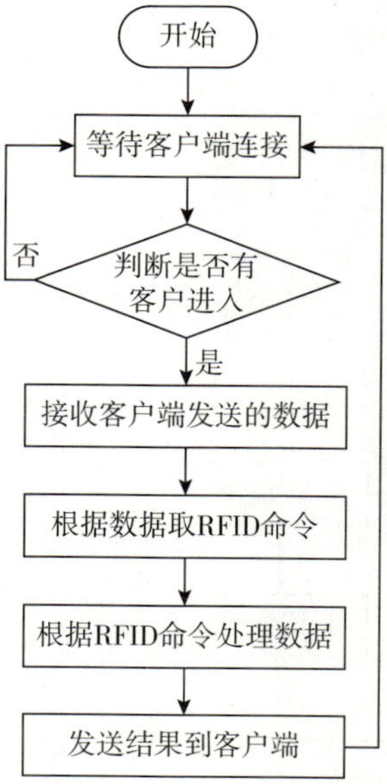

图 12　TCP/ZP 网络连接框图

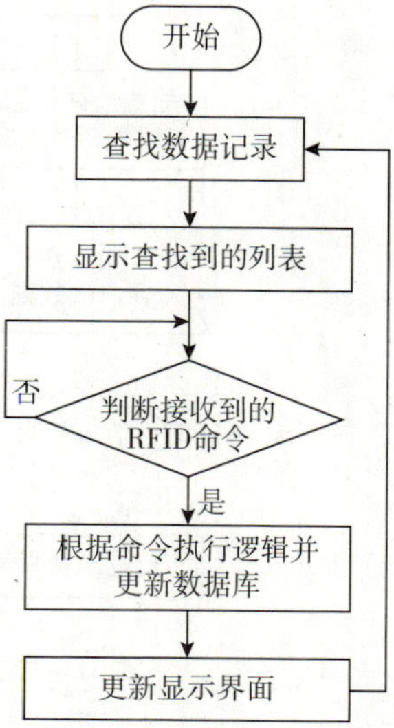

图 13　计费显示模块程序框图

5. 系统测试及结果分析

5.1 测试结果

本系统开机时系统会自动连接 WiFi 以实现与 PC 端软件的连接。图 14 为成功连接 WiFi 后的界面。首次刷卡时 PC 端软件系统会提示用户进行建卡操作，建卡时可设置姓名与充值金额，设置完成后点击“建卡”按键后完成建卡操作，建卡操作过程如图 15 所示。

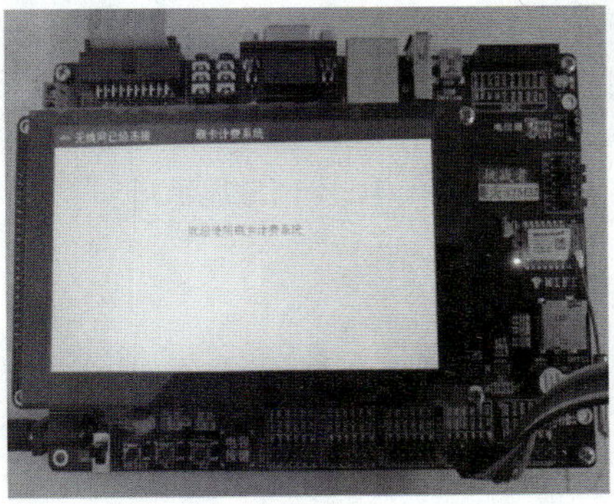

图 14 WiFi 成功连接图

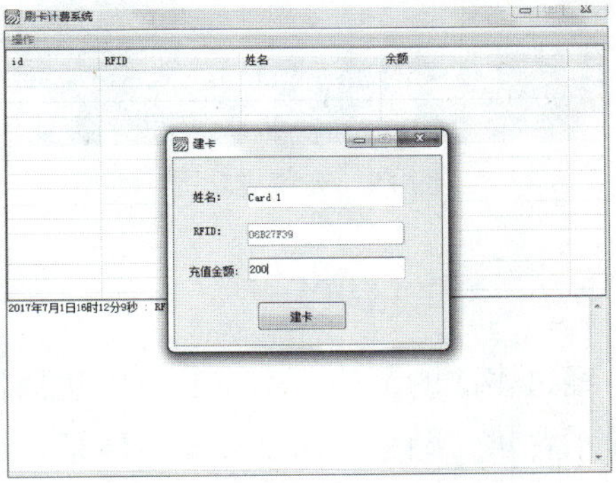

图 15 建卡操作过程

每张卡进行 1 次建卡操作即可，该系统断电后数据不丢失，再次上电后保留上次数据。如果需要充值 IC 卡信息，可以在 PC 软件端中点击右键，在显示内容中选中 IC 卡信息栏进行删卡操作。刷卡计时收费系统可以正式使用，第 1 次刷卡进入计费，下一次刷卡进行签出；PC 端软件下方可以显示用户当前已经进行过的操作，如图 16 所示。在 PC 端软件中点击右键，点击 IC 卡的信息可以选择再次为卡进行充值，充值的过程如图 17 所示，充值完成后在软件的下方会提示用户充值成功。

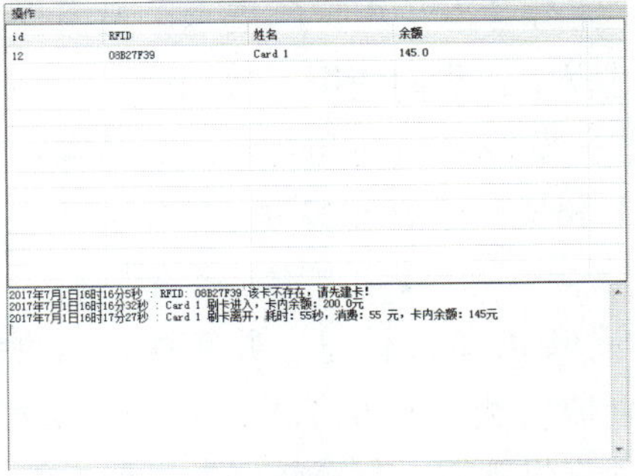

图 16 PC 端操作信息显示图

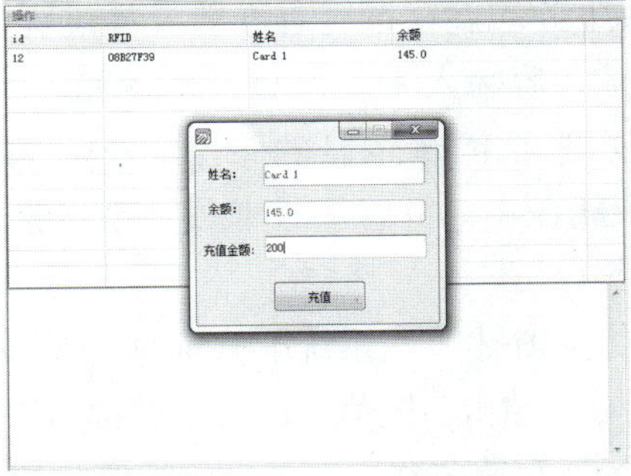

图 17 充值过程图

充值成功后硬件系统上的 LCD 屏幕上会显示当前 IC 卡里所拥有的余额，如图 18 所示。再次实现 IC 卡的签入签出功能并在 LCD 上显示当前 IC 卡的信息，如图 19 所示。

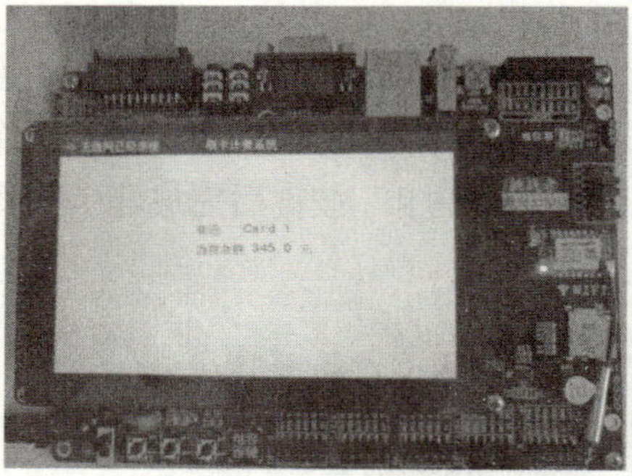

图 18　充值成功图

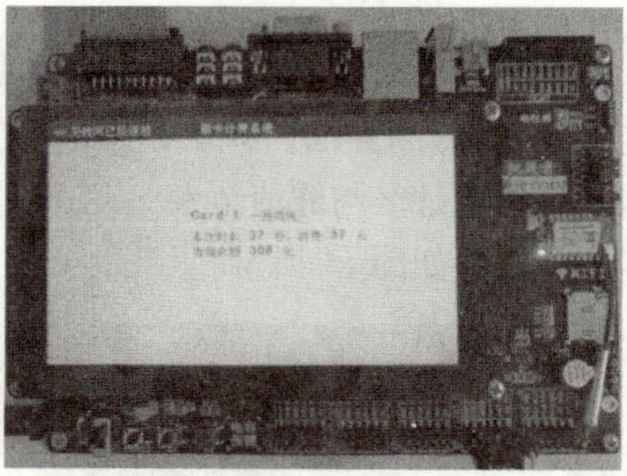

图 19　IC 卡信息显示图

5.2　测试结果分析

经过多次的测验，本设备可以达到目前市场上的使用要求。该系统可以正常地显示背景、颜色、汉字等基本信息，运行过程中屏幕上没有出现乱码、雪花等现象；能够正确迅速地读取 IC 卡的 ID，并在 PC 端上实现建卡、充值等操作。PC 端能够实时更新显示当前 IC 卡信息。总的来说各个功能都能正常实现，且各个系统能够稳定运行，可以满足基本的使用需求。

6. 结论

本课题通过查阅参考文献，设计出本系统的实现方案，较为完整地实现了一套基于 ARM-Cortex M4 的 IC 卡计时收费系统，涵盖了嵌入式 IC 卡检测输出端和 PC 机服务端。在系统方案的设计过程中，充分考虑了用户的需求，设备操作方便简洁，容易入手。在 PC 服务端的设计过程中，我们使用了数据库，简洁而高效地处理了 IC 卡信息的保存、处理等问题。发表普通期刊会议论文两篇：《基于 ARM Cortex-M4 的 IC 卡收费系统设计》和《基于 STM32 的 IC 卡计时计费器设计》。

综上所述，该系统能够准确、灵敏地读取 IC 卡的信息，并实现计时收费功能，PC 端建卡、充值功能方便快捷。该计时收时费系统可广泛应用于公共交通、停车场、高速公路、商场、网吧等一切移动支付领域，具有较好的发展潜能。

参考文献

[1] 刘火良，杨森 .STM32 库开发实战指南 [M]. 北京：机械工业出版社，2014.

[2] 简岩 . 嵌入式操作系统通用硬件抽象层设计研究 [D]. 贵州：贵州大学，2007.

[3] Philips. Design of RC500 matching circuits and antennas（Rev1.0）[EB/OL].（2007-12-13）[2006-07-25].

[4] 郭书军 . ARM Cortex-M3 系统设计与实现——STM32 基础篇 [M]. 北京: 电子工业出版社，2013.

[5] 谭浩强 .C 程序设计 [M]. 北京：清华大学出版社，2009.

FSC赛车转向系统设计与制造

北方工业大学：宋月琦　翟帅武　袁青硕　毛大勇　张　成

指导教师：刘　瑛　副教授

摘　要： 对转向系统的作用、基本构成、要求和总体性能进行了分析。同时根据赛车的空间布局的特殊需求，设计了合适的整体布置形式。进行了主要参数的计算与整理，例如：方向盘行程，角传动比等。用Solidworks软件对相关零件建模，完成了转向系统的零件制作和装配。

关键词： FSC赛车；转向系统；齿轮齿条转向器

1. 背景

中国大学生方程式汽车大赛（英文简称：FSC）是一项由中国国内的高等院校汽车相关专业的在校学生组织参加的方程式汽车设计制造以及综合性能比拼的比赛。FSC秉持“中国创造，擎动未来”的远大理想，在中国国内汽车工程高等教育背景，以及在汽车产业的现实基础情况下，对国外，例如：美国、德国、日本等工业大国在大学生方程式汽车大赛上的成功经验进行吸收与借鉴。通过这样一种方式与平台，促进中国与国际青年汽车工程师进行切实的交流，并以这样一种创新型的教育平台，为国家培养出一批真正有能力，有创新意识的未来汽车行业精英型人才与领跑者。而这样一种摆脱课本与课堂束缚的教育方式，也能更加切实地得到学生以及社会的认可。中国大学生方程式汽车大赛参照国际上多个国家的赛事规则，并不断加以修改，使规则更加适合国内的大赛。大赛规则要求：所有参加FSC的高校代表赛车队须在一年的设计周期之内，自行设计并且制造出一辆小型单座方程式赛车，并要求参赛的赛车在加速性能、制动性能、操纵稳定性能以及保障驾驶员安全等方面符合大赛的要求。所有高校代表车队均需要参加静态和动态总计 8 项比赛项目。静态赛包括营销报告、赛车设计、制造成本分析；动态赛包括直线加速、8 字绕桩、高速避障、耐久测试和燃油经济性。

1.1 汽车转向系统简介

转向系统是汽车不可或缺的一个重要组成部分，转向系统根据驾驶员的操纵驱使车辆按照驾驶员的意图进行既定方向的运动。与此同时，转向系统的操纵稳定性以及转向系统反应的灵敏性，也时刻关系着车辆行驶过程中的安全性。

1.2 FSC 规则中对转向系统的要求

①方向盘必须与前轮机械连接。前轮禁止使用线控转向及电控转向。②转向系统必须安装有效的转向限位块，以防止转向连杆结构反转（四杆机构在一个节点处发生反转）。限位块可安装在转向立柱或齿条上，并且必须防止轮胎在转向行驶时接触悬架、车身或车架部件。③转向系统的自由行程不得超过 7°（在方向盘上测量）。④方向盘必须通过快拆器安装在转向柱上，必须保证车手在正常驾驶坐姿并佩戴手套时可以操作快拆器。⑤允许后轮转向（可采用电控转向方式），但后轮的角位移需要被机械限位装置限制在最大 6° 范围内。在技术检查中，车手必须坐在赛车中演示，并且车队必须提供设备证明转向的角度范围。⑥方向盘轮廓必须为连续闭合的近圆形或近椭圆形。例如：方向盘的外轮廓可以有一些部分趋向直线，但不可以有内凹的部分。禁止使用 H 形、8 形或外轮廓有开口的方向盘。⑦方向盘在任何角度，其上端必须低于前环的上端，没有禁止拉线转向，但使用此设计时需提交一份附加文件。车队需要提交各种故障模式及其对应故障现象的分析报告，作为 SES 报告或 SRCF 的一部分。在这份报告中必须呈现数据分析由来，并提供转向系统能正常工作的证明，可能出现的失效形式和每种失效形式所带来的影响，以及车队所使用的避免失效的措施。组委会会检查这份报告，如果批准通过，会对车队进行相应的建议；如果不能通过，此车队则不能使用拉线转向。⑧转向器必须与车架机械连接。⑨连接方向盘和转向齿条的连接件必须通过机械连接，并且在技术检查中可见。不允许使用没有机械支撑的粘接方式，且该机械支撑必须被设计为能独立支撑转向系统功能的实现。

2. 转向系统设计

2.1 转向器结构方案及转向梯形布置方案确定

齿轮齿条式转向器有 4 种形式，主要根据输入齿轮位置和输出特点的不同进行区分，常见形式如图 1 所示：中间输入，两端输出（图 1 A）；侧面输入，两端输出（图 1 B）；侧面输入，中间输出（图 1 C）；侧面输入，一端输出（图 1 D）。

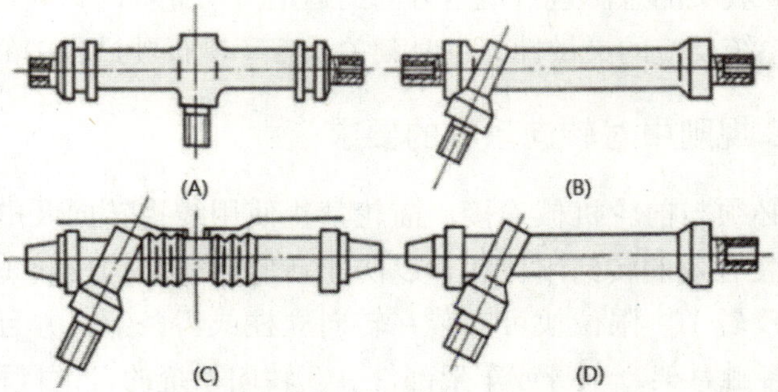

图 1　齿轮齿条式转向器常见形式

考虑赛车为单座，车手位于车架左右的正中央，方向盘与转向柱也应布置在左右两侧正中央。故采用图 1（A）的中间输入，两端输出形式。

转向梯形有图 2 的 4 种布置形式转向器位于前轴后方、后置梯形（图 2 A）；转向器位于前轴后方、前置梯形（图 2 B）；转向器位于前轴前方、后置梯形（图 2C）；转向器位于前轴前方、前置梯形（图 2 D）。

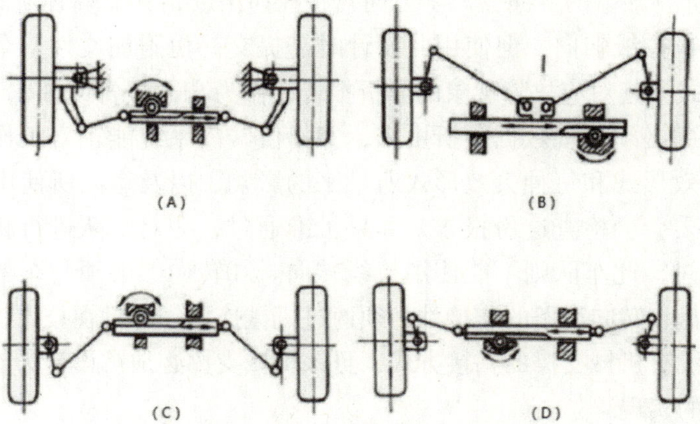

图 2　转向梯形布置形式

分析 4 种转向梯形布置形式，图 2（A）（B）中转向机位于前轴后方会导致与方向盘纵向距离变近，转向机输入轴与方向盘轴线角度过大，如使用一个万向节会超过万向节的角度范围而必须串联两个万向节来使用，这样不仅增加了重量，也会导致转向系统自由行程的增加。图 2（C）中布置方式会使转向机与转向立柱承担额外的纵向受力，同时转向拉杆在运动过程中会与车壳产生干涉。图 2（D）方案满足各项要求，故选用（D）方案。

2.2 与转向系统有关的整车基本参数确定

轴距 L=1540mm，轮距 B=1200，轮辋 10in，主销偏置距 a=10mm，赛道最小转弯半径 R=3800mm，方向盘总行程 220° 。

2.3 转向器参数计算

2.3.1 转向轮转角

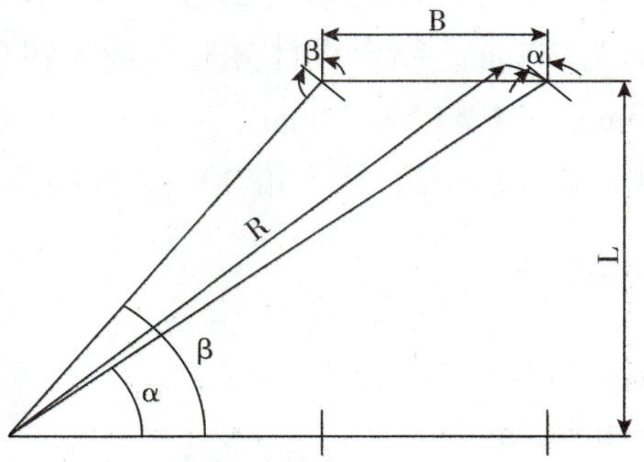

图 3 车轮理论转角关系

$$\alpha = \arcsin\left(\frac{L}{R-a}\right) = \arcsin\left(\frac{1540}{3800-10}\right) = 23.9746°$$

考虑赛车实际转向中会有推头现象，故外轮转向角应适当加大，取 26° 。

2.3.2 角传动比计算

方向盘转角 220° 角传动比 i_w=110/26=4.23。取用角传动比 4.2/1。

2.3.3 转向立柱节臂长度确定

转向节臂不可过小，否则会导致转向横拉杆受力加大，转向系统自由行程也会加大；同样不可过大而导致转向时节臂与轮辋发生干涉。轮辋内径为 242mm，故转向节臂初定选定 70mm 并使用 solidworks 建模检查干涉。

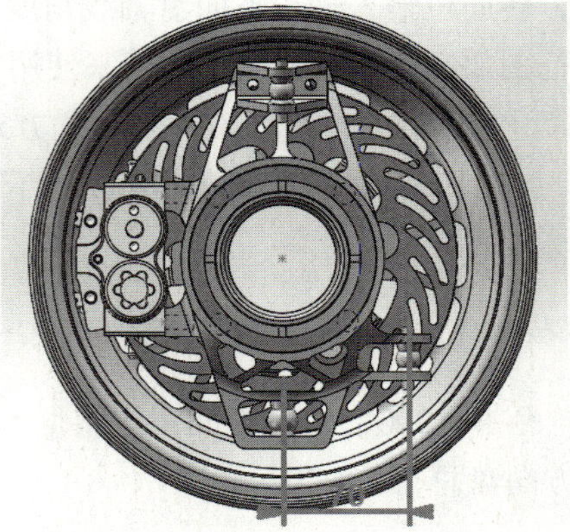

图 4　转向节臂

2.3.4　转向机齿轮设计

根据建模测量得出当外侧车轮偏转角为 26.5°，转向节臂为 70mm 时，转向机齿条偏离中心的距离为 30mm，结合设计方向盘最大转角为 220°，转向机齿轮分度圆直径应为 31.3mm，取整定为 30mm。

初定齿轮齿数 Z=15，模数 m=2，压力角 20°，变位系数 0.3，齿宽 20mm。

2.3.5　转向机齿条设计

齿条与齿轮啮合模数 m=2。

齿条齿距 p=π x m=6.283mm

齿条齿数 z=L/p=9.54，有效齿数 10 齿，为避免干涉，齿数定为 14 齿。

2.3.6　齿轮啮合间隙调整机构

转向机前盖与后盖开长孔如图 5 所示。

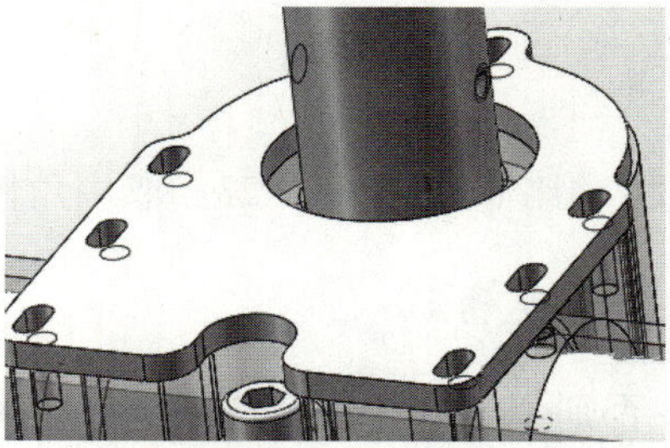

图 5　转向机前盖

为防止齿轮齿条传动中的径向力使转向齿条组合体变形而导致中心距变化，故使用螺栓顶紧机构。大螺栓穿轴承，轴承顶在齿条背面，两组小螺栓调节轴承位置，如图 6 所示。

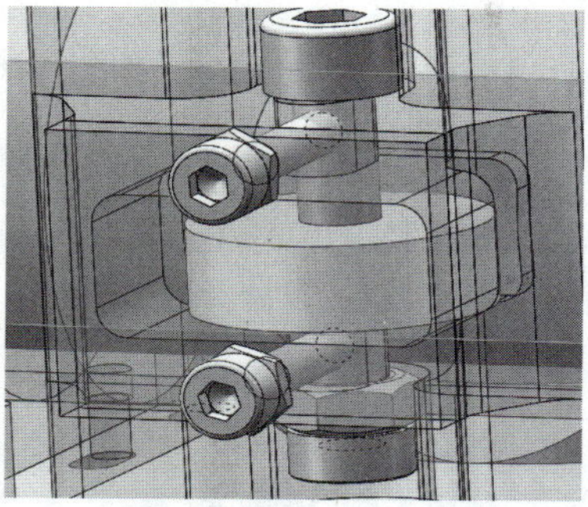

图 6　顶紧机构

2.3.7　转向机轴承选择

首先，根据承载能力进行考虑。在选用轴承过程中，主要的根据条件为：轴承所受载荷的大小、轴承所受载荷的方向以及轴承所受载荷的性质，但是，与此同时还要考虑到轴的极限转速。倘若轴的转速较高，而轴承所受的载荷较小，即所要求的旋转精度比较高时，通常选用的是球轴承；倘若轴的转速较低，而轴承所受的载荷较大，或者运动过程存在冲击载荷时，通常选用的是滚子轴承。当轴承所受的载荷是以径向载荷为主要载荷时，优先选用深沟球轴承；当径向载荷较大时，可选用圆柱滚子轴承。然而，当轴承只承受轴向力时可选用推力球轴承；同时受径向载荷与轴向载荷的作用，可选用角接触球轴承和圆锥滚子轴承等。

其次，需要考虑的是轴承的调心性。当两个轴承座孔在空间分布处于不同轴线之上，或者轴承承载之后变形较大，即轴承内、外圈会发生相对偏斜时，则应选用调心轴承。

再而，需要考虑的是轴承在安装与拆卸方面的频率，换言之，即考虑轴承安装与拆卸的方便性，装拆频率较高的轴承应当尽量选用分离型轴承。

最后，考虑的是所选用轴承的经济性，一般球轴承比滚子轴承价廉。对于轴承精度的选择必须慎重，在一般的机械传动中，通常取用普通精度等级的轴承即可；但是对于高速轴，特别是那些对于旋转精度有严格要求的高速轴，则是优先选用高精度等级的轴承。

综合以上所考虑到的因素，最终决定选用深沟球轴承。

结合空间限制选择 6804 轴承，内径 20mm，外径 32mm，厚度 7mm。

3. 使用 solidworks 进行建模与装配

3.1 转向器三维建模及装配

根据之前确定的转向机齿轮及齿条建模。如图 7、图 8 所示。

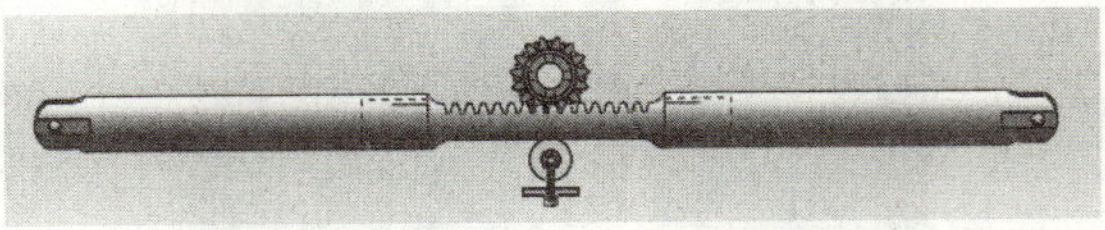

图 7 齿轮齿条

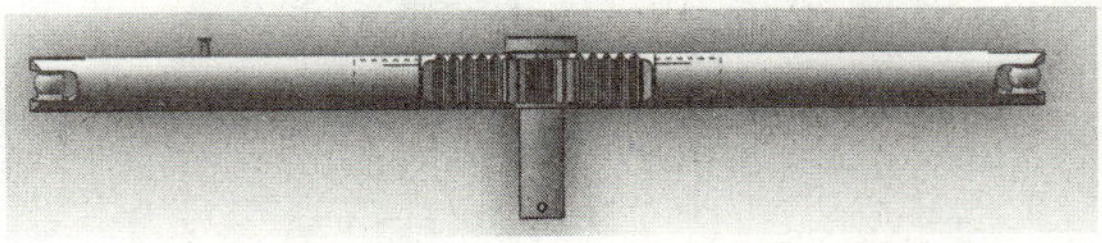

图 8 正视图

考虑细长轴难以加工，故将齿条拆分为三部分使用螺纹连接，同时改为中空以减轻质量。如图 9 所示。

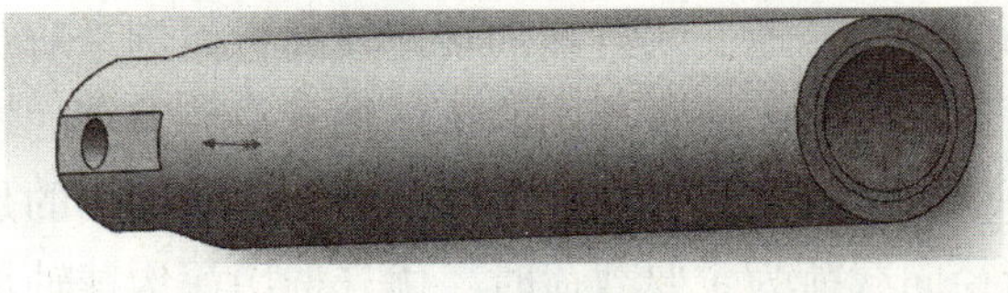

图 9 齿条连杆

设计转向机壳体，将壳体分为三部分以便于加工及调整啮合间隙，如图 10 所示。

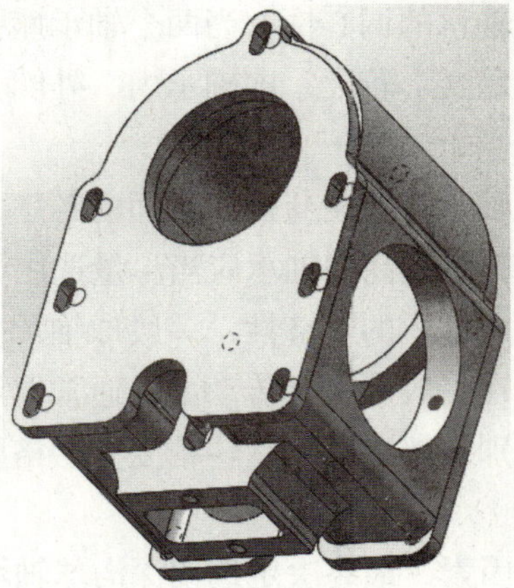

图 10 转向机壳体

转向机齿条导管使用碳管以减轻质量，碳管与转向机壳体使用螺栓定位并用3M-DP460 结构胶进行粘接，如图 11 所示。

转向机齿条与套管间使用石墨复合衬套润滑，如图 12 所示。

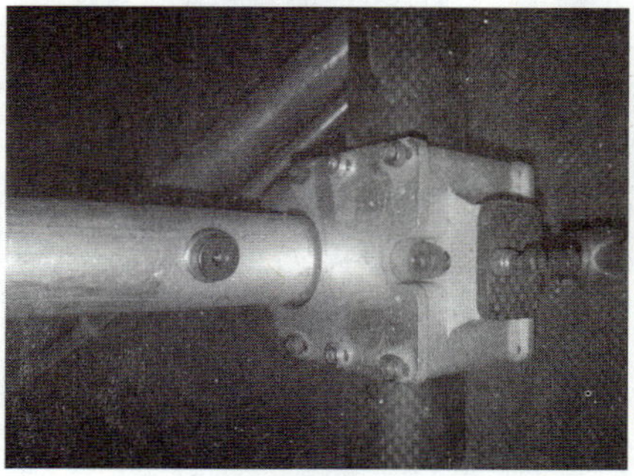

图 11 壳体与导管连接

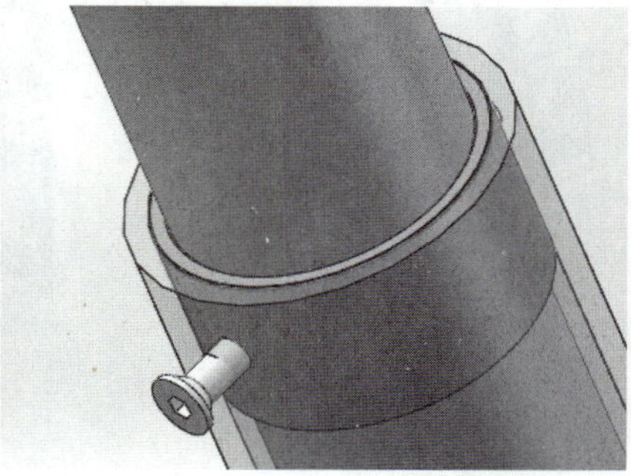

图 12 石墨复合衬套

3.2 万向节三维建模及装配

因为成品万向节为钢制质量较大且不方便与转向柱、快拆器进行连接，所以自行设计制造万向节。万向节左端连接快拆器法兰，右端与转向柱连接。如图 13 所示。

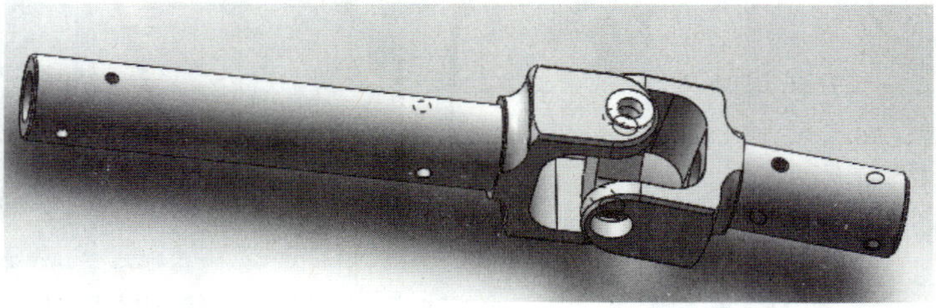

图 13 万向节

3.3 方向盘快拆器

规则要求方向盘必须可以拆卸以满足 5 秒逃生要求。快拆器为成品修改而来，在快拆器中间加入了航空插头以完成换挡拨片开关、离合器电位器与车身上的单片机连接。如图 14、图 15 所示。

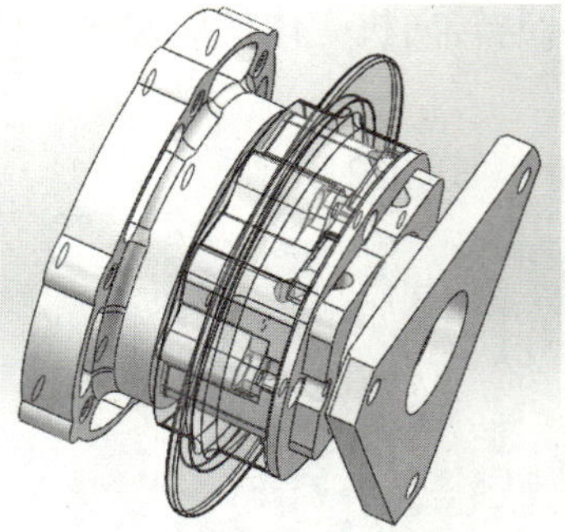

图 14 快拆装配图

图 15 快拆实物图

3.4 将转向机、转向柱、万向节总装

总装图如 16 所示。

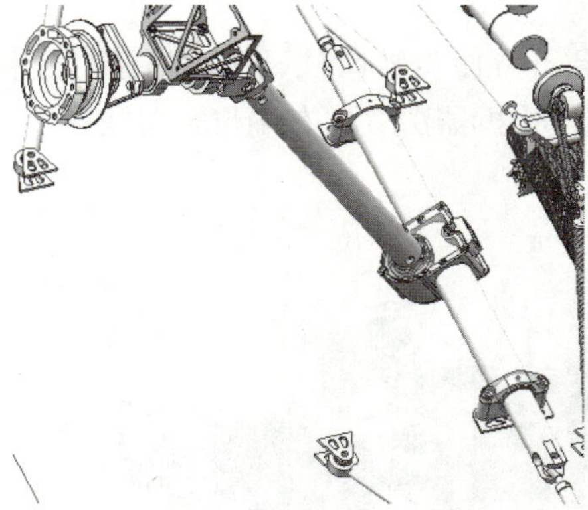

图 16 总装图

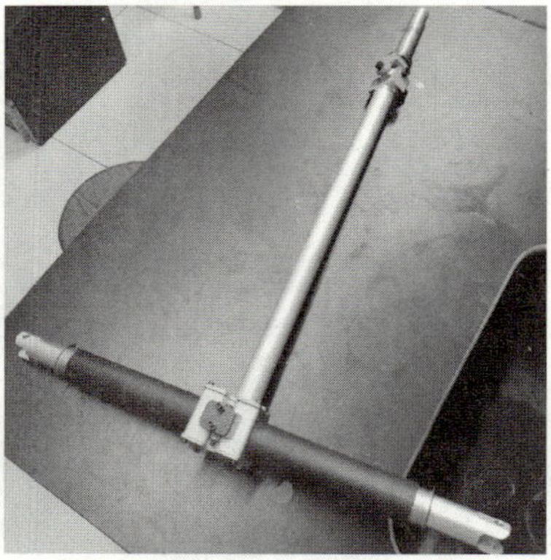

图 17 转向机实物图

图 18 装车后实物图

图 19 整车实物图

4. 转向梯形设计

4.1　转向梯形机构概述

当汽车前轮转向时，转向传动机构的设计将会决定车轮是保持平行还是一个轮比另一轮转过更多的角度。左右轮转向的角度差不应该被车轮前束值混淆，前束值是静态调整时的值，是在阿克曼几何效应的基础上增减的。

对于横向加速度较小的车（街车），一般使用阿克曼几何关系。正如图 20 左图所示，这个几何关系保证了所有轮子在没有滑动的情况下自由滚动，因为所有轮子只有一个滚动中心。需注意的是，在低速时所有车轮的转弯半径都不同，前内侧轮必须比前外轮转过更大的角度。一个合理的近似几何关系可见图 21。

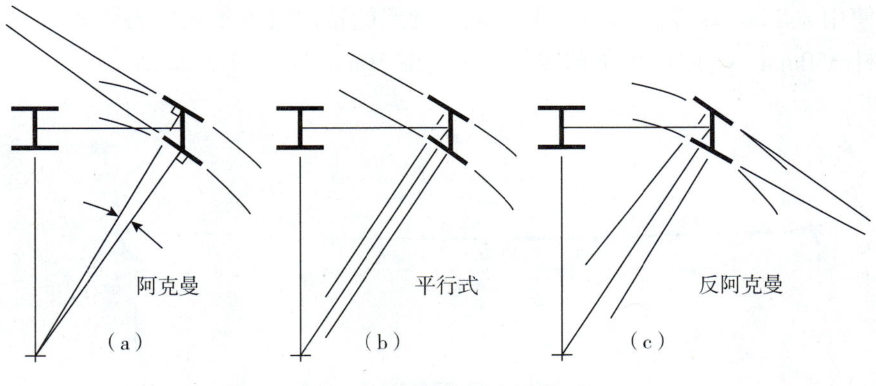

图 20　不同转向阿克曼关系

根据 Ref.99 中 Rudolf 所说，阿克曼在 1817 年获得双枢轴转向系统的专利，1878 年，Charles Jeantaud 又提出了上段中的概念，消除了转向时车轮的滑动。Maurice Olley 提出了阿克曼转向几何关系的推导，以使车轮免于镦粗平滑的砾石车道。

在高侧向加速度下要对这个几何模型做明显的修改。实际轮胎都会有一个侧偏角，内侧轮的载荷也要比外侧轮小。回顾轮胎性能曲线可以看出负载较轻的时候获得峰值侧向力所需的侧偏角较小。使用低速几何结构（阿克曼关系），前内侧轮会被迫超过对应最大侧向力时的侧偏角，这样，拖动内轮会使轮胎升温并降低车速。对于赛车来说，通常使用平行转向甚至反阿克曼结构，如图 20 中（b）（c）所示。如果知道轮胎参数，通常可以计算出正确的反阿克曼量。

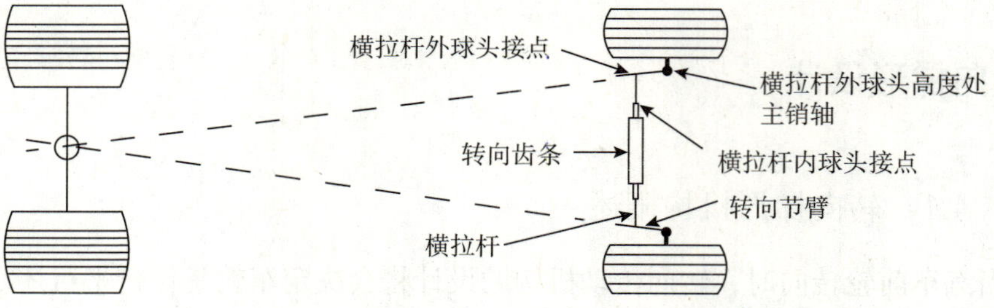

图 21　低速几何结构

4.2　确定转向梯形及齿条，横拉杆长度

参考4.1中《Race Car Vehicle Dynamics》赛车动力学中对赛车转向梯形的阐述，选择了轻微的反阿克曼结构。这样设计会导致低速转弯时滚动阻力加大，实际做出车来也有体会，推着车转弯比较沉。

使用 solidworks 草图进行实验，最终确定的转向机齿条长度为 428mm，转向横拉杆 350mm，转向机齿条轴线位于前轴前 50mm 处。如图 22 所示。

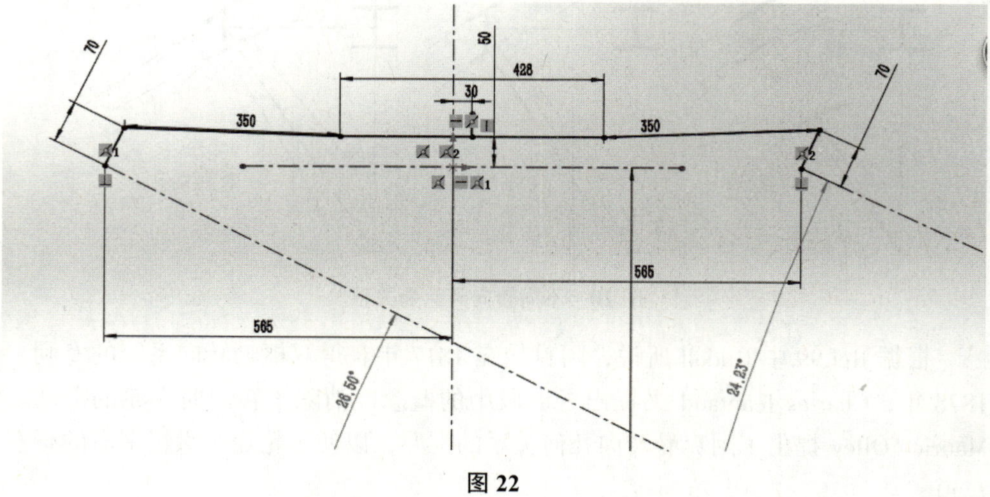

图 22

5. 结论

本论文描述了 FSC 赛车转向系统的理论设计，建模装配主要完成的工作内容及结论：①确定了转向系统基本参数。②完成了转向机齿轮齿条，壳体，导管

等的建模与制作。创新点：①高集成度的万向节。②碳管轻量化齿条导管。③啮合间隙可调。④方向盘快拆器集成航空插头，可以在安装方向盘的同时接通电路。不足：①没有精确计算齿轮接触疲劳强度。②没有参数化计算转向梯形。

参考文献

[1] 李理光 . 中国大学生方程式汽车大赛规则 [M]. 北京：中国汽车工程协会，2017.

[2] 余志生 . 汽车理论（第五版）[M]. 北京：机械工业出版社，2009.

[3] Milliken，William F. Milliken，Douglas L .Race Car Vehicle Dynamics[M].Commonwealth of Pennsylvania：Society of Automotive Engineers，Inc.，1995.

仿人机器人设计与研究

北方工业大学：尹洪佩　赵晶晶　韩利华　张亚亮
指导教师：高德文　高级实验师

摘　要：仿人机器人研究一直都是机器人研究领域最活跃的研究热点，运动控制和自主识别系统作为机器人研究的核心内容，直接决定了机器人性能的优劣。本文介绍了仿人机器人设计课题的研究内容，包括运动学建模和步态规划，动作调试，并集成感知系统，最终实现自主识别并沿指定轨迹行走的功能。

关键词：双足机器人；机器视觉；步态规划；舵机

1. 绪论

1.1　选题背景

机器人是近年来发展起来的综合学科，它集电子、传感器、机械、材料、仿生、计算机等多门学科于一体，代表机电一体化最高成就。仿人机器人具有灵活的行走系统，以便随时走到需要的地方，包括一些对普通人来说不易到达的地方和角落，完成人或智能系统预先设置指定的工作。自然界的事实、仿生学以及力学分析表明，仿人机器人与轮式、履带式机器人相比有许多突出的优点和它们无法比拟的优越性。

在目前的基础上研究，对机器人进行步态规划和安装自主识别系统，对机器人的运动学及控制原理的研究提供了一个非常理想的实验平台。

仿人机器人的研究具有十分重大的科研意义，可以推动类人人工智能、计算机仿生学、人机工程学等相关科学的发展。

1.2 机器人的设计要求

场地示意图如图 1 所示。地面为绿色地毯，跑道由两个封闭白圈围成（图中为黑色线圈，跑道为其内部，内圈长 19m），跑道线与终点线都用机器人自主系统来识别。

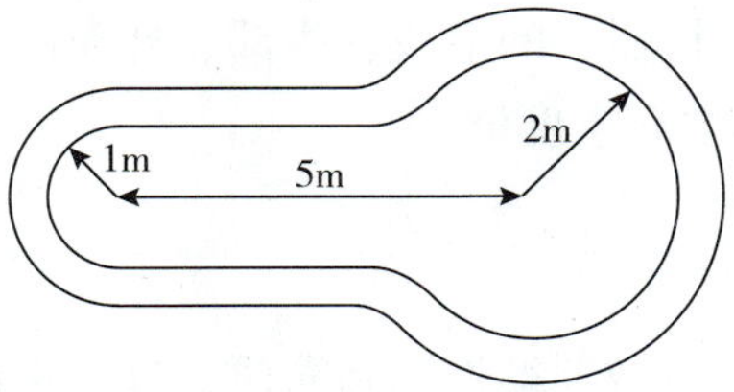

图 1 场地示意图

机器人从起点到终点沿着跑道逆时针跑完全程。跑道线与终点线都用机器人自主系统来识别。在跑道的不同位置设有 3 个起点，可以从任意起始点开始。要求机器人可以在 10 分钟之内走完全程。中途机器人不会出现故障、摔倒和超出跑到线的现象。

1.3 设计基本构想

通过调整各个关节之间的角度实现机器人腿部的动作变化，利用动力学原理，将一个个零散的动作化为整体实现机器人腿部向前走的功能。在实现了行走功能的基础上通过计算，掌握好最佳角度及动作姿态，使机器人能够走得快速而稳定。

机器人上安装了感知系统，能够自主识别功能从而反馈给机体进行指令，使机体做出下一步执行程序的选择。外观按照类人要求，整体配合做出上肢和头部，在不影响功能的情况下，设计简洁美观。外观的设计和功能的配合，设计将主机、传感器等核心系统整体化。完成最后的仿人机器人的制作与调试。

2. 机械设计方案

2.1 机械结构的设计

要使机器人平稳地走，首先要设计好机械结构。在设计与调整过程中不仅要对每一个部件要求其精确尺寸，还要把握其各个关节的整体协调度。质量过大会导致机械相应速度慢，质量过轻则易发生变形扭曲。如果选择铝合金材料，则不易生锈——铝板氧化慢，而且加强了机械本身的硬度，更减轻了质量；根据不同的需求设计不同的组合，后续使用成本低廉，维护方便的特点。因此机器人腿部支架采用铝合金材质，

机器人的一切硬件结构都要围绕着能让机器人更快、更稳地行走进行。机器人需要有严格的对称结构，保证其重心在机器人的对称轴上，并保证机器人的重心尽可能地降低。因此，机器人的上肢、头部、外壳以及控制元件的安装支架均采用 3D 打印制作，打印填充密度低。

2.2 机器人关节点的设计

对于关节点的设计，应做到编程控制简便，具有定位准确、精度高、结构简单、灵活的特点 。为了适应机器人轻巧的要求，选择使用具备良好性能的 SR-3109MG 数字舵机。转动角度范围为 180° ～ 270° ；采用 MCU 控制，通过采样外部控制信号和内部电位器角度信号；采用 PID 算法，事实控制舵机角度的动态定位，响应快速、精度高、力矩大、与控制协议严格一致。

图 2 SR-3109MG 数字舵机

3. 控制部分设计方案

3.1 机器人感知系统

3.1.1 感知系统的选取

考虑到机器人需要完成颜色识别和沿指定路径行走的任务，感知系统应具备图像识别和数据通信的功能，选用 OpenMV3 Cam7 摄像头作为感知系统。

OpenMV是一个开源,低成本,功能强大的机器视觉模块。以STM32F427CPU为核心，集成了OV7725摄像头芯片，在小巧的硬件模块上，高效地实现了核心机器视觉算法，提供Python编程接口。OpenMV上的机器视觉算法包括寻找色块、人脸检测、眼球跟踪、边缘检测、标志跟踪等，可以用来实现非法入侵检测、产品的残次品筛选、跟踪固定的标记物等，仅需要写一些简单的Python代码，即可轻松地完成各种机器视觉相关的任务。

图3　机器人摄像头

3.1.2　端口及功能介绍

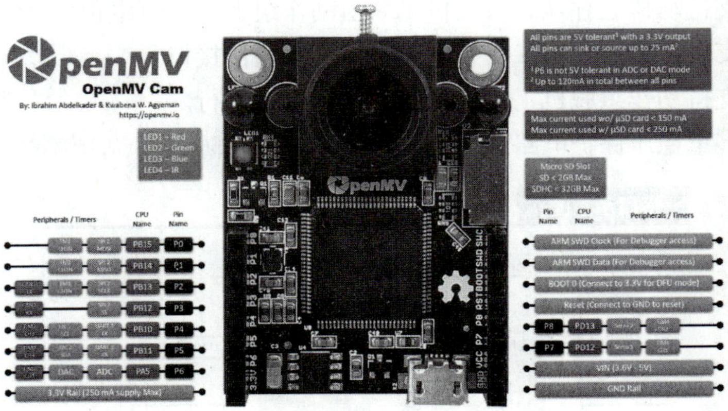

图4　引脚参考图

OpenMV摄像头的具体功能如下：

（1）STM32F765VI ARM Cortex M7 处理器，216 MHz，512KB RAM，2 MB flash，所有的I/O引脚输出3.3V并且5V兼容。

（2）全速USB（12Mbs）接口，连接到电脑。当插入OpenMV摄像头后，电脑会出现一个虚拟 COM 端口和一个“U 盘”。

（3）SD 卡槽拥有 100Mbs 的读写速度，这允许 OpenMV 摄像头录制视频，把机器视觉的素材从 SD 卡提取出来。

（4）一个 SPI 总线高达 54Mbs 速度，允许把图像流数据传给 LCD 扩展板、WiFi 扩展板，或者其他控制器。

（5）一个 I2C 总线、CAN 总线和一个异步串口总线（TX/RX），用来连接其他控制器或者传感器。

（6）一个 12-bit ADC 和一个 12-bit DAC。

（7）3 个 I/O 引脚用于舵机控制。

（8）所有的 IO 口都可以用于中断和 PWM（板子上有 10 个 I/O 引脚）。

（9）一个 RGB LED（三色），两个高亮的 850nm IR LED（红外）。

（10）OV7725 感光元件在 80 FPS 下可以处理 640*480 8-bit 灰度图或者 320*240 16-bit RGB565 彩色图像。

OpenMV 在本项目中主要应用到的功能为：色块追踪、串口通信。

3.2 机器人驱动系统

驱动系统采用 16 路舵机控制器，如图 5 所示，具备如下功能特点：

（1）配套上位机调试软件，图形化调试界面（将在 4.3 中介绍）。

（2）支持动作组存储，可提供 128 组动作组下载，每组包含 256 个动作。

（3）支持外接单片机二次开发，预留串口通信接口。

（4）支持动作组脱机工作，上电动作组自动运行。

（5）多重稳压保护电路设计，信号隔离防护，防过流，防浪涌。

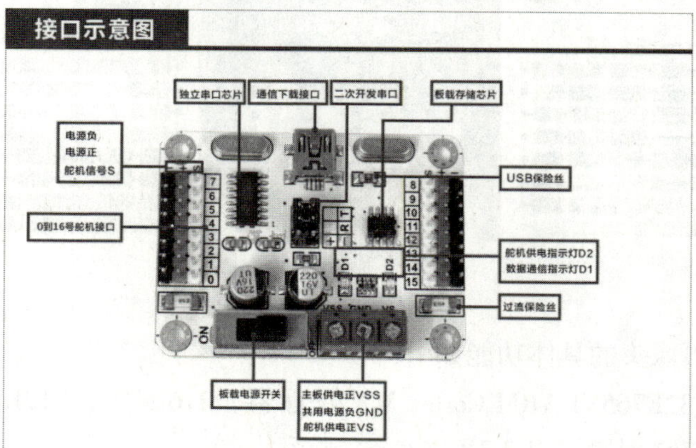

图 5 16 路舵机控制板

4. 步态规划以及动作调试

4.1 人的步行分析

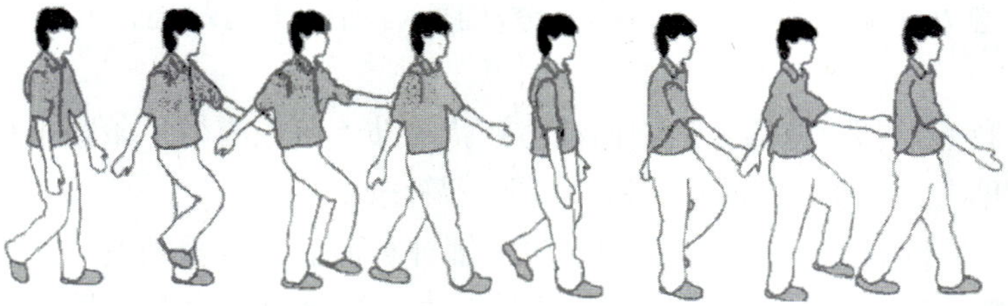

ⓐ ⓑ ⓒ ⓓ ⓔ ⓕ ⓖ ⓗ

图 6 人步行姿态的连续静止画像

仔细观察图 6，分析人的双足步行情况：

分析 1：步行是右脚向前迈出后，左脚再向前迈出的重复进行（ⓐ—ⓗ）。

分析 2：右脚向前迈出时，上提右脚。（ⓑ、ⓒ），左脚向前迈出时，上提左脚（ⓕ、ⓖ）。

分析 3：右脚向前迈出时，只用左脚支撑身体（ⓑ、ⓒ）；左脚向前迈出时，只用右脚支撑身体（ⓕ、ⓖ）。

分析 4：右脚迈向前方的同时，左脚留在后方（ⓒ、ⓓ）；左脚迈向前方的同时，右脚留在后方（ⓖ、ⓗ）。

在了解了人双足步行的情况后，我们可以知道，要实现双足机器人的平稳行走，有两个关键问题必须要处理好，即重心控制和步态流畅。

为了能够控制重心，实现静态行走，我们还是参考一下人的动作。实际上，把单只脚抬起步行的状态只是连续步行动作中的一部分，是整个身体将重力和惯性巧妙地控制住的。要实现这种状态，需要很多的舵机和复杂的控制结果。为了降低难度，我们把一只脚抬起作为了单独的动作去考虑。

图 7

图 7 的上提式是把上身往左侧倾斜后取得平衡的。可以看出通过把重心往左脚上移动而取得身体平衡。本论文中使用的方法是图 7 中的，也就是：当抬起一只脚时，上身向相反方向移动，使身体倾斜；在机器人重心的正下方，如果着地的一只脚在支撑区内（机器人的整个脚底板），双脚就在步行。

4.2 机器人行走步态设计

完整的双足机器人步行过程一般包括 3 个阶段：

（1）起步阶段。这个阶段是由起始的双腿立正静止状态，到行走状态，其中一条腿向前方跨出了半步的距离，而髋部的速度也由零上升到恒定值。

（2）整步阶段。机器人的双腿交替向前迈出一步的距离，此时保持髋部的速度不变。

（3）落步阶段。机器人后腿向前方迈出半步，落在与另一条腿平行的位置，髋部的速度减少到 0，从而恢复到双腿平行静止的状态。

借鉴一种将双足机器人步行周期先解耦计算而后合成规划的方法，并结合几何约束规划和 ZMP 理论，针对双足机器人建立简化数学模型，最终实现双足机器人稳定行走。由相关文献可知，双足机器人在步行运动中前向与侧向各关节运动之间的耦合很小，本文也忽略这一耦合的影响，从而将双足机器人的三维步态解耦为前向平面步态，并分别简化为连杆模型。

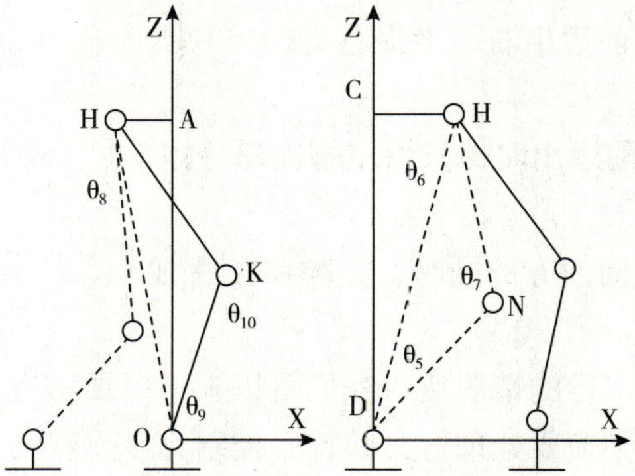

图 8

将前向运动分解为躯干相对于支撑腿的摆动和摆动腿相对于躯干的摆动。以右腿为支撑腿，左腿摆动为例，简化为如图 8 所示的前向步态模型。H 点为髋关节中心，假设 H 点速度已知为 v，步长为 s；H 点距离支撑脚踝关节中心高度为 h，即 OA =h；步行周期为 T。则 H 点轨迹方程为：

$$x = vt - s/2 \quad (0 \leqslant t \leqslant T/2) \tag{1}$$

当时间 t 取某一特定值时，H A 的值即已知，同时可得：

$$\mathrm{OH} = \sqrt{h^2 + HA^2} \tag{2}$$

在三角形 OHK 中，HK 是大腿连杆的长度，OK 是小腿连杆的长度。

$$\angle \mathrm{HOK} = \arccos\left(\frac{OH^2 + OK^2 - HK^2}{2 \times OH \times OC}\right) \tag{3}$$

同理可求出∠OHK 和∠OKH。

在直角三角形 OHA 中，3 个边长已知。

$$\angle \mathrm{HOA} = \arcsin\left(\frac{HA}{OH}\right) \tag{4}$$

$$\angle \mathrm{OHA} = \arcsin\left(\frac{OA}{OH}\right) \tag{5}$$

$$\theta_9 = \angle \mathrm{HOA} - \angle \mathrm{HOK} \tag{6}$$

$$\theta_{10} = 180° - \angle \mathrm{HKO} \tag{7}$$

$$\theta_8 = \angle \mathrm{OHK} - \angle \mathrm{HOA} \tag{8}$$

因此有：

$$\theta_8 + \theta_9 + \theta_{10} = 0 \tag{9}$$

由上得到支撑腿的 3 个关节的相对角度。D 点为摆动腿踝关节中心，摆动腿的轨迹可通过仿生学知识得到。考虑到摆动腿落地时和地面会发生冲击碰撞，为简化计算起见，假设摆动腿轨迹为：

$$z = b\sin\frac{\pi vt}{s} \quad (0 \leqslant t \leqslant T/2) \tag{10}$$

b 为摆动腿抬起时踝关节中心距离地面的最大高度，当时间 t 取某一值时，即可得到 HC=HA。

$$\mathrm{DC} = h - b\sin\frac{\pi vt}{s} \tag{11}$$

在直角三角形 DCH 中，已知 HC 和 HD，则 HD 的长度可以求出。

$$\angle \mathrm{CDH} = \arcsin\left(\frac{HC}{HD}\right) \tag{12}$$

$$\angle \mathrm{CHD} = \arcsin\left(\frac{CD}{HD}\right) \tag{13}$$

在三角形 DHN 中，HN 是大腿连杆的长度，ND 是小腿连杆的长度。

$$\angle \mathrm{HDN} = \arccos\left(\frac{HD^2 + DN^2 - HN^2}{2 + HD + DN}\right) \tag{14}$$

同理可求出∠DHN 和∠CNH。

$$\theta_5 = \angle HOA - \angle HOK \tag{15}$$

$$\theta_6 = 180° - \angle HKO \tag{16}$$

$$\theta_7 = \angle OHK - \angle HOA \tag{17}$$

$$\theta_8 + \theta_9 + \theta_{10} = 0 \tag{18}$$

从而摆动腿的 3 个关节的相对转动角度就可以得到。同理可以求出以左腿支撑、右腿摆动的 6 个关节的相对角度。

在 Matlab 环境中编写调用上述相应的算法，输入以下参数：步幅 s、摆动角上摆摆幅 b、髋关节与脚踝前向关节垂直高度 h 和步行速度 v，即可得到每个关节机器人行走时，每个关节转动的角度。

4.3 机器人动作调试

4.3.1 动作调试软件介绍

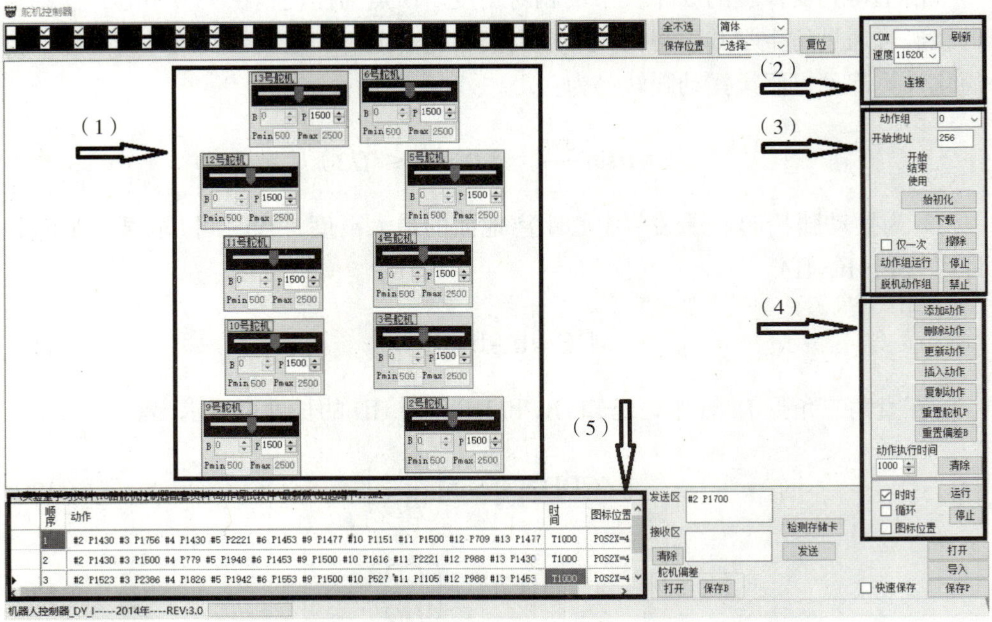

图 9 动作调试软件界面

如图所示，对动作调试软件主要组成部分和常用功能的介绍如下：

（1）舵机操作窗口：指示条可随意拖动，B 表示舵机偏差（默认为 0），即

舵机的相对位置 范围为 -100 ~ 100，P 表示舵机位置（默认为中位 1500）范围为 500 ~ 2500。

（2）COM 口选择端：默认通讯速度为高速模式 115200，特殊情况下使用低速模式 9600。

（3）动作组调试窗口。

（4）动作组运行窗口：

初始化：上位机软件初始化，表示从开始地址 256 号位置开始写动作，只是对软件操作，而不改变已经下载到主板上的动作。

擦除：对下载到主板上的动作组做清空操作。

运行动作组：运行已经下载到主板上的动作组。

停止：停止运行动作组。

脱机动作组：运行已经下载到主板上的动作组，并且下次开机直接执行该动作组。

禁用：禁用脱机动作组功能。

（5）舵机速度状态数据显示：# 表示几号舵机 ；P 表示舵机的位置； T 表示舵机运行到该位置的时间。

4.3.2 调试过程

根据 4.2 中的计算可得出机器人在起步阶段、整步阶段和落步阶段每个关节转动的角度，由此可计算出机器人每个关节舵机的位置（500 ~ 2500）；拖动舵机操作窗口的指示条，调整机器人的姿态，保存动作。将机器人的起步、整步和落步阶段保存成一个动作组，该动作组就是一个完整的直走动作。

由于机器人需要完成转向行走的动作，因此在计算时可输入不同的步幅，分别得到迈出左脚和迈出右脚时，每个阶段不同的舵机位置。

在实际调试过程中，不同的输入参数会得到不同的计算结果，若输入参数不合适，调试的效果就不理想，会出现机器人行走不平稳和偏离预期行走轨迹等问题。多次试验结果表明，机器人行走步幅不宜过大，踝关节中心高度不宜过高。

动作调试结果为 3 个动作组：直行、左转和右转，分别下载为动作组 1、2、3。

5. 机器人识别与行走控制

利用 OpenMV 的颜色识别和色块追踪功能，可识别场地的白色线条与摄像头的相对位置，并以坐标的形式输出坐标范围为 0 ~ 160：坐标值小于 80 时白线在摄像头左侧；大于 80 时白线在摄像头右侧，并且可以识别出白色物体的数量。由于 OpenMV 摄像头和舵机控制板均有串口通信接口，因此采用 OpenMV 给舵机控制板发送指令的方式来控制机器人的行走动作。

数据通信格式如下：

PL <p> SQ <s> [SM <m>] [IX <i>] [ONCE]

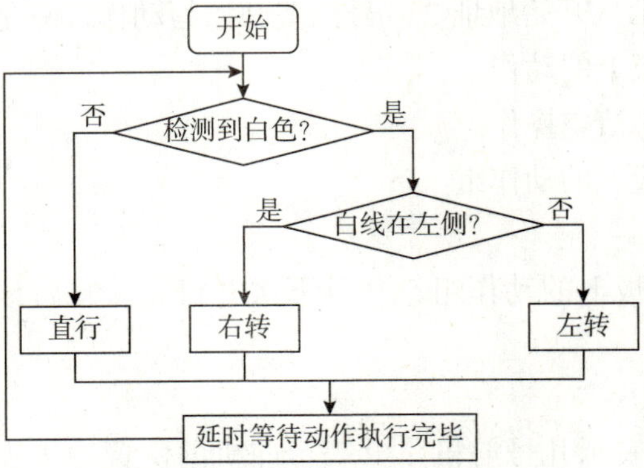

图 10　控制流程图

PL 0 指定动作场景，必须指定；

SQ <s> 指定动作组编号 s，0 ~ 127，不指定为 0；

SM <m> 指定速度比 m，-200 ~ 200 不指定为 100；

IX <i> 指定启动动作组开始步编号 i，0 ~ 255，不指定为 0；

ONCE 指定执行动作 1 次，不指定为循环运行。

控制流程图如图 10 所示。

6. 研究成果

6.1　作品实物

图 11　行走中的机器人

6.2 参赛成果

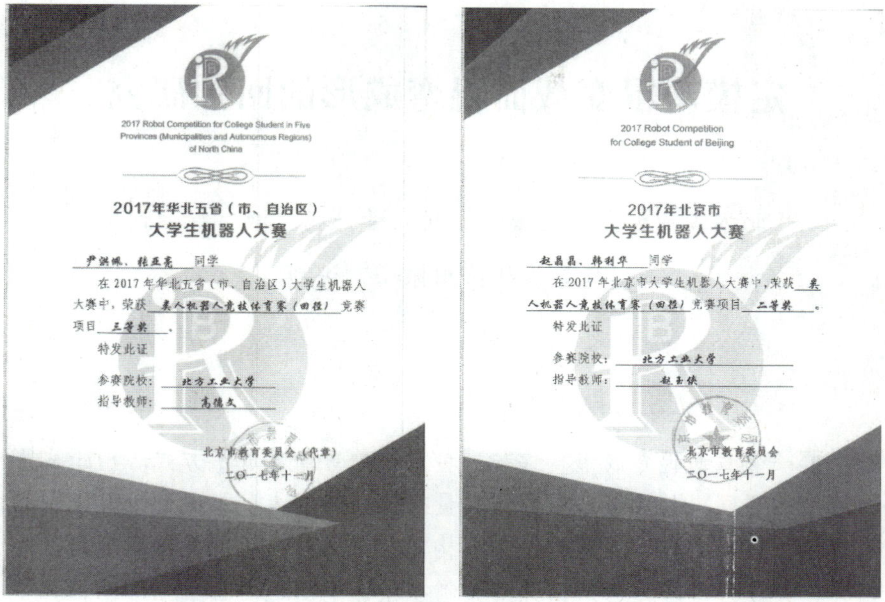

图 12　比赛获奖证书

参考文献

[1] 孙飞，居鹤华 . 自由度双足机器人的开发与步态规划研究 [J]. 机械与电子，2011（9）：3-6.

[2] 李彬，李界家 . 六自由度平面双足机器人的步态规划 [J]. 机电产品开发与创新，2015，28（6）：17-20.

[3] 王新亭，张峻霞，尹立萍 . 双足机器人设计及步态规划研究 [J]. 制造业自动化，2013，35（2）：50-53.

[4] 谢涛，徐建峰，张永学，等 . 仿人机器人的研究历史、现状及展望 [J]. 机器人，2002，24（4）：367-374.

[5] 任玲，汪倩倩，金濯，等 . 双足竞步机器人设计 [J]. 电子技术，2016，10：49-52.

[6] 王强 . 基于 AVR 单片机的双足机器人控制系统设计 [D]. 华北电力大学，2012：11-13.

[7] 查望华 . 双足机器人运动控制系统的研究 [D]. 浙江大学，2016：17-28.

定模动辊变截面辊弯成形的回弹研究

北方工业大学：纪婉婷　杨　莹　杨　澈　徐丽丽

指导教师：阳振峰　讲师

摘　要： 变截面辊弯成形构件是一种重要的弯曲件成形方式。由于成形板料材料、厚度的不同，其成形之后的回弹量往往差异很大，本课题设计出一种成形角度可大范围调节的辅助辊结构，该机构能灵活调整轧辊的成形角度用以矫正板料的回弹，使零件成形之后的回弹量控制在允许范围之内。

关键词： 辊弯成形工艺；回弹；过弯；辅助辊结构；仿真

1. 选题背景

2013年，北方工业大学变截面辊弯工程技术研究中心在世界上首次提出了定模动辊变截面辊弯成形工艺的概念，历经3年的探索，完成了两条生产线的研制工作，其中一条生产线已经成功交付一汽轿车股份有限公司。第二条生产线也于2016年12月初完成调试工作，并做出了高质量的变截面辊弯成形构件。辊弯成形工艺因其经济、节能且高效等特点，被许多领域广泛应用。先进高强钢辊弯成形技术的发展，更是为人们的生活带来了许多方便。辊弯成形工艺是通过顺序配置的多道次成型轧辊，将卷材、带材等金属板带不断地进行横向弯曲，以制成特定断面型材的塑性加工工艺。利用辊弯成形工艺得到的数据可以确定材料的强度极限、屈强比值、塑性、冲击韧性、回弹量和其他辊弯成形工艺性能指标。在实际的辊弯成形工艺中，控制材料的回弹量对板金属成形精度影响很大。

现有的辊弯成形工艺，由于成形板料材料、厚度的不同，其成形之后的回弹量往往差异很大，特别是对于新型高强钢板料，其回弹量很难用有限元仿真做出可信的结果用以指导辊形及模具的设计，如图 1 所示。

图 1　辊弯成形 U 形件回弹后的截面

在实际生产中，成形板材在外力作用下，板材发生的弯曲变形分为弹性变形和塑性变形两部分，在外力卸载以后，板材的塑性变形被保留下来，弹性变形则完全消失，板材的形状和尺寸大小都会发生变化，这就是回弹产生的原因。由于回弹角会因多种原因与计算得到的理论值存在偏差，回弹量难以控制在允许的范围之内，给成形带来不便和困难。另外，通过理论值设计出的轧辊也需进行多次调试及磨修，且不能灵活调节，增加工时与成本。所以，尽快解决上述问题，对辊弯成形的回弹研究具有重要意义。

2. 方案确定

针对不同的回弹机制，有许多抑制回弹的方法，本研究主要采用过弯法控制回弹。过弯法是指在加工成型件的时候，从模具结构上根据弯曲件的回弹趋势，修正弯曲凸模或凹模工作部分的形状及尺寸，与最终生产出的目标截面相比预设一定量的过弯补偿，通过反向弯曲来消除回弹。本文的初步方案为在弯曲的最终道次中进行过弯补偿。

根据研究目的，设计一种成形角度可大范围调节的辅助辊结构，该结构应具备结构简单、控制灵活、成本低廉等特点，并且能够装配在已给出的 U 形零件辊弯生产线，如图 2 所示。图 3 所示为此辊弯成形机生产线末尾部分，可见在成形即将结束的末尾道次间有侧辊来支撑 U 形件的立板，可微小控制回弹效果，但却不能形成过弯，为最大限度地控制回弹，故可以将生产线中固定角度的侧辊改造成此研究中的辅助辊结构。

图 2　U 形零件辊弯生产线

图 3　生产线末尾部分

由于本回弹控制机构需要能够自由调节角度，所以在机构运作原理上，应首先考虑原理较为简单的滑块 - 连杆机构。具体方案如图 4 所示。

如图，本研究设计方案的简化原理为：下支撑板固定在机架的跨板上，轧辊与上支撑板固定，通过调节杆伸出下板的距离来控制轧辊的角度，进而调整回弹角的大小。在角度调节后，轧辊与板料接触的部分除了会发生角度位移，还会产生垂直于板料前进方向的横向位移，来适应不同腹板宽度的工件成形。每一部分的设计原理将在后文详细介绍。

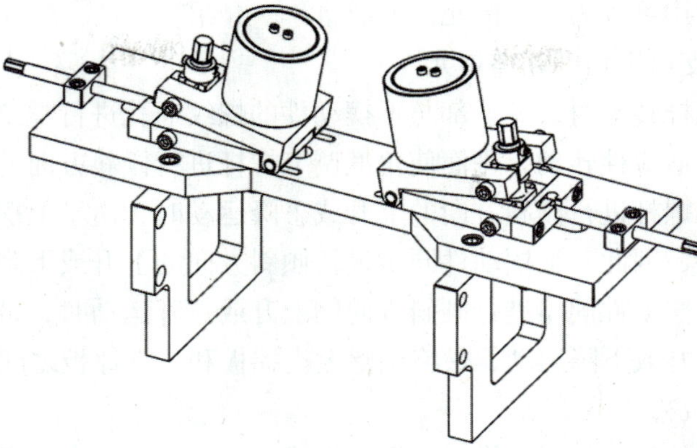

图 4　辅助辊结构立体图

3 研究结果

3.1　工作原理说明

本研究设计的辅助辊结构安装在辊弯成形机组上的工作示意图如图 5 所示。

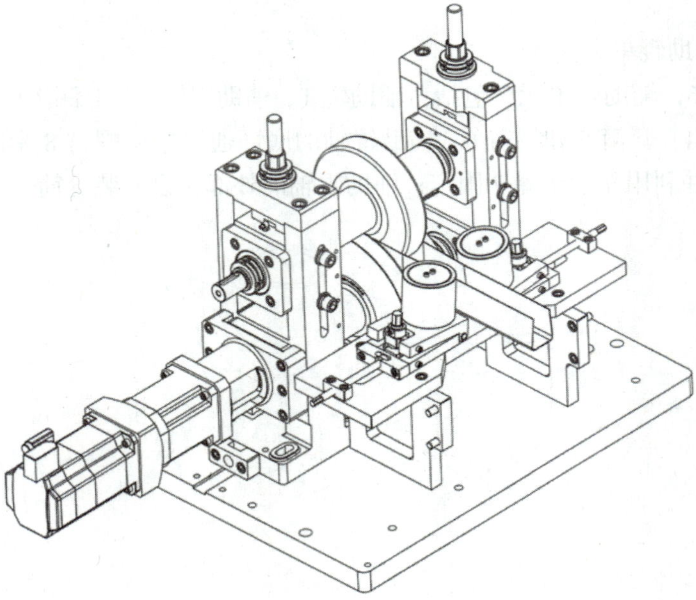

图 5　辅助辊结构工作示意图

说明：本结构可分为 3 个单元，下面将一一介绍。

（1）上下支撑板角度调整单元

角度调节螺杆转动时，其下部与下摆动件的螺纹通孔进行螺纹转动，下摆动件沿下转轴进行适应性转动，进而使角度调节螺杆进行倾斜方向的上升或下降运动；当角度调节螺杆进行倾斜方向的上升或下降运动时，由于上摆动件被上卡环和轴肩紧固夹持，因此，上摆动件同步进行倾斜方向的上升或下降运动，并自适应性转动；当上摆动件同步进行倾斜方向的上升或下降运动时，带动上支撑板进行倾斜方向的上升或下降运动，最终调整上支撑板和下支撑板之间的夹角。

（2）横向位移调整单元

在下支撑板的对应位置沿横向开设有滑槽，使下支撑板通过滑块沿滑槽进行横向移动；在支撑跨板的左侧且位于左辅助辊单元的左侧固定安装横向位移固定槽，横向位移固定槽开设有横向的带内螺纹的通孔；下支撑板在朝向横向位移固定槽的一端固定安装横向位移螺栓卡件，横向位移螺栓卡件开设有横向位移螺栓卡槽；横向位移螺栓具有与横向位移固定槽的内螺纹相匹配的外螺纹；横向位移螺栓的端面固定安装有螺栓帽；横向位移螺栓通过螺纹连接方式穿过横向位移固定槽的带内螺纹的通孔后，其端部的螺栓帽置入到横向位移螺栓卡槽中；转动横向位移螺栓，横向位移螺栓沿横向位移固定槽进行横向移动，进而带动下支撑板沿滑槽进行横向移动，最终带动上支撑板、下支撑板和辅助辊单元形成的整体进行横向移动。

（3）辅助辊单元

参考图 6，辅助辊单元 7 包括：辅助辊 1、辅助辊轴 2、上深沟球轴承 3、下深沟球轴承 4、套筒 5 和端盖 6。辅助辊轴的底部通过紧固螺钉 8 紧固于上支撑板的表面，并利用扣紧垫圈 7 固定；辅助辊轴的外部套设安装套筒；套筒的上

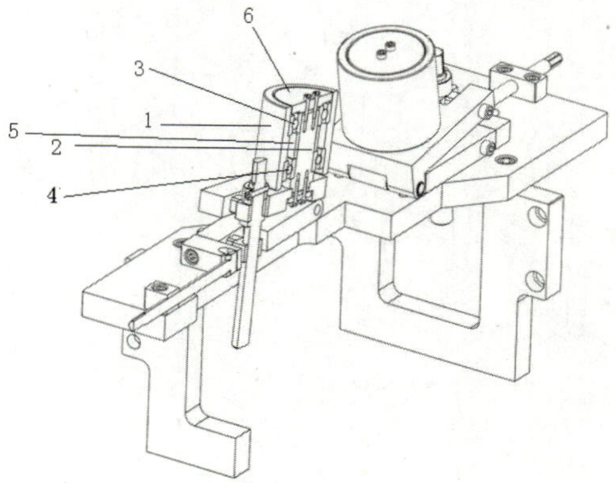

图 6　辅助辊单元示意图

下位置各套设安装上深沟球轴承 3 和下深沟球轴承 4；上深沟球轴承和下深沟球轴承的外部再套设安装辅助辊；端盖 6 通过连接螺钉固定到辅助辊轴上面。因此，辅助辊可绕辅助辊轴转动，并且降低其运动过程中的摩擦系数，保证其回转精度。采有此种结构的辅助辊单元，刚度较好。

本研究中涉及的所有螺钉，均采用内六角圆柱头螺钉。

3.2 调节方法

本研究提供一种基于上述的辊弯成形角度可大范围调节的辅助辊结构的辊弯成形角度可大范围调节的方法，包括以下步骤：

（1）在辊弯成形机的出料路径上，安装辊弯成形角度可大范围调节的辅助辊结构，使辊弯成形机输送的成形件位于左、右两辅助辊单元的左、右辅助辊之间。

（2）通过左、右辅助辊单元的横向位移调整单元，分别调节左、右辅助辊的横向位置，进而调节左、右辅助辊之间的距离，使其靠近辊弯成形机输送的成形件的两侧板材。

（3）启动辊弯成形机，经过辊弯成形机的辊弯成形步骤，输出初始成形件；然后，通过转动角度调节螺杆分别调整左、右辅助辊单元的上下支撑板角度，进而分别调节左、右辅助辊的角度，从而进一步矫正初始成形件的板料回弹，使零件成形之后的回弹量控制在允许范围之内。

3.3 结构特点

本研究提供的辊弯成形角度可大范围调节的辅助辊结构以及调节方法，具有以下优点：

（1）通过旋转横向位移螺栓可使装配体整体在跨板上左右运动，同时侧辊角度也可以灵活变换，使得此装置能够在更多尺寸、更多成形角度的条件下来矫正板料的回弹，达到装置本身的目的。

（2）在进行辊弯成形实验时，不论对何种金属板料进行辊弯成形，此装置都能够灵活调整轧辊的成形角度来矫正板料的回弹，使零件成形之后的回弹量控制在允许范围之内。由于可以改变轧辊角度，不需要提供过多角度的辅助辊装置，也降低了实验成本。

（3）无论试件尺寸如何，只需旋转横向位移螺栓，侧辊装配体可在侧辊支撑跨板上移动，从而避免多次拆装对于机架带来的磨损以及减少工时的浪费，降低了实验成本。

（4）装置结构简单易操作，节省拆装浪费的工时。

3.4 后续处理

通过对板料进行的U形辊弯仿真试验，使用和不使用上述辅助辊结构作对比实验，测出板料不同截面处的回弹量。从仿真结果中提取出板料成形后的U形横截面，通过选取的截面取点计算，U形板料的目标弯曲角度为90°；从成形后的U形板材上每隔300mm测量1次其立边回弹量，列出表格如表1、表2所示。

表1　未使用上述辅助辊结构的板材仿真回弹量

截面距离（mm）	理想角度（°）	成形角度（°）	回弹量（°）	百分比
300	90	96.42	6.42	7.1%
600	90	96.50	6.50	7.2%
900	90	96.35	6.35	7.0%
1200	90	96.26	6.26	6.9%
1500	90	96.26	6.26	6.9%
1800	90	96.39	6.39	7.1%
2000	90	95.58	5.58	6.2%

表2　使用上述辅助辊结构的板材仿真回弹量

截面距离（mm）	理想角度（°）	成形角度（°）	回弹量（°）	百分比
300	90	88.84	1.16	1.3%
600	90	88.72	1.28	1.4%
900	90	89.25	0.75	0.83%
1200	90	89.64	0.36	0.4%
1500	90	89.66	0.34	0.37%
1800	90	89.66	0.34	0.37%
2000	90	90.32	0.32	0.35%

由上述对比试验可以直观地看出，经过辅助辊结构后的板材在成形结束后，回弹角大大减小，其回弹角度的平均值为0.65°，与目标件的立边角度90°十分接近。

4. 创新点

（1）本研究设计出了一种成形角度可大范围调节的辅助辊结构，该机构安装于定截面成形机组尾部，不论对何种金属板料进行辊弯成形，该机构都能灵活调整轧辊的成形角度用以矫正板料的回弹，使零件成形之后的回弹量控制在允许范围之内。

（2）无论试件尺寸如何，只需旋转横向位移螺栓，侧辊装配体可在侧辊支撑跨板上移动，从而避免多次拆装对于机架带来的磨损以及减少工时的浪费，降低了实验成本；能够高效率地控制辊弯件不可避免的回弹问题，并且还具有装置结构简单易操作，节省工时的优点。

（3）通过对板料进行的 U 形辊弯仿真试验，并利用上述设计的辅助辊结构测出板料不同截面处的回弹量，为后续的优化设计提供了理论依据，并为实际生产过程中的产品提供了仿真依据与可选择的设计方案，很好地验证了此研究中设计的辅助辊结构可以有效地控制回弹。

参考文献

[1] 张雪松，彭玉龙 . 冷弯成型理论与工艺技术的发展 [J]. 金属世界，2014，（03）：26-29.

[2] 韩飞，刘继英，艾正青，等 . 辊弯成型技术理论及应用研究现状 [J]. 塑性工程学报，2010，（05）：53-60.

[3] 刘成 . 高强度带钢辊弯成型的回弹预测研究 [D]. 北方工业大学，2008.

[4] 刘继英，艾正青 . 冷弯成型的 CAD/CAM/CAE 技术 [J]. 焊管，2006，（02）：38-42+78-79.

[5] 哈姆斯，刘继英，艾正青 . 冷弯成型技术手册 [M]. 北京：化学工业出版社，2008.

[6] 刘斌，王敏杰，柳瑞清 . V 形件弯曲回弹的影响因素及其实验研究 [J]. 锻压机械，2002（05）.

[7] 机械设计手册实用手册编委会 . 机械设计手册实用手册 [M]. 北京：机械工业出版社，2009.

[8] 张策 . 机械原理与机械设计 [M]. 北京：机械工业出版社，2011.

磁光电流互感器设计原理与应用

北方工业大学：张瑞琦　陈　默　孙国栋　邱　松　邓雅琦　陈昌鑫

指导教师：尹士玉　讲师

摘　要：本文介绍了磁光电流互感器的原理与制作，说明了光纤电流传感器在各电力系统中的应用，与传统电流传感器相比，光纤电流传感器安全性更高，应用范围更加广泛。对高电压、大功率、强电流的电力系统的测量具有重要意义，对煤矿井下等复杂环境的电力系统的测量也具有重要意义。光纤电流传感器的发展前景良好，与新技术的结合可让其在更多的领域发挥作用。

关键词：光纤电流传感器；磁光电流互感器；应用

随着中国经济的发展，电力系统扮演着越来越重要的角色。高电压、大功率、强电流的电力系统越来越多，对该系统的常规测量技术为利用电磁感应原理制作的电流传感器。该电流传感器存在体积大、质量重、制作成本高、安全性差、测量误差大等缺点。随着基于法拉第电磁感应效应为原理的光纤电流传感器的问世，传统电流传感器存在的问题将被逐一解决。光纤电流传感器具有无铁芯、体积小、重量轻、绝缘结构简单可靠、线性度好等优点。本文将对光纤电流传感器中的磁光光纤电流传感器的原理与制作进行讨论，并对光纤电流传感器的应用进行介绍。

1. 磁光电流互感器的制作

光电式电流传感器分为无源型和有源型两大类，分别以法拉第磁光效应和电磁感应为原理。以下是两种电流传感器的设计制作介绍。

1.1 无源型磁光电流互感器

无源型磁光电流互感器是以法拉第磁光效应为原理工作的，电流通过磁光电流传感器，电流的大小使电流互感器的线偏振光的旋转角度随之改变，偏转角度作为一个信号经过变送器的处理，可以在二次输出端输出二次电流信号，此信号与一次电流成正比（参考图 1）。

无源型传感器是指传感头是不需要供电电源的电子式电流传感器。光的振动方向和光波的前进方向固定于某一方向时，叫作线偏振光。线偏振光在穿过介质的过程中，受到外磁场的作用，光的振动面会转过一定角度，可以通过一定公式计算出偏转角，由此得出导体的电流强度，从而得到电流的信息。

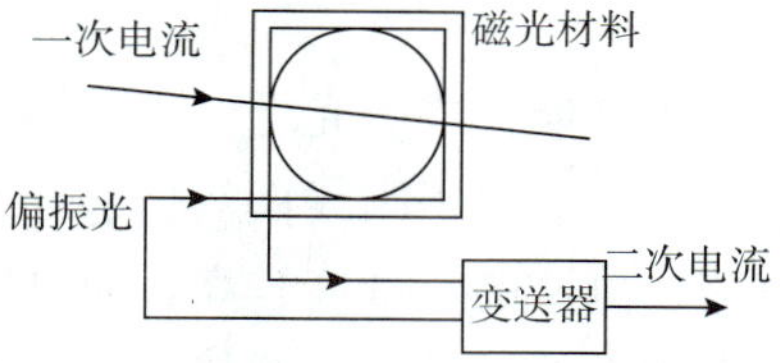

图 1

所以无源型 MOCT 由磁光材料敏感器件连接光学转换器件，然后连接变送器，最后由变送器输出的二次电流显示在屏幕上。无源型电流互感器为纯光结构，一次传感器为磁光玻璃，光弹系数小，均匀性好，在光源的光谱范围内具有良好的透明性，具有很高的 Verdet 常数，受温度影响小，具有各向同性。磁光玻璃的应用使其安装、运行和检修更加方便。MOCT 通过光纤传输信号，使得数据传输抗电磁干扰性好，传输更加安全、准确和迅速。

1.2 磁光玻璃光纤电流传感器

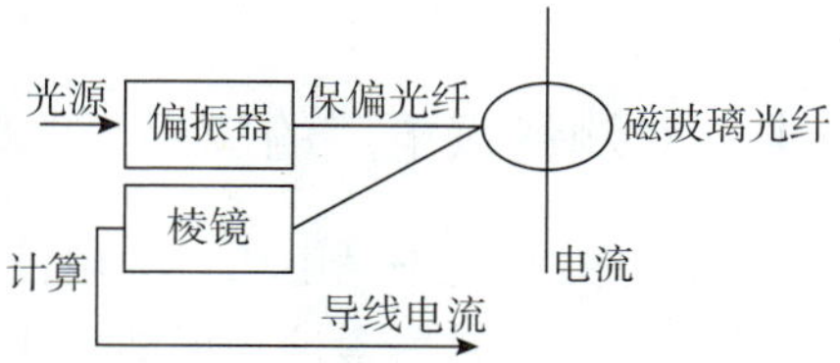

图 2

设计如图 2，光源发出的光经过起偏器，产生偏振光，经保偏光纤耦合到磁光玻璃光纤，经过通电电流产生的磁场的作用后输出，经过渥拉斯顿棱镜，经过计算可以得到通过导线的电流。

此类功能型光纤传感器利用光纤本身对外界被测对象具有的敏感能力和检测功能，光纤在传导过程中对被测对象的偏振态等光学特性进行调剂，使得调剂后的信号携带了被测的信息（见图3）。

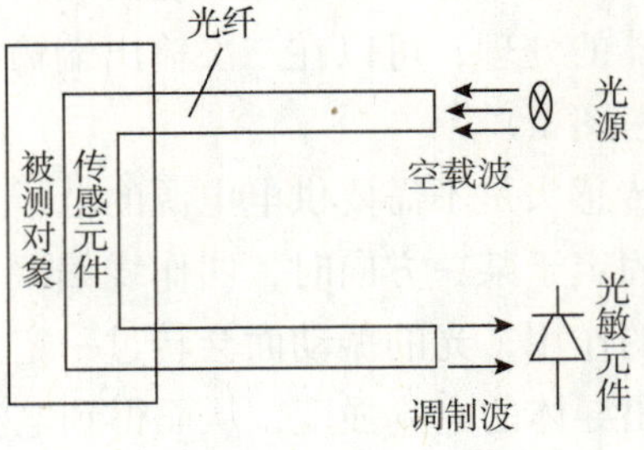

图 3

此传感器采用法拉第旋光玻璃拉成的光纤作为传感器探头，经过退火处理，很好地解决了线性双折射问题，避免了因线性双折射导致的偏振态退化。用保偏光纤传导，能够测量大电流，测试的灵敏度较高，而且绝缘性好，体积小，重量轻，可以更好地满足各个电力系统的需要。此传感器可以在无磁场时通过零点定标校正光纤耦合带来的光强损失和偏振态的变化。系统的灵敏度，也在磁光玻璃的使用下，通过其本身 Verdet 常数较大的特性以及增加光在磁场中传输的有效长度的方式，得到了有效的提高和改善。

2. 光纤电流传感器的应用

光纤电流传感器可用于电力系统中电流的测量，而且与电机制造厂、测量仪器仪表厂结合，还可研制开发线路事故点的标定装置及事故区间的判定装置等一系列电力系统的测量、检测装置。

2.1 在电力系统中，对测量大电流的应用

光纤电流传感器可用于对电力系统中高电压、大电流的测量。利用光纤电流传感器进行测量，可解决传统电流传感器含油，可能发生爆炸的情况；光纤电流传感器可以与高压线路完全隔离，满足绝缘要求，做到安全可靠；可解决传统电流传感器不能测量直流的问题，不含交流线圈，不存在输出线圈开路的危险。但光纤电流传感器也存在线性双折射效应，该现象影响了光纤电流传感器的实际应用。通过改善光纤材料本身的双折射特性，设计传感头的结构，利用光学玻璃制

作传感头可有效减轻光纤电流传感器的双折射效应。

2.2 在煤矿井下电流测量的应用

在煤矿井下，供电线路长、电磁环境干扰强、负载工作情况较复杂，测量电流的技术要求高。采用磁光电流传感器进行测量，以光纤作为信号传输介质，其不受电磁辐射的影响，适用于各种电磁噪声环境。磁光电流传感器系统采用以MCS–51单片机为核心的智能化传感器，多台传感器可以与上位IBM–PC机组成一个控制系统。每台传感器的软件部分由自检程序、初始化程序、采样及A/D转换程序、动态排序比较程序、复合数字滤波程序、函数拟合算法程序等组成。传感器系统存在光探头误差、放大器误差、A/D转换器误差和函数拟合误差，通过各种措施，可将每个误差控制在可接受范围内。

2.3 在变电站中的应用

全光纤电流互感器具有测量精度高、动态范围宽、抗环境电磁干扰能力强、敏感环安装方式简单灵活等特点。在工作过程中，光源发出的光被分成两束沿光缆传播，经反射镜的反射，并发生互换，最终回到光电探测器处并发生相干叠加。通上电流后，在通电导体周围的磁场作用下，两束光波出现相位差，探测器处的光强发生变化，通过测量光强的大小得出对应电流的大小。全光纤电流互感器的闭环控制技术扩大了准确度下的动态范围，共光路和差动信号解调方式提高了抗干扰能力，全光纤结构提高了系统的可靠性。与传统电流互感器相比，具有很大的优势。

随着科技的发展，光电电流传感器的应用前景更加广泛。利用光纤电流互感器可实现与光纤通信技术的结合，使传感系统阵列化和网络化。还可将光纤传感技术与现代数据处理技术相结合，以实现光纤电流传感器的智能化。除现在应用最为广泛的利用光纤电流传感器测量电流外，还可根据其特性研究其对其他物理参量的测量，实现光纤电流传感器应用的多功能化。

3. 结语

光纤电流传感器与传统电流传感器相比，优势明显，安全性能更加可靠，在未来可全面替代传统电流传感器，但光纤电流传感器还存在一些问题，如双折射效应、灵敏度随温度和偏振方位的变化而变化等。这些问题会限制光纤电流传感器的大面积普及，因此，解决上述问题，将其控制在一定的范围内，是仍需进一步研究的方向。

参考文献

[1] 李朝阳 .110KV 无源型磁光电流互感器 [R]. 河南省新安县电业局，2006.

[2] 邓隐北，彭晓华 . 光纤电流传感器的工作原理及应用 [J]. 工程与技术，2008，6：550–552.

[3] 李轲 . 磁光电流传感器的研究和设计 [D]. 武汉理工大学，2009.

[4] 费振乐，杨赢海，俞本立等 . 利用磁光玻璃光纤测大电流的光纤电流传感器的设计 [J]. 激光与光电子学进展（增刊），1999（09）：46 ~ 49.

[5] 刘晔, 王锋, 韦兆碧等 . 光纤电参量传感器的研究 [J]. 湖南工程学院学报, 2002, 12: 1–5.

[6] 刘晔，夏建生等 . 光学电流传感器系统的线性双折射问题及对策 [J]. 传感器技术，2000，19：11–14.

[7] 马凤英 . 磁光效应在煤矿井下电流测量的应用 [J]. 煤矿机械，2006，29：181–183.

[8] 徐时清，戴世勋，张军杰等 . 全光纤电流传感器研究新进展 [J]. 激光与光电子学进展，2004，41：41–45.

基于凤凰岭的文创产品开发

北方工业大学：陈艺玮　范佳慧　陈萌芽　于　杰　刘　曦

指导教师：尹建伟　讲师

摘　要：设计不是一种技能，而是捕捉事物本质的感觉能力和洞察能力。设计师的任务就是提高信息的品质，增强传播的力量。文创产品是文化创意产业的一个重要的分支，是设计师对文化历史遗产进行理解与解读后，从中汲取物质和精神方面的文化元素，并结合时代特点、社会审美等外部因素设计出的一系列"文化再造品"。文创产品应既具有产品实用功能性，同时其蕴含的精神文化，带给大众生活便利的同时也让消费者心理上产生对文化的认同感与归属感。

关键词：凤凰岭；茶具；文创

1. 项目介绍

文创，是文化创意产业的缩写，文化创意产业是指依靠创意人的智慧、技能和天赋，借助于高科技对文化资源进行创造与提升，通过知识产权的开发和运用，产生出高附加值产品，具有创造财富和就业潜力的产业。联合国教科文组织认为文化创意产业包含文化产品、文化服务与智能产权三项内容。文创产品即文化创意产品，其根本在于文化，而能否鲜活则在于创意。文化创意产业的重点在于文化如何加值设计创意，变成可以营利的生意，形成美学经济。北京凤凰岭自然风景区位于海淀区聂各庄乡境内，距天安门直线距离 33.5 公里，总面积 10.62 平方千米，是大自然赐予人类的一方净土，一块未经人工雕琢的碧玉。"远郊的景，近郊的路，北京自然大空调！"是凤凰岭自然风景区的优势和特色。所以本次课题将凤凰岭作为研究对象，探讨凤凰岭文创产品的开发。

2. 项目调研

2.1 现场调研

为了解凤凰岭的文化与实际需求，我们进行了现场调研。风景区天然景观和人文景观相融一体，山、寺、泉非常有特色。山，怪石林立，刀削斧劈；寺，坐于山怀，巨柏参天；泉，满山布有，岩缝渗出，清澈晶莹，含有多种利于人身健康的微量元素。可观景点达四十余处，尤以龙泉寺、北魏石佛、黄普院、密宗塔、妙峰寇、鲸鱼背著称。每年 3 月底 4 月初凤凰岭南线景区 600 余亩的连绵杏花竞相开放，引来很多游客观赏。凤凰岭公园修建了数条登山线路，吸引了很多人开展登山活动。由于北京凤凰岭自然风景公园历史遗迹众多，文化底蕴深厚，儒释道文化荟萃，历代高僧大德与贤达雅士常聚于此。为弘扬传统文化，公园经常举办凤凰岭茶道文化节活动。

通过与景区管理人员沟通，了解到现在景区的游客多为登山爱好者和品茶爱好者，他们大都携带茶具用山泉水泡茶饮用，所以景区管理人员希望我们围绕茶文化进行文创产品开发。

图 1　凤凰岭茶道文化节活动

2.2 桌面调研

茶叶是劳动生产物，是一种饮料。茶文化是以茶为载体并通过这个载体来传播的各种艺术。

茶文化是茶与文化的有机融合，这包含和体现一定时期的物质文明和精神文明。

茶文化是茶艺与精神的结合并通过茶艺表现精神，兴于中国唐代盛于宋、明代，衰于清代。中国茶道讲究五境之美，即茶叶、茶水、火候、茶具、环境。

“美食不如美器”历来是中国人的器用之道，从粗放式羹饮发展到细啜慢品式饮用，人类饮茶经历了一定的历史阶段。不同的品饮方式，自然产生了相应的茶具。茶具是茶文化历史发展长河中最重要的载体，为我们解读古人的饮茶生活提供了重要的实物依据。

关于茶壶

根据材质分，有：玻璃茶壶、瓷茶壶、陶茶壶、玉茶壶、搪瓷茶壶、石茶壶、木茶壶、铁茶壶、不锈钢茶壶、铜茶壶，等等。

玻璃茶壶	瓷茶壶	陶茶壶

搪瓷茶壶	玉茶壶	木茶壶

不锈钢茶壶	铜茶壶	铁茶壶

图 2

种类：按盖分类有嵌盖、压盖、截盖。

		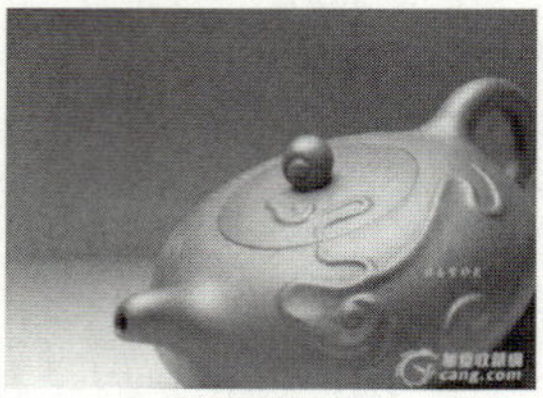
嵌盖茶壶	压盖茶壶	截盖茶壶

图 3

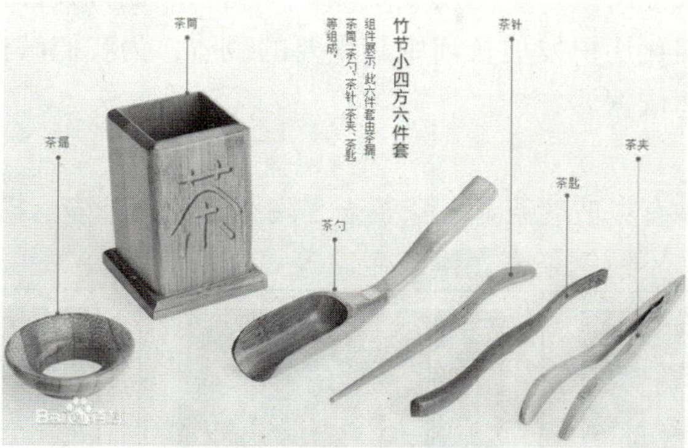

图 4　茶艺六君子

图 5　茶壶结构

图 6　集体讨论

3. 产品定位

目标人群：登山爱好者、饮茶爱好者。

潜在人群：其他游客。

核心需求：便携、泡茶，体现凤凰岭的文化特色。

4. 方案推敲

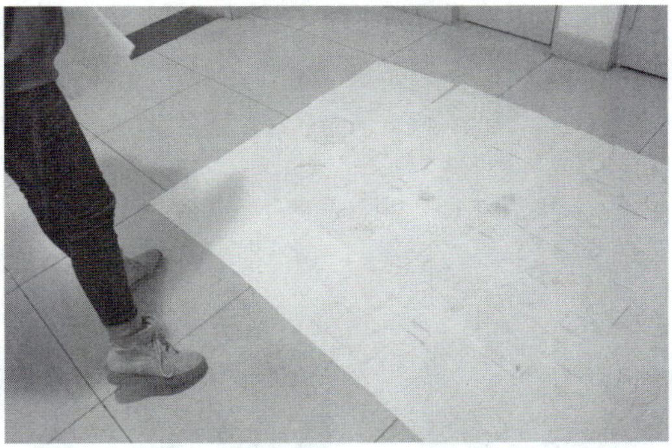

5. 设计效果

- 设计 1：

材质：黑陶、塑料

尺寸：茶壶高 68mm，宽 100mm

茶杯高 30mm；宽 40mm

茶海高 75mm；宽 128mm

特点：便携、具有景区特色

在对凤凰岭的实地考察过程中，发现很多具有其自身特色的景观。景区位于海淀区苏家坨镇凤凰岭路 19 号，它的名字便与其所处的地理位置相呼应，因此我便选取了凤凰岭标志作为我的设计出发点，对景区所要求的茶具系列产品进行设计。

在正式确认方案之前，我们进行集体讨论并讨论出多种方案。在确定方案之后，我们进行了模型打印制作，以便对各自的作品进行探讨与修改，完善各自的设计。人们选取凤凰岭这个环境优美的地方进行品茶，体现了对茶的尊重、喜爱，对于景区的欣赏，说明游客对历史古韵、茶文化的向往，因此，我在茶海的设计中集中体现了这一特色；茶壶的设计是以圆为基础，体现了景区寺庙、历史传承中对于圆圆满满的美好祝愿。茶具采用的是黑陶材质，茶海则是使用黑色塑料；在茶海中放入硬质海绵，避免在携带过程中出现碰撞导致破损。整套茶具轻便易携，具有凤凰岭自身的特色。

● 设计二：

产品名称：一个和尚

产品介绍：这套产品是以贤二机器僧为原型，设计的一套便携式茶具。整套茶具最小体积时尺寸为 8×6×12cm，包括茶壶、公道杯和两个茶杯，可共两人饮用。整套茶具以最节省空间的方式呈现，既给登山爱好者和饮茶爱好者提供了良好的品茶体验，又做到了便携。

壶身采用白陶材质，壶的扶手处进行了防烫处理，用纤维麻绳缠绕，两种材质相结合，相得益彰。茶盘也即杯垫，拼接式更便于收纳，也是与公道杯相配合的必需品。

设计灵感：大家都知道三个和尚的故事，我的作品灵感就来源于这个故事。一个和尚挑水吃，两个和尚抬水吃，三个和尚没水吃。如果我们第一次听到这句话，就会问为什么会有这样的情况发生，然后听了三个和尚的故事，也就自然而然地懂了。但这三个和尚都是自私的和尚，而凤凰岭的贤二机器僧是一个乐观、勤劳、善良、无私、友好、宽容、仁慈、明理、诚信的机器僧，如果每个和尚都能像贤二一样勤劳，无私，就不会出现三个和尚没水吃的事情发生。

● 设计三：

材质：黑陶

特点：壶杯合一、便携

尺寸：壶为 90×75mm

大杯为 65×51mm

小杯为 55×46mm

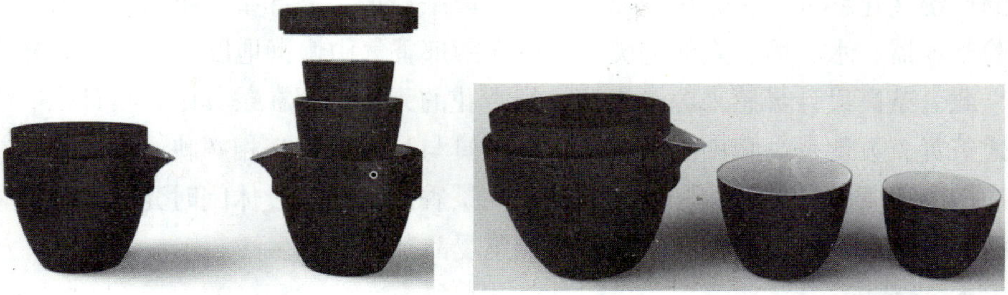

凤凰岭不仅山奇峰险，还有古老寺院，更有名声在外的神泉水，自 2003 年起来此取水的人络绎不绝。来此的游客除了登山之外，也想品一品用神泉水泡出来的茶，更有茶艺爱好者即使在登山时也会带上茶具，登山累了，便会和三五好友一起品茶，赏景。所以为了能让登山者也能及时品到茶，我设计了这款便携式茶具。

茶具总共包含一壶二杯，可供两人使用，且杯子一大一小可叠放在一起，并可同放置在壶身内，这样节省空间，达到便携的目的。“凤凰”是四灵之一，被古人视为灵物、吉祥物，其形象常常出现在古代建筑物的装饰摆设中。即使到了现在，这“四灵”仍是人们最喜爱的吉祥物之一。茶艺讲究品茶时的心境，饮茶的器具应能给人祥和、吉利之感。所以我将简洁化的凤凰赋予在茶盖上，既增加了茶壶的丰富度，立体的凤凰又给人视觉上的层次感。

● 设计四：

材质：陶瓷、木头

尺寸：茶海 128mm×28mm

茶壶身 80mm×56mm

茶杯 38mm×31mm

每年 3 月底 4 月初，凤凰岭南线景区 600 余亩的连绵杏花竞相开放，景区每年举办的杏花节就开始了，游客沉醉在花海当中，尽情享受美妙的春天。春意盎然，山花烂漫，茶香氤氲，游客在陶醉于景色的同时，饮一杯茶，放松身心，好不惬意。凤凰岭杏花节和茶道文化节相继开展，明德茶苑内花、水、曲、诗、香道、书等为媒介不同主题的文化活动也将汇聚一堂，为您呈上一场场富有深厚古风的传统文化盛宴！在这里，以茶会友，以茶载道，品春茶，听古乐，赏演出，体验茶、器、水、境、人的完美融合，在馥郁香气中慵懒地度过春日小时光！

此套茶具设计灵感来源于杏花，把杏花的元素运用在茶具中，设计出一套便携式茶具，方便登高爬山的游客使用。茶具与身边美景交相辉映，品一杯用神泉水冲泡的春茶，欣赏竞相开放的杏花，在茶香四溢中度过休闲时光。茶具方便、便携，可随身携带，让你随时随地都能感受品茶的惬意生活。

● 设计五：

材质：黑陶、白色陶瓷、玻璃、金属

尺寸：茶盘 130mm × 280mm × 18mm

茶壶 100mm × 160mm × 100mm

茶杯 60mm × 45mm

这组便携式茶具是以凤凰岭景区的密宗塔为设计点，茶具由一个茶壶，两个茶杯和一个茶盘组成。凤凰岭景区上方寺遗址前的山谷中有一座建于明代的塔，名为密宗塔。塔以石筑，坐西朝东，背依高崖，前瞰深涧，全部由花岗岩砌筑而成。密宗塔是一座覆钵式塔，塔身呈圆形覆钵体，须弥座衬托，佛塔多为覆钵式塔，有消灾、降福等美好的寓意。所以将密宗塔的形态进行提炼，设计在壶盖上端。为了方便提拿壶盖，将密宗塔形的提柄放置在玻璃球内，既给茶壶增加了适当的点缀，又满足人机工程学的要求，圆润便于手部操作。白色陶瓷和黑色陶瓷的搭配组合，白瓷的细腻和黑陶的浑厚相互补相融合，玻璃密宗塔的点缀是这组茶具设计的亮点。

● 设计六：

在去凤凰岭调研时，发现凤凰岭的山顶非常“别具一格”，只有巨岩叠垒，竟无寸土。最大的一块巨石，独立山巅，如天外飞来，故名“飞来石”，顶端耸立一座小巧玲珑的石塔。塔高不足 3m，但周身雕刻佛像，七层六角的形制也是棱角分明，很是精致。这里海拔 748 米，是凤凰岭位置最高的景点。原塔建于清光绪年间，现在的石塔为 1998 年重建。问题是，偌大的飞来石，光溜溜的岩壁，人根本无法登上，这石塔又是如何立起来的呢？实在是神奇。所以对飞来石塔的形象进行了提炼，运用至设计中。

经过调研发现凤凰岭主要收入除了门票之外，其次来自茶馆。在设计草图的过程中，想到塔是佛教用来祭祀的地方，又联想到在北京说到祭祀、祈祷又联想到天坛。因天坛的造型独特，辨识度强，所以又结合了天坛的特点。令茶具在不使用的时候也好像是一个装饰摆设。刚开始的设计的草图有点太追求相似度，给人感觉僵硬，突兀。在教师指导后，改变了线条的曲度，与茶壶把手的设计，与之前相比柔和了许多。

6. 设计效果

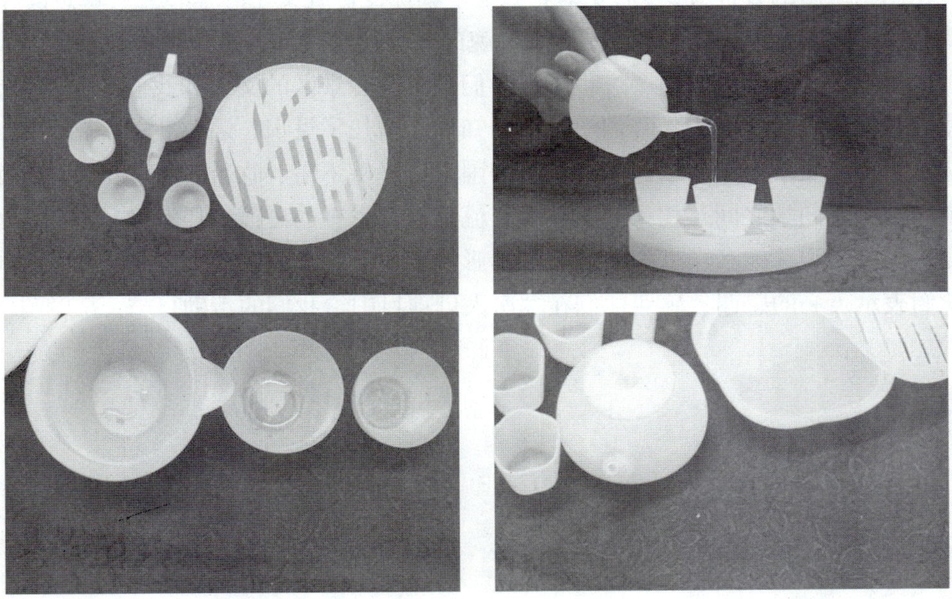

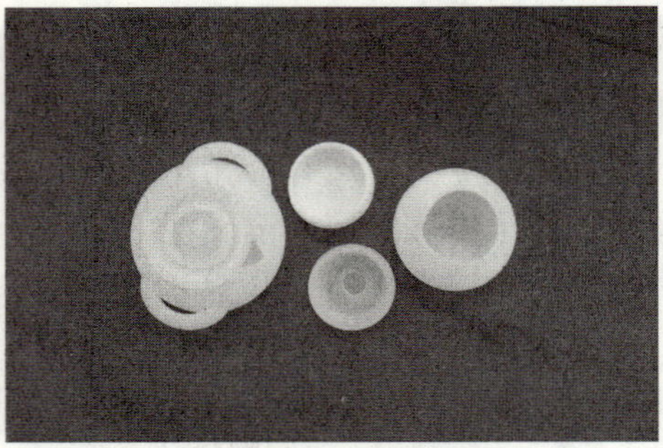

7. 回顾与总结

本次的大创项目是我们对所学基础知识和专业知识的一种综合应用，是一种综合的再学习再提高的过程，这一过程是对我们的学习能力、思考能力、团队合作能力的一个培养，是对我们分析问题、解决问题的能力的考验，是我们参与实际设计工作的一次极好的演练。在完成本次大创项目的这段时间里，我们收获颇多，掌握了基本的设计程序与方法，掌握了调研方法及数据分析的能力，掌握了与本次设计主题相关的知识，对我们所学过的知识有所巩固和提高。

除了知识以及能力方面的提高，我们所了解到的文化也对我们的思想产生了巨大的影响。在经济高速发展的现在，精神文明的需求也随之提高。而作为一个文化创意产品的设计者，我们要本着弘扬中华优良传统文化的本心去认真做设计。我们要探究文化的内涵和意义，做有灵魂的文创产品设计，做一个合格的设计者。

在本次大创项目的整个过程中，我们把凤凰岭景区的文化和我们的设计思想注入我们的设计作品中。我们学到了新知识，增长了见识，还收获了脚踏实地，认真严谨，实事求是的学习态度，不怕困难、坚持不懈、吃苦耐劳的精神。在遇到问题时，同学之间互相帮助，互相交流，进行思想的碰撞。还有教师的严谨态度，渊博知识，无私奉献的精神无一不影响着我们。在此对我们的指导教师和同学们表示衷心的感谢，感谢他们在本次大创项目中给我们的帮助！

热管理金刚石/铝复合材料冷热冲击行为研究

北方工业大学：郭开金　杨逸凡　刘康远　白羽轩　崔书铭

指导教师：刘　园　讲师

摘　要：金刚石/铝复合材料具有低密度、高导热和热膨胀系数可调等优势，成为新型热管理材料的代表。然而，材料在服役中工作温度会出现变化，可能导致复合材料微观组织及热物理性能的变化，因而有必要研究温度交变对金刚石/铝复合材料热物理性能的影响，以指导金刚石/铝复合材料的开发和应用。

关键词：热导率；热膨胀系数；冷热冲击；选择黏结性

1. 选题背景

1.1　电子封装材料的发展状况

电子封装就是安装集成电路内部核心外部的外壳，起着确保设备稳定密闭，维护集成电路的内部核心，防止外部环境带来的干扰，作为电路的结点，是安装到封装外壳管脚上的。

电子封装材料主要包括塑料封装材料、陶瓷封装材料、金属及金属基复合材料。（如图 1、图 2、图 3）探究各种金属材料的过程我们发现铜（Cu）和银（Ag）的热导率较高，但其成本高和密度高且热膨胀系数太高；虽然可伐合金（Kovar）和固瓦合金（Invar）合金的最大优点是热膨胀系数低，但热导率低，密度较高。之后的碳化硅（SiC）等半导体复合材料由于其较低的热膨胀系数也曾在很长一段时间在电子封装领域应用。然而随着微电子技术的发展，其导热能力较低的缺陷日益显著，也并非电子封装材料的最佳选择。这些传统的电子封装材料在微电子技术发展的高峰期，由于自身的局限性已经无法满足高导热率、高可靠性的要求。金刚石不仅具有极高的导热率、较低的热膨胀系数，而铝的密度低、导热率高且加工成本低，因此铝和金刚石通过一定的制备工艺获得复合材料可得到兼顾金刚石和铝的性能优势，如密度低、热导率高、热膨胀系数可调等，成为新一代电子封装材料的代表。

图 1　塑料封装材料

图 2　陶瓷封装材料

图 3　金属基复合材料

目前，金刚石铜复合材料已在电子封装材料领域占有一席之地，如图3。美国、日本和英国等发达国家已开始将金刚石 / 铝封装材料在军事计算机、航空航天、离子显示器及光电子系统等领域实现应用。

1.2 金刚石铝基复合材料的发展状况

众所周知，在自然界中金刚石具有极高的热导率可达到600 ~ 2200W/(m·K)，同时热膨胀系数仅有 $1.0*10^{-6}$/K 且可调控，密度也只有 $3.52g/cm^3$，因此将其作为增强相与高导热金属复合，理论上在保证具有理想热膨胀系数和密度的情况下，可以获得更为优异的热物理性能，因此成为新一代电子封装材料的研究重点。近年来人造金刚石制备技术不断发展纯熟，人造金刚石颗粒的价格有了很大降低，这给金刚石颗粒增强金属基复合材料的研究带来了极大便利。

虽然如今金刚石 / 铝复合材料的运用已经较为广泛，然而它的发展也历经了前人不少的心血。最早运用无压浸渗法制备金刚石 / 铝复合材料的是约翰逊（JOHNSON）等人，制备的复合材料金刚石体积分数为50%，同时运用化学气相浸渗法在金刚石表层生成 SiC 防护外层，确保了生产过程中不会生成碳化铝（Al_4C_3），其热导率为225 ~ 259 W/(m·K)，热膨胀系数为 $4.5*10^{-6}$ ~ $6.8*10^{-6}$ K^{-1}。虽然导热率不是很理想，却为后来的研究者提供了无压渗透法制备金刚石复合材料的方法，给后来发展带来了方便。韦佰（WEBER）等气压浸渗法制造的体积分数为63% 的金刚石 / 铝复合材料，其热导率达到了760 W/（m·K），为目前最高值。虽然目前所能制备出的金刚石 / 铝复合材料已经达到760 W/（m·K），但并不宜大规模生产。在量产方面，PLANSEE 公司已小批量生产出高性能金刚石 / 铝复合材料，其热导率为350 ~ 500 W/（m·K），密度为 $3.0\ g/cm^3$，广泛应用于航空航天领域。

1.3 国内外研究现状及存在的问题

虽然金刚石 / 铝在一些发达国家的高端领域已经取得一些成就，然而仍然存在一些问题限制了这些材料的广泛运用。

（1）金刚石与铝基体的选择性黏结现象。高导热金刚石 / 铝复合材料必须处理的首要问题是铝对金刚石的润湿性较差，故而复合材料形成时界面结合力小，导致复合材料的热导率降低。铝基体容易黏附在金刚石的{001}晶面上，却不容易与金刚石的{111}晶面实现良好的结合，使得界面融合不佳，铝基体不能完全添补到金刚石颗粒间，从而对复合材料的界面融合起了反作用。选择性黏结现象是由金刚石不同晶面上的碳原子分布不同引起的。在金刚石{111}晶面上，每个碳原子的四周均有 3 个最近的碳原子，而在金刚石 {001} 晶面上，碳原子接连 2 个碳原子，要想使金刚石表面的碳原子与铝基体发生化学反应，必须使 C–C 键断开。COLTTERS 的实验结论证明，金刚石 {001} 晶面上的碳原子发生化学键断裂要比 {111} 晶面上的容易得多，能促进金刚石 {001} 面上碳原子和铝基体之间的反应，从而使得铝基体与金刚石 {001} 晶面的结合得到加强，但是与 {111} 晶面上的结合必然不好。

（2）金刚石高温石墨化问题。由于金刚石可以在高温下转化为石墨，所以高温会使得金刚石发生损坏，导致热导率下降。在一定热处理条件下（压力、温度和气体介质等），金刚石将转变为石墨。真空为绝氧的条件下，金刚石在 2000℃ ~ 3000℃条件下转变为石墨（当然转变实际从 1500℃左右开始）。金刚石到石墨的转变过程因热处理的环境、条件以及金刚石自身的特性不同而不同。比如：金刚石在较高的温度下石墨化的温度随压力提高而提高；在较高的温度下，完整的金刚石的石墨化要比较完整的金刚石小；金刚石石墨化的速度在 [110] 方向上比 [001] 上来得快。此外，金刚石内部的定向杂质将会促进进金刚石的石墨化。

（3）金刚石难加工问题。金刚石的加工性较差，而现在微电子技术的发展程度极高，极高集成度的电路板和电子芯片也对电子封装材料的加工工艺提出了很高的要求，目前国内的加工技术不容易达到要求，所以相应的加工成本会大幅度升高。

（4）金刚石与铝基体界面反应控制问题。碳材料与铝基体之间的化学反应容易导致 Al_4C_3 的形成，其反应式为：

$$4Al+3C=Al_4C_3 \quad （式 1–1）$$

Al_4C_3 是脆性相，对复合材料力学性能和物理性能造成不良影响。因此，金刚石 / 铝复合材料的制造过程中必须控制界面反应。碳材料表面与熔融铝的润湿在复合材料制造中占有重要地位。对于固体表面上的液滴，不同成分的表面能可以用下式表示：

$$\gamma_{sv}=\gamma_{sl}+\gamma_{lv}\cos\phi \quad （式 1–2）$$

其中：ϕ 表示接触角，γ_{sv}，γ_{sl} 和 γ_{lv} 分别是固体蒸汽、固体液体和液体蒸气的表面张力。当 $\phi<90°$，液体润湿固体；$\phi>90°$ 液体不能润湿固体。在一般情况下，碳材料的润湿性差的铝接触角范围从 140° 到 160°。虽然对于具有低反应性的基体材料，比如金刚石和石墨，通过优化气体压力浸渗工艺参数，可以有效地解决界面反应问题。然而，对于高活性炭材料，如碳纤维，想获得具有良好性能的碳铝复合材料，靠优化的制造参数是不够的。目前流行进行碳材料涂层的方法来解决问题，更有效的方法还值得研究者的进一步探究。

这一系列问题的存在势必会影响金刚石 / 铝复合材料在电子封装材料领域的应用，所以这些问题的解决现如今已成为国内外研究者的重点。

对于复合构型的认识，一般只限于宏观增强体的空间分布，但微观构型，如复合界面微观构造的变化同样会影响复合材料的热导率。人们经常使用增强体表面金属化或者基体合金化在复合界面处镀层来优化增强体与基体的界面结合，然后人们对于复合材料的研究并不够透彻，再加上加工技术的限制，镀层的厚度比较大（常达 0.5 ~ 2μm），热导率比较低。低热导率过渡膜的引入，如在金刚石 / 铝或金刚石铜中引入钛（Ti），碳化钛（TiC），铬（Cr）或碳化铬（Cr_2C_3）、Cr_3C 等界面象，虽然这些方法在改善界面结合中效果显著，但不幸的是在另一方面却使得界面热阻大大增加，所以通过金刚石金属化进行界面调控的方式必须综合考虑界面反应和界面热阻。

2. 方案论证

随着微电子技术的迅猛发展，半导体芯片和集成电路为了追求更快的运算速度和更复杂的功能，其集成度不断提高，特征尺寸不断减小，这就会使得器件的功率密度越来越大，单位发热量迅速上升。如果这些热量不能及时排除，将会严重影响电子器部件的工作稳定性和安全可靠性，因此，对热管理材料提出更高的性能要求。金刚石不仅具有高热导率、高杨氏模量以及低的线膨胀系数，而且具有突出的比模量，与铝（Al）、金属复合形成金刚石 / 铝复合材料，能显著提高铝基材的硬度、耐磨性、热导率，降低基材的热膨胀系数，从而成为热管理材料的重要研发对象。

界面是影响复合材料最终性能的关键因素，在金刚石 / 铝复合材料制备过程中，要解决的主要问题是保证金刚石颗粒与基体具有良好的界面结合，同时控制金刚石与铝的界面反应。采用基体合金化以及金刚石表面金属化可实现上述目标，制备出符合使用需求的金刚石 / 铝复合材料。

在实际服役过程中，由于金刚石和铝基体的热膨胀系数差距较大，在温度变化的条件下可能出现热应力，同时复合材料在制备过程中也会存在残余应力，因此，在交变温度下复合材料微观组织和界面状态可能发生变化，从而引起热物理性能的变化。白智辉等人对金刚石 / 铜复合材料 −55 ℃ ~ 125 ℃和 −196 ℃ ~ 85 ℃两种热冲击条件下热物理性能和界面结合状态进行研究，热冲击后复合材料热导率有不同程度的降低。因此，对金刚石 / 铝复合材料在温度交变条件下的热物理性能变化进行研究是十分必要的。

本课题主要采用无压浸渗法制备金刚石/铝复合材料，利用扫面电子显微镜观察金刚石在复合材料中的分布状态及金刚石和铝基体的界面结合状况。重点研究复合材料在冷热冲击条件下的热导率和热膨胀系数的变化，分析性能变化产生的原因，为今后金刚石/铝复合材料制备应用和性能改进提供理论支持。

3. 研究方法

3.1 实验流程

采用无压浸渗法制备高导热金刚石/铝复合材料，采用 SEM 手段观察所制备复合材料的显微组织，测量其热导率与热膨胀系数。然后对该材料进行冷热冲击工艺处理（重点研究 −65℃/15mins ～ 175℃/15mins 冷热冲击 10 次条件下，复合材料热导率和热膨胀系数的变化规律）；对处理后的材料进行热物理性能分析，并与处理之前的结果进行对比，分析热物理性能变化的主要原因（如图 4）。

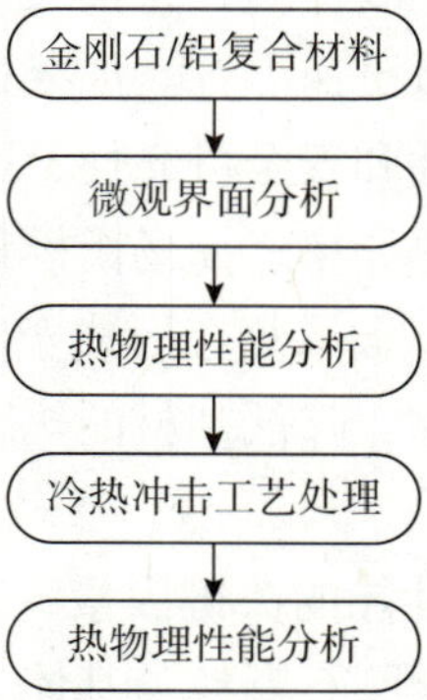

图 4　实验流程图

3.2 试样制备

此次实验中主要用到的实验材料为金刚石和 Al–Mg–Si 合金，金刚石的体积分数为 50%。常规制备金刚石/铝复合材料主流的方法有液态法和固态法，其中液态法主要包括压力浸渗、无压浸渗、搅拌铸造、真空吸铸法等；固态法主要包括粉末冶金、放电等离子烧结法等。而本次实验所用的复合材料为无压浸渗法制备的。

无压浸渗：这是一种制造复合材料较为先进的方式，该法运用特殊的浸渗氛围（如氮、氩和氢混合气等），致使铝液可以在无压的条件下自发浸入事先准备好的预制体而制成不但具有增强体良好特性还具有填充物优异性质的复合材料。无压浸渗制备工艺特别适合获得高体积分数复合材料，且容易制备出平面尺寸较大,或者表面形状复杂的复合材料坯料,成本较低,适用于大批量复合材料的制备。

4 研究结果

4.1 复合材料形貌分析

如图 5 和图 6 所示，分别为 60 倍、150 倍和 500 倍下扫描电子显微镜下观察到的复合材料形貌，可以看到金刚石颗粒均匀分布在铝基体中，大部分颗粒与铝基体界面结合良好，但仍可观察到部分金刚石与铝基体中间存在明显的间隙。由于金刚石与铝具有选择性润湿，其中铝{100}面与金刚石的润湿性较好，而{111}面不容易与金刚石润湿，而无压浸渗主要是依靠金属与增强体之间的润湿性和毛细血管作用使金属渗透到增强体预制体中，因此部分孔洞的出现主要与金刚石颗粒与铝基体之间的选择黏结性有关。

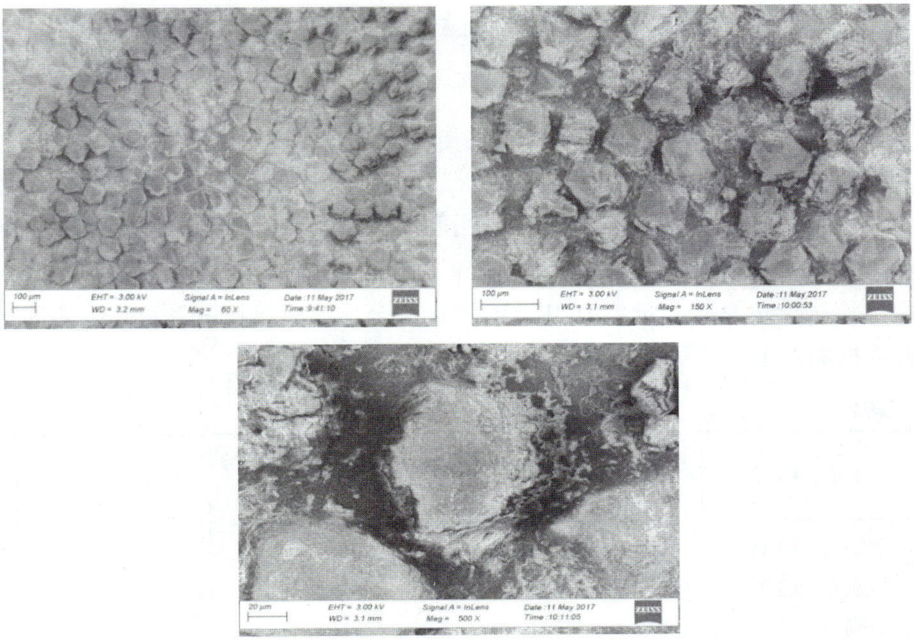

图 5 样品 1 的表面形貌

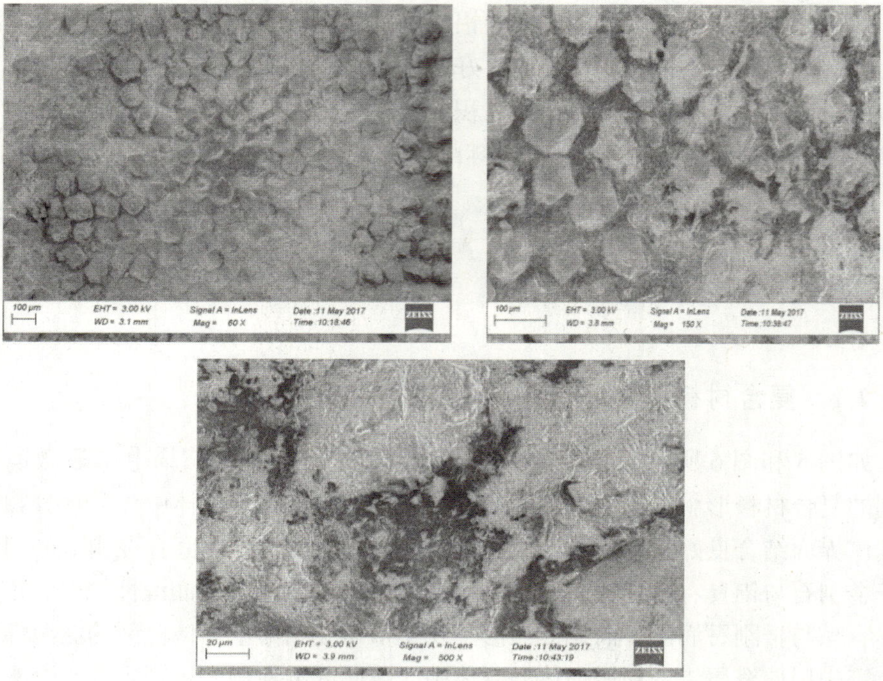

图 6　样品 2 的表面形貌

4.2　样品在冷热冲击前后热导率和热膨胀系数的对比分析

4.2.1　热导率分析结果

复合材料热导率由公式 $\lambda=\alpha\times C_p\times\rho$ 计算得到，其中 α 表示热扩散系数，C_p 表示比热容，ρ 表示材料密度，采用密度仪测量得到复合材料样品的密度为 3.058*103Kg/m^3，采用差示扫描量热仪 DSC 200F3 测量试样比热容为 610J/(Kg·K)。采用热流法导热系数测量仪 HMF 436 测量复合材料的热扩散系数，冷热冲击前后的数据如表 1 和 2 所示。

表 1　冷热冲击处理前样品的热扩散系数

样品名称	试样厚度 mm	垂直方向热扩散系数（α）25℃，mm^2/s	导热率 W/（m·K）
金刚石 / 铝 1	2.993	179.28	334.43
金刚石 / 铝 2	3.025	190.45	355.26
金刚石 / 铝 3	3.016	191.42	357.07

表 2 冷热冲击处理后样品的热扩散系数

样品名称	试样厚度 mm	垂直方向热扩散系数（α）25℃，mm^2/s	导热率 W/（m·K）
金刚石 / 铝 1	3.001	177.55	331.20
金刚石 / 铝 2	3.033	187.62	349.98
金刚石 / 铝 3	3.023	188.94	352.44

表 3 冷热冲击工艺对复合材料热导率的影响

样品	热导率（处理前）W/（m·K）	热导率（处理前）W/（m·K）	变化量	变化率
1	334.43	331.20	3.23	0.97%
2	355.26	349.98	5.28	1.49%
3	357.07	352.44	4.63	1.30%

对比冷热冲击对复合材料热扩散系数和热导率的影响规律，如表 3 所示，可以发现: 试样 1、2、3 的热扩散系数分别由之前的 334.43W/(m·K)、355.26W/(m·K)、357.07W/（m·K）降至 331.20W/（m·K）、349.98W/（m·K）、352.44W/（m·K）。热扩散系数的降低量分别为 0.96%、1.49%、1.3%。各样品的导热率变化量均在误差允许范围之内，可以看作在冷热冲击前后导热率没有明显变化。由此我们可以得出结论，金刚石 / 铝复合材料在 62℃ ~ 175℃循环 10 次的冷热冲击后，热导率变化不明显。

北京有色金属研究总院采用压力浸渗和超高压熔渗法制备了金刚石 / 铜复合材料，并对其 –55 ℃ ~ 125℃和 –196 ℃ ~ 85 ℃ 两种热冲击载荷下的热物理性能进行研究，结果发现 –55 ℃ ~ 125℃冲击下复合材料热导率下降了 2.5% 左右，–196 ℃ ~ 85 ℃冲击下复合材料导热率下降更明显。对比本次实验，由于无压浸渗复合材料界面结合状态较好，冷热冲击后复合材料热导率没有明显变化，因此，冷热冲击对复合材料热导率的影响与界面结合状态有关。

4.2.2 热膨胀系数分析结果

热膨胀系数的测定条件：温度范围 20℃ ~ 150℃，氩气气氛，升温速率 5℃ / min。冷热冲击前后复合材料线膨胀系数的测定结果如图 7、图 8、图 9 所示。根据复合材料使用服役工况，重点分析 20 ℃ ~ 100℃、20 ℃ ~ 150℃的平均热膨胀系数，具体数据如表 4 所示。

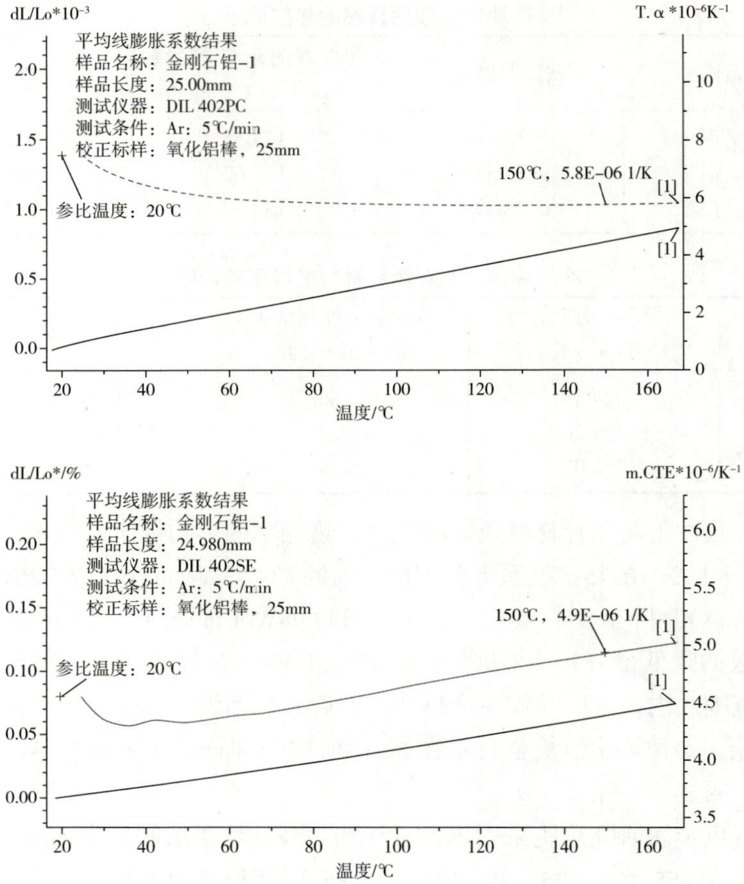

图 7　冷热冲击前后样品 1 的热膨胀系数对比

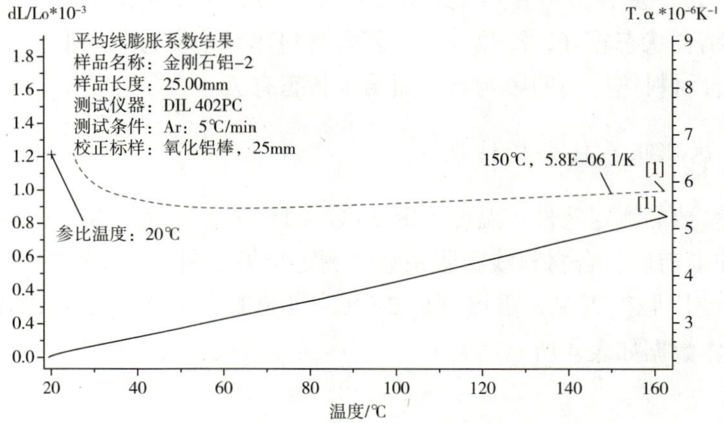

图 8　冷热冲击前后样品 2 的热膨胀系数对比（一）

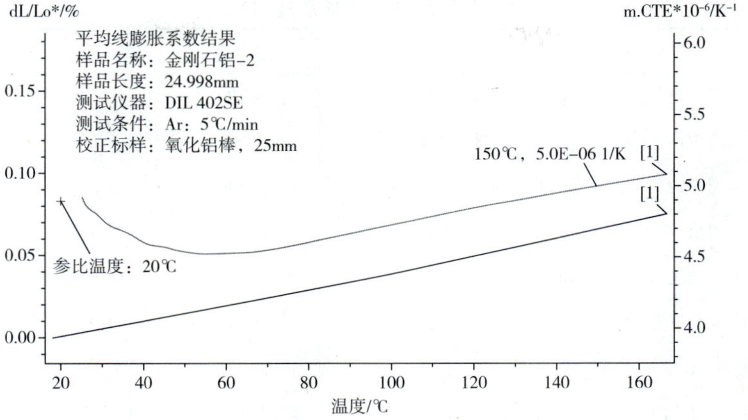

图 8　冷热冲击前后样品 2 的热膨胀系数对比（二）

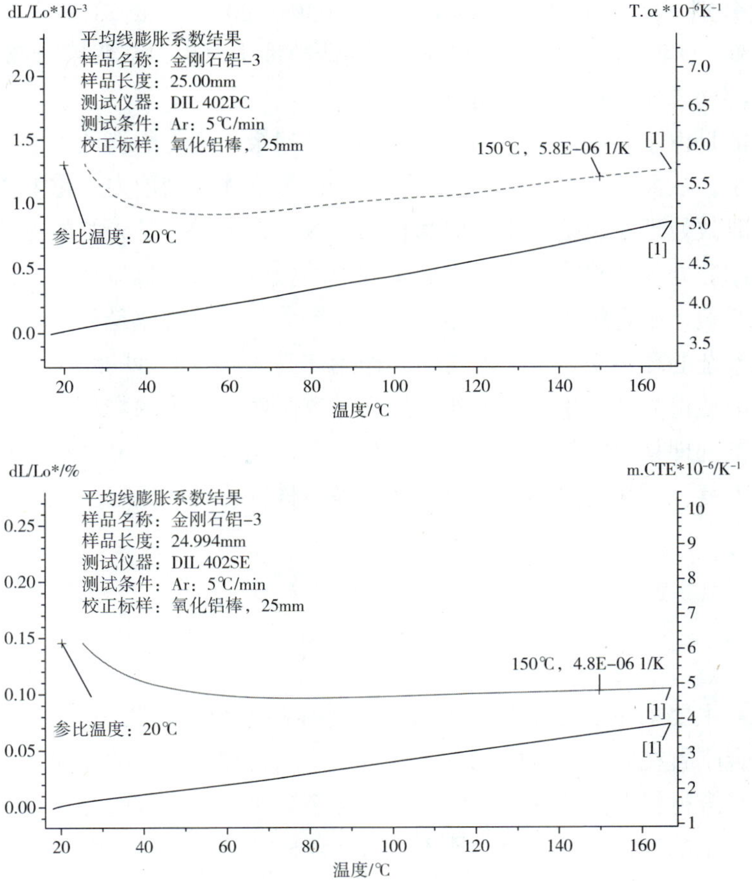

图 9　冷热冲击前样品 3 的热膨胀系数对比

表 4 处理前后的热膨胀系数对比

样品	1	2	3
处理前 20 ~ 100℃热膨胀系数 Alpha（$*10^{-6}K^{-1}$）	5.73	5.53	5.32
处理前 20 ~ 150℃热膨胀系数 Alpha（$*10^{-6}K^{-1}$）	5.75	5.76	5.59
处理后 20 ~ 100℃热膨胀系数 Alpha（$*10^{-6}K^{-1}$）	4.63	4.73	4.68
处理后 20 ~ 150℃热膨胀系数 Alpha（$*10^{-6}K^{-1}$）	4.94	5.00	4.83
变化量（20 ~ 100℃）Alpha（$*10^{-6}K^{-1}$）	1.10	0.80	0.64
变化量（20 ~ 150℃）Alpha（$*10^{-6}K^{-1}$）	0.81	0.76	0.76
变化率（20 ~ 100℃）	19.20%	14.47%	12.03%
变化率（20 ~ 150℃）	14.09%	13.19%	13.60%

由表 4 的分析可以直观看到在冷热冲击后 3 个样品 20 ℃ ~ 100℃的平均热膨胀系数分别下降了 19.20%、14.47%、12.03%；20 ℃ ~ 150℃的平均热膨胀系数分别下降了 14.09%、13.19%、13.60%。在冷热冲击之后热膨胀系数都有所下降，并且下降幅度要比导热率变化明显得多。

这可能是由于残余内应力的释放引起的。残余内应力的释放可以稳定物质的性质、大小，从而使得样品的热膨胀系数降低。消除残余应力的重要手段是时效处理，而时效处理又包括人工时效和自然时效。人工时效是人为的方法，一般是加热或是冰冷处理消除或减小淬火后工件内的微观应力、机械加工残余应力，防止变形及开裂，稳定组织以稳定零件形状及尺寸。自然时效是利用白日黑夜和四季变更等繁杂的环境交替变化的长时间作用使晶体产生微妙的缩小或膨胀，这种作用力渐渐使得晶体发生晶格滑移，最终导致了残余应力的释放。本实验所采用的冷热冲击处理是将时效处理和冷处理相结合，同样可消除复合材料种的残余内应力，使得复合材料的热膨胀系数降低，提高材料的尺寸稳定性。

5. 创新点

本课题主要采用了无压浸渗法制备金刚石 / 铝复合材料，利用扫描电子显微镜观察了金刚石在复合材料中的分布状态及金刚石和铝基体的界面结合状况。重点研究了复合材料在冷热冲击条件下的热导率和热膨胀系数的变化规律，分析了性能变化产生的原因，为今后金刚石 / 铝复合材料制备应用和性能改进提供理论支持。

6. 工作存在的不足与展望

本项目研究过程中进行了大量的样品手工打磨工作和较多的数据处理工作，在文献调研、实验操作和数据分析方面积累了一定的经验，分析得到了不同冷热冲击工艺下复合材料热物理性能的变化规律，并对材料显微组织进行了观察。存在的主要问题是尽管通过对复合材料冷热冲击前后的界面组织进行了扫描电子显微镜的观察，但如需获得更深入的界面行为的信息还需进一步通过透射电子显微镜进行分析，此部分工作未及开展，因此，无法获得更为全面的复合材料冷热冲击下界面的演变规律，此问题有待进一步的研究论证。

参考文献

[1] 朱敏，孙忠新，高锋，等 . 电子封装用金属基复合材料的研究现状 [J]. 材料导报，2013，27（s2）：181–183.

[2] 徐婷 . 电子封装用金刚石 / 铝复合材料的研究 [D]. 东南大学，2014.

[3] Weber L，Tavangar R. Diamond–Based Metal Matrix Composites for Thermal Management Made by Liquid Metal Infiltration — Potential and Limits[J]. Advanced Materials Research，2008，59（59）：111–115.

[4] 刘永正 . 金刚石 / 铝复合材料影响因素研究 [J]. 超硬材料工程，2009，21（5）：15–17.

[5] 沈晓宇，任淑彬，刘楠，等 . 放电等离子烧结法制备高导热金刚石 /Al 复合材料 [J]. 粉末冶金材料科学与工程，2011，16（2）：260–265.

[6] 杨锐 . 基于熔融技术的铝基复合材料制备与性能研究 [D]. 合肥工业大学，2014.

[7] 王新宇，于家康，朱晓敏 . 镀 TiC 金刚石 / 铝复合材料的界面及热膨胀性能 [J]. 中国有色金属学报，2012，22（6）：1718–1724.

[8] 李志强，谭占秋，范根莲，等 . 高效热管理用金属基复合材料研究进展 [J]. 中国材料进展，2013，32（7）：431–441.

[9] Shen X Y，He X B，Ren S B，et al. Effect of molybdenum as interfacial element on the thermal conductivity of diamond/Cu composites[J]. Journal of Alloys & Compounds，2012，529（29）：134–139.

[10] Ren S，Shen X，Guo C，et al. Effect of coating on the microstructure and thermal conductivities of diamond – Cu composites prepared by powder metallurgy[J]. Composites Science & Technology，2011，71（13）：1550–1555.

[11] Schubert T，Ł. Ciupi ń ski，Zieli ń ski W，et al. Interfacial characterization of Cu/diamond composites prepared by powder metallurgy for heat sink Applications[J]. Composites Part A Applied Science & Manufacturing，2008，58（4）：263-266.

[12] 宋月清，夏扬，谢元锋，等. 金刚石热管理材料的研究进展 [J]. 超硬材料工程，2010，22（1）：1-8.

[13] 白智辉，郭宏，张习敏，等. 热冲击对金刚石/铜复合材料的热学性能影响[J]. 稀有金属，2013，37（5）：840-844.

关于自动跟随小车的外观造型及交互创新设计

北方工业大学：梁　骁　高　凡　骆亭宇　姚佳雯

指导教师：乔　宇　讲师

摘　要：本文立足于工业设计中的外观和交互设计，通过科学的调研和功能论设计思想和方法，结合已有技术解决个人在搬运快递中的问题。

关键词：自动跟随；交互设计；外观设计；快递搬运

随着网上购物越来越便利，越来越多的人改变了传统的购物方式。根据国家邮政局公布的2017年邮政行业运行情况数据，2017年全国完成快递业务量共计401亿件，同比增长28%。在小区和校园等人群密集的地方，人们在取走快递之后通常需要搬运一段距离，同时还会遇到大件的包裹不便于搬运、快递太重等问题。在校园内，现有的搬运工具是手推车，使用中有噪音，笨重，用完之后需用户归还至借用处。在此问题背景下，我们想设计制作一款新型自动跟随小车，能够实现承载货物并跟随用户行为轨迹，代替手推车完成货物搬运的功能。

自动跟随小车的设想根据现实生活中的痛点应运而生，针对专业特点，我们的重点是生活问题的调研，需求和功能分析，外观设计和App界面交互设计，功能的实现选用的是现有技术。

设计理念是“形式追随功能”，以人为中心的设计。因此在调研和分析阶段，均围绕用户在使用产品的过程中发生的及可能发生的动作为参考，在外观造型、尺寸和色彩选择上充分考虑人机工程学。

1. 调研

在进行产品的具体设计之前，先确定该产品的使用人群及消费人群。以学校近邻宝及类似设施为例，使用人群主要是学生，而消费人群设定为代收发快递的机构。

本次调研共发放160份网上问卷，涉及使用者的职业、收入，常见包裹尺寸等。

现场观察及询问。

2. 功能分析

2.1 需求分析

使用人群为大学生，搬运中存在问题有快递重、包装大、不易携带；其行为路线主要是从快递驿站到宿舍楼，这段空间中仅有少量高度在15cm以下的坡度。

提供产品的是驿站，即使用人群集中取快递的地方；现有的功能为收发快递，暂时储存快递包裹，提供搬运手推车，工作人员下班以后能够自助取快递。

据问卷调查和现场询问，在快递重、多，包装损坏，距离较远情况下，使用人群希望使用智能搬运设备，同时避免将设备送回总站。

在此过程中，用户的行为有：取得快递——寻找可用的搬运车——放置快递（弯腰——放置并确保稳定）——识别身份——启动小车——自动跟随至回收点——取走快递（弯腰——释放固定装置）——断开连接。

2.2 功能分析

将此次产品定义为从快递站到宿舍能够搬运沉重物品的自动跟随设备。

按照使用行为，小车需具备以下功能：

（1）车的尺寸变更：伸缩杆，伸缩板

（2）停放方式：摞放，侧放

（3）取用方式：二维码识别，蓝牙连接

（4）放置包裹：自带斜面，统一配备辅助斜面

（5）放置面：平面，储藏空间

（6）防止掉落：伸缩杆，绑带

（7）自动跟随：蓝牙，视觉识别，超声波

（8）转弯：差速

（9）避障：红外线

（10）卸下包裹：斜面

（11）使用结束：断开蓝牙

（12）回收：各宿舍楼设点，送到回收点

3. 方案初步设计

3.1 外观

以基本几何形为基础进行形态推敲。

3.1.1 提出三个基本方案

（1）椭圆形外观，带有凹槽的收纳空间。

（2）矩形外观，带有凹槽的收纳空间。

（3）矩形外观，平面放置。根据“结构追随功能”的理念，我们认为椭圆的整体形态没有增加储物空间，在该设备投放量大的时候，会浪费停放面积，而带有凹槽的收纳空间尽管能够更加有效地防止承载物体掉落，但是在快递包裹大小超过收纳空间时不便于自主搬运。因此最终选择矩形，平面放置。

3.1.2 为防止物件掉落，我们提出了使用绑带、伸缩杆、伸缩板

三者比较之后，选用伸缩板方案，其优势是，能够最大限度地防止承载物掉落，同时能在一定程度上增加小车的载物面积。伸缩板设计在车体两侧，使用时抽出，平时收纳在盒体内。

3.1.3 在水平的承载面上，通过“切割”形成功能面，该区域的作用为承载；前端为曲面，内设有控制系统。

3.1.4 在色彩选择上，小车的基础颜色选定为黑色

作为搬运货物的工具，黑色不易弄脏，且给人结实、耐用的心理暗示，配以恰当的材质没有廉价感；在特殊的功能区选择了较为醒目的颜色——绿色和橙色，与整体颜色做出对比，引起用户注意。

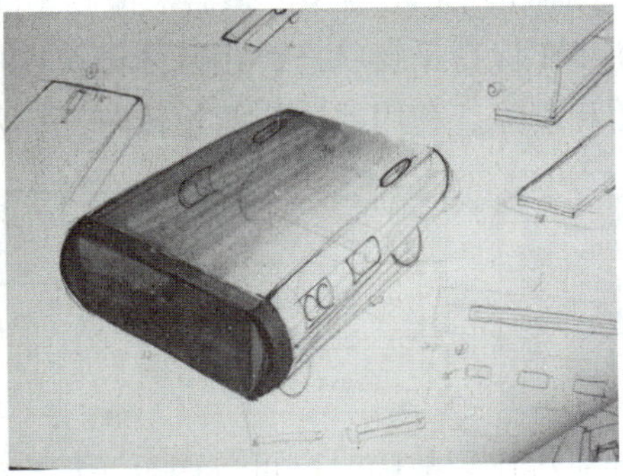

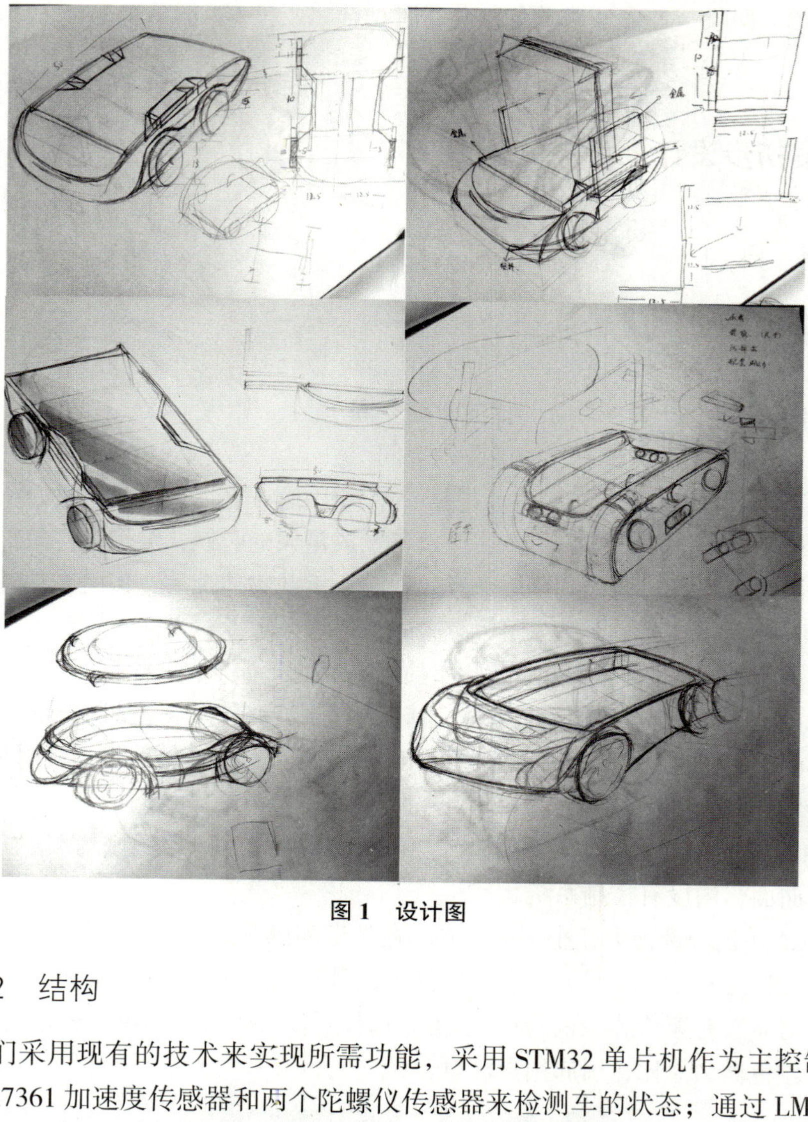

图 1　设计图

3.2　结构

我们采用现有的技术来实现所需功能，采用 STM32 单片机作为主控制器，用 MMA7361 加速度传感器和两个陀螺仪传感器来检测车的状态；通过 LM298 控制小车两个电机，来使小车保持平衡状态；用蓝牙模块连接小车与用户手机；通过超声波模块实现跟随和避障，利用差速使两轮转向。

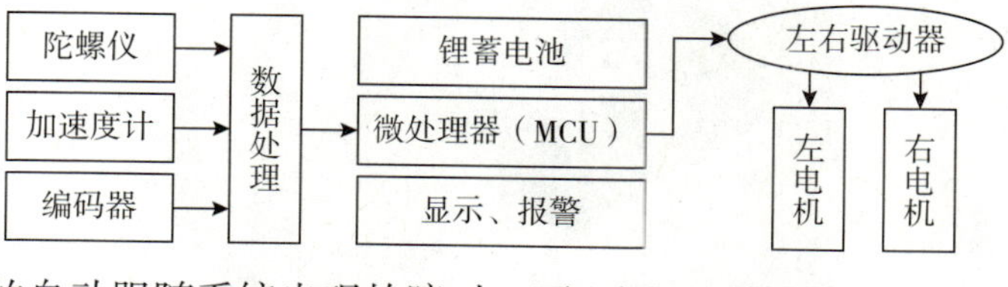

当小车的自动跟随系统出现故障时，可以调至遥控模式。

4. 原型机实验

初步定下方案之后，用纸板和泡沫制作了长 × 宽 × 高为 500 × 300 × 130mm 的原型机，前后轮距为 250mm，轮子直径为 130mm。在实验中，样机能够实现载物及运输功能，但整体造型显得笨重；在配备控制器、传感器、电机等内部结构之后，盒内仍有大量多余空间。

5. 外观深入设计

5.1 用 solidworks 建模。

修改小车整体尺寸为 500 × 300 × 100mm，保留原有的造型，并加入了部分细节。

5.2 边线处理，将小车的外壳加厚，作为包覆的外壳。

5.3 “切割”功能面，水平面上的承载区域与边缘分割，采用不同材质。

5.4 车的前进方式，我们提出了履带式、四轮、三轮，其中三轮又分为前轮驱动和后轮驱动，根据小车的结构和样机实验，确定最终的造型方案为三轮，由后轮驱动。

5.5 伸缩板选用了较为醒目的颜色——绿色 RGB（7，185，28）和橙色 RGB（248，160，8），提示用户此处为特殊功能区。

5.6 材质选择与表面处理，外壳为金属材料，边缘做金属直纹拉丝处理，用机械摩擦的方法加工出直线纹路；承载区域做喷砂处理，改变光洁度和应力状态，同时形成雾面效果，增大摩擦力。

效果图如下：

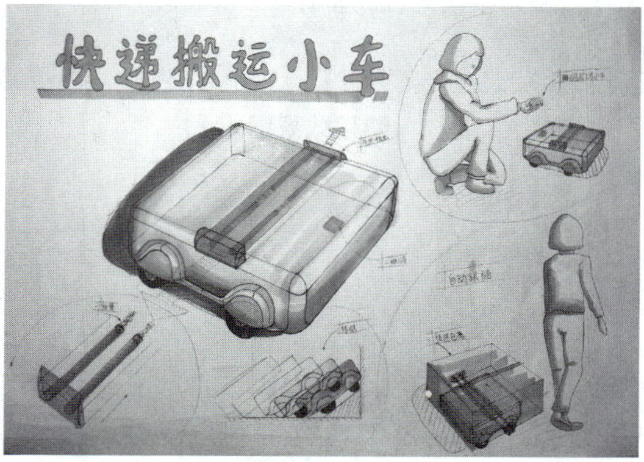

图 2　手绘效果图（a）

图 2　渲染效果图（b）

图 2　细节图（c）

图 2　使用效果图（d）

6. 商品化设计

产品的设计是为了满足人们的需求，因此需要将一定用途的物质产品和非物质形态的服务结合起来，在这里我们选择通过 App 把自动跟随小车和用户联结起来，实现共享模式。

在小车的前端均附有二维码，用户通过扫码完成身份识别并触发小车自带的蓝牙信号，信号连接之后即可实现自动跟随；在使用完成之后将小车放至附近的回收点，通过 App 断开连接即可，下一个使用者可以从附近回收点取用小车。需要专员定期将回收点的小车回收。

6.1　App 使用 MIT App Inventor2 制作，是完全可视化的逻辑编程

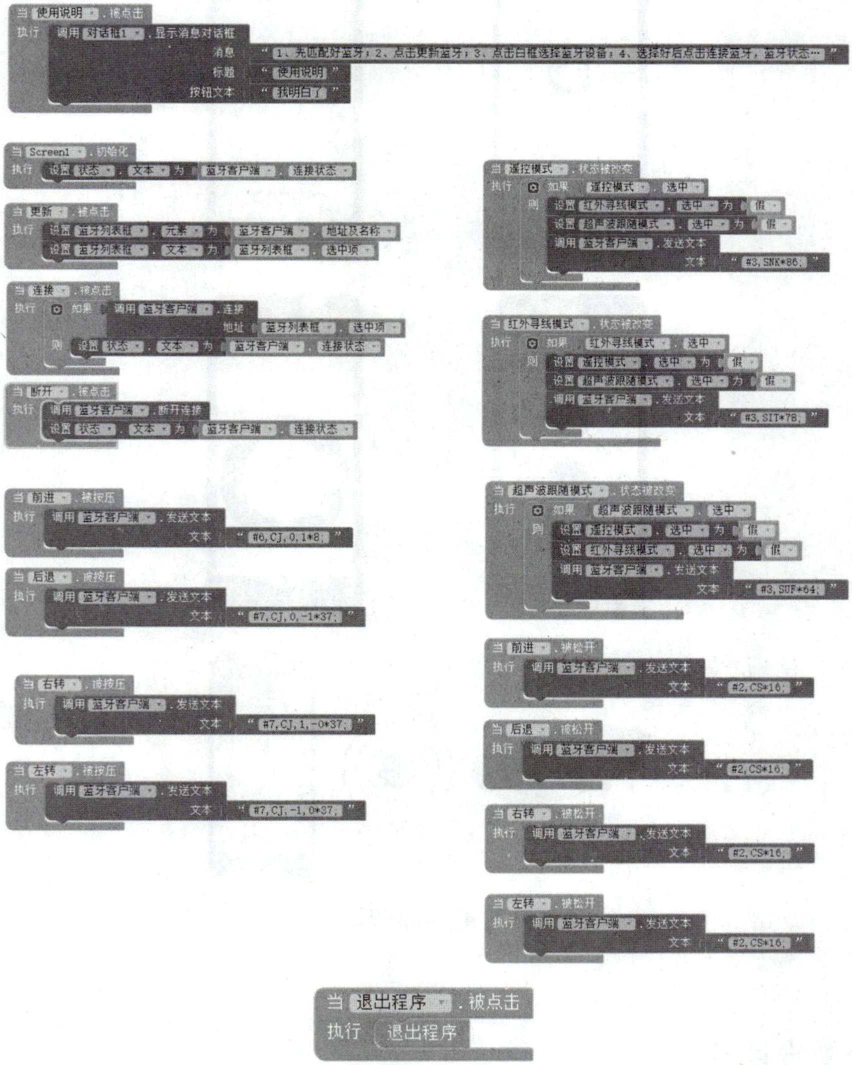

图 3

6.2 界面设计

Easy go 智能 App。

对 App 界面与 LOGO 进行了设计，并编程，下载至手机。

界面效果图如下：

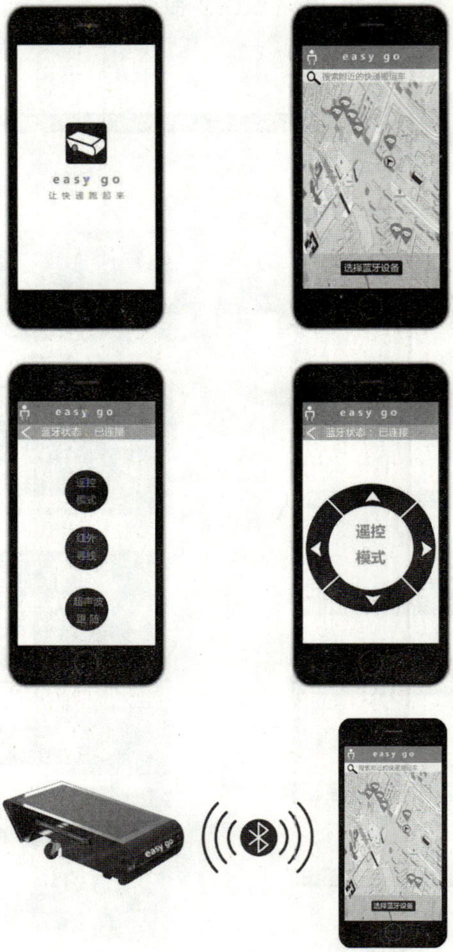

图 4　App 界面

7. 外观设计专利

申请了外观设计专利，国家知识产权局下发的专利受理相关文件如下：

中华人民共和国国家知识产权局

510000

广东省广州市番禺区东环路 429 号港信城 A 座 508 室
张小娃(13247697310)

发文日：

2018年03月01日

申请号或专利号：201830078121.7 发文序号：2018030101255610

专利申请受理通知书

根据专利法第 28 条及其实施细则第 38 条、第 39 条的规定，申请人提出的专利申请已由国家知识产权局受理。现将确定的申请号、申请日、申请人和发明创造名称通知如下：

申请号：201830078121.7
申请日：2018 年 03 月 01 日
申请人：梁晓
发明创造名称：快递搬运车

经核实，国家知识产权局确认收到文件如下：
外观设计专利请求书 每份页数:4 页 文件份数:1 份
外观设计图片或照片 每份页数:3 页 文件份数:1 份
外观设计简要说明 每份页数:1 页 文件份数:1 份

提示：

1. 申请人收到专利申请受理通知书之后，认为其记载的内容与申请人所提交的相应内容不一致时，可以向国家知识产权局请求更正。
2. 申请人收到专利申请受理通知书之后，再向国家知识产权局办理各种手续时，均应当准确、清晰地写明申请号。
3. 国家知识产权局收到向外国申请专利保密审查请求书后，依据专利法实施细则第 9 条予以审查。

审 查 员：自动受理 审查部门：专利局初审及流程管理部

200101 纸件申请，回函请寄：100088 北京市海淀区蓟门桥西土城路 6 号 国家知识产权局受理处收
2010.4 电子申请，应当通过电子专利申请系统以电子文件形式提交相关文件。除另有规定外，以纸件等其他形式提交的文件视为未提交。

图 5

参考文献

[1] 简召全 . 工业设计方法学 [M]. 北京：北京理工大学出版社，2011.

[2] 唐纳德 · A · 诺曼 . 设计心理学——情感化设计 [M]. 北京：中信出版社，2015.

[3] 陈璟，陈平华，李文亮 . Android 内核分析 [J] . 广东工业大学计算机学院实践与经验 .2009：112-115.

[4] 赵亮，张维 . 基于 Android 技术的界面设计与研究 [D] . 徐州建筑职业技术学院，2001.

[5] Bruce Eckel .Thinking in java（java 编程思想）第四版 [M]. 北京：机械工业出版社，2011.

[6] 林城 . Android 2.3 应用开发实战 [J] . 北京： 机械工业出版社，2011.

真空辅助树脂扩散成型工艺实验研究及应用

北方工业大学：刘晓兴　杨旭钊　周　峰　韩成彬

指导教师：艾正青　讲师

摘　要：真空辅助树脂扩散成型工艺（SCRIMP 或 VARIM）是在传统的树脂灌注成型工艺（RTM）的基础上发展而来的，此工艺产品强度高，重量轻，含胶量低，气泡含量少，产品均匀性好，并且模具制备及实际操作都更为简便。在本项目中我们掌握了此工艺，并最终应用于我校方程式赛车上。

关键词：复合材料；真空辅助成形工艺；FSC 赛车

真空辅助树脂扩散成型工艺（SCRIMP/VARIM）是在传统的树脂灌注成型工艺（RTM）的基础上发展而来的。相较于 RTM 工艺而言，SCRIMP/VARIM 工艺生产出来的产品强度高，重量轻，含胶量低，气泡含量少，产品均匀性好，并且模具制备及实际操作都更为简便，而且由于复材的固化过程都是在真空袋中完成，有毒、有害气体的释放相较于 RTM 工艺极其稀少，因此，研究和推广 SCRIMP/VARIM 工艺十分有意义。

1. 真空灌注成型工艺简介

一般的真空灌注成型工艺是在高硬度、高表面质量的单面模具上干法铺贴增强材料（玻璃纤维、碳纤维、凯芙拉、夹心材料等，有别于真空袋工艺），然后铺真空袋材料（先铺上脱模布，接着是导流布，最后是真空袋），连接抽真空体系，并抽出体系中的空气，在模具型腔中形成较高负压，利用真空产生的压力把液态树脂通过预先设计并铺设的注胶管路压入纤维层中，让树脂浸润增强材料最后充满整个模具，制品固化后，揭去真空袋材料，从模具上得到所需的光洁制品。

无夹芯材料真空灌注成型工艺图解（图 1），有夹心材料工艺图解（图 2）。

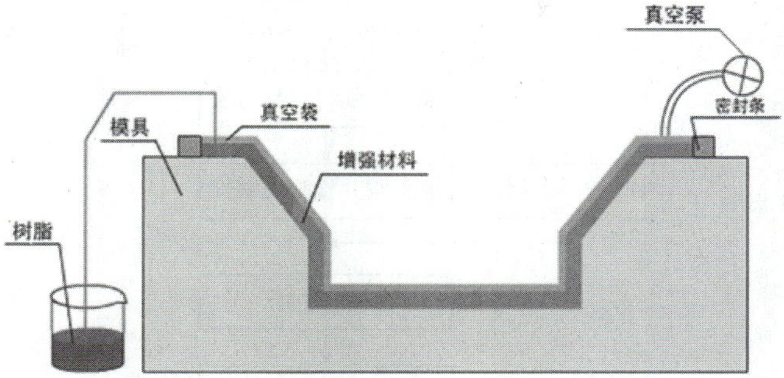

图 1　无夹芯材料真空灌注成型工艺

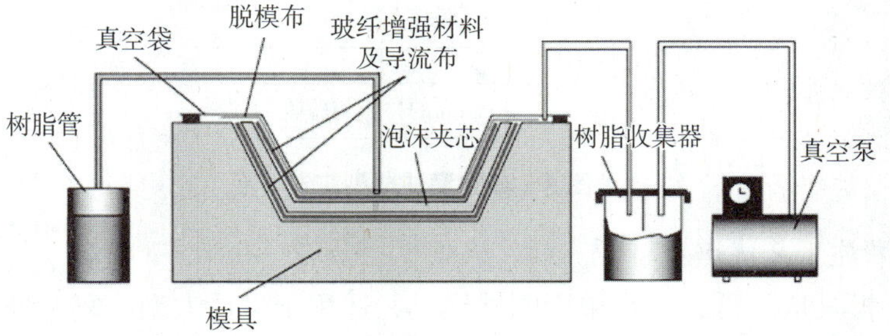

图 2　有夹心材料工艺

如图 3 所示，整个工艺操作步骤如下：

（1）前期准备具有高光洁度、良好的气密性的单面模具，并且剪裁增强材料、导流布、真空膜、脱模布、导流管。

（2）在模具上铺设增强材料，固定，铺设辅助材料，顺序如下：模具、辅助材料、脱模布 / 有孔隔离膜、导流网、注胶座 / 螺旋管、真空膜 / 真空胶带。

（3）连接真空设备，抽气将模具压紧，用滚轮将真空胶带压实，抽真空至设备极限后，检查漏气情况，是否存在明显漏气，间隔 15min 查看 1 次，如若漏气，查明漏气点，气密。

（4）完成 3 后确认模具气密良好，树脂计量，并将 A/B 组分混合，搅拌均匀后，静置消泡，之后导入模具，导入完成后，导入端气密。

（5）树脂固化（6H 至 8H）。

（6）脱模，并去除辅助材料。

（7）制品的检验与验收。

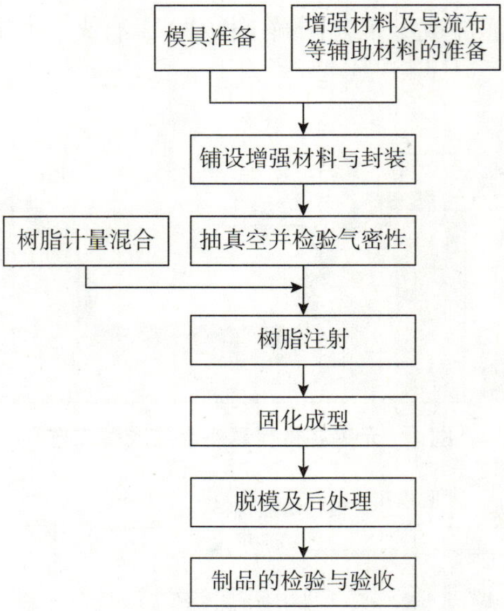

图 3　真空灌注成型工艺

真空灌注工艺优点：

（1）模具成本低，只需单面刚性模具，适用于设计大型、复杂外形。

（2）更高的树脂纤维比，孔隙率低，缺陷少，更高的机械性能。

（3）更轻的重量，减少树脂浪费，降低生产成本。

（4）树脂用量稳定，易于控制；外形可控，尺寸精确，表面质量高。

（5）挥发物少，不用预先浸润纤维，可操作性好，工作环境好。

一般存在的问题：

（1）真空灌注工艺相对复杂，对操作人员要求较高，要求操作者熟悉工艺流程，掌握操作要领，了解可能产生的问题及解决方案。

（2）管路布置，真空灌注法要求合理布置真空管和树脂导入管，每个部件的真空管和树脂导入管的布置是不尽相同的，在铺层前就要充分考虑好。

（3）树脂灌注一旦开始，就几乎不能采取任何措施来纠正错误，例如：出现一点真空泄露时，即使是少量的气体进入也会导致整个产品报废，所以一定要精心准备。

（4）要有好的心态，熟练之前会有一些部件（或者不止一些）被毁掉，正式制作前，练习制作样块。关键是通过错误学习经验。

2. 项目实践过程

2.1 材料及设备准备

（1）基体

基体材料选择环氧树脂：不同厂家两款环氧树脂，（黏度、凝胶时间、固化温度、放热峰、浸润性、韧性等均不相同）。采用环氧基树脂是考虑到其相较于其他树脂毒性低，而强度相对较高。

（2）增强材料

采用碳纤维及玻璃纤维，兼顾完成实验，并控制成本。碳纤维采用 3K/ 6K/ 12K 斜纹 / 平纹 碳纤维布各 $5m^2$，合计 $30m^2$。玻璃纤维采用 3k 斜纹编织无碱玻璃纤维布 $15m^2$。

（3）轻质芯材

PVC 泡沫，PMI，线性微孔封闭型塑料，巴山木，六边形强芯毡。

（4）模具制作材料

表面毡 30 ~ $40g/m^2$、短切毡 300 ~ $450g/m^2$、方格布 0.4 ~ 0.45mm 厚、3k 斜纹编织无碱玻璃纤维布 $15m^2$、长颈鹿牌原子灰 628/629。

（5）工艺辅助材料

快干定型喷胶、3M supper 67/77 或风电专用快干喷胶、尼龙膜及聚丙烯膜真空袋、脱模布、有孔隔离膜、真空密封胶带、导流网（选用不同克重 115g 或 230g）、真空抽气注胶管、螺旋管、注胶座、止回夹钳。

（6）真空装置

真空泵，抽速 4L/s，550w，40L 树脂收集器。

2.2 具体的实践过程

第 1 阶段 工艺的掌握实验

思路：

根据查阅的资料进行实践操作，掌握复合材料真空导流技术，制作小批量的实验样件，在实验中发现问题，并总结归纳，找到相应的解决办法。

实验参数：

模具：模具采用 300mm×600mm 的板件，模具表面光滑，之后表面涂脱膜蜡处理，按照操作要求打 3 次，并且抛光。

铺层：前期实验性质，故采用玻璃纤维布做实验，以节约实验经费，铺层厚度3层。

树脂：采用郎博万先进材料公司的真空导流用专用树脂。

其中有个别版本没有采用脱模布，直接用有孔隔离膜接触产品上表面。

实验较为成功的产品图片（图4、图5）。

图4 产品一

图5 产品二

存在的问题及经验：

（1）漏气

实验中漏气分几种：

a. 树脂未导入时模具漏气，一般在检漏阶段可以发现这个问题。在这个阶段漏气对产品影响是最小的，此时树脂未导入模具，只需要仔细查出漏气位置做到气密就可以解决。

b. 导入时漏气，一般是导入时操作不当使入胶管中混有气体，还有在导入时塑料膜被扎破，漏气。此时对产品影响也是比较小的。导流时树脂在模具中存在两个方向上的运动。一个是我们能直观看到的水平移动，有比较明显的树脂浸润和非浸润的分界线；另一个是树脂纵向的移动，在垂直于模具方向向下渗入至纤维材料中。在导入时漏气，一般气体从模具上表面走，不容易对产品造成影响。

c. 导流完成时漏气，一般模具气密都没有问题，此时漏气一般是塑料膜破了漏气，这对于产品而言是最致命的。此时漏气会使产品受到的压力丧失，会降低产品的表面质量、成品强度。故需要注意，比较重要的部件最好在早上进行导流，在整个白天可以在压力丧失时及时开启真空泵，维持负压。

（2）导流速度

导流速度过快过慢都不好，导流速度过快会使得产品中混杂有气泡，而导流速度过慢会使得在导入处的注胶座处集聚大量的树脂，环氧树脂固化过程是放热反应，并且温度越高固化过程越快。集聚大量的树脂会使得树脂未完成导流就流动性下降。此外树脂放热会对模具产生影响，轻则影响产品尺寸，重则使模具报废。故需要经过大量的实验以及经验积累，确定一个最佳的导流速度。

（3）辅助材料铺层设计

一般铺层顺序从上到下依次是：真空膜，导流网，有孔隔离膜（可以选择加或者不加，增加有孔隔离膜会使得树脂向下方的渗透速度变慢，但有隔离膜的话会比较容易在脱模时撕掉导流网）、脱模布（可以选择加或者不加，如果需要产品非模具面比较光滑，可以不加脱模布，脱模布形成的是一个毛面，但脱模布有助于控制产品含胶量）、纤维材料铺层（要注意裁剪碳布或玻纤布，要先在剪裁的地方贴一条纸胶带，一方面纤维布不会散，另一方面不会产生过多的炭渣）、涂有脱模剂的光洁模具。

（4）脱膜

脱模成功与以下各项相关：

a. 脱模剂，脱模剂分油性、水性、蜡制脱模剂，我们采用的是美光 8 号脱膜蜡。

b. 模具表面质量，模具表面不能有肉眼可见的小孔以及太多细微的不可见小孔，对于前者可采用红灰处理，而对于后者一般采用船牌封孔剂。如果不处理这些细微的小孔会使得脱模失败。

（5）后固化

一般树脂固化属性不尽相同，一般在模具上固化完成需要 8h（夏季）但完全达到工作强度还需要（24h 累加关系，总的需要 36h），这个问题要重点注意。如果产品未达到工作强度，但从模具上取下，并用不正确的放置方法放置，容易使产品产生永久变形。

第 1 阶段较为成功的产品图片（图 6、图 7、图 8）。

图 6　成功的产品

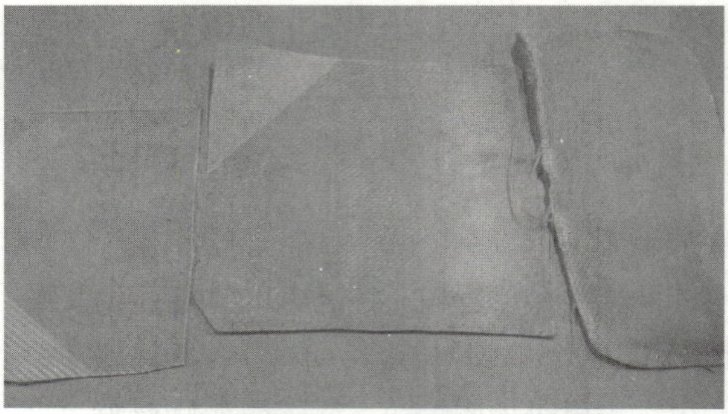

图 7　成功的产品

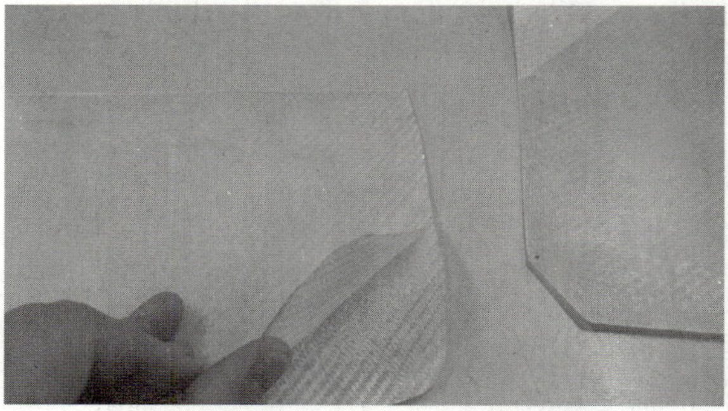

图 8　成功的产品

第 2 阶段 工艺的优化探索

思路：通过控制变量法对工艺进行定性研究，共设计如下几个对照组进行研究。

第 1 组：探究不同纤维类型，不同编织方式以及不同 K 数对导流速度的影响。

树脂：均为低黏度树脂；铺层：均为 3 层；导流网：115g；模具尺寸 400mm*600mm。铺层均无有孔隔离膜。实验时室温为 15 ℃ ~ 20 ℃。

a. 3 层 3K 玻纤布

b. 2 层 3K 玻纤布，一层 3K 碳纤维平纹布

c. 3K 碳纤维平纹布

d. 3K 碳纤维斜纹布

e. 6K 碳纤维平纹布

f. 12K 碳纤维平纹布

实验结果如表 1，实验数据受多方面因素影响，故存在一定的偏差。

表 1　实验结果

序号	a	b	c	d	e	f
导流时间	32min	29	24.5	23.5	20	19

图 9　实验过程

从实验中可以发现：

（1）相同条件下玻璃纤维导流速度慢于碳纤维。

（2）平纹、斜纹导流速度区别不大。

（3）K 数越大，导流速度越快。

实验过程图片（图 9）。

第 2 组：选用不同黏度的导流树脂。

a. 室温 25 ℃ 9000 ～ 11000cps

b. 室温 25 ℃ 2000 ～ 3000cps

铺层：均为 3 层玻璃纤维布；导流网：115g；模具尺寸 400mm × 600mm。铺层均无有孔隔离膜。实验时室温为 15 ℃ ～ 20 ℃。

实验结果见表 2。

表 2　实验结果

序号	a	b
导流时间	1h	32min

树脂粘度对导流速度的影响非常大，选用低粘度导流树脂能够比一般树脂更快完成导流。完成树脂导入的试验品（图 10）。

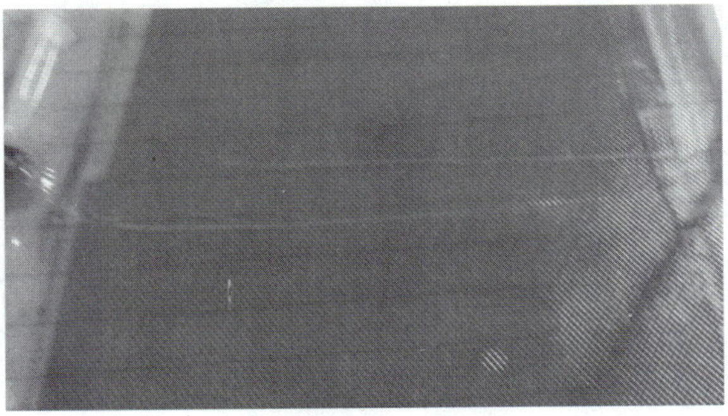

图 10　试验品

第 3 组：铺设不同克重的导流网。

a. 115g 导流网

b. 230g 导流网

铺层：均为 3 层玻璃纤维布；模具尺寸 400mm × 600mm。铺层均无有孔隔离膜。实验时室温为 15 ℃ ~ 20 ℃；树脂为低黏度树脂。

实验结果见表 3。

表 3　实验结果

序号	a	b
导流时间	32min	10min

选用克重较大的导流网能够有效地增加导流的速度，但导流速度过快造成产品表面质量下降，故需要根据实际情况做出调整和改变。下图为一个很好的思路（见图 11）。

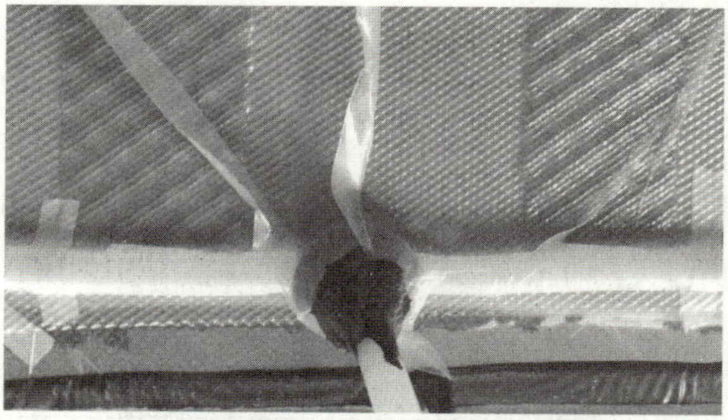

图 11　实验方案

第 2 阶段部分成品展示（图 12、图 13）。

工艺制作的不同表面质量产品见图 14。

脱模布表面与有孔隔离膜表面对比见图 15。

图 12　成品

图 13　成品

图 14　产品

图 15　脱模布表面与有孔隔离膜表面对比

第 3 阶段 将工艺应用在实际项目中

我们将本项目技术用于制作我校 NRT 车队 2017 年 FSC 赛车上的复合材料，主要用于：车身、空气动力学套件、碳纤维座椅等。

我校 NRT 车队参加了 2017 年 FSC 比赛，即将参加 2018 年 FSEC 比赛。

FSC（FSAE 中国区赛事）分为 3 个独立的比赛，分别是：FSC（油车）、FSEC（电车）、BAJIA（越野车）。FSC 和 bajia 每年在湖北襄阳举办，FSEC 每年在上海举办。中国大学生方程式汽车大赛（以下简称“FSC”）是中国汽车工程学会及其合作会员单位，在学习和总结美、日、德等国家相关经验的基础上，结合中国国情，精心打造的一项全新赛事。

FSC 活动由各高等院校汽车工程或与汽车相关专业的在校学生组队参加。FSC 要求各参赛队按照赛事规则和赛车制造标准，自行设计和制造方程式类型的小型单人座休闲赛车，并携该车参加全部或部分赛事环节。比赛过程中，参赛队不仅要阐述设计理念，还要由评审裁判对该车进行若干项性能测试项目。在比赛过程中，参赛队员能充分将所学的理论知识运用于实践中。同时，还学习到组织管理、市场营销、物流运输、汽车运动等多方面知识，培养了良好的人际沟通能力和团队合作精神。

（1）制作翼的工艺试验

a. 定性实验，解决工艺中的难点。

b. 定量实验，解决工艺中的问题并优化工艺。

规则对于空气动力学套件的强度要求：

a. 所有空气动力学装置必须能够承受在最小面积 225 cm^2 上施加的 200N 的力并且在加载方向上变形不能超过 10mm。

b. 所有空气动力学装置必须能够承受在任意一点的任何方向上施加的 50N 的力并且变形不能超过 25mm。

其中作为主要承力部件的前后主翼均要满足上述规则，为了达到满足规则的情况下做到更轻的质量，我们采用了 PMI 泡沫芯材，外加碳纤维包裹，运用真空导流工艺来制作翼。

制作翼的工艺与传统的真空辅助树脂扩散成型工艺（SCRIMP/VARIM）存在如下的不同（难点）：

a. 没有一般而言的单面模具，PMI 芯材本身作为翼的形状模具，在工艺完成后被包裹在产品中。

b. 翼的上下表面均要流过树脂，被树脂浸润，如何布置导流网以及注胶口位置？这与传统工艺不同。

工艺试验材料设计：

a. 定性实验，选用聚氨酯作为芯材。

b. 定量实验，采用聚苯乙烯制作芯材，并用电热丝切割，精确地控制芯材截面尺寸。

经过大量的实验验证，对于难点，解决方法如下：用碳纤维包裹芯材，并用定型喷胶进行固定；对于其他铺层材料用纸胶带进行固定，并且为了实验由脱模布和有孔隔离膜形成的不同表面，我们做了好几组对照实验，但在加工时我们发现一直存在一个小问题，翼的前缘时不时会出现一个褶子。后期通过大量的实验，我们找到了这个问题的解决办法（图 16）。

翼的工艺试验部分图片（图 17、图 18）左为导流时操作图，右为成品，芯材为聚氨酯的玻纤试验品。

部分翼工艺试验成品见图 19、图 20。

试验品强度展示（铺层 3k 玻纤碳纤维各 1 层，芯材为聚氨酯泡沫）见图 21、图 22。

图 16　实验结果

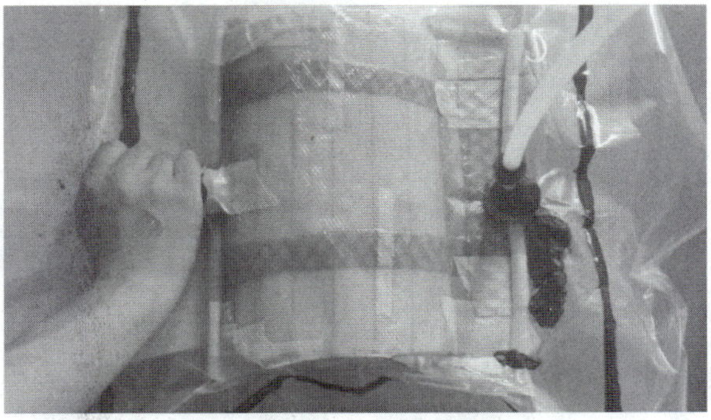

图 17　工艺试验

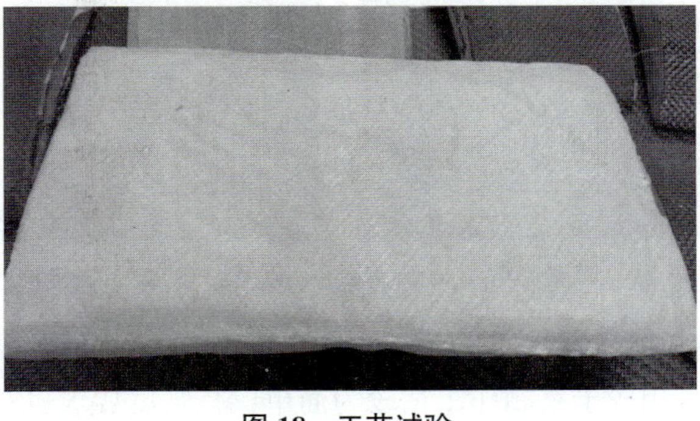

图 18　工艺试验

图 19　工艺试验成品

图 20　工艺试验成品

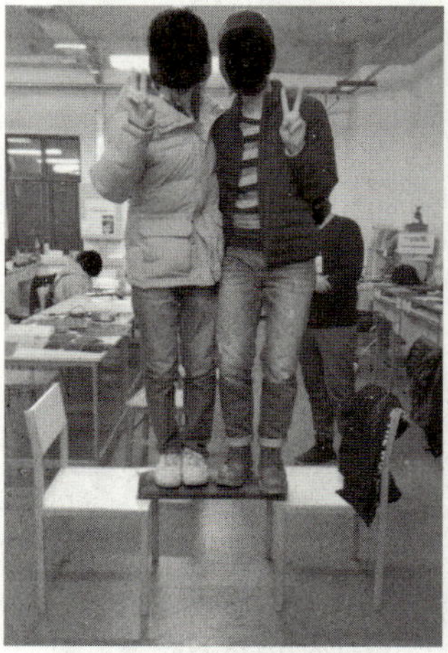

图 21　试验品强度展示

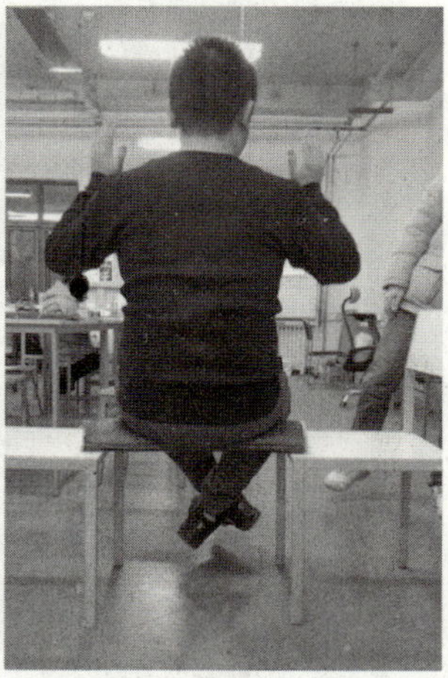

图 22　试验品强度展示

（2）制作端板的工艺试验

端板制作工艺相较于翼制作工艺较为简单，且强度要求也必须符合空气动力学套件的强度规则，工艺与先前最初掌握的导流工艺区别不大，值得注意的地方主要有以下两点：

a. PMI 泡沫为闭孔泡沫，为了保证上下铺层之间树脂可以流动，必须要在 PMI 泡沫上按一定间距提前打好孔（打孔直径 3mm，间距 30mm），以保证顺利完成导流。

b. 为保证端板两面均为光面，故导流铺层没有脱模布，只有有孔隔离膜。

c. 导流速度不能太快，否则会出现下层缺树脂的情况。

为了保证强度规则，我们进行了破坏性实验，实验断口图（图 23）。应用项目工艺制作的赛车空气动力学部件（图 24、图 25、图 26）。

图 23　实验断口

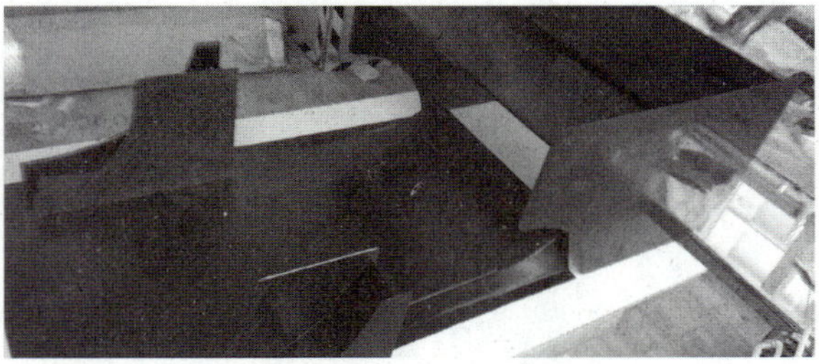

图 24　赛车空气动力学部件

图 25　赛车空气动力学部件

图 26　赛车空气动力学部件

3. 项目总结

在完成项目的过程中，完整地掌握了项目工艺，经过了大量的实验，设置了多组对照组对不少工艺条件进行了探究，得到了很有价值的第一手经验，并且将工艺应用于方程式赛车部件的制作中。

在完成项目的过程中并没有运用力学实验仪器去做定量分析，并且由于实验条件所限，本项目中对照实验并不是非常严谨；实验仅限于平板导流实验，并没有进行其他更复杂的曲面导流实验。

参考文献

[1] 黄家康 . 复合材料成型技术及应用 [M]. 北京：化学工业出版社，2011.

[2] 安晓燕 . 复合材料制品成型模具设计 [M]. 北京：中国建材工业出版社，2014.

[3] 陈康生 . 现代模型飞机制作工艺 [M] 北京：航空工业出版社，2010.

《游戏<像素大乱斗>的设计与开发》研究报告

北方工业大学：王语杰　杨永辉　刘子澍　赵　君　杨金馨

指导教师：曹丹阳　副研究员

摘　要：《像素大乱斗》是一款像素风格的生存冒险游戏，在设计上我们从日本动漫中得到了灵感，选择使用Q萌的像素主角挥舞着与身材不成比例的巨型流星锤等武器，在危险丛生的像素草原及其他场景上生存冒险便是游戏的主要内容。在游戏性上我们借鉴了时下很受欢迎的角色DIY模式，随着游戏的进程，主角在生存与战斗中会赚取点数，可以购买更多的角色与武器，甚至解锁新的场景，是一款充满无限可能性的游戏。

关键词：像素；生存；安卓

1. 背景

在智能移动终端普及的当下，作为移动应用重要分支的手游产业全面进入井喷期。中国已经成为亚洲乃至全球移动游戏市场规模最大、增速最快的市场，甚至有很多创业公司凭借手游的利润成功上市。在这样的市场环境下我们的游戏有着很好的发展前景。

据Gartner的数据显示，在2015年第四季度，iOS的占有率为17.7%，而Android则继续是占有率最高的系统，高达80.7%。在开发时间有限的情况下，我们毫不犹豫地选择了android平台来搭载我们的游戏，首先保证了用户量；其次android原生开发可以节省大量的时间，这样我们就可以集中精力给用户一个非常良好的体验，这也是我们没有选择跨平台开发的原因。

作为90后，像素小游戏可谓在我们的童年占有很高的地位，这种风格的游戏又恰巧在当今市场上属于相对火热的部分，而动漫文化则在现在的年轻人中越来越流行，尤其在手机游戏领域中，以动画元素为卖点的游戏有很多。于是我们决定结合像素风与动漫风，制作一款用像素来表现动画角色的游戏。

2. 实现方法

2.1 总体设计思路

在游戏总体的设计上，我们则是从时下流行的动漫元素中得到的灵感，主角挥舞巨型流星锤是从日本动画《从零开始的异世界》中的女角色蕾姆的武器中获得的想法，强大的反差感可以给玩家很强的视觉冲击以及留下深刻的印象，而像素风格则是经过我们平时的观察发现这种风格的游戏在近期市场上很受欢迎，下载量颇高，且组内成员们也相对喜欢这种风格，于是便决定尝试了一下，在功能和玩法及剧情上进行自己的创新，去引更多的用户参与到这类游戏中来，并在角色选择及制作上加入玩家 DIY 的成分，使玩家拥有更好的代入感。从整体上来看，本游戏流程条例清晰，界面制作独具一格，可以满足绝大多数喜爱该类型游戏的玩家的需求。

2.2 处理流程

游戏流程如下图所示，后面的解说按图中的内容进行。

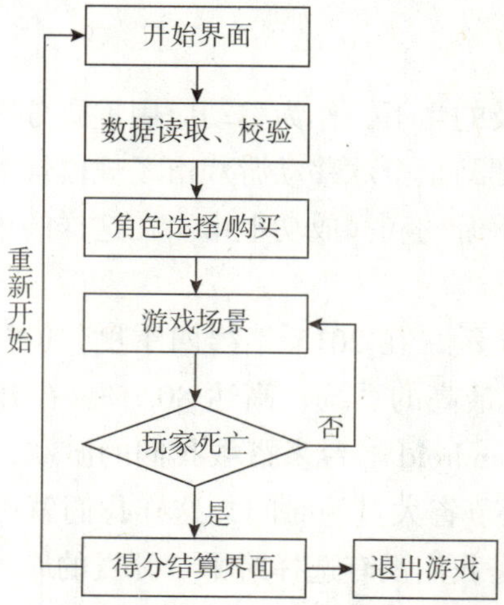

图 1 《像素大乱斗》游戏流程图

开始界面：进入游戏开始界面，点击开始游戏按钮进入角色选择界面。

数据读取、校验：从文件里读取玩家信息，校验数据准确性，以防玩家私自修改数据导致程序发生错误。

角色选择 / 购买：玩家在这里选择自己喜欢的角色开始游戏。在玩家拥有足够分数的前提下，玩家还可以在该界面花费一定分数解锁新的角色。目前一共有 5 名角色可供玩家使用，其中有 1 名玩家初始拥有的角色。

游戏场景：玩家在这个场景里进行游戏。玩家将使用摇杆操控之前选择的角色，利用角色携带的武器将不断朝角色逼近的敌人消灭，每消灭一个敌人，玩家就会获得相应的分数。敌人会随着游戏进行而逐渐增强，玩家要尽量保证自己不会被碰到。

得分结算界面：玩家死亡后会进入得分结算界面。该界面会显示玩家本局游戏获得的分数以及玩家的总分。玩家可以选择再次开始游戏或者退出游戏。

2.3　开发环境

由于我们的程序以 Android 开发为主，所以经过讨论我们决定使用比目前相对流行且具有跨平台开发功能的 Unity3D 游戏引擎来进行开发，编程语言为 C#（游戏主体）和 C++（部分动态链接库）。

2.4　程序结构

我们的游戏主要由 4 个不同的场景组成，每个场景中包含着执行不同功能的脚本、模型以及与场景功能相对应的界面。

图 2　游戏逻辑

首先，开始界面作为游戏入口进入游戏。本界面会显示游戏的名称，让玩家做好进行游戏的心理准备的同时避免太过唐突。

其次，选人界面可以让玩家选择自己喜欢的角色进行游戏。玩家可以在本界面浏览所有游戏中可供选择的游戏角色。玩家在这个界面也可以利用游戏中获得的分数解锁自己尚未拥有的角色。由于很多与玩家游戏进度相关的信息从本界面起发挥作用，所以玩家的所有信息此时才会被程序读取，同时进行一些必要的数据校验以确保玩家数据正确。对于私自修改过游戏记录的玩家，游戏会在该界面重置所有数据再行读取以保证不会出现错误。所以说这个界面是保证游戏正常进行的保障，不可或缺。

再次，游戏主场景实现游戏的主要逻辑。玩家可以使用屏幕左下角的摇杆操控挥舞着巨大流星锤的像素风小人在越来越强大的敌人之中艰难求生。本场景里包括了敌人生成与追踪玩家脚本，玩家击杀敌人得分脚本和相应的计分系统。

最后，以结算场景作为游戏的结束。玩家可以看到自己本局游戏的得分情况以及自己自玩游戏以来获得的总分。总得分则可用来解锁新的角色。玩家也可以选择用同一个角色再来一局或者返回开始界面选择新的角色进行游戏。

3. 关键技术

3.1 选择角色 3D 循环滚动效果实现

对于选择角色时的 3D 循环滚动效果的实现，就需要 Unity3D 中提供的一个叫作 AnimationCurve 的组件，这个不仅仅是表面上美术可以使用的组件，也不只是单纯的动画曲线的概念——当然它就是动画曲线——但是我们可以通过赋予 AnimationCurve 不同的意义，借助 Curve 实现不同的功能。AnimationCurve 定义了一个变化趋势或者曲线，在不同的时间点，我们可以得到当前时间点下该曲线对应的 y 轴信息，这个信息可以是角色跳跃的高度，模型缩放的一个系数，摄像机距离目标的长度，一个角色当前的心情数值，等等，曲线可以表示很多的意义。

我们需要的主要体现在控制位移、缩放、差值过度动画平滑 3 个部分。

3.1.1 控制位移、缩放（3D效果的关键）、差值过度动画平滑

我们创建 2 个 AnimationCurve：一个是 scaleAnimationCurve 和 positionXAnimationCurve，分别控制缩放和位移。一个是时间流水线控制。我们通过把所有的 Item 设置好自己对应的时间流位置，每次只要一动时间流水线，就从两个曲线内获得当前流水线对应的缩放系数、位移系数，然后设置 item 的位移和缩放即可。

在制作动画部分，就是时间流水线的差值处理，使一定时间流水值达到目标值。

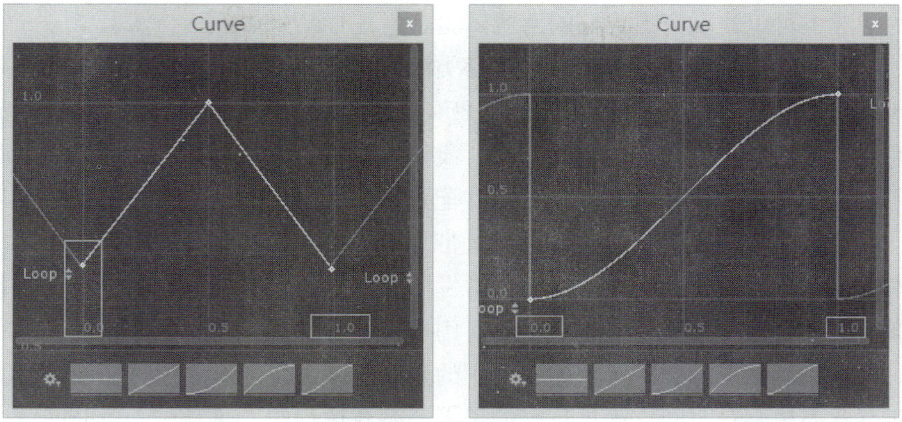

图 3　曲线图

3.1.2　控制层级

只有正确的层级控制，才能够保证“不穿帮”，我们采用的是 list 排序方法，按照每个 item 距离“屏幕的远近”其实就是 scale 系数，判断哪个 item 在前，哪个在后面。当然也有些问题，如果距离相同，可能存在 item 相互打架的可能，不过这个可以通过控制 scaleCurve 进行控制。

3.1.3　实现滚动循环

至于循环滚动，因为我们使用到了 AnimationCurve，先天性的动画曲线会有 3 种模式，分别是 pingpong、loop 和 clamp，其中我们需要的是 Loop，这就是滚动循环的关键点。我们的缩放曲线，位移系数曲线从 0 ~ 1 的效果模拟完毕，如果我们继续向前增加时间流水值，那么进入到下一个曲线的时候，所有的 item 都会反过来进行采样曲线值，就能够巧妙地实现循环效果。

3.2　敌人刷新及难度变化

游戏中，敌人会在一个以玩家所在位置为中心，一定距离为半径的圆内的随机位置，按照一定的频率生成。出现在场景里的敌人会向玩家所在位置逼近。参考了一些网上其他人的做法之后，敌人刷新的频率由一个变量 mytime 控制。当 mytime 增加到比预设生成频率 rate 大时，会按前文所述方式生成一个敌人，之后 mytime 一次性减小一个 rate，重新开始增加。如此循环直到本局游戏结束。mytime 的增量由 Unity 自带的 Time.fixedDeltaTime 控制，即每次增加 0.02，可以保证敌人刷新频率稳定。游戏过程中不会出现在相同时间间隔下敌人数量飘忽不定的情况，可以让玩家有更好的游戏体验。

随时间流逝生存条件越艰难是生存类游戏的特点之一，一直以固定的频率刷新同等强度的敌人只会让想要体验紧张感的玩家大失所望，所以敌人随时间流逝而增强是必然的设定。经过几次讨论，我们在增多敌人数量和增加敌人强度两个选项中选择后者。一是考虑手机的硬件配置远不如家用电脑和主机这样的大型设备，在短时间内生成大量敌人会给手机带来较大负担，极端情况下甚至会死机，玩家肯定不希望此类情况在游戏时经常发生；二是一直对抗强度完全相同只是数量增多的敌人，玩家很可能很快找到窍门进而觉得游戏无聊，降低玩家黏性；最后，玩家在玩手机游戏时希望能够利用的是相对碎片化的时间段，而提高敌人强度能有效缩短游戏时间，满足玩家的需求。游戏过程中，每经过一段时间就会开始生成新的、比之前更强大的敌人，出于节约资源的考虑，旧的敌人将停止生成。新的敌人将在血量和移动速度上得到提升，玩家将因此体会到一定的紧张感和游戏乐趣。

3.3 分数保留及购买

3.1.1 分数保留

游戏中存在两种分数：每一局游戏中玩家获得的分数和玩家拥有的总分数。其中总分数用于玩家购买新角色，需要写入文件保存；每局的得分则需要计入总分里，每局结束后不需要保留。由于总分是在玩家死亡之后进行更新，涉及场景切换，需要利用 Unity 自带的 PlayerPrefs 实现跨场景保存数据。在死亡结算场景中会有对应的脚本将该局得分加到总得分中并把总分写入二进制文件保存。每次游戏开始之前会清空 PlayerPrefs 中保存的分数，以确保前次游戏的数据不会留到下一次游戏导致两场游戏得分数据叠加的情况出现。

3.1.2 角色购买

在每次游戏开始之前会有一个玩家选人界面，目前提供了 5 个不同的角色供玩家挑选。在选人界面，玩家只能选择滚轴中位于正中间的角色，滚轴每转动 1 次就会换一个角色，每名角色对应着一个所处位置序号 mCenterIndex。因为需要判断玩家是否已经拥有该角色，所以这个序号无法直接用来判断玩家当前所选角色。在游戏中，我们通过将数字 1 左移 mCenterIndex 位的方法表示玩家当前选择的角色，存入 PlayerPrefs 的 SelectedCharacter 变量。考虑到角色数量，我们将玩家拥有角色的情况用一个 short 型变量存储在文件中，以二进制的方式记录玩家拥有角色的情况（例如玩家拥有编号为1、2两个角色，记录里对应的地方值为3），并在游戏开始时读取角色信息到PlayerPrefs中一个名叫character的变量里。通过character和SelectedCharacter的与、或运算判断玩家是否已经拥有当前角色。如果已经拥有，则不能再次购买，反之则可以购买角色并扣除对应分数，将character同SelectedCharacter进行或运算的结果作为新的角色信息保存。玩家只能用已拥有角色进行游戏。由于安卓手机可以将程序后台挂起而不退出，这时一些数据可能丢失，而用户有可能通过不经意间的误操作导致上述情况发生，所以每次成功购买角色之后都会进行一次文件I/O，即时保存玩家拥有的角色信息和总分数，避免玩家因重复操作感到厌烦。

3.4 武器及角色设计

武器设计部分：

为了搭配这次设计的整体风格，武器方面的设计也尽量贴合像素风，通过3DSMAX进行建模，通过变形、塌陷、链接将零散的部分变为整体，使用棱角分明的硬派风格表现武器风格。

角色设计部分：

本次游戏因为主要采用像素风格所以使用了一款名为magicavoxel的软件。magicavoxel是一款专门制作像素风格模型的软件，可以使用ATTACH工具方便地添加像素块，根据选择的模式不同可以轻松地绘制点、面、矩形；再利用ERASE工具配合使用可以制作镂空等层次效果。利用PAINT工具可以对每一个像素块进行上色。游戏中的人物制作主要就是依靠这3种工具配合使用完成的。软件还有不同的材质贴图，可以制作光源、水、玻璃等质感的像素块，不过在本次制作中没有使用到。软件也自带了几种不同的渲染引擎可以达到不同的效果，也可以导出不同的格式方便使用，并可以利用插件导入unity并在里面再次编辑。

软件的使用：

第1步，在Tool中选择Zero，从0开始搭积木。

第2步，改变积木总体积，调整右上角的数值，设置为最大的126。

准备工作完毕，需要了解最重要的搭建工具——Brush。总共有6种模式：有任意大小体素模型（V）、面模型（F）、单个模型（B）、线性模型（L）、圆模型（C）、库内已有图案模型（P）。在过程中，最常用的是F和B两种。

操作中常用鼠标右键来旋转画布，空格+右键来拖动画布，鼠标滚轮来缩放画布，过程中需要不断查看各个位置。

第3步，进行颜色选取，在颜色面板选择N，表示新建颜色选取，在下方的

HSV 中，选择颜色。

第 4 步，人物搭建选择 B 建模模式，用 ATTACH 进行搭建，另外，在 Mirror 镜像中选择 X 轴，左边搭建的会复制到右边，适合对称型作画。

第 5 步，用 PAINT 工具进行上色，使人物更具有像素感。

第 6 步，完成后，准备渲染。点击左上方的 Render 可进入渲染模式。调整 shadow 数值大小之后，点击场景中某个点，就会以这个点一定范围附近开始向外模糊。光照不局限于白光，选择左侧颜色框中的颜色，然后点击 sun 下面的光照颜色框，即可改变光源颜色。在 shadow 上方也有 sun 的参数调整，可以调整光照的角度。FOG 在默认模式下是隐藏参数的，需要点击左边的小箭头，打开参数，调整参数后，就可以看到有烟雾生成。比如：制作林中小屋、帝都的日常……除了外界环境的调整，还可以在 Shape 里改变人物的形状。

4. 实现效果

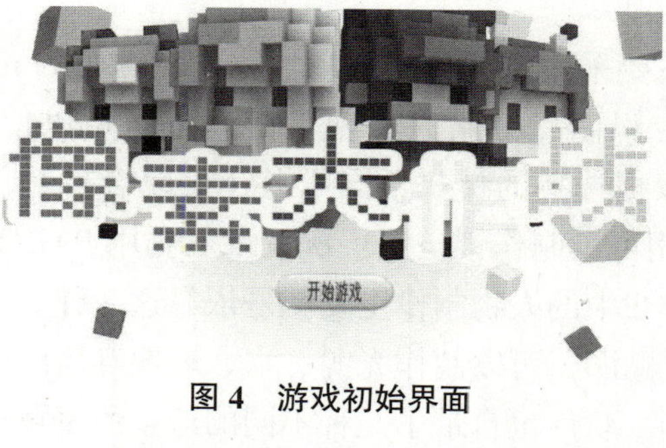

图 4　游戏初始界面

由于目前功能尚未完善，只能进行最简单的模式，所以只添加了开始按钮。

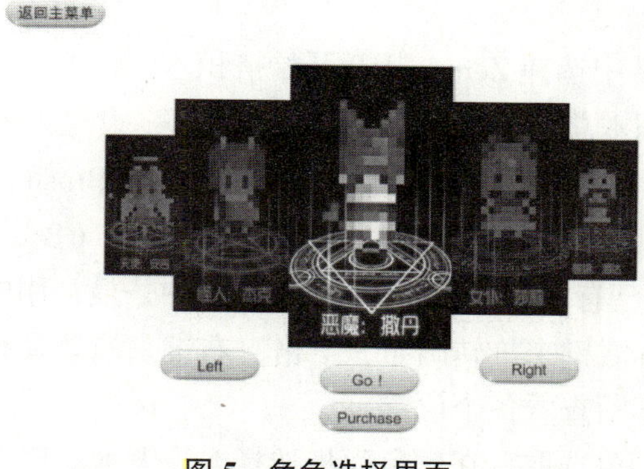

图 5　角色选择界面

初始拥有一个角色，其他角色需要金币解锁。

图 6　游戏界面

玩家通过操作虚拟角色运动甩出流星锤进行攻击。

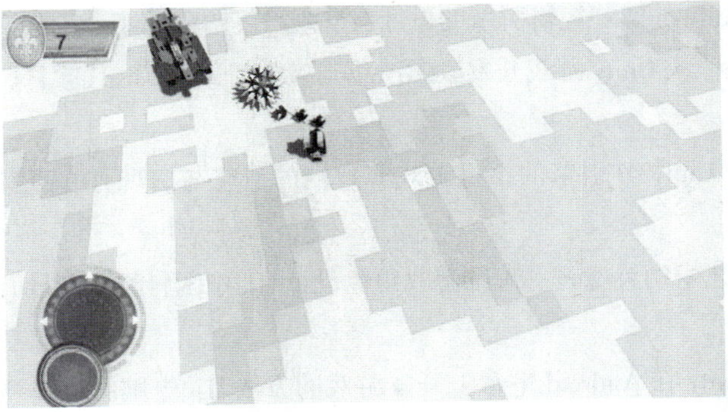

图 7　游戏界面

武器接触到敌方坦克视为攻击成功，得分加“1”同时击飞敌方坦克。

5. 现版本中的问题

由于游戏测试次数不够多，角色平衡性上可能还需要进行微调，目前来看难度偏低。

摇杆控制角色移动时的地图范围判定不太完善，偶尔会出现卡在地图边缘的情况。

由于时间精力问题，可供选择的武器和地图场景现在还过少。

6. 结论

本文首先介绍了在智能终端普及且安卓操作系统为主流系统的大背景下，手游产业全面进入井喷期，而像素及动漫类游戏在该平台上正值火爆，拥有广大的玩家基数以及良好的可玩性，受到广大 90 后玩家的喜爱，所以我们决定抓住这次机会，跟随市场的脚步。本游戏是基于安卓平台开发的软件，能够满足玩家随时随地进行该类型游戏的需求。本游戏流程条例清晰，界面制作独具一格，可以满足绝大多数喜爱该类型游戏的玩家的需求。

参考文献

[1] 张策 . 基于 Unity3D 的三维游戏场景设计与实践 [D]. 合肥工业大学，2016.
[2] 杨观 . 基于 Unity 的游戏逻辑引擎的设计与实现 [D]. 哈尔滨工业大学，2015.
[3] 李雷，张俊楷 . 谈 Unity 游戏开发教学改革与实施对策 [J]. 时代教育，2015，（07）：203.
[4] 韩大鹏 . 基于 Unity3D 引擎的手机游戏客户端的研究与实现 [D]. 西安电子科技大学，2014.
[5] 高楠 . 谈第九艺术的灵魂——三维游戏角色设计 [J]. 中国科教创新导刊，2014，（04）：135.
[6] 陶阳 . 基于 Unity 在 Android 平台上开发游戏的方法 [J]. 电脑编程技巧与维护，2012，（19）：73–77.
[7] 齐江华 . 游戏的灵魂——浅谈游戏角色设计 [J]. 科技信息，2009，（16）：505.

基于 Andriod 的学习助手 App 开发实践

北方工业大学：谢俊威　张　倩　韦淇铧　摸丽德尔　任博雅

指导教师：付瑞平　讲师

摘　要：随着信息技术的发展和移动网络及智能设备的普及，人们得以享受智能化给工作与生活带来的便利。本文调研在校大学生的手抄笔记的主流模式和市场现有笔记 App 的功能技术，在此基础上实现了一款基于 Android 的笔记 App，解决传统笔记耗时费力的弊端，提高学生学习效率。

关键词：笔记；轻学习；App；Android

1. 研究背景

据有关调查显示，现在大多数的高校生基本从初中就开始使用笔记本，其可谓是考试前的复习利器。虽然笔记本作为一种工具，可以非常好地解决知识性问题，但是经过问卷调查发现，许多学生在笔记的整理过程中却出现了很多问题。例如：有些人不愿意去整理笔记本，认为整理笔记本会花费很长时间，或者由于平时的家庭作业比较多，没有时间去整理笔记本；整理笔记本的时候还要手抄知识点，假如笔记本丢了或者脏了都得重新写，于是越来越多的学生懒得手写整理笔记。互联网络的普及，给人们的生活、学习都带来了极大的便利，全球超过 1/3 的人正在使用着互联网，而其中手机人数占了 1/2。随着手机网络的普及，人们逐渐离不开手机，很多工作也可以借助于手机来完成了。因此，为了满足日渐增多的广大学生的需求，市场中上线众多电子笔记 App。然而对此研究发现，大多笔记 App 功能过于单一，添加方式仅能满足用户文字、图片记录，缺少笔记常用的快速搜索等功能，未能充分达到节约用户笔记时间、提高复习效率的效果。

本文基于 Android 平台的笔记本 App，以解决传统笔记本的诸多问题。

Android 是 Google（谷歌）公司发布的基于 Linux 内核的专门为移动设备开发的平台，它包含了操作系统、中间件和核心应用等。Android 是一个完全免费的手机平台，它的开放性、可以挣脱束缚、拥有丰富的硬件等特征也使它备受欢迎，因此它在手机操作系统领域的市场占有率已经超过了 70%。它主要包括 Applications、Application Framework、Libraries、Android Runtime 和 Linux kernel 5 部分，底层以 Linux 内核工作为基础，由 C 语言开发，只提供基本功能；中间层包括函数库 Library 和虚拟机 Virtual Machine，由 C++ 开发。最上层是各种应用软件，包括通话程序、短信程序等。应用软件则由各公司自行开发，以 Java 作为编写程序的一部分。在 Android 的发展过程中，已经经历了 10 多个主要版本的变化，目前，采用 Android 平台的手机厂商主要包括 Google Nexus、HTC、Samsung、Motorola、LG、Sony、华为、联想、中兴、小米等。Android 技术已趋于成熟，能给软件的开发提供技术保障以缩短开发周期，并保证软件质量的稳定性。

基于此现状，本文提出并实现了一款集快速检索、多内容添加、时间规划、数据移植为一体的轻学习笔记 App。

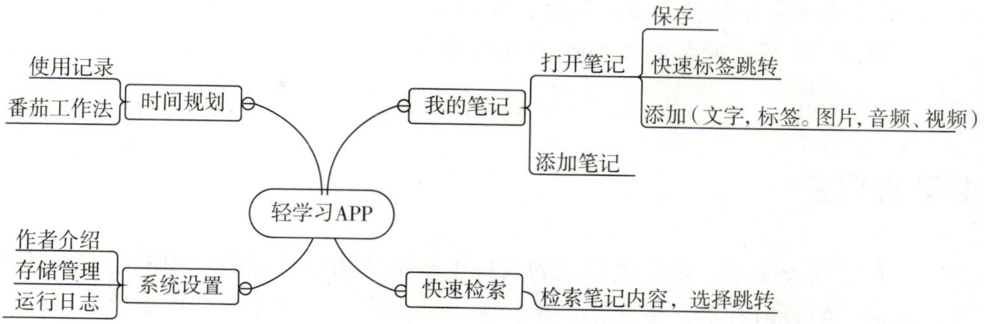

图 1　笔记 App 功能结构图

2. 系统功能与结构设计

轻学习 App 主要功能分为我的笔记、快速检索、时间规划、系统设置 4 个方面，支持文字、图片、音频、视频等方式添加、更改笔记，增加快速检索功能，可以避免为了寻找笔记而浪费时间的麻烦。为了让使用者能够更高效的学习，特意添加了时间规划这个功能，利用番茄工作法以及查看自己的使用记录两个方面，让使用者可以充分利用时间并且了解自己的学习情况。此外所有添加的数据均可离线移植到另一台装有此App的移动设备中，两者数据将会整合添加。

App部分界面布局如图2所示。

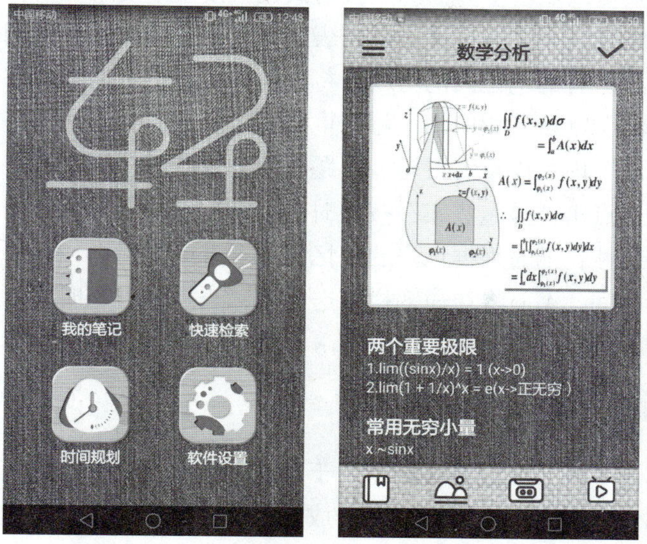

图2 轻学习App部分界面布局图

本App在功能上也更多考虑到学生的需求，因此主要研究的是如何实现将笔记本与手机同步起来，让手机更多地变成一个学习工具。本App主要包括3大功能模块：笔记、试题和时间规划。

2.1 “笔记”模块

该模块实现了笔记的增删查改功能，包含“笔记列表”及“编辑笔记”两个界面。

“笔记列表”内可以添加新的笔记、打开或删除已有笔记。在列表内，一块木板代表一个笔记，木板上有笔记的封面、标题、简述和最后编辑时间。笔记按最后编辑时间顺序垂直排列，当用户单击“笔记木板”后，程序将会跳转到相应的编辑笔记界面。

“笔记编辑”包括内容区、上下2个导航栏及左侧滑界面。下导航栏包含5个图片按钮，分别对应添加标签、图片、音频、视频及习题；上导航栏包含笔记标题、保存按钮和打开侧滑界面按钮；侧滑界面包含一个含有笔记内所有标签项的列表，当单击某个标签项时，将会使内容区滑动至相应标签处，便于笔记内容快速检索。

2.2 “试题”模块

该模块实现了笔记内习题的检索及复习功能，包含“习题检索”“习题重温”两个界面，用户可以点击主界面的“我的试题”按钮来使用这些功能。

“习题检索”包含搜索框和习题列表，在搜索框输入内容的同时，搜索任务启动，软件遍历所有的笔记内的习题，将匹配关键词的习题罗列在习题列表内。点击习题时，将会跳转到相应的“习题重温”界面。

“习题重温”内可以重温习题。习题分为题目和答案两个部分，一开始只显示题目，当用户点击“显示答案”按钮时，答案部分才会显示出来。每个习题项都有一个权重属性，随时根据用户的记忆程度上升或下降。

每隔一段时间，App 将在通知栏推送习题，当点击推送时即可切换到“习题重温”界面复习。

2.3 “时间规划”模块

该模块实现了积分成就系统和专用于番茄工作法的计时功能。

每天当用户完成某一事件时，积分成就系统会给用户加分，这些事件有打开软件、编辑笔记、重温习题、使用番茄时间等。用户坚持记录笔记及复习，积分成就系统便会给予鼓励，使复习过程变成正反馈调节。

番茄工作法是一个简单有效的时间管理方法，规定一个时间，时间内约束自己不能进行与工作无关的事情，直到番茄时钟响起。App 内提供了一个计时功能，时间可以由用户设置，默认为 25 分钟，倒计时结束时会有提示音提醒用户番茄时间结束。番茄工作法不仅可以提高用户的学习效率，还会有意想不到的成就感。

3. 关键技术与算法

本 App 的项目架构使用 MVP-RxJava 模式，即基于 MVP（Model-View-Presenter）思想设计，并使用了 RxJava（Reactive Extensions for the JVM）进行数据模块和业务逻辑模块的交流。

MVP 模式是一种广泛用于 Android 环境的优秀模式，目的是将界面、数据、业务逻辑分离，其中 Model 提供数据，View 负责显示，Presenter 负责内部逻辑处理。在该模式中，View 不直接与 Model 通信，而是通过 Presenter 来进行，主要程序逻辑交由 Presenter 内部处理，大大降低了各部分之间的耦合性，提升了代码的可读性，方便了代码的维护更新。

RxJava 即 Java 上的响应式编程扩展。异步操作很关键的一点是程序的简洁性，传统 Android 异步（如 AsynTask/Handler 等）代码在复杂的调度中总会变得晦涩难懂，而 RxJava 与众不同的地方是，随着程序逻辑越来越复杂，它总能保持代码的简洁。

本 App 的开发相较于纯 MVP 模式，View 和 Present 基础接口的实现保持不变，仅对 Model 层和 Presenter 层做了修改。

3.1 Model 模块设计

3.1.1 数据结构设计

JavaBean 是组件设计的一种规范，规定了实体信息的格式，它的类是具体且公共的，提供无参构造方法，便于封装使用。通常我们通过 JavaBean 来在 Java 程序中方便地实现一些面向对象需求。

经过分析，本 App 的关键用户数据为笔记属性及笔记内容，次要数据为软件使用记录，关键数据存放在 2 个对应的 JavaBean 内，分别是 BookBean 和 ContentBean。

ContentBean 存放笔记内容项数据（ID、类型、值、指向 ID 的指针）。容易看出来，1 个 ContentBean 仅仅存放一项内容数据，笔记内容数据是由多个 ContentBean 组成的单向链表。这种链表的设计，直观上符合笔记本内容的连贯性，节点的增删方便，不需要像数组一样移动剩下数据，造成不必要的性能消耗。通过设置 ContentBean 的 type 属性，其 value 将被赋予不同意义，相比于构建多个类来存储的传统方式，大大提高了复用性，降低了代码复杂度。

BookBean 存放笔记属性数据（笔记唯一标识、名称、描述、图片路径、最后修改时间）。不同于 ContentBean，BookBean 是独立的，不同的 BookBean 之间没有联系。

3.1.2 数据的存储和读取

JSON（JavaScript Object Notation）是轻量级的存储和交换文本信息的语法，类似于 XML 但却比 XML 更加简洁、直观。JSON 简洁清晰的结构使得它易于人们理解和编写，同时也易于机器解析和生成。本 App 的开发在数据存储上抛弃了传统使用 Android 自带的 SQLite 数据库的方式，而是将关键数据转换为 JSON 格式的字符串并保存在文件里。

在 App 内部，已经添加的笔记会被封装入 BookBean 中并存放于以笔记 ID 为 Key 的 HashMap 里（Java 中常用的键值映射的集合类）里，笔记内容同样会封装入 ContentBean 中并存放于以内容项 ID 为 Key 的 HashMap 里。之后即可以将 HashMap 转换为 JSON 字符串存入文件内，而文件将会存储在由系统函数指定的外存路径中。由于 BookBean 之间相互独立，可以将它的对象集合转换成 JSON 数组对象后存放于文件中。格式如下：

```
[
    {
            "title"："数学分析",
            "description"："数学分析科目的课堂笔记和习题",
            "pic"："",
            "lastEdit"："2017-08-19 16：45"
    },
    {
            "title"："JAVA 程序设计",
            //其他属性
    },
]
```

ContentBean 必须以链表的形式保存，因此，可以把同一本笔记的 ContentBean 对象集链表按先后顺序排列好后转换为 JSON 数组对象，存放于 Content（id）notebook 文件里。因为是顺序存放，所以没必要存储 ID 和指针域，最终转换的数据只有值和类型。

这种存储方式与数据库方式比较有几个优势：当设备更换时，笔记文件可以方便地提取出来复制到新设备上，不需要做数据库导出之类的繁琐复杂的工作；加载笔记时，直接读取文件并解析 JSON 数据；保存笔记时，就再转换成 JSON 写入文件，省去了维护数据库的工作，大大减少了代码量。此外，少数情况下用户可能想直接从文件编辑笔记，这时就可以直接用文本编辑软件来修改笔记和笔记内容。

3.1.3 数据的读写

众所周知文件的读写和图片解码都属于耗时操作，为了不占用主线程资源，这些任务需要异步完成，即可利用 RxJava 来实现。以 BookBean 为例，代码如下：

```
public Observable<BookBean> getBookBeanFromFile（）{
  return Observable.create（new ObservableOnSubscribe<JSONObject>（）{
    @Override
    public void subscribe（@NonNull ObservableEmitter<JSONObject> emitter）throws Exception {
```

```
        //从文件中读取 jsonData，此操作为耗时操作
        //转换为 BookBean 对象
        JSONArray jsonArray = new JSONArray（jsonData）；
        for（int i = 0；i < jsonArray.length（）；i++）
            emitter.onNext（jsonArray.get（i））；//逐个发射对象
    }
})
.map（new Function<JSONObject，BookBean>（）{
    @Override
    public BookBean Apply（@NonNull JSONObject jsonObject）throws Exception {
        //把 JSONObject 封装为 BookBean 对象
        return bookBean;
    }
})
.subscribeOn（Schedulers.io（））；
}
```

这样就可以在 IO 线程里面完成文件的读取操作了，接受数据的一方只要调用 getBookBeanFromFile 方法就能获得 BookBean 序列，再用 subscribe 处理数据即可，数据写入及图片解码也类似，即使以后有更复杂的操作，RxJava 都可以凭借强大的操作符来使代码保持简洁。

3.2 View 模块设计

3.2.1 样式设计

本 App 并未使用手机自带的黑色背景的状态栏，而是在继承系统默认主题 AppTheme 的基础上设置了专属样式，实现了状态栏背景透明化，提高了用户体验。

3.2.2 百分比布局

以往 Android 的开发中，屏幕设计无法像 web 页面设计那样可以按照百分比来写尺寸，如今越来越多的人通过引用外部库来解决屏幕适配问题。Google 曾经推出过“percent-support-lib”这个百分比布局库，然而还存在着几个问题，因此本 App 的开发使用由国人编写的基于 Google 的百分比布局库的扩展库“android-percent-support-extend”，采用百分比布局彻底解决了屏幕适配。

3.3 Presenter 模块设计

View 和 Present 的通信主要用接口实现。BaseView 接口中有 setPresenter 方法，用于将 Presenter 实例传入 View 中，在 Presenter 的实现类的构造方法中调用。BasePresenter 接口中有 start 方法，用于 Presenter 开始获取数据并调用 View 进行

界面显示，在 View 的实现类 Activity 中的 onResume 方法中调用。

4. 结束语

本文研究和实现的笔记 App 的目的主要是解决传统手抄笔记耗时费力的多种弊端，并在现有笔记 App 的基础上进行改进，让学生学习更高效。本 App 界面布局美观，数据结构合理，功能上也更多地考虑学生的需求。本 App 实现了将笔记与手机同步，让手机更多地变成了一个学习工具，有助于提高学习的便利性，从而提高学生学习的兴趣，具有普遍的实用性。本 App 还可以添加更多的实用功能，成为功能全面的学习助手，也可建立学生圈，促进学生们的交流和学习，形成健康向上、积极向学的学生社交环境。

参考文献

[1] 吴亚峰，索依娜 .Android 核心技术与实例详解 [M]. 北京：电子工业出版社，2010.
[2] 马越 .Android 的架构与应用 [D]. 北京：中国地质大学，2008.
[3] 李刚 . 疯狂 Android 讲义 [M]. 北京：电子工业出版社，2013.
[4] 周扬 . 基于 Android 的云笔记系统的研究与实现 [D]. 西南交通大学，2015.
[5] Bill Phillips.《Android 编程权威指南》[M]. 北京：人民邮电出版 . 2014.

基于暴风魔镜的太阳系三维展示系统设计与实现

北方工业大学：孙　奇　樊嘉琪　程　健

指导教师：李　杰　助理研究员

摘　要：为了实现太阳系的三维展示系统，在掌握 Unity3D 和暴风魔镜 SDK 相关知识的基础上，研究画面切换技术、自动漫游技术、异步加载技术以及角色动画技术，实现角色控制、角色动画、场景跳转等功能模块；为了增加系统的真实性，研究碰撞检测技术以及大气层粒子特效技术。

关键词：暴风魔镜；自动漫游；角色动画；碰撞检测

1. 引言

暴风魔镜是一款虚拟现实头戴式显示设备，根据左右眼屏幕显示图像的不同，使用户脑海中产生立体感的图像，增强用户的沉浸感，而在此基础上运行的三维场景是以计算机图形学为基础，通过三维技术将游戏元素以立体方式呈现出来，经过信息融合和交互式的三维动态视景使用户沉浸到虚拟环境中，从而给用户带来较为逼真的虚拟现实体验。

三维场景的实现需要游戏引擎的支持，通过游戏引擎将模型、图片、声音等不同的元素进行整合，从而形成较为逼真的三维环境。而 Unity3D 游戏引擎具有强大的编辑器功能，跨平台性等特点，受到开发人员的欢迎。为了开发出较为逼真的太阳系三维展示系统，结合暴风魔镜和 Unity3D 游戏引擎进行研究是非常具有实际意义的。

2. 关键技术

2.1　画面切换技术

画面切换技术是将左右眼图像交互显示在屏幕上的方式。因暴风魔镜本身包含立体眼镜和立体显示模式，这里需要将左右眼图像（以垂直同步讯号分隔的画面）分送到左右眼显示设备，将垂直同步讯号作为快门切换同步讯号即可达成立体显像的目的。在三维场景制作过程中，画面切换技术应用在场景跳转、场景加载等过程中。在这里为了避免立体显像的闪烁影响用户的体验，需要左右眼都保证能够提供至少每秒60个画面，也就是说垂直扫描频率必须达到120Hz或更高。

2.2　自动漫游技术

为了增强用户的体验，需要设置自动导航，让用户沿着固定的路径进行漫游。这里通过研究Camera Path Animator插件，掌握插件中的各个接口及功能的使用。在熟悉掌握Bezier和Hermite曲线的实现的基础上，通过设置路线标点，调整转向等功能来实现自动漫游。一般情况下，自动漫游需要用户来进行选择，若选择自动漫游，不需要进行手工控制；待自动漫游结束后可通过手柄等方式来控制视角的切换。为了增强系统的可玩性，从不同角度，不同地点引入自动漫游是非常有必要的。

2.3　异步加载技术

为了保证系统的顺畅运行，避免因模型加载过多而影响系统的使用，这里涉及异步加载。所谓的异步加载是指在系统运行时开启一个异步任务将它们按照规定的次序或方式进行加载并显示出来，一般而言是通过设置资源脚本，挂载到某对象上，在执行某场景时进行判断加载，比较适合加载较大的三维场景。因本系统涉及较多的模型和图片，若不使用异步加载，会在手机中出现卡顿现象，影响用户体验。所以说，研究异步加载技术非常有必要。

2.4　角色动画技术

为了增强系统的真实性，提高用户体验，需要在三维场景中添加虚拟人物，而虚拟人物需要涉及角色动画，如走路、挥手等，这就要用到Unity3D的Animation动画编辑器，将虚拟人物的动画序列进行拆分，按照设定的顺序和逻辑进行播放，从而使系统更加真实和人性化。在本系统中使用到角色动画的有空姐、博士、游客等。

2.5 大气层粒子特效技术

由于行星中有不少气态行星，为了增加真实性，在场景中增加大气层是非常必要的。这里使用体积雾插件 Fog Volume；它是一种体积雾的渲染器，用来模拟大规模的气体效果，可用来调整在外观和性能上的需求。有了 Fog Volume，可以在游戏中体验乘坐宇宙飞船穿越大气层的乐趣，增加了趣味性。

3. 太阳系三维展示系统的设计与实现

为了完成基于暴风魔镜太阳系三维展示系统的开发，除了需要研究暴风魔镜相关技术外，也需要研究 Unity3D 游戏引擎本身的模型加载和自动漫游技术，为了使三维环境更加具有真实性，研究与 Unity3D 相关的 Camera Path Animator 自动漫游插件、Fog Volume 体积雾插件，从场景搭建、角色控制等方面将太阳系三维展示系统划分成角色漫游、场景加载、场景特效、暴风魔镜 SDK 等部分，其设计如图 1 所示：

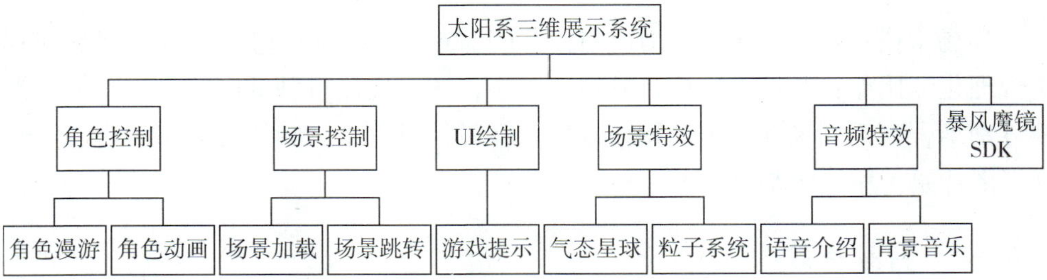

图 1　太阳系三维展示系统划分

3.1 角色控制

角色控制是整个太阳系三维展示系统的核心，其中包括角色漫游和角色动画。为了使系统较为真实，设置了同伴、空姐、博士等虚拟人物，通过添加角色动画使不同的虚拟人物活动起来，增强用户的体验。角色动画通过两种方式实现：一是通过 Unity3D 中的 Animation 动画编辑器，拆分角色动画，在系统运行后，自动循环的播放其动画；二是通过 JavaScript 编程让人物移动，通过脚本文件来实现蓝牙通信，从而通过手柄来控制人物向不同的方向移动，进而形成不同的动画效果。

角色漫游分自动漫游和手柄控制两种方式，自动漫游是虚拟人物乘坐宇宙飞船、在设定好的路径中，沿着设定的路径去游览各大行星；手柄控制是通过蓝牙通信方式，将上、下、左、右发送到手机上进行控制。角色漫游涉及碰撞检测，若没有碰撞检测，无法检测到执行的操作或移动的方向等操作。

3.2 场景控制

场景控制分为场景搭建和场景跳转两部分，场景搭建要考虑到星球分为气态行星和岩质行星。岩质行星包括水星、金星、火星，由于这 3 个星球地表不同，额外需要登录场景。因飞船从地球出发，所以地球上需要地球基地场景，而其他木、土、天王、海王星均为气态星球，飞船都需要穿过不同大气层才能近距离观察星球。所以说，场景搭建是太阳系三维展示系统的基础，只有搭建好场景，才能实现三维系统。

场景跳转是在碰撞检测技术下实现的，由系统中的用户分别触碰各种物体，达到切换场景的效果。比如在地球基地，就由“我”来触碰宇宙飞船，从而跳转到飞船内部场景。因为场景众多，在系统中处处体现。

3.3 UI 绘制

在场景搭建细节处理上，UI 设计是不可缺少的环节，它让游戏剧情更加真实合理化，比如：基地方向标、基地监测宇宙图、飞船行驶准则等二维图片，需要分别结合到不同场景中推动剧情发展。在设计过程中，图片分辨率大小、重绘度、图片是否压缩等都是需要考虑的问题。

3.4 音频特效

音频特效是游戏中的重要组成部分，本游戏主要通过“向导讲解”展现教育意义，所以在游戏制作中需要大量宇宙知识文本的撰写和声音录制工作。除了要在不同场景、不同情况下播放语音、背景音乐，还需要在游戏中添加人物行走、开门、登陆等特殊音效，增加系统的真实性和趣味性。Unity3D 游戏引擎支持 AIFF、WAV、MP3 等格式，可以依据游戏的需要来选择不同的格式，这里注意的是需要添加 Audio Source 控件，将相应的音乐或音效拖入到对应的控件中，然后再通过脚本以便执行音乐或音效的播放。

3.5 场景特效

场景特效包含粒子系统和气态星球两个部分。粒子系统分为流体粒子、破碎粒子、烟雾粒子等几类，在宇宙飞船和地球基地中分别有所体现。在气态星球中，则应用大气层粒子特效技术，模拟不同气体包围星球，气体缓慢移动的效果。

场景特效的加入不仅可以美化游戏界面，加强游戏的观赏性，同时还可以使用户在虚拟的世界中体验到现实世界中很难经历的一些景象。

3.6 暴风魔镜 SDK

暴风魔镜的 SDK 是暴风魔镜所提供的软件开发工具包，用于在不同环境下进行开发，方便程序员在不同的开发环境下调用。在这里使用的是 Unity3D 开发包，具体操作是用虚拟现实摄像机替换 Unity 场景中的主摄像机，完成左右眼分屏，并获取手机的陀螺仪数据，启用头部跟踪以调整玩家视角，然后使用图像抗镜片畸变函数，进行图像和颜色的特殊处理；为了便于控制，开启手机蓝牙来连接暴风魔镜的手柄，更好地控制角色漫游。

4. 实验结果与分析

本文通过研究 Unity3D 游戏引擎中的角色控制、场景加载、暴风魔镜 SDK 等技术，设计并开发了太阳系三维展示系统，从而证明暴风魔镜和 Unity3D 游戏引擎联合开发的可行性和实用性。游戏开发所需的软件环境是 Unity3D，硬件为暴风魔镜 5 代。

图 2 是在地球基地的漫游截图，玩家在“博士”的讲解下，熟悉地球基地以及各个设备的作用，然后通过地球基地进入到宇宙飞船，如图 3 所示。

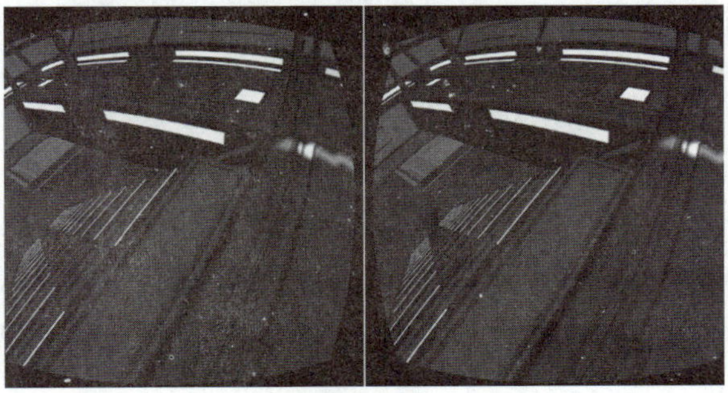

图 2 地球基地截图（一）

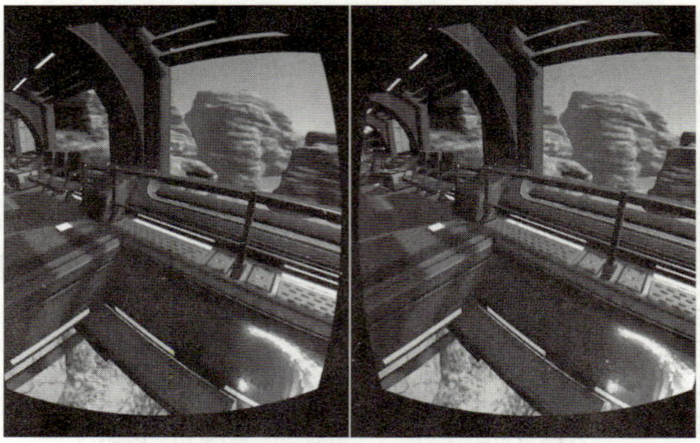

图 2　地球基地截图（二）

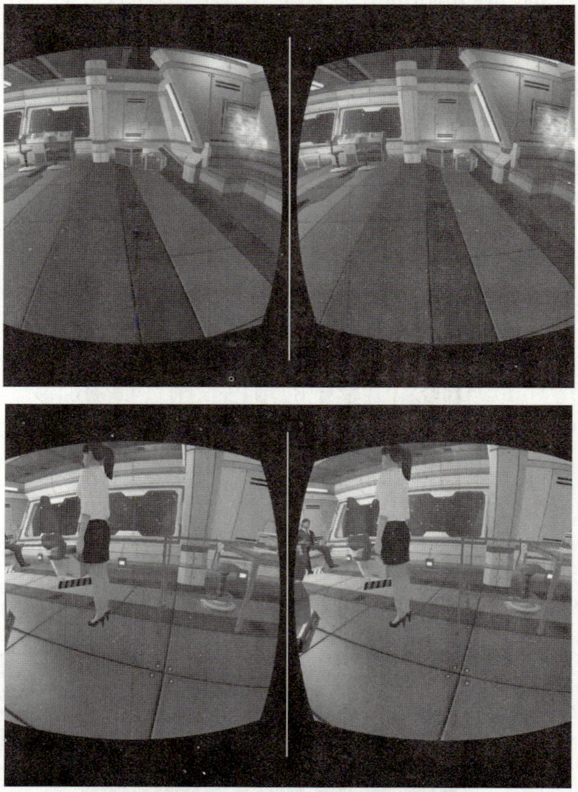

图 3　宇宙飞船内部截图

图 3 是听“博士”介绍八大行星，跟着向导的视角来查看八大行星的外貌特征；图 4 是通过宇宙飞船看到的太空场景以及场景跳转后的火星场景。

图 4　外太空及火星截图

5. 结束语

本文在掌握 Unity3D 和暴风魔镜 SDK 的相关知识的基础上，按照设计的剧情实现太阳系三维展示系统的开发，包括场景搭建、角色漫游、音频特效等技术，从而体现出 Unity3D 的强大性和兼容性。为了增加游戏的真实性，重点研究了自动漫游技术、Fog Volume 气体效果以及碰撞检测技术；因制作过程中时间精力有限,在教育方法上稍显单一,趣味性不强,需要在娱乐性上得到进一步完善和体现。

参考文献

[1] 李杰，孙奇，陈爱玲 . 基于 Unity3D 的音乐交互游戏设计与实现 [J]. 现代计算机（专业版），2017，（19）：62–65.

[2] 杨娜，李杰，廖金巧 . 基于 Unity3D 的三维生态庄园游戏设计与实现 [J]. 现代计算机（专业版），2015，（01）：45–48.

[3] 谢韬 . 基于 Unity3D 粒子系统的游戏特效实现 [J]. 现代计算机（专业版），2015，（24）：30–32.

人脸人耳的多模态识别研究

北方工业大学：王倩丽　耿子烨　高靖翔　刘思宇　鲍佳宁

指导教师：李　琛　副教授

摘　要：由于单一的人脸或人耳可以提取到的特征信息较少，识别时易出差错导致识别率较低。本文为了提高人物的识别率，保证身份验证时的准确性，尝试性地提出了基于人脸人耳的特征层融合以及匹配层融合的识别技术。

关键词：多模态；特征融合；匹配层融合；人脸识别

1. 引言

随着信息技术的发展，基于生物特征的模式识别成为研究热点，生物特征识别技术是通过对人脸等生物特征进行身份识别的技术，现有的识别技术包括人脸识别、指纹识别、虹膜识别等。相比单一的生物特征识别技术易受外界因素影响的缺陷，基于多模态融合的识别技术更加可靠，识别率也更高。

现今已经有了许多基于多种特征融合识别技术的研究，特征的融合可以发生在传感、特征提取、匹配或者决策的任意一个阶段，因为多模态生物特征识别系统可以通过多种传感器、多种特征、多种单位、多种表达或者多种匹配器 5 种方式进行设计。近年来已有不少基于多模态的生物识别研究，但多为需要多次采集的生物特征，如人脸与指纹、人脸与掌纹、人脸与虹膜等，这样不免在采集样本时过于麻烦。由于人脸五官的分布特点，我们想到了人脸与人耳特征相结合的方法。因为人脸与人耳刚好分布在不同的侧面，当采集的人脸角度稍偏呈现侧面时，刚好就会有一只人耳以正面呈现在采集的图像中。基于人脸在图像性质和生理位置上与人耳有相似性和互补性的天然优势，本文提出了基于人脸与人耳的多模态识别技术。鉴于特征的融合可以发生在模式识别的任意阶段，故本文分别在特征层和匹配层融合，并进行了相关对比研究。

本文首先将 PCA 与 LBP 算法相结合，用串行融合算法将人脸、人耳两种模态的特征进行特征层融合，进行了相应的模式识别，然后应用基于 PCA 改进的 SIFT 算法对人脸、人耳进行特征提取，并将人脸和人耳在匹配层进行融合并进行对应的模式识别。根据两次实验的实验数据可知，本文研究的两种不同的技术，相较于单一模态或者单一算法的人脸识别，具有更高的识别率与鲁棒性，且具有可行性，均为十分高效的身份识别方法。

2. 特征提取

2.1 主成分分析

PCA 算法是多元统计分析中用来分析数据的一种方法，它用一种较少数量的特征对样本进行描述以达到降低特征空间维数的方法，其核心技术为 K-L 变换理论。将图像按行展开成的一维向量通过 K-L 变换，降低空间维数，得到当前规定维度下的相关性最低的特征向量，以此来降低计算复杂度。

K-L 变换的变换矩阵可以有很多种，例如：二阶矩阵、协方差矩阵、总类内离散度矩阵，等等，在本文的研究中我们使用的是协方差矩阵。

对于一幅 M*N 的图像，将其每列相连构成一个大小为 $n=M\times N$ 维的列向量，设 m 为样本的数量，将数据按行组成 m 行 n 列的矩阵 X，将每一行（一张图像信息）进行均值化，其中用 X 来表示均值，则

$$\bar{X}=\frac{1}{m}\sum_{i=1}^{m}x_i \qquad (1\text{-}1)$$

计算协方差矩阵 covMat：

$$\mathrm{cov\,Mat}=\frac{1}{m}\sum_{i=1}^{m}(x_i-\bar{X})(x_i-\bar{X})^T \qquad (1\text{-}2)$$

计算 covMat 的前 K 个最大的特征值 di 和相对应的特征向量 vi，这些特征向量组成的矩阵 V 就是图像空间的正交基底，因为 K-L 变换前后向量的个数没有变化，但是向量的数值发生了变化，我们很容易得知数值大的向量中包含的图像信息更多，所以优选前 K 个最大的特征向量来代表整个图像信息可以在不对图

像产生过大影响的同时优化计算复杂度。

$$V=(v_1, v_2, \cdots, v_k), v_1 \geqslant v_2 \geqslant \cdots \geqslant v_k \quad (1-3)$$

将矩阵 V 进行归一化后的矩阵 Z 线性变化（投影）降维至 K 维，得到降维后的矩阵 P 为：

$$P=ZX \quad (1-4)$$

最后降维后的结果如图 1 所示。

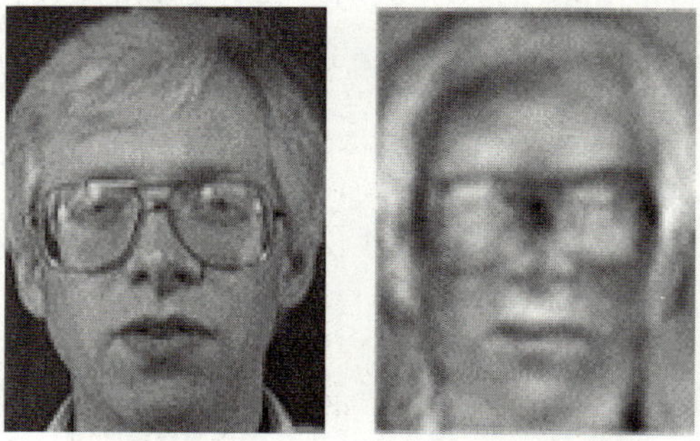

图 1　PCA 处理后结果

2.2　LBP 算法

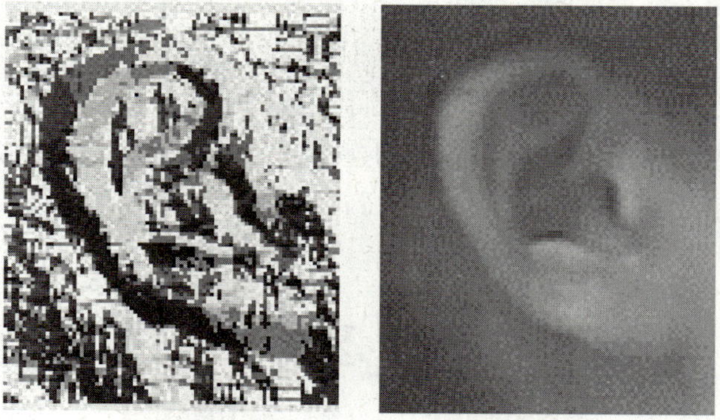

图 2　LBP 处理后结果示意图

LBP（Local Binary Pattern）指局部二值模式，是一种用来描述图像纹理信息的算子。LBP 作为一种局部特征提取的方法，通过邻域像素点间的灰度变化的信息，提取出相应的特征。如图 2 所示。

本文所使用 LBP 算子定义在像素 3×3 的邻域内，以邻域中心像素为阈值，相邻的 8 个像素的灰度值与邻域中心的像素值进行比较，若周围像素大于中心像素值，则该像素点的位置被标记为 1，否则为 0。如图 3 所示。

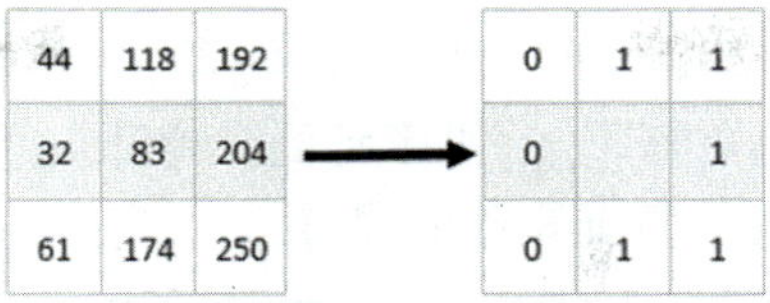

图 3　LBP 原理示意图

2.3　改进的 SIFT 算法

SIFT（Scale-invariant feature transform）是一种局部特征的提取方法，此方法已经广泛地应用于模式识别、图像检索等领域。利用 SIFT 算法对图像进行特征提取由检测和描述两部分组成，其过程包括：①建立尺度空间；②确定关键点的位置；③对关键点生成方向参数；④生成关键点的特征描述。

由于直接利用 SIFT 算法的计算特征维数较高，提取过程耗时长，算法的计算复杂度大，并且在处理大数据集时，一旦提取的特征维数较高，将导致维数灾难现象，因此利用 SIFT 算法提取的特征直接进行后续处理存在一定弊端。针对这些问题，我们在 SIFT 算法的基础上，采用 PCA 对提取出的 128 维特征进行降维，并通过主成分分析的方法将高维数据投影到低维空间。改进的 SIFT 具体实现步骤如下：

（1）从人耳和人脸训练集中选取图像，并对其进行高斯平滑滤波后，构建尺度空间，并确定图像 *Image* 中 n 关键点的位置，利用 SIFT 算法对关键点提取出 128 维特征，如图 4 所示，生成特征矩阵 $X_{matrix}=[x_1,x_2,...,x_n]$，并计算特征向量 $\overline{x}=\frac{1}{m}\sum_{i=1}^{m}x_m$。

（2）计算 X_{matrix} 的协方差矩阵 $Cov_x=E\{(X_{matrix}-\overline{x})^H(X_{matrix}-\overline{x})\}$，其中 $(X_{matrix}-\overline{x})^H$ 为矩阵的共轭转置。

（3）从 Cov_x 矩阵中可找到 128 个正交的特征向量，相应的特征值为 λ_i，特征向量为 e_i。

（4）按照特征值由大到小的顺序进行排列 $\lambda_{128}\geq\lambda_{127}\geq...\geq\lambda_1$，选取最大的 k 个特征值使其满足下式：

$$\frac{\sum_{i=1}^{k}\lambda_i}{\sum_{i=1}^{M}\lambda_i}\geq\gamma$$

其中 $\gamma=90\%$。

（5）如图 4 所示。由选取的特征值组成 $128 \times k$ 维矩阵 A。根据 $Y = X_{matrix}A$ 将第一步获得高维的特征矩阵 X_{matrix} 投影到低维特征空间中，得到 $n \times k$ 维的矩阵 Y（$k < 128$），从而实现了特征矩阵的降维。

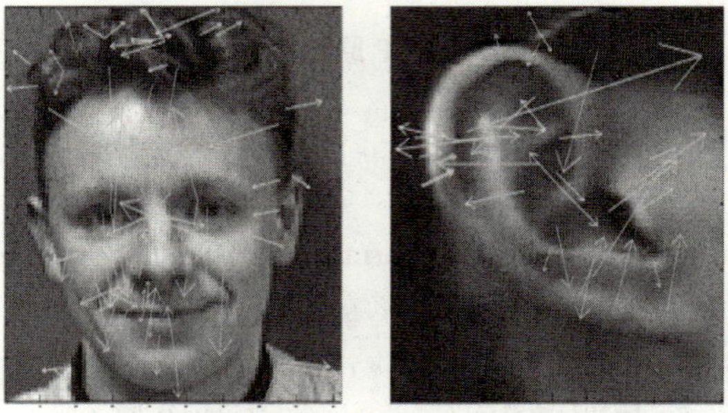

图 4　SIFT 处理后结果示意图

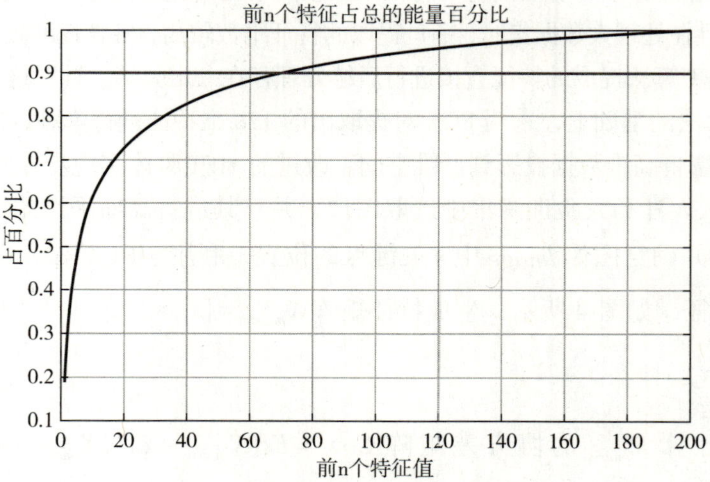

图 5　PCA 降维特征值占比关系

3. 特征融合

3.1　特征层融合

由于人脸和人耳具有的相似性又经由相同的算法提取了特征向量，因此在对两种生物模态进行特征融合的时候，选择了相对简单的串行融合算法：

$$Y_{融合} = [y_{人脸}，y_{人耳}] \quad (3\text{-}1)$$

其中 $Y_{融合}$为融合后的特征向量，$y_{人脸}$是人脸特征向量，$y_{人耳}$是人耳特征向量。

3.2 匹配层融合

在匹配层融合中，加权融合是最简单有效的方法之一。加权融合是将子系统输出的分数，加上相应的权重后作为识别依据。由于人脸识别子系统和人耳识别子系统识别的生物特征不同，虽然都是用最近邻欧式距离计算训练集图像和测试集图像的匹配距离，但由于人耳与人脸的取值范围不同，不能直接使用匹配分数直接进行加权融合，因此要对匹配距离进行归一化处理，本文采用 Min-Max 归一化方法。本文将匹配分数记为 $\{S_j\}$，其中 $j=1,2,...,n$，Min-Max 归一化公式可表示为 $S'=\dfrac{S_k-S_{\min}}{S_{\max}-S_{\min}}$，其中 $S_{\min}$、$S_{\max}$ 分别表示不同子系统中匹配分数集中的最小值与最大值。通过此线性函数可将原始匹配分数归一化到 [0,1] 范围。把人耳识别子系统和人脸识别子系统的匹配距离分别记为 $\{S(e_i)\}$ 和 $\{S(f_i)\}$，采用加法规则融合，根据 $S(ef)=\alpha S(e_i)+\beta S(f_i)$，得出融合后的联合匹配分数，其中权值满足 $\alpha+\beta=1$，通过将 α 以 0.02 为间隔对其值进行调整，从而确定使得人脸人耳组合识别率最高的权值组合，从而确定 α 和 β 的最优值。

4. 模式匹配

4.1 欧氏距离

比较人脸、人耳图像的相似程度计算采用欧式距离方法，根据欧式距离公式 $D(A,B)=\sqrt{\sum_{k=1}^{N}(a_k-b_k)}$ 计算得出图像之间的欧氏距离，即为匹配分数，记为 $\{S_j\}$，其中 $A(a_1,a_2,...,a_N)$，$B(b_1,b_2,...,b_N)$ 为待匹配图像的特征向量。

5. 实验及结果

5.1 图像库介绍

本文实验采用了英国剑桥 Olivetti 实验室的 ORL（Olivetti Research Laboratory）

人脸库 [14] 和北京科技大学 USTB 人耳库（3）相结合。其中 ORL 人脸数据库是目前使用最广泛的标准人脸数据库，共有 40 个不同年龄、不同性别和不同种族的对象。人脸库由每个人 10 幅图像，共计 400 幅灰度图像组成，图像尺寸是 92×112。北京科技大学自建的 USTB 人耳图像库基于不同的研究目的一共创建了 3 个不同的人耳库，其中图像库 3 中共有 79 个对象，每人 5 张共计 395 幅灰度图像组成，分别从人耳不同的角度和不同的光照条件下进行拍摄。

因为人脸库与人耳库的大小不一，为了方便研究，在创建人脸人耳图像库时，在人脸库中每人随机挑选 5 张图像，在人耳库中随机挑选 40 个人，使用 5×40=200 张人脸和 5×40=200 张人耳，共计 400 张图像用以创建本次研究的图像库。部分图像库内容如图 6、图 7 所示。

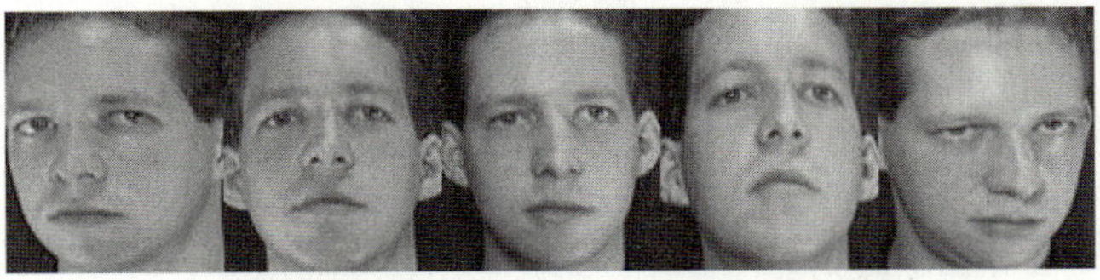

图 6　部分人脸库图像

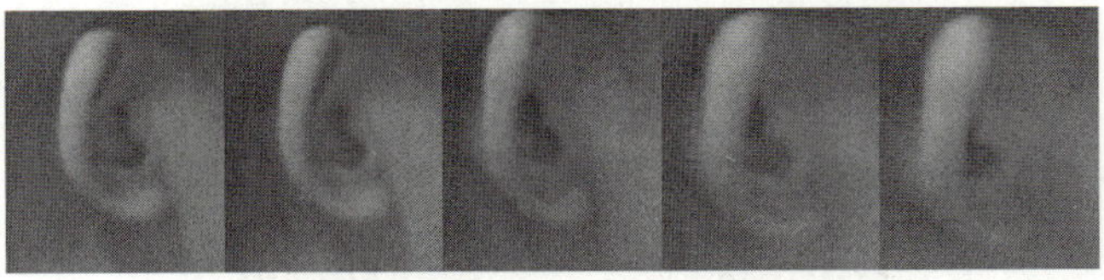

图 7　部分人耳库图像

5.2　基于特征层融合的实验

5.2.1　实验方案

首先对每个人，分别随机选取 n（1 ≤ n ≤ 4）张人脸库与人耳库中的图像作为训练集，将剩余的图像库中的图像作为测试集，然后依次修改 n 值，计算不同训练集大小下的识别率。其次在相同的训练集大小的情况下，选择降低到不同的目标维度，对识别率进行横向比较。最后分别对使用不同算法和生物模态进行识别，将识别率进行横向比较。

5.2.1　实验结果分析

本文对设置不同大小的训练集，选择不同的降低维度，使用不同的特征提取方法和生物模态分别进行了研究，实验结果分别如图 8、图 9、图 10 所示。

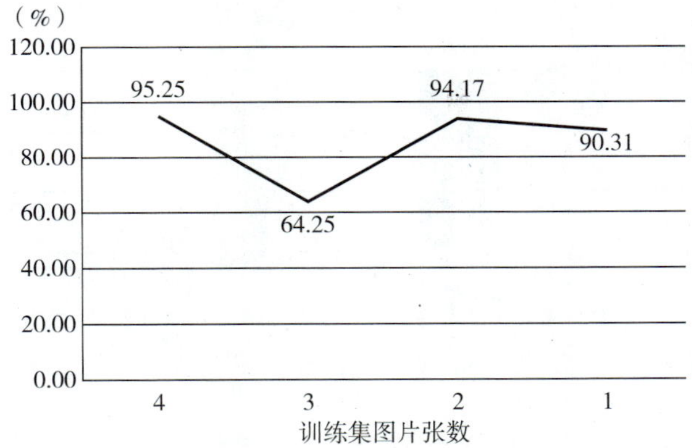

图 8　不同训练集大小对识别率影响

（1）如图 8 所示，当训练集变小时，识别率也会随之下降，这是由于用来训练样本图像减少，在测试集来识别时就减少可用来借鉴的样本数据，识别率就会降低。

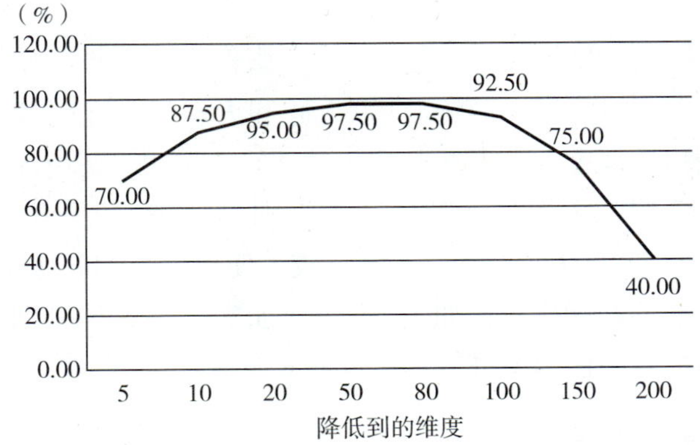

图 9　降低到不同维度对识别率影响

（2）如图 9 所示，当图像被降低至 50 维时识别效果最佳。根据 PCA 原理可知，降维操作是丢弃相对目标维度而言不重要的特征信息，由此说明图像库图像的有效信息大概只有 10% ~ 40% 左右。

（3）实验可见，对单一模态进行识别时，识别率较低。横向对比第 1 个实验发现采用单一算法时，识别率也不如两个算法相结合。因为 PCA 算法提取了主要特征信息使得减少了不同光照和角度信息在 LBP 算法中的影响，同理 LBP 也在一定程度上减轻了 PCA 算法的不稳定性。

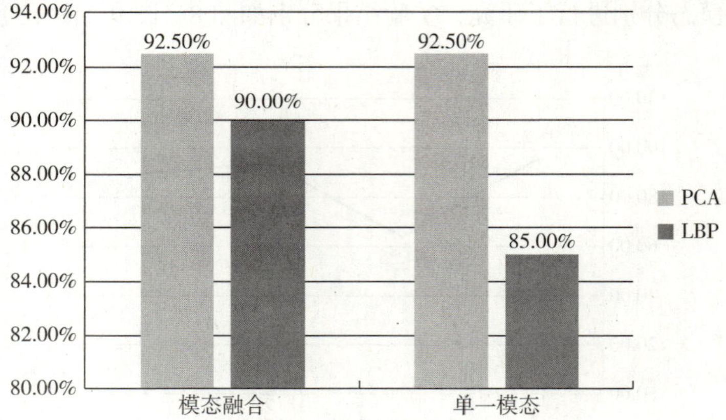

图 10　单一模态与多模态识别率对比

5.3　　　基于匹配层融合的实验

5.3.1　实验方案

实验中选用人脸库每人 10 张图像，并选用 5 张作为训练集，5 张作为测试集；选用人耳库 40 个人的人耳图像，选取其中 2 张作为训练集，另外 2 张作为测试集，采用基于 PCA 改进的欧式距离计算人脸和人耳子系统图像间的匹配分数，对两个子系统图像的匹配分数进行归一化处理后，采用自适应加权融合，通过对 α 和 β 的值进行不断调整，找到识别率最高时 α 的范围。

为验证改进 SIFT 算法的性能，本文比较了使用传统 SIFT 算法和改进的 SIFT 算法进行特征提取的性能比较，如表 1 所示。此外，本文还分别对人脸、人耳、人脸—人耳不同模式的识别率进行了比较。

5.3.1　实验结果分析

图 11　人脸识别结果

（1）通过对 α 和 β 的值进行不断调整，在 α 权值介于（0.38 ~ 0.48）时，识别率最高，效果如图 11 所示。

表 1　　SIFT 与 PCA-SIFT 算法的比较

算法	SIFT	PCA-SIFT
识别人耳图像（幅）	200	200
识别率	86.5%	90.3%
消耗时间（s）	3.88	2.57

（2）由表 1 可以看出改进的 SIFT 算法消耗的时间相比传统的 SIFT 算法明显降低，改进的 SIFT 算法的识别率也略有提高。

表 2　　不同模式识别率比较

模式	人脸	人耳	人脸 - 人耳
识别图像（幅）	200	200	200
识别率	85.0%	90.5%	93.5%

（3）由表 2 可以看出基于人脸—人耳多模态识别的识别率明显优于单一模态识别。

2. 实验结论

由于单一模态识别具有一定的局限性，本文基于多模态的特征融合，分别研究了特征层和匹配层的融合策略。在研究特征层融合时，采用了 PCA 与 LBP 相结合的算法，将具有全局特征提取特点的 PCA 算法与局部特征提取的 LBP 算法相结合，同时将人脸与人耳这两种不同的模态在特征层进行串行融合，使得识别率大幅提升。在研究匹配层融合时，采用了 PCA 与 SIFT 相结合的算法，在 SIFT 算法基础上，进行 PCA 降维，经过实验验证，相较于传统单一模态识别，基于人脸和人耳的多模态识别率更高，而相较于传统的 SIFT 算法，改进的 SIFT 算法具有更强的稳定性和鲁棒性。

参考文献

[1] 王瑜，穆志纯，徐正光．多模态生物特征识别技术进展综述 [J]．计算机应用与软件，2009，26（2）：31-34.

[2] Ross A，Jain A K. Multimodal biometrics：An overview[J]. In Proceedings of 12th European

Signal Processing Conference，2004：1221-1224.

[3] Jain A K，Ross A，Prabhakar S. An introduction to biometric recognition[J]. IEEE Transactions on Circuits and Systems for Video Technology，Special Issue on Image- and Video-Based Biometrics，2004，14（1）：4-20.

[4] 袁立，穆志纯，徐正光等 . 基于人耳生物特征的身份识别 [J]. 模式识别与人工智，2005，18（3）：310 - 315.

[5] 林玲，周新民，商琳等 . 基于特征融合的多模态身份识别方法研究 [J]. 计算机工程与设计，2011，32（8）：2849-2852.

[6] 雷钧 . 基于多模态融合的三维人脸识别 [D]. 大连理工大学，2012.

[7] 齐兴敏 . 基于 PCA 的人脸识别技术的研究 [D]. 武汉理工大学，2007.

[8] Tsalakaidou F，Malassiotis S，Strintzis M G. Integration of 2D and 3D images for enhanced face authentication[J]. In Proceedings of 6th IEEE International Conference on Automatic Face and Gesture Recognition，2004：266-271.

[9] Chen X，Flynn P J，Bowyer K W. Visible-light and infrared face recognition[J]. In Proceedings of Workshop on Multimodal User Authentication，2003：48-55.

[10] Bigun E S，Bigun J，Duc B，et al. Expert conciliation for multimodal person authentication systems using Bayesian statistics[J]. Lecture Notes in Computer Science，1997，1206（4）：291-300.

[11] 王玲 . 基于 LBP 的特征提取研究 [D]. 北京交通大学，2009.

[12] 黄非非 . 基于 LB 跑的人脸识别研究 [D]. 重庆大学，2009.

[13] 王宪，张彦等 . 基于改进的 LBP 人脸识别算法 [J]. 光电工程，2012，39（7）：109-114.

[14] ORL database[EB/OL]. http：//www.uk.reserach.att.com：pub/data/attfaces.tar. 2007-05-05.

虚拟化学实验系统

北方工业大学：韩金昆　孙　溯　陈长枫　郝书嘉

指导教师：宋　伟　副研究员

摘　要：这篇文章介绍了基于 Leap Motion 和无线 HMD 的虚拟化学实验。使用无线网络，系统使客户端和服务器结合起来，不需要额外的数据线。Leap Motion 能识别手部信息，并且把信息传输到服务器中。在客户端在 HMD 之中放入一台智能手机来显示虚拟化学实验场景。通过这种方式用户可以实时控制虚拟实验。

关键词：虚拟现实；Leap Motion；HMD；无线传感网络

1. 背景

为了使虚拟现实技术在自然科学教育有更多的应用，这篇文章提出了一个基于 Leap Motion 和无线 HMD 的虚拟化学实验系统。在虚拟环境中，用户是用自己的手与虚拟的物体交互。通过这样，完成多传感器的虚拟支持。

在化学实验中，伤口和有害物质有潜在危害，如二氧化硫、一氧化碳、氨气等。然而，化学容器的第一手经验是最重要的实践训练过程。为了避免损伤，虚拟现实模拟是学习和操作化学实验的有效途径。同时，以寓教于乐的特点，虚拟现实解决方案还吸引学生喜欢化学课。

传统上，用户通过戴上一个无线头盔，享受新的和直观的虚拟环境操作经验。该方法不仅降低了化学试剂的成本和浪费，而且降低了化学实验的危险性。

在我们的项目中，利用 Leap Motion 来快速捕捉手和手指的运动状态。由

Leap Motion 检测的手运动信息包括手指的位置，手旋转通过 USB 数据线实时传送到 VR 服务器计算机。然后，通过 WiFi 网络，服务器端发送信息到 HMD 虚拟客户端。虚拟对象和真实操作之间的交互和碰撞检测是由接收到的手运动状态实现的。最后，HMD 显示虚拟化学实验现场的直观的用户体验。

关于 Leap Motion，官方做了如下解释：Leap Motion 控制器不会替代您的键盘、鼠标、手写笔或触控板，相反，它与它们协同工作。当 Leap Motion 软件运行时，只需将它插入您的 Mac 或 PC 中，一切即准备就绪；只需挥动一根手指即可浏览网页、阅读文章、翻看照片，还有播放音乐；即使不使用任何画笔或笔刷，用您的指尖即可以绘画、涂鸦和设计；用您的手指即可切水果、打坏蛋；用您的双手即可飙赛车、打飞机；您可以在 3D 空间进行雕刻、浇铸、拉伸、弯曲以及构建 3D 图像，还可以把它们拆开以及再次拼接。体验一种全新的学习方式，用您的双手探索宇宙，触摸星星，还可以围绕太阳翱翔；一种全新的乐器体验，弹奏空气吉他、空气竖琴和空中的一切乐器，还可以体验全新的采摘和拾起方式。您与电脑间的开阔空间，现已成为您双手和手指的舞台，不论它们的每一次移动多么细微，又或是多么大幅度，Leap Motion 控制器都能精确追踪。从技术上说，这是一个 8 立方英尺的可交互式 3D 空间，但您可以说，这就是魔法。您的一只手，有 29 块骨头、29 个关节、123 根韧带、48 条神经和 30 条动脉，这是一种精密、复杂和令人惊叹的技术（x 2），但您却能不费吹灰之力，轻松掌握。Leap Motion 控制器也几乎完全掌握这一技术。

Leap Motion 控制器可追踪全部 10 根手指，精度高达 1/100 mm。它远比现有的运动控制技术更为精确。这就是您可以在 1 英尺宽的立方体中，绘制出迷你杰作的原因。150° 超宽幅的空间视场，您可以像您在真实世界一样随意在 3D 的空间移动您的双手。在 Leap Motion 应用中，您可以伸手抓住物体，移动它们，甚至可以更改您的视角。Leap Motion 控制器以超过每秒 200 帧的速度追踪您的手部移动，这就是屏幕上的动作与您的每次移动完美同步的原因。

2. 相关工作

传统的虚拟现实系统通过几种不同的传感器来捕捉真实环境中用户的位置和移动。德拉甘诺夫等人提出了一种病人辅助系统，该系统利用数据手套来检测和跟踪手指。通过手势识别过程，实现了虚拟对象与用户手的实时交互。这种带有数据电缆的可穿戴设备造成了不舒适的操作，从而降低了用户体验。

无线手指探测器的 Leap Motion 解决了这个不舒服的问题。Leap Motion 中深度传感器的探测范围为 150° ，视野范围为 8 立方英尺。陆等。利用 Leap Motion 设计并实现了几种体感交互游戏。在这些游戏中，自然用户操作不可触摸的设备取代了传统的人机接口，如鼠标和键盘。张等。提出了一种用于采矿业培训的 VR 仿真，通过在头盔上安装 Leap Motion。这样的组合为用户提供了一个方便的操作界面和有效的培训体验。使用虚拟现实技术，在危险环境的模拟训练可以避免伤害。阿维拉阐述了 HMD 在军事上的重要性，以及具有的优势，如无风险、低成本、高用户体验。

目前，一直连接到数据线的服务器的虚拟现实应用的显示器，这有限的自由活动和用户运动。为了解决这个问题，本文提出了一种用于虚拟化学实验模拟的无线用户界面，避免了诸如伤口和中毒等危险。

3. 虚拟化学系统

本文提出了一个 VR 化学实验系统，如图 1 所示。系统分为两部分：一个 Leap Motion 和一个头盔显示器，以及用户客户端虚拟服务器。由 Leap Motion 感知的用户手指信息通过 USB 数据线实时传送到服务器。这些数据集包括手掌和手指关节的三维位置和旋转信息。手势数据集的获取率超过每秒 200 帧，满足虚拟物理协作实时手势检测的要求。测量精度达到毫米级，以保持直观的操作经验。

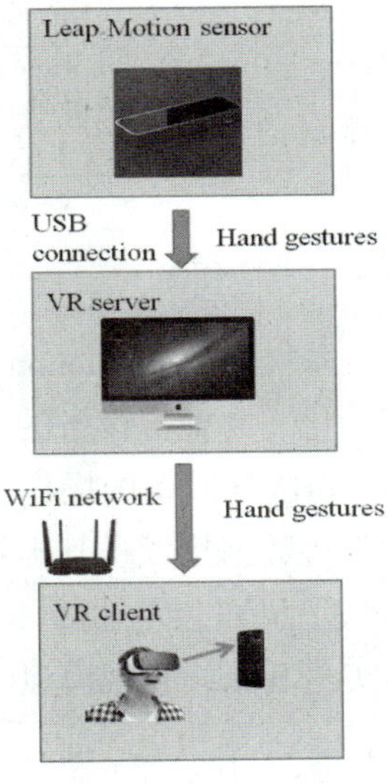

图 1

在通过 Leap Motion 接收到实时手势数据集之后，服务器使用 WiFi 网络将这些数据集发送给客户机。在客户端——用户头部的头盔上安装有智能手机，并安装虚拟化学实验模拟。与传统的虚拟现实设备相比，应用 HMD 能够接收实时数据无须连接电缆，同时具有体积小、重量轻、灵活性好等优点。

在客户端，通过安装在头盔显示器的智能手机显示的虚拟环境模拟 3D 实验室和一对可控的手模型。将可控手模型的实时位置和旋转作为从服务器端接收的手势数据集进行分配。

通过虚拟实验室设备与真实操作的交互，用户在虚拟环境中实现化学实验。可同步虚拟和现实操作，数据传送速度从 Leap Motion 的服务器是一样的，从服务器里面的 HMD 智能手机。

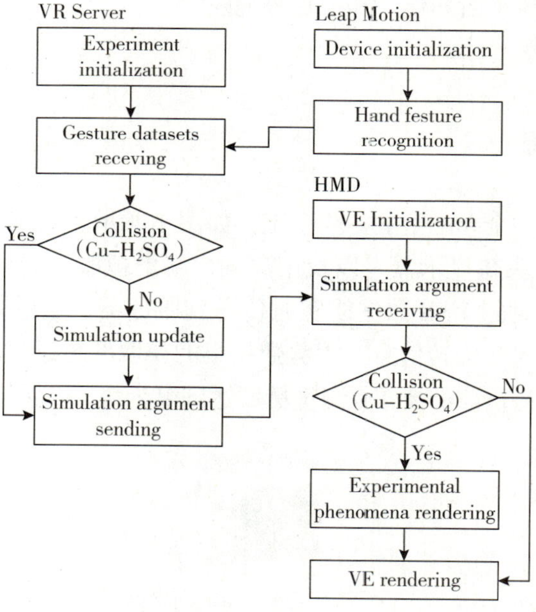

图 2

图 2 说明了该虚拟化学实验系统与 Leap Motion 和 HMD 集成流程。首先，虚拟现实服务器执行化学实验初始化、与虚拟设备的连接、虚拟环境的内存分配和变量定义。同时，Leap Motion 和 HMD 设备的操作参数定义初始化。然后，将由跳跃运动识别的用户手的实时手势数据集发送到虚拟机服务器。基于输入手势与虚拟物体之间的交互，实现了实验仿真过程。仿真参数发送到显示中的计算单元。最后，显示在用户眼前呈现的实验现象，直观模拟的虚拟化学实验。

4. 实验

利用所提出的系统，开发了虚拟化学实验。我们使用了软件开发工具包版本2013的一个Leap Motion，如图3（a）所示。虚拟服务器由一个2.20 GHz的英特尔核心i5-5200u CPU的计算机实现，如图3（b）；三星Gear VR用作显示器，它只支持智能手机的几种类型，包括三星5、S6 edge+、S6、S6 edge。客户采用2.1GHz CPU，通过三星S6运行，用3GB RAM和Android 5系统。

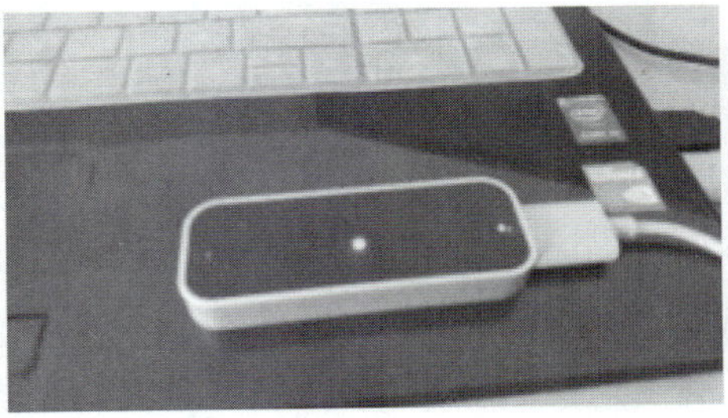

图3（a）

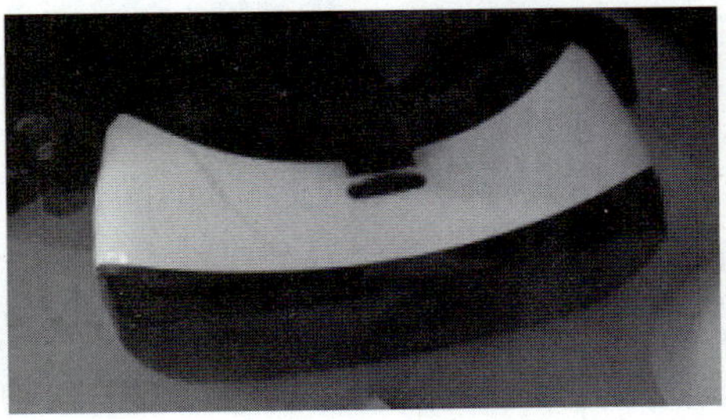

图3（b）

采用Unity3D引擎，虚拟化学实验中的应用，与高质量的图形开发，如图4（a）。虚拟设备与手工操作的交互直观地实现。可控制手模型与用户手运动状态同步更新。用户与虚拟试剂烧杯模型交互，通过控制虚拟手模型来模拟没有任何真实对象的虚拟实验，如图4（b）。基于虚拟手的旋转和平移状态，计算了试剂的运动。当手模型的倾斜角度为45°、液体试剂是浇在图4（c）。在虚拟环境中的化学实验的反应现象是显示在用户的眼前，如图4（d）。在应用程序内容中，在VR场景中还显示了服务器操作手册，为用户提供实验性的点击。

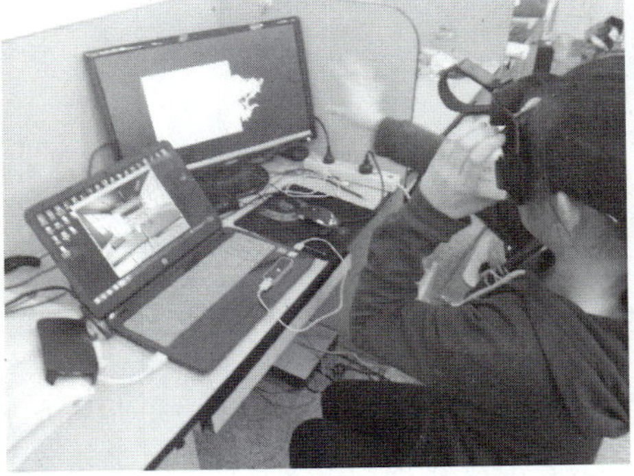

图4（a）

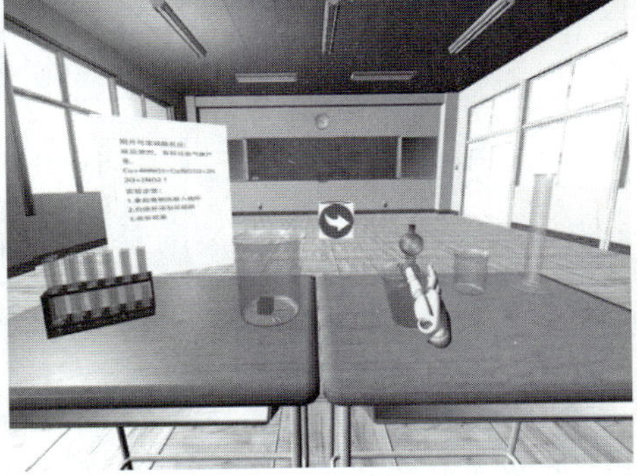

图4（b）

图 4（c）

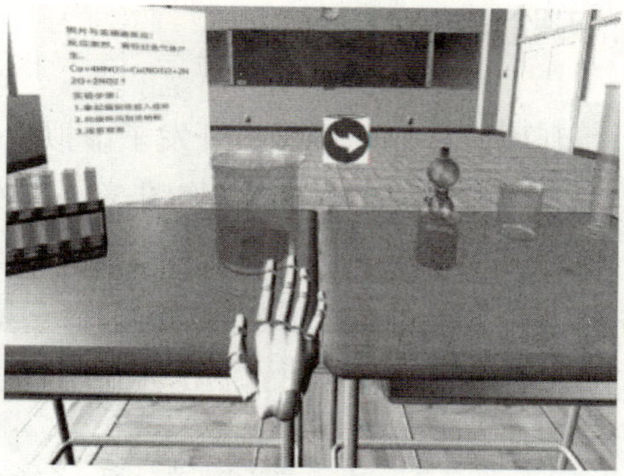

图 4（d）

如图 5 所示，通过跳跃动作将 15 个骨骼、15 个关节和 1 个手掌的旋转和位置手势数据集通过 USB 数据线传送到服务器。同时，由三星 Gear VR 为 HMD 进行旋转和确定观察视角的位置。无线传输是基于 TCP/IP 协议的实现，利用 3 次握手机制保证数据传输的稳定性的手势。利用这些数据集，VR 服务器实时建立并融合了可控手和虚拟对象模型。当用户在虚拟环境中移动他们的手并操作容器或试剂时，服务器启动了实验触发功能来管理实验过程。在完成多个手动操作后，化学现象控制功能根据不同用户的操作表现出不同的现象。

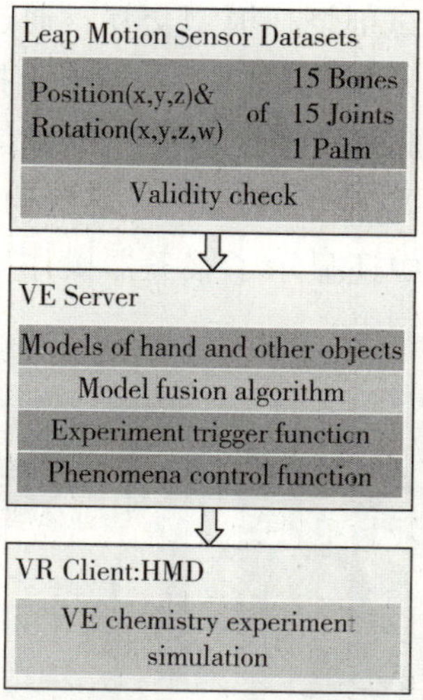

图 5

最后，手和其他对象模型的虚拟环境是呈现用户眼前的。此外，本系统所使用的虚拟现实设备占用的空间不到 $2m^2$，比传统的虚拟现实系统节省了更多的空间。

5. 结论

在化学实验中提出的 VR 仿真具有安全性好、灵活性好、浪费少、经验丰富等优点。本研究利用无线传输技术实现 Leap Motion 传感器和显示器之间的通信。检测到的手指运动传递到虚拟环境显示在 HMD，虚拟化学试剂和容器模型则通过虚拟手操作。最后，在用户眼前呈现出一个交互沉浸式虚拟现实实验。

在线学习风格智能匹配系统

北方工业大学：王瀚林　葛佰林　李良才　冯亚辉　叶　玮

指导教师：王若宾　副教授

摘　要：在线学习风格智能匹配系统以学习风格测评为基础，结合学生绩点数据，实现了基于移动社交网络的学友匹配，以学习型社交为手段实现 O2O 互帮互助、共同进步，同时也能够为教师了解学生、学生认识自己提供参考。

关键词：学习风格；学习型社交；聚类分析；智能匹配

1. 引言

互联网技术的发展促使在线教学获得了快速发展。对于 MOOC 网站的课程论坛仍只是实现了某课程下的开放式交互，对于“谁是我的交流对象”“我该找谁一起学习”这样的问题仍然缺乏有效的匹配指导。本项目特色是以学习风格的科学测量为依据，结合行为数据进行有针对性的学友匹配，为教师了解学生、学生认识自己提供帮助。本系统利用学习风格科学测量量表，为学习风格的研究提供了数据支持。系统对学习者 4 个维度 8 种学习风格进行测量，让用户通过 web 浏览器完成自己学习风格的测量，并提供按范围，如班级、学院、学校、地区等进行风格相似或互补的匹配，实现找到有效的学习伙伴。

2. 概念界定

学习风格：指人们在学习时所具有的或偏爱的方式，换句话说，就是学习者在研究和解决其学习任务时，所表现出来的具有个人特色的方式。学习风格的测量需要基于科学量表，其中费尔德—西尔弗曼（Felder–Silverman）学习风格量表是使用较为广泛的一种学习风格测量量表，它由费尔德（Felder）和西尔弗曼（Silverman）于 1997 年提出，并用于判断学习者的学习风格。基于 Felder–Silverman 的学习风格测量把学习风格分为 4 个维度 8 种类型，分别为活跃型 / 沉思型、感悟型 / 直觉型、视觉型 / 言语型、序列型 / 综合型。

风格匹配：依据聚类分析的结果，将归属同一类的人视为学习风格大致相同。

3. 总体设计

3.1 总体结构设计

系统为 B/S 架构，由服务器端（Server Side）和浏览器端（Browser）两部分构成，如图 1。

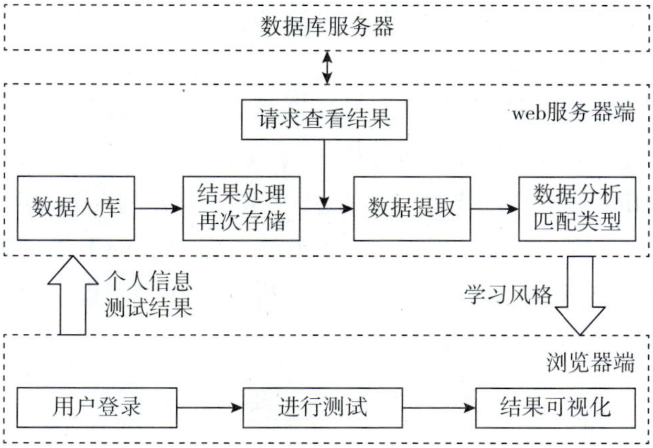

图 1　总体结构

3.2 功能分配

系统整体功能分配如图 2 所示。

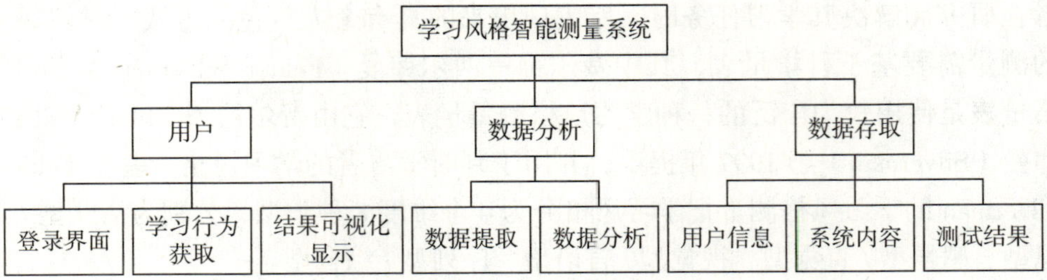

图 2　功能配置

系统整体功能包含 3 个主要功能模块：用户模块、数据分析模块和数据存取模块。各模块的功能介绍如下：

（1）用户模块

a. 登录界面可以记录用户行为，并保证系统的安全性。

b. 用 Felder–Silverman 量表通过问卷方式获得用户的学习行为。

c. 将用户的学习风格进行可视化展示。

（2）数据分析模块

测试的结果数据为 4 个维度的值，数据分布为：$n \subseteq [-11,11], n \in N$，数据标签对应为该学生的现阶段的学习绩点百分比排名 $\text{label} \in [0,1]$。

a. 初步数据模型建立

为了寻找能最好地解释四维度测量数据与学习绩点的关系，进行了初步数据模型建立的尝试。运用了关联规则分析（Apriori），基于贝叶斯概率模型的分类方法（Classification）、多元线性回归方法（LinearRegressionwithMultiple）、简单的神经网络（NeuralNetwork）、聚类分析方法（Clustering）等多种方法，最后用测试数据进行模型的验证，对比发现聚类分析方法在一定程度上能更好地解释学习风格测量数据与成绩绩点之间的关系。

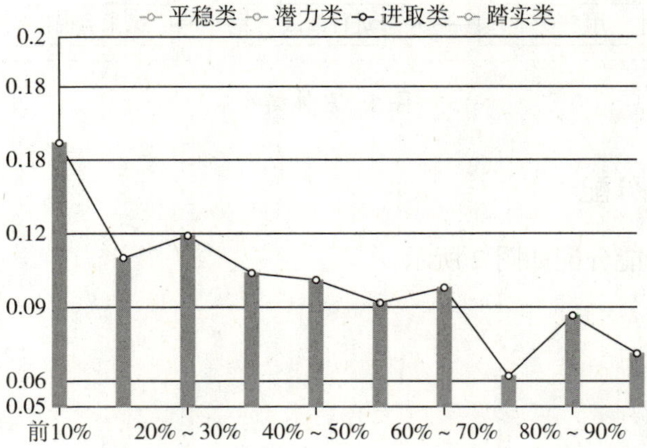

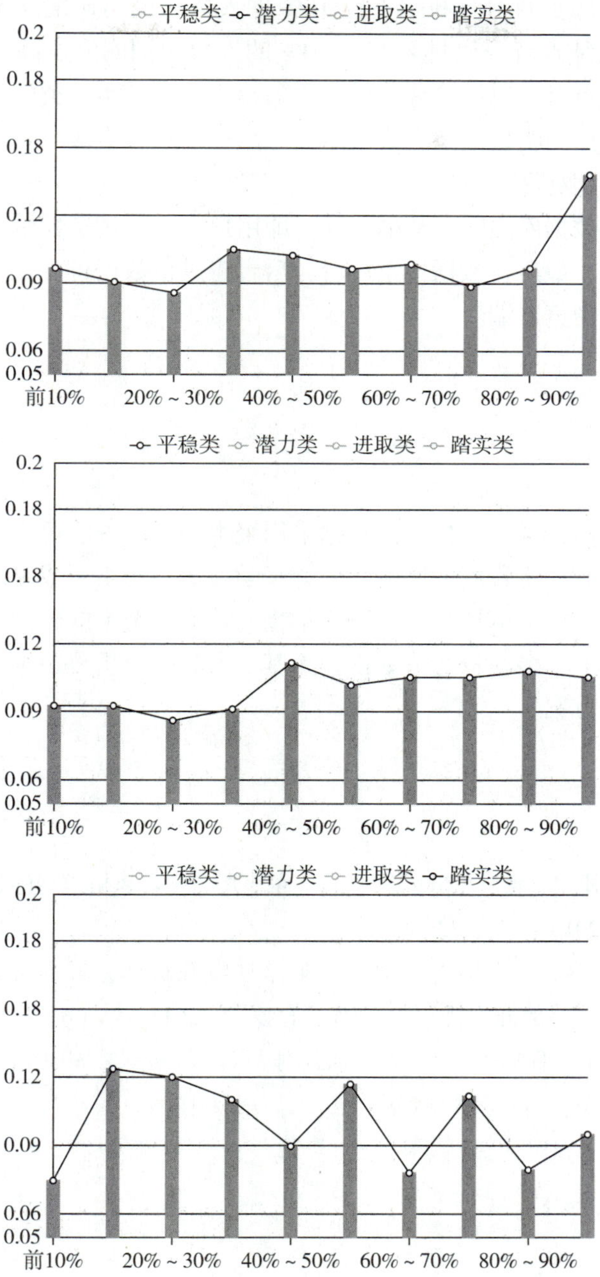

图 3

聚类结果分为 4 类，结合各个类型的学生绩点成绩比例分析，将 4 类分别取名为进取类、潜力类、平稳类、踏实类。任一类中学生的成绩都有好有坏，但属于进取一类的人绩点百分比排名在前 10% 的人数比例明显偏高于其他类，而属于潜力一类的人绩点百分比排名在后 10% 的人数比例明显偏高于其他类，属于平稳一类的人绩点百分比排名分布比较均匀，而属于踏实一类的人绩点百分比排名在中等部分的比例明显偏高。

（3）数据存取模块

实现系统与数据库之间的数据交互，即用户在 web 浏览器端登录系统，然后进行问卷的测量，最后将数据传至后台，后台将风格数据可视化并将数据匹配的结果返回至客户浏览器端。

4. 研究结论

研究表明，对于学习风格测试数据采用聚类分析的方法可以体现学习风格对学生的学习成绩有一定程度的影响，但赖于学习风格与学习成绩之间仅为弱关联关系，学习成绩的好坏应更多地取决于学生的认真与努力的程度。后续研究将进一步细化需求获取更多在校行为数据，为基于大数据分析更精准的学友匹配提供可供实现的解决方案。

参考文献

[1] 姜强，赵蔚，杜欣 . 基于 Felder-Silverman 量表用户学习风格模型的修正研究 [J]. 现代远距离教育，2010（1）：62-66.

[2] 李运福，傅钢善 . 网络环境下学习者策略性特征群体差异研究——基于 Felder-Silverman 学习风格的群体划分 [J]. 现代教育技术，2015，25（6）：102-107.

[3] 王若宾，付瑞平，程楠楠，等 . 学习风格对大学计算机课程 MOOC 学习的影响 [J]. 计算机教育，2016（10）：106-108.

非物质文化遗产十二月花令的应用

北方工业大学：韩　博　康　婧

指导教师：沈　莹　教师

摘　要：十二月花令是由梅花、兰花、桃花、蔷薇、石榴花、荷花、凤仙花、桃花、菊花、芙蓉花、水仙花、腊梅为12个月的当令花。我国疆土辽阔，资源丰富，南北方气候差异大，根据各个地方人民的喜好不同，12个月的代表花也有很多不一样的花种。

关键词：非物质文化遗产；传统文化；十二月花令；应用

1. 人教版语文课本中诗歌带来的启示

在最近的人教版的语文三年级课本上，出现了一首诗歌，它是这样的：

正月梅花香又香，二月兰花盆里装，
三月桃花连十里，四月蔷薇短靠墙，
五月石榴红似火，六月荷花满池塘，
七月凤仙展奇葩，八月桂花满枝黄，
九月菊花初开放，十月芙蓉正上妆，
十一月水仙供上案，十二月腊梅雪里藏。

在课本中的出现，旨意让学生学习花的生长与月份的关系，以及通俗地通过“十二月花令歌”去理解中国传统的花令文化。

然而花令文化在文化信息多样化的情况下却走向了没落。在19世纪中叶，西方列强在利用特权侵略中国的物质和国土的同时，也对中国的文化进行了侵略，花令文化和与之对应的花朝节的传统受到了严重的冲击，时至今日，花令文化和花朝节传统已经基本消亡，当代人对这些文化更是陌生，甚至连相关的研究也少之又少。

近年来国民对传统文化的关注开始不断增长，传统节日和民俗文化已经成为人们关注的焦点之一，人们开始注意到我们本土的优秀民族文化的意义，因此，我也认为在课本中加入花令文化的传播是有必要的。

2. 进一步寻找花令文化

通过在知网、豆丁文库等官方查阅了更多的关于十二月花的知识，我们还在图书馆找了大量相关书籍进行阅读，发现了十二月花在很多方面都有体现。

十二月花令通过十二月花神的故事及习俗而广为人所知。“十二月花神”是根据社会风俗与岁时花信的自然规律，按每年 12 个月冠以花名而成的。中国民间有一个“花朝”之庆。花朝，亦称花王节，于唐朝开始盛行，传说每年农历二月十二是百花的生日，民间会在这一天依照礼俗祭花神，向花神祝寿，以祈愿风调雨顺、五谷丰登、平安吉祥、招财进宝。等到了三四月间，天气渐暖，百花争艳，春色一派绚丽，人们踏青赏花，又是一番热闹繁荣的景象。随着季节时令的替换，百花齐放，争相斗艳，每种花都有自己鲜明的特点及魅力之处，为人们的生活平添了无数浪漫情趣。

事实上，在花令文化中，除了每个月对应一个花类之外，每个花类还对应有一个花神，在传世的明清瓷器等文物中，还有一些古年历、年画等民俗工艺品中有很多涉及花令的题材，其中“十二月花神”的题材出现最多，像清朝康熙年间的官窑瓷器所产的“十二月花卉杯”就是其一。康熙十二月花卉杯是一组酒器，由 12 只形似仰钟的小酒杯组成，每一只酒杯上都绘制有十二月份的代表花卉，即传说中的十二月花神，除此之外，还配有相应的诗句。由于传诵以及南北的差异或是其他种种原因，十二月花令的版本有很多种。

花令文化在乐曲、文化、陶瓷等领域都有着极为丰富的创作。下图为康熙斗彩十二月花神诗文套杯。

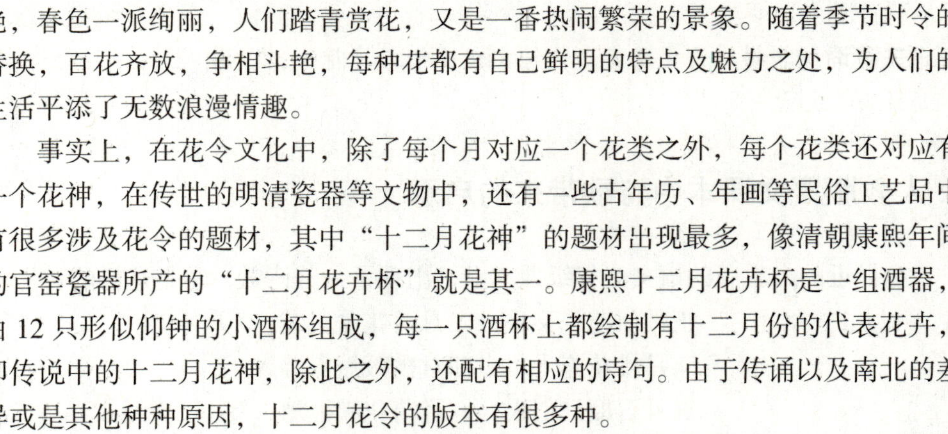

图 1　康熙斗彩十二月花神诗文套杯

在这些文物及后人创作的启发下，我们也有了自己关于十二月花令这个传统题材的初步想法，希望用自己的专业能力，起到让更多的人了解十二月花令文化的作用，继而引发人们加深对与我国传统非物质文化遗产的关注。

3. 创作及瓶颈

按照组别划分，我组一共两人，为了不影响彼此的思路，首先进行了独立的草稿设计，其中一人参考芥子园画谱和实际时令花的图片进行了水彩稿的创作，另一人参考时令花和其他优秀设计进行了电子版初步想法创作。经过几个月的时间，对草稿不断地进行深入细化，在深入的过程中，两个人都遇到了瓶颈，不知道该如何进行下去；实际情况中一些条件对两个人的创意有了很大的限制，从材料到方法，都有了一些问题，存在着不可实现性，但在指导教师建设性指导下，二人又有了新的方向，两人的创意都有了一些改变，在符合实际的前提下，不断深化自己的创意。

这个过程让两人都有了经验：对实际创作中的现实条件，在创作前就不应该忽视，优秀的设计从一开始便是考虑周全的。对于这一点，我们都没能够达到，但是还好在过程中可以补救，否则就将重新策划再进行新的设计，这将极大地影响接下来的任务进程，也意味着前几个月的工作量都将付诸东流。想必我们在接下来其他创作中也能吸取这次的经验，在设计一开始就要思考周全。

4. 方法与方式

在开始创作前，我们的思路是想用传统的二方连续、四方连续等图案方式进行创作。二方连续和四方连续在传统的创作中有着基础并重要的地位，许多优秀设计中都利用了这种方式，像是蔻驰和 LV 包设计中也采用了这种方式，很多我国文化中的传统纹饰也采用了这种方式。

二方连续是指一个单位纹样向上下或左右两个方向反复连续循环排列，产生优美的、富有节奏和韵律感的横式或纵式的带状纹样，亦称花边纹样。二方连续可分为散点式、直立式、倾斜式、波浪式、水平式、一整二破式、折线式、旋转式等 8 种基本骨式。四方连续纹样是指一个单位纹样向上下左右 4 个方向反复连续循环排列所产生的纹样。四方连续纹样主要有以下 3 种组织形式：①散点式四方连续纹样（规则的散点排列有平排和斜排两种连接方法）。②连缀式四方连续纹样是一种单位纹样之间以可见或不可见的线条、块面连接在一起，产生很强烈的连绵不断、穿插排列的连续效果的四方连续纹样。常见的有波线连缀、菱形连缀、阶梯连缀、接圆连缀、几何连缀等，如图 2。③重叠式四方连续纹样：是两种不同的纹样重叠应用在单位纹样中的一种形式，一般把这两纹样分别称为“浮纹”和“地纹”。

虽然是基础的设计方式，但是现在很多人却不是很了解。我们为了让更多人注意这些知识，希望采用此种方式实现自己的想法，并且这种方式还有一个特点就是简约又极具设计感，也会让人产生视觉震撼。于是我们在设计一开始就采用了这种方式，将自己的草稿在电脑端进行操作时，都先将设计的图案进行了二方连续和四方连续，然而效果却不是很好。我们分析了其中的原因，发现在优秀设计中采用二方连续和四方连续的往往是设计的图案极简，这样在不断重复中才不会显得繁杂，而我们设计的图案，本身就是由花简化而来的，具有一定的复杂性，于是我们便放弃了此种方式，行了下一步的设计。在不断的探索过程中，我们找到了适合彼此的设计方式。

图 2　波线连缀，几何连缀

5. 最终设计

设计图在不断的探索中，其中一人采用了插画的方式加现代波普风格的创意，另一人采用了水彩画矢量化的方式，两人都完成了最后的设计稿，过程也花费了几个月的时间，最后都将设计稿在电脑端进行了样机设计，拟看了最终实物的完成效果图。在多方比对后，将设计稿投入实物设计中。除了最终稿之外，我们还设计了一系列的其他可投入实际应用中的产品效果图，如图 3。

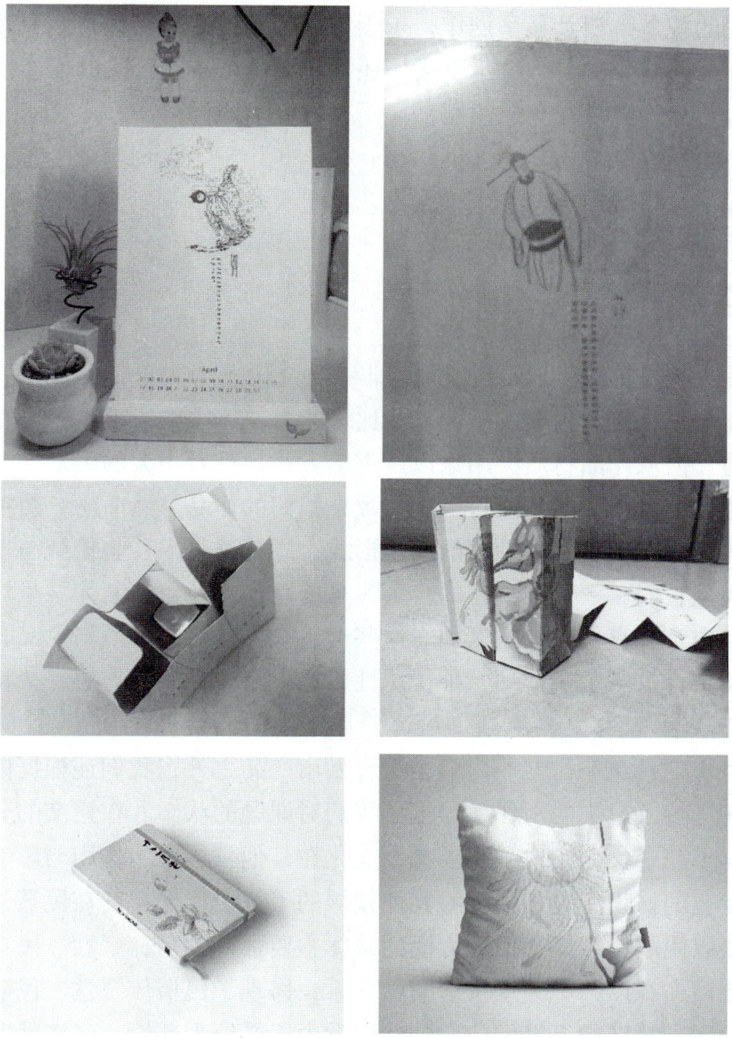

图3　产品效果图

我们还将前期调研的资料进行整合，分析思考写出了两篇论文，并且在两本期刊上进行了发表。内容虽然不精，但也是我们这一段时间以来通过不断的学习、了解和分析得到的一些结论。我们对于十二月花令、十二月花神以及相关产物对其他文化、其他领域方面的影响有了更加深入的了解。对于我们来说，这一非物质文化遗产带给我们的不只是单单的表面文化，而且还让我们产生了对其他传统文化更加浓厚的兴趣。十二月花令从古流传至今，最不能缺的是笔笔相传，口口相传，十二月花令的应用领域与大众生活紧密联系，体现了民俗传统性，也体现了古代人民的智慧，以及喜于创作，乐于传播的精神。在当代我们要做的不仅仅是继续将十二月花令的传统继承下去，还要积极学习古代人民的创作精神，创造出更多适合传播十二月花令的领域。

6. 创新之处

我们此次的设计虽然取自传统的“非物质文化遗产·十二月花令”这一题材，但是我们又与传统有着很大的不同，相比十二月花令中的清朝十二月花神杯，虽然题材相通，但从作品材质、用途以及审美方式，都有很大的区别。古人将十二月花神的优雅精致与气质感做得淋漓尽致，我们的作品虽然简陋，但将这种题材创新做成包装、日历又是一种新的表现形式，同时这是一种将传统与现代相结合的产物，而且它们又区别于现在的台历、日历制作以及包装制作：虽然表现形式相同，但是内容又有着很大的区别。这些产品有着自己的特色与意义，将传统文化与现代相结合，赋予了作品一种传承性，如果将作品完善得更好，将会是一个很大的优势。

除了将十二月花令与专业内容相结合做出产品之外，我们还根据前期资料的分析与了解进行了论文的写作，加强了我们对课题的认知。在论文的分析中，我们不仅了解了花令文化，也了解了花令文化在其他领域中的作用与影响。抛开我们对自身专业的认识，也加强了对其他领域的了解，比如：其在民歌领域，十二月花令主要以民歌为载体，民歌方面的载体主要强调的是朴素性、民众娱乐性、易传播且传播途径广，与大众生活紧密联系，体现了民俗传统性。民歌的风格各异，主要由不同地区的人民编曲，这些民歌由于受地理环境、经济状况、文化传统以及语言、风俗习惯等因素的影响，形成了自己独特的艺术风格和鲜明的地方特色。山西省内流传的《十二月花》民歌就是受到作为山西腹地，受外省影响较少，自然特征鲜明，以秧歌类型突出的晋中区所影响。

我国各地基本都有花令文化，然而却各有所异，尤其以南北为界的区别更为明显。随着十二月花令文化的发展，“十二月花神”也出现了，十二月花神信仰始于万物有灵的观念，以及自然崇拜的信仰，再加上深植于中华民族内心深处的万神各司其职的观念。十二月花神在民间继续以歌舞形式发展着，而各地之间有不同的风俗习惯。十二月花令歌在全国都有广泛的流传，无论是流传过程中受到民族文化的影响或是遭到了融合与发展，最后形成于不同地域之间，成为每个地域的特色文化。

在繁杂的花令文化中，我们选取了人教版语文三年级课本上的内容作为标准，在此基础上做出了一系列设计。也从这个方面，我们看出了民族文化的发展与融合，一个地方的文化往往能反映一个地方的特色，而花令文化在全国的普及与不同，让人产生了对该文化的兴趣点，它的起源、发展，成为我们这次设计的主要源泉。

这次课题让我们了解到的不仅仅是十二月花令，也让我们学到了很多和专业相关的知识，在接下来的学习中，在课题中学到的东西也将对我们产生很大的影响。

参考文献

[1] 江月光 . 康熙青花五彩十二月花卉杯文化艺术特色解析 [J]. 中国陶瓷，2011，（05）：65–67.

[2] 唐永葆 . 山西民歌《十二月花》音乐学分析 [J]. 南京艺术学院学报（音乐及表演版），2003，（04）：30–31.

以竹子为主要材料的建筑节点细部研究

北方工业大学：李倩芸　顾思明　魏晓峰　吴思蓉　琚京蒙

指导教师：马　欣　副教授

摘　要：本文以原竹作为建筑基础材料为切入点，论述了竹材料的现状与性能，研究了竹材料在建筑中的应用特性，通过对节点构造的研究，系统的对传统与现代竹建筑中出现的节点进行归类与分析，并阐述了其各自的特点。

关键词：竹建筑；竹节点；构造

竹子在中国拥有着悠久的历史和崇高的地位，竹子和梅花、兰花、菊花并称为四君子，和梅、松并称为岁寒三友。古代文人骚客赋予竹子超凡脱俗、清新高雅的特性，苏轼有诗曰："宁可食无肉，不可居无竹。无肉令人瘦，无竹令人俗。"在中国，竹子主要是作为人们寄托情怀的对象，但是随着时代的发展，竹子在建筑领域的作用越来越受到重视。

1. 竹材料分析

我国的竹材料资源十分丰富，已知全世界大约有70多属1200多种竹子种类，中国大约有39属500种竹子，位列世界首位。随着科学技术的发展，竹子快速繁育技术得到更广泛的运用，使得我国竹资源日益丰富，竹材的使用能够缓解我国木材缺乏的情况。随着人们的环保意识的提升和国家大力提倡可持续性发展的背景下，竹材作为一种传统的建筑材料，其独特的功能和特性重新走进了现代建筑师的眼里。

1.1 竹材用于建筑的优势

竹子具有很好的强度性能，尤其是抗拉抗压强度，其物理性能与钢材类似，具有“植物钢铁”的称号。而且按单位重量来计算，即对比材料的“比强度”，竹材甚至远远高于钢材与混凝土。

竹子生长速度快，生长周期短，同时可再生能量强，是一种生态环保的绿色建材；一般 4 ~ 9 年可长成使用，且产量是普通木材的 3 倍。

竹子对生长环境要求不高，占地面积小，适应能力强，因而种植成本低廉，据哥斯达黎加有关方面的统计，竹建筑比普通材料住宅的成本便宜 20%。

1.2 竹材用于建筑的劣势

竹子圆形中空的结构特点，使其具备优越的力学特性，但同时也使其防火问题更为显著；同时为保持持续高速的生长状态，其体内含有较多的糖类、淀粉和蛋白质等有机物，使得防腐、防蛀难度加大，且由于竹子顺纹抗剪能力和抗劈裂强度低，所以造成竹材料之间相互连接成为实际工程应用的一大难点，特别是承载竖向荷载的竹子顶端容易开裂。因此，对于以竹子为主要材料的建筑的节点进行研究归纳，对于未来此类建筑的发展有着重要的意义。

1.3 竹材在中国建筑中的使用情况

中国运用竹材的历史悠久，在传统构建中，少数南方地区采用竹子作为居住建筑材料，多数地区使用竹材作为维护和装饰材料或者是手工艺作品的原料；竹子也常常作为景观品种被用于园林中，其装饰作用远高于实用价值。可以说，竹子在中国建筑行业中最多的是被当作装饰材料使用。

2. 常见的竹建筑节点

在对以竹子为主要材料的建筑细部进行分析的时候，主要有两种分类方法：一种是根据竹材在建筑中是功能分类，按照这种方法可以把竹材分为承重构件、装饰构件、围护构件；另一种分类方法是将竹建筑分为传统和现代两类进行节点细部的研究。本文选择了第 2 种分类方法，通过传统的节点和现代节点的分析对比，更容易看出竹建筑节点的发展与不足。

传统的竹建筑构造方式相对简单，由于技术的限制，采用的节点方式也相对简易，并且与其他材料的结合相对较少，一般常见于传统民居中，如傣族的竹屋（图1）和印尼托拉雅族祖屋（图2）。现代竹建筑构造方式相对复杂，采用的节点方式多结合金属构件，且高度与其他材料结合，这类竹建筑多是经过设计师精心设计而建成的，如越南建筑师武重义在2010年世博会设计的越南馆（图3）。国内对于竹建筑的研究尚未出现显著成果，比较著名的有冯纪忠设计的方塔园何陋轩（图4）。

图1 傣族竹楼

图2 印尼托拉雅族祖屋

图3 米兰世博会越南馆

图4 何陋轩

2.1 竹节点的划分依据

本文对现存的竹建筑资料进行收集和整理，在将竹建筑分为传统和现代两大类的基础上，根据竹节点的连接材料和连接方式进行竹节点的划分。

2.2 传统竹建筑节点

传统竹建筑节点相对简单，一般可分为绑扎、绑扎与榫接结合两种主要方式。我国传统的竹建筑在节点上采用了模仿木材建筑的手法，将竹材视作木材的代替品，没有充分考虑竹材料的特性。

2.2.1 绑扎连接方式

绑扎（图 5）是传统竹建筑中是最常见且最古老的连接方式，技术要求低，材料易取得，常用天然植物连接，如竹篾、棕榈叶、椰子纤维等。后多采用棕绳、铁丝进行绑扎。虽然前人在绑扎连接法中尝试过多种方式，但是由于竹材本身为圆柱形的特性，及绑扎方式为柔性连接的特点，使得绑扎的节点易松动，同时绑扎所采用的连接件耐久性差，因此建筑的稳定性和使用性都不高。

图 5　绑扎连接方式

2.2.2 绑扎与榫接结合

榫接（图 6）是传统木建筑中常用的典型连接方式，但若直接照搬至竹建筑中，因竹材中空的特点，榫接会使得材料的整体性被破坏，刚度和稳定性下降。故传统竹建筑中常常将绑扎与榫接相结合（图 7）。在榫接节点处通过绑扎使其强度增加，不易开裂松动，加强结构的稳定性。但即便二者相结合的方式，在一定程度上提升了节点受力的合理性，却仍然存在较大的局限性。

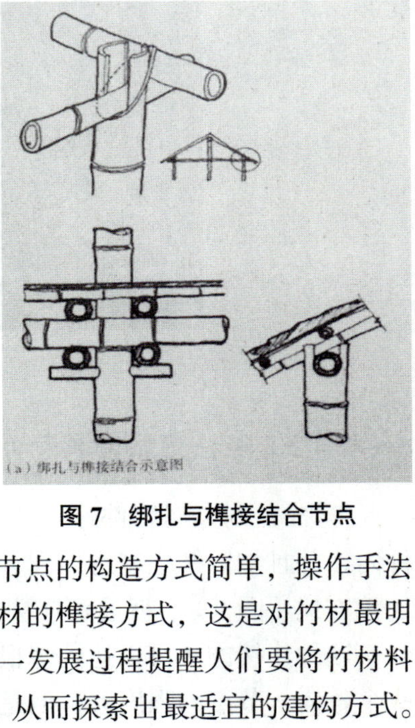

图 7　绑扎与榫接结合节点

2.3 对传统竹建筑节点的评价

从前受制于外在条件的因素，人们缺乏对竹材料自身特性的研究与了解，在传统竹建筑中节点的构造方式简单，操作手法单一，甚至还出现了用木材的处理逻辑来处理竹材的榫接方式，这是对竹材最明显的特性——圆形中空——的忽视所导致的。这一发展过程提醒人们要将竹材料作为一种单独的建筑材料分析，研究其力学特性，从而探索出最适宜的建构方式。

2.4　现代竹建筑节点

现代竹建筑形式多样，造型丰富。考虑到竹材料的顺纹抗压、抗拉强度高，在力学角度上，竹材料适合的结构形式为桁架结构、拱结构、穹顶结构、空间结构等主要受力为拉力和压力的结构，因此，现代竹建筑（竹材料作为结构材料）多采用以上类型的结构，在节点的连接上摒弃了传统竹建筑直接连接的方式，多采用金属构件来进行间接的连接，通过简单的节点的组合，达到多种建筑形式的要求。常见的节点构造方式有：螺栓连接、螺栓预制金属管件连接、金属管夹连接方式、竹与水泥刚性连接、金属管夹和铰接结合、金属管件和铰接结合、多种组合方式。

2.4.1　螺栓连接

通过螺栓将竹材料进行连接，如图 8，这类型的节点操作简单，不需要耗费大量的人力和时间，但是竹材直接与螺栓产生力的传递，节点的强度不高，容易破碎。

图 8　螺栓连接

2.4.2　螺栓预制金属管件连接

螺栓预制金属管件连接的连接方式是采用金属管件，将竹材料插入预制管件内，并且加以螺栓进行加固，从而达到连接目的的连接方式，常见的有 T 形管连接方式（图 9）、四通管连接方式（图 10）、多管插接等（图 11）。

这种连接方式可以达到多根管件连接，并且节点造型比较优美；节点部分为一个整体，节点的强度大；但是由于管件的尺寸是固定的，对竹材料尺寸的精确度要求比较高，对于有误差的竹材料要进行切削才能够达成连接，因此施工相对麻烦，不适合批量化运用。

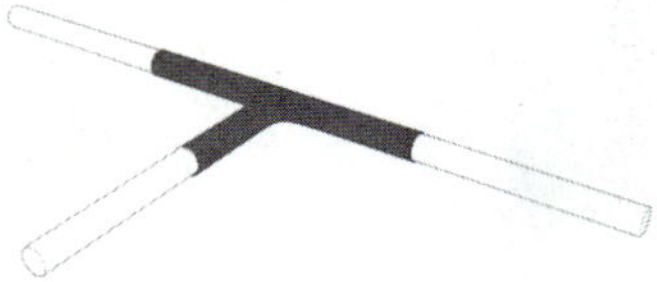

图 9　金属 T 形管连接方式

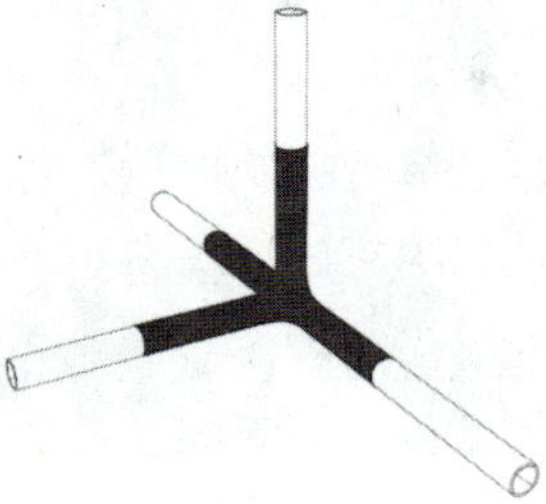

图 10　四通管连接方式

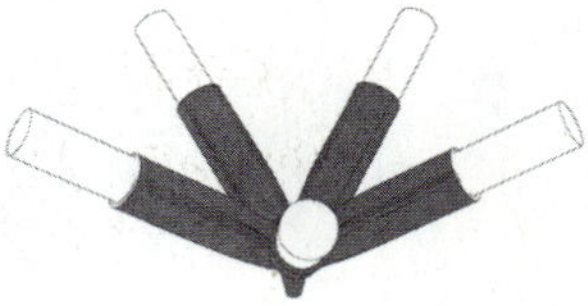

图 11　多管插接

2.4.3　金属管夹连接方式

金属管夹连接方式（图 12），与螺栓预制金属管件连接相比，由于金属管夹的灵活性，使得节点对于材料精度的要求比较小，且施工速度快，适用于两根竹竿件之间的连接，适合批量化使用，但节点部分构造比较大，不够美观。

图 12　金属管夹连接方式

2.4.4　竹与水泥刚性连接

竹材料与水泥刚性连接的形式也比较常见，这种组合充分利用了两种材料的材料特性，竹材中空的特性，使得水泥和竹材接触面更大，节点更为坚固。此类建筑中，又有两种类型：①以混凝土框架作为主体（图 13），竹材料用于维护结构以减少造价。②混凝土作为基础支撑上部竹结构（图 14）。

图 13

图 14

2.4.5 金属管夹和铰接结合

金属管夹和铰接结合的连接方式（图 15），是在主材料上套上金属管夹，通过金属管夹进行铰接。这种方式适用范围广，利于建筑空间造型的设计，不但可以用于两根竹子的连接，对于多根柱子的连接也可以轻易实现（图 16），且节点造型美观，稳定性高，但是对构件的精确程度要求比较高。

图 15

图 16

2.4.6 金属管件和铰接结合

金属管件和铰接结合（图 17）是将竹材料插入预制好的金属管件中，然后通过金属管件进行铰接，这种连接方式与金属管夹和铰接结合的方式相对比，对于竹材的精确度要求高。由于预制的金属管件的尺寸是固定的，所以对有误差的竹材料要进行加工，工作量大。

图 17

2.5 对现代竹建筑的评价

现代建筑对节点受力的合理性及精细度要求大大提升，传统建筑中的节点构造方式已远不能满足现代建筑的标准，因此引入金属构件、水泥材料等来加强结构的刚度与稳定性，成为现代竹建筑中对节点处理的新选择。不难看出其最显著的区别在于改变了节点处力的传导对象，从过去的直接受力于相连接的竹材，改变为先经由金属或水泥构件，进而传递给其他竹材。这一做法考虑到了竹材顺纹抗剪能力和抗劈裂强度低的特点，缓解了节点处容易开裂的问题，提升了受力合理性及使用寿命。

3. 结语

竹材作为一种可持续发展的天然生态材料，在力学与美学等诸多方面存在明显的优势，而且我国有着非常丰富的竹资源，竹子作为建材在现代建筑中的运用必将越发广泛。竹材的高度再生能力能够代替木材的短缺，同时在搭建一些临时性的建筑的时候，使用竹材能够加快施工速度，并且减少污染，达到快速且绿色环保的要求。

通过基本节点的组合能够使得以竹子为主要材料的建筑跨度达到75m，可以作为一些临时的会议展厅空间使用，但遗憾的是目前针对竹材的建构运用还未形成体系。因此对竹建筑的细部节点进行归纳和总结能够为未来竹建筑的发展打下基础。

参考文献

[1] 张楠，柏文峰 . 原竹建筑节点构造分析及改进 [J]. 科学技术与工程，2008，（18）：5318–5326.

[2] 谭刚毅，杨柳 . 竹材的建构 [M]. 南京：东南大学出版社，2014.

[3] 柳菁，张家亮，郭军，等 . 现代竹结构建筑的发展现状 [J]. 森林工程，2013，29（05）：126–134.

[4] 单炜，李玉顺 . 竹材在建筑结构中的应用前景分析 [J]. 森林工程，2008，（02）：62–65.

[5] 张达光 . 浅谈竹材建筑 [J]. 中国西部科技（学术），2007，（07）：65–67.

注：图 1、2、3、4、12 来源于网络，图 7、15、16、18 出自谭刚毅、杨柳的竹材的建构（南京：东南大学出版社，2014）

北京市居住小区建成环境使用评价及改造策略研究

北方工业大学：周　扬　彭竞仪　刘思璐　杨俪梅　刘孟格

指导教师：李　婧　讲师

摘　要： 在国家空间体系治理现代化的背景下，根据北京市城乡治理的要求，对北京城乡居住区建成环境评价研究。选定3个老旧居住小区及接近北京城区的榆林堡村作为研究对象，对其物质环境及其他社会要素进行评价，并对物质空间改善提出改造策略与改进方案。

关键词： 城乡治理；居住环境；建成环境评价；改造策略

1. 绪论

1.1　研究背景

在国家和社会治理模式的重构时期，社会生活的建构逐步走向多元开放，城市管理相关体制也正在逐步健全。关注建成环境，搭建更加清晰和精细化的规划管理模式和方法成为当前城市规划和空间治理的主要内容。随着城市治理理念与精细化管理模式的推进，我国各大城市开始着力于建设宜居宜业的城市环境，改善城市空间品质。北京市城市空间品质提升的重要议题是如何在减量规划背景下做好空间品质提升，城乡居住环境治理是其重要内容。

北京市发展速度不断加快，人居环境也产生了很大变化。但在此过程中，城市的快速发展与乡村城镇化建设的过程又使城市与乡村广泛面临居住环境变化而产生的压力，从而也出现了各种令人担忧的居住区环境品质问题；同时，随着人们生活条件的提高，人们对居住环境又有了更多的诉求。基于此背景，此次研究对城市与乡村的居住区环境进行评价，可以为人居环境的建设提供科学参考依据，有利于人居环境的进一步改善。

1.2 研究对象

调研选取3个城市居住小区及1个乡村居住社区。在城市居住小区的选择上，选择位于朝阳区的老旧小区，人居环境一流的首都功能核心区的重点改造对象，即松榆里小区、百子湾小区、拂林园小区。而在乡村社区的选择上，则选取紧邻北京城区的乡村治理重点对象——榆林堡村。具体的调研内容既包括道路系统、绿地系统、停车系统、公共服务设施系统等建成物质环境，也包含社会分析的内容。

1.3 研究方法

对文献和资料进行收集。通过图书馆、电子文献资料中心等，广泛收集国内外的相关文献资料，对各类期刊、报纸、图书以及统计年鉴、政府文件进行收集，做到既符合城市的客观实际情况又满足公众要求的人居环境评价结果，必须将统计资料收集和社会调查相结合。通过对城市居民发放调查问卷，获取第一手资料，作为城市人居环境评价依据。本文用到的统计数据主要来自问卷调查、统计部门、一些相关部门的统计资料。在此基础上，应用环境行为研究的方法对小区道路系统、绿地系统、停车系统、公共服务设施系统进行了POE评价，通过问卷、访谈、观察等方法，记录小区的生活及空间使用情况，对调研结果进行系统分析，并提出可实施性建议改造方案。

2. 现状评价

2.1 城市居住小区

2.1.1 基本物质因素

（1）道路交通系统

a. 松榆里社区

松榆里社区是老居民区，共有3866户，10147人，残疾人135人，老年人1540人，孤老户18户，社会单位37家，90%以上为搬迁户，目前享受社会保障户数 79 户，位置在朝阳区潘家园地区东南侧，西起武圣路，东至松榆东路，北起松榆北路，南至华威南路。

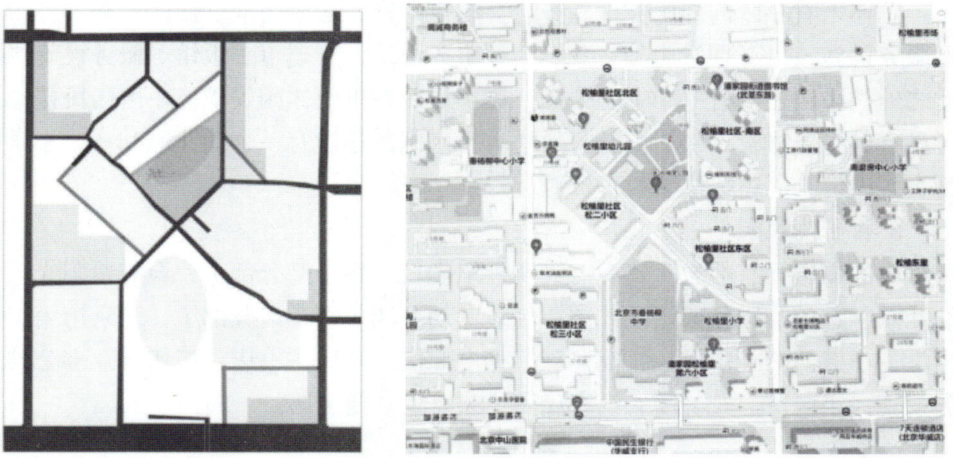

图 1　新型居住区停车方式

经过调研及访谈，松榆里小区道路系统存在以下问题：

小区建设时间较早，无地下停车位；又由于住宅周围空间较狭小，导致大部分停车位设置于较宽的道路两侧或单侧。这样就导致了部分道路由双行道转变成了单行道，同时增大了会车困难的可能性。

b. 百子湾家园

百子湾家园地处朝阳区国贸，坐落于核心地段，由北京建工集团开发，小区周边设施配套主要有学校、综合商场、医院、银行。

经过调研及访谈，总结出百子湾小区道路系统存在以下问题：

①小区绿化率不足，宅间小道划分不清晰，土路比较多，设施维护不足。

②小区停车场设在住宅楼宇之间，行车道不宽，车流人流混杂，日常住户通行不便。

③花园步道未有铺地，全为土路，铺设地砖的地方也破损陈旧，雨天易成泥地。

④小区内，树木较少，围合感低，人的流线上看，通行并未受道路限制。

c. 拂林园小区

拂林园小区位于北京市朝阳区北苑路，与航空医院相对，西邻奥林匹克国家森林公园，北临规划中的中央体育公园，近邻北京奥运会媒体村。小区的道路网络设置较为合理，但是路上却停满了车辆，造成了道路的宽度变窄，不利于周围居民的通行，并且给居民造成很大的安全隐患。一旦发生火灾等灾害，防火通道等救援通道将被堵塞，形成安全隐患。

（2）公共服务设施

a. 松榆里小区

总体来看小区内部服务设施齐全。有棋牌室、老年之家、社区服务站等娱乐型服务设施，也有理发店等一些生活型服务设施，有超市、饭馆等服务设施。除此之外，小区还设有一个中心公园，可供居民在里面休闲娱乐。小区居民楼楼下还设有健身器材，可供居民健身放松。小区内部还设有一个幼儿园和一个小学，为小区内部及周边提供了教育资源。

b. 百子湾家园

小区周边拥有的教育资源有光明外语学校（百子湾分部）、金袋鼠阳光艺术幼儿园、宝乐酷国际双语幼儿园、红黄蓝幼儿园（百子湾分部）、北京市第十七中学。小区西侧临街有一排商业区，拥有商店、药店、书店、饭店等众多公共服务设施。小区内部较封闭，没有底商，只有少数便利店。

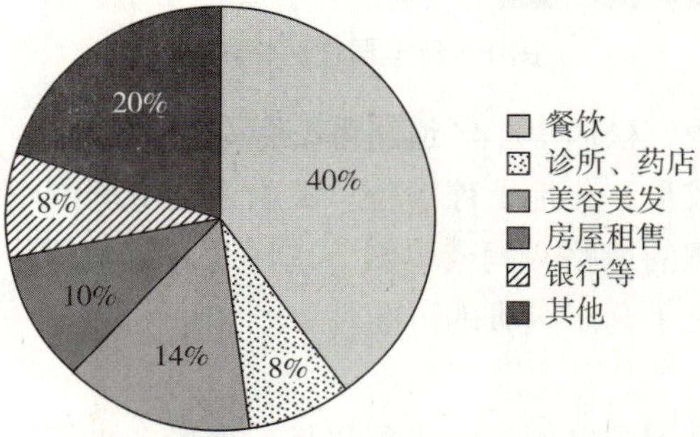

图 2　百子湾家园小区公共设施占比

①附近菜市场较少，商品定价较高，小区每周有两天有流动商贩来社区中心场地贩卖蔬菜水果，商品定价高和流动商贩的存在都侧面说明小区附近公共配套不足。

②居住区规划的公共建筑并未开放而是卖做他用。

③居住区健身器材较少，只有中心活动场地有少量健身器材，对喜爱使用健身器材的老人而言并不方便。

④社区医院利用率较低，这与其不是 24 小时营业有关。

⑤居住区附近的理发店利用率较低。

c. 拂林园小区

小区有很多的配套商业，但是除了幼儿园、送水站、便利店等必需商业之外，其他的商业，如美容院和书店使用状况不佳，还有一个配套的健身会所一直未开放，可见小区的配套商业使用状况不是很好，可能与规划的位置与管理经营有关。

（3）绿地系统

a. 松榆里小区

小区两处集中绿地分别位于小区的主、次入口处，中部偏北处为集中绿化休息区，其余绿化为道路两侧行道树或其他种植槽。次入口的绿化规划成供居民晨练结合健身设施布置的绿地。在绿化布置上将整个小区分为集中绿地、宅旁绿地和周边绿地。

b. 百子湾家园

从百子湾小区的现状来看，其绿化景观存在的主要问题是绿化施工的质量问题。由于前期的建设施工中，给小区内规划的绿地土壤造成了比较严重的破坏，一些施工中留下的水泥、石块等最终残留在土壤当中，给绿化施工带来了成活率较低的影响。其次，在具体绿化的实施中，存在追求时间效率，把一些需要前期维护、培育的品种，仅仅种植完毕就提前交工，导致有的植物没有成活。再次，绿化景观缺乏专业人员设计，在内涵、品味方面还需要进一步提高。一些修剪、布置的工人缺少工作经验，而忽视了建筑学、美学的需求。

c. 拂林园小区

小区绿地率较高，绿地基本上成块布置，并且围绕着住宅楼。环境富有自然天性，带有独特的宁静和浓郁，具有清幽的自然情调，体现了拂林园的设计宗旨：热爱生活、回归自然。虽然小区规划了很多的绿地，但使用率却很少，一方面是由于绿地位置问题，可能多数绿地冬季接受阳光的照射比较少，人们更喜欢去阳光充足的地方；一方面是由于环境卫生问题，绿地内堆满垃圾，并且有些设施损坏，导致居民不愿意接近绿地。

2.1.2 精神需求因素——开放空间

（1）松榆里小区

经过调研及访谈，总结出百子湾小区公共服务设施及开放空间存在以下问题：

a. 小区随处可见的信箱，宽度约80cm，闲置较多，被用来停放自行车，不利于人行。

b. 住宅区与小区中心道路临近的隔墙处设置了一个垃圾暂存处，造成浪费。

（2）百子湾家园

经调研及访谈发现：

a. 空间布局不合理：楼宇之间不存在绿化，取而代之的是大量的停车位。这使得户主在楼上观赏窗外景色时只能看到无数停车位，使其失去一定价值。

b. 区域混乱：在小区门口设立了一个广场，并未进行区分。

（3）拂林园小区

无论是上午和下午，开放空间的使用状况都不尽如人意，可能是设计、管理问题。小区内公共娱乐休闲设施种类很多，分散于几个比较大的活动场地内，体育活动设施使用状况良好，偶尔有人使用；但是儿童娱乐设施却没有人使用，并且上边有很多的灰尘，与疏于管理有很大的关系。

2.2 乡村居住社区

榆林堡村位于北京市延庆区康庄镇，始建于元代，是北京地区现存规模最大、保护最完整的古驿站遗存。其古城平面呈“凸”字形，分为北城和南城两部分，是中国北方传统堡寨式聚落的范例。

2.2.1 基本物质因素

（1）道路系统

对比榆林堡 2004 年的建设规划资料，发现村庄的肌理、道路的格局，古驿道和古城墙得以保留（如图 3，外围红色部分为榆林堡古城墙遗址，黄色线条为村落各级道路）。

保留下来的村庄古道部分为便于村民出行做了硬化处理，由于缺少必要的维护变得崎岖不平。此外，为保护古城墙遗址，村落还保留有部分土路，大风或降雨等天气时易造成损坏。

（2）住宅环境

院里是破旧的屋顶，残损的房檐，墙上斑驳的《毛主席语录》，院外是坑洼的石板路。年久失修让“屋外下大雨，屋里下小雨”成为多数榆林堡老房子的现状，加之缺少必要的排水设施，只能靠自然地势将积水排出村外，夏季骤雨后常见“古道变河道”的景象，深及小腿的雨水顺地势向村西涌去，冲散路旁堆放的垃圾，对村落的环境卫生也造成一定影响。

在问及村民对目前居住环境的满意度时，88% 的居民表示满意或较满意，这与村内实际居住情况并不相符。究其原因，大多数受访者年龄较大，于村中居住时间较长，“习惯了”成为对居住条件满意的村民最常提及的一个词。同时也有一些村民向我们抱怨老房子漏雨、维修困难等问题。

（3）公共服务设施系统

榆林堡村公共服务设施配套极其缺乏，没有统一的商业配套，商业服务由流动店铺和一些小卖部提供。教育服务设施方面，榆林堡小学与康庄中学合并共用教学设施，榆林堡幼儿园因就读幼儿过少已关闭。此外，村内还有一个老年人活动中心，村口有一处公交车站，由于村内汽车购买量少且村民通常将车辆停放在住宅内院中，村内并未统一规划停车场。同时村委会不仅作为行政管理机构，也具备综合服务的功能。

（4）绿地及开放空间

运用地图标记法对村民户外交往区进行标记，发现村民们日常活动所在地通常并不是规划好的公共场所，而是道路的交叉口及主要道路旁的民居门口。停留的民居前通常有台阶或门槛，可供村民停留聊天。

图 3　榆林堡道路系统

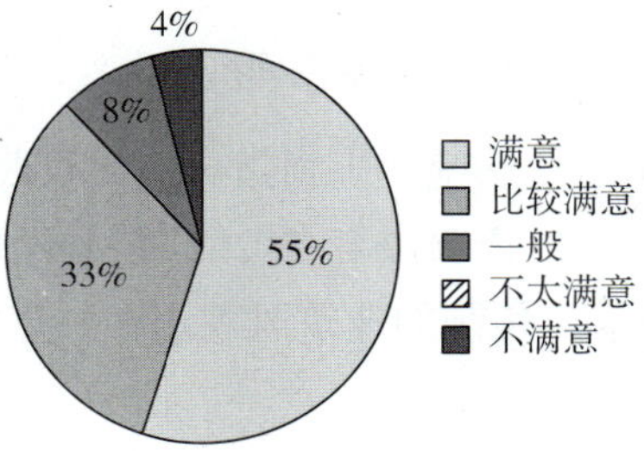

图 4　村民对目前居住环境满意度

2.2.2　文化社会要素

（1）空心化、老幼化

据统计，榆林堡村常住居民中，40 岁以上的中老年村民占 77%，老龄化严重。工作地点上，外出打工的村民占 61%，村落空心化严重。

而据回收的问卷分析，41% 的受访者认为村内没有组织公共活动，78% 的受访者不参加公共活动。村落整体活力较差，人际沟通逐渐减少，人际关系逐渐淡薄。

（2）保护与发展不当

由于既有的老旧住宅居住条件的限制，加之生活水平的提高，村里的老房子经历着一次次改造、扩建。访谈的51户家庭中，有43户家庭表示在近15年内对房屋进行过翻修，以墙面粉刷、加建新房为主，而没有改造的家庭，多数是因为无力支付维修费用。

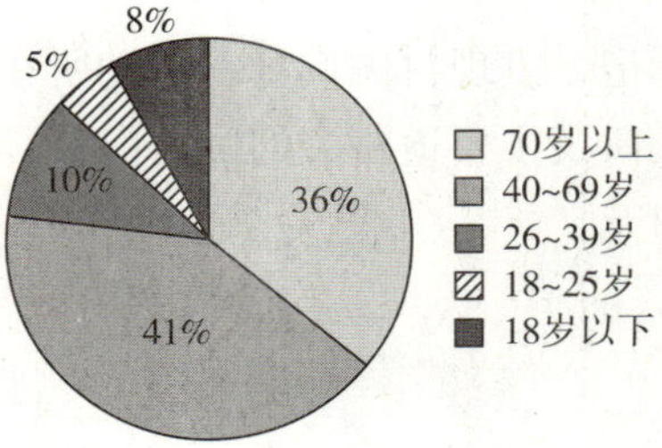

图5 各年龄占比

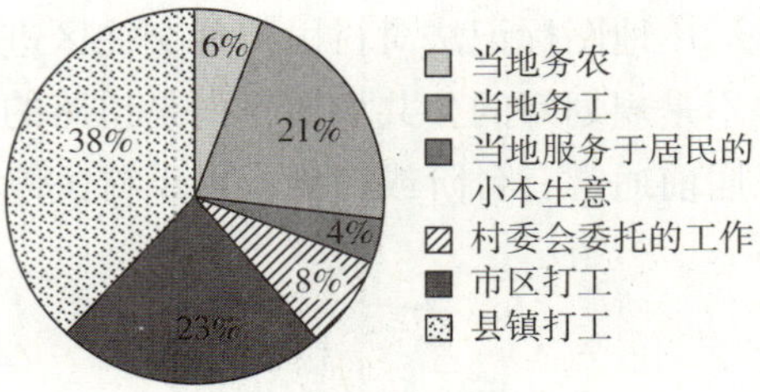

图6 工作情况

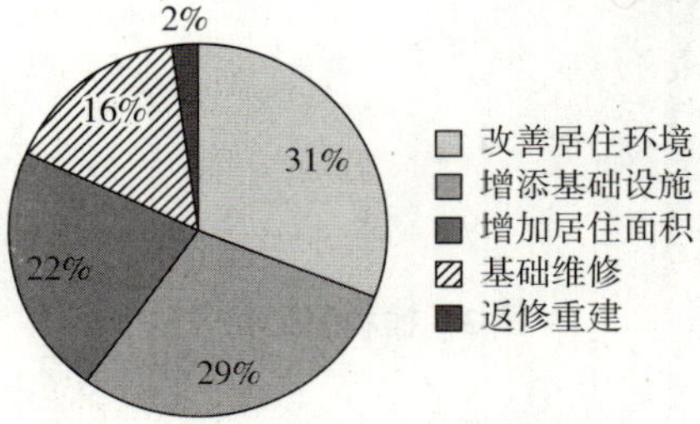

图7 底层空间打通改造

住宅居住条件改造由于缺乏统一规划指导，导致改建后与传统风貌相协调的建筑仅由2004年的206处增至2017年的262处；不协调的建筑由35处增加到152处，远高于协调的建筑，传统的建筑风貌正在一点点消失。

3. 策略研究及创新点分析

3.1 城市居住小区

3.1.1 道路交通系统

（1）城市公共交通：居住区在出入口的设定和内部道路网形式的确定上都应与城市的公共交通结构有良好的呼应关系，保证住区内的居民可以方便快捷地到达最近的公共交通站点。

（2）交通组织形式："人车分流"的形式大大地降低了机动车对居民的干扰，但也要根据居住区的具体情况选择性的采用。地下停车出入口与居住区车行入口结合设置，也可以降低机动车对居民的干扰。

（3）步行系统优化：居住区内的步行系统应该有良好的通达性，从住宅到公共服务设施建筑和主要的公共活动空间的步行线路应尽可能直接和舒适。

图 8　停车设施设计

（4）停车设施设计：停车设施，尤其是非机动车（主要是自行车）停车设施既要满足“量”的需求，又要满足服务半径，方便居民使用。具体停车设施的设计应着重考虑改善路边停车，可采取的方法有以下 4 项：一是停车、绿地交错布置而非混合布置，保证一栋住宅一侧具有宅间绿地一侧具有停车场；二是使停车位“绿化”化，宅间增加停车位时；三是时差协调停车，利用住宅区内停车和小区内学校的停车的时效性，使停车空间的利用最大化；四是停车设施的创新，包括利用广场和绿地的地下空间扩建地下停车位、建设机械式立体停车设施、高差斜向泊车设施等；广场和绿化的地下空间建设可以利用高差做成半地下车库，或全部埋入地下，不影响地上空间的平整与使用。

3.1.2　公共服务设施

（1）公共服务设施布局优化：公共服务设施应针对其各个方面的使用程度及规范要求，进行合理的功能布局，既有居住区内的商业服务设施，应设置在交通方便的道路旁，与住宅楼控制一定的影响距离，规划在合理的范围之内。

（2）不同类型住区设施配套的区别与协调：在公共服务设施的配置上应体现出针对不同居住群体的属性和需求的对应关系，使公共服务设施配套做到“因量配置”的同时结合“因质配套”，做到“量体裁衣”区别对待。

（3）预留公共服务设施发展用地：建议在规范中或在制定各开发地块的规划设计条件时，根据实际情况，有意识地保留一定的土地，为未来的公共服务设施发展留有余地。预留地的设置应当与现有或规划的前期公共服务设施建设有所衔接，并避免未来建设时对周边环境的影响，切不可侵占住区中绿地和道路系统，这点在规划审批时应予以严格把关。

3.1.3 开放空间

（1）根据居民的行为方式去设计空间：按居民活动类型，居住区的公共活动空间分为步行游憩空间和停留集聚空间，如图 9、图 10。步行连续空间的设计要注意安全性，利用合理的设计和有效的管理措施消减居民心里的威胁感，如机动交通的威胁、隐蔽阴暗的场所、转折处的视线遮挡等。停留集聚一般需要一定的向心性的节点空间来营造成为适宜容纳居民停留活动的场所。聊天、健身、下棋打牌、闲坐休息是最为频繁的几类活动，这些停留活动大都与公共空间中的健身设施、娱乐设施、可坐设施等有关。设施的布局和位置要便于居民的日常使用，注意与道路、广场、绿地等的空间关系。

图 9

图 10

（2）重塑街道广场空间：街道与广场是传统社区人与人交往与活动的场所，而在居住区设计中，这两大要素往往消失了。在现有居住区模式下，可以重塑街道广场空间，提高社区活力。

3.2 乡村居住社区

3.2.1 道路交通系统

（1）乡村社区道路功能复合化设计：①从与生产功能复合角度考虑，根据村内生产类型结合道路设计提供村民生产时借用道路空间的可能。在以农作物生产为主的村落中，道路的复合化设计考虑农作物收割时的堆放、加工和后期暗牺。可结合农宅宅前小广场设计，在需要时占用部分道路使用，或结合村内活动广场设计设置集中生产用点。②从与生活功能复合角度考虑，根据村民们乐意进行自主性活动和社会性活动的场所，将它优化设计为安全稳定的、供人们活动的场所。③从与交流、休闲功能复合角度考虑，纳凉、晒太阳、拉家常是乡村居民喜爱自发性活动和社会性活动，而村内干道人流量大，通常是最热闹的地方，结合道路设计供村民休闲、交流的场所是乡村社区道路复合化设计的一个重要方面。

3.2.2 居住院落及质量

（1）构建乡村居民良好生活理念：乡村人居环境的建设首先要有良好的科学思想指导，更重要的是有广大的乡村居民在正确思想指导下的积极参与，提高乡村居民科学文化素质，培养乡村居民具有现代性和发展性的生活理念，培养乡村居民良好的生活习惯，合理解决乡村在发展中遇到的一系列问题。

（2）政府支持辅以专业人员指导：政府有必要引导社会资本进入农村建设领域，建立政府主导、村民参与、社会支持的投入机制。通过专业人员的专业技术，完善村民的居住环境（如图 11 我们在参与榆林堡保护规划中为村民改建房屋所画方案）。

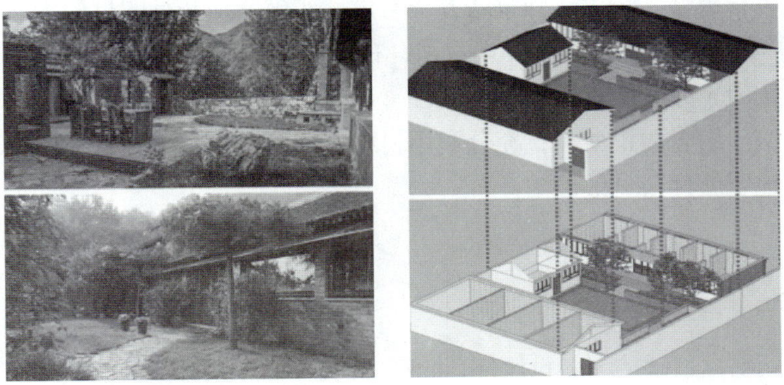

图 11

3.2.3 公共服务设施

（1）整体统一布置与局部灵活调整：基础设施具有极强的整体性，每一个环节都是相互联系。传统村落是作为一个整体存在的，应注重其整体传统风貌的保护和统一。因此建议对传统村落基础设施进行“微循环式”的改造，这种方法对于建筑的适应性极强，可以处理好各方面需求。

（2）强调传统特色与实时适应更新：在对历史文化村落基础设施进行改善时，还应该根据村落的实际情况，强调其所具有的传统特色。

（3）协调多方利益与鼓励公众参与：改善历史文化村落基础设施的投资方主要有当地政府和开发企业两种，而直接的受益者则只有原住村民一方，投资方获得更多的是社会、文化等非经济效益，为了顺利推动基础设施改善工作的进行，整个过程中应该妥善处理好各方的利益关系，充分调动政府、企业、村民的积极性，形成有效的发展激励机制。

4. 研究创新点分析

（1）对接国家战略、社会热点：积极响应国家政策中的空间治理体系现代化、城乡统筹、乡村振兴等规划热点。从人居环境角度出发，以人文本，切实考虑城市居民、乡村居民的居住感受，为其打造高质量、高品质的人居环境。

（2）关注实施落地，策略、方案并进：在此次研究中，观察者们多次到访调研小区及乡村居住区，实施全程参与式调研与设计。从实践角度出发，充分考虑居住区环境改造的落地性。设计工作以发现问题并及时解决问题为原则，充分调动设计者积极性，最后达到策略方案与设计实施落地并行的目标。

（3）基于需求导向，参与式互动：在乡村居住区调研设计中，基于乡村邻里和谐的优势，充分调动村民的积极性。以需求导向出发，通过访谈切实了解村民所需补给。结合村民所需，充分利用村中现有资源，动手改造村中微环境，充分考虑落地实施性与见效性。

参考文献

[1] 白德懋 . 居住区规划与环境设计 [M]. 北京：建筑工业出版社，2000.

[2] 薛林平 . 北京市延庆县榆林堡研究 [J]. 中国名城，2014，（9）：68-72.

[3] 朱乃恭 . 怀来县志 [M]. 台北：成文出版社，1969.

[4] 马青 . 社区营造对传统村落保护与更新的启示 [J]. 沈阳建筑大学学报（社会科学版），2016，18（6）：564-569.

[5] 冯健，叶竹 . 基于个体生命历程视角的苏南城镇化路径转变与市民化进程 [J]. 地理科学进展，2017，36（2）：137-150.

[6] 康庄镇志编纂小组 . 康庄镇志 [M].2008.

展示设计与现代经济生活的构想

北方工业大学：朱智向

指导教师：任永刚　副教授

摘　要：把展览展示做成一个共享经济的，文化展览肩并科技发展，适应分享经济的大数据模式，其前景是符合国内经济政策的，符合国家经济文化发展的；最大限度应用现有经济创造更好的展示成效。

关键词：展示设计；经济政策；共享经济

随着共享经济的快速发展，在我国各行各业都掀起了分享经济的热潮，而展览展示作为一个商业活动的重要媒介，与人们生活密切相关，所以展示设计进一步发展将与经济生活息息相关。

1. 浅谈展示设计与现代生活的关系

1.1　展示设计扮演着传播媒介的重要角色

为什么我们研究展览展示设计与现代生活的关系呢？首先展示设计是跨越多学科，涉及多领域，立足于策划和传播的艺术设计专业范畴，不仅包括策划设计创意，还包括使用更现代的艺术手段和最新的科技形式来突出表达展示的主体，以便使信息传播。所以相对于其他设计门类来说，它具有更强的市场操作性，更具有时代感和艺术性，也就更具有适合市场的灵活程度这一特色。可以说展示设计包含了广泛的视觉形象设计领域，是一切展示活动的形象策划者和实施者，顾名思义，通过展示传递给别人有用的信息，达到一种宣传的目的。同时，又在展示内容、形式、时间、规模和范围上有着较大的灵活性，这也使之成为伴随着经济发展、社会进步而展示设计学科最新成果的不可缺少的重要舞台。

1.2 展示设计促进文化思想的升级

我们在生活、工作、学习等方面只要是想推动一些商业模式或者文化传播，都需要做什么呢？我们能想到的就是宣传单页、网站、线上线下的推广，总之就是尽一切可能去把我们的思路交代给大家，那么这种方式统一一个思路就是展示给别人看，展览展示是升级的一种设计形式，小到一个展台、展厅，大到一个展览馆、陈列馆都是在向人们传递着信息，所以可以说展览展示是与人们思想文化，经济活动密切相关的，起到关键媒介作用。既然展示设计与生活密切相关，我们又应该怎样最大限度应用现有经济创造更好的展示成效呢？

2. 展示设计的未来发展趋势是肩并科技文化发展，适应大数据的分享经济模式

2.1 展示设计的共享经济前景

一件事情值不值得去做要看其有没有好的发展，一个构思值不值得去发展那一定看其前景是否是符合国内经济政策的，符合国家经济文化发展的，那么还有一个重要因素就是大家能够通过这个方式获得利润，也就是赚到钱，这就给出我一个思路，就是把展览展示做成一个共享经济的模式。这是一个什么样的模式呢？文化展览肩并科技发展，适应分享经济的大数据模式。为什么要选取这样一个模式？我曾去考察了一个分享经济的公司，听了他们对大数据模式的见解和对未来经济形式的预测，还去了一个保健类的公司了解了一下他们运作的模式，其实都是共享经济模式，这样能够保证人们参与到分享经济中，能够应用其获利无疑是目前人们可以应用的最适应现代经济的形式。首先我们可以把这个展览展示作为一种对外文化来看，体现文化经济实力，对内也就是人们的衣食住行，体现在日常生活，对外则适应我国现代发展。如果做一个共享经济更加能适应现在经济生活的要求。我这段时间也了解到不少公司，有的是大型的产业甚至已经有很宏大的规模了，有的是刚刚起步的还未站稳脚跟的小众企业，如果搭建一个平台将这些小的力量融合在一起，那么纽带的作用将很快提高科技文化实力。这个平台该如何运作，简单来说，我想这个平台一定是具备强大的融资能力，然后有更强而

稳定的投资项目，就比如说商品粮，一些工业产品零部件都可以作为投资产品，因为这些是人们生活必需的，只要有经济流动，就会产生利润，那么就有了稳定的经济支撑文化科技的发展。

2.2 发展展示设计成为文化产业链的构想

我认为适合的时候可以将展示设计发展成为一条文化产业链，在这里我又想举例介绍一种前景很好的文化产业，就是儿童教育产业。马云说过，未来不会琴棋书画的孩子，在30年后很难找到工作，没错，我们通过平时的观察也可以看出来儿童的文化教育的重要性。我想给大家也分享一个应用共享经济的案例，曾有位教育机构的老者，她办的学校在某个时间段内被评为是中国最高端、最前沿的学校。这个学校是什么样呢？整个学校修建得奢华大气，就是一所贵族学校的典型，可是她却实现了学费全免，这是怎么一回事呢？其实就是比如一个孩子入学教20万的学费，四五年后毕业了再将20万还给家长。而在这个时间段，她是将这部分钱去投资一些事业，去通过投资赚取更多资本，其实这种模式应用很广泛了，比如说我在无锡这几天我考察到的另外一个从事保健品事业的公司是做人体微量元素健康品生产的，那里的模式也是，比如说你可能先投入固定的资产5.5万元,然后公司给你5.5万元的健康产品,然后再将一部分这个钱继续去投入生产，另外一部分去投入其他的行业，也就是投资更大的空间，去获得更多利润，而返还给大家的也是按照一定是数额，一定的时间返现给大家，这样一来大家免费使用了其保健品，而这个时间公司借用你的钱去创造了更多的利润，这就是共享经济得强大之处，“涓涓细流汇聚成海”就是这个道理了，人们一看保健不花钱，就投入全民保健时代，我们想想，工业发现越来越快，对环境的污染也就越来越快，对人们的健康危害也就会多，所以健康产业似乎又显其关键重要了，马云说未来如果有一个能够超过他的人，那一定是做健康产业的，说句玩笑话，人们身体好了，医生都可能失业，其实没错的只有一个好的身体才能去享受优越的经济文化条件，所以一切原因，都是经济原因，改变生活先从改变经济形式开始。

那么发展成为这样的展示就够就能解决一部分人所面临的问题，首先作为一个设计者来说，这里我所说的设计者，不是以成名的设计师，而是为设计工作忙碌的一起人员，我们经常会遇到类似这样的情况，客户找到你设计方案，你经过数夜奋战终于做成了一个好的方案设计，交给他，他会提出一些虚幻抽象的感觉让你继续修改，当你修改了二十次后，选材上又觉得造价太高，想既保证低价又不失大气，这一系列问题愁苦了我们的设计师，让我们的设计者无法实现自己的设计思想，必须换换换，换成低价的材料，更改便宜的灯光，最后很多导致出来的效果比预期相差很远。这是什么问题导致呢？一切问题源自一个“钱”字。经济原因是制约我们客户选择一个优质设计的根本原因，而对于设计者来说，也是这种原因导致设计无法实现质的飞跃的原因，所以中国的有些相对优秀设计一直无法拿到世人眼前，永远停留在构想状态，也不难推理没人出钱买，因为造价过高，而一些国外的设计突飞猛进，可以说经济在其中起到了很大作用，因此，只有解决经济问题才能解放设计，才有可能引起一场优质的设计文化思潮，带动文化的发展，推动国际文化实力，对外的文化影响力，所以提出这样的机构首先解决客户资金问题，让客户资金投入设计中得到更高的效益，其次保证设计者优质设计方案的正常实施，第三保证生产厂家去库存，增加产品的流动性，增加经济流通，实现经济高速运转，同时提升信息高速发展机会，实现解脱经济困扰的文化传播的构想。

3. 总结

伴随着经济文化的发展，扩大我国经济实力，文化实力，国际影响力越来越成为每一个人的中国梦，设计尤其是展示设计不但要跟紧社会经济发展创新，还要在传播经济文化领域更加卓越进步，文化创新首先思想创新，才能引领经济腾飞，才能早日实现中国梦。

注：

① 2017 年设计论文《展示设计与现代经济生活的构想》获国艺杯第三届两岸三地艺术设计邀请展获银奖

② 2018 年发表论文《展示设计与现代经济生活的构想》于《文艺生活》期刊文章编号 1005-5312（2018）03-0148-01

园艺疗法种植及其配套设施研究

北方工业大学：李　婷　薛　欢　刘子仪　洪明玥

指导教师：王晓博　讲师

摘　要：园艺疗法是一种辅助性的治疗方法。通过特殊设施及园林景观，帮助病人改善情绪、减轻疼痛，来达到康复的目的。本项目设计了不同形式的园艺疗法设施，包括带座椅的种植床、种植槽、桌形种植床、木格栅种植墙和可升降的种植座椅，通过设计使人们精神得到愉悦。

关键词：园艺疗法；种植；设施；康复

1. 绪论

1.1　选题背景

近年来随着社会经济水平的发展，环境问题日益突出，PM2.5、雾霾等词汇频频见诸报端，各种因环境而诱发的疾病呈井喷式爆发，人们对于自身健康意识的提高，园艺疗法的概念得以提出并受到越来越多的重视。园艺疗法以其健康的理念吸引越来越多人参与其中，人们逐渐意识到园艺活动与心理及生理健康的关系，植物景观的康复功能逐渐发挥作用，园艺疗法为特殊人群重拾健康，以及健康人维持健康提供了新的途径，并能够达到真正的疗养、治愈等目的。园艺疗法实践活动对于指导我国绿色空间构建、城市生态基础设施建设、生态旅游等方面都有重要的借鉴价值。园艺疗法也已经真正进入到风景园林规划设计中，备受大众青睐，也更值等我们去进一步研究。

1.2 选题意义

园艺疗法是一种辅助性的治疗方法，借由实际接触和运用园艺材料，维护美化植物或盆栽和庭园，接触自然环境从而纾解压力与复健心灵。园艺疗法的作用包括园艺活动有利于恢复期的病人早日康复；感受自然会感觉精神放松、心胸豁达、活力健康；艺术创作增加了让人感兴趣的活动，在无形中使人身心愉悦。园艺疗法的主要疗效有：①强身健体——园艺操作活动对老人的身心健康有一定的改善作用。②舒缓心理——平静病人的心情，从而消除负面情绪；有利于缓解病情；园艺劳动的成果能让人感受到自己的价值，从而克服消极悲观的情绪。③增强社交能力。园艺疗法意义在于使身体或心理不健康的人通过参与植物的栽培、养护等园艺活动，从而达到改善身体或心理状况的治疗方法。

1.3 研究内容

“园艺疗法”就是让人们在一定的条件下从事园艺活动，即对蔬菜、花卉、果树和观赏树木等植物进行栽培和管理，使人们在绿色的“怀抱”中得到情绪的恢复和精神的愉悦，令人在清新馥郁的芳香中得到性情的陶冶和唤起美好的回忆。我们围绕研究课题即园艺疗法种植及其配套设施进行研究，内容包括：①带座椅的种植槽。②种植槽和桌形种植床。③桌形浅盘种植床。④木格栅种植墙 1。⑤木格栅种植墙 2。⑥可升降的种植座椅。

2. 园艺疗法种植及其配套设施的模型和相关说明

2.1 带座椅的种植槽

本设计参照园艺福祉园理念，由树池座椅林荫休息区、座位种植槽操作区、桌型浅盘种植操作区以及亲子尺度休息区 4 块区域组成。桌型浅盘高 0.85m，可供成年人站立操作，而桌型浅盘下留有较大空间可供轮椅使用者操作。座位种植槽操作区共有 2 个座位，种植槽高度分别为 0.62m 和 0.4m，尺度满足轮椅使用者和小孩园艺活动。在主操作区的旁边设有休息区，皆分为成年人和小孩的尺度，重在体验。本设计对于尺度上的把握严谨，同时满足成年人、小孩、轮椅使用者的园艺体验，围合而成的小空间也给人们提供了交流合作的机会。

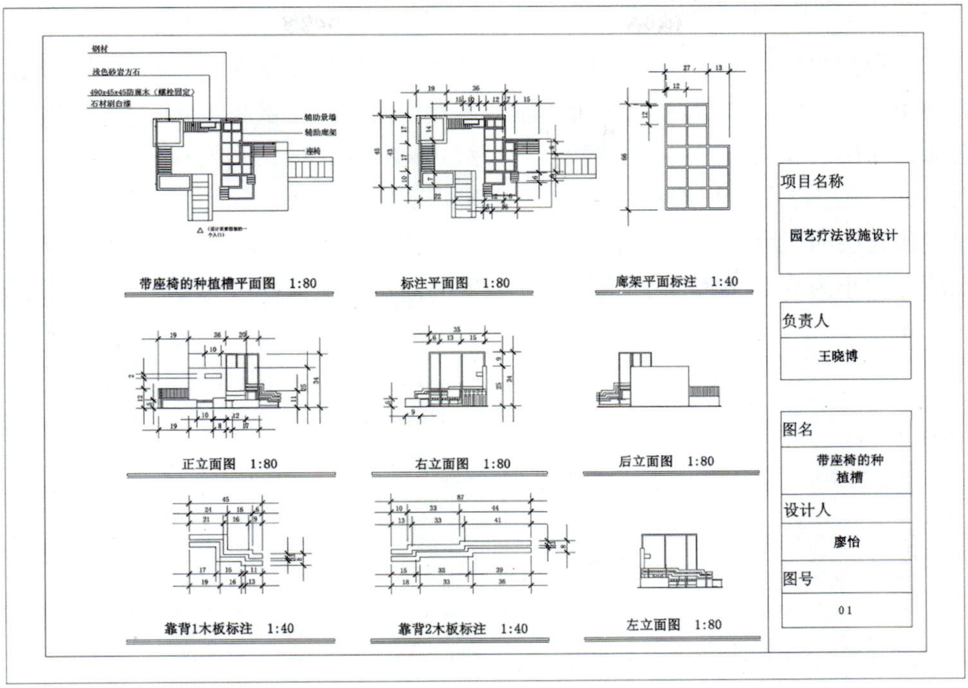
钢材
浅色砂岩方石
490x45x45防腐木（螺栓固定）
石材刷白漆
辅助景墙
辅助廊架
座椅
带座椅的种植槽平面图 1:80
标注平面图 1:80
廊架平面标注 1:40
正立面图 1:80
右立面图 1:80
后立面图 1:80
靠背1木板标注 1:40
靠背2木板标注 1:40
左立面图 1:80
项目名称
园艺疗法设施设计
负责人
王晓博
图名
带座椅的种植槽
设计人
廖怡
图号
01

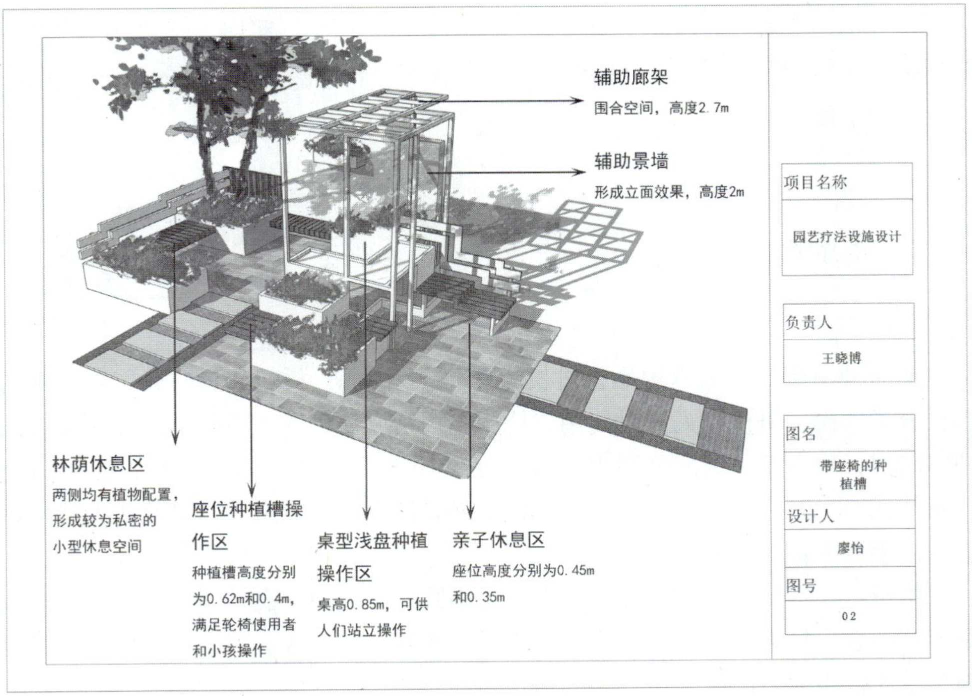
辅助廊架
围合空间，高度2.7m
辅助景墙
形成立面效果，高度2m
林荫休息区
两侧均有植物配置，形成较为私密的小型休息空间
座位种植槽操作区
种植槽高度分别为0.62m和0.4m，满足轮椅使用者和小孩操作
桌型浅盘种植操作区
桌高0.85m，可供人们站立操作
亲子休息区
座位高度分别为0.45m和0.35m
项目名称
园艺疗法设施设计
负责人
王晓博
图名
带座椅的种植槽
设计人
廖怡
图号
02

2.2 种植槽和桌形种植床

种植槽材料均采用防腐木材，箱子四角用螺栓与墙体固定。底层高 0.5m，方便小朋友使用；二层高 1m，可供轮椅或女性使用；三层高 1.5m，需要站立或者男性使用。底层与三层种植槽大小均为 0.6 × 0.3 × 0.2m，间隔 0.4m，可站立一人对二、三层操作，底层操作的人员并不影响上层。二层箱子为 0.2 × 0.15 × 0.2m，厚度比底层和三层小，二层可同时进行种植操作。种植袋材料为聚对苯二甲酸乙二酯，大小为 0.2 × 0.3m，四边用螺栓与墙面固定，最低高度为墙体 0.3m，最高到 1.5m。

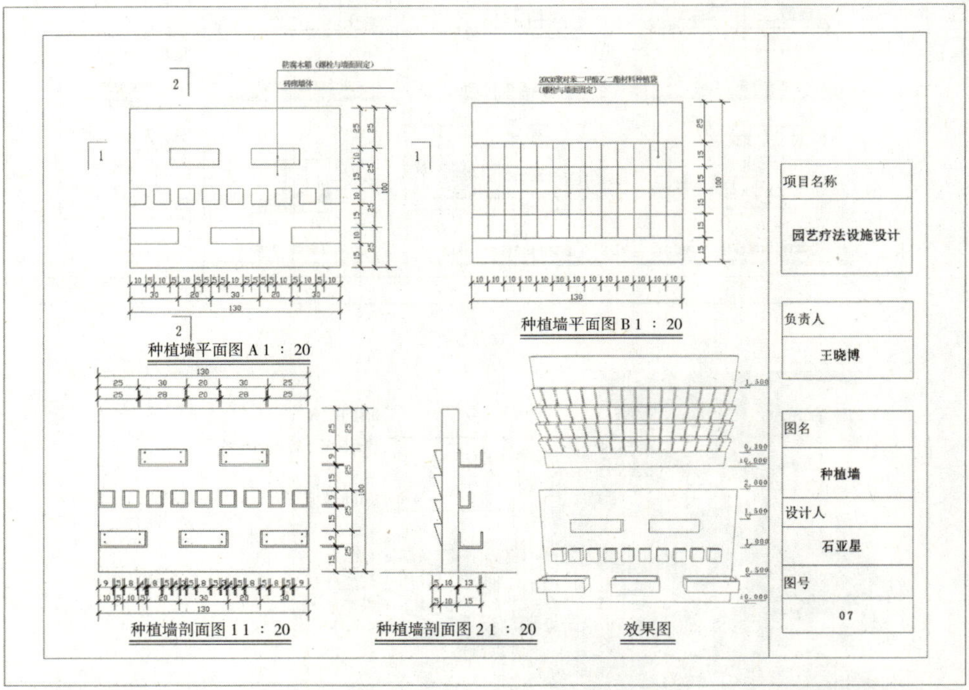

桌形种植床形状为六边形，边长为 0.6m，高 1m，材料选择防腐木材，中间挡板分成 6 份，可供 6 人同时使用，使用轮椅活座椅的人群可把腿放在两板之间的空间内，很方便。高度分别为 0.7m、1m 和 1.5m，材料为防腐木材，0.7m 方便儿童使用，1m 可放置座椅，1.5m 为不方便坐着的人群使用，同时设置木条供站立的人手握，辅助人站立。

本设计能够满足不同层次的需求，为不同年龄不同身高的人群服务，下到儿童上到需要轮椅的年老人群或是腰椎不适需要站立的康复人群，恰当的空间可以满足单人使用或是团队合作。

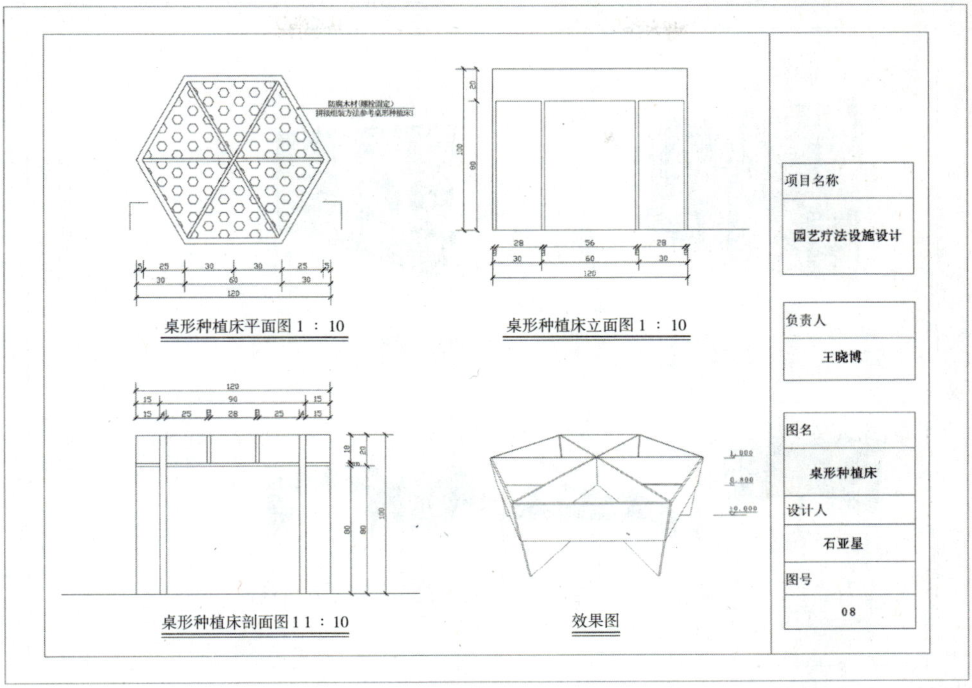
防腐木材（螺栓固定）
拼接组装方法参考桌形种植床1
桌形种植床平面图1：10
桌形种植床立面图1：10
桌形种植床剖面图1 1：10
效果图
项目名称
园艺疗法设施设计
负责人
王晓博
图名
桌形种植床
设计人
石亚星
图号
08

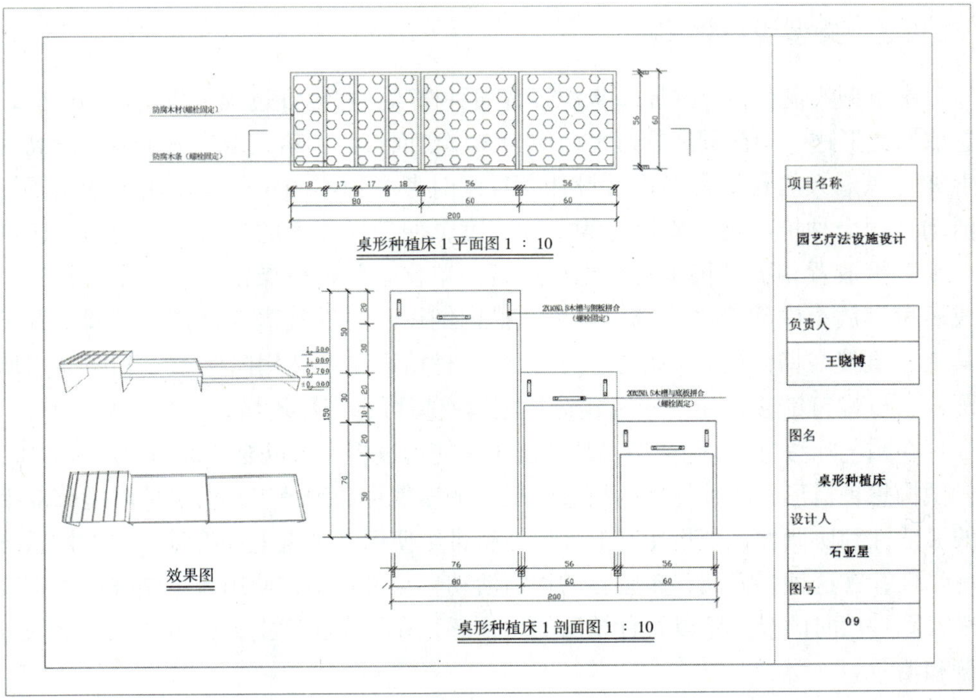
防腐木材(螺栓固定)
防腐木条（螺栓固定）
桌形种植床1平面图1：10
效果图
桌形种植床1剖面图1：10
项目名称
园艺疗法设施设计
负责人
王晓博
图名
桌形种植床
设计人
石亚星
图号
09

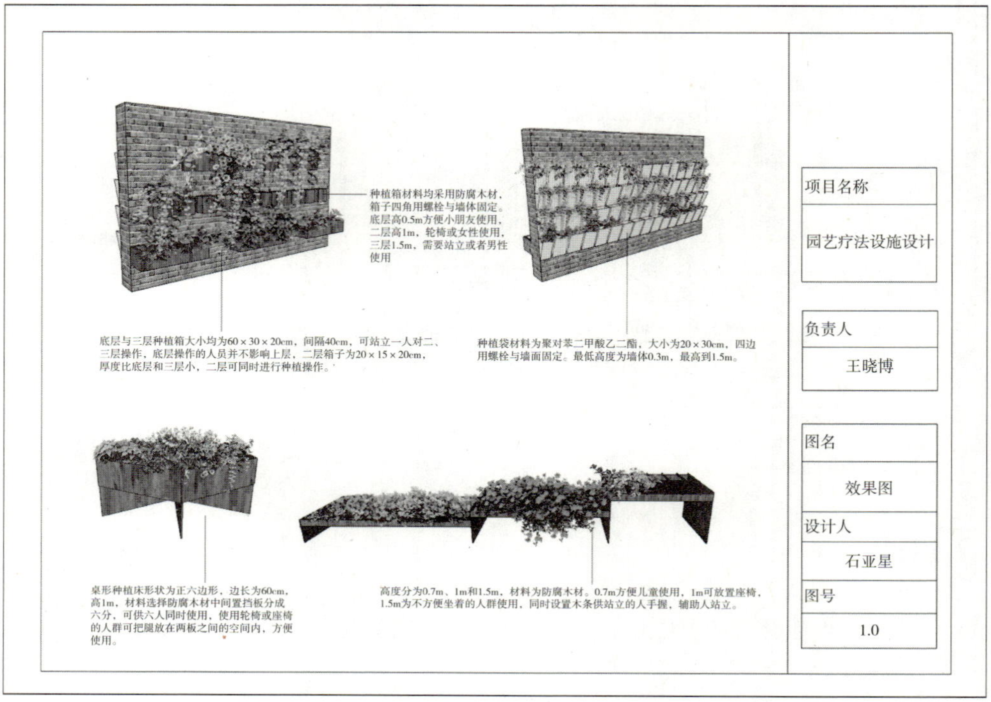

2.3 桌型浅盘种植床

本桌型浅盘种植床的原型来源于普通种植床，在设计过程中将其结构简化，选取八边形这一均衡圆润图形平面作为操作台面形状，给人以舒适亲切感。高度上充分考虑人的行为常态进行设计，且同时考虑到不同年龄段使用者和亲子性活动，两个种植床也分别设定为不同高度，便于操作者的参与。台面两侧长条形平台可放置相关种植工具，也可进行简单盆栽等种植操作，多个盆栽种植完成后可摆放至中间槽内区域；也可在槽内铺设一层透气透水材料，将园土置于其上，直接在槽内进行种植。材料方面，种植床主要选用防腐木板和防腐木质圆柱，以螺钉链接，便于施工建造；配套座椅可选用小木墩，更加贴切自然。

在园艺疗法方面，此桌型浅盘种植床在使用过程中可以充分调动使用者思维，尝试构想种植形式和种植后的形态效果；触摸植物和种植工具时又能够锻炼双手的灵活性和协调性；植物花卉的种植能够带给使用者视觉上和嗅觉上的愉悦感与享受性；在这种多方面、多感官的种植活动参与过程中，使用者也能够通过实践来找到种植时的投入感以及种植后的幸福感，在一定程度上更能得到心灵上的慰藉和治愈。

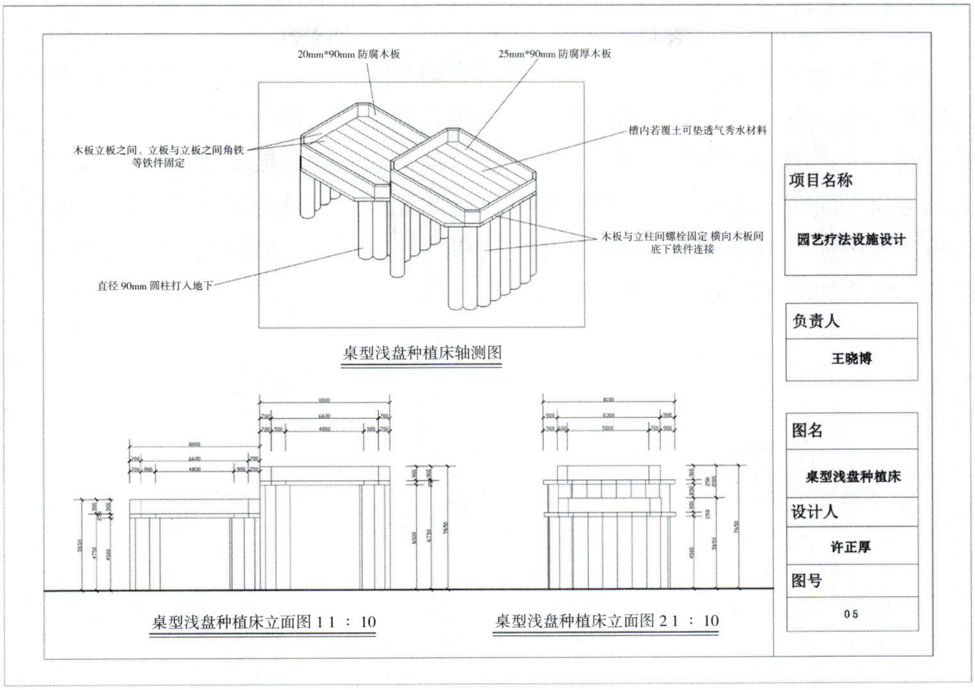

20mm*90mm 防腐木板
25mm*90mm 防腐厚木板
木板立板之间、立板与立板之间角铁等铁件固定
槽内若覆土可垫透气秀水材料
木板与立柱间螺栓固定 横向木板间底下铁件连接
直径 90mm 圆柱打入地下
桌型浅盘种植床轴测图
桌型浅盘种植床立面图 1 1 ： 10
桌型浅盘种植床立面图 2 1 ： 10
项目名称
园艺疗法设施设计
负责人
王晓博
图名
桌型浅盘种植床
设计人
许正厚
图号
05

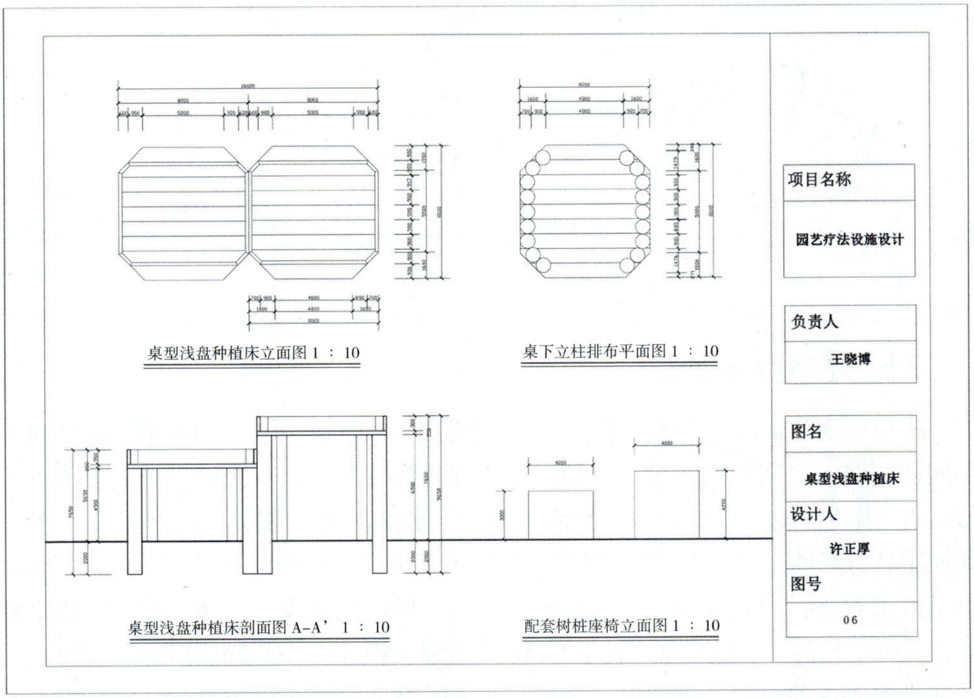

桌型浅盘种植床立面图 1 ： 10
桌下立柱排布平面图 1 ： 10
桌型浅盘种植床剖面图 A-A’ 1 ： 10
配套树桩座椅立面图 1 ： 10
项目名称
园艺疗法设施设计
负责人
王晓博
图名
桌型浅盘种植床
设计人
许正厚
图号
06

2.4　木格栅种植墙 1

本设计为防腐木质格栅种植墙，材质为防腐木材、钢和玻璃。该设计从等边三角形出发，先构造出基本的结构支架。接着在一旁设计出适合人的尺度的种植槽，而另一边则用较为密集的木结构围合，顶平面用钢和玻璃搭建。一疏一密的木板与顶平面在三角形空间内形成斑驳交错的光影。设计的最大亮点是疏密的对比和多种用途。木格栅墙外的种植槽内可供使用者种植，墙内的三角形则可用作休息。休憩和种植的双重用途体现出人文关怀。

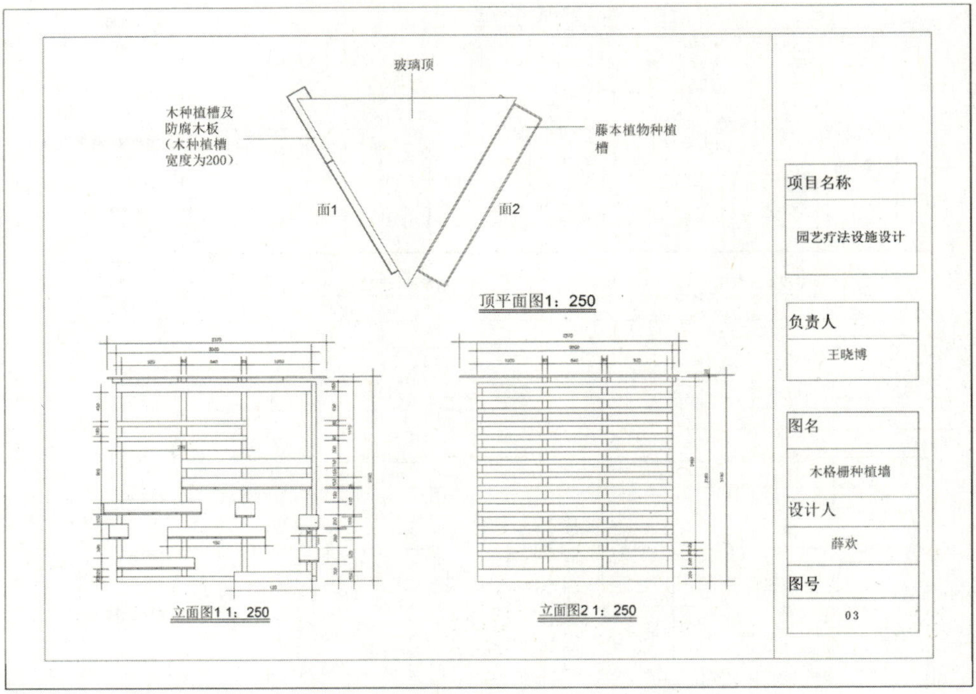

2.5　木格栅种植墙 2

本设计为防腐木质格栅种植墙，灵感来源于蜂巢的形状，可以在最大限度利用空间的同时，方便使用者进行种植活动，并且没有锐角，不易因意外造成伤害。形体由 3 个半六边形组合而成，呈流线型，两侧低中间高。在设计的过程中，考虑到使用者身高的差异，将种植池以不同的高度固定在木格栅上，使用者可站立活动，也可以坐着进行种植疗养。考虑到园艺疗法不仅仅只是园艺活动，更需要使用者进行交流合作等，以更好地达到疗养目的，所以在设计中，尽量将格栅间距离拉大，形成半实半虚的空间，方便疗养者交流，同时设计材料选用防腐木，也是为了更好地让使用者亲近大自然，而非面对冷冰冰的器材，体现出对于人的关怀。

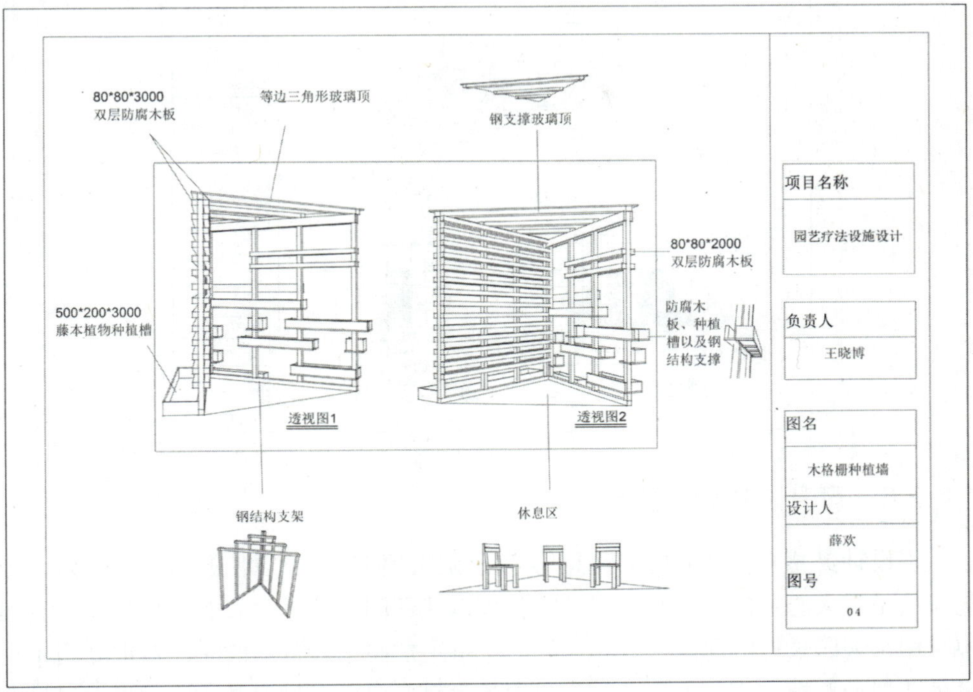

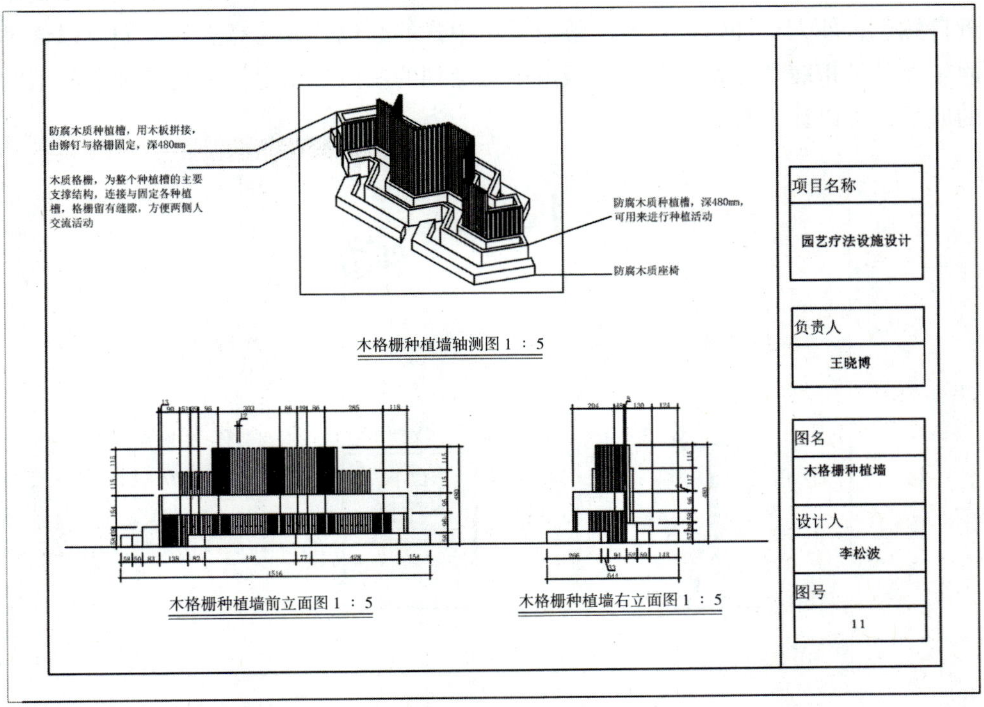

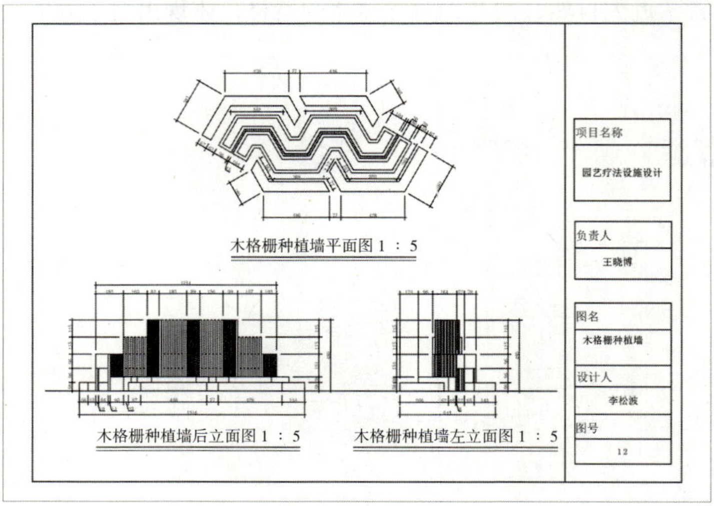

2.6 可升降的种植座椅

本设计灵感来自公园内的休息椅。公园内的休息椅可以使游人放松身体，园艺疗法是对人心灵的放松。两者结合就可以达到同时放松身心的效果。设计过程中采用了公园长椅的原型，在私密度的考量上加高了椅背。同时椅背也充当了对悬吊花架的支撑作用。本作品采用原木色木材、白色石材以及锈蚀钢板，尽量贴近自然色，使人更加贴近自然。雕花采用中式的红色，成为亮点。人们可以通过静坐以及种植缓和在钢筋混凝土城市中感受到的疲惫。亲眼见证自己种下的植物的成长，可以让人有成就感。

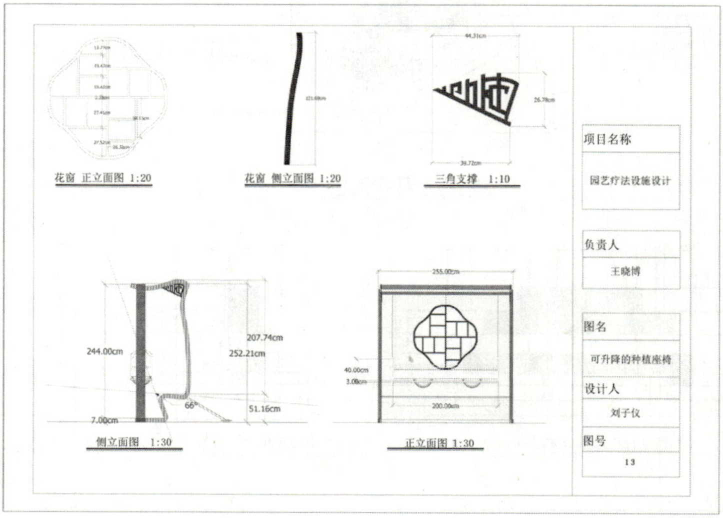

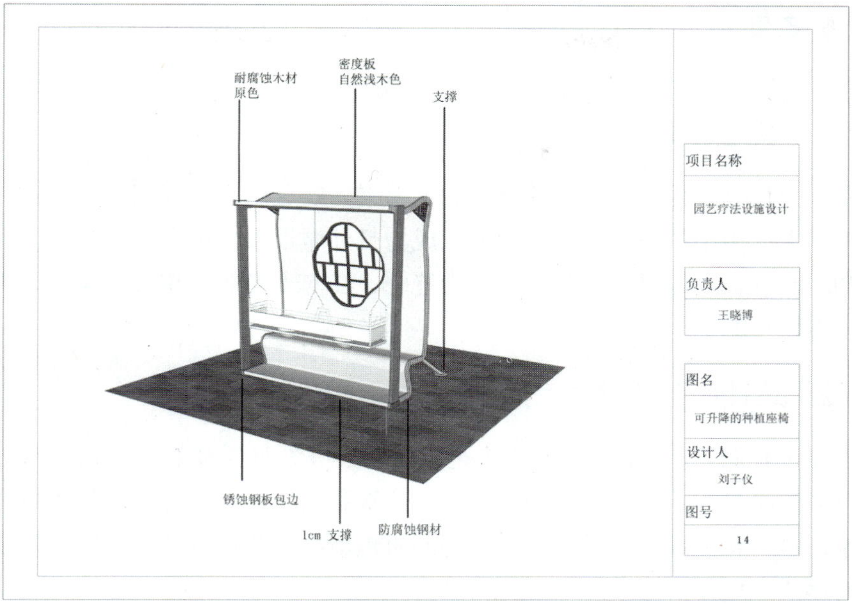

3. 研究方法

①资料收集：了解国内外园艺疗法的现状情况，查阅相关文献等资料、相关的设计书籍、论文、期刊等；②实地调研：到疗养院和居住区等进行实地调研，通过发放调查问卷和现场咨询等方式了解当地人们对园艺疗法种植及其设施的需求、并调查主要喜欢的设施形式，有助于更好地完成该研究；③沟通咨询：定期与项目负责的教师进行沟通和讨论，确定园艺疗法种植及其配套设施的设计方向和设计理念。

4. 研究结果

园艺疗法活动对人的身心健康有一定的改善作用；园艺操作活动能充分调动人的视觉、触觉和嗅觉等感官，使人感到愉悦和慰藉；与园林景观相结合的园艺疗法设施，能够使人贴近自然，在身体和心理方面得到放松；园艺疗法收获的成果能让人感受到自己的价值，有利于缓解消极悲观的情绪；人们通过园艺疗法种植可以增强社交能力和动手能力。

5. 创新之处

5.1 设计选题

园艺疗法被称为是“治愈社会病的最温柔方式”。它让我们意识到景观设计不单单是大城市中的小装饰品，还可以成为打开城市人焦虑之锁的钥匙。但人们对此知之甚少，所以以“园艺疗法”为选题，在向人们普及相关知识的同时，也不失为本设计的一个创新点。

5.2 设计服务的对象

存在于我们生活中的设计，大多是以健康人群为服务对象的。他们年轻活跃，更能感受到奇异构筑物或景观的乐趣，但这次我们把需要康复治疗的人群作为服务对象，这一转变成了我们的创新点，同时也增添了我们设计的难度，除了关注设计的形式，更需要注重的是可利用价值。

5.3 设计灵感

我们小组的设计灵感大多来自某一特定形状或形式（如三角形、蜂巢、书架等），我们在原有形状的基础上加以设计，把较为单调的形状变为有趣的空间的同时，又能让人联想到设计原型。这种模拟再丰富的设计方式是我们的创新点之一。

5.4 设计材质

园艺疗法强调亲近大自然，因此我们此次选择的材质大多以木质、石质等为主。材料易于拼拆，而且这种材料的选择更能与大自然融合在一起，从而达到助人康复的目的。

5.5 植物与构筑物的结合

我们的设计将植物与构筑物结合起来。不管是墙、床还是座椅都带有多个种植槽。种植槽的尺度根据人的尺度加以设计，让人们亲身参与到种植植物的过程中，体现了人文关怀。

参考文献

[1] 戴维·坎普，坎普，潘潇潇 . 康复花园 [M]. 桂林：广西师范大学出版社，2016.

[2] 李树华 . 园艺疗法概论 [M]. 北京：中国林业出版社，2011.
[3] 彭一刚 . 传统村镇聚落景观分析 [M]. 北京： 中国建筑工业出版社，1994.
[4] 克莱尔·库珀·马库斯，卡罗琳·弗朗西斯 . 人性场所：城市开放空间设计导则 [M]. 北京：中国建筑工业出版社，2001.
[5] 扬・盖尔 . 交往与空间 [M]. 北京：中国建筑工业出版社，2002.
[6] 方慧倩 . 滨水景观 [M]. 大连：辽宁科学技术出版社，2011.
[7] 迈克・怀特 . 雨水公园 [M]. 桂林：广西师范大学出版社，2015.
[8] 南海龙，刘立军，王小平，等 . 森林疗养漫谈 [M]. 北京： 中国林业出版社，2016.
[9] 上原，巌 . 森林療法のすすめ：癒しの森で心身をリフレッシュ [M]. コモンズ，2005.
[10]刘博新，严磊，郑景洪 . 园艺疗法的场所与实践 [J]. 农业科技与信息（现代园林），2012（2）：5-13.
[11] 王涵 . 日常园艺疗法初探 [D]. 北京林业大学，2008.
[12] 呼万峰 . 园艺疗法发展历程及研究动态 [J]. 安徽农业科学，2013（20）：8792-8794.
[13] 郭湘涛，周建华 . 园艺疗法在康复疗养空间中的应用 [J]. 南方农业：园林花卉版，2010，4（2）：50-53.
[14] 帕特里克・弗朗西斯・穆尼，陈进勇 . 康复景观的世界发展 [J]. 中国园林，2009，25（8）：24-27.
[15] 王向荣，林箐 . 自然的含义 [J]. 中国园林，2007，23（1）：6-17.
[16] 张金丽，王崑，王超 . 道教生态伦理和养生理论在康复景观设计中的应用研究 [J]. 中国农学通报，2010，26（13）：284-288.
[17] Kaplan S，Kaplan R. Health，Supportive Environments，and the Reasonable Person Model[J]. American Journal of Public Health，2003，93（9）：1484-1489.
[18] Kaplan R. Impact of urban nature：A theoretical analysis[J]. Urban Ecology，1984，8（3）：189-197.
[19] Velarde M A D，Fry G，Tveit M. Health effects of viewing landscapes-Landscape types in environmental psychology[J]. Urban Forestry & Urban Greening，2007，6（4）：199-212.
[20] 杨玉金 . 园艺疗法在园林设计中的应用类型及原则 [J]. 河南林业科技，2007，27（3）：65-67.
[21] 张文秀，张媛 . 植物在园艺疗法中的作用探讨 [J]. 农业科技与信息（现代园林），2012（2）：24-27.
[22] 李朋瑶，徐峰 . 园艺疗法园设计 [J]. 园林，2013（11）：30-34.
[23] 郭毓仁 . 治疗景观与园艺疗法 [M]. 詹氏书局，2005.

校园废弃物的可持续性——再生笔

北方工业大学：李　响　易　娇　高　丹　徐嘉玲　程　帝

指导教师：王雪莹　副教授

摘　要：本项目探索建筑与艺术学院教学中所产生的垃圾，用不同于传统的设计思维方式为我校废弃物材料在循环的准则下寻找产品与包装设计的解决方案，通过小组的共创合作过程以及循环经济的视角，重新探索校园垃圾转化产品的可能性，整个项目以“取之于此，用之于此”为主要目标，此观念为整个项目注入了环境与设计的结合意念。

关键词：设计；可持续；文具；再生；校园产品

1. 选题背景

随着社会的发展，可持续的概念在社会中越来越流行，其“公平性”“持续性”“共同性”三项原则揭示了在未来人类社会商业生产活动中必须要遵守的理念。无论从人类需求还是环境限度的角度来说，“可持续发展”原则都值得被尊重和应用于各个行业中。而“可持续设计”就是在这一时代背景下提出的。“可持续设计”主要体现在产品原料取材时选取可回收或无害的原料、生产时不产生过多的浪费，以及消耗商品的可回收和持续性。事实上，在很多国家已经有了许多按照“可持续”理念设计的产品。近几年内市场上出现了许多以“可持续”为理念设计的产品，这些产品或许成本偏高，但是它们中有一些销售的是理念而非仅仅是产品本身，依旧产生了很大的利润。目前在市面上还没有出现立足于“校园”的可持续商品。

在日常学习中，建筑与设计专业的学生往往会产生许多废弃物，例如：建筑模型的余料，这些废弃物往往被大量丢弃在教室中。

2. 研究过程

在最后的结构中我们最终选择了以水粉颜料为主要材料，辅以蜡加固润滑；在包装的选择上，我们用了从学校收集到的废弃图纸作为外包装的材料，这些选择是我们在众多实验中得到的。通过我们的实验概括，主要包含下面几种。

图 1　选材

2.1　前期探索

实验 1

时间：2017 年 6 月 18 日

内容：铅芯的第 1 次尝试

材料：黏土、石墨粉

工具：自制挤压器、模具

方法：实验法

过程：将石墨粉与黏土粉末搅拌至均匀，放置于自制挤压器中，挤压出细长条之后置于模具中风干。

实验结果：铅芯写字流畅，但不够坚固，比较像炭笔的质感，而且不挂纸，比较容易就能抹掉。

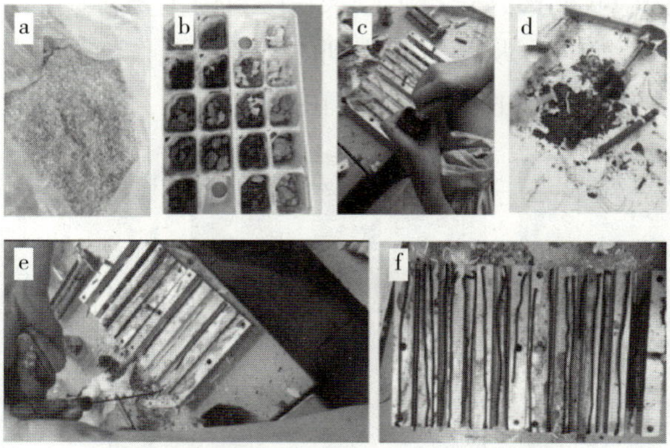

图 2　实验 1 过程

实验 2

时间：2017 年 6 月 22 日

内容：新添加了高岭土，把自制的挤压器换成了注射器

材料：黏土、风干水粉、高岭土

工具：注射器、模具、研磨器

方法：实验法

过程：将风干颜料研磨成细粉与风干后的黏土细粉和高岭土搅拌至均匀，放置于注射器中，挤压出细长条之后置于模具中风干。

实验结果：高岭土的添加使笔芯易碎，而且注射器的口太细。

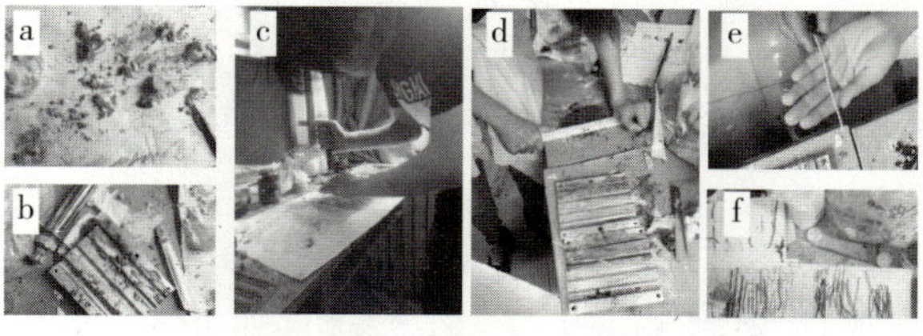

图 3　实验 2 过程

实验 3

时间：2017 年 6 月 28 日

内容：尝试了不把干颜料磨成粉，而是用水把干颜料搅拌至稀释状态。并且不添加高岭土。

材料：黏土、风干水粉

工具：注射器 模具

方法：实验法

过程：将风干颜料加水稀释后与风干后的黏土细粉搅拌至均匀，放置于注射器中，挤压出细长条之后置于模具中风干。

实验结果：加水稀释的颜料不如磨成粉之后均匀，书写效果并不佳，会出现刮纸的现象。

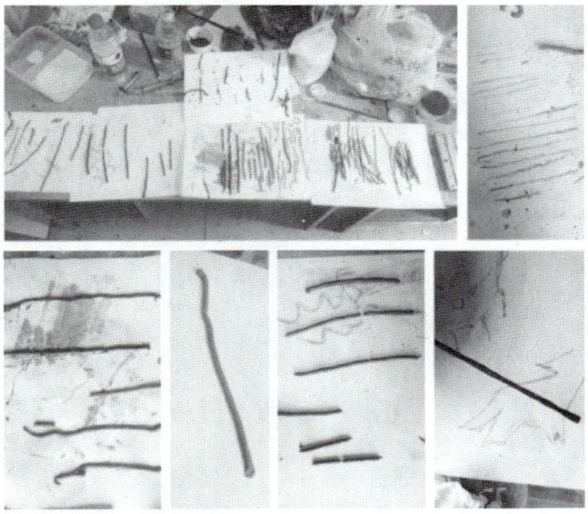

图 4　实验过程

实验 4

时间：2017 年 7 月 03 日

内容：尝试了笔杆的制作

材料：边角料木头

工具：激光切割机

方法：实验法

过程：设计好笔杆之后用激光切割机制作好，放入之前做好的笔芯。

实验结果：笔芯由于是自然风干，放入笔杆之中易碎。

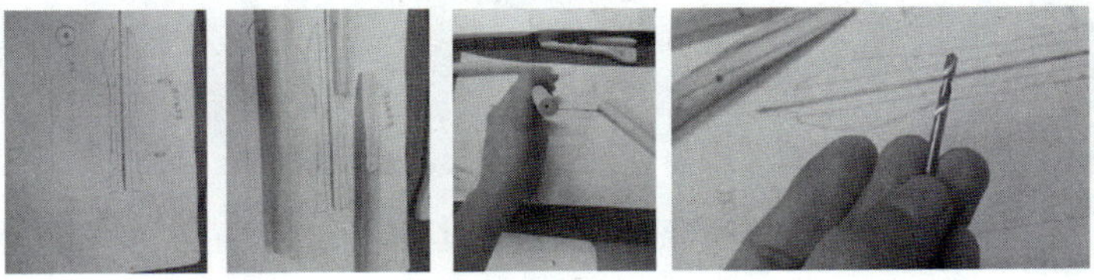

图 5　实验 4 过程

实验 5

时间：2017 年 7 月 03 日

内容：尝试了笔杆的制作

材料：废纸

工具：激光切割机

方法：实验法

过程：把废纸卷成笔杆，调好笔芯的原料之后灌进纸卷里面。

实验结果：书写流畅，而且能削，但是笔迹容易擦掉。

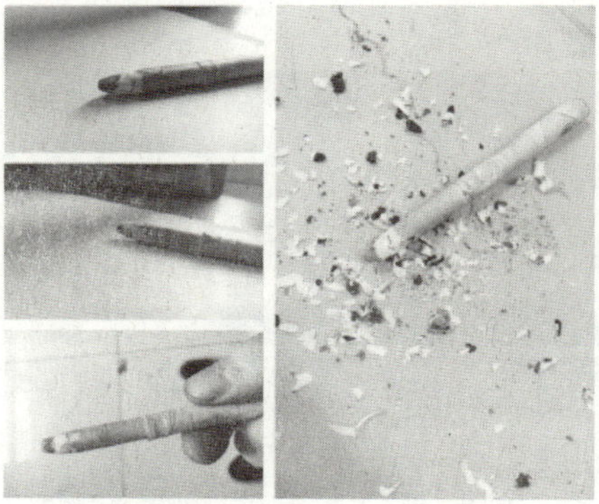

图 6　实验 5 过程

实验 6

时间：2017 年 9 月 08 日

内容：尝试了笔杆的制作

材料：碎木屑

工具：激光切割机

方法：实验法

过程：用胶水把碎木屑黏合放入模具中，在模具合上之前在中心处放入铅笔芯。

实验结果：失败，绿色产品中使用了胶水，并且不能削铅笔。

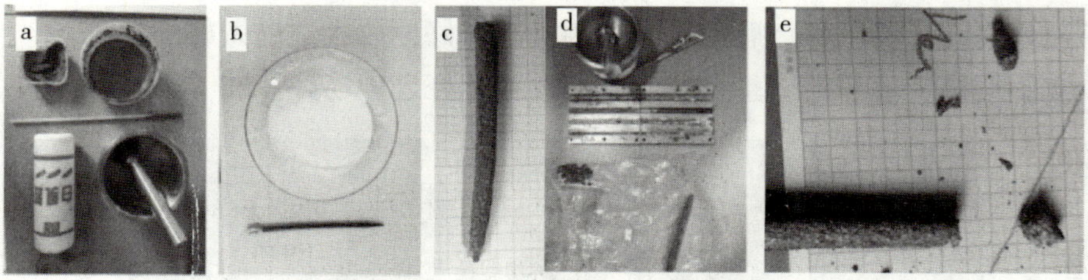

图 7　实验 6 过程

实验 7
时间：2017 年 9 月 14 日
内容：尝试了加粗的笔芯
材料：吸管
方法：实验法
过程：调好笔芯原料，用注射器推入吸管中自然风干。
实验结果：失败，吸管中的铅笔芯风干之后不能完整取出。

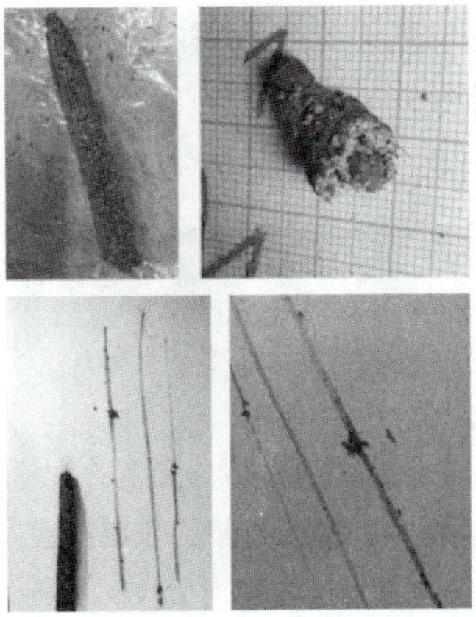

图 8　实验 7 过程

实验 8
时间：2017 年 9 月 18 日
内容：尝试了纸浆笔杆
材料：纸浆
方法：实验法
过程：在塑料瓶中放入小石子，将废纸浆打碎，放入模具中晾干。
实验结果：失败，纸浆笔杆不能削。

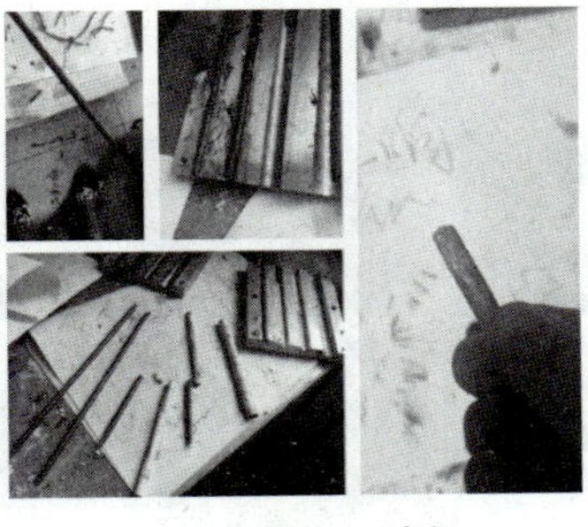

图 9　实验 8 过程

2.2 后期探索

实验 1

时间：2017 年 9 月 24 日

内容：将黏土与颜料混合尝试二者的兼容性

材料：黏土、颜料

工具：针管、吸管、木棒

方法：实验法

过程：将颜料润湿之后与黏土搅拌至均匀，用针管将混合物推至吸管中，等待完全干燥后将笔芯完全剥离。

实验结果：书写效果干涩，不流畅，坚固度差。

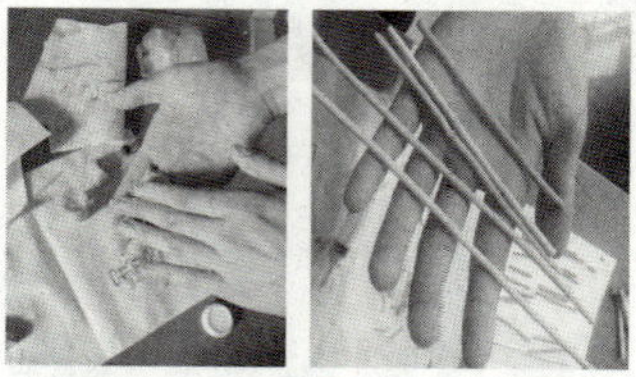

图 10　黏土与颜料兼容实验

实验 2

时间：2017 年 9 月 24 日

内容：将蜡烛熔化后与颜料进行混合

材料：蜡烛、颜料、水

工具：烤箱、碾压工具、刀、木棒、模具

方法：实验法

过程：将蜡烛削成小块，将干颜料碾成粉状，把两者混合后一起加热，再倒入模具，冷却后取出。

实验结果：书写效果流畅度大大提升，但成型效果并不是很好，蜡烛与颜料融合不均匀。

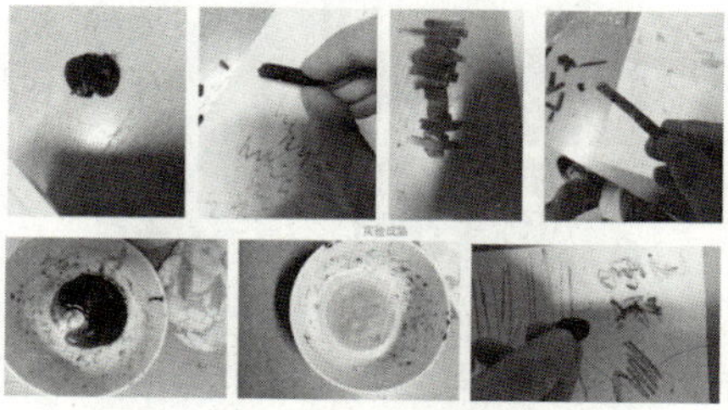

图 11　实验 2 过程

实验 3

时间：2017 年 10 月 15 日

内容：新模具的应用

材料：蜡烛、颜料、纸

工具：烤箱、碾压工具、刀、木棒、新纸质模具

方法：实验法

过程：过程同上次，将颜料碾压得更细致灌入新的模具中，取出修剪。

实验结果：使用了新的模具后，外形有了很大改变。

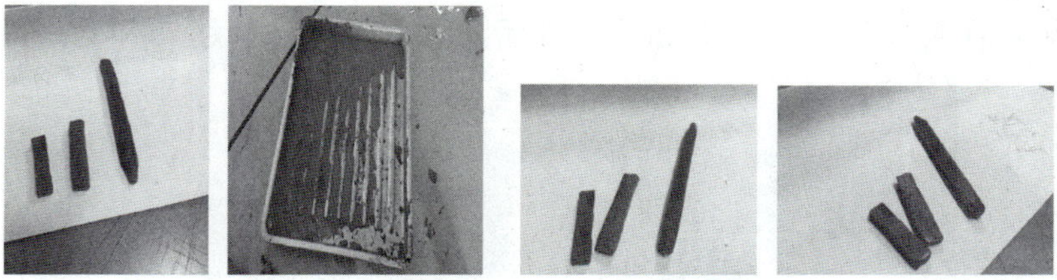

实验成品　　熔化　　实验成品　　实验成品

图 12　实验 3 过程

实验 4

时间：2018 年 3 月 8 日

内容：大规模批量生产尝试

材料：蜡烛、颜料、纸

工具：烤箱、碾压工具、刀、木棒、纸质模具

方法：实验法、总结法

过程：总结归纳之前的实践经验，明确蜡烛与颜料的比例，精致化模具，增加颜料的利用率。大批量生产。

实验结果：大批量生产后，总结出了一套经验，数量和质量都有了很大提升。

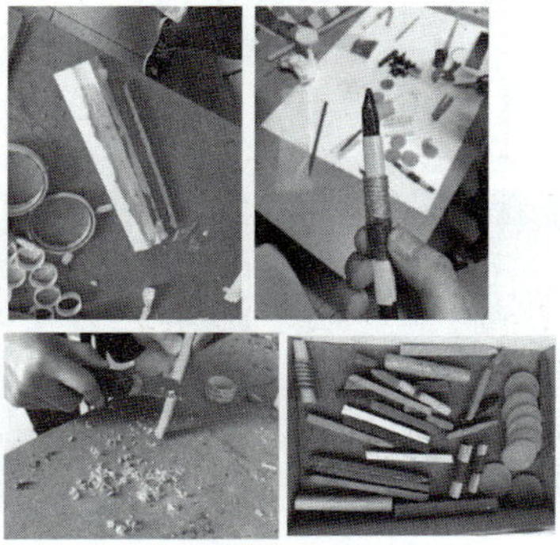

图 13　实验 4 过程

2.3　包装探索

方案 1

时间：2018 年 3 月 8 日

内容：包装

材料：牛皮纸、麻绳、硫酸纸、布

过程：我们从不同的角度尝试了包装的尺寸、材质、颜色，寻找最适合的包装方案。

工具：剪刀

结果：在考虑了可持续性和美观性后，我们最终选择了布作为产品的主要包装。

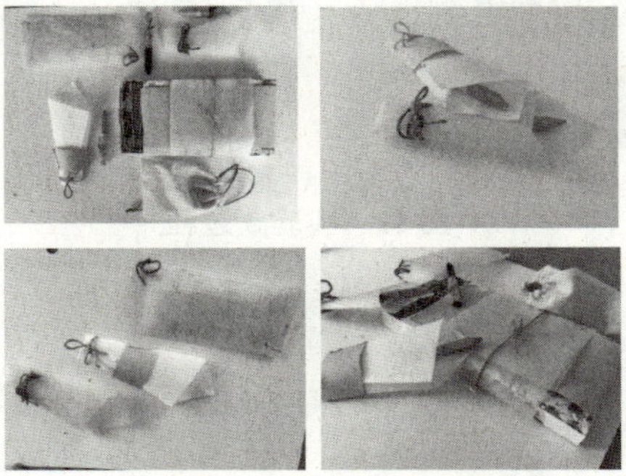

图 14　包装材料选择

方案 2

时间：2018 年 3 月 8 日

内容：包装

材料：废弃各种纸、麻绳、硫酸纸、布

过程：我们从不同的角度尝试了包装的尺寸、材质、颜色，寻找最适合的包装方案。

工具：剪刀

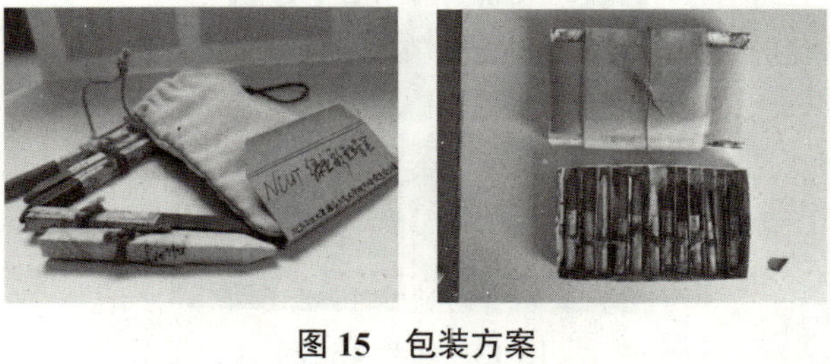

图 15　包装方案

2.4 结果

在考虑了可持续性和美观性后我们最终选择了布作为产品的主要包装。以上是所有进行的实验，最初我们想用石墨粉和黏土作为主要材料，但是石墨和黏土风干后的坚固性不好，而且书写时石墨并不能很好地附着在纸上，其次成本较大，所以我们抛弃了这种方法。在后期的探索中我们选择了废弃的水粉颜料，水粉颜料在平面设计的学生中是一种比较普遍的颜料，比较容易风干而且廉价。这也体现了上述的“可持续设计”中的原料可回收、无污染性和生产过程不出现过多的浪费的原则。其中的材料基本都来自建筑与艺术学院学生们日常生活和教学的废弃物。

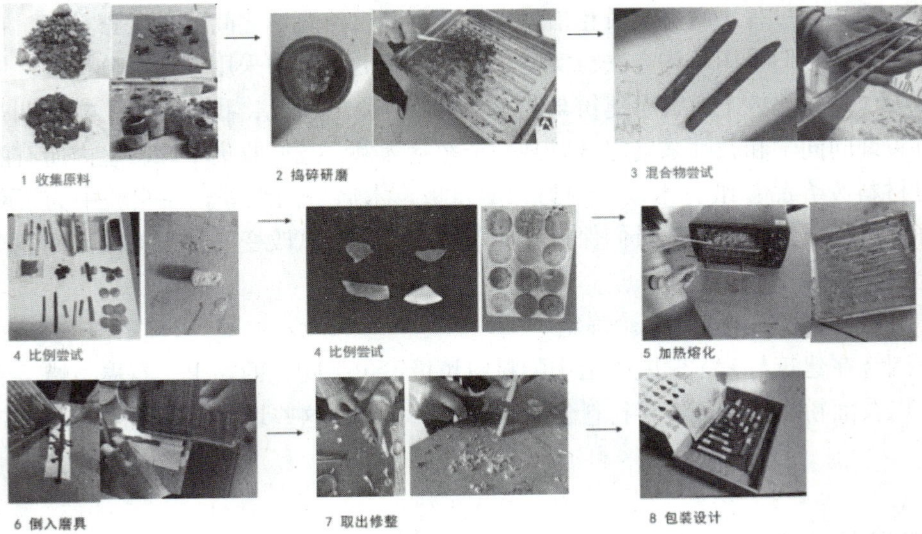

图 16

3. 研究方法

本课题从“包装”和“可持续”两个不同的关键词引出校园废弃物的可持续性——再生笔（绿色蜡笔）研究的两条路线：倾向于可持续技术与环境资源视角下的包装系统研究方法引自于原始制笔技术研究体系和实践，而倾向于提高对资源的有效循环利用率，覆盖了材料、能耗、包装、物流、生产与回收等全产业链功能与结构可持续性的研究方法则大量出现在国外有关可持续产品设计思维书籍和理论研究的基础上。提出具有未来市场发展义的校园废弃物可持续产品设计研究。具体实施如下：

方法与手段 1：战略分析

该项目前期开发阶段，后期进行整合研究、创意设计与校园废弃料结合、反馈寻找产品策略点，进行兼顾商业、社会、环境、用户的价值创造，并通过产品实验等广泛的体验接触点的设计加以实现，其中运用商业模式分析，关于可持续性的评估等方法。

方法与手段 2：技术探索阶段

组员采用了不同的设计工具，先是通过寻找材料再来确定制作方法，分别使用废弃材料做出不同特性的笔芯与笔杆的多种解决方案，及思考维度，而不是单纯产品形塑的过程。所有组员相信设计是社会和自然环境之间的种探索方式。在具体实施中我们采用了调查法与实验法，在精确的实验中采用了定量分析法。例如：为了确定北方工业大学建筑与艺术学院废弃物的情况，我们进行了实地调查和口头询问同学和教师来确定。以某一个教室为例，我们收集了该教室内所有的学习材料废弃品：纸、木板、颜料、塑料板、木屑、图纸等。在实验中为了获得好的产品质量，小组成员们保持其他条件不变，尝试改变一种原料的比例多次实验。

方法与手段 3：设计概念确定

围绕在建筑与艺术学院生活中的材料垃圾，包括陶瓷的黏土、石墨、蜡、油墨，以及面粉、木屑等废弃材料建立一套系统，解决这些垃圾的环境问题。

4. 取得的成果与应用价值

围绕建筑与艺术学院教学中的材料垃圾可持续发展领域，如陶瓷实验室的黏土、家具实验室的木屑等，结合创新设计理念和科技，用不同于传统的设计思维方式为我校废弃物材料在循环的准则下寻找产品与包装设计的解决方案，创造垃圾价值。

4.1 项目取得的成果：

（1）12 色绿色彩色蜡笔

（2）NCUT 再生文化礼品——彩色蜡笔二套

（3）研究报告一份

4.2 应用价值

在研究中，再生笔所有的成分原料都必须是建筑与艺术学院产生的废弃物，促进可持续材料到产品的市场转化。原材料在属性、形态、结构等方面的特性的基础上，挖掘“可用性”和“商业性”，将废弃物打造成具有社会和产业价值的全新产品。

5. 创新点

本项目围绕在建筑与艺术学院生活中材料垃圾寻找解决方案，参与的组员相信设计是社会和自然环境之间的一种探索方式，整个项目以“取之于此，用之于此”为整个项目注入了环境与设计结合意念，这种意念质朴反而引人思考。

从技术层面上来看，本项目调查了市面上蜡笔和彩色铅笔的制作方法，结合现有的材料创造出了可以用于手工制作蜡笔的方法包括“熔化，制作磨具、原料的具体比例，磨具的制作方法”。

从市场意义的角度来说，本项目的创新点在于发掘了“校园废弃物可持续产品”这一创意点，让校园中的废弃物得到了很好的利用，同时也可以将校园文化输出给大众。

从社会意义来说，本项目并不仅仅局限于创造一种新的产品或发明一种制造形式，更重要的是在项目过程中小组成员一直在试图从设计的角度中探索“设计”“可持续”“校园”以及“社会”之间的关系，探索更高效率的资源利用、包装、产品回收方式，在设计过程中践行“可持续”原则。

O2O 模式对我国大学生生活的影响研究

北方工业大学：周蔚敏　韩卓琦

指导教师：郑春梅　副教授

摘　要：O2O 模式日益发展的今天，其市场目标主要定位在大学生消费者群体。O2O 模式把线上与线下相结合起来满足了大学生的一般生活需求。本文研究主要基于大学生日常生活消费，再根据大学生不同的生活需求使用不同 O2O 模式产品的生活方式，分析 O2O 模式产品的发展现状。

关键词：O2O 模式；大学生；电子商务；影响

1. 引言

O2O 即 Online To Offline，是指由线上的互联网与线下的商务机会相结合，使互联网成为线下交易的前台。在我国，O2O 的发展已经由早期 1.0 阶段发展到 3.0 明显分化阶段，而大学生作为互联网使用的一大群体，对 O2O 平台的应用软件依赖度不断增强。通过线上买票达到线下享受的目的成为大学生娱乐生活的一大需求。因此我们认为有必要对 O2O 模式对大学生的影响进行进一步研究。

2. 大学生对 O2O 应用

O2O 模式与传统的“电子市场＋物流配送”不同。该模式通过汇集消费者的生活需求，让线上平台提供详细信息，帮助消费者选择产品完成线下消费的需求，在让消费者完成消费体验后进行反吸引更多的消费者进行 O2O 模式的消费。目前大学生对 O2O 模式的应用较为普遍。通过团购、优惠券、移动微信支付等方式完成线上交易，享受线下服务。

O2O 侧重服务性消费。在 O2O 模式起步时，主要集中于美团等促销领域，以交易完成为终结点，线上平台与用户的互动较少，具有单向性特点。当 O2O 模式发展到 2.0 阶段时，完善了起步阶段的不足，包括商品服务、下单支付的流程，满足了消费者线上了解详细信息的需求，增强消费者线上消费的信任感。到了该模式的 3.0 阶段，出现了分化：一方面，真正的垂直细分领域的公司开始凸显；另一方面，垂直细分领域的平台化模式得到发展，例如：饿了么以加盟商为主体，通过众包合作方式运行，实现平台化经营。

目前，O2O 模式产品的应用十分广泛深受大学生的青睐。例如：网上订餐；旅馆、电影和机票、车票等已实现 O2O 较长时间，受到大学生认可度高；大众点评是国内最早开发本地生活移动应用的企业，在大学生群体中运用广泛，具有较高的认可度；淘票票是在线购买电影票的主流，于 2014 年底上线一年半内增幅达 100 倍；随着交通服务业的发展，滴滴出行成为热门的出行 App，滴滴出行与招商银行于 2016 年 1 月 26 日达成了全方位合作。此外，携程订票成为人们远途出行的重要选择之一。

App 成为 O2O 模式的重要应用工具，大学生根据不同的生活需求使用不同的 App，以下即是大学生对 O2O 产品的应用分析。

表 1　　大学生对 O2O 的应用分析

案例企业	核心服务	O2O 产业规模	消费产品
大众点评	为消费者提供商户信息，消费点评及消费优惠等信息服务	大型 O2O 产业，大公司高占有率	以餐饮为主
淘票票	提供丰富的正在热映和即将上映的电影资讯	中型 O2O 产业	电影
滴滴出行	涵盖出租车、专车、快车、顺风车、代驾及大巴等多项业务	小型 O2O 产业	一站式出行
携程	提供集酒店预订、机票预订、度假预订、商旅管理、特惠商户及旅游资讯在内的全方位旅行服务	大型 O2O 产业	旅行

由上表可以看出，对大学生而言，更多使用 O2O 产业的 App 集中于订票、就餐和电影娱乐。随着互联网的高速发展，近年来 O2O 模式的餐饮业和娱乐产品出现井喷。许多大学生通过线上了解该餐厅的详细信息，经过对比不同餐厅的性价比预订就餐票券；以同样的方式了解热映电影的资讯订购票券作为饭后娱乐

节目。而出去就餐则选择滴滴打车，方便快捷。显然 O2O 模式已经成为大学生日常生活不可或缺的课外娱乐休闲的应用。在互联网驱动下，O2O 模式迎来了较大的盈利增长空间。但要实现比线下商业更高的盈利，需要线上商业寻找新的利润增长点，促进 O2O 模式向多元化发展。

综上所述，大学生成了 O2O 平台的较大消费群体，具有较高的依赖度和忠诚度，同时不会随着优惠力度的增减而降低 O2O 产品的使用。

3. 大学生群体对 O2O 模式发展的新要求

3.1 研究方法：问卷调查及资料收集与整理

根据 O2O 模式的发展现状，我们以大学生为主要研究对象，通过问卷调查的形式了解其对 O2O 的应用情况。

3.2 研究结果

通过问卷调查我们了解到，线上支付线下使用是电子商务的新模式，其主要消费人群是大学生和白领。而大学生一般有超前消费的消费观，他们在线上支付，线下使用具有以下特点：

3.2.1 追随时代变化

大学生是互联网的一大受体，对互联网的认知度较高，因而他们最先了解时代新变化，又为了顺应时代潮流，改变了传统较为机械的生活方式，使生活更便捷高效。

3.2.2 关注性价比的同时标新立异

大学生普遍站在时尚的前沿，而大部分大学生没有稳定的收入来源，通常依靠父母供给生活费，因而他们在实体店购买与线上折扣支付在线下使用的权衡之间选择后者较多。

3.2.3 个人生活作息不规律

摆脱了中小学时代固定上课时间，和未踏入社会按部就班的工作时间，大学生的时间相对可以自由支配，因而娱乐时间较多，选择 O2O 平台的频率也较高。

随着大学生精神消费需求的增加，对 O2O 平台的产品要求也不断提高，这必将需要 O2O 模式更多个性化产品的信息敞开在阳光底下。而为了迎合大学生的消费需求，O2O 模式在服务上需要有更加高效的转变。以餐饮业为主的 O2O 产品，需要调高配餐的质量，考虑营养均衡，防止大学生因经常食用高热量、高脂肪的食物引起身体疾病，危害身体健康。为了帮助大学生自我管理，O2O 模式应该减少提供限时选餐、限时抢票的活动，许多大学生会选择在上课时抢票，这样大大降低了听课效率。

总之，随着互联网渗透到大学生的日常生活中，对 O2O 模式提出了更高的要求。商品信息的透明度、真假性以及服务质量和效率都必须根据这一受众群体的爱好转变，满足市场需求。O2O 模式不断发展壮大，形成完整的产业链，促进我国经济的转型升级。

4. O2O 模式面临的问题

4.1 O2O 模式的风险性要大于消费者选择实体店

国内对于电子商务的调查，把精力都集中在了大学生消费者对电子商务商品的定价、大学生对电子商务公司的信任以及是否希望能够参与到电子商务公司的部分决策中。从大学生的角度来讲，由于经济等因素的限制，他们必然希望购买到物美价廉的商品，同时大学生群体又对商品的个性化要求较高，于是商家也在努力提供个性而实用，同时具有自由性的商品。

通过我们的调查发现，大学生消费者除了关心商品的价格与质量之外，购买商品带来的风险同样是一个很重要的关心因素。消费者进行任何活动都是具有风险性的，但是实体店中的风险性要低于网络购物。在实体店进行消费时，消费者可以仔细观察商品，体验商品，即使发现商品购买后有不合适的地方，也可以再到实体店中进行调换。O2O 模式则不同，从根本上说，O2O 模式是把具有购买意向的所有大学生消费者集中在一起，具体就是通过互联网聚集起来，让他们在短时间内就能够用比较少的价钱购买自己所需要的物品。大学生消费者进行购物的平台，商品并不是由平台公司来提供，而是商家提供商品，在这个交换过程中，交换的商品不可见。大学生消费者只能通过商家单方面提供的信息了解商品，而商家也尽量展示商品好的一面，掩饰有瑕疵的部分。这样一来，大学生消费者在了解商品时大多是片面的，所购买的商品难免低于自己的预期。

4.2 O2O 模式解决问题的标准模糊

当 O2O 模式出现问题时，解决问题的途径看似多样，但大学生消费者与商家难以直接沟通，通过第三方平台进行交易时，一方有可能出现违约的情况。如果第三方平台没有公平的规则来约束双方，当出现纠纷，必然有一方利益受损。比如大学生消费者支付商品金额后，商家提供质量有损的商品或者拒绝提供商品，这时大学生消费者难以及时维权。反而言之，如果商家提供了质量合格的商品后，大学生消费者拒绝支付消费金额或者故意损坏商品进行恶意投诉，介于运输途中又存在种种风险，商家也难以适时维护自己的权利。出现问题时，O2O 模式很难划分规则。

另一方面，O2O 模式除了提供实体商品外，大多提供服务。而服务业在大多数情况都没有像工业一样的硬性标准，这些规则如果没有由第三方公司或者商家来制定，而是由大学生消费者来制定的话，这些标准就带有了很大主观色彩。

5. O2O 模式更好地满足大学生群体需求的建议

5.1 第三方平台积极完善规则来降低消费者风险性

O2O 模式的发展既可以通过规范法律的政府努力，商家和第三方平台也应该做出努力。商家的产品可以不仅仅停留在第三方平台上，而是线上与线下的网实店相结合，这样消费者在线上进行购买时，也可以在线下的实体店进行体验，或者大学生消费者可以先在线下的实体店体验，再选择是否在线上购买商品。这样既提高了消费者对商品的了解，也降低了不了解商家带来的风险，可以促进线上的消费。

5.2 第三方平台不断完善已有规则

这不仅仅是针对商家，同时也是针对大学生消费者。严格把控进入的第三方平台的商品质量；大学生消费者则需要实名认证，在出现矛盾与纠纷时也可以更好的沟通。如果可以确定问题出在消费者一方，实名认证可以在今后的发展与消费者的信用关联。

5.3 政府逐渐明确 O2O 模式的标准，正确引导

O2O 模式作为一种新型的经济模式，面对着诸多问题，需要制定相关法律，政府也一直在积极参与。比如：2015 年国家出台了关于打车软件的法律规定，规范了打车软件电子商务部分的行为，同时也增加了消费者对打车软件的信任，降低了风险性。无独有偶，中国食品药品监督管理局也出台了关于医药 O2O 模式商业模式下的政策法律风险及防范。而在 2016 年 10 月 28 日，商务部、民政部、国土资源部、住房城乡建设部、质检总局联合印发了《关于推进电子商务进社区促进居民便利消费的意见》。这些法律法规、意见都在不断规范 O2O 模式，为其制定更明确的标准，从而使纠纷发生时问题能及时解决。

O2O 模式市场仍处于火热的状态，许多投资商瞄准了这一市场进行大笔投资，各种类型的 O2O 创业公司拔地而起，这些公司参差不齐，虽然壮大了 O2O 的市场，但同时也增加了市场的不稳定性。众多资源的投入证明了 O2O 模式的可行性，也表示 O2O 模式的发展前景良好，同时需要政府的正确引导。目前整个 O2O 行业依然在探索中，能否取得政府的支持，将对平台是否能够持续的发展起着至关重要的作用。

大学生消费者作为一个特殊的群体，他们是 O2O 模式发展下的消费者主力，但由于他们还没有完全进入社会，经济上不能完全独立，所以在参与 O2O 模式中，既会因为能力受限面临着一些无法解决的问题，又会导致着一系列的问题。O2O 模式下大学生消费者群要提高自己的辨别能力，同时也要遵循电子商务模式下的规则与秩序。

O2O 模式的发展前景是乐观的，这种新兴的电子商务模式具有极强的生命力。它的成长和壮大也需要我们共同的努力，才能使它更好地服务于大学生消费者，同时为商家和线上平台带来利益，实现多方共赢的局面。

参考文献

[1] 中国 O2O 市场发展状况研究报告 [J]. 中国连锁，2017，（01）：74–76.

[2] 洪璟玥，侯燕丽 . 校园外卖 O2O 对大学生身心影响的横向与纵向研究 [J]. 电子商务，2016，（10）：91–92.

[3] 何卓，李凯 . 大学生网上订餐意愿的定性研究 [J]. 商，2016，（27）：131.

北京地区会计师事务所的现状及其改进研究报告

北方工业大学：张雪雪　朱茉雯　马　芮　何月姗姗　于雅帆

指导教师：郭兰英　副教授

摘　要：在经济全球化发展，我国市场经济水平不断提升和深入发展的背景下，我国会计师事务所已经成为服务国家经济社会健康发展不可或缺的力量，发挥着十分重要的作用。本课题对照中国《注册会计师行业发展规划（2016—2020）》和北京《注册会计师行业发展规划（2016—2020）》，对北京地区不同组织形式的会计师事务所的现状及其改进方向与措施进行了比较系统的研究。

关键词：北京地区；会计师事务所；注册会计师

1. 北京地区会计师事务所的发展现状

1.1　有限责任会计师事务所的现状

据统计，截至 2016 年 12 月 31 日，我国共有执业注册会计师 105218 人，合伙人（股东）32515 人，会计师事务所 7408 家（不含分所），其中合伙制会计师事务所 3383 家，有限责任会计师事务所 4025 家。在北京注册会计师协会发布的 2016 年 100 家会计师事务所信息表中，可以看到有限责任会计师事务所约占 60%，特殊普通合伙与普通合伙制事务所约占 40%。从事务所的数量来看，有限责任制事务所多于合伙制事务所。从国外情况来看，美国注册会计师行业基本摒弃采用有限责任组织形式；英国注册会计师行业虽然允许有限责任制度的存在，但实务中仅有 1% 左右的事务所愿意采用有限责任组织形式；德国等欧盟国家允许会计师事务所采用有限责任制，但其本土事务所规模普遍较小，竞争力普遍较低，欧盟资本市场约 90% 的审计业务被国际“四大”所垄断。所以，早在 2010 年财政部和工商总局联合发布了《关于推动大中型会计师事务所采用特殊普通合伙组织形式的暂行规定》，明确要求大型会计师事务所于 2010 年 12 月 31 日前转制为特殊普通合伙组织形式。大型会计师事务所是指在人才、品牌、规模、技术标准、执业质量和管理水平等方面居于行业领先地位，能够为我国企业“走出去”提供国际化综合服务，行业排名前 10 位左右的会计师事务所；鼓励中型会计师事务所于 2011 年 12 月 31 日前转制为特殊普通合伙组织形式。

按照我国《注册会计师行业的发展规划（2016—2020 年）》，大型会计师事务所要做大做强，中小会计师事务所也要做精做专，持续发展。但目前大多数的有限责任制会计师事务所，对转制为特殊普通合伙形式没有充分的认识和实施计划，对自身存在的问题和面临的生存环境所应有的风险意识不够，与行业发展需要、定位及满足社会化需求的差距较大，主要存在以下问题：①执业环境差，市场竞争秩序混乱。按照有限责任会计师事务所的设立条件，有 5 名以上股东并有不少于 30 万元注册资本就可以设立有限责任会计师事务所，设立条件较低导致有限责任会计师事务所数量不断增加，竞争混乱。②分配制度不合理，员工积极性不高，人才流失严重。有限责任会计师事务所多数规模小，对业务水平要求相应不高，其内部缺乏有效的绩效考核机制，分配制度不合理，利益分配更多地注重资合的比例，而忽视人合的因素，使人的价值难以体现出来。新进人员和一般审计人员即使贡献再大，由于其不占有股份或所占股份少，最终得到的回报与其付出不匹配。因此，员工积极性低下，工作态度不认真，进而影响事务所的稳定。

1.2 大型会计师事务所的现状

“十三五”时期是我国全面建成小康社会的决胜阶段，也是北京加快建设国际一流的和谐宜居之都的关键阶段。在北京经济社会发展进程中，会计师事务所作为会计服务的主体，发挥着越来越重要的作用。为进一步拓展会计服务业务，更好地服务于经济建设，国务院办公厅 2009 年转发了财政部《关于加快发展我国注册会计师行业的若干意见》。文件明确指出，第一点是重点培植抚养 10 家左右的大型会计师事务所，不仅核心竞争力达到一定高度，更要拥有能够在为国际事务提供综合服务的能力；第二点要鼓励中型会计师事务所的积极和良性发展，尽可能呈现出至少有 200 家左右能够为国家大中型企业及公司提供优质服务的局面。中国注册会计师协会秘书长在关于贯彻落实国办 56 号文件的实施意见答记者问中也强调：在现如今我国大力发展第三产业，强力促进经济结构转型，企业积极响应“走出去”的大趋势下，重点扶持大型会计师事务所是应时所需。北京作为全国会计师事务所相对聚集的地区，会计服务业发展迅速，市场需求大。纵观当下的大型会计师事务所现状，从2016年北京地区会计师事务所排名前100家名单看，有瑞华、德勒华永、普华永道、安永、毕马威、天职国际、立信、立安达、信永中和、大华等大型特殊普通合伙组织形式的会计师事务所，据此可以分析北京地区会计市场份额的分配情况，主要由国际"四大"和国内少数本土大型会计师事务所构成。

根据2014年底有关部门的数据统计，在北京地域内会计师事务所总计达616家，在同比增长1.81%的基础上，仍继续保持了连年的小幅增长，但大部分仍然是规模小、人员较少的中小型会计师事务所。

在北京大中型会计师事务所的发展中也存在的问题。主要表现在：①在人员规模方面，国内注册会计师年龄结构偏大。在本土大中型会计师事务所从业人员和注册会计师人数持续增长的同时，其中很多是刚出校门拿到资格证的年轻注册会计师，缺乏实际的工作经验，并且"四大"占据了优势市场，蚕食了国内和区域内市场份额，抢占我国会计服务领域的优秀人才。②业务领域上过于单一，新增长点后劲乏力。面对国际"四大"和北京地区金融发展的客观需要，北京地区大中型会计师事务所受到很大的冲击，竞争愈加激烈，业务领域上过于单一的问题日益突出，缺乏新的收入增长点，在很大程度上影响了北京地区大中型会计师事务所的发展。

1.3 会计师事务所的收入结构分析

近年来，我国注册会计师行业执业准则与国际准则保持动态同步，行业信息化水平稳步提升，行业整体服务质量日益提高，行业服务范围大幅拓展，行业收入总规模保持较快增长、行业收入结构多元化取得初步成效。据财政部信息显示，2016年度注册会计师行业收入预计突破700亿元，5年内净增超过300亿元，增幅超过90%。其中，2016年总收入超过1亿元的会计师事务所49家，超过20亿元的6家，超过30亿元的4家。以下将从两个角度具体分析我国会计师事务所的收入结构。

1.3.1 按业务类型分类

我国会计师事务所收入按照业务类型可分为审计收入与非审计收入两类。其中审计收入主要来源于财务报告审计收入及内部控制审计收入。

2012—2016年审计与非审计业务对比如图1所示。审计收入与非审计收入都呈现增长趋势，但占比约70%的审计业务仍然是我国会计师事务所的主要收入来源；非审计业务收入增长提速，从2012年的148亿元增长到2015年的207亿元，增长率为39.8%。非审计收入的飞速增长，表明我国会计师事务所开展多元化发展、拓展服务种类已取得一定成效。

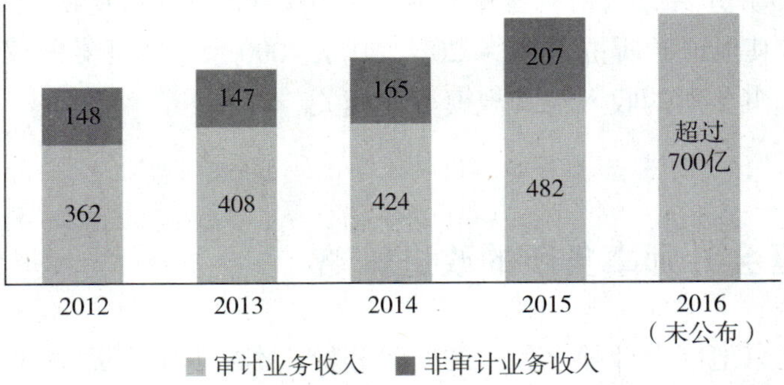

图1 2012—2016年审计收入与非审计收入对比（单位：亿元）

对比2016年发布的国际百强会计师事务所收入结构，我国会计师事务所的传统审计业务收入占比仍然过大。在国际百强会计师事务所中，审计业务仅占总收入的35.87%，税务业务占总收入的26.70%，咨询业务占总收入的33.47%，其他业务占3.21%。相比而言，2012—2016年我国审计业务收入占约70%，且所占份额基本不变，说明我国会计师事务所在调整收入结构、提高整体服务质量上仍需要做出努力。

1.3.2 按会计师事务所类型分类

我国会计师事务所按规模大小可分为11家获财政部、证监会推荐从事H股审计业务的大型会计师事务所（以下简称“11家H股所”），其他29家具有证券期货相关业务从业资格的事务所（以下简称“其他证券所”）和不具有证券期货相关业务从业资格的事务所（以下简称“非证券所”）3类。

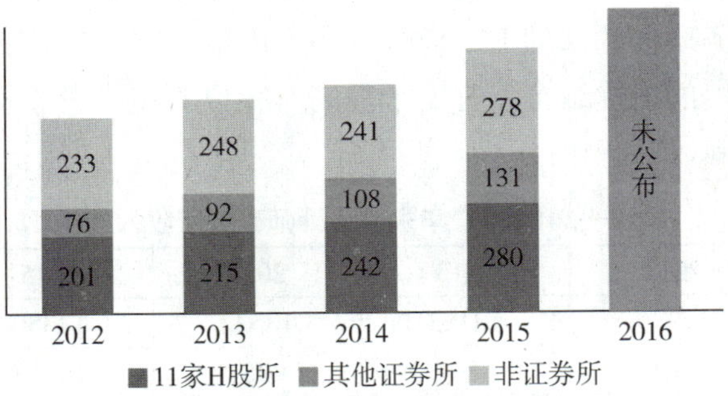

图2 2012—2016年各类事务所收入分布（单位：亿元）

如图 2 数据所示，2015 年 11 家 H 股所的业务收入达 280 亿元，相比 2012 年的 201 亿元增加了 79 亿元，增长率为 39.3%；其他证券所的业务收入达 131 亿元，相比 2012 年的 76 亿增加了 55 亿元，增长率为 72.3%。2012—2016 年来各类会计师事务所收入格局基本稳定。其中，11 家 H 股所的收入占总行业的 35% ~ 40%，其他证券所占 15% ~ 20%，其余 7000 余家非证券所仅占 40% 左右。可见，会计师事务所的收入与其规模呈正相关。

2. 北京地区会计师事务所的改进策略

通过对北京地区会计师事务所的现状分析，本次研究着重关注了改进措施，比较系统地探求事务所快速健康发展的策略。

2.1 继续拓展业务范围，实现会计师事务所多元发展

由于北京地区高速发展的经济吸引和滋养了相对多的大型会计师事务所，导致其行业内服务领域重叠，业务争夺激烈。除此之外，传统审计业务盘踞了较大份额，也导致了大量拥有发展潜力的会计服务市场难以得到有效开发，这极其容易引起诉讼风险等问题。因此，我国大中型会计师事务所应适度开发咨询和代理等的服务领域，除却坚持原本传统的会计、审计和税务等行业运行业务之外，同时也适当经营和寻求区别于他人的新型运营特色，在坚持为大众提供便利的基础上，追求现代化的高质量服务，进而形成自己的竞争优势。

对比普华永道会计师事务所 2012—2016 年收入结构（表 1 所示），其咨询业务、税务业务所占份额增长迅猛，而北京地区多数会计师事务所的收入来源长期以来都过于单一，审计业务所占份额过大。审计服务、咨询、税务等业务在实质上是相互关联且互补，会计师事务所与注册会计师在恪守执业准则的前提下，在保持传统审计业务服务质量的基础上，应继续拓展内部控制审计及其他业务的份额，找到适合自身发展的最优组合，有助于提高对客户的整体服务质量，同时可以降低自身的经营风险。

表 1　2012—2016 年普华永道会计师事务所收入结构　单位：百万美元

	2012	2013	2014	2015	2016
审计业务	12979	13163	13522	14350	15280
咨询业务	7630	8206	9027	10648	11531
税务业务	6972	7316	7899	8462	9085

2.2 不断优化重组合并，走重组合并之路

近几年数据显示，在国际“四大”的挑战下，北京地区的大中型会计师事务所也在不断寻求途径来提升自己，希冀实现做大、做强的目标。而实现做大、做强的目标一个最为快速简便的途径便是事务所之间的合并。所以，北京地区大型会计师事务所可根据自身需要选择相应企业实行联合战略。在此过程中，基本有两种联合方式：一是两个或多个在拥有较强实力的基础上出于某种利益目的进行“强强联合”；二是以一个实力较强的事务所为核心，联系一个或多个业务相对较差但有别的优势点的事务所，形成“优—劣组合”或“优—中—劣组合”

2.3 努力改善注册会计师执业环境

一方面为了改善外部竞争环境，需政府补充修订相关的法律规定，加大监管处罚力度。同时，行业监管部门应加大对会计师事务所风险意识的宣传和诚信机制的建设，创造优胜劣汰的竞争氛围。另一方面，针对目前存在的低价承接客户、无序竞争现象，相关部门和行业协会应按事务所的成本结构和注册会计师行业高风险的特点制定一个最低指导价，严令禁止事务所采用低价竞争策略或变相回扣获得业务的行为。

2.4 加强人力资源管理，防范人才流失

注册会计师是具有较强执业能力和较高职业素养的人才，会计师事务所是注册会计师向市场提供专业化服务的组织者和管理者。因此，事务所应建立符合行业和自身内部管理特点的人事管理制度，例如：建立与内部质量控制相结合的岗位责任制度；能上能下的晋级制度；具有“公平、效率、激励和竞争力”的收入分配制度，做到“人合”与“资合”并重，运用一切主观、能动的积极因素，做到事务所的良性发展，健康壮大。在行业业务操作中，也要注重提高国内会计师的综合能力，在外派会计师进行国际业务处理时，加强其学习和实践意识，提高会计师的综合素质。最后，为避免人才的流失，增强会计师事务所内部的凝聚力和向心力，公司或者事务所可与从业人员签订具有法律效力的长期劳动合同，将集体荣誉与个人得失绑在一起，提高事务所的稳定性和竞争力。

注：本文数据来源，采用了中国注册会计师协会“2015、2016年度会计师事务所全国前百家信息”“2016年年报审计快报”《中国注册会计师行业发展报告2014》及Bloomberg BNA发布的“Accounting-Today-2016-Top-100-Firms”；pwc Grobal发布的“Global Annual Review 2016”。

参考文献

[1] 谭燕 . 我国会计师事务所规模化研究 [M]. 北京：中国财政经济出版社，2005.

[2] 赵维丝 . 北京内资会计师事务所行业发展状况研究 [D]. 首都经贸大学，2011.

[3] 史圣琨 . 注册会计师事务所核心竞争力评价研究——基于北京地区会计师事务所的调查 [D]. 首都经贸大学，2016.

[4] 崔也光 . 面对“北京 CBD”——会计鉴证服务之走向 [M]. 北京：经济管理出版社，2003.

[5] 中国注册会计师协会 . 中国注册会计师行业发展规划（2016–2020 年）[Z]..2016.

[6] 北京注册会计师协会 . 北京注册会计师行业发展规划（2016–2020 年）[Z].2016.

[7] 财政部 . 中国注册会计师协会关于推动会计师事务所做大做强的若干意见 [Z].2011.

[8] 梅丹、高强 . 独立性与行业专长对客户会计稳健性的影响 [J]. 审计研究 .2016（6）：36–38.

[9] 王芸，陈其圣 . 会计师事务所智力资本对收入的影响研究 [J]. 财会通讯，2013（30）：40–42.

[10] 唐丽华 . 我国会计服务业的发展问题研究 [J]. 中国乡镇企业会计，2012（4）：232–233.

[11] 戴琳，肖春，王秀梅 . 我国会计服务业发展中存在问题的研究 [J]. 中小企业管理与科技，2010（11）：90.

[12] 房巧玲，张廷廷 . 会计师事务所合并的经济后果研究综述 [J]. 财会月刊 .2011（4）：35–37.

[13] 蒋尧明，赖妍 . 会计师事务所合并的文化冲突及整合研究 [J]. 会计之友，2006（1）：23–25.

[14] 谢莉萍 . 事务所合并案例研究：以浙江天健为例 [J]. 财会学习，2011（11）：18–19.

[15] 李璐、万怡、杨敬静 . 事务所转制、审计师声誉与 IPO 市场反应——基于审计需求方视角 [J]. 审计与经济研究，2017（5）：21–23.

[16] 程用文 . 中小会计师事务所发展问题研究 [J]. 经济科学，2009（7）：41–42.

[17] 袁文华，霍红 . 中小会计师事务所发展现状及应对措施 [J]. 财会通讯，2008（2）：50–51.

[18] 徐兵 . 我国注册会计师行业发展的相关问题分析及建议 [J]. 科技经济市场，2014（10）：103–110.

[19] 路军伟，石昕，张珂 . 大所是审计质量高还是政策敏感性强——基于信息披露编报规

则变迁的自然实验 [J]. 审计与经济研究，2016（6）：16–18.
[20] 张红琴 . 北京地区中小会计师事务所运营效率分析 [J]. 会计之友，2012（15）：37–38.
[21] 左锐，陈丽丽 . 会计师事务所特征与审计收入研究——基于我国百强事务所的实证分析 [J]. 商业会计，2016（17）：30–32.

北京市青少年教育培训机构的商业模式研究

北方工业大学：张夏儒　孙　萌　王培根　全意楷　贺文清

指导教师：付艳荣　讲师

摘　要：本文按照运营规律的不同把北京市青少年教育培训机构分为英语培训机构、素质教育机构和课业辅导机构3类进行研究，通过按照魏、朱定义的商业模式理论对这些教育培训机构进行问卷调查，并运用学员家长对这些培训机构的满意度评价调查，从中发现这些培训机构在商业模式中存在的定位同质、运营系统不完善、盈利来源单一等问题，提出了挖掘消费者新需要、增加特色增值服务、完善培训系统、拓展盈利渠道等对策，并对这3类培训机构商业模式的差异性进行比较分析。

关键词：北京市青少年教育培训机构；商业模式；线上线下；盈利模式

1. 北京市青少年教育培训机构的现状

改革开放以来，适应外部环境的不断变化，国家对教育制度也进行了多次改革，更加体现了对青少年的适合个性特点的全面、自由和长远的发展。

全球化的推进，我国对外交流的扩大，使得人们对英语学习的需求激增，家长们普遍都非常重视孩子外语的学习，尤其是英语的学习；素质教育着眼于受教育者及社会长远发展的要求，以注重培养受教育者的态度、能力、素养，促进他们在德智体等方面生动、活泼、主动地发展为基本特征的教育；适应社会对教育学历的要求提高，家长十分关注学生的学业和考试成绩。基于以上的社会需求，但由于我国正规公办学校的场地、师资等资源有限，不能完全提供符合家长期望的教育服务，而且公办学校的大班上课，更多地照顾平均学生的水平，对后进同学、超前同学、特质学生都不能做到因材施教，因此，各种类型的民办或公办的课外教育培训机构应运而生，承担起取长补短、查漏补缺的作用。

初期，教育培训市场由于竞争对手较少，且市场容量够大，很多教育培训机构获利不菲。但是随着不断涌入的教育培训机构增多，竞争也更加激烈，教育培训市场由最初的“生产导向阶段”转变成了“市场导向阶段”，生源变得不稳定，北京许多教育培训机构因为经营不善而纷纷陷入困境，跑路的机构投资人不断出现。以往，都是知名度不高的、规模不大的中小型的培训机构涉及倒闭或跑路，但近两年，许多明星公司、新三板公司、知名老牌教育机构也相继被曝出跑路事件。2016 年 5 月，知名教育培训机构聚智堂资金链断裂，董事长卷款而逃；10 月，新三板挂牌公司环球拓业主要负责人失联，涉案资金超 2000 万元。从聚智堂、环球美联、星空琴行，到巨人时代，越来越多的教育机构面临资金链断裂问题，最终只能破产清算，甚至直接跑路。这些并不是个例，而是教育培训机构面临的普遍问题。涉事培训机构的领域也涉及甚广，比如中小学辅导、英语培训、职业培训、艺术培训等。回顾过往教育培训机构关门、倒闭、跑路事件，无不折射出教育培训行业竞争加剧，盲目扩张导致资金链断裂，市场品质参差不齐的现状。教育培训的进入门槛不高，在激烈的市场竞争下，同质化的商业模式或者商业模式设计的不成熟是其经营失败的一个主要原因。2015 年，星空琴行开始探索跨品类和平台化，战略升级为“星空创联”，并推出六艺学馆、星空炫舞、蓝姐姐、美丽直达等品牌，授课范围几乎涵盖了市面上主流的艺术培训，还搭建儿童电商平台，建立专注于妈妈健康美丽的服务平台。其创始人周楷程认为，“跨品类是出于对一个孩子多次消费行为的考虑。”公司虽然搭上了“互联网 +”的快车，但是商业生态系统搭建的节奏太快导致资金紧张难以为继。因此，如何实现差异化的商业模式、如何构建适合的商业模式、增强企业核心竞争力是摆在这些教育培训机构面前的问题。

2. 商业模式简介

关于商业模式，奥地利经济学家柯兹纳从市场过程的角度对企业商业模式进行了研究。柯兹纳认为企业家实质上是一种经纪人，他们不但能够感觉到机会而且能够捕捉住机会并创造利润。由于信息的分散、零碎而导致的市场交换主体的互相无知，使得市场协调成为一个问题。此时对企业商业模式的研究仍然处于启蒙阶段。蒂默尔斯（Timmers，1998、1999）是最早研究商业模式的学者之一，他的创造性工作的重要意义在于，指出商业模式是一个复杂的包含多方面内容的复合概念。Timmers 定义商业模式包含 3 个方面：一是关于产品、服务和信息流的体系结构，包括对各种商业活动参与者和他们所扮演角色的描述；二是各种商业活动参与者潜在利益的描述；三是收入来源的描述。戈尔迪（Gordijn）、阿克曼（Akkermans，2000）和范·弗利特（van Vliet，2000）认为确定商业模式是研究探讨电子商务信息系统需求工程的第一步，商业模式揭示了商业运作的实质，商业模式不是关于过程，而是关于商业活动参与者之间的价值交换。瑞士学者亚历山大·奥斯特瓦德在《商业模式新生代》一书中提出了商业模式画布理论，提出商业模式应该包括 9 个模块，各构成要素交织成一幅相互影响的图像，描述了企业如何创造价值、传递价值和获取价值的基本原理。随后，国内的学者也对商业模式概念和内涵进行了研究。清华大学雷家骕在 2000 年指出，商业模式是一个企业如何利用自身资源，在一个特定的包含物流、信息流、现金流的商业流程中，将最终商品和服务提供给客户，并回收投资、获取利润的解决方案。企业把这一系列的理念、方法，反复加工整合，从而形成自己的一套管理方法和操作系统。还有魏朱理论、李东理论等。

关于商业模式的内涵，理论界没有形成统一的权威解释，归纳起来大致可以分为 3 种观点。

盈利模式论。此种理论认为商业模式就是企业的运营模式、盈利模式。商业模式就其最基本的意义而言，是指做生意的方法，是一个公司赖以生存的模式，一种能够为企业带来收益的模式。商业模式规定了公司在价值链中的位置，并指导其如何赚钱。如，吴伯凡在《这才叫商业模式》中提出，商业模式是“做生意的方式”，包括客户价值主张、资源和生产过程、盈利模式 3 个要素。

价值创造模式论。此类理论认为商业模式就是企业创造价值的模式，商业模式是企业创新的焦点和企业为自己、供应商、合作伙伴及客户创造价值的决定性来源。认为商业模式是一个通过一系列业务过程创造价值的商务系统。此类理论认为商业模式是企业为了进行价值创造、价值营销和价值提供所形成的企业结构及其合作伙伴网络，以产生有利可图且得以维持收益流的客户关系资本。如，刘长江在《重新定义商业模式》中认为，商业模式是一个以创造利润及为客户、员工、合作伙伴、股东提供的价值为基础形成的企业竞争力与持续发展力，包括闭环设计、参与感、共赢互利生态圈、精准用户、满足用户需求 5 大关键要素。

体系论。此类理论认为商业模式是一个由很多因素构成的系统，是一个体系或集合；商业模式是对企业至关重要的 3 种流量—— 价值流、收益流和物流的唯一混合体。认为商业模式是开办一项有利可图的业务所涉及流程、客户、供应商、渠道、资源和能力的总体构造。如魏炜和朱武祥在《发现商业模式》一书中指出，商业模式本质上就是利益相关者的交易结构，商业模式包含的要素有定位、业务系统、关键资源能力、盈利模式、自由现金流结构、企业价值等。

本文作者认为魏炜与朱武祥教授的商业模式概念相对而言较为全面，且概念从企业的业务系统建成到发展，然后到企业的运作方式，再到投资者最关心的盈利问题，最后到企业的整个构成价值，较为全面地囊括了企业发展设计的整个过程，严谨程度相对较高。基于上述原因，本文以魏炜与朱武祥教授的商业模式构成要素来研究教育培训机构的商业模式。

本文对青少年教育培训机构的商业模式的研究，将研究对象按照素质教育培训、英语培训、课外学科辅导 3 种类型分别进行深入研究，主要原因是：对于不同科目的教育培训机构，从科目教学规律来看，业务系统和关键资源能力都有所不同。如，线上教育形式对英语培训的冲击较为激烈，而对于素质教育培训机构的冲击较小；不同类型的教育培训机构，教学管理的方式也不相同。因此，细分青少年教育培训类型，使得对商业模式的研究更有针对性，也更加科学。

3. 对北京市青少年培训机构的商业模式研究的调研分析

前期广泛搜集并梳理国内外关于商业模式的内涵和结构，青少年英语、素质教育和课外辅导班等培训机构的商业模式以及存在的问题，顾客满意度等方面的理论文献，为本文研究奠定理论基础。

中期根据文献，编制了两份调查问卷。

第一份调查问卷是针对教育培训机构主要负责人或知情人的调查，主要调查内容是关于自身商业模式相关要素的认知和实践中的做法。对培训机构的调查分为 3 个部分，第一部分为个人基本信息，主要是所属培训机构的名字及被调查者在所属培训机构的职位；第二部分为培训机构商业模式的各个因素，包括企业的定位、业务系统、关键资源能力以及盈利模式方面做出较为详尽的调查，其中涉及培训机构如何选择目标客户和目标市场、为顾客提供的价值、合作伙伴、人员构成、培训机构收入和支出等问题；第三部分为被调查对象所属培训机构的业务流程、竞争优势以及对自身培训机构的建议或愿景。

第二份调查问卷，是对学生家长的调研，因为青少年培训结构的决策者是家长，主要调查学生家长对孩子正在接受的培训有什么评价、存在什么不满以及对教育培训机构的未来期望。

通过两者的对比，从中发现教育培训机构提供的价值服务和消费者需求价值满足之间是否存在差异，差异表现在什么方面。

培训机构调查问卷通过实地发放问卷并回收的方式收发问卷，并结合访谈法；消费者调查问卷通过现场填写问卷、转发问卷星问卷的方式收发问卷。

在调查对象上，因为教育培训机构比较特殊，它们虽然在工商注册，但不是企业，而且很多产品名字和公司名称不一致，在企业名录中很难查找；虽然政府要求其在教委备案，但实际上很多机构都没有备案，而且也没有纳入教育系统统计数据，因此这些民办教育培训机构名录以及相关的正规统计数据很难取得。鉴于此，我们主要从北京市青少年教育培训机构的知名度上来进行样本选择。比如：对课外课程辅导的调查对象包括学大教育、巨人教育、新东方教育、学而思培优、高思、掌门 1 对 1、优胜、京翰、精锐、昂立等前 10 大培训机构。对英语培训机构的调查对象包括环球雅思、华尔街英语、瑞思英语、爱华英语、泡泡青少年英语等。对素质教育培训机构的调查对象包括：缤纷鸟教育、名师赋教育和安博教育等，包含书法、美术、音乐、演讲、情商、棋艺等方面。

表 1　　培训机构调查对象名录

教育机构类型	英语类	素质类	课业辅导机构
	环球雅思 迈格森国际教育 华尔街英语 瑞思英语 杰瑞英语 ABC 外语培训 贝乐学科英语 戴尔国际少儿英语 泡泡少儿教育 典范英语 51Talk	缤纷鸟教育 星城街舞 安博教育 名师赋教育 思想谷少儿学习力教育 红缨教育 美吉姆国际儿童教育中心 乐高教育	学而思培优 新东方教育 巨人教育 学大教育 龙文教育 优胜教育 中公教育 高思教育 掌门 1 对 1 京翰教育 精锐教育 昂立教育

因为北京市青少年教育培训机构很多，所以本文选择影响力和知名度比较高的前 10 名培训机构，由于总校和分校的政策一致性，因此，本调查主要围绕着石景山区附近的培训分支机构进行。

对家长的调查，主要是通过询问在这些培训机构等待接孩子的家长，以及其他各种家长微信群获得的信息。消费者对英语教育培训机构、对素质教育培训机构、对课外学业辅导培训机构的调查问卷数如表 2 所示。

表 2　　对各培训机构家长的调查情况

教育机构类型	对家长的调查问卷份数
英语类	43
素质类	60
课业辅导机构	42

4. 对北京市青少年英语培训机构的商业模式的调研分析

4.1　对北京市青少年英语培训机构的商业模式的问题分析

4.1.1　价值定位问题

定位是构建商业模式的起点。定位决定了哪些机会应该抓住，哪些应该放弃，帮助企业准确识别和确定企业的目标客户，从而识别出在所有可提供的产品或服务中，应该将哪一种作为重点，满足细分客户的方式是什么，这些方式界定了谁是企业的合作伙伴。

根据对这些教育培训机构的调查问卷结果可得出：50% 的英语教育培训机构定位在学员通过学习能提高英语应试能力，比如，新东方；37.5% 的英语培训机构定位在学员通过学习能提高英语听、说、读、写、应用能力，如，爱华英语；12.5% 的英语教育培训机构定位在学员通过学习不仅提高英语听、说、读、写的技能，更偏重于能够开拓受教育者的国际化视野，如瑞思英语、贝乐英语，采用的是美国学生的学习教材。

由此可看出英语培训机构大部分还只是停留在提高英语应试能力的阶段，这符合大部分家长对孩子英语学习是为了升学的期望。但是，从英语学习的效果来看，业内专家认为，英语学习像母语学习一样，也是一种自然语言的习得过程，家长为孩子选择一家提供类母语学习环境的英语学习机构尤为重要。因此如何进行市场定位，从而进行市场细分，建立与之匹配的业务系统，是企业在进行商业模式规划时的首要任务。

4.1.2　业务系统问题

（1）营销渠道错位导致营销效果差

调查问卷的结果显示，家长在选择培训机构的渠道时，朋友介绍占 61.05%，远远超过媒体宣传的21%，这说明家长更相信口碑传播，所以现有客户的消费体验对潜在消费者的影响力最大。而相当大部分的教育培训机构仍然大部分采用传统的媒体宣传方式，如广告宣传、平面广告、网络广告、电话营销、在学校发宣传单、试听、老带新有优惠等一些促销手段，吸引家长。据对家长的问卷调查结果显示，超过50%的家长并不相信广告真实性，家长更相信口碑，所以在学校发宣传单的效果不好。英语培训机构的营销策略应该更着重在如何提高口碑、树立品牌方面。

（2）线上教学冲击导致线下客户资源流失

随着信息技术的不断发展，在线教育逐渐成为教育培训产业的一股潮流，如51talk、VIPabc、阿卡索外教网、洛基英语等。线上教育培训机构的出现确实分流了一些线下培训机构的生源，一些原来的线下传统教育培训机构直言近几年生源的流失率不断提高。

相比于传统的教育培训必须使用大量的教室，线上教育不受物理空间限制，这将大幅节约出租成本；学员在家就能学习，减少了奔波之苦；在线教育平台上的课程均可重复播放，学员可重复学习；家长无须支付高昂的学费就能获取培训课程。这些便利和优势是线下教育比不了的。但是线上教育有一些不足：在没有人监督下，学生集中注意力相对较难，学员学习的自觉性不够的话会影响学习效果，教师不能很好地考察学生的学习状况。

因此在一些方面，在线教育还是无法完全替代传统教育的，更多的培训机构在逐步实现线下教育和线上教育的结合。如新东方、学而思等。我们通过问卷调查发现，有29.17%的家长认为网络授课节约时间，降低费用，还有33.33%的学生家长认为网络授课形式灵活，多样化教学资源，而且可以反复听课。也就是说，半数以上的家长赞同线上教育的优点，但也有一些家长赞同线下教育。线上线下如何融合有待于进一步完善。

（3）培训机构的反馈不足导致家长的满意度低

培训机构影响客户体验的流程主要包含：客户体验流程（包含销售流程）；学员上课及课后反馈流程；家校互动环节的执行及反馈内容的质量；学习效果的体现及可视化评估。在对家长的调查问卷中有近60%的家长对教学效果反馈环节不太满意。大部分现有教育培训机构有对学员反馈这一环节的，比如，作业情况，期中期末考试情况，都会给家长反馈，但这种学习效果评价因为缺少权威评价性（有些培训机构期末英语考试出题容易使学生学习成绩表现好，虽然最后家长学校皆大欢喜，但实际上学生的收益不大），而不能让家长信服，而且一些家长认为教育培训机构为了长久留住学员，不会给学员很低的评分，因此自己家的孩子学习效果究竟如何要打问号。对于定位提高听说读写能力的学员以及扩展国际化思维的英语培训机构来说，这种情况表现得更明显。

4.1.3 关键资源问题

对于培训机构来说，其关键资源主要是师资力量，培训理念以及培训课程体系。

通过对培训机构任职人员的调查研究，发现 62.5% 的教育培训机构承认存在教职工因待遇未达期望而流失严重的情况，教育机构之间相互挖人的现象也很普遍。民办教育培训机构中的教师相对自由，流动频繁；薪酬待遇普遍较低，缺少专业化发展机会，没有职称作为晋升动力，工作量持续繁重导致培训机构的教师流动性很大。这种情况在知名度不高的培训机构中存在较多。现有资料表明，多数学员家长认为教师人员的流动将影响孩子的培训效果，且近乎全数的家长将师资力量看作选择培训机构时的第一要素。

但是应该看到，先进的培训理念以及优秀的培训课程体系和教材建设，也是影响家长选择的重要因素。一些培训机构没有重视培训课程体系的建设，完全依靠教师个人的能力，没有形成集体备课的合力，就会导致师资力量参差不齐，这是一个战术的失误。

4.1.4 盈利模式问题

盈利模式是企业通过自身以及相关利益者资源的整合并形成的一种实现价值创造、价值获取、利益分配的组织机制及商业架构。通常可划分为企业的收入结构、成本结构以及相应的目标利润。通过调查问卷和走访调查发现，大多数的英语培训机构的收入结构单一，学费或加盟费（部分培训机构都是直营店没有加盟费）几乎是所有英语培训机构的唯一收入，其他的如考试手续代理费、教材及参考书的销售、相关商家广告费用只占很少的比例。支出成本最多的 3 项是：租金、人力成本、宣传营销（公关）费。单一的收入来源和高昂的固定成本将会导致企业未来面临的风险大大增加，当市场价格出现波动时，需要依靠降低价格来取胜时，机构的盈利会大大下降。

4.2 对北京市青少年英语培训机构的商业模式的改进建议

4.2.1 课程精品化和差异化

调查发现，英语培训机构使用的教材分为两类：直接采用国外英语学习教材；

自创自编教材。

采用的国外英语学习教材，因为经过权威验证具有较好的科学性，家长也比较认可；自创自编教材，因为有自己的研发团队和研发专利，可能对中国学生更有针对性，比如，睿丁英语的记忆单词方法，但是科学性和权威性有待检验，获取权威认证是最好的出路。

另外，从教学方式上来看，对于青少年而言，不同阶段的孩子英语学习的能力也是不同的，如 6 ~ 12 岁、12 ~ 19 岁是两个不同的阶段，前一个阶段就是以趣味促学习，边学边玩，学习原汁原味的英语，建立英语学习思维比较好；后一个阶段要以逻辑思维为主，以背单词、阅读理解和作文为主。因此，培训机构应针对目标顾客群体，根据不同年龄段的孩子英语学习能力的不同，制定不同的特色化课程，彰显课程优势。

另一方面，探索产品开发策略，不断推陈出新，以高品质的特色培训产品回馈客户。要实现课程精品化，摆脱对个别优质教师的依赖，必须进行课程的整体标准化设计，集思广益，从教材到教法形成一个体系，转化为培训机构的专利，这样就不会因为一个教师的离职而对机构造成重大影响。

4.2.2 口碑营销改善营销效果

国内消费者具有一定的消费趋同性，且从众心理和攀比心理较突出，家长都希望孩子受到高质量的教育和辅导。对于教育服务这样的体验性要求比较高的产品，家长不是直接的受教育者，难以产生直观的判断和辨别，所以口碑成为家长为孩子选择英语培训机构的重要依据。对培训机构来说，口碑营销自身投资少、效果好、传播力量强大的特点使它更易被企业所接受。所以，教育培训机构如何加强口碑营销是非常重要的。比如，可以多向家长宣传自己独特的教学理念、新颖的教学方式、榜样学员的优秀成果，用家长身边的事儿教育家长更有成效。

4.2.3 线上线下教育的融合

英语培训机构，因为是语言习得，不是靠动作传承，所以从效率来看，网络授课会越来越受欢迎。所以，总的趋势是采用线上线下融合的方式，推广互联网教育。加大投入是指教育机构决定投入开展在线教育业务，建设一流在线平台，提供高品质在线教育产品。创新产品是指整合教育机构多年的中小学课外辅导优质课程，结合互联网的特色提供具有本教育机构特色，满足互联网用户的特色教育产品。

4.2.4 健全培训机构的反馈机制

为学员及家长提供一套标准化、高质量的教学服务体系，从而为顾客满意度的提升、企业的标准化运作以及企业长期赖以生存的客户口碑起到重要的作用。有条件的培训机构可以设立专门的售后服务部，增加反馈专线或通过网络留言等方式，充分了解学员及家长不满之处，并及时做出沟通交流，维护好客户关系。

针对培训机构教学效果反馈缺少权威性的问题，教育培训机构可以聘请权威的英语教育培训专家，或者与国外同年龄段孩子的考试试题进行对比的方式，增强教学效果反馈的科学性。

4.2.5 优化教师资源

在教育培训机构，教师虽然都是通过市场选拔的优秀教师，但是仍然存在参差不齐的情况，需要培训。在培训教师的同时，也要对其教学理念和教学方法进行指导。而培训方式可以增加师徒制，将资历高的“名师课堂”向新进教师开放，供其观摩学习。

提高教师薪酬待遇，一定要认识到教师薪酬是留住教师的基本需求，如果机构资金有限，可以用股权留着核心教师员工。

4.2.6 创新盈利模式

盈利来源单一往往会导致面临竞争时利润的枯竭，现有的英语教育培训机构的收入来源渠道应该扩张。

针对问题“若教育培训机构开展心理辅导、教育规划等特色服务，您是否更乐于选择该机构？”调查显示，赞同教育培训机构免费开展心理辅导、教育规划等特色服务的家长占 42.11%，认为收费合适也愿意选择的占 55.79%，而认为没有很大吸引力的占 16.84%。这表明大多数家长倾向于开设心理辅导、教育规划等特色服务，适当收费也是可以接受的。所以，增加针对家长的教育，比如，如何教育孩子学习英语，如何给孩子规划未来等特色或增值服务，可以增加家长的忠诚度。

拓宽盈利渠道，如广告商的加盟，在网课中通过适当的广告植入增加盈利；增加品牌衍生产品，如设计品牌吉祥物玩具、学具等；出版并销售教材或课外读物等。

在降低成本方面，一般培训机构的成本主要由教育产品研发成本、市场推广成本、租金成本和人力成本组成，如果网课的比例扩大，那么可以极大地降低实体店租金成本。在教育产品的研发上充分利用已有的面授教育产品，最大限度地使用这些已有产品；创新产品时尽可能地与现有产品形成前后连续。在推广时，充分利用现有的销售网络，形成线上和线下的同步推进。

5. 对北京市青少年素质教育培训机构的商业模式研究

5.1 对北京市青少年素质教育培训机构的商业模式的问题分析

结合商业模式的构成要素，根据对培训机构和消费者的问卷调查结果进行分析结果如下。

5.1.1 价值定位问题

从与这些素质教育机构的访谈以及相关的二手资料可以看出，素质教育培训机构分为两种：一种是培养孩子对音乐、美术、体育等的爱好和兴趣，是硬能力或者技能型培训；一种是针对孩子的情商、表达能力、沟通能力、团队合作能力以及逻辑思维能力的培养和提高，是软能力培训。在所调查的素质教育培训机构中，80% 的机构定位在第 1 种；仅有 2 所（20%）素质教育机构定位在第 2 种。

之所以 80% 的素质教育培训机构着重在硬能力培训上，主要原因是这些教育培训机构表面上是素质教育，实际上也是为了在应试教育中争取更多的素质加分，学生需求大，相对培训机构的生存空间就大一些。而对孩子人生成长同样重要的情商、思维训练课程相对来说，市场需求小，所以相对生存空间就比较小。

从教育发展的规律来看，一个孩子只有具有良好的学习习惯和学习态度，学习能力才能提高得更快；只有具有良好的情商、表达、沟通能力、逻辑思维能力，才能有更好的社会适应性。随着家长对孩子教育本质认识的提升和对家长的教育，着眼于孩子长远发展的素质教育领域的第 2 种产品定位应该有很大的空间，有待拓展。

5.1.2 业务系统问题

（1）营销策略效率不高

通过对教育培训机构的调研可以看出，大部分的素质教育培训机构主要的营销方式是去家长和孩子流量较大的场所发送广告宣传、平面广告，或者采用网络广告、电话营销、老生带新生的优惠等方式。其中，借助互联网普及的网络广告在培训机构推广中所占的成本比例最大，广告效果也最好，起到了广而告之的作用。

但是从对家长的调查看出，家长作为消费者选择素质培训机构时，更相信“朋友的介绍”（高达61%），其次是媒体宣传（36%），其他方式的比例都比较低。

显然，机构的营销方式和家长的接受方式存在错位，家长更相信口碑传播，而机构没有把更多的资金和精力放在口碑传播上。

（2）运营模式没有很好地利用信息技术

大多数的素质教育培训机构都是采用线下的，面对面的教育培训。因为艺术素质作为一种技艺，不能靠言传而要靠身教，这是其特殊性决定的，所以面对面的辅导效果比较好，单纯的线上观看视频，学习效果和学习效率都稍微逊色，所以不适合线上教育的形式。

但这并不意味着就不要线上服务。从对家长的调查发现，同意培训机构推出线上App或者公众号以了解孩子学习情况的家长占60%，认为便于支付费用以及了解开班情况的占35.79%，希望推送一些先进的育儿理念和育儿产品的占38.95%；不同意开设App或者公众号，反感推送信息，会给自己带来骚扰的占12.63%。这说明大多数家长同意教育培训机构推出线上App或者公众号，以助于他们掌握更多的信息。

显然，线上线下结合是家长希望的培训方式。

（3）培训效果评估缺少权威性验证

按照培训理论要求，一般的对学员的培训都是这样的流程：学员目前状况的评估—确定班级层次—上课学习—期末作业或期末考试，但是必须看到，大部分素质教育培训机构是缺少第一个和最后一个环节的。即使整个培训环节是完整的，第一个和最后一个环节也就是走走过场。缺少这两个环节是培训者为了达到吸引生源、留住生源的目的，但是对学员来说却损害了自己的利益。缺少“对学员目前状况的评估”相当于缺少培训需求反馈，没有对学员基本情况的了解，无法对培训需求做出分析，后续的培训就缺少针对性，培训效果就打折扣；缺少“期末考试”或者叫“成果会演”这一环节，学员的学习效果就很难检验出来，家长还以为学员进步很大，继续投资学习。

从家长的反馈也可以看出来，这两点也是家长不满意的地方。

5.1.3 盈利模式

素质教育培训机构目前的主要盈利来源中，学费和加盟费（部分培训机构都是直营店没有加盟费）的比重占据95%，学习用品的销售收入以及组织比赛的其他收入仅占据5%。收入来源的单一性导致一旦生源减少，培训机构就面临破产的危险。同时，在成本支出中，房租支出平均水平大概在40%左右（房租高低依据地域不同，越靠近城区房租越高），培训教师的人工成本平均水平大概在50%左右（依据教师水平和教师职称有差异），显然在成本支出中，固定支出占不小的比例。因此拓展收入来源、降低固定成本是教育培训机构规避风险的重要措施。

5.2 对北京市青少年素质教育培训机构的商业模式的改进建议

5.2.1 通过宣传和口碑建立自己的产品优势

通过前面的分析可以看出，从宣传手段上，家长更看重口碑。因此，教育培训机构应该在口碑上多下功夫。比如，聘请有实力、有个人品牌的教师增强可信度；定期了解学员的需要，不断满足和改善，提供服务的口碑；培训机构选择的代言人不用明星，而是选择名师或者培训效果明显的学员，通过他们的名片效应让家长更加信服。

5.2.2 提供增值服务，拓展收入渠道

为了规避盈利模式单一的风险，素质教育培训机构可以在学费收入以外拓展更多的盈利途径。其中一个途径是增加增值服务。面对问题“若教育培训机构开展心理辅导、教育规划等特色服务，您是否更乐于选择该机构？”调查发现，赞同教育培训机构免费开展心理辅导、教育规划、升学推荐等特色服务的家长占42.11%，认为收费合适也愿意选择的占55.79%，而认为没有很大吸引力的占16.84%。这表明大多数家长倾向于开设心理辅导、教育规划等特色服务，适当收费也是可以接受的。具体的操作上，可以让家长在等待孩子下课的时间里，或是单独利用家长周末的时间，组织企业内或应聘企业外了解素质教育的心理专家进行心理课程设计和执教，开设家长教育心理班，传播素质教育的核心，企业可以根据投入的成本高低选择免费或适当收费。同时这种做法能降低一定的宣传费用，为企业在宣传方面节省开支，这样不仅拓展盈利渠道，增加了顾客黏性，还能宣传自己的品牌。

另一个途径是在公司的App或者微信公众号界面推销相关的产品或服务（比如、乐器、笔墨纸砚等），因为有培训机构教师的推荐，而且能够保证物美价廉，那么可信度更高，从而增加机构收入。但是这种方法具有两面性，如果这种做法让家长认为教师推荐这个就是为了提成，而不能保证产品质量给学员带来价值，那么这种收入渠道会越来越狭窄。

针对家长的问卷显示，允许教育机构为其他产品做广告的家长占 46.32%，认为宁愿花多一些钱也拒绝隐形消费的家长占 45.26%。因此，管理者需要斟酌为其他产品做广告的行为。

5.2.3 推出线上App或者公众号扩大品牌影响力

企业管理者应尽快推出线上 App 或公众号，方便家长了解一系列有关孩子学习的信息和拓展知识，同时也有利于通过公众号的传播形成好口碑。在线上 App 和公众号的合作方选择上，企业应根据自身情况，酌情选择是否要植入广告，植入广告的方式也需要注意，避免消费者产生抵触情绪。

5.2.4 完善培训流程

增加或强化对学员的培训前需求分析以及最后阶段的培训效果评估环节。建立一套标准完善的需求分析检测系统，真实地了解学员的状况，比如，有没有学习某种乐器的天赋，是作为孩子的一个爱好，还是未来的职业选择，并如实告知家长对该学员的培训方案，这样可以增强家长的信任感；每学期的培训结束，都要落实好培训效果评估环节，一方面给家长一个交代，另一方面也是对教师教育效果的一个评价，并针对学员的发展提出中肯的建议，本着对家长和学员负责的态度，也有利于增加家长的信任感。

6. 对北京市青少年课业辅导培训机构的商业模式研究的调研分析

6.1 基于北京市青少年课业辅导培训机构问卷结果的问题分析

6.1.1 价值定位问题

大多数的课外辅导机构认为提高孩子的成绩能够吸引消费者，但从家长的角度来看，随着教育理念的更新，以及教育政策的引导，部分家长对升学应试的需求已经逐渐降低。调查显示，88.9% 的培训机构从应试教育的社会环境方面定位，主要目标是提高学员的学习成绩，而被调查的消费者中只有 37.89% 的家长选择了学业辅导类培训机构。由于调查问卷的样本有限，可能家长们对应试教育的理念改变没有这么迅速，但这也反映出一种趋势：适应应试教育的课外辅导机构可能会面临部分生源的流失。

6.1.2 营销模式问题

对培训机构的调查问卷显示，机构获取生源的途径 66.7% 是口碑传播，66.7% 是广告宣传（网络广告和软文），也就是课外培训机构获取新生源的主要途径是广告宣传、老生介绍新生。而对于家长的调查问卷显示，了解培训机构有 61.05% 的是通过朋友介绍，35.79% 的媒体宣传。

从对比的数据可以看出来，家长更关注口碑，所以培训机构应该把更多的资源投入到如何做好口碑上，依靠口碑的宣传效果和效率的性价比要比广告好。

6.1.3 运营模式问题

通过调查发现，这 10 大课外辅导机构中，都有“1 对 1”课程；京翰只有“1 对 1”，没有网课与班课；精锐没有网课；掌门 1 对 1 和优胜则是没有班课。

“1 对 1”适应高端用户，收费高，个性化辅导效果好；班课和网课适应中低端用户，收费低，效果因人而异。网课可以减少学员奔波之苦，可随时学习、随时复习，但是对上课工具（网速、电脑的软硬件）的要求比较严格，如果学员自觉性不够，不去点击学习，效果比较差，适合自觉性高的学员；班课学习有氛围，学员可以相互监督，教师和学员有互动，对自觉性不够的学员比较适合，但是收费要高，不能重复学习。所以，这 3 种授课形式能够较全面地涵盖所有学员的需求。如果缺少任何一种形式，可能就会流失部分学员。

为了留住生源，增强顾客的黏性，88.9% 的培训机构是通过后续课程提供优惠及教学质量的提升达到的，而 75.79% 的消费者看重师资力量，71.58% 的消费者看重教学环境。对于培训机构侧重于教学质量提升来留住生源，但是却忽略了教学环境的提升，比如消费者问卷中“上课时如果有孩子捣乱教师会不会管理”这个问题竟然有高达 58.95% 的家长反映教师管理的收效甚微（因为教师担心孩子反感批评而不在培训机构继续交费学习）。

6.1.4 关键资源问题

在家长的调查问卷中，根据“选择一家培训机构时最看重的要素”这一问题的答案，按照排名顺序在前 3 名的分别是：师资力量强（75.79%）、口碑好（71.58%）、良好的学习环境（55.79%）。然而对培训机构的调查中，仅有 66.7% 的机构认为师资力量很重要，88.9% 的机构认为教学方法新颖能吸引孩子学习。部分培训机构认为，只要有自己的教研方法和教材，一般教师培养培养都能胜任，而不一定非要名师来撑场面。

显然，家长和培训机构之间的认知存在偏差，这种偏差存在说明家长的一些需要没有被满足，需要培训机构进行引导和教育。

6.1.5 盈利模式问题

据我们对机构的数据调查，青少年课外辅导机构的收入来源主要是学费和加盟费（部分教育机构没有加盟店只有直营店），其中学费（通常都包括教材和参考书）、加盟费收入占比约在98%。部分机构还有少量的考试手续代理费。

在培训机构支出方面，不同培训机构各异，有的机构有较大的研发费用，有的研发费用较小，但整体来看，比例比较大的支出是员工工资和管理费用、房租、宣传营销支出和研发费用。

上述调查数据显示，由于教育培训机构收入来源相对较为单一，而固定费用支出占比比较大，抗风险相对较弱。

6.2 针对北京市青少年课外辅导机构商业模式创新的对策

6.2.1 价值定位的转型

培训机构的定位未来如果在应试教育、辅导功课的客户需求上，不仅竞争激烈，而且未来有生源下滑的危险，所以必须从没有被满足的价值着手。

有两种途径：第1种是转型，转型到素质教育领域。因为家长对孩子的教育要求不仅仅是会考试，更重要的是良好情商、态度、习惯的培养。第2种是坚持在课外辅导领域，但是和过去的课外辅导注重考试不同，要从应用着手，培养孩子的学习兴趣，不是通过题海战术训练思维。比如，在数学学习过程中，数学题应该从生活和学习中通过鲜活的例子让孩子体会到数学的美和数学的价值。这虽然是和应试教育方式不同，但是从激发孩子的兴趣出发的教学，有实验证明反而更加有效地促进孩子的思维训练和考试成绩。

6.2.2 业务运营系统精细化

（1）营销规划

根据对家长的调查数据显示，朋友宣传和媒体宣传的有效度较高，因此培训机构应该是在媒体宣传扩大知名度以后，要把重心放在把业务做精、做细、创口碑上。

（2）客户服务管理

对于学生来说，培养他们良好的学习态度和学习习惯更加重要。一般情况下，学生和培训班教师的关系比较融洽，这样融洽的师生关系可以促进学生学习，因此，在教学或辅导过程中，教师应对学生严格要求，加强教学管理，对于个别情况较为恶劣的学员予以警示或者开除处分，而不是一味地对学生迁就忍让，这样才能让大多数家长认可。

6.2.3 增强关键资源能力

业务系统决定了企业所要进行的活动，而要完成这些活动，企业需要掌握和使用一整套复杂的有形和无形资产、技术和能力，我们称之为“关键资源能力”。

通过对家长的调研发现，培训机构若想进一步迎合市场需求，针对更多的是学生接受课业辅导的目的，要么是需要学习超前，要么是学习落后需要补习，所以面对枯燥的课业辅导，培训机构应逐步用教学方法的新颖为重点激发学生的学习兴趣，依此提高教学质量。

所以，课程教法的创新，除了集体研发，培训机构中有一些经验丰富的教学名师也是非常重要的。名师效应对于家长来说，还是很有吸引力的。但是名师未必是从外部聘请的，也可以是机构自己培养的，内部培养不仅成本低，而且员工教师的忠诚度也会提高。为了留着这些优秀的教师骨干，培训机构要给予充分的激励，除了高薪酬，还可以给予股权激励。

6.2.4 扩展盈利渠道

盈利模式是指企业如何获得收入、分配成本、赚取利润。盈利模式可以从拓展收入渠道、降低成本的角度来考虑。

（1）拓展收入来源

目前北京市青少年课外辅导机构的收入来源仍然较为单一，因此可以通过增加其他收入来实现机构的盈利，包括考试手续代理费、推荐参考书的销售、相关厂家广告费用、加盟费和咨询费等。

（2）降低固定成本，实现轻资产

通过对机构管理者的调研显示，100% 的人认为可以通过加强管理提高效率来降低成本；67% 的人认为可以通过调整内部员工薪酬结构降低经营成本；33% 的人认为借内部员工及学员宣传减少广告成本，比如，通过公众号的传播制造口碑传播；22% 的人认为部分非核心业务外包可以降低成本。所以，如何实现轻资产是主要的改进方向。

7. 三种类型培训机构商业模式重建的对比分析

之所以要对 3 种类型的培训机构的商业模式进行对比分析，主要是提醒，在不同类型的商业模式的借鉴方面，要注意差异性，从而有针对性的改进，而不能全盘照搬。

7.1　3 种类型培训机构的商业模式重建面临的共同问题

一是定位问题。一方面，北京市青少年教育培训机构在现有的定位上并没有真正了解消费者需求，从而其价值定位与消费者需求之间是不匹配的。另一方面，教育培训机构可以进行转型，寻找新的价值定位。比如，面对更加激烈的学业竞争，让学员掌握知识不如让学员掌握方法，因此，思维和方法类、创新方法类的培训是一个市场空缺。现有的一些培训机构，可以结合自己的优势，实现新的市场价值定位。目前，有教授记忆方法的、阅读技巧的培训机构已经产生。

二是关键资源问题。根据对 3 种教育培训机构以及消费者的调查结果来看，北京市青少年教育培训机构的关键资源能力在于保证教育质量的课程设计和师资水平。课程设计，不仅取决于教育理念是否先进，而且取决于课程的研发能力。这种研发能力涉及课程体系的设计、课程内容的设计、课程形式的设计、教学方法的设计。师资水平不仅仅是教师道德问题，更重要的是教师能力问题。课程设计的优劣、师资水平影响了学员的接受度、兴趣保持度以及培训效果的优良，也是培训机构创立品牌的重要法宝。

三是盈利模式问题。3 种教育培训机构的收入来源均较为单一，主要来自于学员的学费收入，而缺乏其他多样化的收入来源。

7.2　3 种类型的培训机构商业模式重建方面的差异

不同类型的青少年教育培训机构，因为同为教育培训机构，是同一个行业，所以商业模式中的很多要素是共性的，但是因为不同科目的业务运行规律不同，每种培训机构的商业模式重建时是有差异的，最主要体现在价值定位、业务系统和盈利模式方面。

不同类型的教育培训机构，可以有不同的价值定位，甚至是多元化融合，比如，一些课外辅导机构在品牌建立起来以后，从专业化转变为业务全面化，既有英语培训业务，也有课外辅导业务，还有素质教育业务。只要能结合自己的竞争力和核心资源，发现被忽略的细分市场，充分满足顾客需要，那么也可以实现差异化。

对于青少年英语培训机构，可以采用线上线下的运营模式，甚至只采用线上的网络教学就可以实现较好的教学效果，但是素质教育，因为要通过身教来实现，更多的强调互动交流，所以主要是靠线下辅导比较好。

在盈利渠道的拓展方面，要根据不同类型培训机构的业务运行特点，最大程度地挖掘顾客流量价值，吸纳更多的合作伙伴，实现价值的最大化。比如，英语培训机构，可以借助外教的优势，以及和国外教育培训机构的联系，合作进行国外留学咨询或游学项目；也可以逆向思维，组织国外的学生到中国游学和交流，挣外国人的钱；也可以针对青少年教育网络，设计青少年和父母共同的亲子学习课，以家庭为单位进行捆绑销售。而这些盈利渠道，可能对素质教育和课外辅导培训机构不太可行。

因此，不同类型的培训机构不能采用一样的商业模式。

参考文献

[1] 颜炳荣 . 口碑营销 [M]. 北京：中国纺织出版社，2007.

[2] 魏炜，朱武祥 . 发现商业模式 [M]. 北京：机械工业出版社，2009.

[3] 魏炜，朱武祥 . 重构商业模式 [M]. 北京：机械工业出版社，2010.

[4] 艾・里斯，杰克・特劳特 . 定位 [M]. 北京：中国财政经济出版社，2010.

[5] 吴伯凡 . 这才叫商业模式 [M]. 北京：商务印书馆，2011.

[6] 刘卿 . 教育培训行业中的口碑营销管理研究 [D]. 山东大学，2013.

[7] 赵轶 . 在线教育企业发展的利弊分析 [J]. 河北企业，2014（1）：84–86.

[8] 王玉秋，吕冰 . 新技术语境下我国民营英语培训机构管理及其网络机制研究 [A]. 价值工程，2015（12）：251–253.

[9] 刘长江 . 重新定义商业模式 [M]. 北京：中国经济出版社，2016.

[10] 李鹏 . 移动互联网背景下教育培训机构网络推广策略研究 [D]. 山东师范大学，2016.

[11] 李彦霖 . 基于价值链主导的商业模式创新研究 [D]. 青岛科技大学，2017.

大学生网络冲动购物行为的成因研究

北方工业大学：张学梅　何艺萌　苏禧媛　李环宇　王　顺

指导教师：罗文豪　讲师

摘　要：大学生冲动性网购现象在互联网迅速发展、移动终端广泛普及的大背景下日益凸显。研究报告首先在理论研究的基础上将外界因素和大学生冲动特质两方面界定为影响大学生冲动网购的主要因素；然后，结合网络环境因素和大学生个人特质设计调查问卷；最终，通过对大学生冲动网购行为的系统分析，进一步明确影响大学生冲动网购的原因，阐述由此产生的后果，并给出相应的对策建议，引导大学生树立正确的消费观，减少冲动网购行为。

关键词：网络冲动购物；大学生；成因分析

1. 研究背景

消费者购物的方式可以是理智性购买，也可以是冲动性购买。在人们日常生活的购买活动中，冲动购买行为超过了80%（Strack，Deutsch，2004）。随着近十几年来互联网的蓬勃发展，中国互联网行业整体向规范化、价值化发展，同时，移动互联网推动消费模式共享化、设备智能化和场景多元化。截至2017年6月，我国网络购物用户规模达到5.14亿，相较2016年底增长10.2%。其中，手机网络购物用户规模达到4.80亿，半年增长率为9.0%，使用比例由63.4%增至66.4%，网民中学生群体占比最高，为24.8%。如今，电子商务和网络购物已经成为国民日常生活中不可缺少的一种购物形式。数据显示，在商务交易类应用中，大学生使用网络购物与网上支付的比例最高，分别为89.1%和89.7%，较网民总体水平分别高出29.1%和29.2%。这就意味着各种各样的网络信息会更迅速地传送到大学生手边，方便快捷地呈现在大学生眼前。网络消费信息是在众多网络信息中占有较大比重的信息，无论是网络页面上充斥的，还是手机软件里推送的，人们常能看到各种购物网站的促销广告。出现这种现象的主要原因是现在中国巨大的网络消费需求市场。

新的网络形势下，网络消费支付流程更加简单快捷，购买一件产品所需要的时间被压缩到极致，加上网络产品的种类更加丰富，产品形式更加新颖诱人，网络消费者，尤其是价值观未完全形成的学生消费者对各种消费诱惑的抵抗力越发不堪一击，冲动的网络消费行为在学生群体身上比较多见，像看到低价促销就购买；看到秒杀活动就蹲点抢购；经常买到无用的商品等现象在学生群体中层出不穷。除了各种拉动消费的社会环境因素，学生群体自身的特质也是冲动性网络消费的重要影响因素，攀比心理、享乐主义一直广泛存在学生群体中间，特别是对于脱离父母看管、自行支配生活费的大学生，消费观、价值观还未形成的他们容易受到周围环境的影响而冲动消费。

基于新的网络环境下学生群体中出现众多冲动消费行为问题的研究背景，有必要对影响学生网络消费冲动行为的因素进行挖掘和分析，找出大学生网络冲动购物的根源，并了解该行为给大学生带来的后果，为引导学生理性消费、更好的学习生活提供对策、建议。

2. 研究方法

本研究调查主要是通过对大学生网络冲动性购物的调查，了解并寻求大学生冲动性购物的成因以及大学生购物相关问题的分析。因为调查人群是针对我们大一到大四的在校学生，从实际情况的角度出发，我们最终采用的调查方法是通过口头询问、访谈等方式对大学生进行调查、研究。因为这样更能快速、直接了解到大学生最真实的想法感受，有利于我们对其分析，更好地总结出原因所在。同时，我们在问卷星上发布该调研方案的调查问卷，采用调查人群年龄的选定、职位的选定，更加全面的利用网络工具调查广大学生网络冲动性购物的行为原因，使得数据更有理可依，使读者更直观准确地看出问题所在。

本研究在初期调研阶段，针对北京及周边地区的大学生以线上线下一体的方式进行问卷调查，该问卷由研究小组共同设计，共 17 题，为封闭式问卷结构，涉及人口统计性指标、经济状况指标、网购因素指标等方面内容。本项目共发放 100 份问卷，收回有效问卷 80 份。本文研究结果均基于对问卷研究的调查结果分析。

3. 研究结果与发现

3.1 大学生网络冲动性购物差异化分析

3.1.1 大学生网络冲动性购物的性别差异

经过问卷调查数据分析（数据见表 1），发现进行网络冲动性购物的女生多于男生，占据主导地位。女生关注网站促销消息和产品价格变化趋势的频繁程度明显高于男生，虽然男生对于一些网络知识的了解程度好于女生，但是针对面比较狭窄。男生的兴趣爱好更多的是针对游戏，对网络购物的兴趣不是那么高，而女生喜欢通过购买自己喜欢的东西来满足自己的心理需求和精神需求，或者是基本的生理需求，这可能是导致进行网络购物的女生多于男生的原因之一。

表 1　男女生网络冲动性购物比例

选项	小计	比例
男	25	31.25%
女	55	68.75%
本题有效填写人次	80	

3.1.2 大学生网络冲动性购物的年龄差异

现如今，大学生的年龄一般集中在 18 ~ 24 岁的范围内，而 18 ~ 19 岁、20 ~ 21 岁两个阶段居多。经过对大学生网络冲动性购物的调查（如图 1 所示），我们可以看出，大一、大三的学生进行网络购物的人数要多于大二、大四，并且大三学生的购物比率是 51.25%，已经占总体的一半之多。其原因仔细分析有以下几点：①大三学生面临着一个自身认识的转折点，大一刚成年还是带有些许孩子气的样子，穿着打扮、审视实物的观点与大三有差别，随着接触的事情越来越多，年龄增加，阅历增长，就会引发大家购物的需求，但由于时间上的紧迫感，许多课业的追赶，让大家无法如愿去实体店购买，这就需要网络购买。再加上同学们之间的相互攀比，效仿的心理推动下，就会造成冲动性购买。②大三学生即将面临大四阶段，是实习上班走向社会的准备阶段，学生们为了更好地展现自己，也需要在网上购买相关物品。③大三课程的时间安排相对于大二来说是比较宽松的，也就是时间空闲程度大，也给大家在茶余饭后一个很好的机会去浏览网店，看到价格诱惑或者产品需要，那么也会造成该原因。因此可以看出，需求的阶段性和时间的空闲程度对冲动性网上购物有着一定的影响。

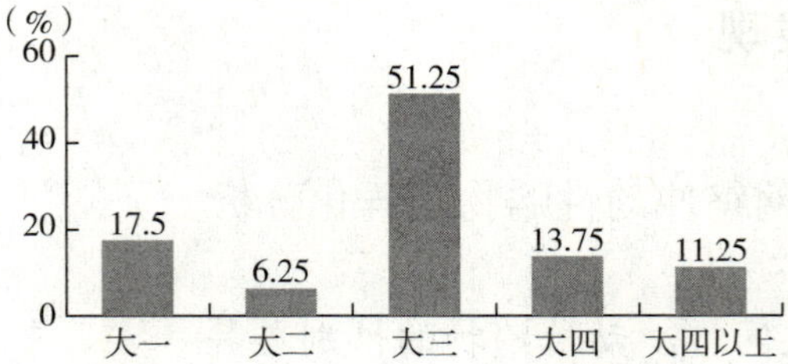

图 1　各年龄段网络冲动性购物的差异

3.1.3　大学生网络冲动性购物的地域差异

目前调查的大学生基本分为城市和农村两部分，根据调查数据结果显示得出，地域差异相对上面两个因素来说，差异较小，仅相差 5%的比例。这说明，城市农村贫富差距日益缩减效果显著，人们生活质量在国家政策落实下得到了很好的保证，地域经济水平大体上都保持一致，并不是影响网络冲动性购物的重要因素，属于次要因素一类。除此之外，大学生一般都会有半工半读的情况，也给自己赚取了一定的额外收入来满足自己的需求，这也可能是体现出与地域并无较大差异的另一个原因。由此可知 ，农村和城市学生消费水平大体上一致，并不是影响网络冲动性购物的重要因素，属于次要因素一类（见图 2）。

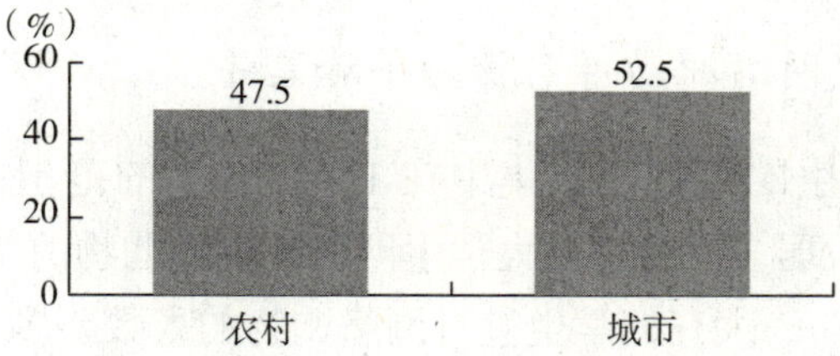

图 2　网络冲动性购物的地域差异

3.1.4　大学生网络冲动性购物的学科差异

针对大学生主要的学科进行调查，大致分为 3 类：文科、理科和工科。根据问卷数据所知，文科的比率相对于其他两科来说占比较大，高达 62.5%。而理科和工科相加仍未过半。文科大部分是感性人群的代表，说明网络冲动性购买人群大部分是依照心情和自身感觉去购买的人群，并不是理智分析后再采取的行动。但也存在部分理性分析后购买的，说明这和网站促销的方式和手段有着密不可分的联系（数据见图 3）。

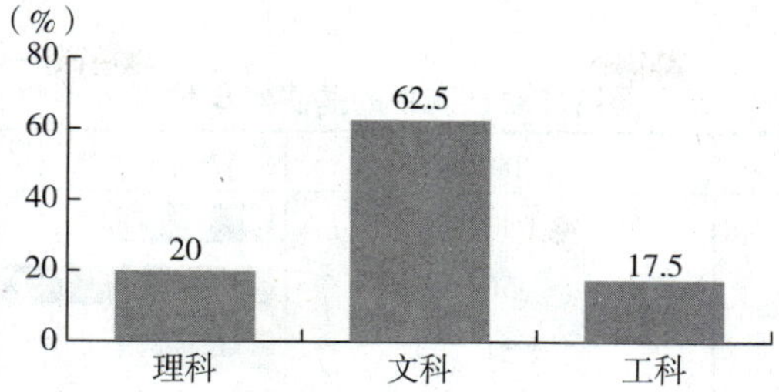

图 3　网络冲动性购物的学科差异

3.2　大学生网络冲动性购物的基本特征分析

3.2.1　主要资金来源

调查显示，大部分网络冲动性购物的大学生，支持他们购物的主要资金来源是自己的生活费，几乎占全部，有 78.75%。有 10% 的来源是兼职，很少一部分是平时积攒私房钱以及运用借贷工具。说明大学生的消费水平也必须与其家庭情况相符合（图 4）。大家花费在网络购物上的生活费基本上都是集中于 100 ~ 300 之间，过高或过低的人只占较少的一部分。因此，大家在网络上购物的花销只占生活费的小部分，并不影响必备的生活花销。

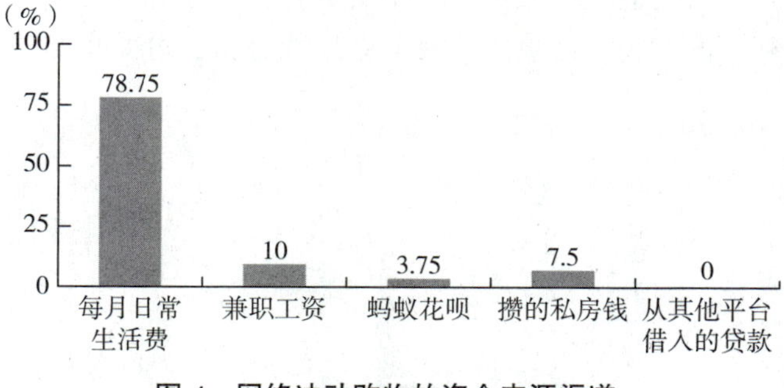

图 4　网络冲动购物的资金来源渠道

3.2.2　购买商品对象

通过问卷分析发现如表 2，多数有过网络购物经历的人表示，他们选择网络购物的产品是服饰类、食品类、日用品、化妆品、学习文具、书籍和数码产品。大学生选择网络购物的产品主要是服饰类，占总数的 62.5%；日用品和食品主要占 38.75%；化妆品占 36.25%。说明这 4 种产品类型在价格上和质量上都可以满足大学生购物的需求，而且价格和活动频繁，这也是造成大家网络冲动性购物的原因之一。

表 2　　网络冲动性购物的购买对象种类

选项	小计	比例
日用品	31	38.75%
服饰类	50	62.5%
食品	31	38.75%
化妆品	29	36.25%
学习文具	10	12.5%
书籍类	13	16.25%
数码产品	17	21.25%
家居饰品	8	10%
其他	4	5%
本题有效填写人次	80	

3.2.3　购物网站客户服务

从调查结果来看，大学生在网上最常购买的网站的服务态度一般是不错的。对于服务态度，大学生主要看重商家提供产品的说明，客服对订单的追踪询问，商家解决问题的能力与速度以及发货到货的时间。这也是会造成大学生网络冲动性购物的原因。一家商铺的物流快、产品质量有保证、价格适中、服务态度良好。给买家带来心理上的愉悦，容易让买家失去理性分析，购买许多计划之外的产品。

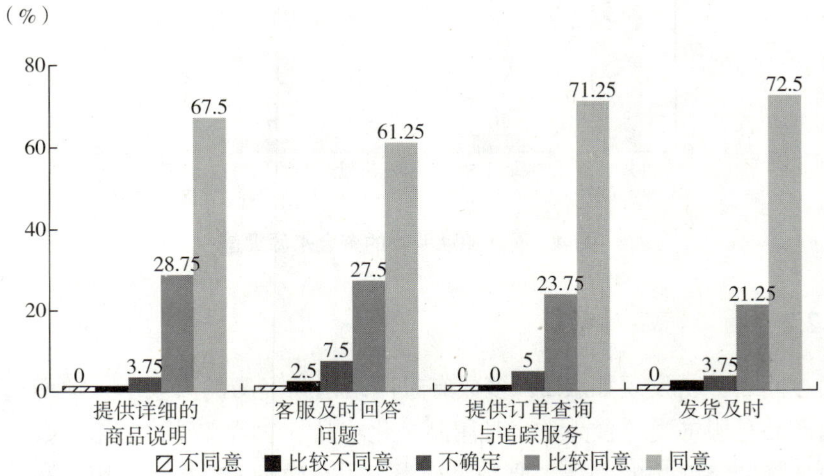

图 5　网络冲动购买商家客户服务特点

3.3 大学生网络冲动性购物的原因分析

3.3.1 大学生网络购物的主要原因

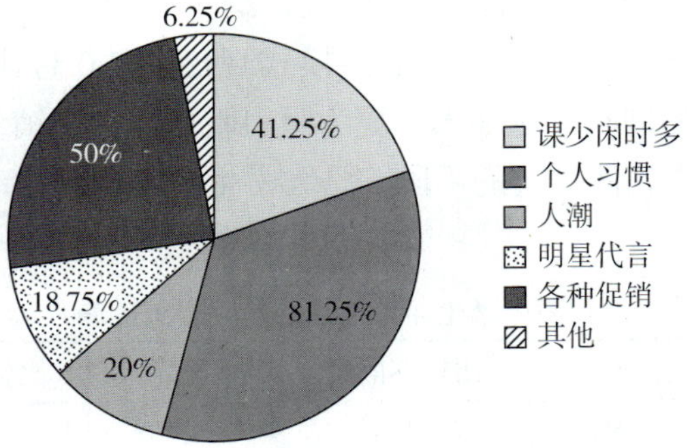

图 6 影响大学生网购的原因饼状图

如图 6 所示，对于大学生认为自己冲动性网购的原因这一多项选择中，81.25% 的同学都认为出自个人习惯，其次有 50% 的同学认为是各种商家的不同促销活动和手段吸引了他们，促进了网络购物消费，而课少、明星代言、人潮和其他因素，分别占比 41.25%、18.75%、20% 和 6.25%。随着经济和电商平台的日益发展，越来越多的人选择网购作为日常娱乐消遣活动，长期的操作已经形成了一定的行为习惯，大学生经常在打开手机或者电脑不知作何时就不由自主地打开电商 App 或者网页进行浏览，这也为成功完成交易做出了最基础的关键一步。

如下表 3 所示，大学生群体在网购时更重视的方面多集中在满足自己内在需求动机（符合我的兴趣），占比最大，达到 76.25%。其次是价格合理，占比 63.75%，而对于种类、样式，同学们关注度较低，占比 47.5%。大学生的消费能力相对而言是较为有限的，这一因素导致了其非常注重性价比，大学生对于价格、品质和功能的兼顾追求也很好体现了其对性价比这一概念的理解。大学生群体通常不会对奢侈品、收藏品、装饰品过多关注，而多是被那些低价促销、又日常所需的实用物品所吸引，例如：电子产品、服饰、食物、生活用品等。

表 3 大学生在网购时更看重的方面统计表

题目\选项	不同意	比较不同意	不确定	比较同意	同意
价格合理	2（2.5%）	0（0%）	2（2.5%）	25（31.25%）	51（63.75%）
品质良好	2（2.5%）	0（0%）	1（1.25%）	16（20%）	61（76.25%）
种类丰富、样式多	2（2.5%）	2（2.5%）	12（15%）	26（32.5%）	38（47.5%）
符合我的兴趣	1（1.25%）	1（1.25%）	2（2.5%）	15（18.75%）	61（76.25%）

3.3.2 大学生冲动性网购的刺激因素

在对于刺激大学生冲动性购物的因素选择上，同学们更统一，认为主要是网店促销、限时抢购等手段，占比均超过60%；其次是赠送赠品、购物代金券的因素影响。由此可见，价格促销力度大，购买时间更短的形式更容易刺激大学生产生冲动性网购。最初的1.0电商模式现已向3.0时代迈进，店主在注重自己的产品、质量的同时，也加入了更为吸引眼球，拉动销量的营销模式，而这些让人直观感受“占到便宜”的手段，是大学生无法克制冲动性购物心理因素的“罪魁祸首”。

表4 刺激大学生冲动性网购的因素统计表

题目\选项	不同意	比较不同意	不确定	比较同意	同意
网店促销	4（5%）	4（5%）	9（11.25%）	33（41.25%）	30（37.5%）
购物送赠品	10（12.5%）	7（8.75%）	16（20%）	28（35%）	19（23.75%）
购物代金券	11（13.75%）	6（7.5%）	19（23.75%）	22（27.5%）	22（27.5%）
限时抢购	9（11.25%）	8（10%）	11（13.75%）	28（35%）	24（30%）
货比三家，巨大价格反差	8（10%）	6（7.5%）	14（17.5%）	26（32.5%）	26（32.5%）

从外界刺激因素来看，大学生冲动性网购呈现较为多样化的关系影响，但62.5%的同学在取得了让自己满意的成绩后会选择网购，以此来满足内心的欲望或者奖励自己，而从众心理的因素也让50%的同学在身边人拥有一样物品时也去网购同样产品。在校园这一复杂的小环境中，大学生每时每刻都能找出想购物的理由，而这是外界因素不受控制的特点之一，我们很难去一一分析每个人在冲动性网购时的环境因素，但总体而言，可以得出结论：当外界产生积极刺激的时候，大学生更倾向做出冲动性网购行为。

表5 外界因素刺激大学生冲动性网购的因素统计表

题目\选项	不同意	比较不同意	不确定	比较同意	同意
学习压力大	13（16.25%）	16（20%）	18（22.5%）	14（17.5%）	19（23.75%）
情绪低落（被批评、和朋友之间产生矛盾、失恋等）	13（16.25%）	16（20%）	17（21.25%）	14（17.5%）	20（25%）
取得了让自己满意的成绩	9（11.25%）	6（7.5%）	15（18.75%）	19（23.75%）	31（38.75%）
身边人有的东西我也想要	11（13.75%）	10（12.5%）	19（23.75%）	18（22.5%）	22（27.5%）

3.4 网络冲动购物的体验与感受

在本研究中，我们特别关注网络冲动购物会对大学生的心理感受产生怎样的影响。由表6可得，80%的大学生从网购过程中收获高兴、快乐、轻松和满足的感受。可见，网购本身轻松愉快的特质也吸引了大学生冲动性网购的行为。大学生对冲动性网购这件事的理解现已不完全停留在了物欲满足的阶段，已由这一单一行为结果上升为由物欲带来精神快感的满足的双重模式。绝大部分大学生都表示，每一次冲动性网购，他们都非常享受，尤其是在“抢货”“赚到”等行为中。

表6 冲动性网购中的过程感受因素统计表

题目\选项	不同意	比较不同意	不确定	比较同意	同意
我感到高兴	0（0%）	1（1.25%）	7（8.75%）	27（33.75%）	45（56.25%）
我感到快乐	0（0%）	1（1.25%）	8（10%）	24（30%）	47（58.75%）
我感到轻松	1（1.25%）	1（1.25%）	9（11.25%）	26（32.5%）	43（53.75%）
我感到满足	1（1.25%）	1（1.25%）	6（7.5%）	26（32.5%）	46（57.5%）

4. 研究结论

4.1 物美价廉是大学生冲动性网购的根本性原因

在大学生出现冲动性网购行为时，多是因为产品的价格因素吸引了他们，在商家打出一系列的降价活动来创造价格优势时，大学生们也会在没有计划下进行购买。其次，对于网店宣传的产品特点、功能、属性、价值等相关质量吸引了大学生的时候，也会引起他们冲动性购买的行为产生。总体而言，大学生较为务实，会在认为该物品有绝对物质优势时选择购买。

通常在“双11”“双12”“年中618狂欢节”或者其他电商营销的大小类活动时，都会伴随着较为广泛的低价抢购、限时抢购、整点抢购、低价团购、免费试用等促销手段，而这些促销活动会影响其在网络中和同学们之间的传播效应。在收到这类信息时，同学们往往迫于价格、时间、存货量等因素的压力，会不经过多思索而立即主动采取冲动性购买行为。营销手段的使用，大大推动了整个冲动性网购过程的进行。

4.2 外界因素的刺激是大学生冲动性网购的意外性原因

根据问卷调查结果显示，很多同学在冲动性购买时会因为外界因素的刺激，例如，获得了一个奖项、取得了考试的好成绩、获得了教师的赞赏，或者论文有了新进展、作业又有了头绪等因素使大学生情绪产生波动进而产生网购行为，而这些购物行为，也是不在日常购买计划中、没有事先经过考虑或者也没有前期的购买欲望和需求，仅仅只因突然性的积极的外界因素刺激了个人情绪特征，而这一刺激带来的情绪变化也反作用于大学生冲动性网购行为。

4.3 网络购物过程带来的满足感是大学生冲动性网购的基础性原因

80% 的大学生在问卷中表示，在网络购物过程中可以有轻松、舒畅、快乐和满足的情绪产生，而这一行为表现出他们在参与网购这件事情中，投入所带来的满足感是非常重要的。这也是大学生产生冲动性网购的基本因素。只有一件事情足够吸引，在你愿意主动投入，并可以收获巨大满足感的时候，通常这种行为会伴随着冲动的因素在其中。而冲动性网购就是如此，大学生产生该行为仅仅是因为其过程中带来的满足感。

4.4 生活费的保障是大学生冲动性网购的物质性原因

在是否存在冲动性网购行为与大学生在每月网购花费的交叉分析结果中可知，随着当今经济的发展，我国大学生生活费的额度也在逐年递增，而大学生在网购行为的费用支出上，多来源于生活费。生活费有多少，决定了每月网购花费的多少，同时也决定了冲动性网购的存在与否，三者关系是逐渐递进的，网购受制于经济条件的约束，消费能力越大，存在冲动性消费的可能性越大。

4.5 社交网购的兴起造成冲动性消费的增加

近年来，社交网购成为新生的购物方式，而且风头正盛。微信朋友圈中有销售行为的商户和好友占比在 5% 以内的用户群体最多，达到 37%。微信生态体系的微商具有 3 种常见的营销方式：公众号、微信群、朋友圈。微信是当代大学生最基本的社交工具之一，而朋友圈作为微信的衍生产物，为微商提供了一个非常好的平台，且最近新生的海外购、代购的直接营销方式也是社交营销。抛去那些每天频繁发送朋友圈信息被你屏蔽的微商们不谈，那些懂得一定的营销策略的微商，你会认为他们的产品是你需要或者你感兴趣的，所以暂时留在你的微信朋友圈里。大学的闲暇时光太多，用来刷朋友圈是普遍的行为，刷朋友圈的过程中发现心仪的商品而控制不住自己购买欲的同学大有人在。大部分微商会采用饥饿营销的手段，通过商品不好采购、所剩无几等表述迫使学生立刻定下决心去购买他们所售卖的商品，甚至有些代购类微商表示购买需要先支付定金，有时在支付尾款时学生不想购买这个商品了，但是又不想自己的定金打了水漂，最后不得不支付尾款。微商不同于购物网站，购买者转款后并不能像购物网站一样有售后服务和保障，即使有质量问题也不能进行退换，这也是冲动性购买行为的弊端之一。

参考文献

[1] Strack F，Deutsch R. Reflective and Impulsive Determinants of Social Behavior[J]. Journal of Consumer Psychology，2004，16（3）：220–247.

[2] 陈治，王曦璟 . 大学生网购冲动行为影响因素研究 [J]. 数理统计与管理，2013，32（4）：676–684.

[3] 刘保喜，阎耀军 . 大学生网上购物现状及对策分析 [J]. 经营管理者，2012（18）：25–25.

[4] 毛平，陶玲，戴建华 . 基于消费者特质的冲动性网购行为影响因素实证研究 [J]. 商业时代，2016（22）：46–49.

[5] 茅迪 . 大学生网购调研分析——以济南 90 后大学生为例 [J]. 中国商论，2012（15）：95–96.

[6] 沈洁 . 时间管理倾向、冲动性与大学生网购现状的关系研究 [J]. 学理论，2013（33）：117–118.

[7] 尚慧娟，吴金南 . 网站特性对在线冲动性购买影响的实证研究 [J]. 安徽工业大学学报（自科版），2014，31（2）：212–217.

[8] 石军刚 . 大学生的网购问题 [J]. 新闻爱好者月刊，2010（14）：88–89.

[9] 夏海燕 . 大学生网购现状调查分析与思考 [J]. 江苏科技信息，2012（11）：42–44.

[10] 章璇，景奉杰 . 网购商品的类型对在线冲动性购买行为的影响 [J]. 管理科学，2012，25（3）：69–77.

[11] 周月书，黄健 . 大学生网上购物意愿及影响因素分析——基于南京市大学生的调查 [J]. 消费经济，2010（5）：67–69.

电子商务平台消费者购买意愿研究

北方工业大学：刘海燕　童晶榕　于　璇　刘国权　朱　妮

指导教师：赵晓男　讲师

摘　要：本文以淘宝网为例，分析了国内 C2C 的电子商务发展模式的现状，并运用问卷调研法对 C2C 平台下消费者购物的影响因素进行了调查，主要涉及商品、物流、支付、商品、营销手段、网站设计等 6 方面因素。然后运用 SPSS 24.0 分析得出了影响消费者购物最重要的因素还是商品本身。

关键词：电子商务；C2C；淘宝网；顾客满意度

1. 选题背景

伴随着中国互联网技术不断的发展与进步，电子商务平台悄然问世，从 1998 年易趣出现到 2003 年淘宝崛起，时至今日，越来越多的人注意到了这样一种发展蓬勃的商业模式。其凭借着自身的开放性和便捷性在互联网时代日趋活跃。目前，淘宝虽在 C2C 平台中占有垄断地位，但是 B2C 也保持高速发展的状态，而且顾客满意度也是一大绊脚石。因此对于 C2C 电子商务平台的研究还是有一定现实意义的。

随着中国互联网技术的普及，实体零售业竞争矛盾的激化，以及物流、支付、网络安全等环境的改善，电子商务平台日益突显其巨大的优势。与此同时，政府为了刺激消费，拉动内需，也出台了很多政策支持网购。按照中国互联网络信息中心（CNNIC）的调查，网络购物的主要好处包括：送货上门、比较方便；价格便宜；购买到本地没有的商品；节省体力和时间；商品品种较多；比传统购物的效率高等。现在地域商品价格差距十分大，为了减少了零售商的环节，实现从厂家到消费者的销售模式，网上店铺普及度在逐年上升。网上店铺的成本较低，零售商和消费者均有利可图。物流的极大便利给网购提供了货物运输的条件。总之，天下熙熙皆为利来，天下攘攘皆为利往，网购的兴盛能带动各方面的发展，从总体上来说是利大于弊的，所以现在网购已经成了一种生活方式越来越被人们所青睐。

据中国电子商务研究中心统计，2016 年中国电子商务市场交易规模 20.2 万亿元，增长 23.6%。根据当前我国宏观经济的发展趋势，网购人数的迅速扩大，信息产业的快速发展，结合我国电子商务交易额的历史发展规律，预计未来 5 年我国电子商务的交易额增速在 20% 左右，到 2020 年我国电子商务交易额将达到 37.7 万亿元。虽然我国网购事业蓬勃发展，但在这巨大商机的背后还存在着一些问题亟待我们解决。作为一种新型的购物方式，究竟有哪些因素可以影响消费者的购物行为，这是值得我们深究的一个问题。

2. 方案论证

2.1 研究内容

本文对我国电子商务平台本身与消费者意愿进行实证分析并得出结论，结合相关经济贸易理论提出建议。

2.2 研究目的

首先，能通过实践调研切实了解到消费者在电子商务平台中发挥的作用；其次，能综合电子商务平台的优缺点探究出影响消费者在电子商务平台中购买意愿的因素；最后，能针对消费者在电子商务平台中购买意愿的特性提出提升消费者购买意愿的可行性措施。

2.3 研究意义

本研究结论能够对电子商务平台的经营管理者在制订电子商务平台经营模式以及平台发展战略上提供一些建议，具有一定程度上的现实意义与参考价值。

3. 研究方法

3.1 研究流程

前期主要是通过互联网收集各种文献资料以及研究数据，到企业进行实地走访，深入了解各大电子商务平台经营状况；在线发放 C2C 电子商务平台下消费者购买意愿调查问卷，收集消费者角度的购买意愿数据。

后期根据收集到的资料及数据进行和理论相结合的定性研究，运用 SPSS 24.0 对调查问卷的数据进行定量研究，进而探究我国电子商务平台发展现状与消费者在电子商务平台下的购买偏好。针对平台本身与消费者角度研究的实证分析结论，结合我国电子商务平台发展的实际状况和相关经济理论提出建议。

3.2 问卷设计

本问卷分为两个部分：第一部分是被调查者的基本信息；第二部分是关于影响消费者在 C2C 电子商务平台购买意愿的 6 大方面的问题，每题均为必答题。由于淘宝网在 C2C 领域知名最为广泛，用户最多，故本问卷以淘宝网为 C2C 电子商务平台的代表进行调查。问卷第一部分是传统的四选项选择题，第二部分采用了排序的方法进行调查，被调查者将各方面及每个方面中各个因素按照对其个体的影响程度进行排序，减少了被调查者的负担与填写问卷的时间，提高了问卷结果的真实程度。

调研主要使用了纸质问卷与电子问卷两种方式进行，共发出问卷 450 份，收回问卷 443 份，有效问卷为 431 份，有效率为 95.7%。

3.3 数据处理与分析

在该调研中，我们使用了 SPSS 24.0 软件与 Excel 软件进行科学计算。

3.3.1 样本的个性特征

在该调查问卷中，我们询问了被调查者的性别、年龄、收入等基本信息，具体的样本个体特征见表 1：

表 1　　样本个体特征

问题	选项	频数	百分比（%）
性别	女	255	59.16
	男	176	40.84

续表

问题	选项	频数	百分比（%）
年龄	18 ~ 22	156	36.19
	23 ~ 30	137	31.79
	31 ~ 39	102	23.67
	40 岁及以上	36	8.35
月收入 / 可支配金额（单位：元）	1500 ~ 3500	213	49.42
	3500 ~ 6000	124	28.77
	6000 ~ 8000	54	12.53
	8000 以上	40	9.28
是否使用过淘宝网进行购物	是	414	96.06
	否	17	3.94

数据来源：根据调查问卷数据，运用 SPSS 24.0 分析整理所得

431 位被调查者中，女性调查对象占 59.16%；男性调查对象占 40.84%。此次问卷调查中，女性占据较大比重。

被调查者中年龄在 18 ~ 22 岁的占 36.29%；23 ~ 30 岁的占 31.79%；31 ~ 39 岁的占 23.67%；40 岁及以上的占 8.35%。此次问卷调查中 18 ~ 22 岁的青年人居多。

在月收入或每月可支配金额的调查中，1500 ~ 3500 元的人群占总体的 49.42%；3500 ~ 6000 元的人群占总体的 28.77%；6000 ~ 8000 元的人群占总体的 12.53%；8000 元以上的人群占总体的 9.28%。

由于互联网及电子商务的普及，曾经使用过淘宝网进行购物的调查对象高达样本总数的 96.06%，其余 3.94% 未有过使用淘宝网进行购物的经历。

综合分析来看，被调查者多数为在校大学生和刚工作的青年人士，且绝大多数有过使用淘宝网进行购物的经历。

3.3.2 影响因素平均综合得分

在此次电子商务平台消费者购买意愿影响因素排序题的分析中，我们采用了计算选项平均综合得分从而得出综合排序的方式，计算方法为：

$$选项平均综合得分 = (\sum 频数 \times 权值) / 本题填写人次$$

权值根据各题的选项个数赋值，排第 1 位的赋值等同于最高选项个数，其余依次递减。该方法反映了选项的综合排名情况，得分越高表示综合排序越靠前。最终计算结果见表 2。

表 2　　影响因素平均综合得分表

研究方面	平均综合得分（取值范围：1 ~ 6）	具体因素	平均综合得分
商品	5.47	商品质量 商品价格 商品多样性	2.73 1.88 1.32 （取值范围 1 ~ 3）
物流	3.74	物流质量 物流速度 物流价格 物流服务态度	3.34 2.76 2.19 1.59 （取值范围 1 ~ 4）
支付	3.57	支付安全性 支付便捷性 支付方式多样性	2.74 1.88 1.32 （取值范围 1 ~ 3）
商铺	3.01	商铺信誉 商铺评分 店面设计	2.52 2.20 1.19 （取值范围 1 ~ 3）
营销手段	2.46	整体折扣 满减促销 附带赠品	2.25 2.13 1.56 （取值范围 1 ~ 3）
网站设计	2.18	网站搜索功能 网站登录 网站页面美化	2.16 1.97 1.54 （取值范围 1 ~ 3）

数据来源：根据调查问卷数据，运用 SPSS 24.0 分析整理所得。

从计算所得的平均综合得分来看，我们不难发现消费者在电子商务平台购物时更关注的是商品本身，其平均综合得分为 5.47，是各方面中最高的，其中商品质量因素的平均综合得分为 2.73，该因素占据着影响消费者购买意愿的主要作用。这表明在 C2C 电子商务平台下商品的质量在消费者购买行为中具有一定的影响力。根据计算得出的平均综合得分，作为在电子商务环境中影响消费者购买意愿最大的一方面，商品自身各因素占据地位的排序为：商品质量 > 商品价格 > 商品多样性。

从表 2 得知，物流的平均综合得分为 3.74，是消费者关注的第 2 大方面。在物流方面，物流质量因素的平均综合得分高达 3.34，是 4 个因素中最高的一个；其次是得分达到 2.76 的物流速度因素；第 3 位是得分较低的物流价格因素，而物流服务态度平均综合得分仅有 1.59。这表明消费者会倾向于物流质量好与物流速度快这两个服务特点，不太关注于物流价格与物流服务态度。影响消费者购买意愿的物流相关因素重要性排序为：物流质量 > 物流速度 > 物流价格 > 物流服务态度。

支付在所研究的 6 大方面中平均综合得分达 3.57，与物流方面仅差 0.17。其中支付安全是消费者最关注的问题，在取值上限为 3 的条件下高达 2.74，是相关因素中得分最高的一个。这表明消费者对网上购物的支付安全性存在着较大的顾虑，也反映出我国 C2C 电子商务平台的支付安全程度具有很大的提升空间。其余两因素与支付安全的得分差距均较大，其中支付便捷性为 1.88，支付方式多样性仅为 1.32，说明消费者对支付便捷性与支付方式的多样性的关注度不高。相关因素的重要性排序为：支付安全性 > 支付便捷性 > 支付方式多样性。

在 C2C 电子商务平台的支付方面得到保障后，消费者继而会关注平台下各个商铺，该方面的平均综合得分为 3.01。在取值上限为 3 的条件下，平均综合得分在 2 ~ 3 之间的相关因素有商铺信誉与商铺评分。这说明消费者购物时不仅关注商品本身的质量，同时也会关注其商铺的质量与评价，以此作为自己有较好的购物体验的保障。店面设计的平均综合得分在 3 个相关因素中位列最后，仅有 1.32，可以看出店铺的设计对消费者的购买意愿不具有较大影响。商铺方面相关因素的重要性排序为：商铺信誉 > 商铺评分 > 店面设计。

营销手段在 6 大方面中的平均综合得分为 2.46，影响力较低。其中消费者对整体折扣这项营销手段最感兴趣，其平均综合得分为 2.25；其次满减促销手段对消费者的购买意愿较大；平均综合得分最低的促销手段是附带赠品，说明在营销手段中附带赠品对消费者购买意愿的影响较小。营销手段相关因素的重要性排序为：整体折扣 > 满减促销 > 附带赠品。

在此次研究的 6 大方面中，位列最后的是网站设计，平均综合得分为 2.18，其中各因素平均综合得分最高的是网站搜索功能，分数为 2.16。消费者在使用 C2C 电子商务平台购物时会倾向于选择网站搜索功能更强大的网站；其次会考虑网站登录的便利性与安全性等因素。根据相关因素的平均综合得分可知，网站页面是否美观对消费者的购买意愿不具有强烈的影响。网站设计相关因素的重要性排序为：网站搜索功能 > 网站登录 > 网站页面美化。

4. 研究结果

本研究主要基于商品、物流、支付、商铺、营销手段、网站设计这6方面因素对C2C的平台进行调查，从而对经营者提出建议。在上述表格和数据中，我们可以得出以下结论：①商品的质量越好，消费者的购买意愿越强烈。②物流质量越好，消费者的购买意愿越强烈。③支付方式越安全，消费者的购买意愿越强烈。④商铺的信誉越高，消费者的购买意愿越强烈。⑤营销中的整体折扣越大，消费者的购买意愿越强烈。⑥网站搜索功能越完备，消费者的购买意愿越强烈。

因此，就这6方面因素来说，经营者若想要C2C平台稳步向前发展，则必须读懂消费者的购物心理，对症下药，如此这般才能更快的提升自身水平，不被B2C平台超越。基于以上的分析，我们给出下述建议：①对于卖家的商品质量进行严格的监管，抓紧"质量"这第一扇门。若有卖家质量不合格，必须进行严格的处罚，以儆效尤，杜绝出现山寨品。与此同时也要规范卖家的服务态度，售前和售后服务两边抓，做到令消费者满意。②对于物流质量可以通过挑选口碑较好的物流公司来把控，如顺丰这样的物流公司，对于商品的运输保质又保量。还可以对商品的发货和收货周期进行规范，防止卖家拖延发货导致消费者的满意度下降从而对平台造成危害。③对于消费者的个人信息以及支付账户进行严格保障，通过支付短信的提示以及规范支付操作的视频来提高消费者的支付安全意识，并且完善平台的安全支付监控系统，对于支付安全漏洞及时修复，做到时刻监控防患于未然。④对于商铺的信誉进行评分，制定一系列的信誉评分标准，依据信誉评分的高低对商铺进行奖惩，营造良好的经营氛围，提升平台的经营环境。⑤对于各个商铺可以少收费，让卖家以低成本来经营，从而有更多的整体折扣可对消费者提供。这样在商家能获得高利润同时吸引更多的消费者，而且还可以打造平台的良好形象。⑥对于网站的设计进行更为细致的设计，主要对搜索引擎功能进行改善，让消费者使用起来更为便捷，从平台的设计上抓住消费者的心。

电商的形式层出不穷，数字化的时代也越来越发达，电商和C2C平台想要在日后活跃在消费者的生活中，那么必须要摆正自己的身份，以消费者为中心，秉持着为消费者服务的态度，从以上6个方面对自身进行改善，提升自身的平台实力，求得更佳的发展。

5. 创新点

本研究主要采用调查问卷和 SPSS 24.0 软件结合的调查方式来完成。与传统的理论分析和实证分析不同，首先采用了调查问卷法，其存在以下几个优势：①问卷调查法的最大优点是，它能突破时空限制，在广阔范围内，对众多调查对象同时进行调查。②便于对调查结果进行定量研究。③匿名性。④节省人力、时间和经费。其次，采用了 SPSS 24.0 软件对调查问卷的结果进行数据定量分析，在问卷调查法的基础上进行了进一步的研究，使得研究结果更加准确，更加贴近大众，并且更具有说服力。

参考文献

[1] 王骞珩 . 基于 AHP 的 C2C 电子商务平台下消费者购买意愿影响因素研究 [D]. 东北师范大学，2014.

[2] 刘文太 .C2C 电子商务下消费者行为影响因素分析 [J]. 合作经济与科技，2013（19）：68–69.

[3] 杨美 .B2C 电子商务中影响消费者信任的外部因素研究 [D]. 云南大学，2014.

[4] 吴先锋，郭特 . 电子商务消费者信任变化的影响因素 [J]. 商，2014（39）：86–86.

[5] 方珊，吴忠 . 大数据环境下 C2C 电子商务消费者行为实证研究 [J]. 上海工程技术大学学报，2015，29（2）：163–168.

[6] 彭惠，宋倩倩 .C2C 模式下消费者的购买行为研究——从众购买还是口碑交易 [J]. 预测，2014（4）：42–47.

大学生创新能力培养研究

北方工业大学：席子彤　聂志红　辛　文　赵君萌　陶　敏

指导教师：吴伟容　副教授

摘　要：创新是一个民族进步的灵魂，是一个国家兴旺发达的动力。高校是培养创新型人才的摇篮；培养大学生的创新能力，是每个高等教育工作者必须直接面对的一个重大课题。高校培养人才的核心内容之一是培养大学生创新能力；提高学校创新人才的质量，是增强大学生可持续发展能力的重要举措。

关键词：创新能力；实验室开放；社会实践；人才培养；学科竞赛

1. 引言

当今世界，经济高速发展，创新越来越重要。国际竞争，说到底是人才的竞争；而人才的竞争，是人的创新能力的竞争。有创新才有未来，有人才就有希望。为社会培养人才是当今高校的主要任务。2012 年 5 月，教育部、财政部颁发高等学校培养大学生创新能力提升计划的方案，其中明确强调了“加快高校机制体制改革，转变高校创新方式。充分发挥高等教育作为科技第一生产力和人才第一资源重要结合点的独特作用，在国家创新发展中做出更大的贡献”。社会经济发展的主要驱动力是创新，但是当前我国创新能力严重不足，经济社会发展受到制约。学科竞赛作为高校培养大学生创新能力的重要途径，可以帮学生冲破传统课堂教学的局限性，为大学生营造培养创新能力的氛围，包括培养创新意识、创新思维和创新技能。李克强总理曾发出“大众创业、万众创新”的号召，最早是在2014年9月的夏季达沃斯论坛上。当时他提出，要在960万平方公里土地上掀起“大众创业”“草根创业”的新浪潮，形成“万众创新”“人人创新”的新势态。但就现在的形势来看，我国的高校缺乏“创新气息”和大学生缺乏创新的“舞台”。自1998年大学扩招以来，我国高等教育正经历着由“精英教育模式”向“大众教育模式”的转变，现今大学招生规模的逐渐扩大在一定程度上加大了大学生的就业压力。所以，正确地认识创新意识和创新能力的培养在高等教育中存在的地位，探索对大学生进行实践能力和创新能力培养的有效途径，成为当前我国高等教育推进素质教育的核心课题。2015年《国务院办公厅关于发展众创空间推进大众创新创业的指导意见》提出将推动大学生创新、创业提高到国家层面的新高度。可见党和国家对创新人才的重视，然而长期以来的应试教育导致高校学生创新能力欠缺。因此，不断完善教学体系，为国家培养创新型人才提供保障势在必行。

2. 我国大学生创新能力的现状

目前，我国大学生，特别是一般普通高校的大学生，创新能力还是较低的：一是缺乏创新观念和创新欲望。许多大学生虽然不满足于现状，但往往只是牢骚满腹，唉声叹气，自己缺乏行动的信心。二是缺乏创新的毅力。虽然有些大学生也能认识到毅力在创新活动中的重要性，但在实际工作过程中往往虎头蛇尾，见异思迁，放弃追求。三是缺乏创新的兴趣。现在大学生的兴趣往往随着时间、环境、心情经常变化，缺乏深度和广度。

我国目前的“应试教育”追求答案的唯一性，学生通过一轮又一轮的强化训练来取得正确答案，久而久之，学生的思维便趋于收敛，在处理问题时形成了根深蒂固的“非此即彼”的思维习惯，这无疑对学生创造力的培养产生了极大的负面影响。

3. 大学生创新能力培养的内涵和重要性

3.1 创新能力的内涵

创新是指具有创造性的研究和发明，运用知识和理论，在科学、艺术、技术和各种实践活动领域中不断提供具有经济价值、社会价值、生态价值的新思想、新理论、新方法和新发明的能力，包括创新意识、创新思维和创新技能等3个部分。创新能力的核心是创新思维。创新思维是指人的大脑对客观事物进行探索获得独创结果的思维过程，是人们运用独特、新颖的方式解决问题的思维过程，是思维的高级形式。创新思维具有独创性、联动性、多向性、跨越性、集中性等特点，培养大学生创新思维是提高其创新能力的关键。

创新能力包含了以下 4 方面的能力：

学习的能力，对现有知识点的吸收和消化，并转化为自己的知识。

发现问题的能力，发现已有知识结构的漏洞与错误；质疑已有知识框架的合理性以及对知识框架结构的重新构建；对现实中客观存在的现象进行观察、思考从而将问题从一般普通的现象中归纳总结出来的能力。

提出问题解决问题的能力，即分析问题的成因及解决问题的方法途径。在对学生进行教育过程中，需要运用创新思维的能力来解决问题。

实践方案的能力，即运用已经学到的知识，根据所想到的解决方案，动手实施，解决问题的能力。

3.2 创新能力的重要性

最早在 2014 年 9 月的夏季达沃斯论坛上，李克强总理在公开场合发出“大众创业、万众创新”的号召。当时他提出，要在 960 万平方公里土地上掀起“大众创业”“草根创业”的新浪潮，形成“万众创新”“人人创新”的新势态。此后，他在首届世界互联网大会、国务院常务会议和各种场合中频频阐释这一关键词。每到一地考察，他几乎都要与当地年轻的“创客”会面。他希望激发民族的创业精神和创新基因。90 后创业者、广州九尾信息科技公司创办人王锐旭曾走进中南海，他结合自身经历面对面向总理提建议。他正是在“大众创业、万众创新”中寻求公平发展机会的年轻草根创业者代表。总理对他说，促进“大众创业、万众创新”，大学生是重要力量，要为他们实现梦想和自身价值“铺路搭桥”。以此次讲话为契机，我国将大学生创新能力的培养作为教育改革的重要目标。

创新能力是运用已有的知识和理论，在科学、艺术、技术和各种实践活动领域中不断提供具有经济价值、社会价值、生态价值的新思想、新理论、新方法和新发明的能力。国与国之间的竞争，归根到底是人才的竞争，是民族创新能力的竞争。因此提高国民素质、造就创造性人才是实现中华民族复兴伟业的关键。现在的大学已不同于过往，想要更好地适应社会发展，培养学生的自主创新能力十分必要，这样大学生能更加适应社会的进步。在如今的竞争环境下，培养大学生的创新能力，并且鼓励学生用创新的思维从新视角出发来寻求更加有效的方案，培养有自主创新能力的大学生，对在整个社会形成创新的氛围都是有帮助的，从而促进企业甚至社会的进步，能够更好地建设创新型国家。大学生承担着祖国的希望与未来，是当代青年中的优秀人才，因此，大学生创新能力的培养是十分有必要的。

创新能力的培养不仅可以提升大学生的个人素质和个人能力，对大学生步入社会后的发展也是有着很大的意义。具体表现为以下 4 点：

3.2.1 有助于大学生适应社会生活开阔眼界

大学校园就是一个小型社会，有些相似但也有些不同，很明显社会有更加激烈的竞争氛围。我们希望大学生能适应社会的发展，可传统的教育却限制了学生的创新能力。一个能够在社会生存得很好的大学生，必然拥有创造能力和敢于突破的精神。大学生应敢于质疑权威，逐步养成用新的看法、角度分析问题的习惯，在教师引导下锻炼创新思维，学会使用创新的方式思考。不仅提高创新能力，还要提高自己的竞争意识和合作能力。

现在的很多研究都表明了我国教育体制的一个弱项，那就是学生创新能力处于较低水平。大学的课堂应丰富其内容，依学科特色，不设单一正确的标准答案，鼓励学生发展个性化，宽容学习中产生的错误，培养出众创新、敢于质疑的勇气，和解决问题的能力，鼓励其运用创新思维延伸到其他学科，从而开阔视野和眼界。

3.2.2 有助于大学生进行自主创业，走出国门

大学生就业问题是当今社会的一大难题，毕业大学生的数量逐年增长，而工作岗位是有限的，很多毕业生找不到工作，不得不说这是在浪费资源。“毕业即失业”现象让人们开始反思教育的意义，并且调整教学方法。现在，各种的创新比赛也层出不穷，如计算机大赛、创意发明，等等，激励同学们摆脱传统的束缚。在此背景下，产生了大学生的创业教育。这种新体制与传统教育不同，它可以引导创新；关心学生的创业能力，培育大学生创业的意识，进而自主创业，带动就业，大幅度减少大学生就业压力。

社会在进步，人们的生活水平也在不断提高，很多大学生毕业后选择出国深造。这不能简单地说是一种人才外流，因为国外很多先进的技术都领先于我们，更是青年对于知识的向往。如今很多事物都开始变得国际化，思想也是。更加多元化已成为国际新格局，取之精华弃之糟粕，创新思想能引发大学生对外界事物产生新鲜感，走出去，感受多元化的思想，提升自身的能力，有利于向全球展现出我国大学生的创新能力和素质。

虽然我们已经认识到创新能力培养对当代大学生的重要性，可是传统的教学

方式方法在创新能力的培养上明显不足。

3.2.3 有助于振兴民族科技，发展民族经济，提升企业竞争力

创新能力是 21 世纪之新时代对人才培养的要求。国家需要我们当代大学生具有科技创新能力。党和国家的领导人曾经多次指出科技创新对国家发展的重要性。世界各国经济发展的经验证明，科技创新是一个国家经济发展的巨大动力和社会财富增长的源泉。

当代大学生是祖国的未来，是国家实现战略目标的重要一环，我们应该加强自身科技创新能力的培养，用自己的所学为早日实现振兴民族科技，发展民族经济的宏伟目标贡献力量。

大学生是今后社会发展的重要动力，是企业竞争力的核心力量。社会在发展，时代在进步，每年都有一大批应届毕业生涌入社会，进入企业中发挥自己的价值。也许起初只扮演着一个微不足道的小角色，但经过几年的历练，必将成为企业的中流砥柱。

企业竞争力的提升终究要靠一批批涌入社会的年轻人。当代大学生不再故步自封，学习前辈们优秀经验的同时，更加敢于创新，勇于创新，开辟另一条道路，使企业在一步步的摸索中稳步提升。

3.2.4 有助于提升自身综合能力

在知识经济时代，知识的增长率加快，知识的陈旧周期不断缩短，知识转化的速度猛增。学生最需要掌握的是那些包摄面广、迁移性强、概括程度高的“核心”知识，而这些知识并非是靠言语所能“传授”的，它只能通过学生主动地“构建”和“再创造”而获得，这就需要大学生的创新意识和创新能力在其中主动地发挥作用。

在“构建”和“再创造”的过程中，通过与同伴不断地交流学习体会逐渐提升了沟通能力和团队合作精神；在反复的思考推敲中，不断地发现问题并设法解决问题，增强了独立解决问题的能力；通过一次次的自我否定与自我证实中，使自己的思维变得更加缜密严谨。创造力像是一把钥匙，一扇接着一扇地开启新世界的大门，不断探索未知，不断拓宽视野。现代社会需要的是具备创新意识的通才，也就是综合性的复合型人才。在今天，“有一技之长，则一生无虞”的古训已经不合时宜了，现代科技综合思潮的发展历史提出了培养通才的要求。

4. 培养大学生创新能力的途径

4.1 开放实验室

实验室开放是指纳入学校正式建制的各级各类实验室在保证完成正常教学、科研任务的前提下，利用现有师资、仪器、环境等资源，面对学生开放使用的实验室。通过实验室的开放，学生可以根据自身发展的需要，选择适合自己的时间和方式进行实验，从而达到理论学习和动手实践相结合目的。

4.1.1 实验室开放有利于培养学生分析问题和解决问题的能力

实验室开放有利于培养学生分析问题和解决问题的能力。传统的实验教学基本上是教师先做后讲解，再学生做，时间短、任务重，许多学生实验过程都是“比着葫芦画瓢”，草草结束。而开放式实验则需要学生自己仔细观察、反复分析。即便实验失败了，他们也有时间重新审查实验方案，调整方案，重新操作，分析失误，总结经验，反复探索。

4.1.2 实验室开放有利于培养学生创新意识和创新精神

实验室开放有利于培养学生创新意识和创新精神。实验教学是培养科学思维和掌握操作技能的有效途径。要把实验教学提高到一个更高层次，就得打破传统的格局，把培养具有创新意识、创新精神的任务放在首位。实验室向学生开放，创造了一个让学生提出问题、发现问题并解决问题的外部环境，学生的学习不再受教材、教师等因素的限制，学生的个性能够得到充分发展，使学生的创新意识和创新精神能够得到培养。

4.1.3 开放式实验教学有利于发挥学生的主体地位

开放式实验教学有利于发挥学生的主体地位。开放式实验教学注重发挥学生在实验教学中的主体地位，重视学生个性发展，充分发挥学生的自觉性、独立性，赋予学生在实验教学中充分发挥其积极性、主动性的权力、空间。除一定的基础必修内容，学生可以根据个人兴趣爱好、特长、专业发展方向选择实验内容，学生在实验教学中的主体地位得以充分体现。

4.2 增加学科竞赛

江泽民同志在全国科学技术大会上的讲话中指出，要重视青年学术带头人和技术带头的培养，努力创造青年优秀科技人才，委派他们在关键岗位承担重任，使他们在实践中健康成长。

随着社会与高校的联系日益密切，企业、专业研究机构等与高校的合作不断加强，这种强调在广阔的社会环境里进行具体实践来培养学生实践能力、创新能力的方法也已被逐步接受。学生参与学校与研究机构的项目研究、到院校与企业建立实习基地实习、到公司企业参观学习等，不仅可以辅助课内教学，加深学生对课堂知识的理解，拓展相关学科的知识面，协助科学研究和技术开发，而且对大学生的思想观念、道德品质、态度作风、人际交往能力，都能起到推动作用。

除此之外，在国家实施科教兴国和建设创新型国家战略的总体部署下，国家、社会以及学校等都给大学生提供了一定的科研训练项目。目前，全国性的大学生赛事包括全国大学生电子设计竞赛、全国大学生数学建模竞赛、“挑战杯”全国大学生课外学术科技作品竞赛等。积极参加此类竞赛可以锻炼学生顽强拼搏的奋斗精神。所以大学生应该在掌握扎实课堂知识的前提下，积极地参加各种科研竞赛活动，逐步培养自我的创新能力。

学科竞赛活动自身的特点决定了参与者需要拥有创造性思维和逻辑性思维等技能，每次比赛获奖的作品都是创新型的。在比赛环节中，各种技能是必不可少的，不仅需要理论知识等硬技能，还需要有沟通能力、团队建设能力等软技能。竞赛小组成员各方面的能力是不一样的，这就需要小组成员之间能有效地沟通，充分了解团队中每个人的情况，分工协作，发挥出每个人的优势，最大限度地体现集体的力量和智慧。在参赛过程中需要学生敢于挑战、勇于尝试，这有效地培养了实践技能。

4.3 参加社会实践

参加社会实践是源于大学生自身的内在成长需求。他们希望将主观能动性自觉转化为推动生产力发展进步的原动力，希望将所学知识更好地在实践中得到应用和检验，以提高其在实践中的观察力、判断力、整合力，为将来正式走向社会提供经验积累、知识运用、自主创新的实践经历。社会实践能有效促进大学生创新能力的提高。

4.4 营造宽松的学习环境

创新能力的形成，最主要的条件是有一种宽松的社会生态环境。这种环境是指已有学者所认为的那种“心理安全”与“心理自由”的宽松境况。在这种社会环境中，学生的精神可以经常处在“不逾矩”的状况中。

宽松的学习环境符合以人为本的理念，即以学生为中心。以学生为中心不是老的概念，世界上优秀的学校一直把它作为非常重要的一条要求来考虑的。普罗塔戈曾经说过“学生的头脑不是一个用来填充知识的容器，而是一个待点燃的火种”，每个人的火种是不一样的，需要靠同学的力量、靠家长的力量、靠教师的力量一起把不同的火种点燃。学校的任务就是发挥学生的天赋，鼓励学生向自己感兴趣的方向发展，激发学生的创造动机，培养其创造意识和创造能力。教师变灌输为引导，要摆正自己在教学中的地位，和学生是引导和被引导关系；教师在教学中要了解学生的需要，精心诱导学生最大限度地参与实践操作过程，积累丰富的感性材料，建立正确清晰的表象，使他们从中受到激励启发，产生联想和灵感，训练和培养学生的创新技能。

同时，教师还要在教学中提供给学生表现的机会，学生的创新意识如果得不到表现或者认可，其创新意识就得不到强化，创新能力得不到提高，创新的动机也会慢慢消失。因此，应在良好宽松的创新氛围，让学生充分展示自己的能力，发表自己的独特见解，从而展现创新的才能，体现创新的乐趣。而不是一味强调一个问题只有一个正确答案，埋头苦讲，忽视与学生互动的重要性，课堂氛围如果是一片死气沉沉，再优秀的天才也会逐渐被扼杀。

4.5 增加海外交流，借鉴国外学习方法

教育模式对学生创造力有着非常大的影响。我国从古至今都非常重视考试，学生在进入高等学校之前，基本上是以应试教育为主。著名学者杨振宁将中西方教育模式概括成一句话：“中国教育给了我严谨，美国教育给了我创新。”这句话概括了两种教育模式的特点，反映了一定的实际：中国教育比较严谨，比较按部就班；西方的教育可能比较自由，比较鼓励学生敢说、敢想。考试的确能反映学生对基础知识掌握的程度。从某种程度来说，以考试为中心的教育模式，使学生在实践性环节上的投入相对减少，在青少年时期的许多兴趣与爱好难以发挥出来。学生像是一台台上了发条的发动机，没有思想地运转着，不犯错误即是万岁。长此以往，中国也只能是一个大工厂，扮演着搬运工与生产工的角色。西方实行以素质教育为主的全面综合教育，更加注重激发学生的兴趣，使学生是因想学而去学，而不是因要学才去学。

如今大学中每年都有去国外交流学习的项目，国家留学基金委也拨了大笔资金供在校学生深造学习。学生在交流的过程中既能感受其他西方国家的文化氛围，也能体验另一番开放式的学习模式，激发学习兴趣。当然，海外交流只是学习国外教育的一种方法，并不是每一个普通的学生都能接受高昂的留学费用。如何把

外国先进的教育体系引入中国成了每个高等学府应该关注的重点，创新性课程、寒暑假夏令营等培养学生兴趣,激发学生潜力的课程应在大学教育中被广泛推广，鼓励学生朝着自己感兴趣的方向多想多做，使自己的潜力不断被挖掘。

4.6 开设创新性课程

开设专门的创新课程，培养大学生的创新智能和创新方法。高等学校要根据创新人才培养的需要和学生创新思维与技能提高的需求，开设系列的专门课程。把创造性思维的规律很好地加以总结并有意识地传授给青年学生，可以帮助他们在创造发明的崎岖道路上逐渐从“必然王国”走向“自由王国”。在这方面，应有重点地教给学生一些最基本的科研方法，如如何选题，如何搜集、分析、整理资料，如何提炼论点（观点），如何谋篇布局、安排论文结构，如何论证阐述，如何撰写论文等。同时，要有意识地布置一些综合性大作业或小论文题目，对学生进行科研的基本训练，教师加以必要的指导和辅导，使学生初步掌握科研的方法。

同时培养学生观察能力，在引出一个新公式、新结论、新知识前，想方设法引导学生或观察一个实际现象，或观察一些具体的事例，或列出表格进行观察，或注意对象在结构上有什么特征。使学生建立联系的思维，把各个发散的数字公式整合成一个整体，更好地理解与联想知识。

5. 对培养大学生创新能力的途径中存在问题的建议

5.1 对实验室开放在学生创新能力培养中的建议

5.1.1 发挥学生的主体地位

在传统教学模式中，教师是整个教学过程的主宰，学生则处于被动接受教师灌输知识的地位。在这样一个模式下，教师是主动的施教者，学生是被动的外部刺激接受者，即灌输对象。然而，长时间的被动式学习会遏制学生的创造思维，我们需要改变这种现状，化教师为主体为学生为主体。

实验室开放，注重发挥学生在实验教学中的主体地位。实验室开放式教学需要学生自己制定实验方案，不但要求学生掌握实验原理、步骤，还要在查阅大量资料的基础上，通过考查、分析、对比，设计出最佳方案，学生是实验教学中的主体，而教师在其中起着引导和解惑的作用。

5.1.2 鼓励学生自主探索与合作交流

还有许多高校不重视实验室课外教学课程，所做的实验大多为验证实验，学生只是参照指导书上的原理和步骤机械地重复别人的做法，得出同样的结论，验证同一理论。这样造成学生对实验没有兴趣，往往被动地去应付实验课，草草地完成实验。创新型实验室开放教学是一项开放性课程，可以扩大到全校学生，可以辐射到各个专业，专业学科与交叉学科相结合，鼓励不同学科、不同专业和不同年级的学生组成研究团队，开展课外开放实验项目研究。这样，不但可以激发同学们的学习兴趣，鼓励学生自主探索与合作交流，对培养他们的创新意识和创新精神，和培养他们的团结合作能力都是很有帮助的。

5.1.3 尊重学生个体差异，实施分层教学

美国心理学家华莱士指出："学生本身的个体差异、教师素质的个体差异，在教学过程中，将影响学生创造能力、创造性人格的培养"，因此，除了开展与教学目标相结合的必要的课内实验室项目以外，也应该多开展课外实验室项目。学生根据自己的兴趣、能力，可以选择相应符合自己的项目进行展开。教师也应该针对不同学生之间的差异，尽可能地采用多样化的教学方法和学习指导策略，对不同程度、不同性格的学生提出不同的学习要求。

5.2 加强社会实践活动的对策和建议

5.2.1 我国高校应努力加强完善社会实践体制

我国高校在鼓励学生大胆走出校园，融入社会时也要做到实质上的引导和培养。在大一新生入学时就要向新生灌输社会实践的观念。学生刚进入大学会感到迷茫、迷失方向，但这也是学生社会实践能力培养的重要阶段。应针对学生的特点安排一些联谊活动，能活跃、丰富校园生活，让学生积极地思考并在活动中收获喜悦。

5.2.2 改善社会实践过于形式化的不足

现如今很多假期实习等实践活动都应该重视实质上的内容，应当让学生根据自身能力专注于实习，而不是仅仅打印、复印、端茶递水等简单事务，最终随意给出实习成绩的现象。在实习考核中也要严格考查学生是非真正做了实习工作。

不能让学生狭隘地认为实践活动仅仅是为了获取学分。学分是学生开始的目的，但最终让学生在实践过程中学到真正的创新能力才是学校的重点工作目标。

5.2.3 提升社会实践与专业的关联度

学校应更多地重视专业知识在实习实践活动中的有效运用，搭建学生实践、专业人才培养与社会需求相结合的社会实践育人平台；引导学生寻找与专业紧密相关的实习单位，让学生具有判断能力。让学生在练习专业知识的同时，从实践中发现新的问题并总结经验教训，这样可以对未来的发展起到潜移默化的影响。

5.3 针对学科竞赛存在的问题的建议

5.3.1 关注学生并鼓励其积极参加学科竞赛

针对参与者比较单一的情况，学校可以组织一些班级活动，在活动中充分了解学生的情况，选出适合参加竞赛的学生。教师在指导学生的过程中，应该根据学生的特长加以分类引导，根据他们自身的优势，选择适合他们的学科竞赛或者在竞赛中不同环节展示与发挥，从而培养、挖掘他们的最大潜能。同时，还可以将学科竞赛的学分转换成实践创新学分、冲抵选修课程学分、参与评优等，充分调动学生参与学科竞赛的积极性、主动性，鼓励更多的学生参与学科竞赛。

5.3.2 改进组织方式，调动师生积极性

学校应该建立相应的竞赛奖励制度，规范竞赛的组织方式，重视竞赛过程中能力的提升，形成不以结果论输赢的正确竞赛理念。形成一种观念：参赛不要只在乎结果，重在参与；把自己的能力都展现出来；互相学习，共同提高，使自己的专业技能得到更好的发展，让每个人都能感受到竞赛带给他们的快乐。这样的学科竞赛机制有利于促使学生们积极踊跃地参加校内外的各项比赛。提高学科竞赛的参与性，可实行三阶段选拔的管理制度。①是在课堂中实行小组学习，让每个学生都参与其中，将专业阶段考试以小组学习的形式完成，并且从中选拔出优秀的学习小组。②是通过本学院自己组织的学科竞赛，考查学生专业知识技能的掌握情况，从中选拔出优秀选手。③是举行省市级学科竞赛的选拔赛，利用学生课余时间集中组织培训，并且定期组织选拔赛，经过多次选拔赛的挑选，最终确定参加省、市级选手的名单。

5.3.3 比赛设置联系现实需求、加强校企合作

学科竞赛不仅仅是理论性的比赛，同样对创新实践能力要求极高。让学生深入企业学习，切实提高自己的专业技能，实现理论与实际相结合，并从企业实际中寻找课题，从而为学科竞赛打下坚实的基础。学科竞赛是一个展示、交流的平台，在学科竞赛中获得优异的比赛成绩，不仅体现了学校的综合实力和人才质量，也能为企业解决实际问题。所以在学科竞赛推进过程中，要注意与企业加强合作，实现资源共享，学校与企业实现共赢。

6. 总结

培养学生的创新意识、创新精神和创新能力，使其成为创造型的优秀人才，是时代和社会对新时期教育工作提出的更新、更高的要求，是满足知识经济时代对高素质人才需求的重要途径和有效措施，也是高等教育、教学改革发展的方向、潮流和趋势。因此，高校必须把培养学生的创新精神和能力放到突出的位置上并予以高度重视。

学生创新精神和创新能力的培养不是靠一两门课程能够解决的，它是一个系统工程，牵涉到整个教育模式和教育环境的改革和创新问题。要想使现在培养的学生具有强烈的创新意识和一定的创新能力，一定要转变观念，建立一套新的机制，给学生提供能够实现创新的学习氛围和提供进行创新实践的舞台，让学生有丰富的实践机会。经过大家的努力，各方面的密切配合，才能取得好的效果。

社会实践是一个富有广泛而深刻含义的概念。大学生社会实践活动是引导学生走出校门、接触社会、了解国情，使理论与实践相结合的良好形式，是大学生培养自身创新能力，锻炼才干的重要渠道，实践可以提高思想觉悟，增强大学生服务社会意识，促进大学生健康成长的。通过社会实践活动有助于大学生更新观念，树立正确的世界观、人生观、价值观。社会实践给我们带来的不仅仅是表面上的知识，还有驻扎在我们潜意识中的体会，我们应敢于走出校园，拓宽视野，努力成为一名全面发展的大学生。

实验室开放是教学改革的一个进步，也是目前实践教学改革的一个趋势，更是培养学生创新能力的一项重要途径。实验室的开放，使学生有了独立思考、自由发挥、自主学习的时间和空间，有利于学生个性的发展和创造性思维的培养，进而提升学生的综合素质。

学科竞赛给参与者带来了深刻的影响，无论参赛结果如何，从参赛的整个过程中，参赛的学生都感触良多，很多学生都认为参赛过程中所收获的东西能使他们终身受益。毫无疑问，学科竞赛对学生创新能力的提高大有裨益。高校应根据学校实际情况，建设适应学生发展需求的学科竞赛体系，不断探索开放而高效的组织管理模式，完善学科竞赛的激励机制，鼓励教师和学生积极参与，为社会培养并输送更高质量的创新型人才。

大学生创新能力是评价高校人才培养质量的关键。陶行知先生曾说："真正的教育必须培养出能思考会创造的人"，大学生的科研创新能力决定了高等教育质量的好坏，是国家发展的时代需要。高校应遵循时代的要求，更新现有的教育理念，并且结合社会经济发展的需要，培养出对社会有用的创新型人才。

参考文献

[1] 国务院办公厅．国务院办公厅关于发展众创空间推进大众创新创业的指导意见 [Z]. 国务院办公厅，2015.

[2] 政府工作报告起草组．政府工作报告起草组成员解读"大众创业万众创新"[N]. 中国青年报，2015-03-06.

[3] 鲍日元．地方高校开放实验室建设的重要意义与难点 [J]. 牡丹江大学学院学报，2007（11）：113 — 114.

我国上市公司股权激励实施效果评价

北方工业大学：崔玉瑶　易寒冰　周　正

指导教师：洪　峰　讲师

摘　要：本文以2006—2016年我国披露了研发支出的上市公司为研究样本，实证结果表明，实施股权激励能够促进企业研发的投入以及提升业绩。上市公司高管股权激励与研发支出及业绩呈正相关，这可以启发高层运用这一关系更好地做出经济决策。

关键词：股权激励；上市；实施效果

1. 引言

运用股权激励促进公司的发展，是重要公司发展方式，其伴随着公司的发展制度完善，逐渐明朗化。自此理论应用到实践之后，其对推动公司的业绩增长方面发挥了举足轻重的作用。但是，也有相关学者不认同此观点，他们认为，公司业绩增长与股权激励之间其实并没有必然的联系。因此，就需要针对股权激励与公司业绩之间的关系进行更加深入的探究与讨论了，只有正确地对两者之间的关系予以认定，才能保证股权激励政策被更加有效且高效地应用。

技术创新对推动企业及产业发展起着十分重要的作用，而企业内部对创新的激励也非常重要。随着我国进行股权分离的改革，从企业的可持续发展视角来看，实施股权激励有助于公司经营者从公司的长远利益角度考虑，一定程度上规避短视行为，为提高企业的核心竞争力而加大企业的研究与试验发展（R&D）投入。同时，股权激励对企业的研发投入会产生影响，能够促使管理层通过提高研发投入、创造产品核心品牌以提高具有差异性的竞争力等措施来使公司与自身获益。那么，企业的股权激励与R&D支出之间是否真的存在相关性呢？研究该问题不仅对投资者及其他信息使用者的决策有着重要作用，而且对于企业自身对股权激励和 R&D 投入的实践有效性也有提高作用，此外，对推动企业股权激励及技术创新项目的开展意义非凡。因此深入研究分析股权激励对研发投入的影响刻不容缓。

2. 股权激励的制度背景

为了完善公司治理结构，提升经营业绩，我国上市公司借鉴美国等发达国家的经理人长期激励机制，在经理人股权激励方面进行了积极的探索和尝试。我国企业股权激励始于 20 世纪 90 年代，直到 2005 年股权分置改革后才真正启动。随着我国证券市场的稳步发展和股权分置改革工作的顺利推进，上市公司的激励约束机制日益受到重视，尤其是股权激励受到市场各方关注。2005 年 12 月 31 日，《上市公司股权激励管理办法》出台，而 2006 年《上市公司股权激励管理办法（试行）》的正式施行，修订后的公司法、证券法在公司资本制度、回购公司股票和高级管理人员任职期内转让股票等方面均有所突破，消除了上市公司实施股权激励的法律障碍。两个《办法》的出台将有利于中国证券市场的建设和上市公司治理水平的提升。股权激励可以提高公司管理层和股东工作的积极性，为企业创造更大的价值，也为股东创造更大的价值，从而也为管理层和股东本身创造更大价值。对于缺乏人才的中小企业而言，基数小但发展快、缺现金而潜力大，因此众多中小企业将吸引、保留和激励人才的目光放到股权激励上。正是由于没有办法拿出大量现金，通过品牌来吸引、激励高素质的人才，因此要通过股权激励方式、用企业的未来凝聚急需的核心人才，这是大型企业所无法比拟的；大企业基数大，但成长速度有限，而且既成的股权结构缺乏灵活的股权激励空间。

3. 股权激励的实施效果

本文以 2006—2016 年我国披露了研发支出的上市公司为样本，研究了上市公司股权激励与研发支出及业绩之间存在关系。

3.1.1 我国上市公司股权激励与业绩关系研究

（1）实证结果

a. 描述性统计

描述性分析结果表明，样本中的 29627 组观测量显示，近 11 年来我国上市公司的资产收益率（ROA）平均水平为0.0876648，而最小的为-0.164505，最大的为0.424001，说明ROA水平高低在不同公司中存在明显差异。ROA表示企业全部资产获取收益的水平，全面反映了企业的获利能力和投入产出状况。通过对该指标的深入分析，可以增强各方面对企业资产经营的关注，促进企业提高单位资产的收益水平。一般情况下，企业可据此指标与市场资本利率进行比较，如果该指标大于市场利率，则表明企业可以充分利用财务杠杆，进行负债经营，获取尽可能多的收益。该指标越高，表明企业投入产出的水平越好，企业的资产运营越有效。本文高管是否持股是哑变量，持股记为1，未持股记为0，均值为0.0361832，说明我国上市公司高管持股的是少数的，企业间高管是否持股也存在较大的差异。这必然会影响到高管对ROA投入的积极性。其他控制变量的描述性结果见表1。

表1　样本描述性统计

Variable	Obs	Mean	Min	Max
ROA	29627	0.0876648	-0.164505	0.424001
Incentive	29627	0 .0361832	0	1
Lev	29627	0.4546504	0 .050475	1.088444
growth	29627	0.1827753	-0.604157	2.203915

b. 分类描述性统计

描述性统计分析结果表明，管理层是否持股对ROA有影响。从表1、表2和表3可以得知，在29627个样本中，管理层未持股的有28555个，ROA平均水平为0.0876648，而管理层持股的共有1072个样本，其ROA平均水平为0.0858911，略低于管理层未持股的公司，但是并不显著。其他控制变量的描述性结果见表2和表3。

表2　分类描述性统计表

Variable	Obs	Mean	Min	Max
Wroa	28555	0 .0877314	-0.164505	0 .424001
Wsize	28555	21.46648	18.57608	25.55716
Wgrowth2	28555	0.1778961	-0.604157	2.203915

表3　分类描述性统计表

Variable	Obs	Mean	Min	Max
Wroa	1072	0.0858911	-0.164505	0.424001
Wsize	1072	21.80861	18.64172	25.55716
Wgrowth2	1072	0 .3127433	-0.604157	2.203915

c. 回归分析

多元回归结果如表 4 所示，模型的回归系数分析如下：在不考虑其他因素的影响下，高管持股与公司业绩存在显著的正相关关系。两者在 0.000 的显著性水平上显著正相关，这与假设一致。也就是说，在模型里得到的结论：高管持股与企业业绩之间的相关系数是显著的，两者的相关关系是显著的。

表 4　　回归结果

模型	模型
Constant	0.000***（57.43）
Incentive	0.000***（-5.05）
Size	0.000***（-40.63）
growth	0.000***（51.41）
Lev	0.000***（-35.59）
Adj R2	0.1914
F 值	0.07988

（2）结论分析

在理论分析方面。股权激励计划在我国尚且属于一种新兴的公司治理方法和激励手段，研究股权激励制度对完善我国公司治理制度，提高公司绩效具有重大意义。股权激励机制的实施，有利于完善公司治理结构，降低代理成本，从而提高公司绩效。不实行股权激励的上市公司，其公司绩效会降低或提高较慢，即股权激励与公司绩效成正影响关系。

在实证分析方面。第一，从上市公司的总体现状来看，上市公司中，管理层持股的情况下，公司绩效相对较好，说明股权激励与公司绩效成正影响关系。第二，对样本变量描述性分析，上市公司管理层持股比例差距比较大，公司绩效之间差距也较大，说明股权激励与公司绩效之间存在正相关关系。第三，对全部样本总体回归分析结果显示出管理层持股比例与公司绩效存在正影响关系。

3.1.2　我国上市公司股权激励与研发支出关系研究

由于我国 2007 年以前的会计制度并没有强制要求公司对外披露其 R&D 费用的信息，这使得公司 R&D 费用的数据难以直接获得。为此，通过万德数据库筛选出上市公司，及其年度报告，从中筛选出 2006—2016 年间在其财务报告中披露了 R&D 费用的深市及沪市的上市公司，共 2294 个观测值，其中 R&D 费用主要是在年报附注中“研发支出”“支付的其他与经营活动有关的现金”等项目中的数据。

（1）实证结果

a. 描述性统计

描述性分析结果表明，样本中的 2294 家披露了研发支出的上市公司中研发支出比例平均水平为 0.0151049，而比例最少的为 5.91E–09，最多为 0.0486575，说明公司 R&D 支出水平偏低且在不同公司中存在明显差异。国际上一般认为，研发费用比例达到 5% 才具备竞争力，因此我国上市公司的研发支出平均水平及其竞争力有待提高。本文高管是否持股是哑变量，持股记为 1，未持股记为 0，均值为 0.0514385，说明我国上市公司高管持股的是少数的，企业间高管是否持股也存在较大的差异。这将会影响到管理层对 R&D 投入的强度。其他控制变量的描述性结果如表 5。

表 5　　样本描述性统计

变量名称	样本	平均值	标准差	最小值	最大值
R&D	2294	0.0151049	0.0164149	5.91E–09	0.0486575
Incentive	2294	0.0514385	0.2209387	0	1
Lev	2294	0.4177696	0.2185146	0.050475	1.088444
Growth	2294	0.1978582	0.3139387	–0.604157	2.203915
Size	2294	21.57746	1.374049	18.57608	25.55716

b. 分类描述性统计

描述性统计分析结果表明，管理层是否持股对研发支出比例有影响。从表 2 和表 3 可以得知，在披露了研发支出的样本公司中，管理层未持股的公司有 22176 个样本，研发支出比例平均水平为 0.0148752，而管理层持股的公司中有 118 个样本，其研发支出比例平均水平为 0.0193405，高于管理层未持股的公司，一定程度上表明了实施股权激励对研发支出的激励作用。其他控制变量的描述性结果见表 6 和表 7。

表 6　　分类描述性统计

incentive = 0					
变量名称	样本	平均值	标准差	最小值	最大值
R&D	2176	0.0148752	0.0163013	5.91E–09	0.0486575
Wize	2176	21.5805	1.3873	18.57608	25.55716
Growth	2176	0.1915977	0.3138413	–0.604157	2.203915
Lev	2176	0.4235952	0.2185302	0.050475	1.088444

表 7　　分类描述性统计

incentive = 1					
Variable	Obs	Mean	Std. Dev.	Min	Max
R&D	118	0.0193405	0.0179377	7.86E-06	0.0486575
Size	118	21.52134	1.104799	19.86529	25.32923
Growth	118	0.3133077	0.2938789	-0.178345	1.512216
Lev	118	0.3103423	0.1891013	0.050475	0.763931

c. 回归分析

多元回归结果如表 8 所示，模型的 F 值为 8.31（P=0.0040），这表明模型具有显著的统计意义，模型的调整的 R^2=0.0036。表 8 列示了模型的回归结果。回归系数分析如下：在不考虑其他因素的影响下，高管持股与公司 R&D 强度存在显著的正相关关系。两者在 1%的显著性水平上显著正相关，这与假设一致。这表明，高管持股确实对其有长期的激励作用，持有股权的高管更可能从企业的长期利益出发进行 R & D 投资。模型（A）的拟合优度检验结果 R^2 值为 0.0036，R&D 变动的 0.36%归因于高管持股。由此，管理层持股与 R&D 投入之间的相关系数是正向的。模型（B）R^2 值的值为 0.1435，R&D 变动的 14.35%归因于高管持股。因此，在模型（B）中，高管持股与 R&D 投入之间的相关系数是正向的。换言之，高管持股与企业的 R&D 投入之间的关系是正向关系，这一结论在回归结果中得到了验证。

根据回归分析，我国企业研发支出占资产总额的比重呈逐年上升趋势；研发支出和高管持股比例呈显著的正相关，并且管理层持股越多，决定研发支出的权利就越大。在实施了股权激励的企业中，研发支出占比明显高于未实施股权激励的企业，这证明了实施股权激励对研发强度的正向作用。因此，上市公司可以增加管理层持股比例，在加大研发支出的同时也为企业带来了更可观的未来收益，并有利于扩大企业规模，提升竞争力，使企业更大步向前发展。而高科技行业企业实施股权激励，无论在计划数量上还是激励比例上都显著大于一般企业，这也间接表明股权激励对我国高科技企业的研发有很大的促进作用。

表 8　　回归结果

模型	模型（A）	模型（B）
Constant	0.0148752（42.34）	0.063048（11.61）
Incentive	0.0044654***（2.88）	0.0020063***（2.58）
Size		-0.0018244（-6.88）
growth		-0.0000128（-0.01）

续表

模型	模型（A）	模型（B）
Lev		−0.020774***（−12.38）
AdjR2	0.0032	0.142
F 值	8.31	95.84

注：括号内为 t 检验值。“***”“**”“*”分别表示 P<1%、P<5%、p<10%。

（2）结论分析

实证结果表明，实施股权激励能够促进企业研发的投入。通过本文的讨论，可以发现，股权激励这一薪酬制度如果想要发挥最大作用，在制定股权激励计划时要同时考虑内外部环境。同时，为了进一步验证股权激励对研发支出的影响，本文还控制了公司规模负债水平、公司成长性等变量。研究结果显示，管理层股权激励与研发支出呈正相关关系。这表明企业实施股权激励有利于促使股东和管理层的利益相关联，使管理者更加关注企业的长远目标，从而加大 R&D 投入，以此实现企业利益最大化。

4. 股权激励中存在的问题

4.1 公司治理结构不完善，经营者约束机制不健全，缺乏有效的内部监督机制

目前，上市公司中内部人控制现象严重，董事长兼任总经理的情况依然很普遍，并且公司中存在大量的内部董事，从而使得股权激励方案变成了董事会自己激励自己的方案。导致上市公司大量的短期行为以及控股股东之间的不正当关联交易；对经营管理层缺乏必要的监督和约束损害了广大中小股东的利益；上市公司董事会独立性不强，董事会与经营层高度重合，董事兼任总经理或是经理的现象十分普遍，导致董事会内部监督机制不到位，甚至缺失，这些问题严重阻碍了股权激励机制的有效实施。

4.2 激励方案的设计不完善

统计分析显示，股票期权较为普遍，激励对象大部分为公司董事和高层管理人员，而核心员工只占少数，同时存在激励成本过低，偏向短期激励等问题。如金螳螂的股票期权分配情况，董事长和总经理各获得 20 万股，占计划总量的

10%，全部高管人员的股票期权占计划总量的比例达到了 77%，核心技术人员仅占 23%。制定者没有考虑在市场低迷时期，股票期权可能失效，给予公司董事和高管过多的激励数量会导致价值分配不均衡等问题。这些问题都会直接影响激励方案的实施效果。

4.3　缺乏成熟的职业经理人市场

我国的经理人市场相对于发达国家发展缓慢。很多上市公司的经营者往往不是通过市场来进行配置的，而是通过行政任命或其他非市场选择的方法确定的。这种任命制度大大降低了股权激励中的实施效果。一些能力优秀的经营者无法在合适的岗位发挥其应有的才能，而被任命的经营者即使达不到应有的业绩标准，也可以高枕无忧。经营者的去留与其业绩不具有直接相关性。这样不够完善的职业经理人市场很难真正选拔出适合的人才，而所谓的股权激励制度也无法发挥作用。

4.4　股票市场不成熟

我国的股市是弱势有效市场，股价很多情况下无法真实反映公司的业绩和经营效果，股价背离真实价值。一些投资者会利用股票市场存在的漏洞，利用自身的信息优势弄虚作假，哄抬股价，而不是通过提升业绩来为公司创造价值。这样很可能导致股权激励的反向激励作用，使得结果越来越背离预期目标。

5. 对股权激励存在的问题的几点建议

5.1　完善公司内部监督职能

公司要建立一个集激励机制、约束机制以及经营者选择机制为一体的完整的公司治理结构来保障股权激励方案的顺利推行，从而实现令人满意的激励效果。一是要加强公司内部审计防止腐败；二是完善董事会和监事会的监督职能，二者也要减少兼任的情况，做到分工明确。建立高效合理、职责明确的目标绩效考核管理体系，同时使考核体系公开化、透明化。

5.2　加强股权激励的广度和深度

从范围上来看，已实施股权激励的上市公司中激励的对象大多数是主要的高层管理人员，对于中层管理人员的激励较少，仅是少数人持股，实施的广度不够；从实施股权激励的上市公司管理层持股比例来看，管理层持股水平较低；从时间上来看，我国上市公司实施股权激励的时间短，实施的深度低。股权激励的本质就是让公司管理层拥有一定的剩余索取权并相应承担风险，要发挥股权激励机制的作用，需加强股权激励的广度和深度，建立一套规范、开放、灵活、富有激励效应的体系。

5.3 提高管理者水平

从市场经济发达的国家来看，推动企业健康发展离不开经理人的素质和能力，经理人的人力资源只有通过市场配置才能发挥其最佳效用。而目前很多上市公司的经理人是由政府主管部门或大股东直接任命的，真正的人才匹配不到合适的岗位，我国应该完善职业经理人的评价体系，探索构建一个既符合我国实际情况又符合国际规范的职业经理人评价体，只有经理人管理的能力和水平符合股权激励的条件，才能发挥股权激励的作用。

5.4 政府加强宏观控制

我国政府也必须加强宏观环境的建设。由于我国资本市场不完善，有效性较低，市场投机性较强，部分国有股未上市流通，一些上市公司披露的信息中有欺诈、隐瞒等情况，股票的市场价格不能真实地反映公司价值，导致股权激励的作用大幅降低。所以要加强资本市场的监督力度，提高信息披露的准确性、规范性、真实性。建立公开化、透明化的市场机制，使我国资本市场向稳定、高效的方向发展。完善我国相关会计准则和法律法规中限制股权激励制度发展的条款以及对参与主体、有效期、行权价等予以规范指导的一系列条款，使管理层股权激励计划的整个运作过程有章可循。

参考文献

[1] 介迎疆，扈文秀，马艳妮．高科技上市公司股权激励对研发支出影响的实证研究 [J]. 科技管理研究，2013，33（10）：70–73.

[2] 赵立韦．研发投入的高管股权激励因素效应分析 [J]. 合作经济与科技，2013（6）：34–36.

[3] 夏芸，唐清泉．我国高科技企业的股权激励与研发支出分析 [J]. 证券市场导报，2008（10）：29–34.

[4] 毛弄玉等．我国上市公司股权激励机制存在的问题及建议 [J]. 财会月刊：理论版，2009.

[5] 王孝红 . 龙城旅游控股集团有限公司资本运营模式的选择 [J]. 合肥工业大学，2011.

[6] 成荫 . 台资上市公司高管股权激励机制研究——以 F 公司为例 [J]. 云南财经大学，2015.

[7] 刘玲 . 股权激励制度对上市公司业绩的影响分析 [J]. 商业会计 , 2014.

证券资格会计师事务所品牌建设情况研究

北方工业大学：张玺玉　张　峣　于　婷　陈琪芳

指导教师：李　宜　讲师

摘　要：本文对证券资格会计师事务所品牌建设的政策背景、重大意义及现状进行了分析与研究，并对其品牌建设的途径进行了相关的探索，最后对证券资格会计师事务所今后的品牌建设提出了相关建议。

关键词：会计师事务所；证券资格；品牌建设

证券资格会计师事务所的品牌建设不仅直接影响我国注册会计师行业的发展，对支持国内经济持续蓬勃发展来说也是至关重要的。会计师事务所的人合特征、社会责任和专业属性决定了其在品牌建设方面有着特殊的要求和内涵，本文围绕证券资格会计师事务所的品牌建设，对其政策背景、重大意义、现状及探索途径分别进行了分析与研究。

1. 证券资格会计师事务所品牌建设的政策背景

全球经济的不断发展，在促进国家进步的同时，也为各行各业带来了不同程度的挑战和机遇。在如今会计行业竞争日趋激烈的背景下，我国的会计师事务所需要在原来的发展之路上开拓新的道路，找到突破口，进而实现更大、更稳的跨步。国家也一直在关注会计行业，为了鼓励会计师事务所做大做强，政府已发布实施《关于推动事务所做大做强的意见》《关于支持会计师事务所扩大服务出口的若干意见》等政策，为会计师事务所整体行业提供良好的政策环境。

根据《注册会计师行业发展规划（2016—2020年）》可知，“十二五”时期，注册会计师行业紧紧围绕服务国家建设主题和诚信建设主线，全面深入实施行业发展战略体系，创新开展行业管理和服务。此外，《中华人民共和国国民经济和社会发展第十三个五年规划纲要》提出的国家“十三五”时期新目标、新任务，为注册会计师行业谋划未来5年的发展提供了重要依据。由此可见，注册会计师行业的发展离不开国家的规划指导和大力支持。而中国注册会计师协会印发的《会计师事务所品牌建设指南》中也紧紧围绕事务所品牌愿景和战略、品牌定位及设计和传播、品牌维护和危机管理、品牌监控和评价这4个方面展开说明，以此来推进会计师事务所创建自主知名品牌。简而言之，会计师事务所的品牌建设受到了国家政府及注册会计师行业的大力支持，也正是因为有了他们的保驾护航，中国会计师事务所的品牌建设才得以顺利发展和推进。

2. 证券资格会计师事务所品牌建设的重大意义

注册会计师行业是市场经济监督体系重要的制度安排、高端服务业的重要门类、社会管理创新的重要力量、社会组织党建创新的重要领域。市场经济越发展，改革开放越深入，注册会计师行业越重要，由此也奠定了证券资格会计师事务所在国家经济和政治生活中不可替代的作用和无可比拟的地位。会计师事务所是社会经济活动的监督者，也是企业经营管理行为的评价者，亦是企业财务状况和经济成果的鉴证者，更是投资人权益的维护者和资本流动的引导者。因此，证券资格会计师事务所的品牌建设具有重大意义。

首先，品牌建设有助于会计师事务所提高知名度，增加社会公众的认可度，从而增强其核心竞争力，在国内甚至国外的市场上始终立于不败之地。其次，面对当今世界飞速发展的经济，会计师事务所的发展必须达到与经济发展相匹配的速度，而由于形成一定的品牌效应需要经过较长时间的沉淀积累，因此会计师事务所的品牌建设迫在眉睫，尽早为好。再次，会计师事务所的品牌建设除了关乎自身以外，还与被审计企业有着紧密的联系，因为事务所品牌的可信性，或者说品牌效应的大小，会同等程度地影响外界社会对被审计企业的看法、评价以及认可程度。此外，会计师事务所的品牌建设是加强自身市场竞争力，提升行业整体形象的有效途径；是顺应全球经济发展，提升国家竞争力的重要手段；也是我国注册会计师行业发展和进步的必然要求。

3. 证券资格会计师事务所品牌建设的现状分析

根据中国注册会计师协会2017年1月12日发布的《2016年会计师事务所综合评价前百家信息》可知，相比较国际“四大”，本土“八大”在注册会计师人数上占据优势，且在业务收入上的距离是在逐渐缩小了，但人均业务收入和师均业务收入还是有着一定的差距。随着我国注册会计师行业的发展，以前由国际“四大”四足鼎立的局面已经慢慢被崛起的国内大所“瓦解”了，但明显能感觉到和“四大”还存在着一定的差距。虽然总量赶上了，但主要靠人海战术，师均业务收入还是有着相当大的差距，四大会计师事务所师均业务收入远高于国内的大所，可以说是以压倒性的优势遥遥领先。国内大所师均业务收入平均值为149.20万元，而“四大”的平均值354.60万元，高出国内大所两倍多。在财务报表审计业务量方面，国内会计师事务所占据优势，立信、瑞华和天健已经是遥遥领先的态势，占业务总量比重都超过了10%，而国际“四大”在业务量上的比重稍稍落后，其中毕马威华振占比仅有0.77%，还不到1%。而在审计费用这方面，本土会计师事务所就不能笑得太开心了，在业务量上并不占优势的国际“四大”以绝对的优势占据了平均每家上市公司业务收入的前4名，尤其之前业务量排名最后的毕马威华振以很大的差距远超国内会计师事务所名列榜首，这样就更能看出“四大”重质不重量，而国内大所靠的是以量取胜。那么究竟是什么样的原因使得“四大”在审计收费方面获得超额回报呢？归根究底，是“四大”会计师事务所百年来凝聚的品牌价值。

根据中国注册会计师协会2017年5月22日发布的上市公司2016年年报审计情况快报（第十二期），2017年1月1日至4月30日，40家证券资格会计师事务所共为3136家上市公司出具了财务报表审计报告，其中，沪市主板1225家，深市主板476家，中小企业板833家，创业板602家。本文选取了在2016年会计师事务所综合评价中排名前10的证券资格会计师事务所为样本，深入分析事务所排名对其本身业务收入和承接的上市公司审计业务数量的影响。截至2015年12月31日，全国有会计师事务所8374家（含分所1001家），其中具有证券资格的事务所共40家。2016年会计师事务所综合评价前10名被证券资格会计师事务所包揽，由此可见证券资格会计师事务所在行业内发展良好，并且处于行业领军地位。而具有证券资格的会计师事务所综合排名如此遥遥领先，可见相对于普通会计师事务所，其品牌的建设还是十分不错的。此外，证券资格会计师事务所的综合评价对其本身业务收入和承接的上市公司审计业务数量也具有一定的影响，因此可以推测事务所的业务收入和业务数量与其所具有的品牌效应大小有关。

分析可得，事务所本身业务收入总体呈明显下降趋势，即证券资格会计师事务所综合排名越靠前，其本身的业务收入越多，由此也突出了事务所品牌效应的影响。而事务所的人均业务收入和师均业务收入呈现同方向或增或减地变动，这两项平均收入指标之所以没有像事务所本身业务收入指标一样总体呈现有规律地变动，主要是各个事务所全体员工和注册会计师人数的不同导致的。10 家样本证券资格会计师事务所 2016 年财务报表和内部控制审计业务数量总体呈现同方向地一致变动，但两者总体变动的规律性并不是很强，这主要是局限于样本数量的原因。将这 10 家事务所审计业务数量拆分来看，除了排名第 2、第 4、第 7 的瑞华、立信、天健这 3 家事务所财务报表审计业务数量明显高于其他事务所外，其余的审计业务数量变化幅度相对来说还是比较小的。根据中注协发布的相关资料，在全国 40 家证券资格会计师事务所中，事务所承接的上市公司 2016 年度财务报表和内部控制审计业务数量，立信会计师事务所均位居榜首，分别达 504 家和 220 家，而立信中联会计师事务所均为最少，仅 4 家和 3 家。而立信事务所综合排名第 4，立信中联事务所综合排名第 33。这说明事务所的审计业务数量与综合排名还是有很大关系的。

4. 证券资格会计师事务所品牌建设的途径分析及相关建议

综上，证券资格会计师事务所的品牌建设不仅受到行业的大力支持，国家也在不遗余力地推进事务所的品牌建设，而且从市场竞争力和经济发展以及被审计企业三方面来说，证券资格会计师事务所的品牌建设具有十分重大的意义，推进品牌建设能够使相关多方受益，因此对会计师事务所，尤其证券资格所而言品牌建设势在必行的。

推进品牌建设的首要途径就是要加强并提升注册会计师事务所的服务质量，注册会计师行业属于高端服务业，高质量的专业服务是关键支撑，随着我国经济发展进入新常态，该行业发展迫切需要从规模数量型向质量效益型转变，所以，只有够专业的服务质量才是撑起品牌建设的第一支柱。其次，需要扩大服务范围为品牌建设提供更大可能性，每个事务所追求的目标定位是各不相同的，但也不用局限于此，可以在其特色的目标定位基础上，大力发展其他服务范围，探索新的业务领域，为事务所提高更多的发展空间。另外大力发展国际业务也不可或缺，这以后将成为国内会计师事务所最大的发展平台。此外，打造优秀的团队是品牌建设的核心，会计师事务所是一个团体，这个团体需要高素质优秀人才，需要积极向上的竞争意识，需要正确创新的决策，这是关键中的关键。这将是以后高耸入云的“大厦”

最坚实的基石。优秀团队的打造当然也将是一个长期的过程，需要不断坚持。

当今世界的竞争说到底是人才的竞争，更何况对于注册会计师行业。要想将事务所的品牌建设起来，专业的人才是不可或缺的，所以，首先，事务所必须注重人才的引进，深化人才的培养。而这就需要持续加强行业继续教育工作，并注意培养行业领军人物和后备人才。其次，加强会计师事务所机构的建设也是不可或缺的，因此要提升事务所的专业服务能力，加强内部治理并提升职业风险控制水平。另外，品牌建设是一个需要耐心并不断探索的过程，在较短的时间内不会形成一定有效的成果，所以事务所进行品牌建设时需要制定长远的发展战略和规划，并注重其持续性。还有，事务所应当结合自身情况并联系实际，加强内部管理，同时形成良好的工作氛围，最终提高业务的质量和效率，从根本上提升自身水平。最后，会计师事务所要有良好的战略目光，注重信息化和国际化的发展，完善信息系统的基础建设，在各个方面与国际接轨，拓展国际市场，做到国内国外协同发展。

参考文献

[1] 郝军 . 论我国会计师事务所品牌建设 [J]. 中国管理信息化，2014，（4）.

[2] 刘鹏 . 会计师事务所品牌建设：定位、战略与实施 [J]. 中国注册会计师，2016，（11）.

[3] 杨剑涛 . 关于会计师事务所品牌建设的思考 [J]. 中国注册会计师，2012，（1）.

[4] 王锐娟 . 论会计师事务所的品牌建设 [J]. 商业会计，2011，（10Z）.

[5] 杨剑涛 . 关于会计师事务所品牌建设的思考 [J]. 中国注册会计师，2012，（01）.

[6] 游磊 . 关于会计师事务所品牌建设 [J]. 中国注册会计师，2004，（07）.

[7] 陈雯沁 . 会计师事务所品牌建设问题与对策分析 [J]. 智富时代，2016，（11）.

[8] 赵梅 . 会计师事务所同样离不开“品牌建设”[N]. 财会信报，2005-01-26（B06）.

[9] 杨剑涛 . 关于会计师事务所品牌建设的思考 [J]. 中国注册会计师，2012（1）.

[10] 陈毓圭 . 以品牌建设带动做强做大实现新突破 [J]. 中国注册会计师，2017.

[11] 刘鹏 . 品牌决定高度 [J]. 中国注册会计师，2017，（1）.

[12] 杨剑涛 . 关于会计师事务所品牌建设的思考 [J]. 中国注册会计师，2012，（91）.

[13] 吴杰，周鑫泽 . 会计师事务所品牌建设的组合策略——以天健的实践探索为例 [J]. 中国注册会计师，2015，（12）.

[14] 乔久华 . 会计师事务所品牌建设路径探索 [J]. 中国注册会计师，2016，（5）.

[15] 王锐娟 . 论会计师事务所的品牌建设 [J]. 商业会计，2011，（29）.

[16] 黄黎柳易 .HD 会计师事务所品牌建设的研究 [D]. 华东交通大学，2015.

[17] 张艳，钟文胜 . 会计师事务所规模化与品牌建设 [J]. 会计之友，2007，（6）.

绿色发展契机下水务企业可持续盈利模式探究

北方工业大学：闫思宇　田双垚　张轩瑜　刘　超
指导教师：田翠香　副教授

摘　要：本文基于对部分水务企业以及与水务企业相关的政策的调查，分析了水务企业在绿色发展的环境下的发展前景及盈利模式。研究结果表明，传统水务企业经营情况普遍一般，提升水价和污水处理费，拓展新兴业务，减少对政府补助的依赖，是保证水务企业盈利的有效举措。

关键词：绿色发展；水务企业；盈利模式

水污染和水资源短缺已成为制约我国经济社会持续发展的重要因素之一。本文基于对部分水务企业以及与水务企业相关的政策的调查，分析了水务企业在绿色发展的环境下的盈利模式及发展前景。研究结果表明，目前制约我国水务企业发展的政策因素主要体现在水价政策、融资政策和税务政策等方面。污水处理企业的盈利能力强于自来水企业；而相较于传统水务企业的单一盈利模式，综合性水务企业的盈利模式更合理，盈利可持续性更强。我国实施绿色发展战略，加强环境规制，使得水务企业尤其是污水处理企业面临着绝好的发展契机。协调提升水价和污水处理费，拓展新兴业务，减少对政府补助的依赖，是保证水务企业可持续盈利的有效举措。

1. 研究背景

水务行业一般指生产和提供水务产品及服务的各类企业的集合。水务行业是典型的基础设施和公用事业单位，是影响国民经济发展全局的先导基础产业。长期以来，我国水务行业特别是供水行业采取的是地方政府独家垄断经营，水务企业大多具有事业单位性质，行政色彩相对浓厚，在经营方式上形成了“低水价+亏损+财政补贴”的模式。一方面，在我国实施绿色发展战略的大背景下，环境规制的强度增加，水务企业，尤其是污水处理企业面临着绝好的发展契机；另一方面，水资源日益稀缺，水价有较大的上涨空间，有助于改进水务企业的盈利状况。本文基于对部分水务企业以及与水务企业相关政策的调查，分析水务企业在绿色发展环境下的发展前景及盈利模式，以期提出相关改进建议。在研究过程中，小组成员通过我校知网等数据库链接收集参考文献、了解研究背景。购买研究内容相关书籍对研究课题相关方向深入了解。本课题就我国水务企业发展现状、经营绩效及可持续盈利模式等内容展开系统的研究。

2. 研究内容和方法

本课题主要研究内容包括：我国水务企业发展现状及适用的法律政策；我国水务企业经营绩效及盈利模式分析；制约我国水务企业发展的制度因素分析；构建我国水务企业可持续盈利模式的对策探讨。

研究方法主要包括：文献和政策梳理、水价调查和案例研究法等。在研究过程中，小组成员通过我校知网等数据库链接收集参考文献、了解研究背景；购买研究内容相关书籍对研究课题相关方向深入了解。通过研究，小组成员均能熟练应用知网、上市公司 Wind 数据库等查阅论文所需资料，提高了数据收集整理的效率，并掌握了数据分析和案例研究的基本技巧。对该领域的深入了解激发了小组成员的求知欲，希望能够在该领域进行更多的研究。

3. 研究结果

3.1 水务企业发展概况

水务企业一般指生产和提供水务产品及服务的各类企业。水务行业是典型的基础设施和公用事业单位，是影响国民经济发展全局的先导基础产业。水务行业是典型的基础设施行业，其具有区域性、政府高管制的特点。我国水务行业正处于快速发展时期。自来水需求的逐年增长带动了污水处理、再生水等后端产业链的发展。从水务各子行业的增长速度与市场发展空间来看，我国城市供水（原水和自来水）进入了成熟期的初级阶段。由于城市供水行业价格需求弹性相对较小，而且水价受政府管控程度高，随着水需求量的逐年上升，城市供水行业也将在相当长的时期内保持相对稳定的发展。从城市供水的内部结构看，工业用水的增速将放缓，居民用水将伴随着我国城市化进程的加快呈现出逐年稳定增长的趋势。而我国污水处理行业仍处于发展的初级阶段。一方面，中国目前的污水处理能力尚跟不上用水规模的迅速扩张，管网、污泥处理等配套设施建设严重滞后。另一方面，中国的污水处理率与发达国家相比，还存在着明显的差距。

我国水务企业还存在着诸如区域垄断、集中度较低、业务定价市场化不充分的问题。

水务行业的区域垄断特征明显。一方面在各地水务事业刚刚起步时，主要是由政府作为投资主体，通过前期的管网铺设已经在城镇大部分地区进行了覆盖，后期主要是管网方面的设备维护和更新，因此行业呈现出了以市、县为单位的区域垄断布局；另一方面，作为公用事业，水务行业具有初始投资大、投资回收周期长、资金沉淀性强等特点，极易造成区域垄断。

截至 2015 年，全国水的生产和供应业规模以上企业数量达 1491 家，最大的水务集团其服务市场份额不超过 5%。随着中国水务市场的开放度日益提高，市场主体逐渐增加，未来水务行业有进一步集中的趋势。

我国水资源分布不均衡，人均淡水资源量较低且呈下降趋势，整体处于缺水状态。我国人均水资源量不足世界平均水平的 1/3。从定价模式来看，我国水价由各地物价局举行价格听证会的方式决定。水务企业在经营方式上形成了“低水价＋亏损＋财政补贴”的模式，造成部分水务企业长期亏损。

3.2 水务企业盈利模式案例分析

3.2.1 国有水务企业盈利模式案例分析

文章选取的 3 家上市水务企业均为发展良好的国有企业，在水务企业中具有一定的代表性。洪城水业及武汉控股均属于地方性运营企业，具有区域垄断特征，主营业务为自来水生产与供应以及污水处理等传统业务，其中，洪城水业主要从事自来水生产与供应业务；武汉控股的主营业务为污水处理。两家企业的规模相近，资产总额均为 80 亿元左右。首创股份为国有控股投资运营的水务企业，同时拥有传统业务与新兴业务，其规模相比另外两家样本企业大了许多，资产总额接近 400 亿元，是大规模综合性水务企业的代表。

（1）案例企业客户定位分析

三家企业当中，洪城水业以及武汉控股作为传统的地方性水务企业，主营业务主要为自来水供水以及污水处理方面，主要面对的客户为政府以及用水居民，虽然还有其他方面的业务，不过大部分也着重于对政府服务。首创股份作为一家综合性水务企业，其目标客户不仅面对传统的政府以及用水居民，因其在各个环保领域首创股份都有所建树，目标客户还有全环保产业链的参与者。宽广的业务范围使首创股份有着宽泛的客户群。

（2）收入来源及结构分析

表 1　　三家水务企业 2016 年营业收入及结构表

	洪城水业		武汉控股		首创股份	
	营业收入（亿元）	占比（%）	营业收入（亿元）	占比（%）	营业收入（亿元）	占比（%）
自来水生产与供应	11.47	37.11	1.75	14.61	11.03	13.94
城市污水处理	5.52	17.86	9.71	81.05	12.05	15.23
其他	13.92	45.03	0.52	4.34	56.04	70.83
合计	30.91	100.00	11.98	100.00	79.12	100.00

表 1 中，洪城水业和武汉控股的收入来源组成皆为其传统业务，其中洪城水业由于还有燃气能源业务（占比 43.77%），其在年报中将主要收入分为自来水和燃气两大类；武汉控股的收入则都来自自来水生产供应收入以及污水处理收入。首创股份传统主营业务为污水处理和自来水业务，近年来在污泥、固废领域快速扩张，竞争力不断提高。2016 年，首创股份自来水生产销售以及污水处理收入占比仅为 13.94% 和 15.23%，其余的大部分收入来源于垃圾处理以及环保建设，分别占比 39.00% 和 18.30%。相对于前两家水务企业，首创股份的收入来源更为多样化。

（3）成本费用结构分析

表 2　　三家企业两项传统业务成本结构表　　单位：%

项目		洪城水业	武汉控股	首创股份
自来水	原材料	2.25	4.71	10.37
	能源	17.02	39.70	18.98
	折旧	27.19	14.04	25.07
	人工成本	23.47	29.65	29.93
	其他	30.08	11.90	15.65

续表

项目		洪城水业	武汉控股	首创股份
污水处理	原材料	1.95	4.34	6.41
	能源	18.67	18.22	25.64
	折旧	34.73	37.18	41.69
	人工成本	21.10	16.92	14.33
	其他	23.55	13.46	11.85

表2显示，自来水和污水处理业务的成本结构存在着差异。自来水业务中，三家企业占比最高的成本项目分别是其他、能源和人工成本。武汉控股的能源占比远高于其他两家企业，说明其自来水业务规模较小，单位动力成本较高，而武汉控股的折旧成本低于其他两家样本企业，说明了使用的设备较少。污水处理业务中，三家企业的折旧占比都是成本构成项目中最高的，这也就说明了污水处理需要大量使用各类设备。无论是哪类业务，折旧、人工和能源成本都占到了总成本中较大的比例，而原材料所占成本比例很低。

从成本控制的角度看，洪城水业应重视缩小其他成本项目所占的比重；武汉控股应关注能源成本；首创股份污水处理业务的能源成本占比明显高于自来水能源成本占比，对此应进一步考察其原因。

（4）盈利指标及结构分析

表3　　三家企业盈利指标对比　　单位：%

项目		年份	洪城水业	武汉控股	首创股份
毛利率	自来水业务	2016年	35.51	14.69	26.67
		2015年	40.74	16.07	28.38
		2014年	43.48	15.40	24.42
	污水处理业务	2016年	25.07	41.16	36.12
		2015年	31.30	45.34	43.44
		2014年	35.93	48.30	45.38
销售净利率		2016年	9.40	25.10	8.16
		2015年	9.69	28.43	9.93
		2014年	10.49	27.62	13.21
净资产收益率		2016年	8.28	6.76	6.76
		2015年	9.76	7.81	6.86
		2014年	8.27	8.10	11.9

表3中，洪城水业的自来水业务毛利率以及武汉控股的污水处理业务毛利率

分别是三家企业中最高的，这也证实了这两家传统水务企业在自身的主营业务方面的盈利能力更强一些。从表 3 中可知，武汉控股的销售净利率远高于另外两家企业，结合武汉控股超过 80% 的业务均为污水处理业务，这说明了污水处理业务的利润率远高于自来水业务。首创股份污水业务的毛利率高于自来水业务的毛利率，也充分说明了这一点。对比净资产收益率，三者 2016 年的比率较为接近，这说明了三家企业自有资本获取净利润的能力相当。

近年来，人工成本、原材料成本在不断上升，而如果水价和污水处理费不作调整，必然会影响水务企业的盈利水平。2016 年，三家企业的自来水和污水处理业务的成本增长幅度超过了收入增长幅度，出现毛利率、销售净利率和净资产收益率相比 2015 年普遍下降的现象。相比而言，首创股份 2016 年相比 2015 年净资产收益率的变化程度最小，2015 年净资产收益率的大幅下降则是由于公司非公开发行股票，与公司业务没有直接关系。

三家企业 2016 年的盈利项目及各项目占利润总额的比例，如表 4 所示。

表 4　　　　三家企业盈利项目及结构表

项目	洪城水业		武汉控股		首创股份	
	金额（万元）	占比（%）	金额（万元）	占比（%）	金额（万元）	占比（%）
营业利润	27016	70	10920	33	38461	41
公允价值变动损益			188	1	–2177	–2
投资收益	2563	7	231	1	31040	33
营业外收支净额	8910	23	21993	66	27548	29
政府补助	9300	24	21937	66	27044	29
利润总额	38488	100	33332	100	94873	100

三家企业的主营业务在 2016 年都保证了盈利，营业利润均超过了 1 亿元，利润总额均超过了 3 亿元，其中首创股份的盈利额最多，其次是洪城水业。从比例上来看，洪城水业的主营业务利润对利润总额的贡献度最大（70%），而武汉控股则主要依赖于政府补助，这也是其销售净利率较高的原因之一。首创股份 2016 年度的投资收益占到了利润总额的很大一部分，说明首创股份在对外投资方面取得了较高的收益。表 4 显示，三家企业的营业外收支差额占比均较大，武汉控股的营业外收支净额甚至超过了企业的营业利润，而营业外收入中绝大部分来自政府补助。三家样本企业均属于国企，政府补助使得企业的利润率有一定的保障，但是政府补助的占比过高，弱化了企业盈利的稳定性及持续性。

一般来说，收入来源多样化的企业，由于经营风险的分散，发展会更为稳定；

但如果不能发挥主业优势，多样化经营也会影响企业整体盈利。首创股份在水务行业领域有主导优势，在公司向环保产业链拓展的过程中，新的竞争优势正在形成。

3.2.2 民营企业案例分析——以碧水源公司为例

碧水源公司创立于2001年，是一家专业从事与污水处理和饮用水安全领域的民营企业，其自主研发的膜生物反应器污水资源化技术处于国际领先地位，使膜材料制造、膜设备制造和膜应用工艺3大难题都得到解决。公司于2010年在深交所创业板挂牌上市，净资产近140亿元。2011年碧水源进军家用净水市场，推出一系列家用净水器。碧水源以“承担社会责任，建设生态文明”为企业宗旨，以“科技创新”为企业核心动力，致力于解决“水脏、水少、饮水不安全”的问题，通过技术创新、提高产业规模来扩大影响范围。碧水源的技术与服务已遍及全国，并在向海外市场开拓，其技术方面的影响力也在不断扩大，连续多年被评为中国水业十大影响力企业。截至2016年底，碧水源总资产超过330亿元，拥有200多项专利技术，成为污水资源化技术的开拓者。

碧水源2013—2016年收入、成本及利润情况如表5所示：

表5　　碧水源2013—2016年收入、成本及利润情况表

	2013年	2014年	2015年	2016年
营业收入（万元）	313327.28	344915.79	521426.02	889228.51
营业成本（万元）	196771.11	209886.26	306573.97	610111.78
毛利率	37%	39%	41%	31%
利润总额（万元）	103995.47	117485.11	169505.74	223498.15
利润总额/营业收入	33%	34%	33%	25%
净利润（万元）	91612.12	101368.01	145741.90	184972.88
净利润/营业收入	29%	29%	28%	21%

由表5可以看出，碧水源的营业收入呈逐年增长趋势，毛利率稳定在30%以上，利润总额和净利润持续增加，与营业收入相比，保持较高的比例，这些数据有力地说明了碧水源良好的盈利能力。在行业经营不景气的背景下，碧水源良好的业绩与其盈利模式紧密相关，以下做详细分析。

碧水源作为水务行业的领军企业，在盈利模式方面具有自己的独特之处。以下首先分析碧水源的商业模式，再对其盈利模式进行分析。

（1）碧水源的商业模式

碧水源采用混合式商业模式进行经营，主要包括PPP模式和零售模式。

“PPP模式又称公私合营模式，是指政府与私人组织之间，为了合作建设城市基础设施项目或是为了提供某种公共物品和服务，彼此之间形成一种伙伴式的合作关系。”多年来，碧水源通过这种模式来扩大市场，采取以控股、参股等方式与各地区水务公司合作。碧水源率先涉足PPP模式，如今已有100多家以PPP模式建立的合资公司。云南水务投资股份有限公司是第1家由碧水源与云南城投采用PPP模式成立的上市合资公司，该公司于2015年在香港上市。该公司的上市标志着碧水源成功启动PPP模式，同时推动了PPP模式在国内的发展，为水务行业提供了引导作用。随着PPP模式应用的不断深化，碧水源获得了更大的市场份额，使膜技术得到了广泛的认可。可见，PPP模式是碧水源发展的基石。

零售模式。2011年碧水源进军家用净水市场，推出一系列家用净水器。这也标志着碧水源向零售模块的涉足。目前，碧水源的零售产品包括家用净水器、商用净水器、户外净水器和空气净化器。零售客户涉及政府机关、国企、事业单位以及个人。对于一般的企业来说，零售模式需要考虑广告宣传、供应商、客户等一系列问题。而对于碧水源来说，增加零售模式不失为一种锦上添花的举措。凭借在水务行业的领先地位，碧水源无须增加广告投入便可得到大众的认可；凭借自主研发的膜技术，无须寻找供货商便可生产出多样式净水系统。因此，零售模式的推出，一方面使碧水源扩大了知名度，另一方面为碧水源带来了部分盈利。

（2）碧水源的盈利模式

通过对碧水源收入、成本、利润等方面的分析，可以得出碧水源在盈利模式方面的特点：碧水源结合自主研发膜及政策方面的优势，以PPP模式为盈利主要手段，通过采用PPP模式与其他水务公司组建合资公司，给水、污水处理、海水淡化、污水资源化、水生态环境治理等业务获取盈利；以零售模式为辅，通过销售净水器业务增加客户、开拓市场、增加盈利。公司专注于膜的研发以及市场的开拓，如今已有专利285项、合资公司100多家，遍及全国各地。在业务服务方面，碧水源做到了针对性、全面性、实用性。针对不同的业务提供不同的服务，如污水处理整体解决方案、市政与给排水工程等。

3.3 制约我国水务企业发展的政策因素分析总结

3.3.1 水价政策

目前我国城市用水实行阶梯计价。随着阶梯水价的推广，多地上调了自来水价格。尽管如此，自来水价格与成本倒挂现象依然比较普遍。虽然目前居民缴纳的水费看似不低，但除去代缴的费税，供水企业实际收取的水价并不高，多数还抵不上制水成本。污水处理收费在我国仍处于非常初级的阶段，受到收费性质的制约，绝大部分污水收费仍是行政性收费，主要污染物排污费征收标准偏低，很多城市尚未开征污水处理费，难以弥补水污染治理成本。

3.3.2 融资政策

目前我国水务企业融资方式有信贷融资、资本市场融资、与外商合资合作模式。虽然《关于进一步做好水利改革发展金融服务的意见》中提出要积极探索水利建设贷款资产证券化试点，但当前开展水利资产证券化融资在基础资产的选择、基础资产的真实出售和破产隔离、资产证券化主体参与意愿等方面仍存在一些难点问题，主要表现在：部分水利资产不符合资产证券化融资的要求；相关政策限制了水利资产证券化的基础资产选择范围。而目前，大部分有资金需求的水利企业习惯使用传统的融资方式，不适应资产证券化这种新型融资方式，不敢也不愿意进行探索尝试。

3.3.3 税收政策

《资源综合利用产品和劳务增值税优惠目录》中明确指出污水处理、再生水等免增值税的政策被取消。这导致了以下几个问题：税收具有强制性，但拨付污水处理费具有滞后性，资金不能及时收回，给企业造成很大压力；随着新技术与环保要求的不断提升，在污水处理方面，一些新技术和相关技术改造对资金提出更高的要求，而污水处理企业的利润很薄，开征增值税在原有微利的基础上又拿走了一部分利润；长期以来，污水处理行业中很大部分的项目是减免税收的，因此污水处理行业的交易结构、收费体系中都没有考虑增值税环节，新政策的发布实际上打破了产业发展的均衡，无形中加大了产业的负担。

4. 研究结论

研究结果表明，我国水务企业的整体经营并不乐观，一些水务企业甚至得不到相应的补贴以致倒闭，不少企业属于亏损状态，处于盈利状态的大部分水务企业也往往因为拥有着高额的政府补贴。对于水务企业而言，想要提升自身盈利水平，一方面要与政府协调，合理提升水价、污水处理费，减少对政府补助的依赖；另一方面要积极开展新业务，向多样化经营发展，通过新业务的利润来填补传统业务的亏损，保证自身企业的可持续性发展，才是水务企业的长久发展之道。样本中的碧水源企业以 PPP 模式为主要盈利手段，与其他水务公司组建合资公司，通过给水、污水处理、海水淡化、污水资源化、水生态环境治理等业务获取盈利；以零售模式为辅，通过销售净水器业务增加客户、开拓市场、增加盈利。碧水源的盈利模式具有极高的借鉴意义，为其他水务企业建立合理的盈利模式、有效地进行经营管理工作提供了模板。同时对于政府部门而言，创造有利于企业发展的外部环境，比直接向企业提供补贴更为重要。

参考文献

[1] 徐强 . 污水处理企业举步维艰 [N].2015，（8）.

[2] 张兆曦 . 水务企业盈利能力分析 [J]. 企业技术开发，2016（7）：53–54.

[3] 施熙灿 . 国外及我国部分地区水价概况 [J]. 水利水电科技进展，2003（6）：23.

[4] 吕福伟，钟登华 . 中国水务行业发展现状与趋势 [J]. 中国给水排水，2013，（10）.

[5] 杭东 . 试论我国水务市场的发展趋势 [J]. 水利天地，2012（3）：34–35.

[6] 张兆曦 . 水务企业盈利能力分析 [J]. 企业技术开发，2016（7）：53–54.

[7] 吕福胜，钟登华 . 中国水务行业发展现状与趋势 [J]. 中国给水排水，2013（5）：13–16.

[8] 邱贤成，朱方明 . 论城市水务企业的改革路径 [J]. 学术论坛，2015（9）：43–47.

[9] 中华人民共和国国家发展和改革委员会，中华人民共和国水利部 . 水利工程供水价格管理办法 [Z].2003–07–03.

[10] 国家发展改革委，住房城乡建设部 . 做好城市供水价格管理工作有关问题的通知 [Z].2009–07–06.

[11] 国家发展改革委，住房城乡建设部 . 关于加快建立完善城镇军民用水阶梯制度的指导意见 [Z].2014–01.

[12] 范卓玮 . 当前推进水利资产证券化融资的难点与对策 [D]. 水利发展研究，2017，（17）.

[13] 吴林静 . 资源综合利用产品和劳务增值税优惠目录修订：污水行业企业负担“雪上加霜”[N]. 每日经济，2015–07–22.

[14] 宋显彪 . 图书馆社会责任研究 2010 年度报告 [J]. 图书馆建设，2012（7）：16–17.

[15] 叶建勋 . 新型城镇化的 PPP 融资模式 [J]. 中国金融，2014，（3）：4–5.

[16] 赵富旺 . 杜邦分析法在财务分析中的应用 [J]. 现代商业，2009，（12）：121–122.

[17] 梁敏 . 水务行业发展现状及趋势研究 [J]. 现代经济信息，2014，（3）：285–285.

[18] 杨娟荣 . 碧水源（300070）步入高速发展期 [J]. 证券导刊，2012，（8）：14–16.

金融统计中的随机性及其应用

北方工业大学：姜　晶　王显琦　齐思远　祖天昊

指导教师：李俊刚　讲师

摘　要：本文研究万科股票，采用 2015 年 6 月至 2016 年 7 月的数据，运用 SPSS 软件对万科股票价格的波动状况进行 Black-Scholes 分析，统计分析和 ARIMA 分析，得出了股票价格的 Black-Scholes 性、ARIMA 性质以及基本的统计分析性质等。

关键词：股票价格；Black-Scholes；ARIMA；波动

1. 绪论

Black–Scholes–Merton 期权定价模型（Black–Scholes–Merton Option Pricing Model），即布莱克—斯克尔斯—默顿期权定价模型。

自 B–S–M 模型 1973 年首次在政治经济杂志（Journalof political Economy）发表之后，期权定价模型芝加哥期权交易所的交易商们马上意识到它的重要性，很快将 B–S–M 模型程序化输入计算机应用于刚刚营业的芝加哥期权交易所。该公式的应用随着计算机、通信技术的进步而扩展。到今天，该模型以及它的一些变形已被期权交易商、投资银行、金融管理者、保险人等广泛使用。衍生工具的扩展使国际金融市场更富有效率，但也促使全球市场更加易变。新的技术和新的金融工具的创造加强了市场与市场参与者的相互依赖，不仅限于一国之内，还涉及他国甚至多国。结果是一个市场或一个国家的波动极有可能迅速地传导到其他国家乃至整个世界经济之中。我国对规避风险的金融衍生市场的培育是必需的，对衍生市场进行探索也是必要的，我们才刚刚起步。

对布 - 肖模型（Black–Scholes）的检验着眼于从实际统计数据进行分析，对其表现进行评估。而另外的一些研究则从理论分析入手，提出了布 - 肖模型存在的问题，这集中体现于对模型假设前提合理性的讨论上。不少学者认为，该模型的假设前提过严，影响了其可靠性，具体表现在以下几方面：

首先，对股价分布的假设。布 - 肖模型的一个核心假设就是股票价格波动满足几何维纳过程，从而股价的分布是对数正态分布，这意味着股价是连续的。麦顿（merton）、约翰·考克斯（John Carrington Cox）、斯蒂芬·罗斯（Stephen A. Ross）、马克·鲁宾斯坦（Mark Rubinstein）等人指出，股价的变动不仅包括对数正态分布的情况，也包括由于重大事件而引起的跳起情形，忽略后一种情况是不全面的。他们用二项分布取代对数正态分布，构建了相应的期权定价模型。

2. 股票价格的随机波动性

在对股票进行实践分析时，股民时常关注的是收益率和波动率，因为收益率能反映选取股票所带来的收益或损失，而波动率反映所持有的风险，两项指标是重要的统计数据。我选取了万科公司 2015 年全年工作日的股价信息，来研究其价格的过程。

假设某种股票在第 t 天的价格为 S_t，第 t–1 天的价格为 S_{t-1}，则这只股票的日收益率 R_t 可以定义为：

$$R_t = \frac{S_t - S_{t-1}}{S_{t-1}} \tag{1.1}$$

则对数收益率 S_t^l 为：

$$R_t^l = \ln(S_t) - \ln(S_{t-1}) \tag{1.2}$$

由（1.1）和（1.2）公式计算出万科 2015—2016 年的收益情况，结合 SPSS 软件对数据 Q–Q 正态概率图，观察数据是否符合正态分布，再使用非参数检验的单样本 K–S 检验方法对股票进行正态分布的假设检验。

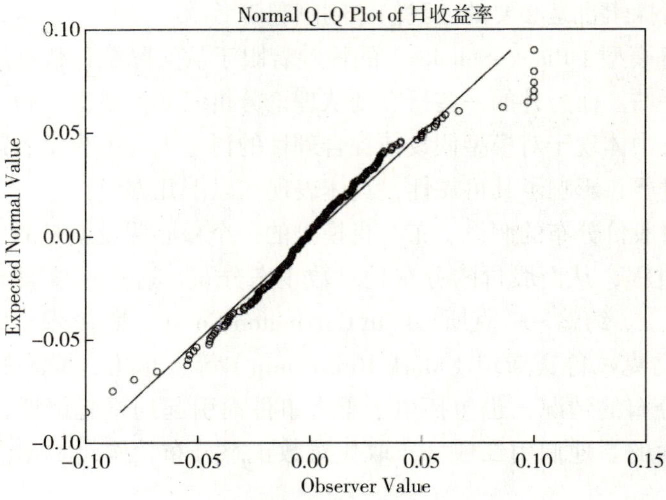

图 1　收益率的正态 Q-Q 图

表 1　单样本 K-S 检验

One–Sample Kolmogorov–Smirnov Test		
		日收益率
N		234
Normal Parameters[a, b]	Mean	0.0025963138
	Std. Deviation	0.03133331765
Most Extreme Differences	Absolute	0.066
	Positive	0.066
	Negative	−0.053
Kolmogorov–Smirnov Z		1.014
Asymp. Sig.（2–tailed）		0.256

a. Test distribution is Normal.

b. Calculated from data.

从图 1 看出，数据总体上，绝大多数点都在直线上，并未出现明显违反正态分布的情况。从表 1 可以看出 3 只股票的 P 值分别为：0.256 大于 0.05，说明接受原假设，股票的日收益率R_t基本服从正态分布。

现在假设在任意的时间段Δt内，股票价格的变化记为ΔS，则：

$$\frac{\frac{\Delta S}{S}-\mu\Delta t}{\sqrt{\sigma^2\Delta t}}=\Phi$$

$$(\Delta S = S_t - S_{t-1};\ R_t = \frac{\Delta S}{S}) \tag{1.3}$$

其中：μ 为股票的收益率；σ 为股票收益率的标准差。

根据股票数据，确定△ t=1，而 $\mu = \bar{E}$，可计算得出股票的收益率均值和股票收益率的标准差，由公式（1.3）分别计算出股票的 Φ 值，进而得出股票的均值 E（Φ）和方差 Var（Φ），可以看出 3 只股票的均值 E（Φ）基本接近为 0，方差 Var（Φ）均为 1，数据见表 2。因此根据此时的 E（Φ）=0，Var（Φ）=1，说明 Φ 服从标准正态分布 N（0，1）。

表 2　　股票的均值和方差

	Φ
均值 E	.00211
方差 Var	1

于是由公式（1.3）则有：

$$\frac{\Delta S}{S} - \mu\Delta t = \phi\sqrt{\sigma^2\Delta t}$$

即：

$$\Delta S = \mu S\Delta t + \sigma S\sqrt{\Delta t}\phi$$

当$\Delta t \to 0$时，有 $dS = \mu Sdt + \sigma SdB$，其中$dB = \phi\sqrt{\Delta t}$，B 为布朗（Brown）运动。

因此可以得知股票价格遵循$dS = \mu Sdt + \sigma SdB$几何 Brown 运动并且 Φ 服从标准正态分布 N（0，1）。又因为股票日收益率服从正态分布，所以用股价过去的波动收益率估计波动率，用 U 表示随机波动率：$\hat{U} = R_t^l$

则随机波动率的一般形式：

$$dS = \mu Sdt + USdB$$

3. 自回归滑动平均（ARIMA）模型分析

3.1　ARIMA 模型的基本原理

某些时间序列是依赖时间的一组随机变量，构成该时序的单个序列值虽然具有不确定性，但整个序列的变化却可以用一个平稳随机过程来刻画，使用 ARIMA（p，d，q）模型来近似描述这个平稳随机过程。

3.2 结果分析

表 3 **Model Description**

			Model Type
Model ID	日收盘价	Model_1	ARIMA（0，1，2）

表 3 中给出了 ARIMA 模型中的最佳参数，其中 p、d、q 分别是 0、1、2。

在模型拟合结果中，R 方统计量，用来估计由模型解释的变异在总变异中的比例，正态 BIC 统计量，用来度量模型的拟合优度，同时考虑了模型的复杂程度。R 方均值为 0.921，正态 BIC 值为 -1.459，表明变异数目较多，其复杂程度也较大。

表 4 **Model Statistics**

Model	Number of Predictors	Model Fit statistics	Ljung-Box Q（18）			Number of Outliers
		Stationary R-squared	Statistics	DF	Sig.	
日收盘价 -Model_1	0	0.031	17.508	17	0.420	0

ARIMA 模型的参数输出表，p 值为 0.038 表明模型拟合良好。

日收益率 ARIMA 模型残差的相关函数模型，关于残差序列的自相关（ACF）图形和偏相关（PACF）图形。

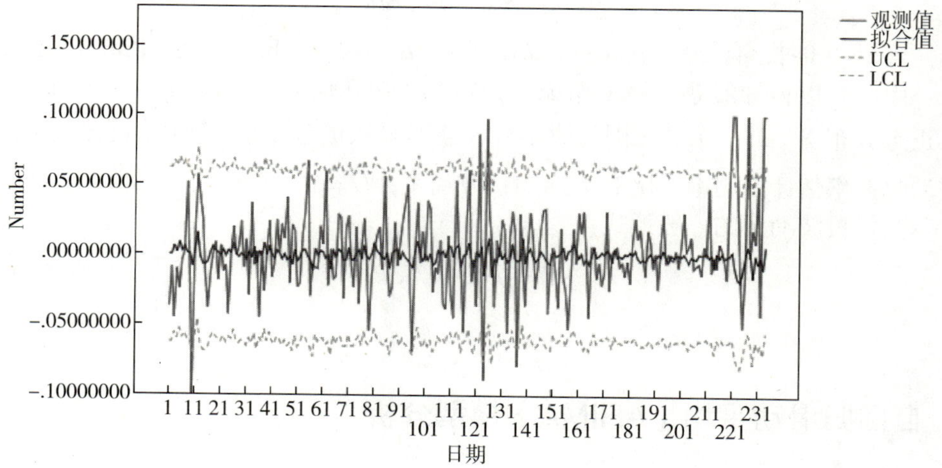

图 2 日收益模型 a

最后输出的是日收益率 ARIMA 模型预测的结果和拟合结果图形。可以看到原数据的波动性尤为大，而相对拟合的模型，拟合波动趋势拼合上下浮动在 5% 以内，起初的波动时不时突破 5%，无法控制，表明其存在明显的随机性。所以模型验证结果符合股票价格的随机性。

4. 建议

股票市场上影响股票价格的因素不仅包括公司内部的经营情况，一些宏观因素也会影响到股票的价格。从本文可以看出影响股票价格的宏观因素有利率和企业商品价格指数。所以股民在选择购买股票时，不仅要考虑上市公司的经营情况，也要考虑到国家的一些宏观政策。

参考文献

[1] 张宇山，廖芹．马尔可夫链在股市分析中的若干应用 [J]. 华南理工大学学报，2003，(7).
[2] 夏莉，黄正洪．马尔科夫链在股票价格预测中的应用 [J]. 商业研究，2003，（10）.
[3] 王强．基于马氏链在 股票价格预测模型 [J]. 江苏技术师范学院学报，2008，（6）.
[4] 章晨．基于马尔科夫链在股票价格涨跌幅的预测 [J]. 商业经济，2010.
[5] 赵会宁．股票价格宏观影响因素实证分析 [J]. china collectly Economy，2011，02.
[6] 崔玉杰、赵桂梅．多元统计分析 [M]. 北京：中国商业出版社，2015.
[7] 郝翠菊．回归分析对股票投资的预测作用 [J]. 青海社会科学，2008.
[8] 尹哲君．从回归分析看中国股票市场中的资本定价模型 [J]. 山东行政学院山东省经济管理干部学院学报，2009.
[9] 关玉．股票价格波动特征及赢利方法研究 [D]. 黑龙江大学，2006.
[10] 徐永坤．基于随机波动模型的中国股市波动性实证研究 [D]. 复旦大学，2008.
[11] 于海姝，蔡吉花，夏红 .ARIMA 模型在股票价格预测中的应用 [J]. 经济师，2015，（11）：156–157.

北京市道路交通事故灰色预测研究

北方工业大学：霍青青　李　悦　刘思雨

指导教师：崔玉杰　副教授

摘　要：交通事故预测是交通安全管理工作中的一个关键性的问题，为了使道路交通安全工作顺利地进行，必须寻求准确、及时的方法来预测交通事故。本文在分析了道路交通事故具有灰色性特点的基础上，建立了一阶单变量交通事故统计指标灰色预测模型。其中主要对灰色 *GM*（1，1）模型、灰色 Verhulst 模型、灰色 *SCGM*（1，1）$_c$ 模型进行分析，并结合北京市 2006—2015 年中道路交通死亡人数的相关数据进行模型拟合和对拟合结果进行深入评价，判断其拟合的精度，探究现阶段更加适合于北京市道路交通发展的预测模型，希望能够对道路交通进行指导性的意义。

关键词：灰色预测；*GM*（1，1）模型；Verhulst 模型；*SCGM*（1，1）$_c$ 模型；预测精度

1. 引言

道路交通事故的发生往往没有明显的规律，是随机变化的，其本身具有偶然性和模糊性，交通事故的具体发生时间、发生场合、发生规律、造成伤害是无法事先预计的。对随机变量、随机过程，人们往往用概率统计的方法进行研究。而概率统计的方法要求数据量大，必须从大量数据中找出统计规律，可以解决和处理的问题较少。而灰色系统理论，则将一切随机变量看作是在一定范围内变化的灰色量，将随机过程看作是在一定范围内变化的、与时间有关的灰色过程。对灰色量不是从找统计规律的角度，通过大样本量进行研究，而是用数据处理方法，

将杂乱无章的原始数据整理成规律性较强的生成数列再作研究。如果把某地区的道路交通作为一个系统，则此系统中存在着一些确定因素（白色信息），如道路状况、信号标志等；同时也存在一些不确定因素，如车辆状况、气候情况、驾驶员心理状态等，具有明显的灰色特征，因此可以认为一个地区的道路交通安全系统是一个灰色系统，可应用灰色系统理论进行研究和处理。

当然，建立灰色系统模型也是有很多，目前应用较多的模型是 *GM*（1，1）模型、灰色马尔可夫预测模型、Verhulst 模型等，可用于预测交通事故发生次数、死亡人数、受伤人数和财产损失等指标。近年来中国道路交通事故表现为具有饱和状态的 *S* 形过程，那么分析各个模型的特点，找出适合我国当前道路交通发展的模型显得尤为重要。预测的精度越高，说明模型的拟合程度越好，越适用于进行模型的预测。

2. 交通事故预测的单一模型

2.1 灰色 *GM*（1，1）模型

数学模型 *GM*（1，1）是一阶的单变量微分方程；这与以往的概率统计方法利用离散数据所建立的按时间作逐段分析、递推、离散的模型有本质的区别。*GM*（1，1）灰色预测模型不是交通事故原始数学模型，而是生成数据序列模型；通过对生成数列的处理，使杂乱无章的原始数据呈现出一定的规律性。

设灰色系统的原始数据序列为：

$$x^{(0)} = (x_1^{(0)}, x_2^{(0)}, \dots, x_n^{(0)})$$

一次累加生成序列$(1-AGO)$为$x^{(1)}$其中

$$x_1^{(1)} = x_1^{(0)}, x_k^{(1)} = \sum_{i=1}^{k} x_{(i)}^{0}。$$

且

$$x_{k+1}^{(0)} = x_{k+1}^{(1)} - x_k^{(1)}$$

$x^{(1)}$的均值$(MEAN)$序列为

$$z_k^1 = \frac{1}{2}[x_k^{(1)} + x_{k-1}^{(1)}] = 0.5x_k^{(1)} + 0.5x_{k-1}^1$$

称$x_k^{(0)}+az_k^{(1)}=b$为$GM(1,1)$模型的灰微分方程。其中$x_k^{(0)}$为灰导数，a为发展系数，$z_k^{(1)}$为白化背景值，b为灰作用量。

利用最小二乘法原理，可得到GM（1，1）模型中参数a、b的表达式为：

$$P=\begin{bmatrix}a\\b\end{bmatrix}=(B^TB)^{-1}B^TY$$

其中

$$Y=\begin{bmatrix}x_2^{(0)}\\x_3^{(0)}\\\cdots\\x_n^{(0)}\end{bmatrix},B=\begin{bmatrix}-0.5\left[x_2^{(1)}+x_1^{(1)}\right] & 1\\-0.5\left[x_3^{(1)}+x_2^{(1)}\right] & 1\\\cdots & \cdots\\-0.5\left[x_n^{(1)}+x_{n-1}^{(1)}\right] & 1\end{bmatrix}$$

实际应用中，还可将参数a、b表示为下述形式

$$a=\frac{\sum_{k=2}^{n}z_k^{(1)}\sum_{k=2}^{n}x_k^{(1)}-(n-1)\sum_{k=2}^{n}z_k^{(1)}x_k^{(0)}}{(n-1)\sum_{k=2}^{n}z_{(k)^2}^{(1)}-(\sum_{k=2}^{n}z_k^{(1)})^2}$$

$$\xrightarrow{\text{表示}}\frac{CD-(n-1)B}{(n-1)F^2-C^2}\xrightarrow{\text{记做}}\frac{\Delta a}{\Delta}$$

$$b=\frac{\sum_{k=2}^{n}x_k^{(1)}\sum_{k=2}^{n}z_{k^2}^{(1)}-\sum_{k=2}^{n}z_k^{(1)}\sum_{k=2}^{n}z_k^{(1)}x_k^{(0)}}{(n-1)\sum_{k=2}^{n}z_{k^2}^{(1)}-(\sum_{k=2}^{n}z_k^{(1)})^2}$$

$$\xrightarrow{\text{表示}}\frac{DF-CEE}{(n-1)F^2-C^2}\xrightarrow{\text{记做}}\frac{\Delta b}{\Delta}$$

由于$x^{(1)}$具有近似指数变化规律，则GM（1，1）模型的白化微分方程为：

$$\frac{dx^{(1)}}{dt}+ax^{(1)}=b$$

其中$\frac{dx^{(1)}}{dt}$为AGO序列$x^{(1)}$的灰导数，a与b为GM（1，1）灰微分方程中的待辨识参数。GM（1，1）白化型方程才是真正意义的微分方程。求解该微分方程，并将解作离散化处理，

$$x_{k+1}^{(1)}=\left[x_1^{(0)}-\frac{b}{a}\right]e^{-ak}+\frac{b}{a}$$

利用$x_{k+1}^{(0)}=\hat{x}_{k+1}^{(1)}-\hat{x}_k^{(1)}$累减还原，即可得到灰序列的预测公式为

$$\hat{x}_{k+2}^{(0)} = (e^{-a} - 1)\left[x_1^{(0)} - \frac{b}{a}\right]e^{-ak}$$

$k = 0,1,2\ldots$在进行外推预测时，只需将 k 值代入预测公式，即可得到建模数列$x^{(1)}$未来时刻的预测值。

需要说明的是，在建模前，一般先对原始序列$x^{(1)}$作 GM（1，1）建模的可行性检验。看原始序列$x = (x(1),\ x(2),\ \ldots x(n))$的级比$e(k) = \dfrac{x(k-1)}{x(k)}(k = 2,3,\ldots,n)$。是否落入级比的可容覆盖区域 $(e^{\frac{-2}{n+1}}, e^{\frac{2}{n+1}})$ 中。级比$e(k) = (e^{\frac{-2}{n+1}}, e^{\frac{2}{n+1}})$时，GM(1，1）模型有意义。否则应该对原始数据进行数据转换后作 GM（1，1）建模，一般可以采用根式变换、对数变换、平移变换的方法。

2.2 灰色 Verhulst 模型

Verhulst 模型主要用来描述具有饱和状态的过程，即 S 形过程，常用于人口预测、繁殖预测及产品寿命预测等。近年来中国道路交通事故表现为具有饱和状态的 S 形过程，故可采用 Verhulst 模型对其进行预测。建模原理如下：

设交通事故原始数据序列为$X^{(1)} = \left\{X_1^{(1)}, X_2^{(1)}, \ldots, X_n^1\right\}$，其中，$n$ 为序列长度。对其做累减处理，得生成序列：$z^{(1)} = (z_2^{(1)}, z_3^{(1)}, \ldots, z_n^{(1)})$，

其中，

$$z_k^1 = \frac{1}{2}\left[x_k^1 + x_{k-1}^1\right]$$

$k = 2,3,\ldots,n$,则称$x^{(1)} + az^{(1)} = b(z^{(1)})^2$为灰色 Verhulst 模型，其中，$a$、$b$ 为参数。称

$$\frac{dx^{(0)}}{dt} + ax^{(0)} = b(x^{(0)})^2$$

为灰色 Verhulst 模型的白化方程。设参数向量：

$$\hat{a} = [a\ \ b]^T, Y = \left[x_2^{(1)}, x_3^{(1)}, \ldots x_n^{(1)}\right]^T$$

和

$$B = \begin{bmatrix} -z_2^{(1)} & (z_2^{(1)})^2 \\ -z_3^{(1)} & (z_3^{(1)})^2 \\ \cdots & \cdots \\ -z_n^{(1)} & (z_n^{(1)})^2 \end{bmatrix}$$

则由下式求得$\hat{a}$的最小二乘解为

$$\hat{a}=(B^TB)^{-1}(B^TY)$$

则灰色 Verhulst 模型的时间响应序列为：

$$\hat{x}_{k+1}^{(0)} = \frac{ax_1^{(0)}}{bx_1^{(0)} + (a - bx_1^{(0)})e^{ak}} (k = 0,1,2, \dots ,(n-1))$$

2.3 系统云灰色 *SCGM*（1，1）$_c$模型

SCGM（1，1）$_c$模型是 *GM*（1，1）模型最有力的发展模型，在许多领域已得到成功应用。*SCGM*（1，1）$_c$模型较其他灰色预测模型的理论基础更扎实，它不必考虑众多复杂的影响因素，而是从自身时间序列数据中寻找有用信息，探究其内在规律，建立模型进行预测，因此 *SCGM*（1，1）$_c$模型成为道路交通事故预测的较理想模型，建模原理如下：

设交通事故原始时间序列为$x^{(0)}$：$x^{(0)} = (x_1^{(0)}, x_2^{(0)}, \dots, x_n^{(0)})$；首先对$x^{(1)}$进行积分生成变换，得到$\overline{x}^{(1)} = (\overline{x}_2^{(1)}, \overline{x}_3^{(1)}, \dots, \overline{x}_n^{(1)})$，有

$$\overline{x}_k^{(1)} = \sum_{m=2}^{k} \overline{x}_m^0 (k = 2,3, \dots , n)$$

式子中

$$\overline{x}_{k+1}^{(0)} = \frac{\overline{x}_{k+1}^{(0)} + \overline{x}_k^{(0)}}{2}$$

设道路交通事故的原始时序的积分生成序列$\overline{x}_k^{(1)}$与非其次指数离散函数$f_r(k) = be^{a(k-1)} - c$满意趋势关联，则系统云灰色 *SCGM*（1，1）$_c$模型为：

$$\frac{dx_k^{(1)}}{dk} = ax_k^{(0)} + U$$

其一次响应函数为

$$\hat{x}^{(1)}(k) = \left(\hat{x}^{(1)}(1) + \frac{U}{a}\right)e^{ak} - \frac{U}{a}$$

式子中

$$a = \ln \frac{\sum_{k=3}^{n} \overline{x}_{k-1}^{(0)} \overline{x}_k^{(0)}}{\sum_{k=3}^{n} (\overline{x}_{k-1}^{(0)})^2}$$

$$b=\frac{(n-1)\sum_{k=2}^{n}e^{a(k-1)}\overline{x}_{k}^{(1)}-(\sum_{k=2}^{n}e^{a(k-1)})(\sum_{k=2}^{n}\overline{x}_{k}^{(1)})}{(n-1)\sum_{k=2}^{n}e^{2a(k-1)}-(\sum_{k=2}^{n}e^{a(k-1)})^{2}}$$

$$c=\frac{1}{n-1}\left[\left(\sum_{k=2}^{n}e^{a(k-1)}\right)b-\sum_{k=2}^{n}\overline{x}_{k}^{(1)}\right]$$

有 $\hat{x}^{(1)}(k)=b-c, U=ac$，对 $\hat{x}^{(1)}(k)$进行还原处理，得到原始数据的系统云灰色 $SCGM(1，1)_c$ 预测模型为：

$$\hat{x}^{(0)}(k)=\frac{2b(1-e^{-a})}{(1+e^{-a})}\cdot e^{a(k-1)}$$

3. 模型评价指标

模型的评价指标可以从两个方向来衡量，首先是模型的精度检验，通过分析其残差和后验差来判断模型建立的效果；其次我们也可以采用概率论与数理统计的方法对模型进行再一次的分析，通过计算其误差平方和、平均相对误差、平均绝对误差这几项来进一步比较。

3.1 模型精度检验

（1）残差检验

假设，若根据模型计算出 $x^{(0)}(k)$的预测值 $\hat{x}^{(0)}(k)$，然后根据二者之间的误差（残差）来检验模型的精度。

令

$$\Delta(k)=x^{(0)}(k)-\hat{x}^{(0)}(k)$$

$$x(k)=\frac{\Delta(k)}{x^{(0)}(k)}\cdot 100\%$$

$$x_{(avg)}=\frac{1}{n-1}\sum_{k=2}^{n}|x(k)|$$

则称 $\Delta(k)$，$x(k)$，$x_{(avg)}$分别为 GM（1，1）的残差、相对残差、平均残差。称 $P^0=(1-x_{(avg)})\cdot 100\%$为建模精度。平均残差越大，模型精度越低。相对残差 $x(k)$越小越好，一般要求 $x(k)<20\%$，最好是 $x(k)<10\%$。此时有 $P^0>80\%$，最好是 $P^0>90\%$。

（2）后验差检验

按照后验差比值 C 和小误差概率 P 两个指标对模型精度等级做出合理的评价。设序列 $x^{(1)}$ 的均值和方差分别为

$$\bar{X} = \frac{1}{n}\sum_{k=1}^{n} x_k^0$$

$$S_1^2 = \frac{1}{n}\sum_{k=1}^{n} \left|x_k^{(0)} - \bar{x}\right|^2$$

残差序列 Δ 的均值和方差分别为

$$\Delta = \frac{1}{n-1}\sum_{k=2}^{n} \Delta(k)$$

$$S_2^2 = \frac{1}{n-1}\sum_{k=2}^{n} \left|\Delta(k) - \Delta\right|^2$$

则称 $C = \frac{s_2}{s_1}$ 为后验差比值。称 $P = P\left\{\left|\Delta(k) - \Delta\right| < 0.6745S_1\right\}$ 为小误差概率。后验差比值越小越好。

表 1　　不同模型的预测精度范围

预测精度等级	小误差概率 P	后验差比值 C
Ⅰ好	>0.95	<0.35
Ⅱ合格	>0.8	<0.5
Ⅲ勉强	>0.7	<0.65
Ⅳ不合格	≤ 0.7	≥ 0.65

3.2　统计指标

使用以下 3 个指标比较单一模型之间以及最优加权组合模型的统计特性。

（1）误差平方和（*MSE*）。其表达式为：

$$MSE = \sum_{i=1}^{N}(y_i - \hat{y}_i)^2$$

（2）平均相对误差（*MRE*）。其表达式为：

$$MRE = \frac{1}{N}\sum_{i=1}^{N}\left|\frac{y_i - \hat{y}_i}{y_i}\right|$$

（3）平均绝对误差（*MAE*）。其表达式为：

$$MAE = \frac{1}{N}\sum_{i=1}^{N}\left|y_i - \hat{y}_i\right|$$

4. 实例分析

4.1 单一灰色模型预测

现以北京市 2006—2015 年这 10 年期间道路交通事故的死亡人数做单因素灰色预测模型分析。

表 2　　北京市 2006—2015 年道路交通死亡人数

年份	2006	2007	2008	2009	2010	2011	2012	2013	2014	2015
死亡人数（X）	1373	1182	986	981	974	924	918	860	923	921

表 3　　不同模型对 2006—2015 年北京市道路交通死亡人数的拟合

年份	实际值	*GM*（1，1）模型		Verhulst 模型		*SCGM*（1，1）$_c$ 模型	
		预测值	误差	预测值	误差	预测值	误差
2006	1373	1373.00	0.00	1373.00	0.00	1373.00	0.00
2007	1182	1072.49	109.51	1164.39	17.61	1158.28	23.72
2008	986	1043.34	–57.34	1056.55	–70.55	1098.45	–112.45
2009	981	1014.99	–33.99	994.67	–13.67	1041.71	–60.71
2010	974	987.41	–13.41	957.02	16.98	987.90	–13.90
2011	924	960.57	–36.57	933.29	–9.29	936.87	–12.87
2012	918	934.47	–16.47	917.99	0.01	888.47	29.53
2013	860	909.08	–49.08	908.00	–48.00	842.58	17.42
2014	923	884.37	38.63	901.41	21.59	799.06	123.94
2015	921	860.34	60.66	897.03	23.97	757.78	163.22
建模精度 P^0		0.95		0.98		0.94	
后验差比值 C		0.08		0.05		0.30	
小误差概率 P		0.89		1		0.78	
误差平方和（MSE）		25805.50		9193.82		60427.03	
平均相对误差（MRE）/%		2.85%		2.59%		6.53%	
平均绝对误差（MAE）		46.18		24.63		61.97	

说明：为了分析统计数据方便，考虑到死亡人数一般是在百位数和千位数之间浮动，我们将表格中所求得的数据保留小数点后两位。

为了更加直观地观测这 3 种模型对数据的拟合效果，我们建立了折线图，如下图所示，图中虚线代表的是实际数值，其余实线代表的是 3 种模型的拟合数值。为了更加直观地观测到拟合的数值和实际数值之间的差距，我们此次绘图是纵坐标以 750 人次为端点。

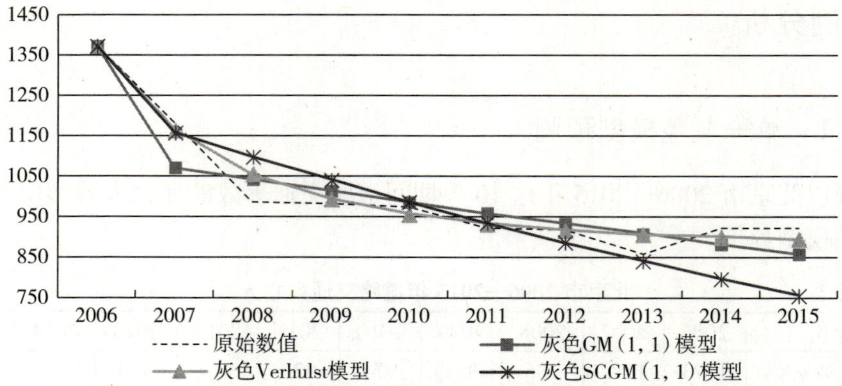

图 1　不同模型与原始数值的曲线拟合分析

4.2　拟合结果及模型评价

从以上所建立的单一预测分析模型中可以看出，无论是从表格数据还是图形数据来说，3 种模型的拟合程度都很不错，如果不考虑模型精度，做大体的预测，这 3 种模型都适合进行使用。

从表格的模型精度相关数据中可以看到，就建模精度 P^0 来说，3 个模型的值均在 90% 以上，精度越高，越适合建模。精度最高的模型是灰色 Verhulst 模型；就后验差比值 C 来说，C 如果小于 0.35 即为好的模型，3 个值均小于 0.35。但是我们可以看到，灰色 $SCGM(1,1)_c$ 模型的后验差比值距离 0.35 的差距不是很大，所以相对来说拟合效果差一点。对于前两种灰色模型来说，拟合效果就好很多；对于小误差概率 P 来说，要求 P 的值大于 0.95 的才算好的模型，可以看到只有第 2 种灰色 Verhulst 模型满足条件，其余两种最差的还是灰色 $SCGM(1,1)_c$ 模型，第 1 种 $GM(1,1)$ 模型次之。

从表格的统计指标相关数据中我们可以看到，误差平方和灰色 Verhulst 模型远小于其余两种模型的误差平方和，平均相对误差可以看到灰色 $SCGM(1,1)_c$ 模型的误差是前两种模型的 3 倍之多，平均绝对误差我们可以看到灰色 Verhulst 模型、$GM(1,1)$ 模型、$SCGM(1,1)_c$ 模型依次成倍数增长。

从折线图中，我们也可以更加直观地看出，三角符号的线和原始数值的程度是很接近的，并且有靠拢的趋势，而方块和米字型线条有偏离原始数值的趋势。如果以后交通事故不受太大因素干扰的话，我们可以分析出灰色 Verhulst 模型能够更加准确地做出判断死亡人数到底是在哪一个区间波动。

在单一预测模型中，Verhulst 模型的建模原理中无须进行还原处理，因而算法的复杂度最低，运行时间最短。操作执行起来比较方便。

综上，我们可以认为，灰色 Verhulst 模型的精度最高，拟合效果更好，适合作为未来北京市道路交通事故分析的预测模型。

5. 总结

本文基于灰色模型，探讨建立了灰色 GM（1，1）模型、灰色 Verhulst 模型和灰色 $SCGM$（1，1）$_c$ 模型 3 种单一预测方法。通过对北京市 2006—2015 年 10 年期间的交通事故死亡人数进行分析，通过建模精度 P^0 后验差比值 C、小误差概率 P、误差平方和（MSE）、平均相对误差（MRE）/% 和平均绝对误差（MAE）这些评价指标进行比较得出，灰色 Verhulst 模型能有效降低预测误差，提高预测精度。

参考文献

[1] 姬利娜 . 道路交通事故预测模型的研究 [J]. 河南：河南科技，2013：130-131.

[2] 赵云萍 . 道路交通事故预测模型及检验 [J]. 阴山学刊，2016，30（3）：105-107.

[3] 杨琭 . 基于最优加权组合模型的道路交通事故预测 [J]. 中国科技信息，2015，23：46-49.

[4] 赵玲 . 基于最优加权组合模型的道路交通事故预测 [J]. 计算机工程与应用，2003，49（24）：11-15

[5] 刘淑环 . 北京市道路交通事故灰色预测模型的构建与应用 [J]. 数学的实践与认识，2009，39（9）：116-118.

[6] 舒怀珠 . 基于灰色理论的道路交通事故预测模型综述 [J]. 道路交通与安全，2009：25-27.

[7] 钱卫东 . 基于灰色马尔可夫的道路交通事故预测 [J]. 中国安全科学学报，2008，18（3）：34-35.

[8] 刘建齐 . 道路交通事故预测中的灰色预测 GM（1，1）模型 [J]. 广西交通科技，2003，28（106）：107-109.

[9] 王福建 . 道路交通事故灰色 Verhulst 预测模型 [J]. 交通运输工程学报，2006，6（1）：123-125.

[10] 李相勇 . 道路交通事故灰色马尔可夫预测模型 [J]. 公路交通科技，2003，20（4）：99-101.

[11] 张曙红 . 灰色马尔可夫 SCGM（1，1）预测模型 [J]. 四川：佛山科学技术学院学报（自然科学版），2004：17-19.

[12] 薛勋国 . 灰色马尔可夫链在道路交通事故预测中的应用 [J]. 人类工效学，2006：27-28.

[13] 韩文涛 . 基于灰色系统的道路交通事故预测模型研究 [J].2005，37（3）：376-377.

谱聚类算法及其应用

北方工业大学：司芳源　张柏枫　张校博

指导教师：徐文琴　讲师

摘　要：谱聚类算法是基于谱图理论的一类新的聚类算法，被广泛应用于科学研究与工程应用的各个领域，成为聚类分析领域重要的新兴分支，受到越来越多研究者的重视。本文主要将谱聚类算法应用到图像识别（人脸识别）中去，得到了较为理想的聚类结果。

关键词：谱聚类；聚类；图划分；图像识别

1. 研究背景

随着信息技术和互联网的快速发展，各种形态的多源数据不断地成指数级爆炸，使得数据挖掘技术受到热切关注。聚类分析是数据挖掘领域中的一个重要研究课题，聚类分析思想是根据某些相似性的指标进行划分为一些有意义的聚类子集，使得相互“相似”的样本属于同一聚类子集，而相互“不相似”的样本属于不同聚类子集。因此在数据挖掘过程中，聚类分析作为一个独立的工具来获取数据分布情况，满足不同要求的潜在应用，也决定了它是一个富有挑战性的研究领域。

目前，在文献中存在大量的聚类算法，算法的选择取决于数据类型、聚类目的和应用，如代数法、迭代法、统计法。近年来，研究较多、有深厚理论基础、应用广泛的聚类方法是基于谱图划分理论的聚类方法——谱聚类。谱聚类算法是一种基于图论的聚类算法。它建立在谱图理论的基础上，其本质是将聚类问题转化为图的最优划分问题。与传统的聚类算法相比，它具有能在任意形状的样本空间上聚类且收敛于全局最优解的优点，而且可以获得在放松了的连续域中的全局最优解。此外，谱聚类使得聚类算法的研究得到很大的拓展，适用于许多现实应用问题，现在谱聚类算法已被成功地应用于文本分析、语音分析、图像分割、机器视觉、商业分析、市场营销、计算生物学等，甚至此类算法的应用还被扩展到医学诊断、DNA 和蛋白质等生物信息挖掘等领域。对谱聚类算法的研究具有科学意义和现实意义。同时，谱聚类算法在实现上仅涉及标准的线性代数方法，易于实现。

谱聚类的诞生可以追溯到 1973 年，多纳特（Donath）和霍夫曼（Hoffman）首次基于邻接矩阵构造了图的划分。在同一年，菲德勒（Fieldler）发现图的二划分与 Laplacian 图的第二小特征向量有密切关系，并且建议使用该特征向量进行图的划分。以后，许多研究者都逐步加入谱聚类方法的研究队伍中。

谱聚类逐渐成为流行的聚类方法。在算法扩展和理论分析方面涌现了大量的研究成果，见。聚类方法在图像分割任务的应用中，传统的做法是提取各像素点的特征向量，利用 k-means 等聚类方法对像素点进行聚类。这类方法固有的缺陷是对样本点的分布假设，如 k-means 方法假定样本点的分布服从高斯分布。然而，在现实应用中该假设未必成立。谱聚类方法的优势在于不需要事先假定样本服从某种特定的分布，计算像素点样本之间的相似性，构造相似性矩阵，通过对相似性矩阵的谱图划分达到划分样本空间的目的，从而避免了对样本空间分布假设的依赖，使得谱聚类方法在理论上能够适应任意分布形状的样本空间。

2. 理论基础

聚类的直观解释是根据样本间相似度，将它们分成不同组。谱聚类的思想是将样本看作顶点，样本间的相似度看作带权的边，从而将聚类问题转为图分割问题：找到一种图分割的方法使得连接不同组的边的权重尽可能低，组内的边的权重尽可能高，也就意味着组内相似度要尽可能高。根据相似度将这些顶点连起来，最后进行分割。分割后还连在一起的顶点就是同一类了。

聚类算法是数据挖掘中的一种聚类算法。谱聚类算法将聚类问题转化为一个无向图的多路划分问题，数据点看成无向图 G（V，E）中的顶点 V，加权边的集合 $E=\{S_{ij}\}$ 表示基于某一点相似性度量的两点间的相似度，用 S 表示待聚类数据点之间的相似性矩阵，图 G 中把聚类问题转变为在图 G 上的图划分问题，即将图 G（V，E）划分为 k 个互不相交的子集 v_1，v_2，…，v_k，划分后每个子集 v_i 和

v_j 之间的相似程度较低，每个子集内部相似度较高。

记 G=（V，E）表示一个无向加权图，V 表示所有顶点的集合 $V=\{v_1, v_2, \cdots, v_n\}$，E 表示所有边的集合，并且任意两点 v_i 和 v_j 的边具有非负权值 $w_{ij} \geqslant 0$。图的邻接矩阵为 $W=(w_{ij})$，i，j=1，...，n，如果 $w_{ij}=0$ 则表示点 v_i 和 v_j 之间没有连接。由于 G 为无向图，所以其邻接矩阵具有对称性，即 $w_{ij}=w_{ji}$。图中任一点 v_i 的度为 $d_i=\sum_{j=1}^{j=n} w_{ij}$，表示一个点与其他所有点的连接情况，图的度矩阵 D 为每个点的度所构成的对角矩阵 $D=diag\{d_1, \ldots, d_n\}$。

谱聚类的思想就是要转化为图分割问题。将原问题转化为图有两个问题要解决：一是两个顶点的边要怎样定义；二是要保留哪些边。对于定义两个顶点的边问题，如果两个点在一定程度上相似，就在两个点之间添加一条边。相似的程度由边的权重表示。因此，只要是计算相似度的公式都可用。要保留部分边的原因有：边太多了不好处理；权重太低的边是多余的。样本数据转化成图以后再求出样本无向完全图对应的矩阵。接下来就是谱聚类中如何来处理矩阵模型（就是图的划分）。

关于图的划分，看一下在谱聚类中用到的图的划分准则：谱聚类算法的思想来源于谱图划分，假定将每个数据样本看作图中的顶点 V，根据样本间的相似度将顶点间的边 E 赋权重值 W，这样就得到一个基于样本相似度的无项加权图 G=（V，E）。那么在图 G 中就可将聚类问题转化为在图 G 上的图划分问题。我们划分的要求是：子图内部相似度高，图之间的相似度小。目前，划分的准则有很多，那怎样选取一个最优的划分？

对于图的划分就是要找到一个最优解，这样我们便可以将问题转化成求解相似矩阵或拉普拉斯矩阵的谱分解，谱聚类将图划分准则优化问题转换成求解相似矩阵或者拉普拉斯矩阵特征问题，可将此类方法统称为谱聚类方法，也可以认为谱聚类方法是对图划分准则的逼近。

3. 数学模型

在上一节，我们介绍了需要引入矩阵来辅助求解，转化成矩阵的模型后我们需要用到以下 3 个概念：相似矩阵、度矩阵以及拉普拉斯矩阵。

下面我们来引进谱聚类中的关键内容——拉普拉斯矩阵，其定义为 $L=D-W$，其中 D 和 W 就是在上节中定义的图的度矩阵和邻接矩阵。

拉普拉斯矩阵具有如下非常好的性质：

（1）拉普拉斯矩阵是半正定矩阵。

（2）特征值中 0 出现的次数就是图连通区域的个数。

（3）最小特征值是 0，因为拉普拉斯矩阵每一行的和均为 0。

（4）最小非零特征值是图的代数连通度。

拉普拉斯矩阵有两种形式：规范化的拉普拉斯矩阵和非规范化的拉普拉斯矩阵。

(1) 非规范化的拉普拉斯矩阵: L=D－W，其中 D 为度矩阵，W 为权值矩阵(对称的）。

(2) 两种规范化的拉普拉斯矩阵：

$$L_{sym} = D^{-\frac{1}{2}} L D^{-\frac{1}{2}} = I - D^{-\frac{1}{2}} W D^{-\frac{1}{2}}$$

和

$$L_{rm} = D^{-1} L = I - D^{-1} W$$

其中两个下标 sym 和 rw 分别代表 symmetric 和 random walk。

那么，规范的拉普拉斯和非规范的拉普拉斯有什么区别？谱聚类的算法都要计算拉普拉斯矩阵的特征值和特征向量，但是在实践中规范的拉普拉斯矩阵在实际的聚类效果中会更好，能够获得更好的聚类性能。

针对图分割的方法，谱聚类算法的具体步骤如下：

Step1：将每个样本看作图的顶点，构造无向加权图。

Step2：计算图的邻接矩阵 W 和拉普拉斯矩阵 L。

Step3：根据图的分割准则计算拉普拉斯矩阵的前 k 个特征向量。

Step4：将拉普拉斯矩阵的前 k 个特征向量构成矩阵 Y，把 Y 的每一行看作一个样本，然后用 k-means 方法对 Y 进行聚类。

4. 算法实现

本节我们给出建立样本模型和求拉普拉斯矩阵的实现的主要程序代码（C++ 代码和 Java 代码）。

首先，将对应的样本转化成完全图并存在矩阵中：

```
double sample[N][2];    //存放所有样本点（2 维的）
void readSample ( char *filename ) {
  FILE *fp;
```

```
if ( ( fp=fopen ( filename, " r" ) ) ==NULL ) {
    perror ( "fopen" ) ;
    exit ( 0 ) ; }
char buf[50]={0};
int i=0;
while ( fgets ( buf, sizeof ( buf ) , fp ) !=NULL ) {
    char *w=strtok ( buf, " \t" ) ;
    double x=atof ( w ) ;
    w=strtok ( NULL, " \t" ) ;
  double y=atof ( w ) ;
    sample[i][0]=x;
   sample[i][1]=y;
    i++;
    memset ( buf, 0x00, sizeof ( buf ) ) ; }
assert ( i==N ) ;
fclose ( fp ) ; }
```

其次，根据距离公式来计算出各点之间的相似度和拉普拉斯矩阵：

```
double** getSimMatrix ( ) {
  // 为二维矩阵申请空间
  double **matrix=getMatrix ( N, N ) ;
  // 计算样本点两两之间的相似度，得到矩阵 W
 int i, j;
  for ( i=0; i<N; i++ ) {
     matrix[i][i]=1;
     for ( j=i+1; j<N; j++ ) {
    double dist=sqrt ( pow ( sample[i][0]-sample[j][0], 2 ) +pow ( sample[i][1]-sample[j][1], 2 ) ) ;
        double sim=1.0/ ( 1+dist ) ;
        if ( sim>T ) {
           matrix[j][i]=sim;
           matrix[i][j]=sim;
        }}}
  // 计算 L=D-W，求拉普拉斯矩阵
  for ( j=0; j<N; j++ ) {
     double sum=0;
     for ( i=0; i<N; i++ ) {
        sum+=matrix[i][j];
        if ( i!=j )
        matrix[i][j]=0-matrix[i][j]; }
          matrix[j][j]=matrix[j][j]-sum; }
   return matrix; }
// 获取矩阵前 n 小的奇异向量
double **singleVector ( double **A, int rows, int columns, int n ) {
   double **V=getIndentityMatrix ( columns ) ;
   hestens_jacobi ( A, rows, columns, V ) ;

   double *singular= ( double* ) calloc ( columns, sizeof ( double ) ) ; // 特征值
   int i, j;
```

```
    for ( i=0; i<columns; ++i ) {
        double *vector=getColumn ( A, rows, columns, i ) ;
        double norm=sqrt ( vectorProduct ( vector, vector, rows ) ) ;
        singular[i]=norm;
    }
int *sort= ( int* ) calloc ( columns, sizeof ( int ) ) ;
    for ( i=0; i<columns; ++i )
        sort[i]=i;
    for ( i=0; i<columns-1; ++i ) {
        int minIndex=i;
        int minValue=singular[i];
        for ( j=i+1; j<columns; ++j ) {
            if ( singular[j]<minValue ) {
                minValue=singular[j];
                minIndex=j;
            }
        }
        // 交换 sigular 的第 i 个和第 minIndex 个元素
        singular[minIndex]=singular[i];
        singular[i]=minValue;
        // 交换 sort 的第 i 个和第 minIndex 个元素
        int tmp=sort[minIndex];
        sort[minIndex]=sort[i];
        sort[i]=tmp;
    }

    double **rect=getMatrix ( rows, n ) ;
    for ( i=0; i<rows; ++i ) {
        for ( j=0; j<n; ++j ) {
            rect[i][j]=V[i][sort[j]]; }}

    freeMatrix ( V, columns ) ;
    free ( sort ) ;
    free ( singular ) ;
    return rect; }
```

最后，是运行 KMeans 的 Java 代码：

```
package ai;
 public class Global {
    // 计算两个向量的欧氏距离
    public static double calEuraDist ( double[] arr1, double[] arr2, int len ) {
        double result=0.0;
        for ( int i=0; i<len; i++ ) {
            result+=Math.pow ( arr1[i]-arr2[i], 2.0 ) ; }
        return Math.sqrt ( result ) ; }}
package ai;

public class DataObject {
```

```
    String docname;
    double[] vector;
    int cid;
    boolean visited;
    public DataObject ( int len ) {
        vector=new double[len]; }
    public String getName ( ) {
        return docname; }
    public void setName ( String docname ) {
        this.docname = docname; }
    public double[] getVector ( ) {
        return vector; }
    public void setVector ( double[] vector ) {
        this.vector = vector; }
    public int getCid ( ) {
        return cid; }
    public void setCid ( int cid ) {
        this.cid = cid; }
    public boolean isVisited ( ) {
        return visited; }
    public void setVisited ( boolean visited ) {
        this.visited = visited; }}

package ai;
import java.io.BufferedReader;
import java.io.File;
import java.io.FileReader;
import java.io.IOException;
import java.util.ArrayList;
import java.util.Iterator;
public class DataSource {
    ArrayList<DataObject> objects;
    int row;
    int col;
    public void readMatrix ( File dataFile ) {
        try {
            FileReader fr = new FileReader ( dataFile ) ;
            BufferedReader br = new BufferedReader ( fr ) ;
            String line = br.readLine ( ) ;
            String[] words = line.split ( "\\s+" ) ;
            row = Integer.parseInt ( words[0] ) ;
            // row=1000;
            col = Integer.parseInt ( words[1] ) ;
            objects = new ArrayList<DataObject> ( row ) ;
            for ( int i = 0; i < row; i++ ) {
                DataObject object = new DataObject ( col ) ;
                line = br.readLine ( ) ;
                words = line.split ( "\\s+" ) ;
                for ( int j = 0; j < col; j++ ) {
```

```
                object.getVector ( ) [j] = Double.parseDouble ( words[j] ) ; }
              objects.add ( object ) ; }
         br.close ( ) ;
       } catch ( IOException e ) {
          e.printStackTrace ( ) ; }}
public void readRLabel ( File file ) {
       try {
          FileReader fr = new FileReader ( file ) ;
          BufferedReader br = new BufferedReader ( fr ) ;
          String line = null;
          for ( int i = 0; i < row; i++ ) {
             line = br.readLine ( ) ;
             objects.get ( i ) setName ( line.trim ( ) ) ; }}
       catch ( IOException e ) {
          e.printStackTrace ( ) ; }}
```

5. 结果与分析

聚类分析在图像处理中应用广泛，其中一项重要的应用就是图像识别，谱聚类因为比传统的聚类方法更高效而迅速被广泛运用到图像处理中。为了验证谱聚类算法理论分析的正确性及其分类性能，本文将聚类算法应用于人脸识别的分类问题中。对于人脸图像的分类，谱聚类算法得到了相对准确的结果，见图 1。这说明谱聚类算法在人脸图像识别方面是适用的；对于“横”和“竖”两类点的十字，谱聚类算法却能够相对有效地分为两类，聚类结果相对较理想，利用谱聚类算法能够得到有效的处理人脸识别的分类问题。

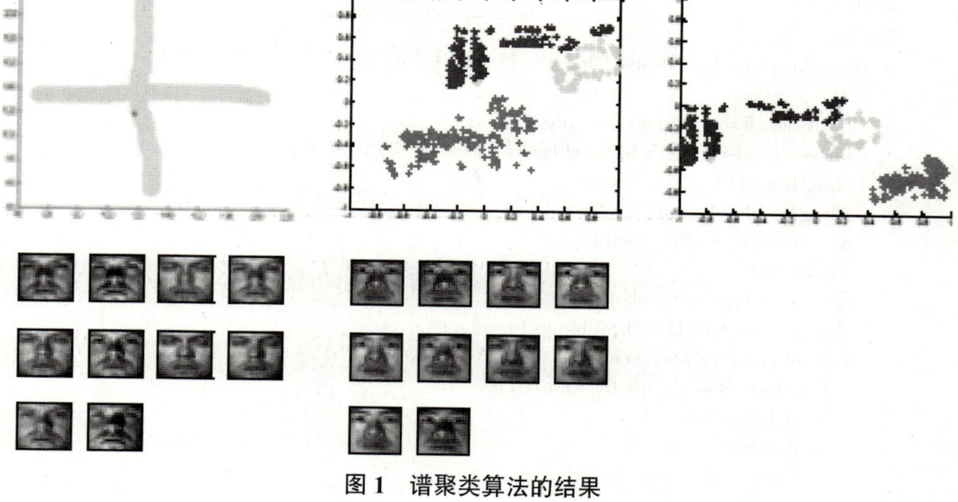

图 1　谱聚类算法的结果

谱聚类相当于先进行非线性降维，使原始数据点能够线性可分，最后再使用 k-means 聚类就可以得到比较好的聚类效果。尽管谱聚类算法具有坚实的理论基础——谱图理论，并且在实践中也取得了很好的效果，但它仍然存在着一些关键的问题：

（1）如何构造邻接矩阵 W，在谱聚类算法中，相似度矩阵的构造依赖于两个样本间相似度的构造，而单纯的依赖人为选择的相似度函数是带有一定的局限性的，我们还应该引入相关的领域知识，学习构造邻接矩阵。

（2）谱聚类算法需要计算像素点的相似矩阵的特征值的分解问题，计算复杂度和空间复杂度都很高，这可能会超出计算机的内存。

（3）谱聚类的松弛条件是对原问题的一个近似，但是并不能保证该近似是合适的，其误差有可能非常大，而且导致聚类问题不稳定。

（4）构造相似度矩阵的尺度参数根据经验设定，尺度参数的选择对聚类效果影响较大。

（5）聚类数目的选择难以确定，聚类数目的确定对聚类的质量有很大的影响。当聚类数目大于实际聚类数，k-means 谱聚类的方法的效果差。如何自动地确定聚类数目是一个关键的问题，也是未来研究的一个方向。

参考文献

[1] Ahn I, Kim C. Face and Hair Region. Labeling Using Semi-Supervised Spectral Clustering Based Multiple Segmentations[J]. IEEE Transactions on Multimedia, 2016: 1-1.

[2] Petkos G, Schinas M, Papadopoulos S, et al.. Graph-based multimodal clustering for social multimedia[J]. Multimedia Tools & Applications, 2016: 1-23.

[3] 崔丽，陈睿，李华．拓扑图格独立分量分析和谱聚类支持的纹理探测 [J]. 计算机辅助设计与图形学学报，2005，17（5）：935-940.

[4] Hou H X, Yuan M M, Liu C X. Indirect spectral clustering towards large text datasets[J]. Journal of Computer Applications, 2013, 32 (12): 3274-3277.

[5] Huang L, Liao L, Wu C H. Inference of protein-protein interaction networks from multiple heterogeneous data[J]. Eurasip Journal on Bioinformatics & Systems Biology, 2016, (1): 1-9.

[6] Wang D, Gu J. Integrative clustering methods of multi-omics data for molecule-based cancer classifications[J]. Quantitative Biology, 2016: 1-10.

[7] Donath W E, Hoffman A J. Lower bounds for the partitioning of graphs[J]. IBM J. Res. Develop, 1973, (17): 420-425.

[8] Fiedler M. Algebraic connectivity of graphs[J]. Czech，Math. J.，1973，（23）：298–305.

[9] Pothen A，Simon H D，Liou K P. Partitioning sparse matrices with eigenvectors of graphs[J]. SIAM Journal of Matrix Anal. Appl.，1990（11）：430–452.

[10] Dhillon，I. Co–clustering documents and words using bipartite spectral graph partitioning[R]. In Proceedings of the seventh ACM SIGKDD international conference on Knowledge discovery and data mining，New York：ACM Press，2001：269–274.

[11] Perez A，Andres C，Johan S. Sparse Kernel spectral clustering models for large–scale data analysis[J].Neurocomputing，2011，74（9）：1382–1390 .

[12] Kempe，D，McSherry，F. A decentralized algorithm for spectral analysis[J]. In Proceedings of the 36th Annual ACM Symposium on Theory of Computing，New York，NY，USA：ACM Press，2004：561–568.

[13] Jia J，Xiao X，Liu B et al..Bagging–based spectral clustering ensemble selection[J].Pattern Recognition Letter，2011，32（10）：1456–1467.

支持向量机原理及在手写体数字识别上的应用

北方工业大学：陈　伟　马　蕾　刘禹祺　罗四煌　杨　阳

指导教师：徐　鑫　讲师

摘　要：支持向量机（SVM）是近年来发展起来的机器学习方法，在模式识别问题中表现出突出的优势。本文将通过对手写体数字图像的预处理和算法中核函数的有效选取，利用 SVM 处理手写数字识别问题。项目基于 Matlab 平台实现了 SVM 的手写体数字识别功能，完成了理论学习和算法实践。

关键词：支持向量机；手写体识别；算法实现；核函数

1. 引言

在信息化蓬勃发展的今天，人们的日常生活离不开数字的使用，比如银行汇款、统计报表、快递单号等，处理如此烦琐的数字工作会占用很多时间。在人工智能发展的今天，如何利用识别系统代替普通人从而帮助大家从繁重的工作中解脱出来，受到了国内外学者的广泛关注。手写体阿拉伯数字识别作为其中的重要组成部分是光学字符识别技术的研究课题之一，主要研究的是利用计算机对写在纸张上的数字进行智能识别，其在办公自动化、表格录入、银行票据账单等方面有着非常大的使用价值，因此探索和研究这项技术有着重要的应用价值。手写体数字往往在写法上千差万别，每个人都有不同的字迹，即使是同一个人不同时间的书写都会出现不同，研究的难度较大，所以手写体数字识别课题的研究具有很大的挑战性。

支持向量机（Support Vector Machine，SVM）在近年来得到了广泛的关注和研究，其最初于 20 世纪 90 年代由万普尼克（Vapnik）提出，算法基于统计学习理论，集成了最大间隔超平面、凸二次规划和松弛变量等多项技术，在解决小样本、非线性和高维模式识别问题中表现出许多独特的优势。支撑向量机在近年来进展非常迅速，在符号处理、图像识别和基因图谱等应用中显示出较好的性能，具有许多引人注目的优点和性能。SVM 在识别问题上可以接受样本有较大的缺损，并且可以用于解决一些背景比较模糊，或者环境信息比较复杂等一系列问题。这是因为 SVM 在本质上是一种前向神经网络，根据风险最小化准则，在使得训练样本的分类误差极小的情况下，努力提高分类器的泛化能力。

本文将利用支持向量机方法来处理数字 0 ~ 9 的手写体识别，同时借助 Matlab 平台实现完成 SVM 的手写数字识别功能。在 SVM 理论中，不同的核函数将得到不同的 SVM 算法，因此问题研究的关键在于数字图像的预处理和 SVM 中核函数的选取。整个识别系统一般由图像采集、图像预处理、特征提取、分类识别等几个部分组合而成，预处理为能获得正确的数字特征提供基础，而得到了数字特征则保证了最后分类的有效性。

2. SVM 基本原理

作为一种分类器，当给定一些标记好的训练样本，支持向量机能将不同类样本在样本空间进行分割，输出一个最优化的超平面。

假定给定部分属于两类的二位点阵，这些点可以通过直线进行分割。在二维中有很多种可能的直线能将样本分开，我们的目标是找到一条直线与所有点的距离最远。而 SVM 的本质是找出一个超平面，使其与全部训练集数据的最小距离最大化。支持向量机由训练集中抽取的小子集组成的，关键在于输入 X 和输入空间的向量 x 之间的内积核。其中，K 为核函数，大致分为如下几类：

线性核函数：

$$K\left(x,x_i\right)=x^Tx_i$$

多项式核函数：

$$K\left(x,x_i\right)=\left(\gamma x^Tx_i+r\right)^p \quad ,\gamma>0$$

径向基核函数：

$$K\left(x,x_i\right)=\exp\left(-\gamma\left\|x-x_i\right\|^2\right),\gamma>0$$

二分类支持向量机机制，C–SVM 具体形式如下：

（1）设已知训练集：

$$T=\{(x_1,y_1),(x_2,y_2),\cdots,(x_l,y_l)\}\in(X\times Y)^l$$

其中 $x_i\in X=R^n, y_i\in Y=\{1,-1\}(i=1,2,\cdots,l)$， x_i 为特征向量。

（2）选取恰当的核函数 $K(x,x')$ 与参数 C，构建及求解最优解：

$$\min_{\alpha}\frac{1}{2}\sum_{i=1}^{j}\sum_{j=1}^{l}y_iy_j\alpha_i\alpha_jK(x_i,x_j)-\sum_{j=1}^{l}\alpha_j$$

$$s.t.\sum_{i=1}^{l}y_i\alpha_i=0,\quad 0\le\alpha_i\le C,i=1,2,\cdots,l$$

得到最优解： $\alpha^*=(\alpha_1^*,\cdots,\alpha_l^*)^T$。

（3）选取 α^* 的一个正分量 $0\leqslant\alpha_j^*\leqslant C$，并据此计算阈值：

$$b^*=y_i-\sum_{i=1}^{l}y_i\alpha_i^*\ K(x_i-x_j)$$

（4）构造决策树函数：

$$f(x)=\mathrm{sgn}\left(\sum_{i=1}^{l}\alpha_i^*y_iK(x,x_i)+b^*\right)$$

3. 基于 SVM 的手写体识别

3.1 预处理

二值化：由于手写体数字识别只需要处理图像中的字符信息，对颜色等信息不做要求，所以可以对扫描得到的图像进行二值化处理。

3.2 特征提取

数字识别中，特征提取是一个非常重要的环节，其特性信息量的获得直接关系到最终的效果。提取的方法有结构特征和统计特征。

结构特征识别方法是从字符的结构或者造型中获取到最能够代表其形状的某

类基本信息，类似如横竖撇捺、左右弯钩等。这种方法能够很好地识别字符笔画的细小改变，但文法相对复杂、对背景复杂的图像识别率较低。

统计特征识别方法是对字符信息进行全体统计学分析比较，采用像素密度特征、数形变换、模板适配等技术，识别相对稳定，抗噪声强，但不能检测到字符的笔画变化情况、字符复杂的几何和拓扑结构，识别出错的概率依然不小。

这里使用的是统计特征识别，提取的是密度特征。对图像统一进行归一化之后，计算其中黑像素密度特征。

3.3 识别处理

对于已经进行过预处理的待识别手写体数字图像，通过提取其中的密度特征，然后利用 SVM 进行数字的分类识别。

由于 Matlab 平台中的 SVM 分类器是二分类器，要识别 0 ~ 9 的数字必须要将多个 SVM 分类器组合起来使用，为此，我们构造了一个包含 45 个子分类器的大分类模型。对于未知样本进行预测时，我们采用投票法，也就是对于测试数字 x，为了判定所属类型，需考虑上述 45 个分类器对 x 所属类别的判定，得票数最多的类别就是 x 的最终类别。

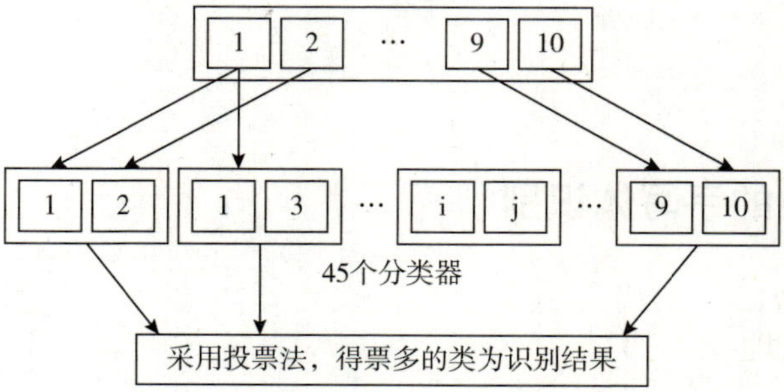

图 1 分类模型

我们一共提取了 50 个样本，将每个字符对应的训练样本输入，程序将自动提取待识别图像的特征，形成向量，进行训练；训练完成后，将待识别图像输入，程序自动进行特征提取后，形成向量并分类。本次我们选择线性核函数、二次核函数、多项式核函数来构造 SVM 分类器，进行比对。

训练集

num0_1.jpg
num0_2.jpg
num0_3.jpg
num0_4.jpg
num0_5.jpg
num1_1.jpg
num1_2.jpg
num1_3.jpg
num1_4.jpg
num1_5.jpg
num2_1.jpg
num2_2.jpg
num2_3.jpg
num2_4.jpg
num2_5.jpg
num3_1.jpg
num3_2.jpg
num3_3.jpg
num3_4.jpg
num3_5.jpg
num4_1.jpg
num4_2.jpg
num4_3.jpg
num4_4.jpg
num4_5.jpg
num5_1.jpg
num5_2.jpg
num5_3.jpg
num5_4.jpg
num5_5.jpg
num6_1.jpg
num6_2.jpg
num6_3.jpg
num6_4.jpg
num6_5.jpg
num7_1.jpg
num7_2.jpg
num7_3.jpg
num7_4.jpg
num7_5.jpg
num8_1.jpg
num8_2.jpg
num8_3.jpg
num8_4.jpg
num8_5.jpg
num9_1.jpg
num9_2.jpg
num9_3.jpg

测试集

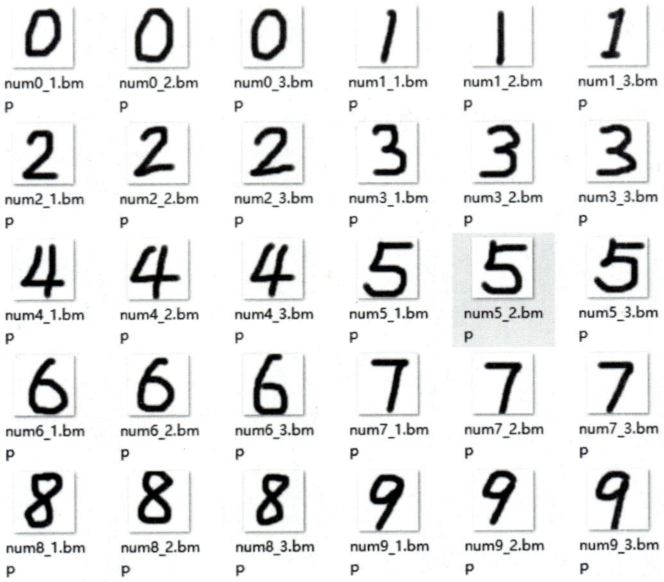
num0_1.bmp
num0_2.bmp
num0_3.bmp
num1_1.bmp
num1_2.bmp
num1_3.bmp
num2_1.bmp
num2_2.bmp
num2_3.bmp
num3_1.bmp
num3_2.bmp
num3_3.bmp
num4_1.bmp
num4_2.bmp
num4_3.bmp
num5_1.bmp
num5_2.bmp
num5_3.bmp
num6_1.bmp
num6_2.bmp
num6_3.bmp
num7_1.bmp
num7_2.bmp
num7_3.bmp
num8_1.bmp
num8_2.bmp
num8_3.bmp
num9_1.bmp
num9_2.bmp
num9_3.bmp

测试结果

基于线性核函数的SVM分类器的测试：

```
result =

  1 至 23 列

    0    0    0    1    1    1    2    2    2    3    3    3    4    4    4    5    5    5    6    5    6    7    7

  24 至 30 列

    7    7    8    5    9    9    9


percent =

    0.9000
```

基于二次核函数的SVM分类器的测试：

```
result =

  1 至 22 列

    0    0    0    1    0    1    0    0    2    0    0    0    8    0    6    8    8    6    6    6    6    7

  23 至 30 列

    7    0    3    8    3    0    0    9


percent =

    0.4333
```

基于多项式核函数的SVM分类器的测试：

次数为5时，

```
result =

  1 至 22 列

    6    6    6    6    6    6    6    6    6    6    6    6    6    6    6    6    6    6    6    6    6    6

  23 至 30 列

    6    6    6    6    6    6    6    6


percent =

    0.1000
```

在这个问题里，因为训练样本较少，多项式的次数不宜过高，通过测试发现当次数大于4时，算法的准确率大幅降低。

4. 总结

本项目主要探讨了使用不同核函数构造不同 SVM 识别器在手写体数字识别中的应用，我们系统地学习了 SVM 的数学原理，并基于 Matlab 平台完成了相关算法的实现。在对识别的结果进行探究的过程中，我们取得了较好的分类效果。通过比较发现，识别精准度出现误差的主要因素有手写体数字的笔画字迹粗细和清晰程度、训练样本的数量以及核函数的选择等方面。

当然，支持向量机依然有很大的研究内容，很多理论和算法还存在深究和改进的空间，比如核函数种类很多，到底哪一种更适合解决数字识别问题，有待进一步的分析。

参考文献

[1] 蒙庚祥，方景龙 . 基于支持向量机的手写体数字识别系统设计 [J]. 计算机工程与设计，2005，26（6）：1592-1598.

[2] 李琼，陈利，王维虎等 . 基于 SVM 的手写体数字快速识别方法研究 [J]. 计算机技术与发展，2014（2）：205-208.

[3] 黄晨曦，郝泳涛 . 基于级联分类器的手写体数字识别研究 [J]. 电脑知识与技术，2016，12（20）：180-182.

[4] 陈军胜 . 组合结构特征的自由手写体数字识别算法研究 [J]. 计算机工程与应用，2013，49（5）：179-184，194.

[5] 王有伟，刘捷 . 手写体数字识别中一种新的倾斜矫正的方法 [J]. 计算机工程，2004，30（11）：128-129，137.

[6] 钟乐海，胡伟 . 手写体数字识别系统中一种新的特征提取方法 [J]. 四川大学学报（自然科学版）2007，44（5）：1000-1004.

[7] 金忠，胡钟山，杨静宇等 . 手写体数字有效鉴别特征的抽取与识别 [J]. 计算机研究与发展，1999，36（12）：1484-1489.

[8] 王小川，史峰，郁磊等 .Matlab 神经网络 43 个案例分析 [M]. 北京：北京航空航天大学出版社，2013.

[9] 杨淑莹，张桦 . 模式识别与智能计算——Matlab 技术实现（第 3 版）[M]. 北京：电子工业出版社，2015.

我国股市价格联动效应熊牛市分析

北方工业大学：王　婧　李　妹　周　昊　杨　原

指导教师：赵桂梅　讲师

摘　要：股票联动效应是证券市场上普遍存在的一种现象，它指的是不同资产回报率之间存在的同方向或反方向的运动。本文选择金融业和房地产业两个牛市及一个熊市时期的股票月收益率，建立CAPM模型，分析了我国股票市场金融业和房地产业各公司股价在牛熊市时的联动效应情况。结果表明，两个行业内各股在熊市时都有较高的联动性，且无论牛市还是熊市金融业内各股的联动程度均强于房地产业。

关键词：牛熊市；股价；联动效应；CAPM模型

1. 背景及意义

随着人们生活水平的提高和个人理财观念的普及，个人理财深入普通家庭，股票投资成为人们个人理财中很重要的一个方面。而在股票市场中，常常存在联动效应。联动效应是指在同一时期内的股市中，由于国家政策、行业特性、地域性质或社会发展等影响因素导致的板块与板块或板块内的股票间存在的同涨、同跌现象。我国大部分个体投资者都不是金融行业从业者，对相关知识了解较少，对股市投资的认知不成熟，对投资比较盲目，容易盲从，而且我国的股市受政策影响较大，所以股票联动效应常常显著存在。通过对联动效应的研究，可以发现股票涨跌规律，了解股票波动特点和趋势，从而帮助投资者把握获利机会。

本文选取我国股市金融业和房地产业相关数据来研究股票市场板块之间联动效应，一方面能够帮助投资者在股市周期的各个阶段能够对自有资金合理进行投资与管理，在一定程度上达到规避风险的目的；另一方面，有助于不同行业的上市公司在不同的金融周期内制定不同的融资策略，实现资本多元化投资战略。

2. 我国股票市场相关概念介绍

联动效应是指在证券市场中，同属一种基本面或一种概念元素的相关股票往往呈现出近似的变化趋势，这种现象称为联动效应，其主要描述股市内的股票指数或者各板块之间股票的共同波动趋势。共同波动趋势指的是股票价格波动的趋势一致性。随着社会经济的进步，股市的联动效应越来越明显。

所谓板块，就是具有相同属性的或是由于某些题材、概念而产生的股票的集合体，它是股票市场细分的结果，也是个股归类的一种技术手段。

板块联动是指同一类型的股票常常同涨同跌的现象。板块联动形成我国股市的一大景观。股市中有一些股票会共同具备某种具有重大经济内涵的特殊性质，当这种共同性质被市场认同时，就会形成股市中的板块结构。

行业板块为股市用语，是指将某些处于同一行业的股票划归一类得出的一类股票类别。例如，房地产板块就是房地产这类股票的一个类别。

金融板块是指处于金融行业和相关行业的公司发行的股票。该板块股票市值巨大，在股票总市值中的比重很大（即权重很大），其涨跌对股票指数的影响很大。大盘的涨跌幅很大程度上受金融板块走势的影响。

房地产板块是指上市公司中，以房地产项目为公司主营业务的股票。房地产股是一个相对独立的行业，说它独立，主要是由于该行业中企业生产的产品较为特殊，房地产不同于其他产品，因而，房地产股有别于其他行业股。

3. 联动效应的研究方法及模型概述

3.1 CAPM 模型概述

资本资产定价模型（Capital Asset Pricing Model，简称 CAPM）是由美国学者夏普（William Sharpe）、林特尔（John Lintner）、特里诺（Jack Treynor）和莫辛（Jan Mossin）等人于1964年在资产组合理论和资本市场理论的基础上发展起来的，主要研究证券市场中资产的预期收益率与风险资产之间的关系，以及均衡价格是如何形成的，是现代金融市场价格理论的支柱，广泛应用于投资决策和公司理财领域。

3.2 资本资产定价模型的意义

资本资产定价模型是第一个关于金融资产定价的均衡模型，同时也是第一个可以进行计量检验的金融资产定价模型。模型的首要意义是建立了资本风险与收益的关系，明确指明证券的期望收益率就是无风险收益率与风险补偿两者之和，揭示了证券报酬的内部结构。资本资产定价模型另一个重要的意义是，它将风险分为非系统风险和系统风险。非系统风险是一种特定公司或行业所特有的风险，它是可以通过资产多样化分散的风险。系统风险是指由那些影响整个市场的风险因素引起的，是股票市场本身所固有的风险，是不可以通过分散化消除的风险。资本资产定价模型的作用就是通过投资组合将非系统风险分散掉，只剩下系统风险。并且在模型中引进了 β 系数来表征系统风险。

3.3 资本资产定价模型公式

当 CAPM 模型用来衡量公司的收益状况与市场与板块之间的关系时，公式变化如下：

$$\mathrm{R_{ijt}} = \beta_{\mathrm{jt}}\mathrm{R_{jt}} + \beta_{\mathrm{mt}}\mathrm{R_{mt}} + \varepsilon \qquad (1)$$

其中 R_{ij} 是第 j 板块中的第 i 只股票在第 t 时期的股票收益率。R_{jt} 是第 j 个板块在第 t 时期的板块收益率。R_{mt} 是整个市场在第 t 时期的市场收益率。β_{jt} 是第 j 个板块下的第 i 只股票在第 t 时期的 β 系数。β_{mt} 是整个市场在第 t 时期的 β 系数。ε 代表残差项。

3.4 联动程度评价指标

本文采用板块内收集到的所有公司有关收益率的数据构造 CAPM 模型，通过对数据进行回归操作得到每个公司的回归方程，形如公式（1）所示，并可以得出该方程的判定系数，即 R^2。根据 R^2 的大小来进行判断。在衡量整个板块的联动效应强度时，采用的是对该板块下全部公司的 R^2 进行均值计算，即

$$R_{\mathrm{j}}^{\ 2} = \frac{\sum_{i-1}^{n} R_{ij}^{\ 2}}{n}$$

4. 金融及房地产业在牛熊市时期行业内各股联动效应实证分析

4.1 数据说明

本文的样本数据是从 RESSET 数据库中搜集的各公司月收益率，所选择的数据为 2005 年 6 月至 2007 年 7 月、2014 年 1 月至 2015 年 12 月的股票月收益率。在此情况下，剔除掉在样本期内被 ST、ST*、PT 处理过的股票，除此之外还剔除了由于内部或者外部的原因连续缺失月收益率数据 3 个月以上不包含 3 个月的公司，剩余数据包含 家公司。样本数据的月收益率、上证指数、深证指数均来自 RESSET 数据库，个别缺失数据采用移动平均的方法以及查阅相关数据年度报表等进行补充。

在 RESSET 数据库中，月收益率的计算方法为：

股票的收益率＝收益额 / 原始投资额

其中：

收益额＝收回投资额 + 全部股利 –（原始投 资额 + 全部佣金 + 税款）

而当股票未出卖时，收益额即为股利。

分别对金融、房地产行业内各股收益率数据构建 CAPM 模型，研究行业内各股在牛熊市下联动效应情况，相关结果见表 1。

表 1　　金融及房地产业牛熊市联动程度表

各个时期下的不同行业		R^2
金融业	2005.6—2007.10	0.524
	2014.8—2015.6	0.748
	2007.10—2008.12	0.727
房地产业	2005.6—2007.10	0.439
	2014.8—2015.6	0.492
	2007.10—2008.12	0.667

由表 1 可以看出，2005 年 6 月到 2007 年 10 月的房地产板块的股票联动效应程度是 0.44，2005 年 6 月到 2007 年 10 月的金融板块的股票联动效应程度是 0.52；2014 年 8 月到 2015 年 6 月的房地产板块的股票联动效应程度是 0.49；2014 年 8 月到 2015 年 6 月的金融板块的股票联动效应程度是 0.75；2007 年 10 月到 2008 年 12 月的房地产板块的股票联动效应程度是 0.67；2007 年 10 月到 2008 年 12

月的金融板块的股票联动效应程度是0.73。此中提到的板块联动效应程度是通过将该板块下所筛选出来的所有公司的联动效应程度进行平均值的计算得到的。属于概念板块——金融板块和房地产板块的每个公司的收益率变化均可以通过板块的联动效应程度的变化来解释。对于不同时期的金融板块与房地产板块来讲，它们的值说明了当此板块下的公司收益率发生变化时，有超过百分之多少的因素是因为市场收益率以及板块收益率的变化导致的。

接下来是各时期各板块下的各公司 R^2 的分布情况：

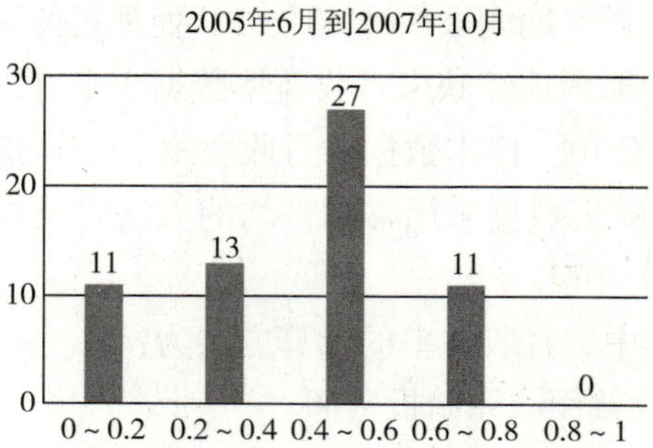

图1　牛市时期房地产业股价联动分布表

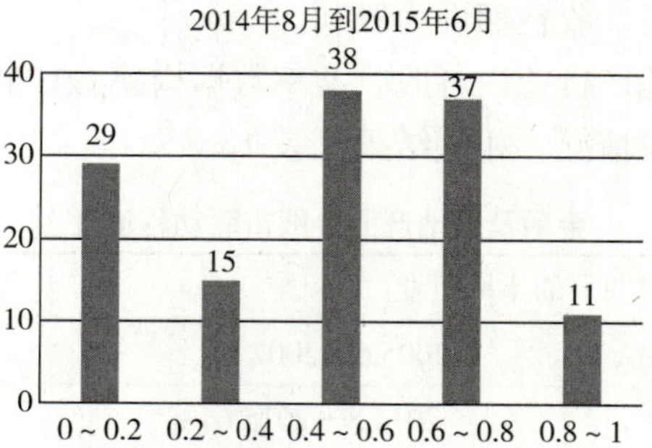

图2　牛市时期房地产业股价联动分布表

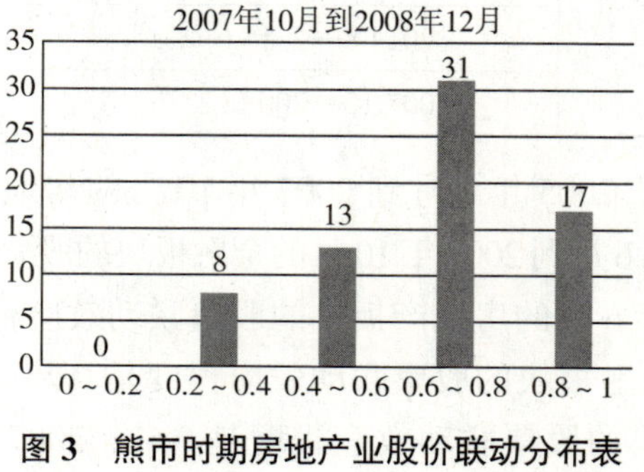

图3　熊市时期房地产业股价联动分布表

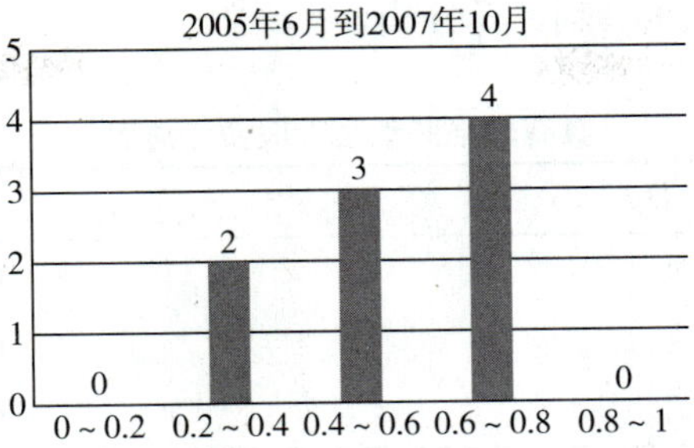

图 4　牛市时期金融业股价联动分布表

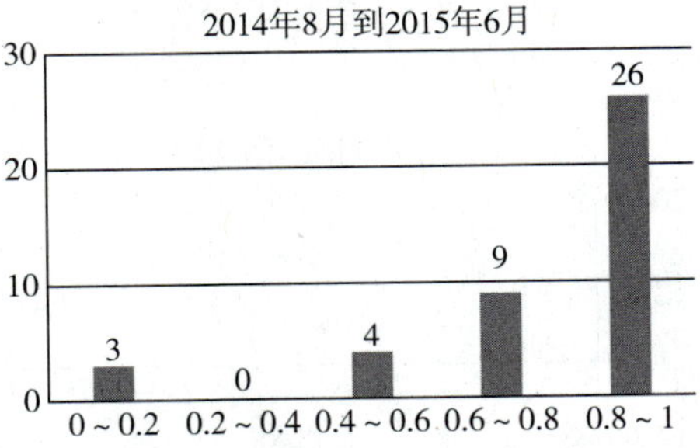

图 5　牛市时期金融业股价联动分布表

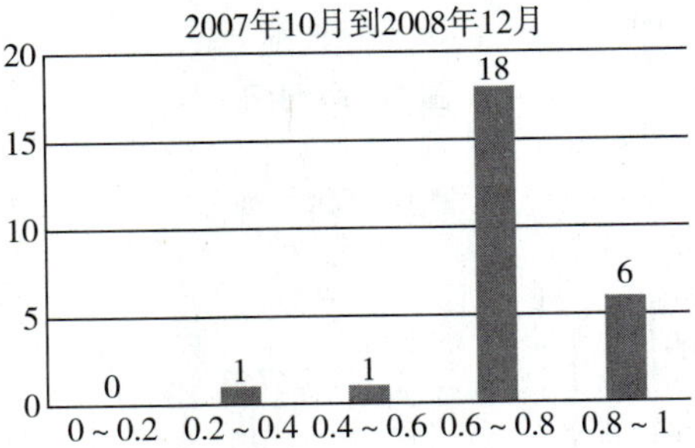

图 6　熊市时期金融业股价联动分布表

图 1 ~ 6 给出牛熊市下两行业内各股联动程度分布情况。横轴表示将 R^2 值分为 5 个区间，纵轴是各股所在区间频数。通过对两行业对比可知，同一轮行情中，金融业内各股联动程度分布更集中于 R^2 高的区间，尤其在牛市的第二轮行情中有 61.9% 的个股联动程度大于 0.8，由此可知金融业各股联动效应明显高于房地产业。两个行业熊市时各股的联动程度倾向于集中在 0.6 以上，说明熊市时行业内各股有较高联动性。下面会有针对性地选择一些公司，对高联动效应股票以及低联动效应股票进行投资分析。

4.2 高联动效应股票投资分析

表 2　　具有较强联动程度股票汇总表

房地产板块股票	R^2
海南高速	0.954
南国置业	0.933
嘉宝集团	0.926

由表 2 可得，海南高速、南国置业、嘉宝集团的 R^2 均大于 0.9，说明此 3 企业有极强的联动效应，接下来我们选取其中联动效应最强的海南高速进行投资分析。

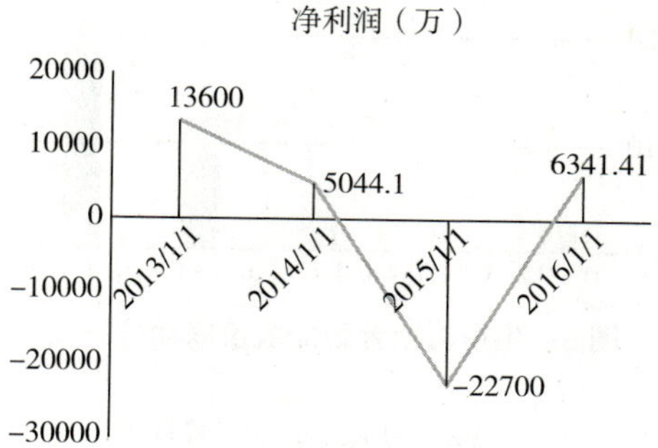

图 7　净利润

图 8　销售毛利率

海南高速成立于1993年8月，其所经营的业务是高等级公路勘测、设计、养护、管理服务；房地产开发经营；建材、普通机械、电子产品、农副产品、日用百货、饮食业、金属材料、化工原料及产品（专营外）、纺织品、文体用品、汽车配件、摩托车配件、饮料、副食品、家具、橡胶制品的经营；汽车客货运输、租赁；高科技产品、农业产品的生产、销售；计算机工程与信息服务。

图 9　营业收入同比增长率图

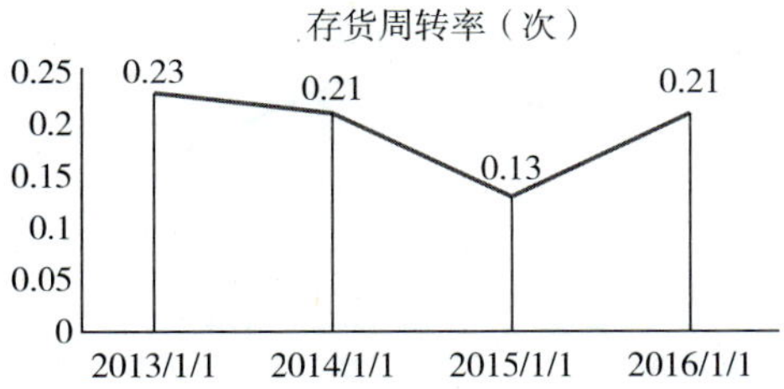

图 10　存货周转率

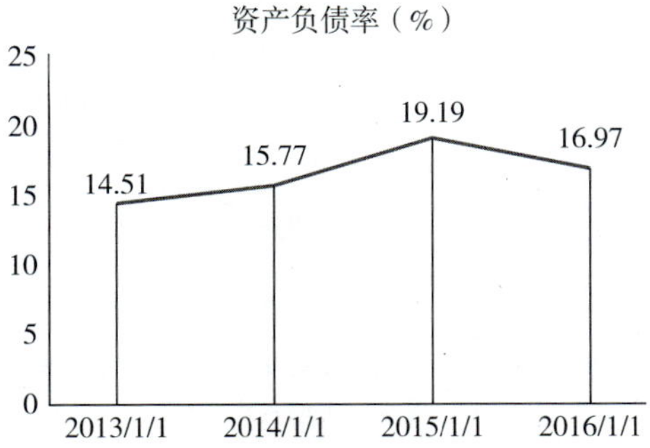

图 11　资产负债率

海南高速的 R^2 等于 0.954，表明在很大的程度上因变量的变化可以由自变量的变化来解释，回归方程的拟合优度比较显著，有较高的联动程度，受市场及板块的影响较大。由上表可知，在牛市时，海南高速凭借较高的联动效应会随板块和市场有上涨趋势，可以考虑对其进行投资，从中获取利润；而在熊市时，对于科陆电子来讲也会随整个行情的下跌而有很大的下跌程度。因此，在熊市时，对于科陆电子要谨慎选择。

表 3　　　　　　　　　　具有较强联动程度股票汇总表

金融板块股票	R^2
东北证券	0.952
浦发银行	0.959
招商证券	0.961
交通银行	0.954

由表 3 可得，东北证券、浦发银行、招商证券和交通银行的 R^2 均大于 0.95，说明他们均有极强的联动效应。下面，选取其中联动效应最强的招商证券进行投资分析。首先看看招商证券的情况。

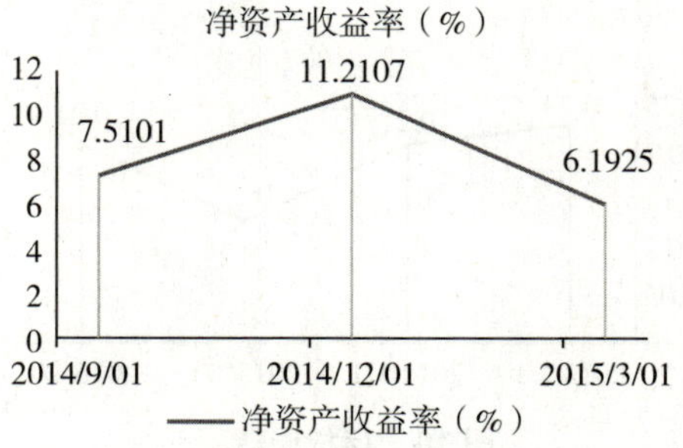

图 12　净资产收益率

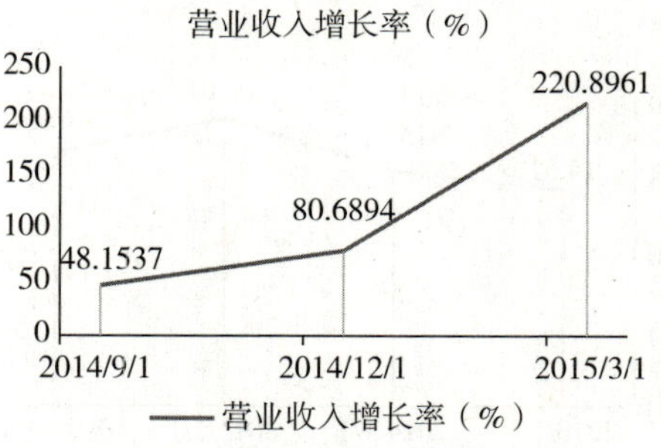

图 13　营业收入增长率

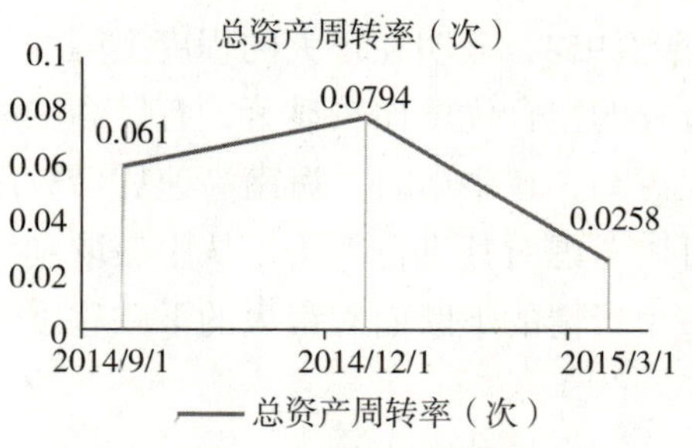

图 14　总资产周转率

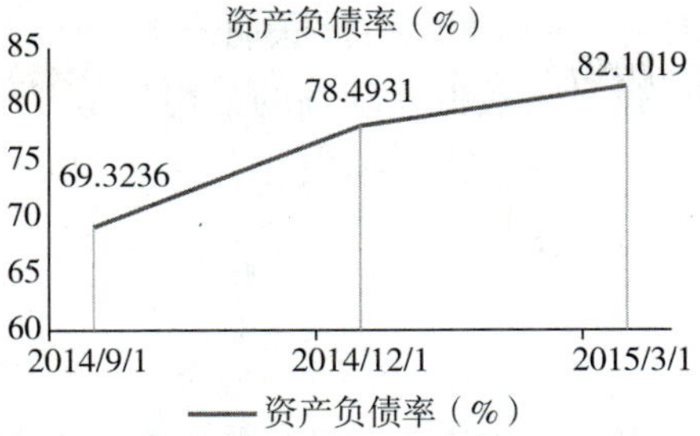

图 15　资产负债率

招商证券是百年招商局旗下的金融企业，创立于 1991 年，经过 25 年创业发展，已成为拥有证券市场业务全牌照的一流券商。招商证券总部位于深圳，公司截止到 2003 年注册资本 100 亿元，在全国 60 个城市开设了 96 家营业网点，同时在香港设有分支机构，全资拥有招商证券国际有限公司、招商期货有限公司、招商资本投资有限公司、参股博时基金管理公司、招商基金管理公司，构建起国内国际业务一体化的综合证券服务平台。业务范围包括为投资者提供证券代理买卖、证券发行与承销、收购兼并、资产重组、财务顾问、资产管理、投资咨询等证券投、融资全方位服务。2009 年 11 月 17 日在上海证券交易所上市。

招商证券的 R^2 等于 0.961，表明招商证券的回归方程在很大的程度上，因变量的变化可以由自变量的变化来解释。方程的拟合程度比较高，有极强的联动程度，受市场及板块的影响较大。在牛市时，招商证券凭借极强的联动效应会随板块和市场有上涨趋势，可以考虑对其进行投资，从而获取利润；在熊市时，招商证券也会随整个市场的下跌而有很大程度的下跌，此时对招商证券的投资要慎重考虑。

5. 结论与建议

5.1　结论

在股市投资对股票进行选择时，要根据股市的行情做具体分析。对于金融和房地产板块来说，该板块与大盘的联动系数在 0.5 左右，说明房地产与金融板块的联动程度一般，没有很高。在具体实务中，我们首先基于 CAMP 模型对房地产与金融板块公司的联动性做了分析，并选取其中有代表性的高联动公司进行进一步的财务分析。之后，我们发现在牛市当中，与大盘具有较高联动性的公司投资价值更高，能够获取更大的盈利，而此时低联动公司往往收益较低，需谨慎投资；相应的在熊市当中，与大盘具有较低联动性的公司将呈现出更强的抗跌能力，而此时持有高联动公司的股票往往会遭受损失。

5.2 建议

（1）在对股票进行投资时，需对公司的各项财务指标做具体了解，由此预测公司未来的发展情况，在此基础之上，了解板块及股票的联动效应，对同一板块中的各股联动性掌握本质的认识，并不是同属于一个板块的股票就会表现为同时上涨或同时下跌。要具体问题具体分析，以避免犯错误，影响收益。

（2）当股票市场为牛市时，由于联动程度较强的股票易受市场和板块的影响，表现出较强的上涨趋势，所以投资者应选取联动程度较强的股票，这样盈利机会相对来说更大。

（3）当股票市场为熊市时，由于联动程度较弱的股票不易受市场和板块的影响，在整体行情下跌的情况下，这些股票下跌的幅度不会像整体行情那么剧烈，甚至可能还会出现小幅度上涨，所以此时投资者应选取联动程度较弱的板块。

参考文献

[1] 李宏宇 . 股市中行业联动效应的实证分析——基于 C A PM 的空间计量模型的应用 [J]. 经济经纬，2010（2）：2–5

[2] 闫超，刘金全，隋建利 . 中国股票市场牛熊市运行周期探究 [J]. 经济与管理研究，2014，（10）：45–52.

[3] 严武，徐伟，王静 . 中国股市周期的划分与实证分析：1991—2004[J]. 当代财经，2006，（10）：47–52.

[4] 何兴强，周开国 . 牛、熊市周期和股市间的周期协同性 [J]. 管理世界，2006，（04）：35–40.

工业化建筑综合评价方法及监控预警指标研究报告

北方工业大学：丁　一　李顺玉　周泽权

指导教师：刘心男　讲师

摘　要：政策目标的有效执行对装配式建筑可持续发展具有重要意义。但是，目前针对各地区政策达成情况和装配式建筑发展水平尚无系统的量化监管指标。通过提取相关政策中可量化的关键并对其进行分析及处理，初步建立了装配式建筑监管指标。最后采用模糊综合评判法实现了该套装配式监管指标体系有效性的评判。

关键词：装配式建筑；监管指标；共词矩阵；模糊综合评判；有效性

1. 选题背景

装配式建筑同传统现浇建筑相比更节能环保，且大大缩短工期，近年来受到国家和各地政府越来越多的关注。国家和行业陆续出台相关发展目标和方针政策以及指导，特别是 2016 年 2 月 6 日《关于进一步加强城市规划建设管理工作的若干意见》（简称《意见》）提出“加大政策支持力度，力争用 10 年左右时间，使装配式建筑占新建建筑的比例达到 30%”的发展目标之后，各省市陆续出台装配式建筑支持政策，制定装配式建筑区域发展目标，积极推进产业基地和试点工程建设，我国装配式建筑进入高速发展阶段。

政策目标的有效执行对装配式建筑可持续发展具有重要意义。但是，目前针对各地区政策达成情况和装配式建筑发展水平尚无系统的量化监管指标。本文通过政策文本分析等方法提取相关的量化监管指标，构建了一套监管装配式建筑政策落实情况的指标体系，同时采用独立性、全面性、简约性、科学性、层次性 5 个指标对上述装配式建筑监管指标体系的有效性进行评判，并利用模糊综合评判法建立有效性评判矩阵，最后通过将专家打分的数据代入有效性评判矩阵，实现上述装配式建筑监管指标体系有效性的评判。

2. 装配式建筑监管指标体系构建

本文收集了全国各省及直辖市的人民政府和建设行政主管部门自 2016 年 2 月 6 日《意见》发布以来至 2017 年 8 月 1 日所出台的装配式建筑（建筑工业化、建筑产业现代化）相关政策，共计 45 份。搜索方式包括互联网关键词搜索、政府网站查询等，将收集到的政策文件交叉对比，避免相关政策收集出现遗漏。提取政策中可量化的装配式建筑相关关键词，筛选过程中，对于无法直接从政策内容中得到的量化关键词，通过比较其他各省政策中相似关键词及其要求，整理出可量化的关键词，建立较为简洁且能反映评价对象特征的指标体系。

2.1 频次统计

经分析筛选共得到 30 个关键词，分别对它们在政策文件中出现的频次进行统计，并进行降序排列，具体结果如表 1 所示。

表 1　　关键词频次统计表

序号	关键词	频次	序号	关键词	频次
1	装配式建筑面积占新建建筑比例	33	16	总承包项目数量	1
2	示范工程项目数量	17	17	总承包企业数量	1
3	产业基地数量	15	18	一体化龙头企业数量	1
4	试点城市数量	14	19	装配式建筑产值	1
5	装配率	10	20	示范企业数量	1
6	预制率	8	21	试点企业数量	1
7	新建装配式建筑面积	8	22	创新技术应用项目数	1
8	示范城市数量	7	23	生产基地（园区）工程包投资建设金额	1
9	构件生产产能	6	24	绿色建材在装配式建筑中的应用比例	1
10	示范基地数量	4	25	木结构建筑产业化技术研发中心	1
11	全装修比例	4	26	木结构产品展示中心	1
12	大型构件生产企业数量	2	27	木结构建筑培训基地	1
13	产业集群数量及规模	2	28	木结构建筑产学研技术创新联盟	1
14	试点工程面积	2	29	木结构加工产业园	1
15	讲座次数	2	30	木结构建筑化企业数量	1

关键词频次越大，表明 2016 年以来其关注度越高。表 1 中装配式建筑面积占新建建筑比例在政策文本中出现频次最大，45 份政策中共出现 33 次，反映了各地政策对《意见》的积极响应。其他频次大于 10 次的关键词是示范工程项目数量、产业基地数量和试点城市数量，频次分别为 17、15、14 次。

2.2 网络分析

为进一步探究关键词之间的相关性，引入共词矩阵的概念。本文认为，若两个关键词出现在一篇政策中，即说明两者具有相关性。为考察关键词间相关性的强弱，两两统计一组关键词在同一篇政策中出现的次数，形成 30×30 共词矩阵，如表 2 所示（横纵排编号为表 1 中关键词的序号）。

表 2 中非对角线元素表示对应的两个关键词同时出现的频次，对角线元素则是该关键词的频次。为直观反映关键词间的相关性，本文采用社会网络分析法研究该现象和结构。借助 UCINET 分析软件中的二维数据可视化分析 Net-Draw，导入共词矩阵汇总得出网络图，如图 1 所示。

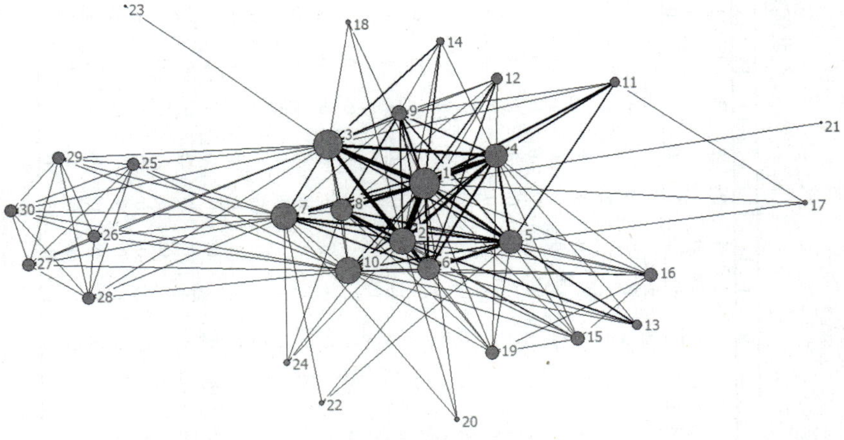

图 1　网络关系图

图 1 中共 30 个节点，每个节点代表一个关键词。连线连接两个关键词表示它们共同出现在一篇政策文件中，连线粗细与矩阵中非对角线元素一一对应，反映了关键词间联系的强弱，连线越粗代表关键词间关联性越强，反之则越弱。由图 1 可见，1 号节点至 8 号节点两两间连线较粗，表明它们之间的共现频次相对较大，连接紧密。其中 1 号节点“装配式建筑占新建建筑比例”和 2 号节点“示范工程项目数量”相关性最强。

另外本文利用点度中心度分析量化关键词在网络图中的重要性。点度中心度

表 2

共词矩阵

0	1	2	3	4	5	6	7	8	9	10	11	12	13	14	15	16	17	18	19	20	21	22	23	24	25	26	27	28	29	30
1	33	16	12	10	6	5	3	6	4	2	4	2	2	2	1	1	1	1	1	1	1	0	0	1	0	0	0	0	0	0
2	16	17	8	7	3	4	2	6	3	2	0	1	2	1	1	1	0	1	1	1	0	0	0	1	0	0	0	0	0	0
3	12	8	15	6	2	2	3	3	2	1	1	1	0	2	0	0	0	1	0	0	0	0	1	0	1	1	1	1	1	1
4	10	7	6	14	5	4	3	2	3	3	2	1	1	1	1	1	0	0	1	0	0	0	0	0	0	0	0	0	0	0
5	6	3	2	5	10	6	4	2	2	2	2	0	1	0	1	1	1	0	1	0	0	1	0	0	0	0	0	0	0	0
6	5	4	2	4	6	8	2	3	2	2	0	2	1	0	1	1	0	0	1	0	0	1	0	0	0	0	0	0	0	0
7	3	2	3	3	4	2	8	1	1	1	0	0	0	0	0	0	0	0	0	1	0	1	0	1	1	1	1	1	1	1
8	6	6	3	2	2	3	1	7	2	1	0	1	0	1	1	1	0	0	1	0	0	0	0	1	0	0	0	0	0	0
9	4	3	2	3	2	2	1	2	6	0	1	1	0	0	0	0	0	0	0	0	0	0	0	0	0	0	0	0	0	0
10	2	2	1	3	2	2	1	1	0	4	0	0	1	0	1	1	0	0	1	0	0	0	0	0	1	1	1	1	1	1
11	4	0	1	2	2	0	0	0	1	0	4	0	0	0	0	0	1	0	0	0	0	0	0	0	0	0	0	0	0	0
12	2	1	1	1	0	2	0	1	1	0	0	2	0	0	0	0	0	0	0	0	0	0	0	0	0	0	0	0	0	0
13	2	2	0	1	1	1	0	0	0	1	0	0	2	0	0	0	0	0	0	0	0	0	0	0	0	0	0	0	0	0
14	2	1	2	1	0	0	0	1	0	0	0	0	0	2	0	0	0	0	0	0	0	0	0	0	0	0	0	0	0	0
15	1	1	0	1	1	1	0	1	0	1	0	0	0	0	1	1	0	0	1	0	0	0	0	0	0	0	0	0	0	0
16	1	1	0	1	1	1	0	1	0	1	0	0	0	0	1	1	0	0	1	0	0	0	0	0	0	0	0	0	0	0
17	1	0	0	0	1	0	0	0	0	0	1	0	0	0	0	0	1	0	0	0	0	0	0	0	0	0	0	0	0	0
18	1	1	1	0	0	0	0	0	0	0	0	0	0	0	0	0	0	1	0	0	0	0	0	0	0	0	0	0	0	0
19	1	1	0	1	1	1	0	1	0	1	0	0	0	0	1	1	0	0	1	0	0	0	0	0	0	0	0	0	0	0
20	1	1	0	0	0	0	1	0	0	0	0	0	0	0	0	0	0	0	0	1	0	0	0	0	0	0	0	0	0	0
21	1	0	0	0	0	0	0	0	0	0	0	0	0	0	0	0	0	0	0	0	1	0	0	0	0	0	0	0	0	0
22	0	0	0	0	1	1	1	0	0	0	0	0	0	0	0	0	0	0	0	0	0	1	0	0	0	0	0	0	0	0
23	0	0	1	0	0	0	0	0	0	0	0	0	0	0	0	0	0	0	0	0	0	0	1	0	0	0	0	0	0	0
24	1	1	0	0	0	0	1	1	0	0	0	0	0	0	0	0	0	0	0	0	0	0	0	1	0	0	0	0	0	0
25	0	0	1	0	0	0	1	0	0	1	0	0	0	0	0	0	0	0	0	0	0	0	0	0	1	1	1	1	1	1
26	0	0	1	0	0	0	1	0	0	1	0	0	0	0	0	0	0	0	0	0	0	0	0	0	1	1	1	1	1	1
27	0	0	1	0	0	0	1	0	0	1	0	0	0	0	0	0	0	0	0	0	0	0	0	0	1	1	1	1	1	1
28	0	0	1	0	0	0	1	0	0	1	0	0	0	0	0	0	0	0	0	0	0	0	0	0	1	1	1	1	1	1
29	0	0	1	0	0	0	1	0	0	1	0	0	0	0	0	0	0	0	0	0	0	0	0	0	1	1	1	1	1	1
30	0	0	1	0	0	0	1	0	0	1	0	0	0	0	0	0	0	0	0	0	0	0	0	0	1	1	1	1	1	1

是衡量节点中心度的其中一个指标，反映了单个节点在网络图中的价值和地位。在共词网络中，节点度大小反映节点的度中心性高低，节点度越大代表该节点在网络中越重要。节点度大小在本文中代表的是某个节点和其他节点连接的总数量，即该关键词和其他关键词共同出现在政策文本的总频次，它可能是各省政府关注装配式建筑发展的侧重点。统计出节点度大于6的节点为1号、2号、3号、4号、5号、6号、7号、8号；节点的节点度依次分别是82、45、31、28、24、16、12、10、9，意味着对应关键词是装配式建筑相关政策的热点。

2.3 政府对装配式建筑监管指标

由于提取到的关键词数量众多，不易直接进行聚类和构建指标体系，因此需对其进行进一步筛选。本文以关键词的词频为筛选依据，引入高频词概念探究关键词重要性，某关键词出现频次越高，则该关键词在关键词体系中应更为重要。多诺霍（Donohue J.C.）于1973年提出了如下高频词低频词分界公式：

$$T=\frac{\sqrt{(1+8\times I_1)}-1}{2} \tag{1}$$

其中，T为界限频次，频次大于T的关键词为高频关键词；I_1为频次为1的关键词数量。

根据上式计算，可得本文的T值为5，即提取出的所有关键词中，频次超过5的可认为是高频词，对应1号至9号关键词。其中高频词总频次约占总样本的80%，说明这9个关键词反映的主题基本上就是近年来我国政府对装配式建筑监管的要点。将其与共词网络中经过点度中心度分析后得到的热点关键词进行对比，并无较大差异，所以依据重要性筛选关键词是合理的。本文选择对高频词分析聚类，并总结出了表3中的一二三级监管指标，由此建立了一套监管指标体系。

表3　装配式建筑监管指标

一级指标	二级指标	三级指标
装配式建筑监管指标	试点及示范	示范工程项目数量
		试点城市数量
		示范城市数量
	新建建筑规模	装配式建筑面积占新建面积比例
		新建装配式建筑面积
	技术水平	装配率
		预制率
	构件生产能力	产业基地数量
		构件生产产能

3. 有效性评价

本文采用模糊综合评判法对上述监管指标体系进行有效性评判。模糊综合评判法是在模糊环境下，构造等级模糊子集，将多个反映事物的指标进行量化，然后利用模糊关系合成原理，对评判事物进行综合性评判的一种方法。具体流程如图 2所示：

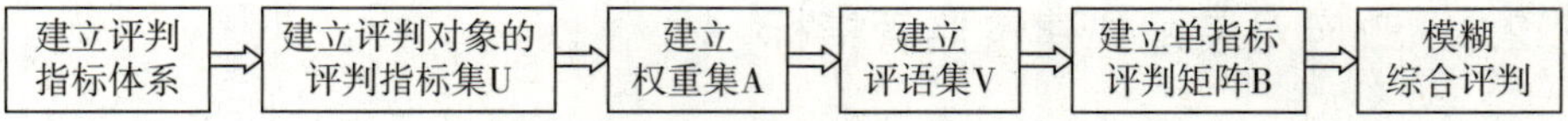

图 2　模糊综合评判流程图

（1）建立评判指标体系（如图 2 所示）。

（2）建立评判对象的评判指标集。

根据指标体系构建的一般原则结合该套指标体系，选取独立性、全面性、简约性、科学性、层次性 5 个评判指标进行有效性评判，即 U=（独立性，全面性，简约性，科学性，层次性）。

（3）建立权重集。

为简化分析，本文假设以上 5 个评判指标对有效性的贡献度相同，所以令各指标权重一致，即 A=（0.2，0.2，0.2，0.2，0.2）。

（4）建立评语集。

假设有效性评判结果分为优秀、良好、一般、较差、差 5 个等级，则评语集 V=（优秀，良好，一般，较差，差），并对 5 个评判指标赋值，可得：

$$F=(95,\ 85,\ 75,\ 65,\ 55)^T$$

（5）建立单指标评判矩阵。

对独立性作单因素评判，确定独立性对抉择等级 V=(优秀，良好，一般，较差，差）的隶属度，由此可得独立性性 B_1 的单因素评判集：

$$B_1=(b_1,\ b_2,\ b_3,\ b_4,\ b_5)$$

同理可得，上述 U 中 5 个评判指标的评判集构造得到总的评判矩阵：

$$B=\begin{bmatrix} b_{11} & b_{12} & b_{13} & b_{14} & b_{15} \\ b_{21} & b_{22} & b_{23} & b_{24} & b_{25} \\ b_{31} & b_{32} & b_{33} & b_{34} & b_{35} \\ b_{41} & b_{42} & b_{43} & b_{44} & b_{45} \\ b_{51} & b_{52} & b_{53} & b_{54} & b_{55} \end{bmatrix}$$

（6）模糊综合评判。

权重集 A 和单指标评判矩阵 B 已知，综合评判采用模糊数学中的合成算法进行，得到评判指标对于评语集 V 的隶属度：

$$R=AB \tag{2}$$

再利用向量乘积，即可计算出装配式建筑监管指标体系有效性的模糊综合评判值：

$$Z=RF \tag{3}$$

3.1 装配式建筑监管指标体系有效性

本文通过制作调查问卷，就本论文装配式建筑监管指标体系中 5 个评判指标请专家进行打分，得到其对有效性的评分。调查问卷由 3 部分组成：第一部分是专家基本信息；第二部分是专家所在省市装配式建筑发展状况；第三部分是对本论文提出的监管指标有效性的评分。参与打分的 4 个专家均任职于省级住建行政主管部门，其中 1 人工作年限 5 ~ 10 年，3 人工作年限 10 ~ 20 年。并且，专家中 2 人对装配式建筑比较了解，2 人对装配式建筑非常了解，从而保证了打分数据的可信度。

统计 5 个指标得分情况，全面性和简约性得分较高，独立性和科学性次之，层次性最差，如图 3 所示。

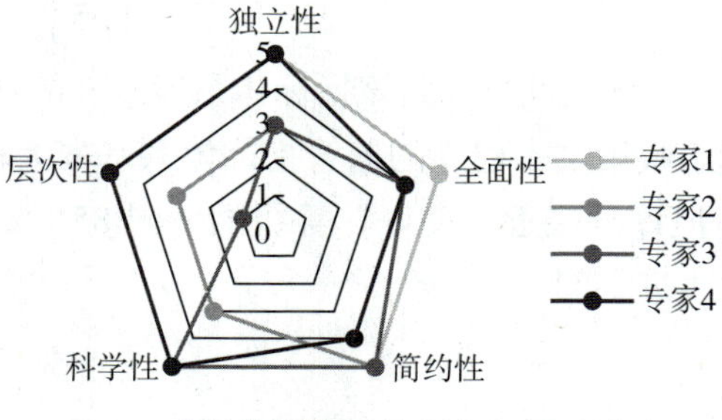

图 3　监管指标体系评判指标得分统计

两位专家就层次性不足阐述其原因，其一是关于指标体系中“示范工程项目数量”指标，没有就不同层面的示范工作进行深度细化；其二是需要进一步区分不同主体对装配式建筑发展的认识程度，如开发商、施工企业、设计单位，等等。另外有专家就全面性提出补充质量监管内容的建议。

本文采用专家意见百分比统计法，例如，4 个专家对独立性的评判结果为：2 个独立性优秀；0 个独立性良；2 个独立性一般；0 个独立性较差；0 个独立性差。

则独立性对 V 的隶属度为：

$$B_1=（0.5，0，0.5，0，0）$$

同理，可得到有效性其他各项指标的隶属度，则

$$B=\begin{bmatrix}0.5 & 0 & 0.5 & 0 & 0\\0.25 & 0.75 & 0 & 0 & 0\\0.75 & 0.25 & 0 & 0 & 0\\0.75 & 0 & 0.25 & 0 & 0\\0.5 & 0 & 0.25 & 0 & 0.25\end{bmatrix}$$

将单指标评判矩阵 B 和权重 A 代入（2），得出：

$$R=AB=（0.2，0.2，0.2，0.2，0.2）\begin{bmatrix}0.5 & 0 & 0.5 & 0 & 0\\0.25 & 0.75 & 0 & 0 & 0\\0.75 & 0.25 & 0 & 0 & 0\\0.75 & 0 & 0.25 & 0 & 0\\0.5 & 0 & 0.25 & 0 & 0.25\end{bmatrix}$$

即有效性评判结果为：R=（0.55，0.2，0.2，0，0.05）

将评判结果 R 和 F 代入（3），得出：

$$Z=RF=（0.55，0.2，0.2，0，0.05）\begin{bmatrix}95\\85\\75\\65\\55\end{bmatrix}=87$$

计算结果介于 85 ~ 95 之间，因此该指标体系有效性的评判等级为“良好”，这意味着本文作者基于政策文本建立的监管指标体系基本上较好地反映了装配式建筑量化监管需求。但评分接近“良好”等级的下限 85 分，说明前述装配式建筑监管指标还有很大改进空间。

4. 结论和展望

本文基于政策文本分析地方监管装配式建筑的预警指标，建立了完整的监管指标体系，并基于模糊综合评判法和专家打分验证了该套指标体系的有效性，等级良好，说明政府可采用该套指标体系监管各地区装配式建筑发展状况，并通过政策预期目标与实际完成情况进行实时对比，及时采取相关纠偏措施，实现目标达成率 100%。

本文仍需在监管指标的科学性和发展性方面做出改进。由于受到认识水平的约束，目前还难以定量，只能依赖于评价者对装配式建筑的理解程度和对各区域发展的了解程度。指标体系建立过程中，仅基于政策文本分析提取指标，却没有分析可能具有发展前景的指标，因此指标体系缺乏一定的完整性。

参考文献

[1] 刘仁，卞树檀，于强 . 评估指标体系构建的方法研究 [J]. 电子设计工程，2013，21（01）：34–36.

[2] 杨颖 . 基于共词分析的学科结构可视化研究 [D]. 中国医科大学，2010.

[3] 汪小帆，李翔，陈关荣 . 网络科学导论 [M]. 北京：高等教育出版社，2012：158–159.

[4] 苏敬勤，李晓昂，许昕傲 . 基于内容分析法的国家和地方科技创新政策构成对比分析 [J]. 科学学与科学技术管理，2012，33（06）：15–21.

[5] 魏瑞斌 . 基于关键词的情报学研究主题分析 [J]. 情报科学，2006，（09）：1400–1404.

[6] 安兴茹 . 基于正态分布的词频分析法高频词阈值研究 [J]. 情报杂志，2014，33（10）：129–136.

[7] 杜栋，庞庆华，吴炎 . 现代综合评价方法与案例精选（第 3 版）[M]. 北京：清华大学出版社，2015.

[8] 谷琳 . 建筑节能标准评估研究 [D]. 北京交通大学，2015.

[9] 魏子惠，苏义坤 . 工业化建筑建造评价标准体系的构建研究 [J]. 山西建筑，2016，24（04）：234–236.

张拉整体木结构应用初探研究报告

北方工业大学：葛恩生　许承璐　张梓巍　刘雷鹏　陈　峥

指导教师：白玉星　副教授

摘　要：张拉整体结构以“压杆的孤岛存在于拉杆的海洋”为结构思想，以结构效率高的优点而受到广大结构工程师喜爱。通过模型试验与数值试验对单撑杆预应力张弦木梁在高跨比不变时，改变其矢高与垂度的比值，分析了其结构特性。研究了对索施加不同等级的预应力对其结构的影响。

关键词：预应力；张弦木梁；矢高；垂度；SAP2000 数值试验

1. 选题背景

张拉整体结构以“压杆的孤岛存在于拉杆的海洋”为结构思想，以质量轻，跨度大、结构效率高等优点而受到广大结构工程师喜爱，而木结构又具备环保、舒适度好及加工制作方便的优点。张弦梁结构是由拱形梁、撑杆及弦组合而成的平面受承力结构，它具有受力明确、体系简单的特点，能充分发挥上弦梁的拉压与索的抗拉性能，从而能使结构达到更大的跨度，在实际工程中有广泛的应用。如上海浦东国际机场候机楼屋盖、哈尔滨国际会展中心大跨度张弦梁等均采用了此结构。赵基达等对张弦梁结构进行了静力性能研究；陈楠等通过模型试验对拱形张弦拱结构进行了静力与动力特性实验研究，并将试验结果与理论公式及有限元结果进行了对比分析，验证了理论公式的可靠性；张晋等通过试验研究分析了拱形张弦胶合木梁的受力性能与破坏形态；陈汉翔等通过对多种撑杆的张弦桁架施加不同的预应力研究了结构的受力性能。

张弦结构，也称为张弦柔结构，是一种杂交的空间结构，它将拱梁、桁架结构和在大跨体系中应用日益广泛的悬索结构结合起来，形成了一种受力合理、施工方便的新型空间结构形式。张弦梁结构的创始人，日本斋藤公男（M.Saitoh）教授对这种结构给出的定义是："用撑杆连接抗弯受压构件和抗拉构件而形成的自平衡体系"。张弦结构有3种基本类型，分别是：普通张弦梁、张弦拱和张弦人字拱。

张弦梁结构作为最早出现的一种张弦结构，有着很长的一段历史。早在1839年，德国建筑师格奥尔格·路德维希·弗里德里希·拉维斯（Georg Ludwig Friedrich Laves）发明了一种预应力梁"Laves beam"，他把梁分成上层和下层两部分，两者之间仅用立柱连接，通过这种方式梁的强度可以显著提高，并用于海恩豪森（Herrenhausen）花园的温室中，这是目前查到的最早张弦梁的雏形。帕克斯顿（Paxton）利用这种预应力梁概念，在建于1851年的伦敦万国博览会的水晶宫结构的衍架之间采用了张弦梁结构檩条。建于1876年费城博览会展馆的国际展厅屋盖同样采用了张弦梁结构。

近代明确提出张弦梁结构概念的是日本大学的斋藤公男教授，他在1979年马德里召开的国际壳及空间结构学会（IASS）年会上，提出了张弦梁（beam string structure）结构形式，并研究了其基本受力特性和分析计算原理。1998年，天津大学刘锡良教授首先在国内对张弦梁结构展开了系统深入的研究。由于当时直接取其日语"张弦梁"定义，故"张弦梁"的名称沿用至今。

梁与张紧的索构成的受力体系，实际上不存在整体失稳的可能性，因而其强度可以得到充分利用，而不似单独工作的梁那样需要有特别大的截面。所以，柔性索与刚性梁的结合不仅充分发挥了各自的优点，而且相互限制了彼此的弱点，相得益彰。

2. 方案论证

通过SAP2000计算与模型试验对单撑杆张弦木梁在高跨比（高度为矢高与垂度之和）一定的前提下，通过调节矢高与垂度（模型如图1）的比值（简称矢垂比）分析了其结构特性，通过SAP2000对索施加不同等级的预应力分析对结构的影响。

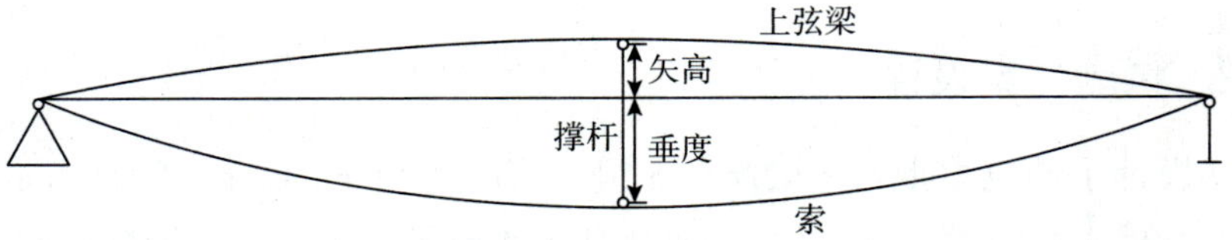

图1　张弦木梁模型图

3. 模型试验研究方法

3.1 木材拉压试验

本实验取 6 个木方试件，尺寸为 12mm × 12mm × 36mm，在万能试验机测得其抗拉强度平均值为 92 MPA，抗压强度平均值为 60MPA，其弹性模量由计算所得 Ew=1.05 × 104 N/mm^2。钢索采用直径为 1mm，由万能试验机测得其抗拉强度为 700 N/mm^2，弹性模量计算所得为 Es=1.1 × 105 N/mm^2。

万能试验机材料性能测试　教师试验指导　教师为学生讲解试验结果分析

大家制作模型　模型深加工　模型初步完成

加载装置　数显千斤顶　数显电子尺

图 2　模型制作过程及加载装置图

3.2 试验方案设计

本文设计了预应力张弦木梁模型 5 组，跨度为 950mm，高度为 14mm，单撑杆支撑，两榀中心间距为 20mm，矢垂比如表 1 所示。采用花篮螺栓施加预拉力，数显千斤顶（读取加载压力值）分级加载，数显电子尺读取拱顶竖向位移值，节点处用弹性销处理。加载装置如图 2 所示。

表 1　　模型设计参数

组别	第 1 组	第 2 组	第 3 组	第 4 组	第 5 组
矢垂比	4 ∶ 10	5 ∶ 9	7 ∶ 7	8 ∶ 6	10 ∶ 4

3.3　试验结果分析

通过数显千斤顶加压记录其压力值与数显电子尺记录其拱顶位移值，5 种不同矢垂比的预应力张弦木梁位移与外荷载的变化趋势如图 3 所示。

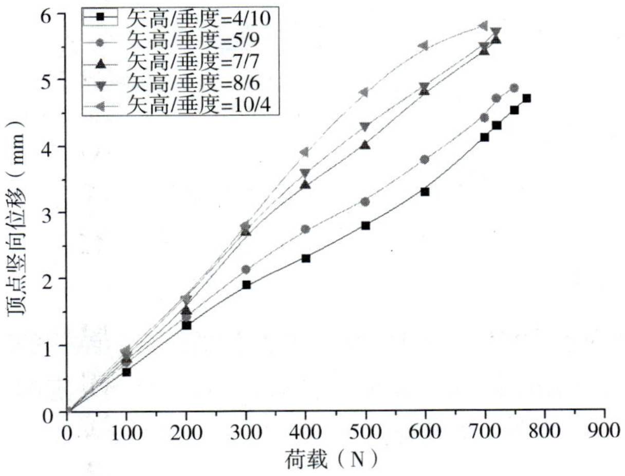

图 3　试验模型拱顶竖向位移随外荷载变化

由图 3 可以看出，单撑杆张弦木梁随着外荷载的增大，拱顶的竖向位移随之增大，近似呈现出线性关系。在此范围内矢高与垂度的比值越大，结构的整体刚度越小，而且其临界破坏荷载也随之减小，均为平面外失稳破坏。由于试验条件的限制，运用 SAP2000 进行了数值试验验证。

4. 张弦木梁模型 SAP2000 数值分析研究方法

4.1　SAP2000 计算模型

模型尺寸在 SAP2000 中搭建计算模型如图 4 所示，本文模型中通过降温法在索上施加相同级别预拉力，在上弦梁上分别施加200N、400N、600N的外荷载。本文所研究的位移为从施加完预拉力为初始状态。

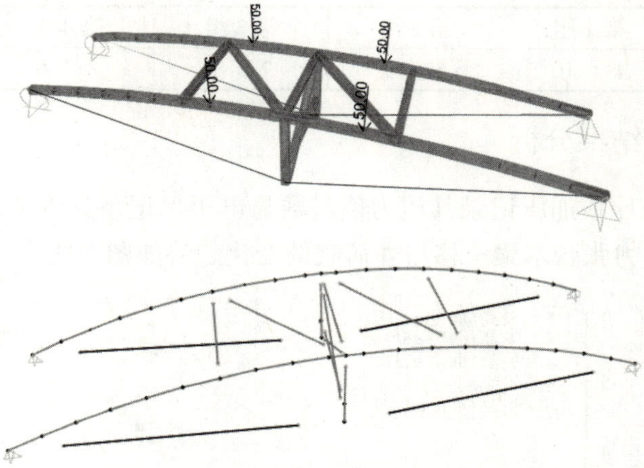

图4　SAP2000计算模型

4.2　矢垂比值的影响

预应力张弦木梁结构刚柔并济，随着高跨比的增加，结构的刚度会增大，高跨比过大可能会在使用中影响建筑的使用功能。在高跨比一定的前提下，针对矢垂比的不同进行结构的受力性能分析。

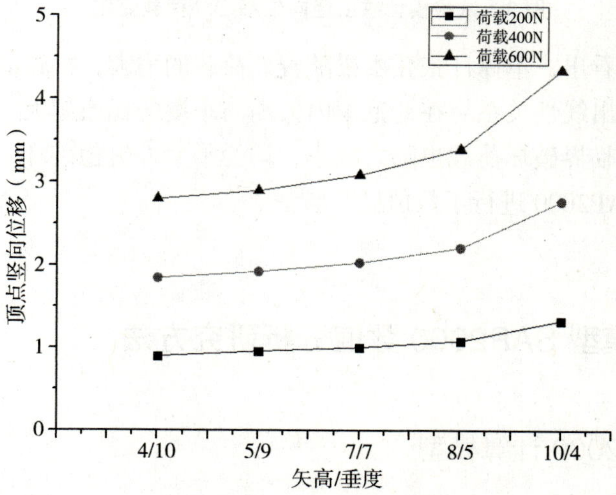

图5　拱顶竖向位移随矢高/垂度变化

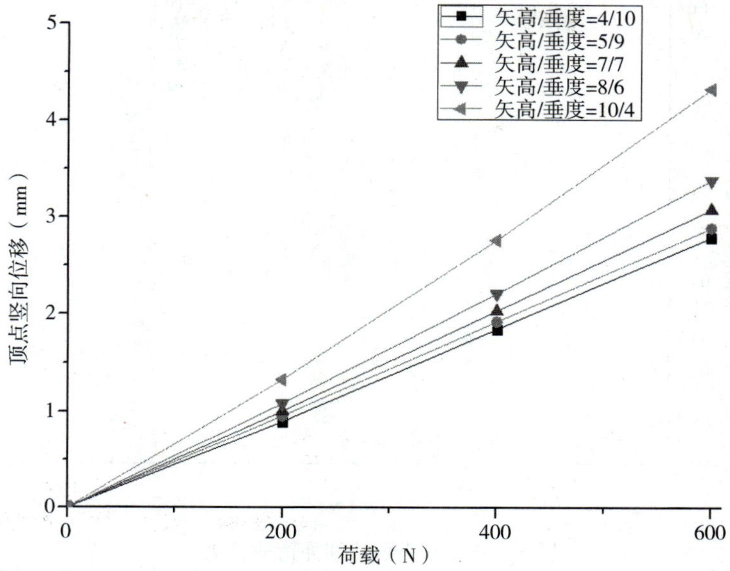

图 6　拱顶竖向位移随外荷载变化

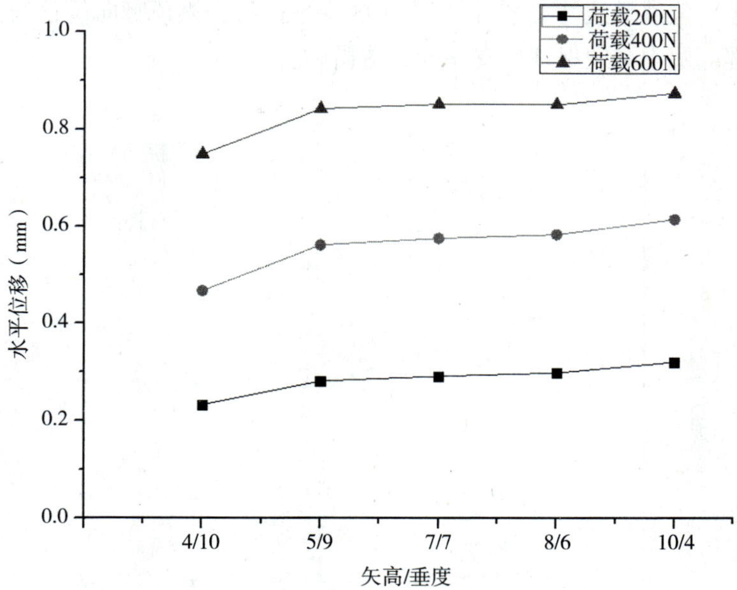

图 7　支座水平位移随矢高 / 垂度变化

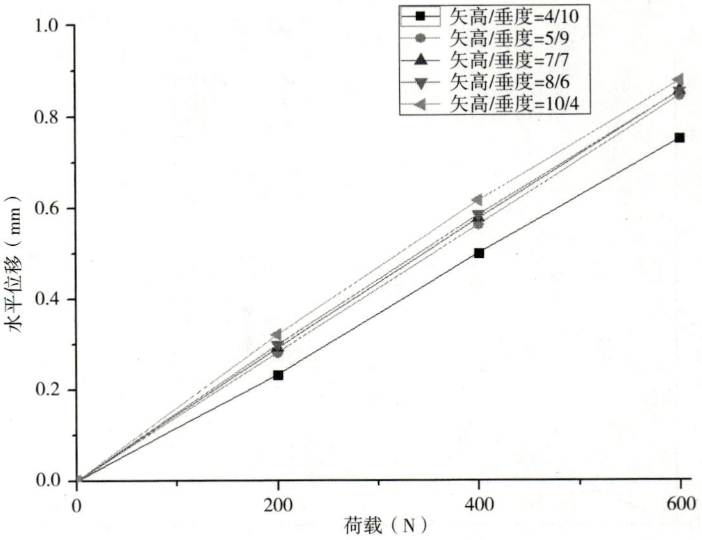

图 8　支座水平位移随外荷载变化

由图 5、图 7 可知，增大矢垂比会使结构的刚度减少，拱顶竖向位移与支座水平位移会增大。由图 6、图 8 可以看出，在相同外荷载作用下矢高与垂度的比值大于 1 时，结构刚度减少更明显。在外荷载作用下，随着荷载的增大，拱顶竖向位移与水平位移呈线性关系。结构支座的水平位移为拱顶竖向位移的 25% 左右，因此在工程应用中必须保证好支座的构造措施。

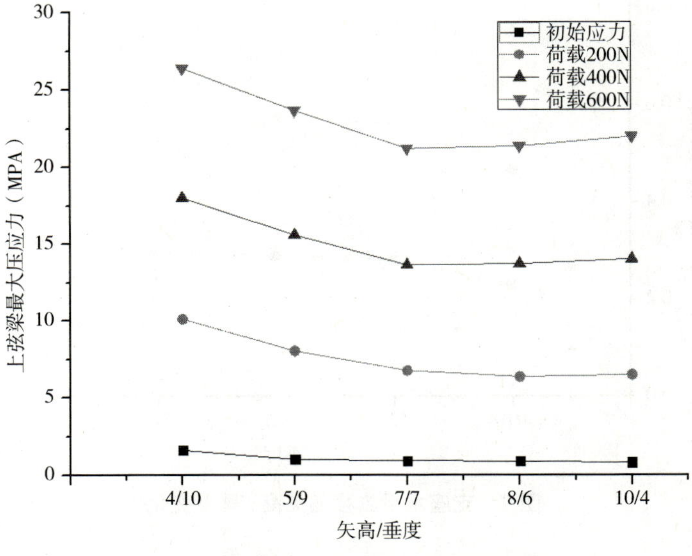

图 9　上弦梁最大压应力随矢垂比变化

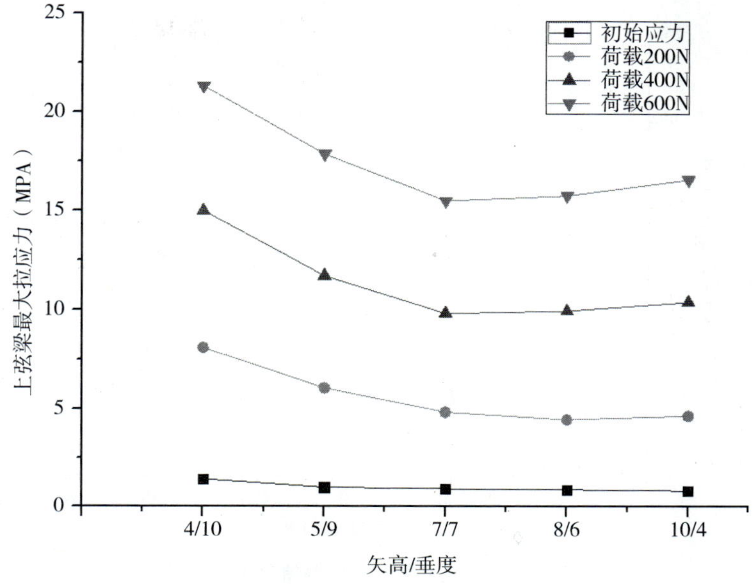

图 10　上弦梁最大拉应力随矢垂变化

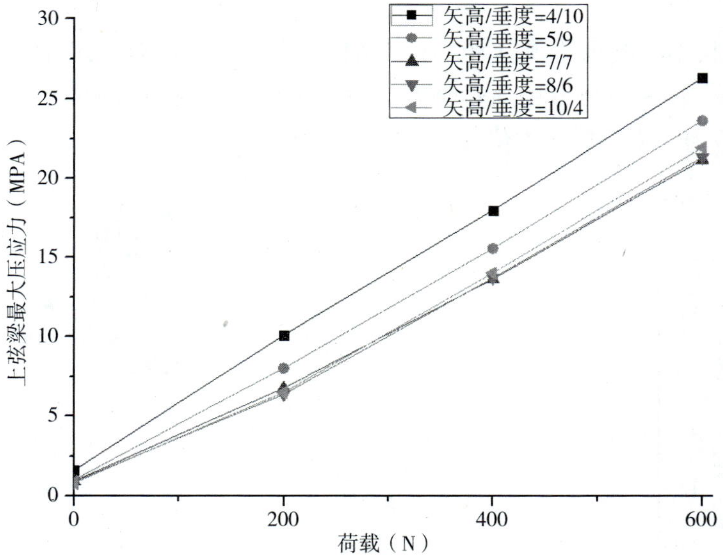

图 11　上弦梁最大压应力随矢垂比变化

由图 9、图 10 可以看出，单撑杆预应力张弦木梁在高跨比不变的前提下，随着矢垂比的增大，矢高与垂度的比值小于 1 时，上弦梁的最大拉应力、最大压应力呈现出近似线性减小的趋势。在矢高与垂度的比值大于 1 时，上弦梁的最大拉应力、最大压应力略有增加。

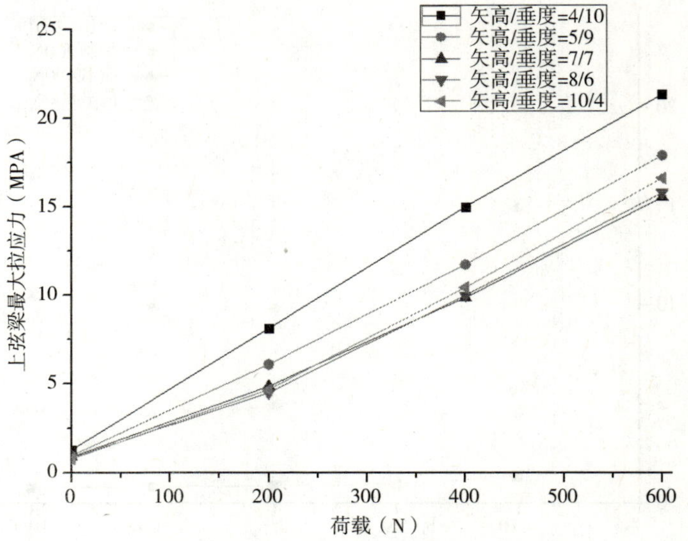

图 12　上弦梁最大拉应力随矢垂比变化

4.3　施加不同等级预应力的影响

为了分析不同级别的预应力大小对结构受力性能的影响，针对矢垂比等于 1 的结构模型，在 SAP2000 中通过降温法对索施加不同级别的预应力（如图 13，YF 代表预应力）来分析结构位移与内力的变化。

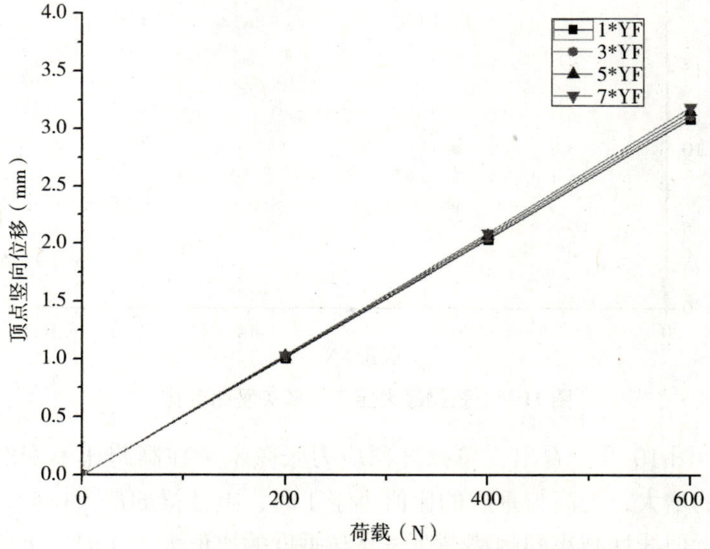

图 13　拱顶竖向位移随外荷载变化

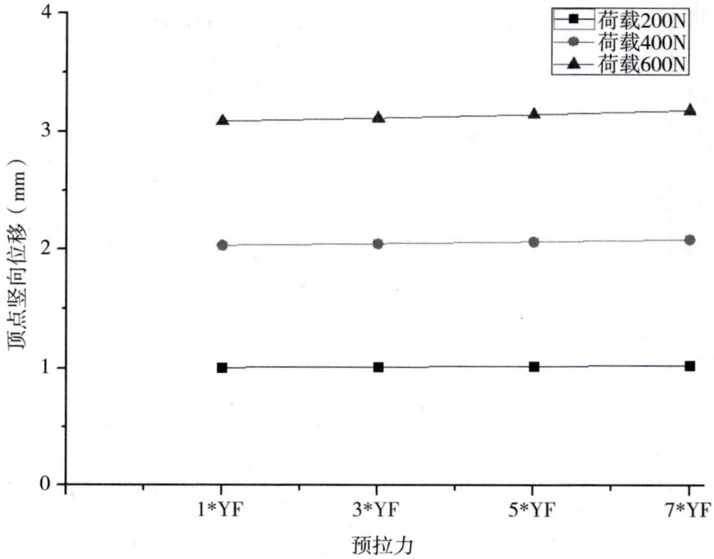

图 14　拱顶竖向位移随预拉力变化

由图 13、图 14 可以看出，结构预应力施加的大小不同，荷载与拱顶竖向位移表现出明显的线性关系，在外荷载不变的前提下随着预应力的增加，拱顶竖向位移略有增加，即施加不同级别的预应力对结构刚度影响很小。

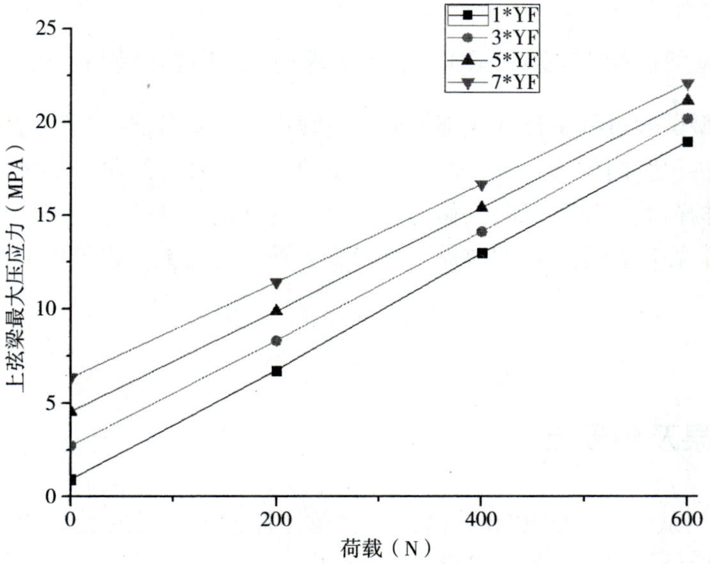

图 15　上弦梁最大压应力随外荷载变化

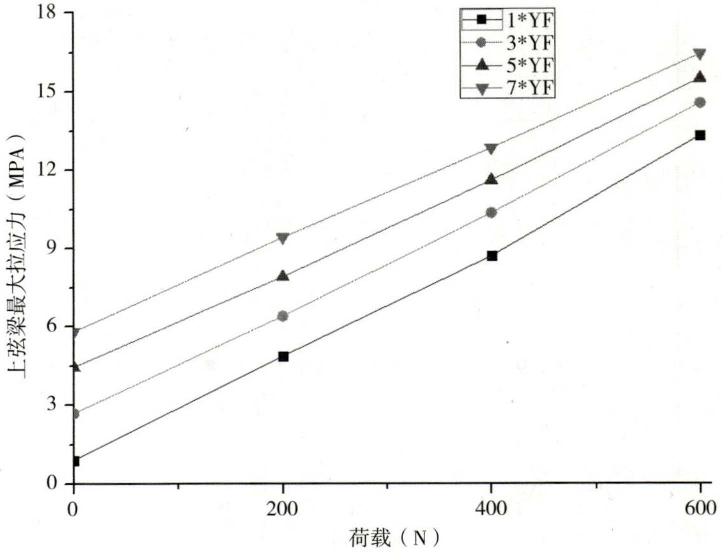

图 16　上弦梁最大拉应力随外荷载变化

由图 15、图 16 可知，随着外荷载的增加，上弦梁的最大拉应力与压应力呈现出明显的线性关系。在外荷载不变的前提下，上弦梁的最大拉应力与压应力也呈现出明显的线性关系，而且随着预应力增大，上弦梁的最大拉应力与压应力也随之增大。

4.4　模型试验与 SAP2000 计算误差分析与破坏特性分析

由于模型试验过程中杆件在施加荷载过程中存在初弯曲、初偏心，导致试验模型测出的拱顶竖向位移较大，但在模型试验与数值计算结果分析来看，预应力张弦木梁结构荷载与拱顶竖向位移均表现出了良好的线性特性。破坏形式均为面外失稳破坏，在高跨比一定的前提下，随着矢垂比的增大，临界破坏荷载呈现出减小的趋势。

5. 研究结果及创新点

通过模型试验与 SAP2000 数值试验对单撑杆张弦木梁的受力特性进行了分析，对工程设计具有一定的指导意义。

（1）单撑杆预应力张弦木梁在对称竖向荷载作用下具有很强的线性特性，

随着矢垂比的增加，结构的刚度有所减小。在矢垂比小于 1 时，结构刚度略有减小，同时上弦梁的最大拉应力与压应力呈现减小趋势；比值大于 1 时，结构刚度减小明显，上弦梁的最大拉应力与压应力有所增加。

（2）单撑杆预应力张弦木梁在外荷载作用下其支座水平位移近似为拱顶竖向位移的 25%，因此张弦木梁在工程应用中支座处要做好构造措施，避免导致支座处因水平位移过大产生过大的水平推力。

（3）单撑杆预应力张弦木梁对索的预应力大小对结构的整体刚度影响不大，但预应力的增加会增大上弦梁的最大拉应力与压应力。在工程设计时必须注意上弦梁截面的选取。

（4）通过 SAP2000 数值计算发现，随着矢垂比的增加，面外失稳临界荷载有所减小。工程设计中矢垂比较大时必须保证其侧向刚度。

参考文献

[1] 张乃龙，段晓旭，武涛 . 基于 SAP2000 的预应力胶合木张弦桁架结构分析 [J]. 山西建筑，2015，41（20）：56–58.

[2] 赵基达，曾毅恒 . 张弦拱结构的结构分析与其静力性能研究 [J]. 空间结构，2010，16（3）：3–8.

[3] 陈楠，赵基达 . 拱形张弦拱结构模型试验研究 [J]. 建筑科学，2015，31（5）：6–13.

[4] 张晋，许清风，张鸣，等 . 拱形张弦胶合木梁结构受力性能试验研究 [J]. 建筑结构学报，2014，35（5）：104–113.

[5] 陈汉翔，舒宣武 . 预应力值对张弦梁结构受力性能的影响分析 [J]. 华南理工大学学报（自然科学版），2003，31（5）：79–94.

自密实混凝土扩展度动态测量工具开发

北方工业大学：武庆丰　林　羿　马嘉豪　张　娟　余　曼　陈　征

指导教师：何世钦　副教授

摘　要：自密实混凝土被称为“近几十年中混凝土建筑技术最具革命性的发展”，目前关于自密实混凝土流动性的试验基本还是人工测量，测量方法较为烦琐。本项目开发一种能够快速准确测量扩展度以及流动时间的信息化工具，并实现计算分析试验数据结果，从而提高自密实混凝土工作性能测试效率。

关键词：自密实混凝土；工作性能；坍落扩展度；动态测量

1. 背景研究

1.1　自密实混凝土

常规振捣密实混凝土（normal vibrated concrete，简称 NVC）是指由胶凝材料将骨料胶结成整体的工程复合材料的统称。通常所说混凝土一词是指用水泥作胶凝材料，砂、石作骨料与水（可含外加剂和掺合料）按一定比例配合，经搅拌而得的水泥混凝土，也称普通混凝土，它广泛应用于土木工程，通常需要振捣才能密实。

与普通混凝土相比，自密实混凝土（Self-compacting concrete，简称 SCC）的关键是在新拌阶段能够依靠自重作用充模、密实，而不需额外的人工振捣，也就是所谓的自密实性。

由于自密实混凝土其独特的优势在土木工程领域越来越显示出巨大的优越性和广阔的应用前景。自密实性能是新拌自密实混凝土最重要的性能，主要通过试验综合评价其工作性能。目前关于自密实混凝土流动性的试验基本还是人工测量，测量方法较为烦琐。智能手机具有拍摄、数据处理以及网络访问等多种功能，是一种普及的信息化工具，本项目开发一种能够快速准确测量扩展度以及流动时间的信息化工具，并实现计算分析试验数据结果，从而提高自密实混凝土工作性能测试效率。

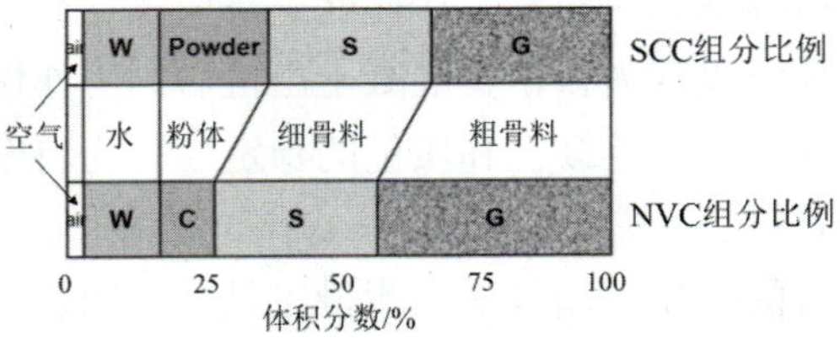

图 1　自密实混凝土与普通混凝土的成分对比

自密实混凝土的性能特点：

（1）在新拌阶段，不需人工额外振捣密实，依靠自重充模、密实。

（2）早龄期阶段，避免了原始缺陷的产生。

（3）硬化后，具有足够的抗外部环境侵蚀的能力。

除此之外，SCC 还具有良好的流动性，无须振揭即可充满模型和包裹钢筋，可有效解决传统混凝土施工中的漏振、过振以及因钢筋密集难以振揭的问题，有良好的技术经济优越性，提高了施工效率，同时改善了施工的工作条件，也缩短了工期，是绿色化施工的体现，符合环境保护的要求。不同级别的自密实混凝土对工作性能的要求不同，自密实混凝土的自密实性能评价标准如下表：

表 1　　自密实混凝土的自密实性能评价标准

性能等级	一级	二级	三级
U 形箱试验填充高度（mm）	320 以上（隔栅型障碍 1 型）	320 以上（隔栅型障碍 2 型）	320 以上（无障碍）
坍落扩展度（mm）	700 ± 50	650 ± 50	600 ± 50
T500（s）	5 ～ 20	3 ～ 20	3 ～ 20
V 形漏斗通过时间（s）	10 ～ 25	7 ～ 25	4 ～ 25

1.2　动态测量工具

自密实混凝土在成本和技术方面存在的问题成为制约其在实际工程中应用和发展的瓶颈。相比常规振捣密实混凝土，自密实混凝土的直接材料成本高，配合比试验工作量大，对外界环境以及原材料的性质波动较为敏感，自身稳健能力较低，因而有效地控制自密实混凝土生产与制备过程，减少其质量波动，优化配合比设计，降低自密实混凝土的直接成本，成为一个亟须解决的问题。

随着高效减水剂的发展和价格降低，以及大掺量工业废渣矿物掺合料的使用，通过自密实混凝土配合比优化设计降低直接成本成为可能。然而影响自密实混凝土质量的因素非常多，控制稳定性仍然是一个尚未解决的重大课题。将图像处理技术、增强现实等视觉信息技术应用于自密实混凝土的制备与生产，利用人工智能技术在混凝土搅拌过程的同时对其工作性能进行监测，并且依据监测反馈信息实时调整配合比，不仅可以省去自密实混凝土出机后的工作性能检测，还可以通过对质量实时监控实现生产的连续性和质量的稳定性，为自密实混凝土大面积广泛应用解决关键问题。

本项目中参照已有的净浆扩展度动态测量工具，利用透视原理和图像处理技术，开发自密实混凝土扩展度动态测量工具。根据自密实混凝土扩展度的图像变化，获取试验起始点对应的特征信息，量化特征信息并根据数据变化判断出试验起始点；采用斜向拍摄，并且依据透视原理对图像进行透视变换，消除拍摄中人为的遮挡从而得到完整的流动过程，解决拍摄角度对图像的影响；采用计算像素亮度值梯度的方法判断自密实混凝土的边界，并依据扩展度的定义，计算得到流动度数值，从而使 SCC 性能检测步骤更加方便快捷、经济适用，并通过一系列不同配合比的自密实混凝土流动度试验对该工具进行验证。

2. 实验概况

2.1 试验设备

试验所使用的设备和仪器有：60L 混凝土搅拌机、安卓系统智能手机、V 漏斗试验仪、坍落扩展度筒、温度计、电子秤、秒表、钢直尺、玻璃棒、镘刀、烧杯、滴管、筛子（砂子、石子各一套）等。

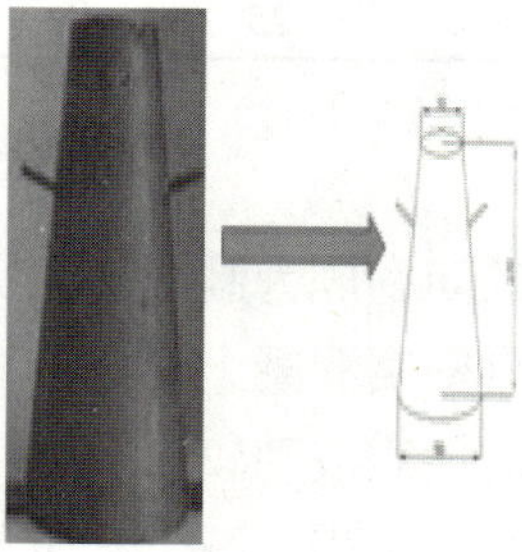

图 2　坍落度筒图

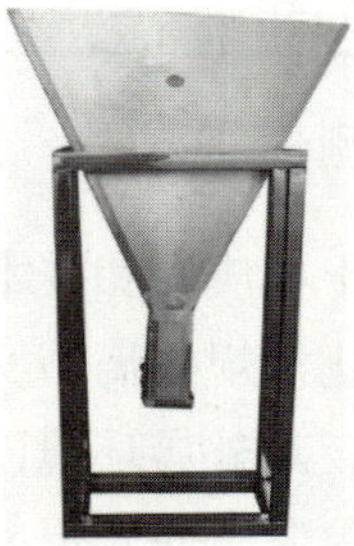

图 3　V 漏斗

2.2 试验原料

由于自密实混凝土对原材料要求比较严格，试验前，按照设定的配合比以及石子、石英砂级配备料。

（1）石子

试验中所用石子为碎石，有两种尺寸：大石子粒径范围 10mm ～ 20mm、小石子粒径范围 5mm ～ 10mm。两种石子按表中比例掺匀后，堆积密度为 1.43g/cm^3，表观密度为 2.67g/cm^3。

表 2　各粒径石子所占比例

粒径（mm）	5 ～ 10	10 ～ 20	
		10 ～ 16	16 ～ 20
比例	60%	29.5%	10.5%

（2）石英砂

试验中所用砂子为石英砂，购买时有 6 种尺寸：

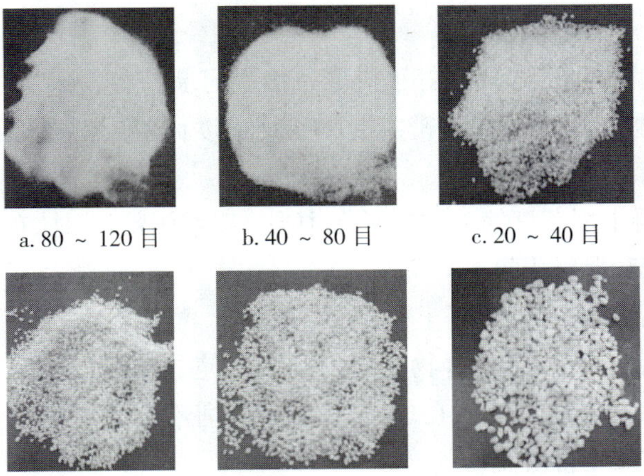

a. 80 ～ 120 目　b. 40 ～ 80 目　c. 20 ～ 40 目

d. 10 ～ 20 目　e. 8 ～ 10 目　f. 4 ～ 8 目

图 4　各尺寸石英砂

用标准砂方孔筛对石英砂进行筛分，按表中级配比例掺均后使用，最终试验所用石英砂细度模数计算值为 2.7（属中砂），表观密度 2.83g/cm^3。

表 3　各粒径石英砂所占比例

粒径（mm）	4.75 ～ 2.36	2.36 ～ 1.18	1.18 ～ 0.60	0.60 ～ 0.30	0.30 ～ 0.15	0.15 ～ 0.075
比例	12.14%	18.49%	24.22%	27.86%	16.19%	1.10%

（3）减水剂

外加剂有两种，分别是：J110SD 为减水剂（A）；J1110SD 为保塑剂（B）。两种外加剂由经验比例调配使用。试验前期按 A∶B=2∶8 及 A∶B=4∶6 进行拌合试验，但拌合出的自密实混凝土保塑性较差，最终通过试验经验确定以 A∶B=6∶4 的比例进行使用。

（4）水泥、水

试验所用的水泥为金隅 P. O. 42.5 普通硅酸盐水泥，密度为 3.10g/cm^3。试验所用的水为普通自来水，水温在 20 ℃左右。

（5）试验地点

所有试验在北方工业大学广学楼西侧的结构实验室进行。试验时，记录当天的温度与湿度。试验中对自密实混凝土坍落扩展度试验进行图像采集，采集设备为华为 Mate S。

2.3 试验步骤

首先计算根据自密实混凝土配合比的设计方法确定配合比，称好料后，开始搅拌混凝土。

（1）搅拌混凝土，并固定好手机准备拍摄记录。

（2）将试验所用钢板、自密实混凝土坍落度筒等用湿布擦拭干净，使其表面湿而不带水渍。

（3）将混凝土坍落度筒放置在平台中央，双手压紧，用抹布铺盖在平台上，避免平台上落水和混凝土等。

（4）将出锅的自密实混凝土盛在大烧杯内，再倒入混凝土坍落度筒。

（5）盛满后，将多余拌合物用镘刀刮去，使之与筒顶面齐平。周围的抹布收起，将钢板擦拭干净。然后在 3s 内将混凝土坍落度筒平稳垂直地向上提起，让自密实混凝土浆体自由流动。

（6）待自密实混凝土在钢板上停止流动时，用钢直尺量取流淌部分浆体互相垂直的方向的最大直径，取其平均值作为混凝土的流动度值。全程拍摄视频，然后从视频中提取数据。本试验采用 2 部手机从相互垂直方向同时拍摄的方法，如图 5 所示。

（7）用湿布将 V 形漏斗内部、铁锹、镘刀等均匀擦过，使其表面湿而不带水渍。

（8）将 V 形漏斗底部阀门关闭并注入拌好的混凝土，待加满后将多余混凝土用镘刀刮去，使之与漏斗顶部齐平并开始计时。

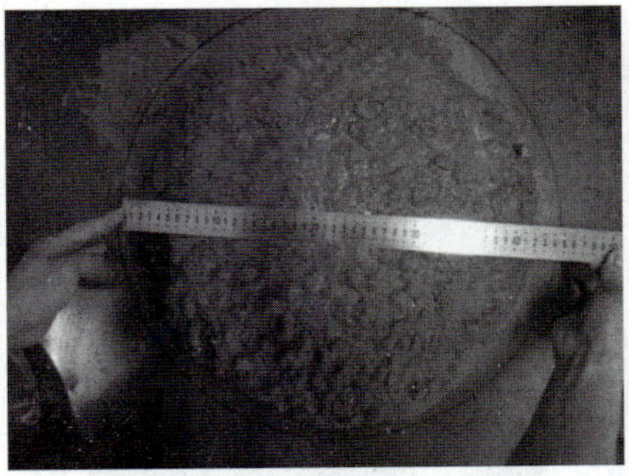

图 5　用直尺量取坍落度（a）

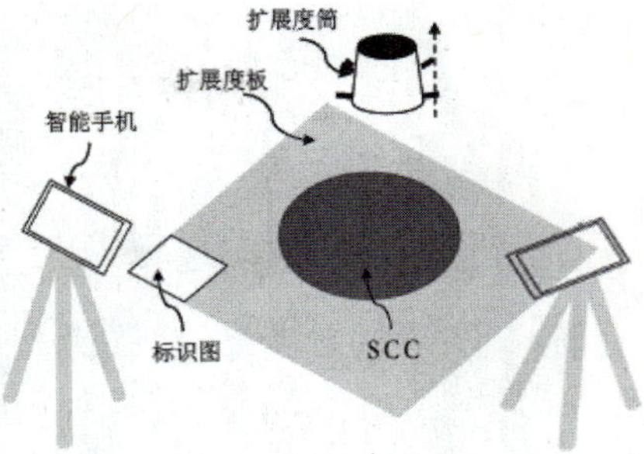

图 5　开发工具和设备示意图（b）

（10）静置完毕后，打开 V 形漏斗下端阀门，同时按下秒表开始计时。

（11）当从 V 形漏斗上方看到底部的光线时停止计时，记录过程用时，同时观察并记录混凝土是否有堵塞等现象。

（12）自密实混凝土搅拌完成 1 小时后再做 1 次扩展度试验，并采集视频。

（13）试验结束后，将所拍摄的视频用计算机进行处理。

3. 试验结果及分析

3.1　拌合试验

试验时，通过调整水灰比和减水剂掺量来控制自密实混凝土的工作性能。其中，扩展度（SF）和 V 形漏斗时间（SF）通过人工读取，而 T500 通过计算机软件读取。

搅拌出多组自密实混凝土，其中有工作性能良好的自密实混凝土，也有离析的自密实混凝土。图 6 为刚出锅的工作性能良好的自密实混凝土；图 7 为两组具有代表性的拌合物照片，左图为工作性能较为良好的自密实混凝土，右图为离析的混凝土。

图 6　刚出锅的工作性能良好的自密实混凝土

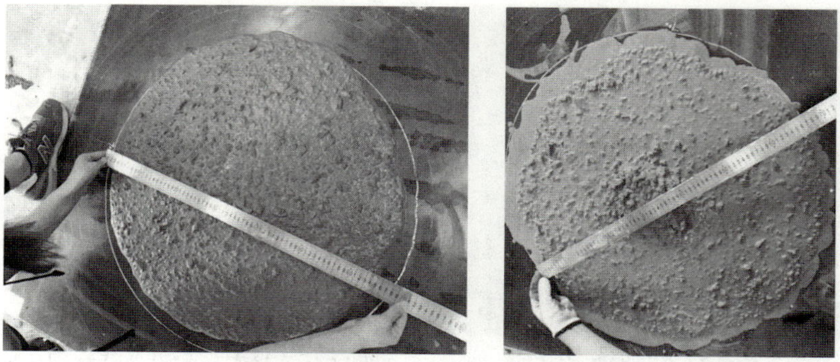

图 7　拌合出的混凝土

由图中可以看出，工作性能良好的自密实混凝土砂浆与骨料较为均匀，而离析的自密实混凝土边缘有泌出的浆体。

试验中各组混凝土的扩展度和 V 漏斗时间见表 4。0h 表示刚出锅时所做的试验，1h 表示放置 1 小时后所做的试验。

表 4　拌合试验结果

序号	水灰比	减水剂掺量	0h		1h	
			SF（mm）	VF（s）	SF（mm）	VF（s）
1	1.11	0.85%	625	17.13	342.5	–
2	1.11	0.90%	675	13.2	402.5	–
3	1.13	0.85%	597.5	16.38	325	–
4	1.13	0.90%	675	13.71	500	42.37
5	1.15	0.85%	600	13.18	370	–
6	1.15	0.90%	647.5	13	455	28.47
7	1.17	0.85%	680	11.57	522.5	16
8	1.17	0.90%	667.5	9.75	540	16.87
9	1.19	0.85%	545	26	265	–
10	1.19	0.90%	732.5	107	610	16.14

3.2　图像处理

将试验中拍摄的原始视频用 Matlab 进行处理，得到一系列的过程图。在处理图像时，由于每次拍摄视频时的光线等条件不同，如何选择边界条件成为难点之一。起先直接将视频图像黑白化（如图 8 所示），得到的结果并不理想。小组的同学一起将代码进行调试，选择了适宜的色彩阈值将视频图像进行处理（如图 9 所示）。

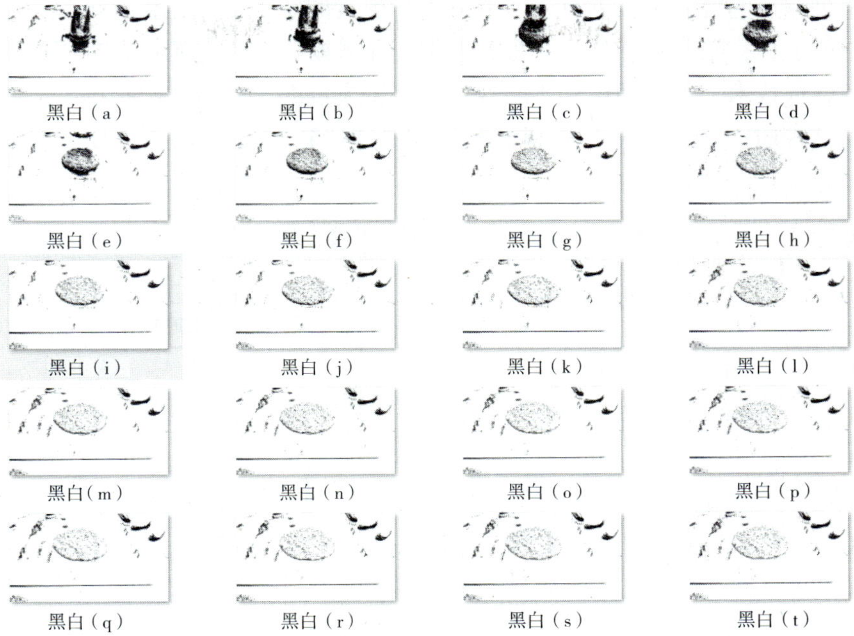

图 8　将视频图像黑白化处理

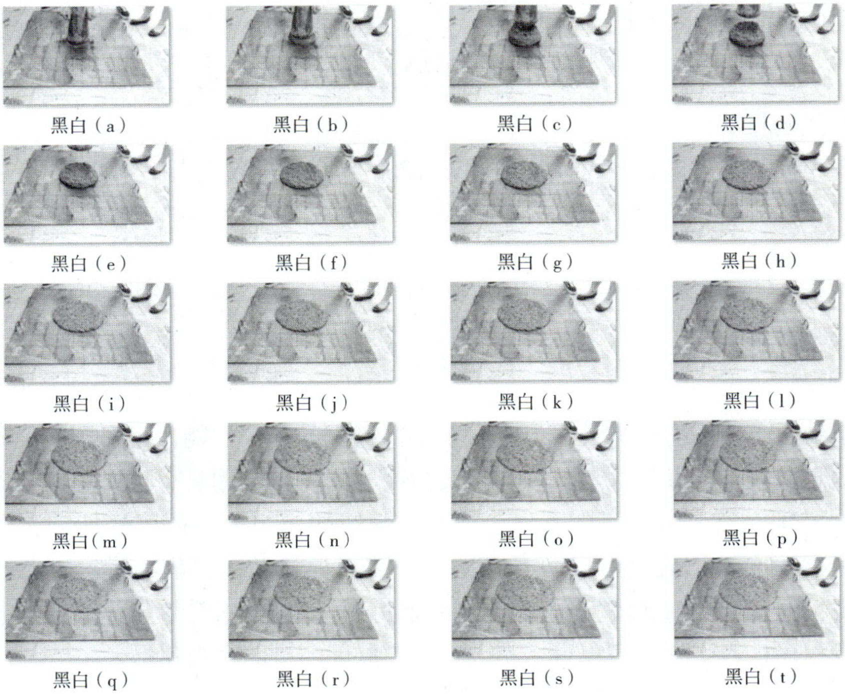

图 9　将视频图像按设置的色彩阈值进行处理

通过编写的代码，根据自密实混凝土扩展度的图像变化，获取试验起始点对应的特征信息，量化特征信息并根据数据变化判断出试验起始点；利用透视原理和图像处理技术，可自动识别不断变化的自密实混凝土，并读出扩展度。本次试验结果处理时，通过自密实混凝土找到扩展度达到 500mm 时所需要的时间，来读取 T500。

表 5　计算机读取的 T500 结果及混凝土分级判定

序号	水灰比	减水剂掺量	0h		1h	
			T500（s）	分级判定	T500（s）	分级判定
1	1.11	0.85%	6.2	1 级	–	–
2	1.11	0.90%	5.1	1 级	–	–
3	1.13	0.85%	7.5	3 级	–	–
4	1.13	0.90%	5.6	1 级	22.3	–
5	1.15	0.85%	6.5	2 级	–	–
6	1.15	0.90%	11.2	2 级	–	–
7	1.17	0.85%	5.3	1 级	11.1	–
8	1.17	0.90%	4.2	2 级	12.2	–
9	1.19	0.85%	3.4	离析	–	–
10	1.19	0.90%	2.5	离析	6.0	2 级

此代码目前还没有实现完全自动化，但读出的扩展度数值与人工测量的数值误差在 10mm 范围内，且可方便地读得 T500 数值，相较于人工读取 T500 要省时省力。

4. 结论

本项目基于动态图像技术研究自密实混凝土的工作性能，是自密实混凝土配合比信息化设计的基础，对推广自密实混凝土的工程应用具有重要意义。虽然还未完全实现动态测量工具的开发，但通过编写的 Matlab 代码已经能够自动读取自密实混凝土的扩展度、T500 数值。下一步可通过调试将程序进行完善，进一步实现快速准确测量扩展度以及流动时间的目标，并通过计算机与手机互通的软件，将程序植入手机，实现自密实混凝土扩展度测量的自动化。

参考文献

[1] 刘运华，谢友均，龙广成，等 . 自密实混凝土研究进展 [J]. 硅酸盐学报，2007，35（5）：671–678.

[2] 刘小洁，余志武 . 自密实混凝土的研究与应用综述 [M]. 铁道科学与工程学报，2006，3（2）：6–10.

[3] 安雪晖，黄绵松，大内雅博，等 . 自密实混凝土技术手册 [M]. 北京：中国水利水电出版社，2008.

[4] 张青，廉慧珍，蓟昌 . 自密实高性能混凝土配合比研究与设计 [J]. 建筑技术，1999，30（1）：19–21.

[5] 聂鼎 . 基于净浆流变理论的自密实混凝土配合比优化方法研究 [D]. 清华大学，2016.

[6] 中国工程建设标准化协会标准 . 自密实混凝土应用技术规程（CECS203：2006）[M]. 北京：中国计划出版社，2006.

[7] 龙广成，谢友均 . 自密实混凝土 [M]. 北京：科学出版社，2013：215–241.

[8] 刘振学，王力 . 实验设计与数据处理 [M]. 北京：化学工业出版社，2015：103–125.

[9] 吴琼 . 基于净浆流变性的自密实混凝土配合比设计方法研究 [D]. 清华大学，2013.

[10] 闫莉 . 浅谈自密实混凝土 [J]. 内蒙古科技与经济，2010，9：95–96.

[11] 沈乔楠，安雪晖，于玉贞 . 基于视觉信息的堆石质量评价 [J]. 清华大学学报（自然科学版），2013，53（1）：48–52.

[12] 胡东红，汪浩，君，等 . 两种图像校正算法在实际应用中的比较 [J]. 计算机工程与应用，2009，45（13）：191–193.

[13] 吴中伟，廉慧珍 . 高性能混凝土 [M]. 北京：中国铁道出版社，1999.

[14] 胡东红，汪浩，艾君，等 . 两种图像校正算法在实际应用中的比较 [J]. 计算机工程与应用，2009，45（13）：191–193.

建筑基础下地埋管换热器布置深度理论研究研究报告

北方工业大学：王美琳　郑昌金　刘　岳　刘乘铭　张泽华

指导教师：宋　伟　讲师

摘　要：本文以哈尔滨地区某基础下有土壤源热泵系统的建筑为例，利用单向压缩分层总和法计算基础沉降，该建筑基础的最终沉降量为62.3mm。并分析土层固结时间。其中除了粉质黏土层外，其他土层都在第1年固结完成，黏土层Ⅱ于第2年固结完成，黏土层Ⅰ于第10年固结完成。

关键词：基础沉降；土壤固结；能量堆积量；土壤源热泵系统

1. 选题背景

1.1　热泵

在自然界中，水总是由高处流向低处，热量也总是从高温传向低温。人们可以用水泵把水从低处抽到高处，实现水由低处向高处流动，热泵同样可以把热量从低温传递到高温。热泵实质上是一种热量提升装置，工作时它本身消耗很少一部分电能，却能从环境介质（水、空气、土壤等）中提取4 ~ 7倍于电能的热量，提升温度进行利用，这也是热泵节能的原因。

1.2　地源热泵

地源热泵是热泵的一种，是以大地或水为冷热源对建筑物进行冬暖夏凉的空调技术，地源热泵只是在大地和室内之间“转移”能量。利用极小的电力来维持室内所需要的温度。地源热泵是利用浅层地能进行供热制冷的新型能源利用技术；热泵是利用逆卡诺循环原理转移冷量和热量的设备。地源热泵通常是指能转移地下土壤中热量或者冷量到所需要的地方，通常都是用来作为空调制冷或者采暖用的。地源热泵还利用了地下土壤巨大的蓄热蓄冷能力，冬季把热量从地下土壤中转移到建筑物内部，夏季再把地下的冷量转移到建筑物内部。

1.3 地源热泵系统

地源热泵系统是以岩土体、地下水或地表水为低温热源，由水源热泵机组、地热交换系统、建筑物内系统组成的供热空调系统。根据地热能交换系统形式的不同，地源热泵系统分为地埋管地源热泵系统、地下水地源热泵系统和地表水地源热泵系统。

地源热泵系统是利用浅层地能进行供热制冷的新型能源利用技术的环保能源利用系统。地源热泵系统通常是转移地下土壤中热量或者冷量到所需要的地方，还利用了地下土壤巨大的蓄热蓄冷能力，冬季地源把热量从地下土壤中转移到建筑物内，夏季再把地下的冷量转移到建筑物内，一个年度形成一个冷热循环系统，实现节能减排的功能。因其能耗低、污染少、零排放等特性，近年来在工程实践中得到广泛应用。

随着科技的进步，关于能源消耗和环境污染的法律制订越来越严格，地源热泵的发展迎来了它的高峰。欧洲国家以瑞士、瑞典和奥地利等国家为代表，大力推广地源热泵供暖和制冷技术。政府采取了相应的补贴政策和保护政策，使得地源热泵生产和使用范围迅速扩大。20 世纪 80 年代后期，地源热泵技术已经趋于成熟，更多的科学家致力于地下系统的研究，努力提高热吸收和热传导效率，同时越来越重视环境的影响问题。地源热泵生产呈现逐年上升趋势，瑞士和瑞典的年递增率超过 10%。美国的地源热泵生产和推广速度很快，技术产生了飞速的发展，成为世界上地源热泵生产和使用的头号大国。

鉴于我国用地紧张和建筑能耗较高的情况，为节约地埋管换热器占地面积，在建筑基础下布置地埋管的技术开始得到关注，但在土壤能量场和基础压缩量的双重影响下，其基础整体强度和稳定性会下降，并随使用年限而再次沉降，对建筑结构的使用可能造成影响，目前其相关的研究还未见报道。

2. 研究方法

本文以哈尔滨地区某基础下有土壤源热泵系统的建筑为例，利用单向压缩分层总和法将建筑基础下土层分层，根据各层应力和孔隙度来计算土层变形，最终叠加得到基础最终形变量，并在饱和土固结理论的基础上，分析土层固结时间，以此确定影响建筑基础沉降的能量堆积量的大小，为今后的土壤源热泵系统在基础下的布置提供能量参数。

基础沉降计算过程首先需要确定分层沉降量，计算公式由式（1）~（5）所示；其次根据分层沉降量和相关参数对土层的固结情况进行分析，确定各地层的固结时间，找出沉降量随时间变化的曲线。

$$\sigma_{sz} = \gamma z \tag{1}$$

式中，σ_{sz} 指在天然地面以下 z 深处的自重应力，kN/m^2；

γ 指单位体积物质的重量，N/m^3。

$$\sigma_z = a_i P \tag{2}$$

式中，σ_z 指在天然地面以下 z 深处的附加应力，kN/m^2；

a_i 指平均荷载作用下的地基竖向附加应力系数。在本文中假定荷载为均布铅直荷载，故采用“角点法”的方法计算 a_i，如式（3）计算所示。

$$a_i = a_{i1} + a_{i2} + a_{i3} + a_{i4} \tag{3}$$

$$A_i = P_o \overline{a}_i \tag{4}$$

式中，A_i 为附加应力面积；

P_0 为初始附加应力；

$\overline{a}_i$ 为均布矩形荷载角点下的平均竖向附加应力系数。

$$S = \frac{A_i}{E_{si}} \tag{5}$$

式中，S 为分层沉降，单位 mm；

E_{si} 为分层压缩模量，单位 MPa。

$$C_v = \frac{k(1+e_0)}{\gamma_w a_v} \tag{6}$$

式中，Cv 为土的固结系数；

k 为土的渗透系数；

γ_w 为水的容重；

a_v 为压缩系数；

e_0 为土层初始孔隙比。

$$E_s = \frac{1+e_0}{a_v} \tag{7}$$

式中，E_s 为压缩模量。

$$T_v = \frac{C_v t}{H^2} \tag{8}$$

式中，T_v 为时间因数；

H 为压缩土层最远排水距离；

T 为时间。

根据时间因数 T_v 得到固结度 U_t，则加荷后地基随使用时间增长的沉降量为：

$$S_t = U_t S \tag{9}$$

式中，S_t 为地层随时间的沉降量；

U_t 为土层固结度。

3. 方案论证

3.1 初始条件

哈尔滨地区松嫩断陷东南隆起区的土层参数如下表所示。

表 1　　某 10 层建筑物土层分布

土层	层顶深度 / m	平均厚度 / m	综合建议值 fak/kpa	压缩模量 / MPa	γ / $KN \cdot m^{-3}$	γ_{sat}/ $KN \cdot m^{-3}$
粉质黏土	0.90 ~ 2.30	1.65	130	8	19.6	20.0
粉砂	0.30 ~ 4.20	2.35	130	30	19.6	20.0
细砂	2.00 ~ 8.80	4.52	150	35	19.8	20.2
中砂	4.50 ~ 12.50	2.36	200	50	19.8	20.2
粗砂	7.10 ~ 18.50	3.1	240	52	19.8	20.2
砾砂	9.30 ~ 21.20	2.5	260	50	19.8	20.2
粗砂	11.50 ~ 25.00	3.82	240	52	19.8	20.2
粉质黏土	17.50 ~ 26.10	1.65	160	50	19.8	20.2
粗砂	18.50 ~ 41.50	6.52	260	52	19.8	20.2
砾砂	34.70 ~ 42.70	1.77	280	52	19.8	20.2
砂岩	45.20 ~ 45.30		350	80	19.8	20.2

3.2 计算结果及分析

利用公式（1）（2）（3）和初始值计算附加应力和自重应力，其中附加应力的计算结果如图1所示，看出附加应力随深度的增加而降低。利用公式（4）和（5）及初始条件计算出荷载作用下的基础沉降量。计算基础下各个分层的沉降量如图2所示。各层的沉降量随深度的增加而降低，并降幅减小。另外，随着不同地质土层的深度，分层沉降会存在突然变化的情况。经过计算，基础的最终沉降量为62.3mm。

在计算分层沉降之后，利用公式（6）~（8）及初始条件计算出各土层的时间因数，用来寻找基础的逐年沉降。计算结果如表2所示。轻质黏土时间因数较小，在经过一二年的时间仍在轻微沉降。而其他土层其时间因数过大，在基础建成时就快速固结，可认为固结完成，沉降量并不随时间而变化。

由此将两个粉质黏土的土层进行编号Ⅰ和Ⅱ，分别计算两种粉质黏土在第1年和第2年的沉降量情况，来进一步分析地层的固结和沉降，计算结果如表3所示。因粉质黏土Ⅱ在第2年以基本固结，所以考虑因素只有粉质黏土Ⅰ。由此对粉质黏土Ⅰ进行逐年沉降年变化情况计算，如图3所示，结果表明，在10年之后，土层沉降趋于稳定，不再变化。由此可分析，10年之内土壤基本固结完毕，在不考虑次固结变形（由于土骨架蠕变等因素引起的压缩量的变化）的情况下，能量堆积对基础的影响只存在于土壤固结前。因此不同地层的能量堆积量根据不同地层的固结时间来确定。

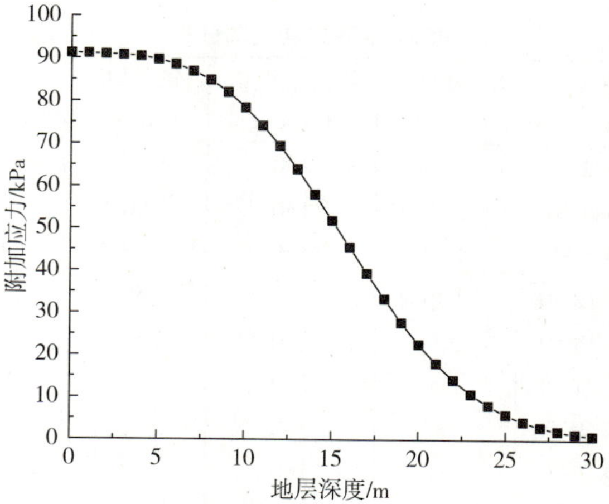

图1　算例附加应力分析

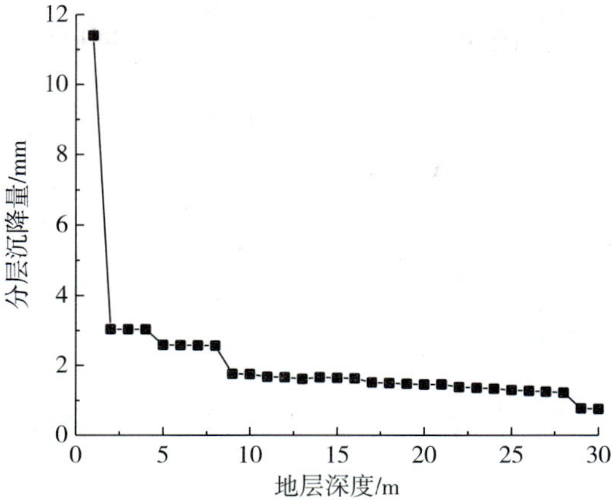

图 2　建筑基础的分层沉降

表 2　各土层的时间因数

土层	渗透系数 $*10^{-6}$/ $m\cdot s^{-1}$	渗透系数 / $m\cdot y^{-1}$	C_v*10^3/ $m^2\cdot y^{-1}$	T_{v1}	T_{v2}
粉质黏土	0.02	0.6307	0.5045	0.19	0.37
粉砂	10	315.36	946.08	171.31	
细砂	30	946.08	3311.28	162.08	
中砂	200	6307.20	31536	5662.17	
粗砂	450	14191.2	73794.24	7678.90	
砾砂	1500	47304	236520	37843.20	
粗砂	450	14191.2	73794.24	5057.03	
粉质黏土	0.02	0.6307	3.1536	1.16	2.32
粗砂	450	14191.2	73794.24	1735.91	
砾砂	1500	47304	245980.8	78515.37	

表 3　轻质黏土土层前 2 年使用时的沉降量的变化

土层	初始沉降 / mm	T_{v1}	U_t	S'	$\Sigma S'$
粉质黏土Ⅰ	11.3977	0.1853	0.3694	4.2100	4.2100
粉质黏土Ⅱ	6.3970	1.1583	0.9470	6.0579	10.2679
粉质黏土Ⅰ	11.3977	0.3707	0.6191	7.0567	7.0567
粉质黏土Ⅱ	6.3970	2.3167	0.9942	6.3599	13.4165

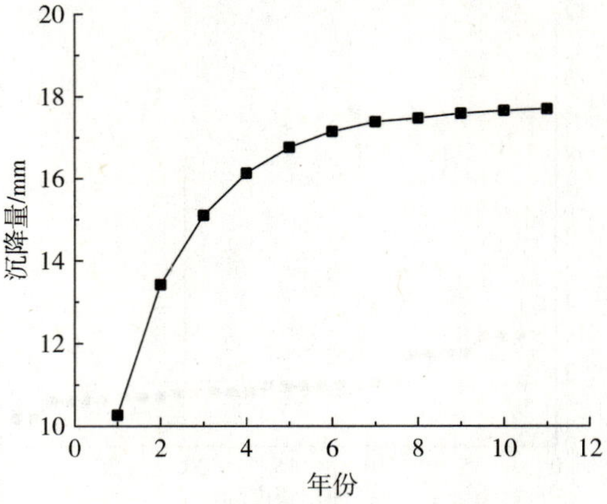

图 3　粉质黏土Ⅰ的逐年沉降情况

4. 研究结果

（1）各个土层的沉降量随深度的增加而逐渐降低，并随使用年限的增加而逐渐固结趋于稳定，建筑基础的最终沉降量为 62.3mm。

（2）各个地层的土壤固结时间因其时间因数的不同而不同，其中除了粉质黏土层Ⅰ和Ⅱ之外，其他土层都在第 1 年固结完成；粉质黏土层Ⅱ于第 2 年固结完成，粉质黏土层Ⅰ于第 10 年固结完成。

（3）因地埋管换热器换热而导致的能量堆积会对基础稳定性造成影响，其中产生影响的能量堆积量与地层的固结相关。可以考虑在此能量堆积的基础上对地层沉降进行进一步分析。

5. 创新点

（1）地源热泵技术属可再生能源利用技术，环境和经济效益显著。由于地源热泵是利用了地球表面浅层地热资源（通常小于 400m 深）作为冷热源，进行能量转换的供暖空调系统。地表浅层是一个巨大的太阳能集热器，收集了大部分的太阳能量，比人类每年利用能量的 500 倍还多。同时地源热泵机组运行时，不消耗水也不污染水，不需要锅炉，不需要冷却塔，也不需要堆放燃料废物的场地，环保效益显著，而且不受地域、资源等限制，真正是量大面广、无处不在。这种储存于地表浅层近乎无限的可再生能源，使得地能也成为清洁的可再生能源一种形式。

（2）地源热泵属经济有效的节能技术。地源热泵系统可供暖、空调制冷，还可提供生活热水，一机多用，一套系统可以替换原来的锅炉加空调的两套装置或系统，特别是对于同时有供热和供冷要求的建筑物，地源热泵有着明显的优点，不仅节省了大量的能量，而且用一套设备可以同时满足供热、供冷、供生活用水的要求，减少了设备的初投资。地源热泵可应用于宾馆、居住小区、公寓、厂房、商场、办公楼、学校等建筑，小型的地源热泵更适合于别墅住宅的采暖、空调。

（3）地源热泵环境效益显著。其装置的运行没有任何污染，可以建造在居民区内，没有燃烧，没有排烟，也没有废弃物，不需要堆放燃料废物的场地，且不用远距离输送热量。

（4）地源热泵空调系统维护费用低。地源热泵的机械运动部件非常少，所有的部件不是埋在地下便是安装在室内，从而避免了室外的恶劣气候，机组紧凑、节省空间；自动控制程度高，可无人值守。维护简单，系统可安装在室内，不暴露在风雨中，也可免遭损坏，更加可靠，延长寿命。

（5）地源热泵系统节省地上空间。没有冷却塔、锅炉房和其他设备，省去了锅炉房、冷却塔占用的宝贵面积，产生附加经济效益，并改善了环境外部形象。该系统无论严寒地区或热带地区均可应用。可广泛应用在办公楼、宾馆、学校、宿舍、医院、饭店、商场、别墅、住宅等领域。

参考文献

[1] 徐立，倪寿胜，蔚云武. 地源空调地埋管转孔施工技术在镇江城铁路项目上的应用 [J]. 新能源与环境，2010，38（3）：66–68.

[2] 蒙颖，张永浩. 地源热泵垂直 U 型管群换热特性及布置优化研究 [J]. 四川兵工学报，2015，36（6）：141–145.

[3] 郭大光. 地源热泵基础埋管换热器型式分析及施工关键技术 [J]. 价值工程，2015，14（23）：69–70.

[4] 刘俊，张旭，高军，等. 地源热泵桩基埋管传热性能测试与数值模拟研究 [J]. 太阳能学报，2009，30（6）：727–731.

[5] 韩建飞. 能源锚杆热泵埋管换热器换热性能研究 [D]. 中国地质大学，2014.

[6] 王有镗，于鸣，朱晓林，等 . 地下换热器管土冻涨变形特性实验 [J]. 暖通空调，2013，43（1）：305-309.

[7] 邱明兵 . 建筑地基沉降控制与工程实例 [M]. 北京：中国建筑工业出版社，2011.

[8] 何昌荣，陈群 . 土力学 [M]. 北京：中国水利水电出版社，2015.

[9] 中华人民共和国建设部，中国建筑科学研究院 . 中华人民共和国国家标准：建筑地基基础设计规范（GB 50007-2011）[S]. 北京：中国建筑工业出版社，2012.

基于多维度分析的中国绿色建筑发展水平评价研究

北方工业大学：张綦斌　王　琴　邱帧君　田均森　蒋本力

指导教师：赵丽坤　副教授

摘　要：为了正确认识和评估我国绿色建筑发展态势，根据绿色建筑区域发展路径、绿色建筑发展政策和绿色建筑应用等多个维度、多层次分析绿色建筑目前发展状况，并重点采用了2008—2015年中国绿色建筑评价标识项目数量统计，基于标准差椭圆理论体系对我国绿色建筑时空格局演化进行了测度。研究发现，我国绿色建筑发展椭圆中心集中于安徽与河南交界地区，重心由东向西移动；椭圆范围主要涵盖京津冀、长三角、珠三角和沿海地区；椭圆形状呈现扩张和扁平化趋势；方向具有逆时针旋转发展趋势。在此基础上，运用空间自相关理论，研究绿色建筑发展的空间关联性，得出我国绿色建筑发展存在空间正相关，集聚现象突出，区域发展差异性较大。

关键词：绿色建筑；标准差椭圆；空间自相关；时空格局演化

1. 研究理论

1.1　背景和意义

绿色建筑发展已上升为国家战略，是降低能耗，节省资源和可持发展的重大举措。一方面，建筑业是国民经济发展的重要组成部分，而绿色建筑则是建筑业发展的必然趋势，对国民经济产生直接贡献；另一方面，以产业及产业链角度考虑，绿色建筑发展可以对与绿色建筑发展相关的设计、生产、施工、建材和装修等环节造成重大冲击，进而可以影响我国绿色建筑产业及生产力空间分布的合理布置。在此，研究绿色建筑发展的动态演变对于揭示绿色建筑发展产业空间布局及经济发展深层次问题具有重要的理论和现实意义。

关于绿色建筑的研究，内容主要涵盖评价体系、政策法规、市场前景、技术研发和风险管理等研究领域。例如：孙鸣春（2015）从全寿命周期成本角度系统评价了绿色建筑项目的经济价值；Qian 和 Chan（2010）在国内外绿色建筑对比基础上，提出降低能耗方面政府的激励政策；吴文浩，李明等（2016）以供给侧改革为切入点，以演化模型研究绿色建筑在不同阶段下的政策建议；也有研究基于统计数据对绿色建筑目前发展的态势进行深入了思考，例如：田慧峰等（2012）对绿色建筑评价标识项目的数量进行统计分析对比，得出目前绿色建筑发展尚处于初级阶段，北京、上海发展较为成熟的结论，但存在着绿色建筑的深入研究程度不高，演变规律态势还比较模糊，评价结论比较粗略等问题。鉴于此，文中基于 ARCGIS 平台，运用标准差椭圆理论体系，从椭圆的重心、范围、方向和形状变化揭示绿色建筑从 2008—2015 年的空间格局演变规律，最后以自相关理论方法，对绿色建筑发展的空间关联性做了简要评析，以助于客观辨识和分析出绿色建筑发展的变化趋势，为地区绿色建筑发展制定科学决策提供参考依据。

近几年国家绿色建筑发展，行业技术问题已经取得重大突破进展，但地区绿色建筑发展规模程度，实施成效却并不显著。这不仅仅局限于采用技术方式来解决，而更应该提高政策法规方面的支持和经济激励的程度。绿色建筑政策与绿色建筑发展具有密切的关联，合理梳理绿色建筑政策对于进一步指导绿色建筑发展意义重大。

1.2 研究方法及数据

1.2.1 标准差椭圆法

空间计量分析中的标准差椭圆模型是由勒菲弗（Lefever）早在 1926 年就提出了用于分析离散数据集分布特征的方法，简称 SDE（Standard deviation ellipse）方法，具有这几大基本要素：中心点、长半轴、短半轴和旋转角（正北方向顺时针旋转到椭圆长轴的角度）。椭圆的长轴方向表征离散数据集的主要分布方向；短轴表示地理要素在次要方向上的离散程度；椭圆的面积表征离散点集分布的分散（紧凑）程度；椭圆的中心表示地理要素空间分布的相对位置；旋转角（又称方位角或转角）反映发展的主趋势方向[11]，面积表示设定阈值对应的范围。目前，该方法嵌入到 ArcGIS 中作为分散点集的分布特征分析方法，在人口分布、污染扩散、犯罪分析等相关领域得到了广泛应用。

1.2.2 空间自相关法

由于绿色建筑发展带有数据离散集聚的空间地理位置特性，相邻位置之间是否存在相关性及相关程度的研究，需要借鉴自相关空间理论的基础研究。空间自相关理论研究是衡量同一个变量在不同空间位置上的相关性。该研究理论已被多位学者较好地应用去分析多种地理现象，并在特定区域内地理要素的集聚与离散程度研究方面取得丰硕成果。常用的空间自相关主要有全局自相关和局域自相关两种。全局自相关是对某种地理现象或某一属性在整个区域的空间特征的描述，判断此现象或属性值在空间上是否存在聚集。表示全局空间自相关的指标和方法很多，主要有全局 Moran's I 指数、全局 Geary's C 指数和全局 Getis-Ord G 指数，这 3 个指数在一定程度刻画数据集聚性有相似的地方。

1.2.3 数据来源

参考"绿色建筑标识网"统计数据，考虑到 2016 年的数据缺陷问题，仅将 2008—2015 年间全国范围内各省的绿色建筑项目为作为研究对象，利用 ArcGIS 软件，研究边界是以项目所处的省份位置作为空间单元分析，探索其近年来发展的空间演变规律和相关性作用机理，从而有助于正确评定我国绿色建筑发展的态势。

2. 研究内容及成果

2.1 绿色建筑发展的时空格局演化及其空间关联性分析
——基于 2008—2015 年中国绿色建筑的时间序列数据

2.1.1 绿色建筑发展时空演化格局分析

（1）发展重心变化是由东向西移动

2008—2015 年基于标准差椭圆的我国绿色建筑发展的时空演化，各年的标准差重心及标准差椭圆数据参数如表 1 所示。重心主要分布在安徽省及安徽河南边境，整体上呈现由东至西、由东部沿海向中部地区移动的移动规律。2008—2010

年重心是由安徽省池州市青阳县向西北移动至安徽省蚌埠市怀远县，2010—2011年发生方向逆转向西南移动至安徽省六安市霍邱县，2012—2014年重心先向西北移动，再向西南移动至河南省信阳市淮滨县，2014—2015年略微反向，由淮滨县向东南移动至河南省信阳市潢川县，重心总移动距离为752.75km。发展重心逐渐由东向西移动，表明我国的中西部地区绿色建筑发展与东部发展的差距在开始减少，同时也说明国内市场对中西部地区发展的拉动作用越加显著。

表1　2008—2015年绿色建筑发展重心变动及标准差椭圆参数变化

年份	重心坐标	旋转角 θ/ 度	沿 X 轴标准差 /km	沿 Y 轴标准差 /km	面积 / 万 km^2
2008	117.9560E，30.488N	15.213653	434.7489	749.9050	102.4146
2009	116.9616E，30.653N	15.945920	551.6998	874.8316	151.6169
2010	117.0820E，33.032N	122.486709	839.2261	696.5966	183.6483
2011	116.2135E，32.151N	13.466634	580.624	947.1761	172.7607
2012	116.5260E，32.599N	11.810825	501.2228	926.2591	145.8401
2013	115.6022E，33.024N	10.174116	631.2706	882.3842	174.9834
2014	115.0550E，32.594N	16.755309	673.9729	904.1291	191.4246
2015	115.2795E，32.290N	20.814187	708.9843	909.1533	202.4880

（2）分布范围变化

根据标准差椭圆面积统计（表1）和绿色建筑空间格局可得，从2008年的102.41万平方千米增加到2015年的202.49万平方千米，总体扩张趋势较大，其中2008—2009年增幅最大，为49.2023万平方千米，但2010—2012年覆盖面积有所波动，呈现下滑趋势，2012—2015年又继续持续增长。这说明绿色建筑发展的分布范围变化不稳定，有波动。椭圆内部包含地区主要为长三角、珠三角、京津冀等沿海地区以及湖北、湖南、安徽、江西、河南、陕西、山西、重庆等中部地区，它们构成了中国绿色建筑发展的主体地区，在绿色建筑区域发展中占主导地位，这说明这些省份区域是构成目前绿色建筑发展的主要区域。

（3）分布形状变化

根据标准差椭圆长短轴统计（表1）和标准差椭圆所示，可得标准差椭圆沿短轴方向的长度由2008年的434.75km增加到2015年的708.98km，说明东西方向呈现扩张状态。其中2008—2010年标准差增加了404.4772 km，2010—2012年减小了338.0033 km。标准差椭圆沿长轴方向的长度由2008年的749.91km增加到2015年的909.15km，说明南北方向也呈现扩张状态。其中2008—2009年长轴方向长度增加了124.9266 km，2009—2010年减小了178.235 km，2010—2011年增加了250.5795 km，2011—2013年再次减少64.7919 km。虽然各个方向均呈现扩张趋势，但东西方向扩张幅度大于南北方向，同时标准差椭圆形状趋于圆化。

（4）分布方向变化

根据标准差椭圆旋转角统计（表1）和标准差椭圆所示，可得2008—2010年方位角增大，2010—2013年方位角减小，2013—2015年方位角又增大，整体上空间轴线旋转态势的波动幅度较大，发展的态势方向不明显，尤其是2010年的方位角与其他年限差距较大，轴线出现反常的突变。若剔除2010年的突变点，则整体方位角的波动范围在10.17°~20.82°，其旋转方向先呈现略微的逆时针旋转，后呈现略微的顺时针旋转，总体变化不大。

2.1.2 绿色建筑发展空间自相关性分析

（1）全局相关性分析

将各地区绿色建筑项目的分布数量作为变量，利用距离权重矩阵，以OpenGeoda软件计算其Moran's I值，分析结果统计如表2所示。

表2　全局空间相关性分析结果统计

年份	Moran's I值	Z值	显著性水平	预期指数	方差
2008年	0.131485	1.752700	0.10	−0.030303	0.009962
2009年	0.051422	0.799598	—	−0.030303	0.010446
2010年	0.350884	4.016317	0.01	−0.030303	0.009008
2011年	0.142567	1.685800	0.10	−0.030303	0.010515
2012年	0.153150	1.862462	0.10	−0.030303	0.009702
2013年	0.144635	1.752700	0.10	−0.030303	0.009962
2014年	0.132358	1.497860	—	−0.030303	0.011793
2015年	0.194037	2.261095	0.05	−0.030303	0.009844

注：显著性水平一列中，空缺项表示随机分布

从表2可以发现，我国的绿色建筑发展的Moran's I值都为正值，说明绿色建筑发展具有空间正相关性，其中2009年的Moran's I值最小，说明相关性较弱，并且对比预期指数，发现Moran's I实际值均大于预期值，也进一步说明绿色建筑发展存在空间自相关性。对2008—2015年绿色建筑发展的统计量进行显著性水平检验，发现Z值绝对值基本在1.65之内，说明显著性水平基本较高，其中2009年和2014年不存在显著性水平，呈现随机分布的特征；2010和2015年的显著性水平高于其他年份。通过方差分析，发现2010年和2014年的方差值较大，说明这两年的统计量的离散程度较高，间接暗合了椭圆重心偏移规律的反常。

（2）局部相关性分析

结合局部 Getis-Ord Gi 指数和局部 Moran's I 指数，绘制相关性冷热集聚区图。

从冷热集聚角度分析，整体上显著性热点集聚区域大都集中在长三角、珠三角，以及沿海地区，冷热集聚区详细结果统计如表 3 所示。

表 3　冷热集聚区结果统计

	99% 显著性高热（冷）点集聚区	95% 显著性次热（冷）点集聚区	90% 显著性低热（冷）点集聚区
2008	江苏、上海	浙江	
2009	江苏、上海	浙江	福建
2010	江苏、上海、浙江	安徽	
2011	江苏、上海	浙江	山东
2012	江苏、上海、山东	安徽、浙江	
2013	江苏、上海、安徽	浙江	
2014	江苏、上海、山东	安徽	浙江
2015	江苏、上海、浙江	安徽、山东	西藏

根据表 3，可以发现江苏和上海一直处于 99% 显著性水平下的高热点集聚区域；位于沿海的其他城市分别在不同显著性水平下呈现出热点集聚，如浙江、山东和安徽，而西藏在 2015 年属于 90% 显著性水平下的低冷点集聚区，其他未标注省份则表现出随机分布状态，不具统计意义。

从相关性角度分析，整体上具有空间相关性的区域与冷热集聚相似，主要都集中于长三角、珠三角，以及沿海地区，相关性高低情况的详细结果统计如表 4 所示。

表 4　局部相关性计算详细结果统计

	HH（High-High）	HL（High-Low）
2008	江苏、上海、浙江	广东
2009	江苏、上海	广东
2010	江苏、上海、浙江	
2011	江苏、上海	广东
2012	江苏、上海、山东	
2013	江苏、上海、山东	广东
2014	江苏、上海、山东	广东
2015	江苏、上海、浙江	

从表 4 可以发现，具有局部空间相关性的仅有高高（HH，High-High Cluster）集聚和高低集聚（HL，High- Low Outlier）两种集聚状态。高高集聚说

明存在空间正相关关系，即高值区域的单元周围被同是高值的区域单元所包围，而高低集聚说明存在空间负相关关系，即高值区域单元被低值区域单元包围。江苏、上海均为绿色建筑发展较快的区域，且两省市紧密相连，说明它们之间的高速协调发展对绿色建筑的推进具有促进作用。浙江、山东的高高集聚分布不连续，但是从图可以分析出这两省与江苏、上海相衔接，揭示了周围省市绿色建筑的高速发展可以对本地区的绿色建筑有刺激作用，同时表明这几块相连区域属于绿色建筑发展的主要集聚区。同理，广东省绿色建筑发展属于高值区域，但具有负相关性。

从而，集聚区域归纳起来，主要有江苏、上海、浙江、广东和山东地区，其各省市地区的局部 Moran' s I 指数和 Z 值详细结果，如表 5 所示。

表 5　　有局部空间相关性地区 Moran' s I 指数计算详细结果统计

省市		2008	2009	2010	2011	2012	2013	2014	2015
江苏	I	1.057345	1.056822	3.245084	1.490537	2.002613	2.035631	2.670067	2.731534
	Z	2.889468	2.659617	8.492122	3.710948	5.12076	5.150161	6.291441	6.91736
上海	I	4.099244	2.616368	6.30439	3.310308	1.211248	3.099244	2.056398	2.99397
	Z	7.687594	4.492084	11.47274	5.653403	2.176894	5.687594	3.355596	5.269034
浙江	I	0.780808		1.063297					0.970516
	Z	2.420223		3.18981					2.826188
广东	I	−0.78623	−0.98618		−0.76743		−0.88116	−1.05339	
	Z	−2.4823	−2.92142		−2.24765		−2.64375	−2.99447	
山东	I					1.685174	1.801635	1.790835	
	Z					4.321155	4.566834	4.242968	

从表 5，可以发现江苏在 2012 年和 2014 年的 Z 值为最高值，Moran' s I 指数也达到最大值，且大于 0，说明该地区具有空间正相关性，显著性水平高的特点。上海在其他年份的 Z 值和 Moran' s I 指数在当年均为最大值，进一步说明上海是显著性水平高，且空间相关性的集聚程度也高。表 5 可以显示，广东省的 Z 值和 Moran' s I 指数均小于零，说明广东省绿色建筑发展具有空间负相关性的特点，存在扩散蔓延的趋势。

（3）结果对比分析

全局相关性分析结论表明绿色建筑发展呈现正相关，具有集聚现象。对比局部相关性，可以发现区域单元的空间异常值。局部与全局分析结论大体上基本一致，但广东省和西藏为空间异常区域。广东省每年 Z 值和 Moran' s I 指数的变化趋势如图 1 所示。

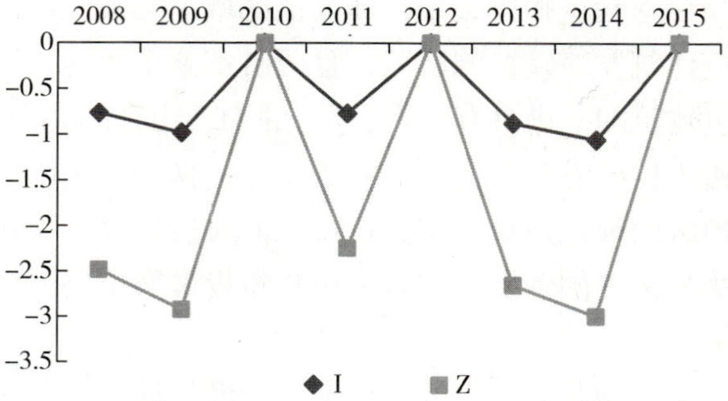

图 1　广东省各年的 Z 值和 Moran's I 指数变化趋势

从图 1 可以发现，广东省的 Z 值和 Moran's I 指数小于 0，变化的波动范围较明显，部分年份为 0，说明广东省的绿色建筑自身发展势头较好，周边省市绿色建筑发展与之相比较差距显著。造成这种高值被低值包围现象的原因，我们可以大胆的推测出与地区所处地理位置密切相关。而该地区绿色建筑发展规模数量又在全国省市绿色建筑排名中位居前列，发展迅速，推测这与地方政府、经济发展水平、市场需求等有关。而西藏 Z 值为 −1.655542，属于冷点集聚区，说明绿色建筑发展极其缓慢，造成这种现象原因可能与地区生活居住习性、政府扶持力度、经济发展水平、交通等配套行业的发展有关。

2.2　中国绿色建筑区域发展路径研究

2.2.1　绿色建筑发展路径

绿色建筑的理念最早起源于西方，可以追溯到 19 世纪。1969 年，建筑师保罗索勒首次提出了生态建筑的理念，由此，绿色建筑开始了正式的发展。到了 1992 年的联合国环境与发展大会上强调了可持续发展的重要性，不同的国家可持续建筑理论应共同关注减少对自然资源能源的应用，改善建筑环境质量以及维护室内环境，等等。

1990 年开始，绿色建筑的概念开始被引入到了中国。2004—2008 年期间，我国绿色建筑的状态处于萌芽期和探索期。2008 年底，中国仅有 10 个绿色建筑标准申报项目和 23 个 LEED 申报项目。2008—2011 年期间，“深绿”阶段开始。2011 年至今，绿色建筑的理念获得了广泛的发展，在生活中普遍接受了绿色理念，绿色建筑也逐渐向常态化发展，许多企业及商业建筑开始大范围应用绿色建筑。

2.2.2 中国绿色建筑发展及分布

截至 2016 年 9 月，根据住建部节能与绿色建筑综合信息管理平台，我国绿色建筑数量总体上在逐年增加，2011 年增长尤为明显，环比增长近 300%。整体来看，从 2008 年的 10 个增加到了 2015 年的 1533，每年保持着稳定的增长幅度。如图 4 所示。

进一步分析，可以发现绿色建筑标识认证项目，设计标识项目数量占据绝大多数，运行标识数量在 2015 年以前不超过 10%。运行标识数量从 2013 年开始波动幅度稳定，而设计标识项目数量呈现逐年上升的明显变化趋势，如图 5 所示。

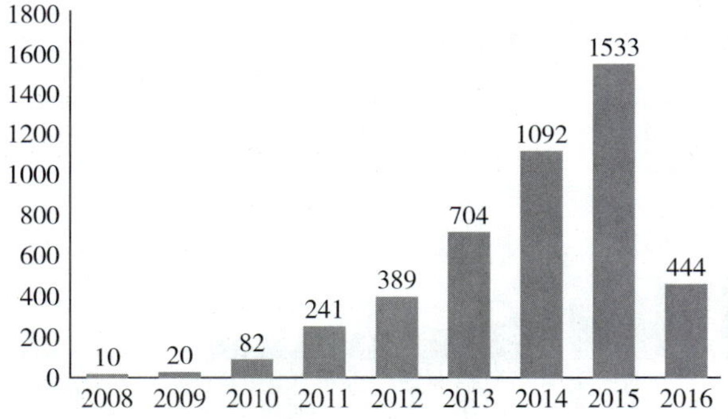

图 2 2008—2016 年绿色建筑项目发展数量统计

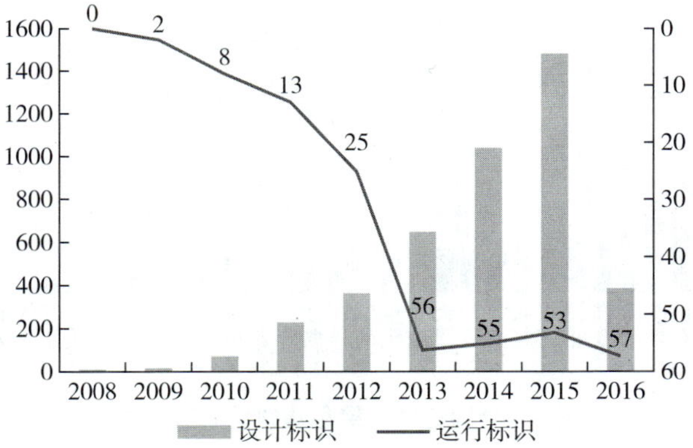

图 3 绿色建筑标识认证项目数量统计

根据标准差椭圆法原理，结合绿色建筑在不同地区随不同年份的数量变化情况进行统计分析，得出 2008—2016 年绿色建筑业发展的时空演变发展情况。中国绿色建筑的主要区域分布于东部沿海省份，其重心始终位于安徽省、江苏省等地。从目前绿色建筑评价标识项目分布情况看，东部沿海城市等绿色建筑发展较快的地区项目数量较多，中西部地区发展速度相对较慢，项目数量也相对较少。

2.2.3 中国绿色建筑分布特征

我国幅员辽阔，人口众多，社会发展状态不均衡，气候条件、经济状况、地理条件等因素都成为绿色建筑发展不均衡的影响因素，而从整体的分布来看，我国绿色建筑项目的分布状况也有规律可循，在某些省市地区也有着聚集的趋势。

据统计，我国绿色建筑发展数量最多的省市是江苏、广东、上海，数量与西部省市差距较大。数量最多的江苏省已经达到了 905 个，而数量最低的新疆自治区仅为 15 个，相差悬殊。如图 4 所示。

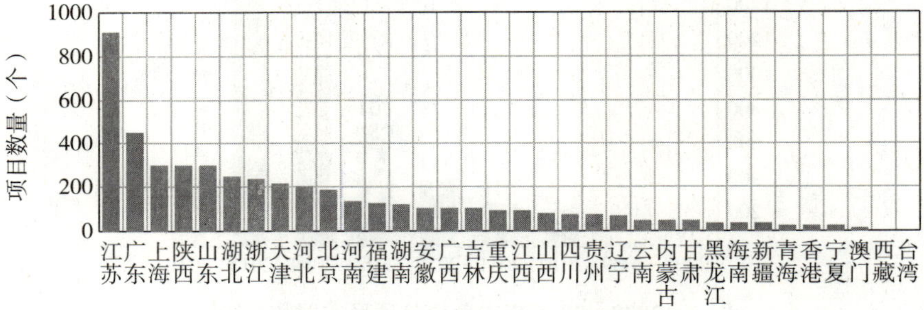

图 4 全国各省市绿色建筑项目数量统计图

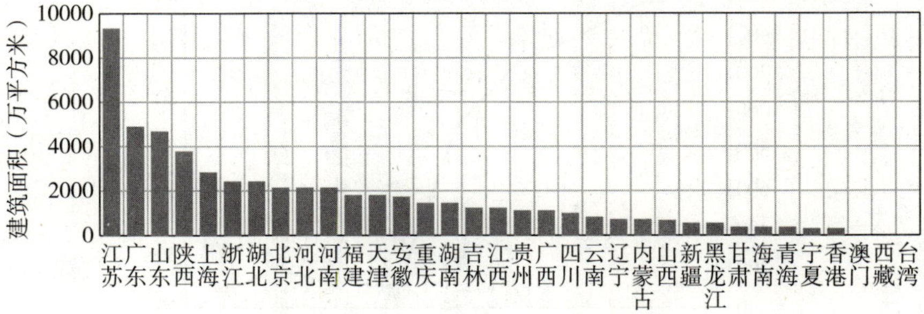

图 5 全国各省市绿色建筑面积统计图

结合各省市绿色建筑数量统计图 2 和对应的绿色建筑面积统计情况（如图 5），无论是数量和建筑面积，发展较为发达的省份依旧是江苏、广东、上海等沿海省市，这说明了历年全国绿色建筑的分布重心集中于经济发展前沿的东部省份，如图 7 所示。

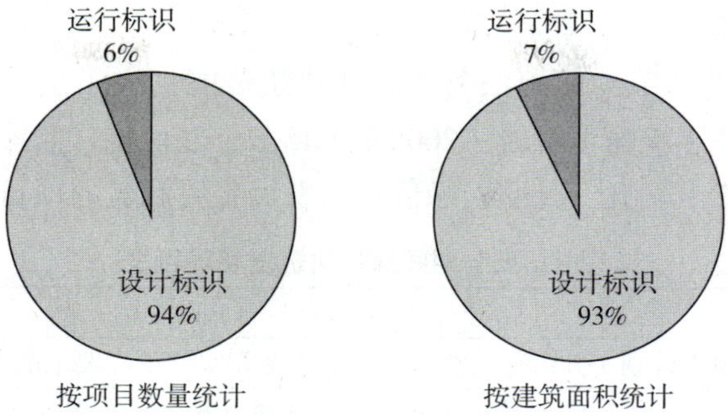

图 6　我国绿色建筑评价标识类型统计图

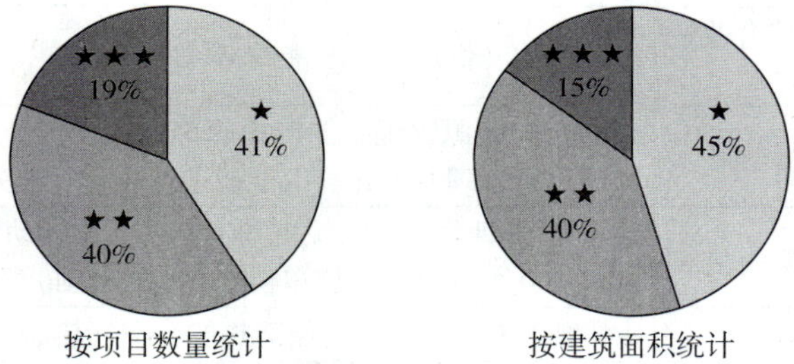

图 7　我国绿色建筑星级分布统计图

此外，依据规定，对处于规划设计阶段和施工阶段的住宅建筑和公共建筑，按照《绿色建筑评价标识管理办法（试行）》对其进行评价标识，而对已竣工并投入使用的住宅建筑和公共建筑，按照《绿色建筑评价标识管理办法（试行）》对其进行评价标识。对绿色建筑评价标识项目统计对比（如图 6），可以发现目前设计标识占 94%，运行标识为 6%，获得的绿色建筑设计评价标识的项目数量远远超过了绿色建筑评价运行标识项目数量。这种现象可能是由于早期获得绿色建筑设计标识的项目数量较少，达到竣工 1 年后申报运行标识条件的项目也相对较少，加之工程竣工后项目主体发生改变，个别项目申报设计标识仅仅是为了提高项目的销售竞争力等原因。对此，在强制实施过程中需加强运营阶段监管，使绿色建筑要求落到实处。

2.3　中国绿色建筑政策发展路径研究

2.3.1　我国绿色建筑政策梳理

虽然我国绿色建筑工作起步地较晚，但发展速度及推广效果在国际上处于领先地位，这与政府制定了方向明确的政策及各地方的有效执行力是分不开的。

（1）国家级政策

2003 年发布的《节约能源法》首次将建筑节能列入了法律。工作推广阶段（2004—2008）、逐步深化阶段（2008—2015）、全面推广阶段（2016—）。如表 6 所示为本次“十三五”时期，绿色建筑发展主要涵盖的项目列表。

表 6 “十三五”期间绿色建筑发展项目表

计划名称	内容
重点城市节能标准领跑计划	引导有条件的省会城市率先实施更高要求的节能标准
标杆项目区域领跑计划	结合不同气候条件和资源情况，探索实现超低能耗建筑的不同技术路径
既有居住建筑节能改造	探索适合气候条件、居民生活习惯的改造技术路线
老旧小区节能宜居综合改造试点	维护结构、供热系统节能改造
公共建筑能效提升行动	采取合同能源管理、能源托管等方式投资公共建筑节能改造，实现运行管理专业化、节能改造市场化、能效提升最大化，
节约型学校（医院）	建设节约型学校（医院）300 个以上，推动智慧能源体系建设试点 100 个以上，实施单位水耗、电耗强度分别下降 10% 以上
可再生能源应用	太阳能光热 / 光伏、浅层地热能、空气热能
新型建筑节能材料产品应用	开发保温、隔热及防火性能良好、施工便利寿命长的外墙保温材料和体系、适应超低能耗、近零能耗建筑发展需求的新型材料

（2）地方级政策

根据不同地区和不同政策支持侧重点进行统计，如表 7 所示。

表 7 全国绿色建筑政策 统计

地区	省份	土地转让	政府补贴	税收	消费引导
东北	吉林	√	√	√	√
北部沿海	北京		√		
	天津		√		
	河北		√		
	山东		√		
东部沿海	上海	√	√	√	√
	江苏	√	√	√	√
	浙江		√	√	√
南部沿海	福建		√		
	广东	√	√	√	√
	海南				

续表

地区	省份	土地转让	政府补贴	税收	消费引导
黄河中游	山西	√	√	√	
	内蒙古				
	河南	√	√	√	
	山西	√	√	√	
长江中游	安徽	√	√		√
	江西	√	√	√	
	湖南				

2.3.2 我国绿色建筑政策实施存在问题

依据国家《住房城乡建设部建筑节能与科技司2017年工作要点》，可以发现“十二五”期间对原有建筑进行节能升级改造的成果已远超于“十一五”的预期目标，可再生能源应用进一步得到了推广，在国家层面上初步建立了相应的监管机构及体系，但仍然面临着深度不够，政策与规范性的配套性、可操作性等也存在着诸多需完善的地方。具体来讲包括这样几个方面：

（1）是行业发展有效实施激励机制不完善、政策落地实施较差。

（2）是实施过程中的监管力度、机制体系还不健全。

（3）是违规违法行为处罚措施比较模糊。

2.4 新农村社区建设的若干问题探讨及解决途径

2.4.1 新农村社区建设中存在的问题

我国农村新社区建设中面临的3大主要问题，如处理不及时、不合理，在很大程度上会制约农村、城镇一体化的发展，需要给予高度的重视。

（1）建设用地问题。

（2）安全隐患与资源浪费问题。

（3）建设资金筹措问题。

2.4.2 我国农村新社区建设问题解决途径

针对我国农村新社区建设中存在的用地、安全隐患与资源浪费、资金筹措这3大主要问题，分别给出土地政策及管理体系的改革、建设模式的转变及融资模式的优化三方面的农村新社区建设问题解决途径，如图8所示。

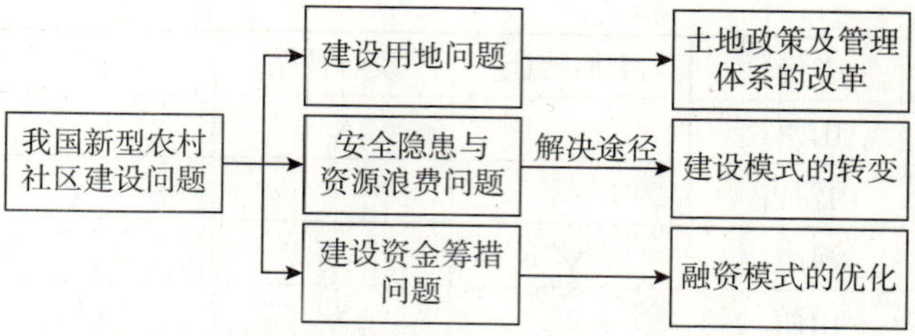

图 8　我国农村新社区建设中存在的问题及解决途径

（1）土地政策及管理体系的改革。

（2）建设模式的转变。

（3）融资模式的优化。

3. 研究结论

运用标准差椭圆的理论体系分析了绿色建筑的时空演变格局，得出绿色建筑发展的重心位置主要在安徽与河南交界地区，重心移动轨迹整体上是由东向西移动，椭圆分布范围主要涵盖长三角、珠三角、京津冀和沿海地区，椭圆形状呈现扩张和扁平变化趋势，椭圆总体呈现逆时针方向转动。为了进一步衡量各地区之间的差异水平，应用自相关理论，分析绿色建筑空间发展的全局和局部相关性，得出绿色建筑发展在江苏、上海等沿海地区带有很强的集聚现象，且不同地区空间分布的差异性显著，存在空间异常值，如广东和西藏，需要重点关注这些区域及与周边地区绿色建筑的协调发展问题，从而促进绿色建筑的均衡发展。

参考文献

[1] 中国建筑科学研究院．绿色建筑评价标准 GB/T 50378–2014[M]. 北京：中国建筑工业出版社，2014.

[2] 刘玉明．北京市发展绿色建筑的激励政策研究 [J]. 北京交通大学学报社会科学版，2012，11（2）：46–51.

[3] 郭萍，李国刚．浅析中国当前绿色建筑发展的问题及对策 [J]. 土木建筑与环境工程，2015（1）：96–98.

[4] 万欣，秦旋．基于实证研究的绿色建筑项目风险识别与评估[J]. 建筑科学，2013，29(2)：54–61.

[5] 孙鸣春．全寿命周期成本理念下绿色建筑经济效益分析 [J]. 城市发展研究，2015，22（09）：25–28.

[6] QIAN Q K，CHAN E H W. Government measures needed to promote building energy efficiency（BEE）in China[J]. Facilities，2010，28（11/12）：564–589.

[7] 吴文浩，李明，赖小东，等．供给侧改革视角下绿色建筑推进机制研究 [J]. 科技进步与对策，2016，33（16）：124–128.

[8] 田慧峰，张欢，孙大明，等．中国大陆绿色建筑发展现状及前景 [J]. 建筑科学，2012，28（4）：1–7.

[9] LEFEVER D W. Measuring geographic concentration by means of the standard deviational ellipse[J]. American Journal of Sociology，1926，32（1）：88–94.

[10] 王宝军．基于标准差椭圆法 SEM 图像颗粒定向研究原理与方法 [J]. 岩土工程学报，2009（7）：1082–1087.

[11] 王绍博，郭建科．我国城市整体交通运输流发展的时空演化及其空间关联性分析 [J]. 干旱区资源与环境，2017（2）：43–49.

[12] GONG J. Clarifying the standard deviational ellipse[J]. Geographical Analysis，2002，34（2）：155–167.

[13] PENG J，CHEN S，LÜ H，et al.. Spatiotemporal patterns of remotely sensed PM 2.5，concentration in China from 1999 to 2011[J]. Remote Sensing of Environment，2016，174：109–121.

[14] KENT J，LEITNER M. Efficacy of standard deviational ellipses in the Application of criminal geographic profiling[J]. Journal of Investigative Psychology and Offender Profiling，2007，4（3）：147–165.

[15] MITCHELL A. The ESRI guide to GIS analysis：volume 2：spatial measurements and statistics[M]. Redlands，ca：ESRI Press，2005.

[16] 杨格格，宋辞，裴韬，等．北京对外交通枢纽乘客 OD 时空分布特征 [J]. 地球信息科学学报，2016（10）：1374–1383.

[17] 龙剑，朱海宁，曹邦宇．基于标准差椭圆模型的贵州省经济密度空间差异分析 [J]. 当代经济，2014（13）：114–117.

[18] 林锦耀，黎夏．基于空间自相关的东莞市主体功能区划分 [J]. 地理研究，2014，33(2)：349–357.

[19] CONWAY D，LI C Q，WOLCH J，et al.. A Spatial autocorrelation Approach for examining

the effects of urban greenspace on residential property values[J]. The Journal of Real Estate Finance and Economics，2010，41（2）：150-169.

[20] LIAN J，GONG H，LI X，et al.. The analysis of economic spatial characteristics of Beijing-Tianjin-Hebei metropolitan region based on GIS[C]// International Conference on Geoinformatics，[S.1.]：[S.n.]，IEEE（全称），2009：1-5.

[21] GETIS A. Reflections on spatial autocorrelation[J]. Regional Science & Urban Economics，2007，37（4）：491-496.

[22] 胡和兵，刘红玉，郝敬锋，等 . 城市化流域生态系统服务价值时空分异特征及其对土地利用程度的响应 [J]. 生态学报，2013，33（8）：2565-2576.

[23] 孟斌，王劲峰，张文忠，等 . 基于空间分析方法的中国区域差异研究 [J]. 地理科学，2005，25（4）：393-400.

文化创意产业中的著作权问题的研究报告

北方工业大学：廖翔坤　李东霓　张晓雁　李杰昕　储京京

指导教师：尚志红　讲师

摘　要： 本文主要从选题背景、研究方法、课题创新点、研究结果4个大方面反映本次大学生科学研究创业行动计划项目之“文化创意产业中的著作权问题的研究”这一课题项目，最后小组成员分别发表一篇省级期刊论文以完成课题研究。

关键词： 文化创意；著作权；研究方法；创新

1. 选题背景

1.1　文化创意产业的诞生

文化创意产业自1994年被澳大利亚政府提出后便成为各国政府争相发展的朝阳产业，近年来我国文化创意产业的发展也日益受到重视。2009年我国提出《文化产业振兴规划》，强调要“推动文化产业成为国民经济支柱性产业”，2012年中共中央办公厅、国务院办公厅印发《国家“十二五”时期文化改革发展规划纲要》，明确提出要“加快发展文化创意、数字出版、移动多媒体、动漫游戏等新兴文化产业，加大对拥有自主知识产权、弘扬民族优秀文化的产业支持力度，打造知名品牌”。可见文化创意产业作为一种新兴产业将会成为我国经济新的增长点，重视创意产业的发展就要重视对它的保护，尤其要重视文化创意产业的著作权保护。

1.2 文化创意产业与著作权的关系

文化创意产业的核心是创新和创造力，而知识产权，尤其是著作权制度是对人类智力创造活动从产权角度进行激励的制度，可以说著作权保护的就是文化创意产业产生和存在的基础。文化创意产业与著作权的密切关系主要表现在两个方面：一方面作为文化创意产业基础的智力成果，如作品、动漫、软件、歌曲等都是一种无形财富，其成果一经公开，人们就可以轻而易举地复制，尤其在网络传播技术飞速发展的今天，文化创意产业对知识产权的依赖度比传统产业更加高，倘若知识产权保障不足，原创人员在创作过程中的大量研究、设计、制作等投入便会付之东流；另一方面纵观国内外成功的文化创意产业，其发展与品牌建设之间存在密切联系，只有将创意与品牌有机地结合起来，文化创意产业才有存在和发展下去的动力，而著作权正是对文化创意产业塑造品牌的保障。因此知识产权，尤其是著作权是文化创意产业的基础，没有知识产权保护的文化创意产业，也是没有生命力的产业。

1.3 目前我国文化创意产业在著作权保护方面存在的问题

第一，部分企业维权意识缺位，存在侵犯著作权的情况。尽管我国知识产权法律制度的基本框架在 20 世纪 80 年代就已经初步形成，并且从那时起中国就已成为世界知识产权组织的成员国，但在对著作权法的推广和落实方面还存在欠缺。文化创意产业中著作权侵权的特点是侵权现象大量存在，但由于权利人缺乏维权常识，导致相当多的著作权侵权纠纷得不到解决，权利人的利益无法保障，严重损害了创意主体的创作积极性。同时由于部分文化创意企业没有塑造品牌的意识，缺少对保护著作权的关注，也给侵权者以可乘之机。以创意设计类企业为例，由于目前我国这类企业规模普遍较小，企业开展著作权法律保护的能力欠缺，致使侵权的现象时有发生。在多媒体特别是建筑、广告、设计等行业，由于资金投入巨大，利润也很丰厚，使一些不具备条件的企业试图通过非法手段不劳而获，而相关法律法规在著作权保护的内容、范围以及如何界定侵权等方面还有待加强。此外创意设计人员的权利意识也普遍不足，而且由于违法成本低，侵犯他人著作权的情况也时有发生。

第二，网络信息传播与打击盗版的立法两难。随着现代科学技术的发展，特别是互联网的快速发展，创意产业的著作权保护出现了很多新问题，现行的著作权法律体系已经跟不上产业发展的著作权保护需求。信息经济时代网络信息传播的著作权保护需要强化，也给予文化创意产业密切相关的著作权保护提出了更高的要求。如新修订中的《著作权法》在条文中规定技术服务商不承担审查责任，音乐界人士担心该草案给侵权者以合法借口，对于正在兴起的数字音乐产业将是巨大冲击。

2. 研究方法

本课题项目研究方法主要以文献研究方法为主导，同时兼采历史研究方法和实证研究方法，以求正确、全面地了解其中的问题，从而使研究成果能更加契合实际需要。

2.1 文献研究法

文献法是指在提出课题或假设时依据现有的理论、事实和需要，对有关文献进行分析整理或重新归类研究的构思。从确定课题的研究方向和研究目标开始，即将课题项目方向定位于文化创意产业中的著作权问题时，将课题的内容设计成具体的、可以操作的、可以重复的文献研究活动，它就对我们所要研究和解决的问题具有一定的意义。从课题的提出、课题的假设、研究设计再到搜集文献、整理文献，本次的课题才有了相当的可靠性和可测性。

搜集研究文献的渠道多种多样，文献的类别不同，其所需的搜集渠道也不尽相同。主要渠道有：图书馆、档案馆、博物馆、社会 / 科学及教育事业单位或机构、学术会议、个人交往和计算机互联网。而我们主要采用了去图书馆借阅书籍和查阅相关资料，以及通过个人交往和上网的方式搜集所需的材料。经过对不同资料的分析、比对和总结，以及对现代趋势的研究和个人经验的看法，得出课题研究成果。

我们在本次课题积累文献过程中先从那些就近的、容易找到的材料着手，主要通过检索工具查找方式和参考文献查找方式找到主要材料，然后再根据研究的需要，陆续寻找那些分散在各处、不易得到的资料。积累文献是一个较为漫长的过程，为了使整个过程进行得更加精确并更有效率，我们小组成员根据实际情况分为若干阶段进行整理，从而提高了搜集文献的指向性和速度。此外，我们还采用了使用现代教育情报系统的文献检索方法，能够更加快速查找、获取所需要的文献资料。

每一个研究课题都需要汇集、积累一定的文献资料，而每一个课题的研究过程同时也是一个新文献资料的积累过程。首先，对于本次课题，我们小组成员力求做到文献积累充实和丰富。其次，积累文献有明确的指向性。与“文化创意产业著作问题研究”有关。最后也争取使积累文献内容全面真实。

2.2 历史分析法

历史分析法是具体分析方法的一种，即运用发展、变化的观点分析客观事物和社会现象的方法。客观事物是发展、变化的，分析事物要把它发展的不同阶段加以联系和比较，才能弄清其实质，揭示其发展趋势。文化创意产业的发展由来已久，其随着时代的发展和变化，侵犯著作权问题的表现和种类也越来越丰富，要想搞清楚本质原因，弄清它的历史根源，只有追根溯源，弄清它的来龙去脉，才能提出符合实际的解决办法。所以本小组成员兼采历史分析方法，从不同的发展阶段加以比较分析，以求项目研究成果能更加真实可靠。

2.3 实证分析方法

社会科学研究方法之一，着眼于当前社会或学科现实，通过事例和经验等从理论上推理说明。本小组成员从个量分析到总量分析，从定性分析与定量分析，通过从不同的现象和角度入手，对同人作品、孤儿作品、民间文学艺术作品和体育赛事直播节目等进行研究，从不同的现象加以综合比较分析论证，从而得出文化创意产业著作权问题的具体现象、实质以及应该如何去保护。

3. 论文创新点

3.1 选题新颖

我小组的课题名称是文化创意产业中的著作权问题研究，内容与文化作品的著作权保护相关。近几年，随着我国经济全球化的进程深入，面对我国文化产业的快速发展和人们的法律意识逐渐增强以及版权侵权现象的层出不穷的情况，版权保护已经成为当下社会尤其是年轻人的热议话题，有关论文也如雨后春笋般迅速增多，而大多数人的关注点多在于宏观层面，如著作权集体管理制度（知网上相关论文有 1286 篇）、法定许可制度（相关论文 2832 篇）、互联网条件下的著作权保护等，对于具体问题的研究则较少。在此情况下，我们选择了较为热门而又少有人研究的话题，如李东霓和廖翔坤，都选择了同人作品这一较少数人知道的概念（相关论文 162 篇），前者主要就侵权方面进行探讨，后者则落脚于同人小说的著作权性质；储京京研究的是能带来巨大经济效益的体育赛事直播节目的著作权保护（相关论文 341 篇）；李杰昕选择的是孤儿作品，这一在现实中大量存在却得不到很好保护的作品；张晓燕同学研究的是民间文学艺术作品这一民族瑰宝。由此可见，本组的选题相较于主流研究方向是比较新颖的。

3.2 理论创新

理论创新是指人们在社会实践活动中，对出现的新情况、新问题，作新的理性分析和理性解答，对认识对象或实践对象的本质、规律和发展变化的趋势作新的揭示和预见，对人类历史经验和现实经验作新的理性升华。简单地说，就是对原有理论体系或框架的新突破，对原有理论和方法的新修正、新发展，以及对理论禁区和未知领域的新探索。理论创新是科技创新和体制创新的先导，具有重要意义，只有坚持在继承中求创新，在比较中求创新，在综合中求创新，在实践中求创新，才能使理论创新既有坚实的基础，又能与时俱进。

论文是指进行各个学术领域的研究和描述学术研究成果的文章，它既是探讨问题进行学术研究的一种手段，又是描述学术研究成果，进行学术交流的一种工具。可以说，论文的精髓就在于理论创新，我们正是秉承着这样的理念进行的创作，在借鉴相关优秀成果的同时尤其注重创新观点。以同人作品为例，当前多数人研究重点在于同人作品在什么情况下构成对原著的侵权以及对同人作品的保护，而廖翔坤同学的研究重点则在于探讨同人小说是否属于演绎作品以及与原作的著作权冲突和解决方式；又如孤儿作品，目前，人们的关注点在于其数字化和国外相关制度研究，而李杰昕则是通过借鉴外国制度，为我国该类作品的法律保护提出了切实的建议；再如，体育赛事直播节目，大多数人都将其认定为作品，主张通过著作权保护，但储京京同学则认为其不属于作品，而是录像作品，主张通过邻接权保护。

综上，本组成员不论是在主题还是在内容上，都做到了热点与创新的结合。

4. 研究结果

在本次课题研究中，我组成员主要对同人作品、体育赛事、孤儿作品、体育赛事 4 个方面如何保护进行探讨，分别在《法制博览》等法学专业杂志上发表，并被收录在知网——针对同人作品，我组成员分别以不同的角度研究，并分别在两个杂志发表了论文：其一，《法制与社会》发表了题为《关于同人作品侵权问题的思考》，通过对作品元素再利用问题的研究，进一步明确衍生品的版权问题，为当前争议颇大的同人作品的版权争议问题提供了可参考的解决方法；其二，在《中国市场》发表了《论同人小说的著作权性质》，通过对同人作品的著作权性质分析，论证给予其著作权的合理性，促进我国著作权相关问题的完善，为同人作品提供更好的保护。除此之外，还在《法制博览》发表了题为《孤儿作品的版权保护》一文，针对当前很多没有明确归属的作品如何进行保护及利用的问题，对比了国内国外的保护模式，为寻求一种最贴切、最适于我国的保护方法献言献策，从而为版权者和社会大众的利益寻求到了很好的平衡点，即能够使版权者的人身权财产权得到保护，又能够方便作品传播，促进作品的传播与创新；在《法制与社会》发表了题为《体育赛事直播节目的著作权保护》的文章，针对当前体育赛事不受著作权保护的情况，但是体育赛事的制作又往往需要大量的成本且不同频道选取的角度、解说的方式等方面不同显示出的独创性，以及大量体育赛事直播节目被肆意转播等事实，对体育赛事的独创性进行了剖析，明确了其法律地位，为保障体育赛事录制者的利益提供了方略，从而促使我国著作权法更好地为体育赛事保护提供保护途径；在《法制与社会》发表《论民间文学艺术作品的著作权保护》一文，针对当前很多民间文学艺术品，尤其是发展中国家的民间文学艺术品被发达国家利用，并在此途中歪曲篡改，并向渊源地传输，导致很多发展中国家不仅不能使用本国文学作品，而且还面临着被歪曲的风险的情况通过对民间文学艺术品的性质范围及相关问题研究，对此类作品的法律性质、地位及保护方法进行深入研究，从而为此类作品的保护提供解决方法。

培训与提升大学生人文素养的策略研究

北方工业大学：李乐然　张　瑜　张　莹　安秋洁

指导教师：冯　雷　讲师

摘　要：通过参与比赛获得奖项，提升对传统文化的认同感与归属感。通过分析社会现状与查阅相关资料，对提升人文素养提出合理建议。以论文形式总结自己的研究成果。

关键词：选题背景；方案论证；研究内容；研究结果

1. 选题背景

首先，我们课题小组经过一系列的商榷与讨论，最终一致得出了本次研究课题名称与方向——培训与提升大学生人文素养的策略研究。本课题研究的目的旨在加强当代大学生的人文素质培养与对中国传统文化的了解与学习，深化当代大学生对中国文化的理解，提高自身的文化自觉，增强对自身文化自信的信心，提升对中华文化的认同感与归属感，同时，为中华民族的伟大复兴和中国梦的实现做出自身的不懈努力与奉献。

2. 方案论证

关于人文知识竞赛，这个令人熟悉而有陌生的名字，一定会引起大家不少的疑问，那么我们小组各位成员在组长同学的倡导与提议下，大家一起前往了国家图书馆，参考借阅了许多关于“培训与提升大学生人文素养的策略研究”以及其相对应的最为是常见的组织形式之一的人文知识竞赛这一方面的相关书籍以及视频资料等等，并且大家约定了时间地点一起深入去进行探讨研究，还进行了热烈的讨论和发言，并且得出了一定的结论成果还有较为深刻的结论讨论反思，最终我们各位小组成员一定程度上对“关于培训与提升大学生人文素养的策略研究”这一课题研究达成了共识。

3. 研究内容

学科竞赛是考查学生掌握学科基本理论知识和应用知识解决实际问题能力的比赛，本文研究对象主要是针对高校大学生的学科竞赛，因此业界将定义进一步具体化为：在某一学科内，一定数量的大学生根据规则所进行的竞争性活动，这一活动是暂时性、周期性的。学科竞赛旨在增强学生的学习动力，培养学生的学习兴趣，是高校适应时代要求的综合型人才培养模式的必要手段和重要内容。本文探讨的大学生综合能力主要包括人文素养、创新精神、实践能力、团队意识等多个方面，提高大学生的综合能力是实施素质教育和推动德智体全面发展的重要内容。教育部明确要求在实施高等院校本科教学过程中，必须将学科竞赛纳入实践教学中，做好学科竞赛工作，培养当代大学生的创新精神、实践能力和团队意识，为学生的全面发展特别是创新性人才的选拔创造一个合适的平台，推进高校人才培养和实践教学的改革。因此，学科竞赛对于促进学生综合能力提高的作用日益突出。

传承，追求的是继承过去存在的东西，让过去存在的东西能够拥有现在。一言以贯之，则要把现在存在的东西与过去联系起来，明确建立一条从过去发展到现在的脉络，让现在存在的东西能够拥有过去。而没有什么是应当永恒存在的。过去曾存在的东西，最终都要消失于未来。唯一永恒的东西，是那条从过去的过去向现在与未来一路发展过来的脉络。这条脉络才是唯一真正和永恒的传统。所以，所谓弘扬传统，应当抓住这条脉络去把过去的一切和现在的一切都贯穿起来，而不是从过去的历史里切割出几个碎片和符号，就好像只有保持这几个符号原封不动，才算是保住了传统。符号化的“传统”起作用的方式，往往通过宣称各种东西不是“传统”——现代工业不是传统；白话文简体字不是传统；微信红包不是传统。

这种所谓的“传统”构建自身的方式，是把各种各样现实存在的东西从现实里切割出去，只有被选择出的那几个符号才是“传统”，把剩下的现实存在的东西异化，异化成他者，然后通过对这些他者的否定，来构建起“传统”的权威。建构汉服的权威总要依靠对马褂的否定，建构方言党的权威总要依靠对普通话的否定，建构繁体字的权威总要依靠对简体字的否定。反过来也一样。这其实就是符号化的弊端。话语符号的权威，总是要通过让我们的世界变小让我们的现实变窄来构建起来。公知精英们为什么让人厌恶？就是因为他们从西方话语体系里拿来几个民主自由之类的符号，把这几个符号狠狠砸进中国的话语与现实之中，这几个符号靠着逻辑自洽性互相支撑而绝不与它们体系之外的话语和现实互动，只是带着雷霆万钧的道德优越感从一切与它们抵触的话语和现实上碾过去。而接受了这个话语符号体系的人，他们的现实就会变得很窄。与他们交流就会发现，他们的讨论往往就是无限重复那几个符号，纯粹的自说自话。

而符号是“民主自由”或者“中华传统”，其实构建话语体系的模式并没有本质的区别。

应该做的，就是反对这种符号的权威，反对这种通过否定现实的某个部分、通过否定他者来构建的话语权威。不应当用某几个“民主自由”“中华传统”之类的符号，去否定和异化我们的现实的任何部分。话语体系应该是能容纳整个现实的，从过去到现在，最终建构起一个从过去的一切到现在的一切的脉络。这样一个脉络，才是真正的传统，而不是一个关于传统的符号。它让我们能接纳完整的现实与历史，而不是依赖一个窄化版本的现实、只相信自己要相信的东西，来构建起一个偏狭而不完整的自我话语体系。这也就是一以贯之了。

一个国家、一个民族的强盛，总是以文化兴盛为支撑的。没有文明的继承和发展，没有文化的弘扬和繁荣，就没有中国梦的实现。中华民族创造了源远流长的中华文化，也一定能够创造出中华文化新的辉煌。要坚持走中国特色社会主义文化发展道路，弘扬社会主义先进文化，推动社会主义文化大发展大繁荣，不断丰富人民精神世界，增强人民精神力量，努力建设社会主义文化强国。民族文化基因是中国梦的魂与根，纵览世界史，一个民族的崛起或复兴，常常以民族文化的复兴和民族精神的崛起为先导。一个民族的衰落或覆灭，往往以民族文化的颓废和民族精神的萎靡为先兆。文化是精神的载体，精神是民族的灵魂。

中华民族的文化传统，因应着促进新的文明复兴的时代要求。我们是“各民族中具有最充分准备的”民族，我们有“两千年来培育了独特思维方法”，很多就记载在我们的古代经典中，传承在我们的集体记忆里。中华文化中的精华，积淀着中华民族最深沉的精神追求，包含着中华民族最根本的精神基因，代表着中华民族独特的精神标识，是中华民族生生不息、发展壮大的精神滋养。今天看来，将其在中华民族推进现代化、实现伟大复兴的进程中加以创造性转化和创新性发展，必然为人类恰逢其时的新的文明复兴，提供宝贵的精神资源。周虽旧邦，其命惟新。中华民族实现民族复兴的伟大进程，肩负着推进一场新的文明复兴的时代使命。迎接这场并不逊色于文艺复兴的新时代的文明复兴，中国应该有所作为。

对此，一个世纪前，许多敏感的中国知识分子就觉察到了。胡适早年曾说："缓慢地、平静地、然而明白无误地，中国的文艺复兴正在变成一种现实。这一复兴的结晶看起来似乎使人觉得带着西方色彩。但剥开它的表层，你就可以看出，构成这个结晶的材料，在本质上正是那个饱经风雨侵蚀而可以看得更为明白透彻的中国根底——正是那个因为接触新世界的科学、民主、文明而复活起来的人文主义与理智主义的中国。"可见，"把这些经典嵌在学生的脑子里，成为中华民族的文化基因"有多重要，实乃古为今用，志在"其命惟新"。这些道理，深谋远虑，字字千钧。

中华文化是中华民族永远不能离别的精神家园。正在接受现代市场经济考验和洗礼的中华民族，不会离别自己的精神家园。通过对传统文化的去粗取精、去伪存真，创造性转化和创新性发展，通过激活我们的文化基因，格物致知、知行合一，经世致用、古为今用，可以增强我们民族内心的动力、强身壮体的抗体和慎终追远的定力。

今日中国社会依然是一个努力追求讲仁爱、重民本、守诚信、崇正义、尚和合、求大同的社会。但我们一定要看到今日中国社会的"仁爱"与当年尚处封建社会形态下的"仁爱"有本质的不同；今日中国社会的"民本"同样是社会主义社会形态下的"民本"而不是封建皇帝头脑中的"民本"；今日中国社会的"大同"追求是立足于"每个人的自由发展是一切人自由发展的前提"这一共产主义的远大愿景，而不是小国寡民，老死不相往来的互不干涉。所以，在不割断血脉、不丢失基因的同时，我们一定要坚持古为今用、推陈出新，有鉴别地加以对待，有扬弃地予以继承；一定要加强对中华优秀传统文化的挖掘和阐发，努力实现中华传统美德的创造性转化、创新性发展。

没有创造性转化，传统就是传统，永远不会变成现实；没有创新性发展，历史就是历史，永远不会走向未来。今日中国社会的文化、价值、道德需要在"再中国化"的过程中，从"中国传统文化"走向"中华文化"。中国传统文化是过去完成时，尽管我们可以不断对之做出新的理解与阐释，但其内涵毕竟是既定的；而中华文化则是涵盖过去现在未来的一个动态概念，不仅包括过去5000年文化的灿烂，也意指今日中国文化的繁荣，更要求未来中国文化的辉煌与复兴。对于今日中国社会固然要讲把中国传统文化中的精华内容传承下来，更要大讲特讲中华文化的"现在进行时"，让中华文化作为一个整体赶上时代引领未来，因为"中华民族伟大复兴需要以中华文化发展繁荣为条件”。

站在今天的时代节点和当下的实践要求来看，对于博大精深的中华文化无疑应该做一些深入的挖掘和阐发工作，以从中汲取筑梦圆梦的精神滋养。“深入挖掘和阐发中华优秀传统文化讲仁爱、重民本、守诚信、崇正义、尚和合、求大同的时代价值，使中华优秀传统文化成为涵养社会主义核心价值观的重要源泉。”习近平总书记的这一论述，为此指明了方向。

4. 研究结果

大体而论，中华优秀传统文化中的诸多因素值得大力张扬。诸如“天人合一”“内圣外王”的精神境界，“自强不息、厚德载物”的人生态度，“己所不欲，勿施于人”的道德原则，“天下兴亡，匹夫有责”的爱国情怀，“和而不同”“和实生物”的价值追求，“天下为公”“大同之世”的社会理想等等，凝聚了千百年来中华民族的生活经验、生存智慧，融入了中华民族的血脉之中，包含着中华民族最强大的精神基因。在今天，构建中华民族的精神家园，只有以此为根基，才能在世界文化激荡中站稳脚跟。正所谓“不忘本来才能开辟未来，善于继承才能更好创新。”实现中华民族的伟大复兴，离不开中华优秀传统文化的精神滋养、力量支撑。

最终，我们以比赛取得的名次和以论文形式总结的收获圆满结束了本次课题的研究。

参考文献

[1] 吴熊和 . 唐宋词通论 . 上海 . 上海古籍出版社，2010.
[2] 龙榆生 . 编唐宋词格律 [M]. 上海 . 上海古籍出版社，1978.
[3] 唐圭璋 . 唐宋词简释 [M]. 北京 . 人民文学出版社，2010.
[4] 叶嘉莹 . 唐宋词十七讲 [M]. 北京 . 北京大学出版社，2007.

中国民间故事的社会心理及现实意义探究

北方工业大学：杨可儿　马淼菪　张　淏　葛翎钰

指导教师：牟凌娟　讲师

摘　要：民间故事作为中国传统文化中的重要组成部分，一直以来都受到人们的关注和研究。本文将以四大民间故事为切入点，深入探讨民间故事所反映出的社会历史心理和价值取向问题，以明晰民间故事的现实意义和价值。

关键词：民间故事；中国传统文化；社会心理；现代价值

1. 选题背景

民间故事内容丰富多彩，为广大人民所乐于创作传颂，作为中国传统文化中的重要组成部分，一直以来都受到人们的关注和研究，甚至已经编成了教材用以教学，如黄涛的《中国民间文学概论》等。民间故事蕴含着中国人民的智慧和想象，本文将深入探讨民间故事所反映出的社会历史心理和价值取向问题，以明晰民间故事的现实意义和价值。

2. 研究方法

本文将通过文献调查法、历史研究法、概念分析法、比较研究法等，从多层次、多角度分析民间故事的相关问题，了解民间故事的相关历史、产生原因以及异同点等，同时通过中外对比，能够发现中国传统文化影响下民间故事的独特魅力和内涵。

3. 创新点

由于民间故事所含内容甚广，因此本文将取其中最为突出的四大民间故事为切入点进行论述研究，不仅仅探讨民间故事所体现出的中国传统文化，同时也将寻找民间故事的现代价值意义。

4. 民间故事的定义与历史渊源

民间故事的概念有广义狭义之分。广义的故事，是民众口头创作和传播的带有虚构内容的散文叙事作品的总称，包括神话、传说、童话、生活故事、寓言、笑话等。民间故事是狭义的故事，指民众口头创作的内容具有泛指性、虚构性和生活化特征的散文叙事作品，是在神话、传说以外的一种民间叙事文体。由于是民众口头创作，其历史已不可考，但大致能够推测在有历史记载的民间传说著述《山海经》前便应该已经有民间故事存在，且在随后的历史发展中，民间故事逐步从传说、神话中脱离开来，更加贴近于现实生活，更符合现实中人们的生活环境和价值取向。

5. 中国四大民间故事特点

中国四大民间故事为《梁祝》《孟姜女》《白蛇传》《牛郎织女》，其中心思想均与爱情有关，表现了中国古代人民对爱情自由美好的向往，体现出一定的反抗斗争精神与追求幸福的努力。四大民间故事之所以被人们传颂，其主要原因还在于它所反映出的大众心理和价值追求，对民间故事具有概括性的特点总结。

首先，是对爱情自由的追求和斗争精神的赞扬。四大民间故事的结局：梁山伯与祝英台最终化蝶终成眷属；孟姜女哭倒长城与爱人同去；白素贞与许仙幸福美满；牛郎织女于鹊桥上一年一会。如果仅论爱情的忠贞与执着而言，这四个故事都是美好结局，被包办婚姻所束缚的人们对爱情自由抱有美好的期望和幻想，这使得人们借助小说主人公的经历满足自身的愿望需求。同时，梁、祝同包办婚姻斗争，孟姜女同封建压迫斗争，白素贞许仙同阶级敌人斗争，牛郎织女同家庭阻挠斗争，均是为了追求爱情自由与自身幸福而做出反抗，在反抗的过程中获得圆满结局。对于敢于斗争敢于反抗的精神，人们持赞扬称颂的态度；现实生活中无法反抗或反抗失败的颓然借助故事中反抗成功的主人公的积极力量得以抵消，并获得反抗的勇气。

其次，是对日常生活的描绘和对封建势力的批判。这四个民间故事中都有幻想、虚构的成分，但其主要内容则均由日常生活和史实构成，如实反映了人们的生活与劳作。如梁、祝的学堂生活，孟姜女丈夫被抓劳役，白娘子开设“保和堂”救治病人以及牛郎织女的日常劳作生活等，均展现了劳动人民的勤劳质朴、善良乐观的心态和为幸福生活的积极奋斗。同时，这4个故事又展现出一定的对封建恶势力的批判与鞭挞，恶势力最终会输给正义善良的一方，以达到故事的圆满结局。

最后，是民间故事的主题模式化和人物类型化。主题模式化是指故事的主题往往具有模式化的特征。4个故事都具有相同的主题，即为了爱情与恶势力作斗争，从方方面面体现农家日常生活。人物类型化则是指人物设定具有高度的相似性，如女子往往聪慧美丽，温柔善良，敢爱敢恨；而男子往往英俊高大，勤劳肯干，诚实守信，等等。这些人物设定基于人们对心目中美好形象的幻想，反映了一定的个人价值取向和价值追求，对于宣扬中华优秀传统文化和精神具有积极意义。

6. 民间故事的类型与中国传统文化

民间故事的类型大体上可以分为神话传说、传奇故事、生活故事、才子佳人、公案故事、民间笑话和民间寓言等，而它们的产生与中国传统文化和中国历史密不可分。

神话传说起源于上古时代，由于人类生产力水平和知识能力水平低下，长期处于自然的支配之中，因此多对自然产生信仰崇拜，如太阳、月亮、风、雨，等等。这些神灵与人类劳作和生存息息相关，正如农耕民族崇尚太阳，而狩猎民族则更敬仰月亮一样。代表自然的神灵具有多种多样的特点与特征，多为半人半兽的奇异相貌，不为外人所熟知。但同时，人们在构思这些代表自然的奇珍异兽时，也表达了人们对自然的斗争精神，如《后羿射日》《精卫填海》等，均是想象对自然的反抗与征服。

中国的神话传说具有自己独特的价值取向。对比中国神话与希腊神话，最大的不同在于中国神话中的神明是英雄人物，他们的神明化更多的是人格的伟大与升华，帮助带领人们度过灾难，迎来希望，如“女娲补天”“大禹治水”，等等。

而希腊神话中的神则是居住在神山之上远离人间的类人化神，他们拥有无上的权威和神力，能够肆意对人类进行玩弄和奖惩，是与人类划清界限的权力的象征。两相对比可知，中国的神话传说其实更偏向于英雄人物的神化与赞颂，而非身具人类之上的想象中的人类统治者。

传奇故事指情节离奇或人物行为超越寻常的故事，内容大多为百姓所关注的侠客侠女行侠仗义、清官贪官的角逐较量、痴情男女的爱恨纠葛、命运突变的离奇惊异，或是皇帝妃子的宫闱秘史等，例如：晋代干宝《搜神记》中的《毛衣女》；陶潜《搜神后记》中的《白水素女》等。它常常将现实生活中不可能发生的事情，用创造性的情节设定作为能实现的事情表现出来。在这一大类型的故事下，又细分了 3 个小类别，分别是魔法故事、宝物故事和动物故事。魔法故事的内容一般为贫困善良的主人公在某种神奇力量的帮助下得到了救助，而心怀不轨之人则受到惩罚，如田螺姑娘等；宝物故事则是主人公拥有一件能够改变命运的宝物，用它惩恶扬善，像《聚宝盆》《神笔马良》等都是宝物故事；主人公在情节的设定下借助法术和宝物，或是实现主人公的愿望，或是对恶人实现他应有的惩罚。这类故事中的宝物一般都是生活中普遍存在的事物，它们被人类赋予了神奇性能，经过幻想以物质形态表现出来，表达了人类对于自己所拥有的知识和技能的理想化；动物故事则是将动物运用拟人化手法，以动物为主人公，展开故事情节，间接表现人类的社会生活和情感，如大家熟知的《猴子捞月》就是这一类故事。同时，传奇作为小说体裁之一，一般指唐宋人用文言写作的短篇小说，其中最具代表性的要数《唐代传奇》。无论是有文字记载，还是人们口口相传的民间传奇故事，经过后世作家的不断整合改编后，不仅仅丰富了民间故事的内容类型，也为后人创作《牡丹亭》《聊斋志异》等文学作品提供了丰富的素材来源，促进了中国古代文学的蓬勃发展。这些题材的民间故事由于备受百姓关注却又难以接触到，由此在向往中产生了各种幻想，使人们热衷于传奇故事的编造与传颂，反映了人们对跳脱现实生活的一种假想和愿望。

生活故事所描绘的大多是寻常百姓的日常生活片段，其主人公面容较为模糊，姓名朝代也往往不会统一，主要内容多为民间智慧故事、笑话、寓言等，反映的内容更加平实质朴，贴近人民生活。它一般是取材于现实生活，对民间观念与意识及社会底层生活进行一种形象化的叙述，同时带有一定的想象和虚构，这些故事运用幽默风趣语言来展现劳动人民的智慧。目的通常是为了歌颂那些刚正不阿、勤劳善良、机智果敢的人，批判那些自私自利、好吃懒做、贪心愚蠢懒的人，同时也会嘲讽压迫者和剥削者。而一些在民间广泛流传的机智人物故事，也充分地表现了人民的机智和乐观主义精神。在这一大类型也细分了 3 小类，分别是奇巧婚姻故事、愚人故事和机智人物故事。奇巧婚姻故事大多情节曲折，具有明显的道德训诫意味，例如《姐妹易嫁》这个故事就是奇巧婚姻故事的代表；我们将愚人故事也分为了3类：第1类是嘲笑真正愚人的；第2类是讲述了呆女婿的故事，而第3类则是赞美了大智若愚的“呆女婿”。这些故事反映了中国封建社会底层人民对门第观念和旧礼教的蔑视，以及他们的是非观；机智人物故事则是向我们展示了民间智慧，像众所周知的阿凡提，他那背朝前脸朝后地骑着一头小毛驴的形象，早已深入人心。

才子佳人类指内容多为郎才女貌般配成对的爱情故事。由于中国古代绝大部分普通百姓“目不识丁”，他们对才子佳人便抱有一种憧憬，特别是处于社会底层的文人更是幻想此类故事，而才子佳人模式的形成也不乏源于人们对司马相如和卓文君、王献之与桃叶等历史上名人故事的追求、向往。

公案故事的内容多为清官为百姓说话和公正断案惩治坏人，等等。由于封建社会的压迫与黑暗，人们迫切地想要有敢于为民申冤、为民做主、为民说话的正义形象出现，其中最广为人知的就是“包拯”“包青天”的相关故事。中国民间关于包拯的故事颇为丰富，最早宋人创作的《包待制智赚合同文字》和《三现身包龙图断冤》等包拯断案故事，以及在篇末出现包拯名字的《宋四公大闹禁魂张》等，都在不同程度上反映了人们对“包拯”这一形象的尊敬与崇拜心理。

民间笑话是将嘲讽与训诫蕴涵于谈笑娱乐之中的短小故事。其中一部分将讽刺锋芒直接指向昏庸贪婪的统治者或是剥削阶级的坏人坏事。如《属牛》讽刺贪官污吏的贪得无厌；再如《一钱莫救，五分便救》《不许小便》等都是讽刺那些有权有钱之人丑态的作品。但有大量民间笑话是讽刺人民内部生活和性格中的某些缺点的。如讽刺迷信“黄历”的《不能动土》；再如讽刺说大话吹牛的《只有一张嘴》；讽刺懒妇的《套头饼》；讽刺思想片面的《长竿进城》《矛盾》，等等，这些都是对人民自身缺点的讽刺。当然也有一些笑话，只有幽默却没有思想意义。像阿凡提故事中的一则，有人问阿凡提：“我吞下了一只活老鼠，该如何呢？”阿凡提想了想说：“那好办，你再吞一只活猫下去抓呗！”这类笑话展现了劳动人民的幽默和机智。

民间寓言是广大人民创作的，有明显教育意义的口头散文故事，它是人民智慧、经验的结晶。民间寓言最早大概是由动物故事发展而来的，先秦的著作中，记录或引用了不少以人和动物等为主人公的寓言故事。如《揠苗助长》《守株待兔》《刻舟求剑》《鹬蚌相争》等。民间寓言大多通过生活片段表现主题，故事情节和寓意浑然一体，风格含蓄、幽默，发人深省。

中华传统文化是由中华文明演化而汇集成的一种民族文化，它反映了我国的民族特质和风貌，展现了我国历史上的思想文化和观念形态。简单说，它是中华民族所创造并且世世代代所继承发展的文化，它的特点是具有鲜明的民族特征，历史悠久且博大精深。也可以说，它是通过形态各异的文化来展示的各种民族文明、风俗、精神的总称。也正是由于中国传统文化具有如此特点和内涵，因此才塑造出了如此多种多样的民间故事。

7. 民间故事的社会意义

中国传统文化用现代语言来讲，主要是讲仁爱、重民本、守诚信、崇正义、求大同和自强不息、扶危济困、见义勇为、孝老爱亲，以及社会和谐的思想文化内容；中国民间故事则是采用故事的传说，在寓教于乐中表达人们疾恶如仇、扶危济困、奖勤罚懒、崇尚亲善、讲究诚信以及嘲讽时弊的朴素思想情感等。流传至今的民间故事之所以能够连续不断，自然有其独特的社会意义和社会价值，民间故事所表现出的社会心理和历史史实不仅在一定程度上成为研究古人价值观和价值取向的重要资料，更是对中国传统文化所传承下来的刚健有为、自强不息精神的如实反映，具有一定的学术性价值。

除去民间故事的娱乐性和精神慰藉性外，民间故事甚至也存在经济效益。一些民间故事中富有传奇色彩的故事与名胜古迹、山川大泽相融合，便成了名胜文化风景区，以此为宣传点吸引大批游客纷至沓来，为拉动经济效益带来了巨大的促进作用，如狐仙洞、雷峰塔等。

民间故事的教育作用也不容忽视。古人将千百年来的中国文化与深刻哲理赋予在故事当中，可以通过故事形式教育和思想教化人，特别是在儿童教育方面，故事产生的效果和作用比起单纯的说理论述更强、更深刻。

同时，丰富多彩的民间故事为后世文学创作提供了大量素材文本和创作思路，对文学的多方面和多样化发展具有积极意义和推动作用。

总而言之，民间故事作为中国文学的一项重要组成部分，不仅影响着中国文学的创作与研究，更是中国古代社会心理和历史探究等问题的重要参考资料，在千百年的文化中传承下来，影响着一代又一代国人，构成了我们精神的一部分。中国民间故事是中国传统文化的载体和表现形式，民间故事根植并传承、发扬了传统文化；传统文化是对民间故事中人们思想文化的提炼和升华，对现代人们的思想、行为以及信仰的导航引领。

参考文献

[1] 黄涛 . 中国民间文学概论 [M].3 版 . 北京：中国人民大学出版社，2016.

[2] 佚名 . 山海经 [M]. 中华书局，2011.

[3] 林继富 . 民间叙事传统与故事传承——以湖北长阳都镇湾土家族故事传承人为例 [M]. 北京：中国社会科学出版社，2007.

[4] 顾希佳 . 中国古代民间故事长编（六卷本）[M]. 杭州：浙江大学出版社，2012.

[5] 祁连休 . 中国古代民间故事类型研究（三卷本）[M]. 石家庄：河北教育出版社，2007.

日本年轻人的流行文化研究

北方工业大学：孔德夫　张子正　方　寸　蒋　莉　何雨蒙

指导教师：赵玉婷　讲师

摘　要：本课题以日本流行文化现象为研究对象，分别从日本流行服饰、日本流行小说、日本动画、日本流行语 4 个方面展开研究。项目组内 5 名同学各自从日本不同角度的社会文化现象出发，通过查阅相关资料，探究归纳社会文化现象背后蕴含着的日本文化特点。

关键词：日本；流行文化现象；特征

1. 选题背景

1.1　基于信息化时代来临后日本流行文化对他国造成的影响

在信息化时代来临后，国家的独特文化开始向全球辐射，形成一股独特的吸引力。甚至如今在中国，部分年轻人以日本文化为时尚中心，日常生活中读日本文学小说，或是看日本流行的动画，并以日剧中角色的穿着为挑选自己服饰的基准。我们项目组同学各自选择流行文化领域的几个重要分支，来探索其发展轨迹。帮助人们更理性地理解当下流行趋势。

1.2　依靠零基础日语系学生独特的视角

选择学习日语的同学多少是受到了日本流行文化的影响，不可否认通过学习语言媒介，影响会逐渐扩大。项目组的同学大学前没有系统地学习过日语，均为从零基础开始学习。这就形成了以一般教育下形成的中国视角观察日本文化的情形，零基础开展日语学习的学生们在学习日语、深入接触日本文化前已经具备独立思考的能力。通过语言的学习，视角更加冷静，也更加具有专业性。这样的视角观察日本流行文化，往往会得出不一样的思考、结论。

1.3 客观沟通的需要

在学习日语后，由于生长文化环境的不同，许多同学学成的结果往往是能够听懂，可以说日语，但是思维方式仍旧没有改变，在与日本本土长大的人沟通时往往会遇到意想不到的麻烦。语言是媒介，媒介后面的是日本沉淀的文化，而日本流行文化就是日本文化的最新表达形式。通过了解、分析、理解日本年轻人的流行文化，我们可以更好地与他们进行沟通，减少误会，减少年轻人之间对某事物因思维方式不同造成的隔阂。

2. 方案论证

在对“日本年轻人的流行文化研究”这一课题进行研究的时候，组内成员遵循以下原则。

2.1 科学性原则

在研究时，小组成员注重科学性原则，即有理论依据和事实依据。研究方法较为谨慎，做到保证推测和猜测有依据可寻，引用部分注明出处。

2.2 价值性原则

保证研究内容并非空中楼阁，保证研究内容具有现实意义，并确保研究内容原本就有人关注——以此确保我们小组的研究有意义、有价值。

2.3 创新性原则

在借助已有资料的基础上，小组各成员确保自己提出新的，只属于自己的看法和思考，并不因循守旧，大胆地表达自己的认识。以确保研究并非资料的堆砌，具有一定的价值。

3. 研究主要内容

本课题以日本流行文化现象为研究对象，分别从日本流行服饰、日本流行小说、日本动画、日本流行语4个方面展开研究。研究结果为论文。

日本流行动画方面，着重分析了动画的发展轨迹。从“アニメーション”这个词语的源头开始讲起，分析了如今“アニメ”词语所代表的背后含义以及几种由来说法。接着，从大正时期的首次引进动画开始，介绍并分析了动画在日本本土化的过程，纠正动画发源自日本的说法。在介绍发展轨迹途中，着重分析了《EVA》成为动画里程碑的原因，并分析由《EVA》产生的商业模式和动画制作模式。在最后，说明由动画产生的周边效应，如COSPLAY，圣地巡礼等日本年轻人中流行的行为，已经形成特殊的文化体系，成为流行文化中不可分割的一部分。

在日本流行服饰方面，负责相关内容的小组成员从日本街头服饰的变迁作为切入点，围绕着“日本的服饰文化随着日本的发展进程不断演变”这一主题展开叙述。简略的叙述日本服饰是坚持以民族文化为原点，东西融合的成果之后，进入正题，围绕时代的变迁介绍日本各个时代流行的服装风格。在时代方面，重点分析经济、文化对服饰变革的影响，并将泡沫经济时期服装的变革单独列出，通过服装分析年轻人的思维，论证服装是人类对物质和精神追求的双重产物这一分论点。最后总结时代和服装的相互作用力，证明服饰和时代的发展密切相关。

日本流行小说方面，论文笔者从《挪威的森林》出发，分析村上春树小说笔下人物与作者之间的关系，通过对《天黑之后》《没有色彩的多崎作和他的巡礼之年》的简短分析，指出村上春树对小说笔下角色具有工具性这一特点，作者对角色具有绝对支配权，这就造成小说部分情节远离现实，并分析部分读者认为情节生硬的原因。最后下判断：这只是村上春树独特的写作手法，与其他手法并无高下之分。

在日本年轻人的流行语方面，由于怕招来误解，小组成员首先阐明流行语的使用群体、影响范围、形成原因等，借此说明流行语方面的研究具有意义。随后根据日语词典对流行语的定义进行阐释，并提出自己的见解：“在特定时期内流行语会被广泛接受，然而特定时期一过，人们就会慢慢淡忘。”在下一章节中，笔者根据流行语的特点，分别从方言化、简洁化、联想化、片假名化来说明其语义场的范围及效果。随后介绍了2016年的流行语，紧接着分析流行语产生的条件，并再次强调其生命周期和接受群体。最后分析日本流行语对中国文化的冲击，指出“不了解中国传统的四字成语，却对日本传来的流行语十分熟悉”这一现象。

4. 研究过程管理

项目组成员在项目进行过程中，主要采取了以下两种办法进行管理：线下见面交流与利用线上微信群；电话进行联系和沟通。

（1）小组成员之间建立微信群，组长收集问题，之后通过微信联系教师，征求指导教师意见和评判。

（2）小组成员通过电话与指导教师直接联络，以免微信群消息滞后。通过电话联络也更加快捷，可以避免意思传达不到位等情况。

5. 研究方法

项目组内成员运用多种方法分析日本年轻人之间的流行文化。

5.1 查阅资料法

项目组内各个成员利用互联网资料库、日本雅虎等网站收集最新资料，保证研究数据没有过时，并阅读收集国内外学者相关方面最新的理论。同时，运用研究经费，购买相关书籍、小说等进行阅读分析，并一起去国家图书馆查阅、借阅相关书籍，来保证自己的论点有学术支撑。

5.2 分类研究法

小组各成员在论证分析中运用了分类论证的方法，如日本流行服饰这一方面，何雨蒙同学通过小标题将日本各个时期分开，分析各个时期的时代背景，阐述当时的服装特色。方寸同学将日本动画流行的原因分为几个方面，分别从词源、发展轨迹、影响等方面论证。分类研究法的运用使文章逻辑更加清晰，更加有说服力，阅读也更加容易。

5.3 实例研究法

在分析日本流行文化特征过程中，运用实例能增加说服力，也更加直观。服饰方面，何雨蒙同学特意收集了服装实例图片，来印证自己的观点。流行语方面，孔德夫同学则是介绍了2016年日本流行语大赏中的流行语，以证明研究内容的真实性。

5.4 对比研究法

小组成员运用了对比研究法来研究相关内容，以此使研究对象的特点更加突出，更加鲜明。何雨蒙同学横向对比日本各个时期服装的异同之处；张子正同学纵向对比村上春树小说中角色和作者的关系一脉相承。此研究法分别突出强调了各个研究对象间的差异以及同一研究对象在不同历史时期、不同条件背景下的变化，使文章更具有说服力。

5.5 个案研究法

在研究中小组各个成员运用个案研究法，从个案切入，内容逐渐扩大。如方寸同学在介绍日本动画发展轨迹的途中，着重分析《EVA》产生带来的新型商业模式和制作方管理模式，指出《EVA》不管在模式上还是内容上都为动画的里程碑之作；张子正同学则是通过重点分析《挪威的森林》得出村上春树小说中角色具有工具性的特点。

6. 项目成果

项目组成员各自围绕自己的研究方向形成书面性文章作为研究成果，即每人完成一篇科研性文章。文章分别是：孔德夫《日本年轻人的流行语》、方寸《日本动画的发展》、何雨蒙《从日本街头服饰变迁看日本发展》、张子正《日本流行小说中作者与角色的关系浅析》。

论文内容涉及日本服饰文化、日本动画文化、日本服饰文化、日本文学4个方面。两篇论文已经发表，两篇待发表。

7. 项目优点与创新

7.1 角度多样

我们的课题包含了当下日本年轻人日常生活的大部分内容，从一天开始后必须穿戴的服饰，和同伴交流用的日常生活用语，到观看的动画、爱读的小说，可谓是都有涉及。同样身为年轻人，作为异国学习日语的年轻人，我们仔细观察、询问对方的一天日常生活，然后从中选择力所能及的项目进行分析，确保覆盖面广，角度多样。

7.2 研究项目具有普遍性，覆盖面广

通过调查研究和与留学生的接触，我们确保研究内容具有普遍性。我们研究的项目在日本大部分年轻人身上都有或多或少的体现，不爱阅读小说，则有可能爱看动画，就算不在乎服饰、小说、漫画，但嘴中说的语言一定和流行语有关。例外当然存在，但我们研究内容覆盖面广是可以保证的。

7.3 可读性高，有趣味性，有吸引力。

项目组成员们的研究内容都是当下年轻人之间的流行内容，就算不同意我们的观点，但也可以确保可读性与趣味性。动画不必多说，流行语方面研究探讨的是日本年轻人日常生活用语；服饰搭配、服装风格，更是与年轻人密切相关；小说文学的受众没有前几者受众广，但日本文学的受国民热爱的程度之高，一直是各国学者津津乐道的话题，这确保了我们研究的内容并非无人问津的冷僻话题，具有现实意义。

8. 结论

项目组内 5 名同学各自从日本不同角度的社会文化现象出发，通过查阅相关资料，探究归纳社会文化现象背后蕴含着的日本流行文化特点。成员各自负责一个流行文化领域，确保我们的研究具有普遍性；在撰写论文时相互探讨，提出相反的意见，相互促进，确保论文具有严谨性。由于项目组成员对自己所研究领域早有涉及，可以大胆提出自己的看法和意见，在撰写论文的过程中，可以说是对我们自身思维的扩展有了极大的益处。

通过调查、分析、研究、撰写论文的过程，我们更加深入地认识了日本这个国家，语言是其载体，文化是其支柱，而年轻人是文化的继承者、发扬者和创新者。通过对日本年轻人的流行文化分析，我们更冷静、客观地认识了当下日本潮流，也可以帮助别人更深入地认识日本文化。

参考文献

[1] 山村高淑 . アニメ・地域振興 . 东京：东京法令出版社，2014.

[2] 申鑫 . 从日语流行语看现代日本年轻人的现状 [J]. 佳木斯教育学院学报，2013（01）：301–302.

[3] 白岩松 . 岩松看日本 [M]. 北京：华艺出版社，2007.

[4] 毛姆 . 毛姆读书随笔 [C]. 上海：上海三联书店 .1999.

“网上侵权案件法律适用问题研究”课题组研究报告

北方工业大学：杨　雪　曹仲凯　李玉婷　孙　健　布仁别克·布仑巴特

指导教师：相庆梅　副教授

摘　要：网络侵权模式与传统侵权模式有着较大的差异和区别，如侵权纠纷的管辖、案件性质的认定，以及防范和规制的措施等方面。作为一个互联网大国，我国应对网络侵权予以足够的重视，从而以合理有效的方式保护国家和民众的利益。

关键词：网络侵权；个人信息保护；管辖权；构成要件

1. 选题背景

随着互联网的普及，大数据时代已然来临。福兮祸之所伏，网络的普及在便利人们生活的同时也带来了较多的负面影响，网络侵权就是其中一个较大的问题。

近十年来，我国记录在案的查处的网络侵权案件共5000多起，经判决依法关闭网站3000余个，罚款1500万余元，其中450余起件案件被移送追究刑事责任。① 近年来，网络侵权的各类纠纷呈现日益增多的趋势：从消费维权方面来看，该类案件约占消费者维权类纠纷的30%；② 从知识产权方面来看，涉互联网侵权案件占知识产权类纠纷的40%；③ 从个人名誉方面来看，网络侵犯名誉权案件完全超过了传统媒体侵权案件，达到了72%。④

① 数据来源：国家版权局版权管理司副司长段玉萍在第八届中国南京文化创意产业交易会上的讲话。

② 来自360百科：http://baike.so.com/doc/3069602-3235390,html，浏览于2018年1月17日。

③ 数据来源：最高人民法院2015年12月知识产权审判专题调查报告。

④ 数据来源：2015年最高人民法院周强院长在全国人大全体会议上所做的工作报告附件。

网络侵权，作为在网络环境下所发生的侵权行为，本质上与传统侵权行为无异，即行为人实施了某个侵犯他人人身财产权利的行为，并具有过错，依照法律规定应当承担责任。但与传统侵权模式相比，网络侵权在案件管辖、性质认定、纠纷处理、防范规制等层面有着较大差异。因此，不能以看待传统侵权模式的眼光来审视网络侵权。在此情形下，对于网络侵权的研究就显得十分有必要了。

2. 方案论证

在明晰选题背景的前提下，课题组在指导教师的主持下开展了几次研讨会议。主要研讨内容涉及课题的具体研究方向、研究方法和课题的具体分工。

相较于传统侵权，网络侵权虽是在大数据时代的背景下，伴随着互联网的兴起而出现的一种新生事物，但其内涵和外延的复杂程度较之于传统侵权可谓有过之而无不及。可以说，网络侵权是一个非常新颖，但也十分庞杂的研究领域。因此，课题组不可能仅凭一两篇研究成果就能将网络侵权的问题说尽道明。

在此情形下，课题组以分工合作的方式将课题的研究划分为 4 个方向，由课题组的 5 名同学以独著和合著的方式公开发表关于网络侵权的 4 篇论文，其大致可划分为网络侵权的管辖、个人信息的保护、网络侵权构成要件的分析、网络侵权地域管辖的探讨等 4 个方面。

3. 研究方法

在确立研究方案后，课题组便在指导教师的指导下开始具体研究工作，在整个课题的研究过程中，主要采取了以下 4 种研究方法：

3.1 价值衡量

研究网络侵权的前提必须要明晰和区别出什么是侵权，什么不是侵权；哪些属于传统侵权，哪些属于网络侵权。在这一过程中，研究者对侵权行为的价值衡量就显得尤为重要。在课题组成员中，孙健和李玉婷同学所合著的《互联网侵权的构成要件探究》一文就对网络侵权的构成要件展开了探索，这种探索就是在价值衡量的研究方法主导下完成的。对于该文的介绍，本文将在下文展开。

3.2 抽象总结

规则是对现实行为的抽象概括，具有普适性。对于网络侵权管辖权的探索也是一个由具体到抽象的过程。在现实社会中，网络侵权行为千姿百态、层出不穷。因此，对于网络侵权的管辖若不能总结出网络侵权的一般共性，则很难实现现时有效的管辖，退一步来说，即便能够实现管辖，司法机关所付出的成本也是较大的。课题组中，杨雪同学独著的《论网络侵权案件的管辖权》和布仁别克同学独著的《论网络侵权纠纷的地域管辖》就是在抽象总结的研究方法指导下完成了对网络侵权管辖权的抽象概括，从而为判断网络侵权的管辖问题提供了途径。对于上述两篇文章的介绍，本文将在下文展开。

3.3 案例分析

任何理论都是基于实践问题而出现的，任何研究都需结合实践而开展，因为其最终目的在于应用于实践，否则只能沦为纸上谈兵，虽有天马行空，但终究因为缺乏现实的土壤而难以长远。课题组以实践与理论相结合的原则展开了对网络侵权的研究与探索。在研究过程中，课题组成员不仅仰望群星璀璨的理论星空，还时刻关注学术研究所立足的案例世界。因此，研究成果基本上非就学术而论学术，而是引入了较为新颖的案例加以说明，从而使研究成果免陷于单调乏味的学术泥沼之内。

3.4 比较研究

“他山之石，可以攻玉。”学术理论的研究和科学技术的进步不仅需要专注本国国情，还要睁眼看世界以博采众长。我国虽是互联网大国，但互联网的起步晚于西方发达国家，在一定程度上，我国对于网络侵权的防范与规制相较于西方国家则稍显逊色。在此情形下，对于西方国家网络侵权法律规则的借鉴或移植就显得尤为重要了。课题组中，曹仲凯同学的《互联网环境下个人信息“被遗忘权”问题探讨》一文引入了“被遗忘权”概念，这是保护个人信息，规避网络侵权的一种新途径。这种途径已在欧美国家被初步应用，对于我国的引入，该文秉持着一种谨慎的态度。对于该文的介绍，本文将在下文展开。

4. 研究成果

在指导教师的亲历指导和课题组的通力协作下，“网上侵权案件法律适用问题研究”课题组公开发表了4篇学术论文，分别是：《互联网侵权的构成要件探究》《论网络侵权案件的管辖权》《论网络侵权纠纷的地域管辖》《互联网环境下个人信息“被遗忘权”问题探讨》。现分别对4篇论文作出以下简要概述：

4.1 《互联网侵权的构成要件探究》

孙健同学和李玉婷同学合著的发表于《法制博览》上的《互联网侵权的构成要件探究》，以案例为起点展开了对网络侵权构成要件的探究。文章在案例分析的前提下归纳出了网络侵权的特点，即主体不确定、侵权范围广；侵权主体虚拟化；损害结果具有严重性和不确定性；监管界定模糊、管理尚待完善；责任承担主体难以确定等5个方面。在此基础上，文章进一步对网络侵权的构成要件展开了探索，文章认为，网络侵权具备以下4种构成要件：

（1）违法行为。

（2）过错。

（3）损害事实。

（4）因果关系。

4种要件缺一不可。在结语部分，文章指出，对于网络侵权的防范，应从国家和个人两方面入手。一方面，面对网络侵权这种新式侵权行为，国家应立足于基本国情，不断探索并总结经验，顺应时代潮流，推进我国的互联网立法，力争做到维权的有法可依；政府应积极监管网络不法行为，严厉打击违法犯罪，加大教育力度，提高网络参与者的道德素养。另一方面，公民应该提升自我修养，尊重他人的人格权，做到自我合法权利不滥用；做到不利用自己的权利侵害他人合法权益；更应该增强自我防范的意识，尤其是对个人数据信息的保护，维护自己的合法权益。

4.2 《论网络侵权案件的管辖权》

杨雪同学独著的发表于《法制与社会》上的《论网络侵权案件的管辖权》同样以案例为切入口，简述了网络侵权案件的特点，进而引出了论文的核心，即对网络侵权管辖权的探究。该文认为对于网络侵权的管辖存在诸多困境，具而言之，可分为3个方面：

（1）侵权行为人难以确认。

（2）网络运营商的责任分配有待讨论和确定。

（3）对于网络侵权行为的取证较之于传统侵权十分困难。

对于网络侵权的管辖，该文梳理了学界的主流理论，包括新主权理论、管辖相对论、网址作为新的管辖基础论、取消侵权行为地作为识别因素的理论、技术优先管辖论等5种学术观点。在梳理学界理论的基础上，文章指出，上述理论并不能很好地解决司法实践所面临的问题，未能动摇传统管辖理论的基础。针对这一情形，文章提出了较为具体的完善方案，主要包括给予原告住所地法院管辖权、考虑技术可行性问题、加强网络管辖权的国际合作等三方面的措施。

4.3 《论网络侵权纠纷的地域管辖》

布仁别克·布仑巴特同学独著的发表于《法制博览》上的《论网络侵权纠纷的地域管辖》在对网络侵权进行概述的前提下，分析了传统侵权地域管辖理论无法完全适用于网络侵权的原因，并对我国网络侵权地域管辖的现有规定及其弊端做出了相关陈述。在此基础上，文章针对网络侵权地域管辖提出了相应的建议和构想，主要有以下4个方面：

（1）网络侵权案件的一大特点是损害全球性，这和网络传播全球性的特征相适应，所以在审理此类案件时，首要原则就是快速解决纠纷，避免纠纷扩大化、损害持续化。

（2）借鉴传统侵权地域管辖的确认方法。首先，对于网络侵权案件中被告可以确认的，可以利用“有明确被告”这一起诉必备条件来确定具备管辖权的法院；其次，IP地址是进入网络环境的唯一地址，可以通过这一地址确定被告侵权设备所在地，进而确定侵权设备所在地法院具备地域管辖权。

（3）增加原告住所地法院管辖，“原告住所地与侵权行为地有密切联系，选择原告住所地可以使得受害者权益得到最快、最有效弥补”。

（4）加强国际间合作。

4.4 《互联网环境下个人信息“被遗忘权”问题探讨》

曹仲凯同学和李玉婷同学合著的发表于《法制与社会》上的《互联网环境下个人信息“被遗忘权”问题探讨》是对网络侵权防范与规制途径的一种探讨。文章同样坚持案例分析法，并运用比较分析法对“被遗忘权”的引入做出了辨析。该文以我国第一起“被遗忘权”案例为开端，对“被遗忘权”的出现与发展作出了简要介绍，在此基础上，针对“被遗忘权”存在的核心争议，即公益与隐私，展开辨析。文章认为，公共利益的目的在于使部分特定人群获取到社会福利，而福利的实现需要社会投入一定的资本，这种资本就包含部分不特定公民的基本信息，在采集和利用这些信息的过程中可能就会触及这些人不愿为世人所知的个人隐私。因此当公益亟待实现之际，就难免会让其产生隐私被侵犯之感。在此情形下，在公益和隐私面前如何取舍就变成了一个很棘手的问题。此外，"被遗忘权"的行使也面临较多困境，主要包括操作方面（完全抹除个人信息在网络中的存在不可能实现）和空间效力（网络侵权具有全球性特点，法律规定的不统一使得"被遗忘权"难以被完全实现）两大类。对于"被遗忘权"的本土化，文章认为应保持谨慎理性的态度，理由如下：

（1）在我国，"被遗忘权"的权利属性难以认定。

（2）操作难度较大。大数据时代的到来决定了个人信息泄露或被非法利用的经常性，而先进的技术手段是保护个人信息安全的关键环节。但现实问题是，网络技术无法满足这一需求。

（3）公民的维权意识是权利被行使的前提。"被遗忘权"亦是如此，它需要信息主体主动向信息控制者提出请求。但在现实中，公民对于其信息被收集和使用（即被侵犯）的状况往往不知情，只有在达到严重的后果时才会想到诉诸法律以维护其权益。

（4）我国互联网的运行模式和发展规模与西方发达国家相比还存在较大差距，盲目引入"被遗忘权"会在很大程度上加大我国互联网运营商的发展阻力，从而制约我国网络建设的进步。

5. 创新点

课题研究与探索的目的是在合乎实践基础的前提下实现对既有理论和技术的创新，如果课题研究的创新点乏善可陈，那么这一研究也就没有较为实际的意义，更遑论应用于实践了。然而，作为在校大学生，课题组成员的专业水平和知识储备相较于专业学者还存在较大的差距，因此课题组很难在通晓所有研究文献的前提下对业内翘楚名家的理论和学说实现突破性创新。在此意义上，课题组认为，对于"网上侵权案件法律适用问题研究"课题的研究，创新点主要体现在对自身理论的突破和对现行制度的建议两个层面，兹分述于下：

（1）实现了对自我旧有理论框架的突破和补充。本科阶段，课题组成员所接触到的侵权模式多以传统侵权为主，网络侵权则鲜有解除，甚至可以说在接触课题研究之前对这一领域是一种空白式的认识，但随着课题研究的开展和深入，课题组成员在指导教师的指导和成员的努力下，逐渐对网络侵权有了较为清晰的认知，从而在很大程度上突破了原有观念上的侵权模式，扩展了对侵权行为的认知。

（2）对网络侵权的管辖和预防规制提出了相应的建议。无论是对网络侵权行为的管辖权分析，还是对以“被遗忘权”为代表的预防规制网络侵权的辨析，都是课题组对我国现存网络侵权行为管辖问题和预防规制问题的思考。一如前文所述，涉于专业水平的局限性，这些思考在很大程度上或存在或此或彼的诸多问题，但仍不失为一种对解决现实问题的参考途径。

6. 结语

历时一年有余的“网上侵权案件法律适用问题研究”课题研究就要结束了。

在此，我们课题组全体成员感谢北京市大学生科学研究与创业行动计划项目的支持，感谢指导教师相庆梅副教授的指导，感谢《法制与社会》和《法制博览》等专业期刊的支持，感谢在课题研究与调研过程中给予课题组帮助的每一位老师和同学。正是因为各位的支持与帮助，课题组才能在这一年中有所收获！

当然，一如前文所述，由于学识的限制、信息的闭塞、专业的复杂、领域的高深，以及课题组成员能力的局限性，研究成果定然会存在诸多或此或彼的不足，甚至谬误，因此，对于各位教师的析疑匡谬、批评指正，我们会谢意永存、铭感不忘，并始终报以最崇高的敬意！

参考文献

[1] 肖水平 . 肖水平论冲突法 [M]. 武汉：武汉大学出版社，2002.

[2] 李馨博 . 论网络侵权纠纷管辖权 [J]. 中共乐山市党委校学报，2010（1）：12.

[3] 史为民 . 大数据时代个人信息保护的现实困境与路径选择 [J]. 情报杂志，2013（4）：23-26.

读书笔记

读书笔记